DES CENDRES EN HÉRITAGE

L'histoire de la CIA

TIM WEINER

DES CENDRES EN HÉRITAGE

L'histoire de la CIA

Traduit de l'américain
par JEAN ROSENTHAL

Éditions de Fallois

PARIS

Titre original : *Legacy of Ashes. The History of the CIA*

Copyright © 2007 by Tim Weiner
Fist published in the United States by Doubleday, New York

© Éditions de Fallois, 2009 pour la traduction française
22, rue La Boétie, 75008 Paris

ISBN 978-2-87706-658-7

Pour Kate, Emma et Ruby

« Il n'est point de secrets que le temps ne révèle. »

RACINE, *Britannicus*, Acte IV, scène 4

PRÉFACE À LA PRÉSENTE ÉDITION

Pour Napoléon, l'incertitude est l'essence de la guerre, la surprise en est la règle. Présidents et généraux savent qu'il leur faut tenir compte de cette dure réalité. Ils dépendent de renseignements fiables pour percer les brumes de la guerre, mais il est rare qu'on leur en donne, et plus rare encore qu'ils leur fassent confiance.

À la fin du vingtième siècle, ce n'était un secret pour personne que la CIA sombrait en plein désarroi. Après l'attentat d'Al Qaida contre deux ambassades en Afrique, les chefs du Renseignement américain se réunirent et, dans un rapport daté du 11 septembre 1998, ils signalèrent qu'à défaut de « changements radicaux dans les méthodes qu'emploie notre pays pour collecter, analyser et fournir des renseignements », les États-Unis connaîtraient un jour « une défaillance catastrophique et systématique du renseignement ».

Dix ans plus tard, George W. Bush laisse au président Barack Obama « des cendres en héritage » avec en prime une guerre en Afghanistan, une guerre en Irak, et une troisième dont le théâtre se situe partout et nulle part : aussi bien au fond d'une grotte près de la passe de Khyber au Pakistan, que dans une planque au détour d'une ruelle de Hambourg, ou même à un contrôle à l'aéroport de Kuala Lumpur. Le Renseignement américain s'efforce d'étendre ses réseaux, de traquer son ennemi, de deviner ses intentions, de l'infiltrer, de le désorganiser. Ses cibles sont des hommes sans pitié qui vivent dans l'ombre et s'expriment en langage codé. Quand elle en a confié les rênes au président George W. Bush, la communauté du renseignement américain s'est gravement discréditée aux yeux de l'opinion internationale, surtout lorsqu'on a appris qu'elle n'hésitait pas à se salir les mains en pratiquant la torture. Il reste maintenant au nouveau président à trouver le moyen de s'extirper d'Irak où l'englue un conflit déclenché sur la foi de renseignements bidon. Il doit découvrir comment se dégager en Afghanistan d'une guerre qui ne pourra s'arrêter sans le concours d'un bon service de renseignement. Enfin, il lui faut, après des années de gâchis et d'abus, reprendre le contrôle de la Central Intelligence Agency et la faire rentrer dans le chemin du droit.

Sur la CIA, créée au nom de la sécurité nationale, les Américains se posent des questions existentielles. Pouvons-nous avoir un service secret de renseignement dans une vraie société démocratique ? Pouvons-nous mener des opérations secrètes en respectant la loi ? Mais, véritable dilemme, nous voulons à la fois la sécurité et la liberté et, plus nous accordons de pouvoir à un gouvernement secret, plus se réduit notre liberté.

L'Amérique a connu, sous la présidence de Bush, le plus extraordinaire gouvernement secret de toute son histoire. Le président Nixon a dit un jour : « Si c'est secret, c'est légal. » En invoquant cette contestable conception du pouvoir, le président Bush a utilisé la CIA et les services de renseignement américains pour créer des « zones de non-droit », selon la formule de Harold Hongju Koh, doyen de l'École de droit de Yale. En février 2002, le président Bush signa un décret spécifiant qu'« aucune des dispositions de la Convention de Genève ne s'applique à notre conflit avec Al Qaida ». En vertu de ce texte, la CIA, au nom des États-Unis et avec la collaboration de services de renseignement étrangers, a enlevé et gardé en détention plus de 3 000 personnes dans l'année qui a suivi les attentats du 11 Septembre, ainsi que des centaines, sinon des milliers d'autres, au cours de l'année suivante. Cependant, seuls quatorze de ces détenus se sont avérés occuper une place importante dans l'organisation d'Al Qaida. La CIA a demandé à la Maison Blanche et au Département de la Justice jusqu'où elle pouvait aller pour interroger ces suspects. La réponse est arrivée en août 2002 : l'Agence pouvait infliger « des souffrances… équivalentes en intensité à la douleur allant de pair avec une grave atteinte corporelle telle que défaillance organique, dégradation d'une fonction physique, voire mort ».

Jusqu'au bout, l'Administration Bush soutint que le droit pour la CIA de torturer des suspects était une mesure nécessaire à la sécurité nationale américaine. Et, au nom de ce principe, elle créa des tribunaux spéciaux où se déroulaient des procès qui échappaient à toutes les lois. Le président Obama doit relever un véritable défi : créer un service de renseignement américain capable d'opérer en respectant la loi. Obama a débuté dans la vie en enseignant le droit constitutionnel, il lui faudra donc aujourd'hui imposer à la société américaine le respect de la loi-débat qui remonte aux débuts de l'histoire des États-Unis, à la création de notre Constitution, à la Déclaration d'indépendance et à la Déclaration des droits. Trois textes qui trouvent leur origine dans le Siècle des Lumières.

En 1762, Jean-Jacques Rousseau définissait ainsi le rôle du gouvernement dans le *Contrat social* : « exécuter les lois et assurer les libertés aussi bien civiles que politiques ». Ce dilemme entre sécurité et liberté perdure toujours dans la République américaine. En 1787, Alexander Hamilton, qui joua un rôle de premier plan dans la lutte pour la création d'une nouvelle nation, avertit les Américains qu'ils risquaient de « recourir pour leur sécurité à des institutions qui ont tendance à compromettre leurs droits civils et politiques. Pour être plus en sécurité ils se montreront plus disposés à courir le risque d'aliéner une part de leur liberté ».

La Constitution des États-Unis prévoit la séparation du pouvoir entre trois institutions – la présidence, le Congrès et les tribunaux – afin qu'aucun homme ne puisse devenir roi. Le mandat royal était autrefois d'essence divine et personne ne pouvait le mettre en question. Le roi était sacré par l'Église. Le roi était la loi. Dans ce monde nouveau, la loi devait être souveraine, ou du moins l'espérait-on. Malheureusement, au vingt et unième siècle, les États-Unis se sont bien éloignés des principes éclairés de la Constitution.

La Central Intelligence Agency n'a pas été créée pour faire office de police secrète. D'ailleurs, la plus grande crainte du président Truman était de la voir devenir une Gestapo américaine. La CIA devait renseigner ct non inspirer la crainte

Bien avant l'aube du 7 décembre 1941, les Américains avaient intercepté et décodé des messages chiffrés en provenance du Japon et on se doutait au plus haut niveau qu'une attaque se préparait. Si cela « ne parvint pas à donner une image précise des intentions et des possibilités des Japonais, ce ne fut pas faute d'éléments suffisants, écrivit Roberta Wohlstetter dans sa magistrale étude de l'attaque de Pearl Harbor. Jamais auparavant nous n'avions disposé d'un ensemble de renseignements aussi complet sur l'ennemi ».

On ne connaissait ni l'heure ni le lieu précis de l'attaque ; et on avait du mal à imaginer que le Japon s'apprêtait à prendre un risque aussi fou. L'importance du message déchiffré était telle qu'il n'était pas question de partager ce secret avec les commandants des unités sur le terrain. Et, surtout, malheureusement, les rivalités, entre les différents services de renseignement et en leur sein même, faisaient que les informations étaient souvent éparpillées, fragmentées, parfois jalousement gardées, voire bloquées. Personne ne contrôlait les pièces du puzzle, personne n'avait une vue d'ensemble, d'où la surprise de l'attaque.

En 1947, six ans après ce désastre, les États-Unis créèrent la Central Intelligence Agency dans le but précis d'éviter un nouveau Pearl Harbor en coordonnant et en analysant les informations et les renseignements provenant de l'étranger. Mais, très vite, la menace que faisaient peser l'Union soviétique de Staline, la Chine de Mao et la Corée de Kim Il Sung poussa la CIA à devenir une arme de la guerre froide : plus un glaive qu'un bouclier. Sa puissance se développa si rapidement qu'on en perdit aussi rapidement le contrôle. En 1961, comme il s'apprêtait à abandonner sa charge, le président Dwight D. Eisenhower confia à ses plus proches collaborateurs que le Renseignement américain était aussi désorganisé que lors de l'attaque de Pearl Harbor. Quatre mois avant le fiasco de la baie des Cochons, Eisenhower exprima ses craintes pour l'avenir en déclarant qu'il n'allait laisser à son successeur, le président John F. Kennedy, que « des cendres en héritage », et c'est sur cet héritage que nous vivons encore aujourd'hui.

Avant de terminer, j'aimerais expliquer brièvement comment ce livre a pris naissance et quel accueil il a reçu lors de sa parution aux États-Unis.

Je ne mis les pieds pour la première fois à la Central Intelligence Agency qu'en janvier 1988. Le chemin que j'ai suivi pour en franchir le seuil fut long et périlleux puisqu'il passa par l'Afghanistan. Dans les années 80, la CIA fournissait chaque année des centaines de millions de dollars d'armes à la résistance afghane – à nos amis, les moudjahidin, les combattants de la Guerre sainte. Ces armes américaines tuaient des pilotes et des soldats soviétiques ; c'était la dernière grande bataille de la guerre froide et je ne voulais pas manquer cela. Avant de quitter Washington, j'appelai la CIA (qui, comme toutes les autres administrations américaines, dispose d'un service de relations publiques) pour demander de la documentation sur l'Afghanistan. En effet, la CIA avait pour tradition de briefer les journalistes qui partaient, par exemple, pour Johannesburg ou Jakarta. Cependant, le porte-parole de l'Agence, non sans une certaine froideur, repoussa ma requête.

Je partis, d'abord pour le Pakistan, puis l'Afghanistan, périple magnifique bien que parfois éprouvant. (Au cours de ce premier séjour en Afghanistan, je subis un bombardement de l'aviation soviétique et, lors de mon dernier voyage, ce fut celui de l'aviation américaine. *Sic transit gloria mundi*.) Trois mois plus tard, je regagnai Washington et j'étais à peine installé à mon bureau que le téléphone sonna. L'homme de la CIA me demanda, cette fois d'un ton extrêmement aimable, si j'étais toujours intéressé par un briefing, lequel se révéla vraiment superficiel car pas un des quatre analystes de la CIA auxquels on m'adressa n'avait mis les pieds en Afghanistan. Je crois qu'ils s'attendaient plutôt à ce que ce soit *moi* qui les informe. Toutefois le quartier général de la CIA me fit forte impression. Le hall d'entrée, dans le style grandiose des années 50, en impose avec ses incrustations de marbre qui étincellent à force d'être astiquées. Je fus surtout frappé par la gigantesque inscription d'un verset de l'Évangile selon saint Jean gravé sur le mur de gauche : « Et vous connaîtrez la vérité et la vérité vous libérera. » Je restai fasciné par la juxtaposition de cette sainte injonction du Christ et de la splendeur séculière du quartier général de la CIA.

Ce livre est le résultat de cette fascination. Lors de sa parution aux États-Unis, *Des cendres en héritage* a reçu, auprès des médias aussi bien que des lecteurs, un accueil qui a dépassé toutes mes espérances. De toutes les critiques, la plus inattendue venait de Donald P. Gregg, un homme qui a passé trente et un ans de sa vie dans le service d'action clandestine de la CIA comme agent opérationnel et qui, à ce titre, a servi au Japon, en Birmanie, au Vietnam et en Corée. La suite de sa carrière a suivi un cours assez peu classique puisque, après avoir été chef d'antenne de la CIA en Corée du Sud, il est devenu ambassadeur des États-Unis dans ce même pays, avant d'être conseiller à la Sécurité nationale de George H. W. Bush. Sa critique a paru dans *The Ambassadors REVIEW*, la revue de politique étrangère du Conseil des ambassadeurs d'Amérique. J'en reproduis avec sa permission quelques passages.

> « Le livre de Weiner, s'appuyant sur une documentation sans faille, ne m'a pas surpris et je ne saurais contester ses conclusions fondamentales, écrivait-il. Ce qui me gêne et me navre, c'est de constater que la situation est encore pire que ce que je soupçonnais. »

Il remarquait ensuite que la CIA avait d'abord imité les officiers de renseignement américains et britanniques durant la Seconde Guerre mondiale en parachutant des agents derrière les lignes ennemies. Mais le problème était que, de nos jours, la Chine et l'Union soviétique avaient installé « au-dessus de leur territoire des contrôles bien plus performants que ceux établis par les nazis dans les pays d'Europe qu'ils occupaient. Le temps héroïque des maquis français était depuis longtemps révolu » et « l'ouvrage de Weiner jette sur ces premiers jours un éclairage d'une implacable cruauté ».

Donald P. Gregg poursuivait :

> « Weiner décrit avec brio les rapports mouvementés et la plupart du temps difficiles que chaque président américain a entretenus avec la CIA. Si Weiner révèle sans ménagement les nombreuses erreurs d'analyse de la CIA, il montre aussi comment l'Agence souffrit des missions confiées par divers présidents qui lui deman-

daient de commettre des assassinats, d'organiser des coups d'État, de truquer des élections dans des pays étrangers ou d'espionner des citoyens américains. Comme on pouvait s'y attendre, ces épisodes ont fini par être connus et tous ont nécessité des démentis, donnés souvent par les présidents mêmes qui avaient ordonné ces actions... Je suis convaincu que d'autres anciens responsables de l'Agence sont aussi consternés que moi de la façon dont, dans son ensemble, la réputation de la CIA ressort de l'excellent livre de Weiner. Certains, j'en suis tout aussi sûr, affirmeront sans doute que, si l'on ajoutait à cette histoire les nombreuses réussites de la CIA qu'il n'est pas encore permis de révéler, le bilan serait positif. Je crains pour ma part que ce ne soit pas le cas, mais nous ne le saurons jamais.

« Weiner assure, et je suis pleinement d'accord avec lui, qu'aujourd'hui les États-Unis ont désespérément besoin d'un service de renseignement puissant et efficace. Lors d'une récente interview télévisée, il a déclaré que l'Amérique a désespérément besoin de jeunes gens talentueux, doués pour les langues, possédant un bon sens de l'Histoire, et prêts à consacrer pour leur pays vingt ans de leur vie à des tâches anonymes. Bon début, en effet, c'est ce que ces centaines de jeunes que j'ai connus ont tenté de faire dans les années 50 et 60. Espérons qu'on pourra encore faire mieux une seconde fois. »

Nous savons maintenant que, pour le Renseignement, la guerre représente l'échec ultime. La guerre de Corée en 1950, la guerre du Vietnam en 1965 en sont les preuves, de même que la guerre à la poursuite d'armes chimériques en Irak, ainsi que la création d'une armée américaine d'occupation en Afghanistan, pays que le grand Gengis Khan, Tamerlan, les Anglais et les Soviétiques n'ont pas réussi à conquérir.

Et nous en sommes aujourd'hui à l'orée de cette « seconde fois » évoquée par Donald P. Gregg, avec un nouveau président qui nous propose l'espoir au lieu de la crainte, l'intelligence au lieu de l'ignorance. Les Américains, comme l'a observé voilà bien longtemps Alexis de Tocqueville, portent dans leur culture politique l'esprit de la démocratie et la semence du despotisme. Il nous faut désormais vivre avec l'espoir de parvenir à renouveler nos idéaux démocratiques car nous recherchons toujours plus de sécurité et plus de liberté.

Décembre 2008

NOTE DE L'AUTEUR

Des cendres en héritage évoque l'histoire des soixante premières années de la Central Intelligence Agency. Le livre explique comment le pays le plus puissant du monde occidental n'a pas réussi à créer un service d'espionnage digne de ce nom. Échec qui met en péril la sécurité nationale des États-Unis.

Le renseignement, c'est l'action secrète qui permet de comprendre ou de modifier ce qui se passe à l'étranger. Le président Dwight D. Eisenhower parlait de « nécessité déplaisante mais essentielle ». Une nation soucieuse de faire sentir sa puissance au-delà de ses frontières doit voir plus loin que l'horizon, connaître ce qui se prépare, et prévenir toute éventuelle attaque. Elle doit anticiper la surprise. Sans un service de renseignement fort, habile et pointu, les présidents comme les généraux sont aveugles et paralysés. Et pourtant, durant tout leur règne de super-puissance, les États-Unis n'ont jamais disposé d'un tel outil.

L'Histoire, a écrit Edward Gibbon dans *Histoire du déclin et de la chute de l'Empire romain*, n'est « guère plus qu'un sinistre registre des crimes, des forfaits et des malheurs du genre humain ». Les annales de la Central Intelligence Agency regorgent de forfaits et de malheurs aussi bien que d'actes de bravoure et de ruse. On y trouve un catalogue de succès éphémères et d'échecs confirmés dans divers pays, tandis que se livrait chez nous une succession de combats politiques et de luttes pour le pouvoir. Les triomphes de l'Agence ont parfois économisé du sang et de l'argent, ses erreurs ont gaspillé l'un comme l'autre. Elles ont eu des conséquences désastreuses pour des légions de soldats américains et d'agents étrangers ; pour quelque trois mille Américains qui, le 11 septembre 2001, sont morts à New York, à Washington et en Pennsylvanie et pour trois mille autres qui, depuis, ont trouvé la mort en Irak et en Afghanistan. Le seul crime qui demeure, c'est l'incapacité de la CIA à mener à bien sa mission principale : tenir le Président au courant de ce qui se passe dans le monde.

Lorsque la Seconde Guerre mondiale a éclaté, les États-Unis n'avaient pas à proprement parler de service de renseignement et ils n'en avaient guère plus à la fin du conflit. Une démobilisation conduite dans la précipitation laissa dans son sillage quelques centaines d'hommes ayant à peine quelques années d'expérience du monde secret mais déterminés à continuer à combattre un nouvel ennemi. En août 1945 le général William J. Donovan, qui dirigeait pendant la guerre l'OSS, l'Office of Strategic Services, déclara au président Truman : « Toutes les grandes puissances, à l'exception des États-Unis, possèdent depuis longtemps des services de renseignement permanents qui couvrent le monde et rendent compte aux plus hauts échelons de leur gouvernement. Avant cette guerre, les États-Unis n'en avaient jamais eu et actuellement ils ne disposent pas d'un système qui collecte et coordonne les renseignements. » La tragédie, c'est qu'ils n'en possèdent toujours pas.

La CIA était justement censée combler cette lacune. Mais le projet de créer une agence de renseignement n'était qu'une esquisse. Il n'apportait pas de véritable remède à notre éternel point faible : nous n'étions pas doués pour manier le secret et la duplicité. Depuis l'effondrement de l'Empire britannique, les États-Unis étaient la seule force capable de s'opposer au communisme soviétique et l'Amérique avait désespérément besoin d'en connaître plus sur cet ennemi-là, d'alerter les présidents et, s'il le fallait, de lutter contre le feu avec le feu. La mission de la CIA était avant tout de prévenir le Président d'une attaque surprise, d'éviter un second Pearl Harbor.

Dans les années 1950, des milliers d'Américains patriotes vinrent grossir les rangs de l'Agence. Nombre d'entre eux étaient des hommes courageux et aguerris, quelques-uns avec une certaine expérience, mais rares étaient ceux qui connaissaient vraiment l'ennemi. Quand on ne comprenait pas une situation, les présidents ordonnaient tout bonnement à la CIA de changer le cours de l'Histoire en intervenant dans la clandestinité. « Mener une guerre politique et psychologique en temps de paix était un art nouveau, écrivait Gerald Miller, alors chef des opérations clandestines de la CIA pour l'Europe occidentale. On connaissait bien certaines techniques, mais nous n'avions pas de doctrine ni d'expérience. » C'est pourquoi les opérations clandestines de la CIA étaient autant de coups d'épée dans l'eau. Donc apprendre sur le tas et forcément commettre des erreurs était la seule solution pour l'Agence. Alors la CIA, pour sauvegarder son prestige à Washington, dissimula ses échecs à l'étranger, en mentant au président Eisenhower et au président Kennedy. En vérité, disait Don Gregg, un remarquable chef d'antenne durant la guerre froide, l'Agence au sommet de sa puissance avait une formidable réputation et des résultats consternants.

Lors de la guerre du Vietnam, l'opinion publique américaine ainsi que l'Agence furent déchirées par de graves dissentiments et comme la presse américaine, la CIA découvrit que l'on refusait d'entendre ses rapports s'ils ne correspondaient pas aux idées préconçues des présidents. Ainsi la CIA se trouva-t-elle fréquemment en butte aux réprimandes souvent cinglantes des présidents Johnson, Nixon, Ford et Carter qui ne comprenaient pas son fonctionnement. Ils arrivaient au pouvoir « et s'attendaient à voir le renseignement résoudre tous les problèmes, ou au contraire n'arriver à rien, pour ensuite changer complètement d'avis », note un ancien directeur adjoint du Renseignement, Richard J. Kerr.

Pour survivre à Washington en tant qu'institution, l'Agence devait avant tout avoir l'oreille du Président. Mais elle ne tarda pas à découvrir le danger qu'il y avait à lui dire ce qu'il n'avait pas envie d'entendre. Les analystes de la CIA apprirent donc à marcher au pas et à se conformer à la doctrine officielle. Ils se méprirent sur les intentions et les capacités des ennemis, se trompèrent sur la force du communisme et sur la menace du terrorisme.

Durant la guerre froide, le but suprême de la CIA était de trouver des espions pour parvenir à dérober des secrets soviétiques, mais jamais aucun ne fut capable d'avoir accès aux arcanes du Kremlin. On pourrait compter sur les doigts de la main le nombre d'espions soviétiques – non pas recrutés mais tous volontaires – qui avaient des renseignements importants à révéler. Tous furent arrêtés et exécutés par Moscou. Presque tous avaient été livrés par des officiers du département URSS de la CIA qui espionnaient pour l'autre camp, sous la présidence de Ronald Reagan et de George H. W. Bush. Du temps de Reagan, la CIA engagea des actions mal conçues dans le tiers-monde : par exemple, elle vendit et livra en Iran des armes aux Gardiens de la Révolution pour financer une guerre en Amérique centrale, enfreignant ainsi la loi et gaspillant le peu de confiance qu'elle inspirait encore. Et, plus grave, elle ne parvint pas à trouver le point faible de son principal ennemi.

C'était à des machines et non à des hommes qu'on confiait la responsabilité de comprendre le camp adverse. À mesure que la technologie de l'espionnage se perfectionnait, la myopie de la CIA s'aggravait. Certes, les satellites-espions lui permettaient de comptabiliser les armes soviétiques, mais ils ne fournissaient pas l'information cruciale : le communisme était en train de s'écrouler. Les plus grands experts de la CIA ne découvrirent leur ennemi qu'une fois la guerre froide terminée. L'Agence avait réussi à saigner les Soviétiques en déversant des milliards de dollars d'armement en Afghanistan pour combattre les forces d'occupation de l'Armée rouge : un brillant succès. Mais elle ne vit pas un instant que ces guerriers islamiques qu'elle soutenait n'allaient pas tarder à prendre pour cible les États-Unis et que l'Agence ne réagirait pas lorsqu'on s'en rendrait compte. Un manque de réaction qui ferait date dans l'Histoire.

L'objectif unique qui, lors de la guerre froide, avait maintenu la cohésion de la CIA, disparut dans les années 1990 avec l'arrivée du président Clinton. L'Agence comptait encore quelques fidèles qui s'efforçaient de comprendre le monde, mais leurs rangs étaient bien trop clairsemés. Des officiers de talent se consacraient toujours à servir les États-Unis au-delà de ses frontières, mais ils étaient peu nombreux. Le FBI avait plus d'agents à New York que la CIA à l'étranger. À la fin du siècle dernier, l'Agence n'était plus un service de renseignement indépendant qui fonctionnait à plein régime, elle devenait pour le Pentagone une annexe de second ordre, chargée d'évaluer les tactiques à suivre pour des batailles qui ne se livraient jamais et non de réfléchir aux stratégies à appliquer pour les luttes à venir. Elle n'avait pas les moyens de prévenir un second Pearl Harbor.

Après les attaques sur New York et Washington, l'Agence envoya, en Afghanistan et au Pakistan, un petit groupe d'agents spécialisés dans les opérations clandestines pour traquer les chefs d'Al Qaida. Elle perdit ensuite tout crédit en remettant à la Maison Blanche des rapports erronés sur l'existence en Irak d'armes de destruction massive. Elle avait fourni une tonne de comptes rendus fondés sur une pincée d'informations. Le président George W. Bush avec son Administration employa abusivement l'Agence que son père avait eu la fierté de diriger, pour en faire à l'étranger une force de police paramilitaire et à Langley une bureaucratie paralysée. En 2004, Bush prononça une sentence de mort contre la CIA en déclarant que l'Agence se contentait d'« hypothèses » sur le cours de la guerre en Irak. Aucun président n'avait jamais condamné ainsi publiquement l'action de la CIA.

En 2005, la position centrale de la CIA au cœur du gouvernement américain prit fin avec la suppression en 2005 du poste de directeur du Renseignement. Aujourd'hui, si elle veut survivre, la CIA doit se reconstruire et cela prendra des années. Trois générations d'officiers de la CIA se sont usées à essayer de comprendre le monde tel qu'il est. Rares sont ceux de la nouvelle génération à avoir perçu la complexité des pays étrangers, et plus rares encore à avoir pénétré les subtilités de la culture politique de Washington. Tour à tour, depuis les années 1960, chaque président, chaque Congrès et presque tous les directeurs du Renseignement se sont révélés incapables de maîtriser le mécanisme de la CIA. Ils ont, pour la plupart, laissé l'Agence en plus mauvais état qu'ils ne l'avaient trouvée. Leurs échecs successifs ne leur ont pas permis, pour reprendre les termes du président Eisenhower, de léguer aux générations futures autre chose que « des cendres en héritage ». Nous nous retrouvons, comme nous avions commencé, en plein désarroi.

Des cendres en héritage se propose de montrer pourquoi les États-Unis n'ont pas, aujourd'hui, à leur disposition le service de renseignement dont ils auront besoin dans les années à venir. Ce livre s'appuie sur les rapports qui se trouvent dans les dossiers de la Sécurité nationale américaine et révèlent ce que nos dirigeants ont dit, voulu et fait quand ils ont exercé leur pouvoir au-delà de nos frontières. Pour écrire ce livre, j'ai lu plus de cinquante mille documents provenant essentiellement des archives de la CIA, de la Maison Blanche et du Département d'État ; plus de deux mille récits laissés par des officiers des services de renseignement américains, par des soldats et des diplomates ; et j'ai eu depuis 1987 plus de trois cents entretiens avec des agents et d'anciens agents de la CIA, dont dix directeurs du Renseignement. Des notes abondantes viennent compléter le texte.

Ce livre est basé sur des faits – aucune source anonyme, ni citation sans auteur, aucun « on-dit ». C'est la première histoire de la CIA rédigée uniquement à partir de rapports et de documents de première main. Par sa nature même, ce livre est incomplet : pas un président, ni un directeur du Renseignement et assurément aucun chercheur extérieur ne peut tout connaître de l'Agence. Ce que j'ai écrit n'est pas toute la vérité mais, pour autant que j'en aie la certitude, ce n'est que la vérité.

J'espère qu'il pourra servir de mise en garde. Aucune république dans l'Histoire n'a duré plus de trois cents ans et ce pays pourrait bien ne pas demeurer une grande puissance s'il ne trouve pas les bons yeux qui verront les choses comme elles sont dans le monde. C'était jadis la mission de la Central Intelligence Agency.

Première Partie

« Au début, nous ne savions rien »

LA CIA SOUS TRUMAN

1945-1953

1.

« LE RENSEIGNEMENT DOIT ÊTRE GLOBAL ET TOTALITAIRE »

Tout ce que voulait Harry Truman, c'était un journal.

Catapulté à la Maison Blanche par le décès du président Franklin D. Roosevelt le 12 avril 1945, Truman ignorait tout du développement de la bombe atomique et des intentions de ses alliés soviétiques. Il avait besoin d'informations.

« Quand je suis arrivé à la Maison Blanche, écrivit-il des années plus tard dans une lettre à un ami[1], le Président n'avait aucun moyen de coordonner des renseignements provenant des quatre coins du monde. » Roosevelt avait bien créé l'Office of Strategic Services placé sous le commandement du général William J. Donovan en guise d'agence de renseignement en temps de guerre, mais l'OSS n'avait jamais été conçu pour durer. Cependant de ses cendres surgit la nouvelle Central Intelligence Agency (CIA), que Truman voulait voir remplir uniquement un rôle d'agence d'informations générales qui fournirait des bulletins quotidiens. « Il n'est pas question qu'elle devienne une organisation qui se draperait dans le secret, écrivit-il, mais qu'elle soit simplement un centre chargé de tenir le Président au courant de ce qui se passe dans le monde. » Il ne voulait pas, insista-t-il, que la CIA « agisse comme un organisme d'espionnage. Il n'en avait jamais été question en la créant ».

On déforma donc dès le départ la vision qu'il avait des choses.

*

« Dans une guerre globale et totalitaire, estimait le général Donovan[2], le renseignement doit être global et totalitaire. » Le 18 novembre 1944, il avait écrit au président Roosevelt pour proposer l'organisation aux États-Unis d'un « Service central de renseignement » de temps de paix. L'année précédente, il avait commencé à en esquisser les grandes lignes à la demande du lieutenant général Walter Bedell

Smith, chef d'état-major du général Dwight D. Eisenhower, qui voulait savoir comment l'OSS pourrait s'intégrer à l'organisation militaire des États-Unis. Donovan expliqua au Président[3] qu'il pourrait découvrir « les capacités, les intentions et les activités des nations étrangères » tout en menant « hors de nos frontières des opérations subversives » contre les ennemis de l'Amérique. L'OSS n'avait jamais compté plus de treize mille membres, beaucoup moins que les effectifs d'une division, pourtant le service envisagé par Donovan posséderait sa propre armée, une force efficace, prête à combattre le communisme, à défendre l'Amérique contre toute attaque et à fournir des informations secrètes à la Maison Blanche. Il insista pour que le Président « mette en chantier sans tarder ce projet[4] » dont il souhaitait prendre la direction.

Surnommé « Wild Bill » (« Bill le Dingue ») en souvenir d'un brillant lanceur qui dirigea de 1915 à 1917 l'équipe de base-ball des Yankees de New York, Donovan était un brave et vieux soldat – sa conduite héroïque dans les tranchées françaises durant la Première Guerre mondiale lui avait valu la Médaille d'honneur du Congrès –, mais un piètre politicien. Très peu de généraux et d'amiraux lui faisaient confiance : ils voyaient d'un œil inquiet son idée de créer un service d'espionnage à partir d'un ramassis de courtiers de Wall Street, d'intellos sortis des grandes universités de la côte Est, de soldats de fortune, de publicitaires, de journalistes, de cascadeurs et d'arnaqueurs.

À l'intérieur de l'OSS travaillait un groupe d'analystes du renseignement uniquement composé d'Américains, mais Donovan et son brillant adjoint, Allen W. Dulles, étaient des passionnés d'espionnage et de sabotage, activités dans lesquelles les Américains restaient des amateurs. Donovan comptait sur les services de renseignement britanniques pour initier ses hommes aux arts du secret. Les membres les plus braves de l'OSS – ceux dont les exploits restent légendaires – passaient derrière les lignes ennemies, acheminaient des armes, faisaient sauter des ponts, aidaient les mouvements de résistance en France et dans les Balkans à lutter contre les nazis. La dernière année de la guerre, bien que ses forces soient dispersées à travers l'Europe, l'Afrique du Nord et l'Asie, Donovan décida de parachuter ses agents directement en Allemagne. Il le fit et ils y trouvèrent la mort. Sur vingt et une équipes de deux hommes qui furent parachutées, on n'entendit plus parler que d'une seule. Voilà le genre de missions qu'adorait le général Donovan – certaines d'une folle audace, d'autres ne reposant que sur des illusions.

« Il avait une imagination sans limite... disait son bras droit, David K. E. Bruce, qui devint plus tard ambassadeur en France, en Allemagne et en Grande-Bretagne[5]. Quand j'étais sous ses ordres, j'ai étudié des semaines durant la possibilité, pour détruire Tokyo, d'utiliser des chauves-souris attrapées dans des grottes d'Europe occidentale » en les lançant du haut des airs avec des bombes incendiaires attachées à leur dos.

Le président Roosevelt s'était toujours méfié de Donovan. Début 1945, il avait ordonné à son aide de camp, le colonel Richard Park Jr, de mener discrètement une enquête sur les opérations de l'OSS pendant la guerre. À peine Park avait-il commencé son travail que des fuites en provenance de la Maison Blanche alertèrent les journaux de New York, Chicago et Washington qui annoncèrent que Donovan voulait organiser une « Gestapo américaine ». Quand les articles parurent, le Président conseilla à Donovan d'abandonner son projet.

Le 6 mars 1945, les chefs d'état-major interarmes y mirent officiellement un terme. En vérité, ce qu'ils voulaient, c'était un nouveau service d'espionnage qui serait rattaché au Pentagone et non pas au Président. Ils souhaitaient un bureau central composé de colonels et de secrétaires qui distillerait à des généraux quatre étoiles des informations recueillies par des attachés d'ambassade, des diplomates et des espions. Ainsi s'engagea une bataille pour le contrôle du Renseignement américain, bataille qui se poursuivit sur trois générations.

« QUELQUE CHOSE D'EXTRÊMEMENT DANGEREUX »

L'OSS n'avait guère de poids dans l'Administration et encore moins au sein du Pentagone. Il n'aurait jamais connaissance des plus importantes communications interceptées en provenance du Japon et de l'Allemagne. De plus, les hauts responsables militaires estimaient qu'un service de renseignement civil indépendant dirigé par Donovan et ayant directement accès au Président serait, pour reprendre les termes du major général Clayton Bissell, le chef d'état-major adjoint du renseignement militaire, « quelque chose d'extrêmement dangereux pour une démocratie[6] ».

Ils étaient nombreux parmi ces responsables militaires à avoir été surpris dans leur sommeil pendant le raid sur Pearl Harbor. Bien avant l'aube du 7 décembre 1941, des militaires américains étaient parvenus à déchiffrer certains codes japonais et avaient découvert qu'une attaque pourrait survenir, mais ils n'imaginaient pas un instant que le Japon prendrait un tel risque. Le message déchiffré était un secret qu'on ne pouvait partager avec de simples commandants d'unités sur le terrain.

Avant Pearl Harbor, les renseignements collectés aux quatre coins du globe occupaient une petite rangée de classeurs en bois[7] dans un bureau du Département d'État, et n'avaient pour seules sources que quelques douzaines d'ambassadeurs et d'attachés d'ambassade. Au printemps 1945, les États-Unis ne savaient pratiquement rien de l'Union soviétique et guère plus du reste du monde.

Lorsque Franklin Roosevelt mourut le 12 avril, Donovan envisageait l'avenir sans espoir car Roosevelt était le seul homme qui aurait pu exaucer le rêve de Donovan : un service de renseignement américain performant et tout-puissant. Après avoir passé la moitié de la nuit à pleurer la disparition de son chef[8], Donovan descendit à l'hôtel Ritz, son repaire favori dans Paris libéré, pour prendre un triste petit-déjeuner avec William J. Casey, un officier de l'OSS et futur directeur du Renseignement.

« À votre avis, quelles sont les conséquences pour le service ? demanda Casey[9].

— J'ai bien peur que ce ne soit la fin », répondit Donovan.

Le jour même, le colonel Park remit son rapport top-secret au nouveau président. Ce rapport, qui ne fut totalement déclassifié qu'après la fin de la guerre froide, était une arme politiquement mortelle, aiguisée par les militaires et affûtée encore par J. Edgar Hoover, directeur du FBI depuis 1924, qui ne supportait pas Donovan et nourrissait l'ambition de prendre la tête d'un service de renseignement à échelle mondiale. Le rapport de Park enlevait à l'OSS toute possibilité de continuer à faire partie du gouvernement américain, anéantissait les stratégies romanesques conçues par Donovan pour protéger ses espions et confortait Harry Truman dans sa profonde méfiance pour les opérations des services secrets. L'OSS, affirmait le rapport, avait fait « beaucoup de mal aux citoyens, aux affaires et aux intérêts des États-Unis[10] ».

Park ne rapportait aucun fait montrant que l'OSS avait aidé à gagner la guerre et se contentait d'une impitoyable énumération d'échecs. L'entraînement des officiers avait été « sommaire et mal organisé ». Les responsables du Renseignement britannique considéraient les Américains comme « des pantins dont ils faisaient ce qu'ils voulaient. En Chine, le chef nationaliste Tchang Kaï-chek avait manipulé l'OSS pour servir à ses fins. Des espions allemands avaient infiltré les opérations de l'OSS dans toute l'Europe et l'Afrique du Nord. En juin 1944, des renseignements erronés, fournis par l'OSS après la chute de Rome, firent tomber les Français dans un piège tendu par les nazis sur l'île d'Elbe, écrivait Park, et « quelque onze cents soldats français trouvèrent la mort parce que l'OSS avait sous-estimé les forces ennemies ».

Le rapport attaquait personnellement Donovan. On pouvait y lire que, lors d'un cocktail à Bucarest, le général avait perdu un porte-documents qu'« un danseur roumain avait remis à la Gestapo ». Sa façon de recruter et d'accorder des promotions ne reposait en aucun cas sur le mérite, mais sur l'appartenance à un réseau de vieux copains de Wall Street et du Bottin mondain. Il avait envoyé des agents dans des avant-postes perdus comme le Liberia et les avait oubliés. Il avait par erreur parachuté des commandos sur la Suède, pays neutre. Il avait envoyé en France occupée des hommes pour protéger un dépôt de munitions allemand qu'on avait ensuite fait sauter avec eux.

Le colonel Park portait au crédit de Donovan quelques sabotages réussis et le rapatriement de pilotes américains dont les appareils avaient été abattus. Il reconnaissait que le service de recherche et d'analyse de l'OSS avait accompli « un travail remarquable » et il concluait qu'après la guerre, les analystes pourraient trouver une place au sein du Département d'État, mais que les autres devraient partir.

Après la victoire, Donovan revint à Washington pour tenter de sauver son service d'espionnage. Le 14 mai, dans le Bureau ovale, Harry Truman écouta moins d'un quart d'heure Donovan proposer de tenir en échec le communisme en sapant les bases du Kremlin. Puis, sans autre forme de procès, il le congédia.

Durant tout l'été, Donovan fit face au Congrès et à la presse. Le 25 août, il finit par déclarer à Truman qu'il devait choisir entre être informé ou rester dans l'ignorance. Les États-Unis « ne possèdent pas actuellement un service de renseignement coordonné, le prévint-il [11]. Tout le monde connaît les défauts et les dangers d'une telle situation ».

Donovan avait espéré qu'en baratinant Truman, personnage qu'il avait toujours traité avec dédain, il pourrait le convaincre de créer la CIA. Mais il se méprenait sur l'homme. Le 20 septembre 1945, six semaines après avoir largué deux bombes atomiques sur le Japon, Truman sacqua Donovan et donna l'ordre de dissoudre l'OSS dans les dix jours. C'en était fini du service de renseignement des États-Unis.

2.

« LA LOGIQUE DE LA FORCE »

Dans les ruines de Berlin, Allen Dulles, officier le plus haut en grade de l'OSS en Allemagne, avait durant l'été 1945 installé son nouveau quartier général dans un superbe hôtel particulier avec tout le personnel nécessaire. Son lieutenant préféré, Richard Helms, commença à espionner les Soviétiques.

« Ce qu'il faut bien se rappeler, dit Helms un demi-siècle plus tard [12], c'est qu'au début, nous ne savions rien. La connaissance de ce que mijotait le camp adverse, de ses intentions, de ses possibilités, était quasiment nulle. Si on tombait sur un annuaire du téléphone ou le plan d'un terrain d'aviation, c'était super. Nous ignorions tout d'une grande partie du monde. »

Helms avait été enchanté de retourner à Berlin où il s'était fait un nom quand, à vingt-trois ans, jeune reporter pour une agence de presse, il avait interviewé Hitler à l'occasion des Jeux olympiques de 1936. La suppression de l'OSS l'avait abasourdi : il n'arrivait pas à croire que sa mission pouvait s'achever ainsi. Ce fut donc pour lui un soulagement lorsqu'il reçut un message du quartier général de l'OSS à Washington, un message lui demandant de tenir la boutique.

« LA SAINTE CAUSE
DE LA CENTRALE DE RENSEIGNEMENT »

Le message émanait de l'assistant de Donovan, le brigadier général John Magruder, un « gentleman soldat » qui était dans l'armée depuis 1910. Il était fermement convaincu que, sans service de renseignement, la nouvelle suprématie de l'Amérique dans le monde se trouverait livrée au hasard ou aux mains des Britanniques. Le 26 septembre 1945, six jours après la dissolution de l'OSS par le président Truman, le général Magruder traversa les interminables couloirs du Pentagone. Le moment était bien choisi car le secrétaire à la Guerre, Henry Stimson, farouche adversaire de la CIA, venait de démissionner et il avait toujours été contre l'idée de la CIA. Le général Magruder sauta donc sur l'occasion que présentait le départ de Stimson et alla trouver un vieil ami de Donovan, le secrétaire adjoint à la Guerre, John McCloy, un des grands manitous de Washington et, ensemble, les deux hommes annulèrent la décision du Président.

Ce jour-là, Magruder sortit du Pentagone avec l'ordre de McCloy « de poursuivre jusqu'à leur terme les opérations en cours de l'OSS [13] ». Grâce à ce bout de papier l'espoir de voir naître une Central Intelligence Agency existait. Les espions continueraient leur tâche sous un autre nom, le Strategic Services Unit, le SSU. Magruder annonça aussitôt à ses hommes que la « sainte cause de la Centrale de renseignement » allait l'emporter.

Ragaillardi par ce sursis, Helms se mit à l'ouvrage dans un Berlin où tout était à vendre : deux douzaines de cartouches de Camel payées 12 dollars au PX suffisaient à acheter une Mercedes 1939. Il chercha à convaincre des savants et des espions allemands désireux de passer à l'Ouest et de travailler pour les États-Unis, ce qui priverait ainsi les Soviétiques de leurs talents. Mais il devint bientôt plus urgent d'en savoir davantage sur ce nouvel ennemi. Dès octobre, « il apparut clairement que notre principal objectif était de découvrir ce que mijotaient les Soviétiques », se souvenait Tom Polgar qui, à vingt-trois ans, était alors officier de la base de Berlin [14]. Les Soviétiques s'emparaient des chemins de fer et mettaient la main sur les partis politiques d'Allemagne de l'Est. Au début, le mieux que pouvaient faire les espions américains, c'était de repérer les mouvements de transports de troupes soviétiques vers Berlin, pour donner au Pentagone l'impression que quelqu'un surveillait les agissements de l'Armée rouge. Puis, furieux de voir Washington reculer devant l'avance soviétique et malgré la résistance des chefs militaires américains à Berlin, Helms et ses hommes commencèrent à recruter parmi les membres de la police allemande et les politiciens afin de créer des réseaux d'espionnage à l'Est. En novembre, « nous assistions à la totale mainmise des Russes sur le système est-allemand », dit Peter Sichel, un autre jeune officier du SSU à Berlin [15].

Les chefs d'état-major interarmes et l'énergique secrétaire à la Marine, James V. Forrestal, redoutaient de voir les Soviétiques, comme les nazis précédemment, mettre la main sur toute l'Europe, puis poursuivre leur progression jusqu'à la Méditerranée orientale, le golfe Persique, la Chine du Nord et la Corée.

Devant cette menace, les futurs chefs du Renseignement américain se scindèrent en deux camps rivaux. L'un croyait à la lente et patiente collecte du renseignement par l'espionnage. L'autre ne jurait que par la guerre secrète : mener le combat contre l'ennemi par l'action clandestine. L'espionnage cherche à connaître le monde : c'était la conviction de Richard Helms. L'action clandestine s'efforce de changer le monde : ce serait celle de Frank Wisner.

Élégant avocat d'affaires sanglé dans un uniforme coupé sur mesure, Wisner était le charmant fils d'une famille de l'aristocratie terrienne du Mississippi. Il avait débarqué à Bucarest en septembre 1944 comme nouveau chef d'antenne de l'OSS pour la Roumanie. À cette époque, la capitale était contrôlée par l'Armée rouge et une modeste mission militaire américaine et Wisner avait pour instructions de surveiller les Russes. Il était là dans toute sa gloire ; il avait réquisitionné la demeure de trente pièces d'un baron de la bière de Bucarest et complotait avec le jeune roi Michel pour assurer le rapatriement d'aviateurs alliés abattus. Sous le scintillement des lustres, officiers russes et américains se côtoyaient en sabrant le champagne. Wisner était aux anges – il était l'un des premiers membres de l'OSS à se frotter aux Russes – et il annonça fièrement à ses chefs qu'il avait noué d'excellents rapports avec le service de renseignement soviétique.

Il n'était espion que depuis un an tandis que les Russes pratiquaient ce jeu-là depuis deux siècles. Ils avaient déjà des agents bien placés au sein de l'OSS et ne tardèrent pas à infiltrer le petit cercle d'alliés et d'agents roumains qui entourait Wisner. Au milieu de l'hiver, les Soviétiques prirent le contrôle de la capitale, entassèrent dans des convois des dizaines de milliers de Roumains qui avaient dans les veines du sang allemand et les expédièrent à l'Est vers l'esclavage ou la mort. Wisner vit ainsi vingt-sept fourgons bourrés de cargaison humaine quitter la Roumanie, un souvenir qui le hanta toute sa vie.

Ce fut un homme profondément secoué qui arriva au quartier général de l'OSS en Allemagne pour former avec Helms une alliance fragile. En décembre 1945, ils prirent ensemble l'avion pour Washington et, en discutant durant les dix-huit heures de vol, ils se rendirent compte qu'ils ne savaient absolument pas s'ils atterriraient dans un pays doté, ou non, d'un service secret.

« UNE ORGANISATION APPAREMMENT BÂTARDE »

À Washington, la bataille faisait rage sur l'avenir du Renseignement américain. Les chefs d'état-major interarmes luttaient pour avoir un service entièrement sous leur contrôle. L'armée et la marine réclamaient chacun le sien. J. Edgar Hoover voulait que le FBI dirige l'espionnage à l'échelle mondiale. Le Département d'État cherchait à en avoir la direction. Même le ministère des Postes mettait son grain de sel.

Le général Magruder définit le problème : « Les opérations de renseignement clandestin impliquent d'enfreindre constamment toutes les règles, écrivit-il [16]. Pour dire les choses carrément, des opérations de ce genre échappent par nécessité au cadre des lois et les violent parfois. » Il déclara que pas plus le Pentagone que le Département d'État ne pouvait prendre le risque de couvrir de telles missions. Un nouveau service d'action clandestine devrait donc s'en charger.

Mais il ne restait presque plus personne pour en faire partie. D'après le colonel Bill Quinn, un des responsables du Strategic Services Unit, « la collecte du renseignement avait plus ou moins cessé [17] ». Cinq sur six des anciens de l'OSS avaient repris leur vie d'antan, considérant, dit Helms, ce qui restait du Renseignement américain comme « une organisation apparemment bâtarde avec une espérance de vie précaire [18] ». Pour le quatrième anniversaire de Pearl Harbor, convaincu que Truman avait mis sur une voie de garage le Renseignement américain, Allen Dulles regagna son bureau chez Sullivan and Cromwell, le cabinet d'avocats new-yorkais où son frère, John Foster Dulles, était partenaire. Frank Wisner l'imita en rejoignant à New York le cabinet Carter, Ledyard.

On créa au Département d'État un nouveau bureau de recherches où fut affecté ce qui restait d'analystes du renseignement. Désespérés d'être traités comme des personnes déplacées, les plus talentueux ne tardèrent pas à repartir vers leur université et leur journal. Personne ne vint les remplacer. Pendant des années, on ne disposa d'aucun service pour fournir au gouvernement américain des renseignements valables.

Le président Truman s'appuyait sur son directeur du Budget, Harold D. Smith, pour surveiller le démantèlement de la machine de guerre américaine. Mais la démobilisation tournait à la désintégration méthodique. Le jour où le Président décréta la dissolution de l'OSS, Smith l'avertit que l'Amérique risquait de retomber dans l'état d'aveuglement qui existait à l'époque de Pearl Harbor [19]. Il redoutait de voir le Renseignement américain « royalement ratiboisé [20] ».

Truman prit conscience de sa gaffe et résolut de la réparer. Il convoqua le directeur adjoint du renseignement naval, le contre-amiral Sidney W. Souers. Appartenant au cadre de réserve, Souers était un des piliers du parti démocrate dans le Missouri. Riche homme d'affaires, il avait fait fortune dans l'assurance-vie avant de créer les magasins Piggly Wiggly, les premiers supermarchés en libre-service du pays. Après la guerre, il avait été membre d'une commission chargée par le secrétaire à la Marine, James Forrestal, d'étudier l'avenir du renseignement, mais il souhaitait avant tout retourner bien vite à Saint Louis.

Souers découvrit avec consternation que le Président comptait faire de lui le premier directeur de la Centrale de renseignement. Dans la salle à manger de la Maison Blanche[21], le 24 janvier 1946, le Président distribua à ses invités, l'amiral Leahy, son chef d'état-major, et le contre-amiral Souers, des manteaux noirs et des épées de bois qu'il avait apportés. Il nomma alors Souers chef du « Groupe des Fouineurs de Cape et d'Épée » et « Directeur de la Centrale des Fouineurs ». Ce numéro de music-hall installa ainsi notre réserviste quelque peu décontenancé à la tête de l'étonnant et éphémère organisme baptisé Central Intelligence Group. Souers avait maintenant sous ses ordres près de deux mille officiers de renseignement avec le personnel nécessaire pour traiter des dossiers concernant environ 400 000 individus. La plupart n'ayant aucune idée de ce qu'ils faisaient ni de ce qu'ils étaient censés faire. Quand il eut prêté serment, quelqu'un demanda à Souers ce que *lui* comptait faire. « Rentrer chez moi », répondit-il.

Comme tous les directeurs de la Centrale de renseignement qui lui succédèrent, il se vit confier de grandes responsabilités sans l'autorité qu'il fallait pour les exercer. Il n'avait aucun ordre de la Maison Blanche. Le problème était que personne ne savait exactement ce que désirait le Président – à commencer par le Président lui-même. Truman disait qu'il souhaitait seulement un résumé quotidien de renseignement[22], pour éviter d'avoir à lire tous les matins une pile de cinquante centimètres de câbles. Les membres fondateurs du Central Intelligence Group avaient l'impression que c'était le seul aspect de leur travail qui l'intéressait.

D'autres voyaient leur mission d'un tout autre œil. Le général Magruder assurait que, selon un accord tacite de la Maison Blanche, le Central Intelligence Group devrait se charger des opérations clandestines. Aucun texte pourtant n'évoqua ce point et le Président n'en souffla jamais mot. Personne au gouvernement ne reconnut la légitimité de ce nouveau groupe. Le Pentagone et le Département d'État refusaient de parler à Souers ou à ses collègues. L'armée, la marine et le FBI les traitaient avec le plus profond mépris. Souers dura à peine cent jours comme directeur, même s'il resta au service du Président comme conseiller. Il ne laissa derrière lui qu'une seule note d'importance, un mémo top-secret qui suppliait : « Il est de toute urgence de parvenir au plus haut degré de qualité possible dans la collecte de renseignements sur l'URSS, et ce dans les plus brefs délais[23]. »

Les seules informations que l'Amérique pouvait à cette époque avoir sur le Kremlin provenaient du nouvel ambassadeur américain à Moscou, le futur directeur de la Centrale de renseignement, le général Walter Bedell Smith, et son chargé d'affaires, George Kennan.

« QUE VEUT L'UNION SOVIÉTIQUE ? »

Bedell Smith était le fils d'un commerçant de l'Indiana qui avait gravi tous les échelons de simple soldat au grade de général sans être sorti d'un grand collège, ni de la prestigieuse académie militaire de West Point. Chef d'état-major d'Eisenhower pendant la Seconde Guerre mondiale, il avait participé à tous les combats en Afrique du Nord et en Europe. Il s'épuisait à la tâche : après une transfusion sanguine destinée à enrayer une hémorragie provoquée par un ulcère qui l'avait fait s'évanouir à la fin d'un dîner avec Eisenhower et Winston Churchill, il avait persuadé les médecins de le laisser quitter l'hôpital pour regagner sa tente. Le 8 mai 1945, jour de la victoire, il avait rencontré pour quelques minutes Allen Dulles et Richard Helms à Reims. Victime d'une attaque de goutte, Dulles, clopinant sur sa béquille, était venu voir Eisenhower afin d'obtenir son accord pour la création d'une toute-puissante Centrale de renseignement à Berlin. Eisenhower ce matin-là n'avait pas de temps à consacrer à Dulles – mauvais présage.

Bedell Smith arriva à Moscou en mars 1946 pour se faire briefer par George Kennan, le chargé d'affaires de l'ambassade américaine. Kennan avait passé des années en Russie et des heures à tenter de déchiffrer le personnage de Joseph Staline. L'Armée rouge s'était emparée de près de la moitié de l'Europe, libérant bien des nations du joug nazi, et cela au prix de vingt millions de morts dans le camp russe. Mais aujourd'hui l'ombre du Kremlin s'abattait sur plus de cent millions de personnes au-delà des frontières de l'URSS. Kennan prévoyait que les Soviétiques ne renonceraient pas à leurs conquêtes : il avait prévenu la Maison Blanche de se préparer à une confrontation.

Quelques jours avant l'arrivée à Moscou de Bedell Smith, Kennan envoya le télégramme le plus célèbre de l'histoire de la diplomatie américaine, « le long télégramme », un portrait long de huit mille mots décrivant la paranoïa soviétique. Les lecteurs de Kennan – d'abord une poignée, puis bientôt des millions – s'attachèrent tous, semble-t-il, à une seule ligne : les Soviétiques étaient imperméables à la logique de la raison, mais extrêmement sensibles à « la logique de la force ». Kennan allait bientôt s'acquérir la réputation du plus grand kremlino-logue du gouvernement américain. « Pendant la guerre, expliqua Kennan des années plus tard, nous étions habitués à avoir devant nous un ennemi fort. L'ennemi doit toujours être un centre où se focalisent nos efforts. Il doit être l'incarnation du mal[24]. »

Bedell Smith disait de lui qu'il était « le meilleur des professeurs possibles pour un chef de mission fraîchement débarqué [25] ».

Par une nuit glacée d'avril 1946 [26], à bord d'une limousine battant pavillon américain, Bedell Smith pénétra dans la forteresse du Kremlin. À la porte, des officiers de renseignement soviétiques contrôlèrent son identité. Sa voiture passa devant d'anciennes cathédrales russes et devant la grosse cloche brisée au pied d'une tour dans l'enceinte du Kremlin. Des soldats en bottes de cuir noir et culottes à rayures rouges le saluèrent avant de le faire entrer dans le bâtiment. Il était venu seul. Ils l'escortèrent par un long couloir puis franchirent de hautes doubles portes capitonnées de cuir vert foncé. Enfin, dans une salle de conférences très haute de plafond, le général fut accueilli par le généralissime.

Bedell Smith posa à Staline une double question :

« Que veut l'Union soviétique et jusqu'où la Russie compte-t-elle aller ? »

Le regard perdu dans le lointain, Staline tirait sur sa cigarette tout en griffonnant au crayon rouge des cœurs et des points d'interrogation. Il nia avoir le moindre dessein sur aucune autre nation et s'éleva contre les propos tenus récemment par Winston Churchill dans un discours prononcé quelques semaines plus tôt et où il déclarait qu'un rideau de fer s'était abattu sur l'Europe.

Staline affirma que la Russie connaissait ses ennemis.

« Pensez-vous vraiment, demanda Bedell Smith, que les États-Unis et la Grande-Bretagne aient formé une alliance contre la Russie ?

— *Da*, répondit Staline.

— Jusqu'où, répéta le général, la Russie compte-t-elle aller ? »

Staline le regarda droit dans les yeux et déclara :

« Nous n'avons pas l'intention d'aller beaucoup plus loin. »

Jusqu'où ? Nul ne le savait. Quelle était la mission des services de renseignement américains devant la nouvelle menace soviétique ? Personne n'en était bien sûr.

« UN APPRENTI JONGLEUR »

Le 10 juin 1946, le général Hoyt Vandenberg devint le deuxième directeur de la Centrale de renseignement. Pilote de belle prestance, il avait dirigé pour Eisenhower la guerre aérienne tactique en Europe et se retrouvait maintenant à la tête d'une organisation minable installée dans un groupe de bâtiments délabrés au fin fond du quartier perdu d'une petite colline dominant le Potomac. Il avait son bureau au

2430 E Street, l'ancien quartier général de l'OSS, entre une usine à gaz abandonnée, une brasserie et une patinoire.

Il manquait à Vandenberg trois éléments essentiels : l'argent, le pouvoir et les hommes. Aux yeux de Lawrence Houston, conseiller juridique de la direction du Renseignement de 1946 à 1972, le Central Intelligence Group n'avait pas d'existence légale : le Président n'avait pas le droit de créer d'un coup de baguette magique une agence fédérale. Sans l'accord du Congrès, le CIG ne pouvait juridiquement pas dépenser d'argent. Pas d'argent, donc pas de pouvoir.

Vandenberg entreprit de ramener les États-Unis dans le monde du renseignement. Il créa un nouvel Office of Special Operations pour mener à l'étranger des activités d'espionnage et de subversion et, pour financer ces missions, il arracha discrètement 15 millions de dollars à une poignée de membres du Congrès. Il voulait tout savoir des forces soviétiques en Europe centrale et en Europe de l'Est – leurs mouvements, leurs possibilités, leurs intentions – et il donna ordre à Richard Helms de lui fournir ces informations dans les plus brefs délais. Helms, responsable de l'espionnage en Allemagne, en Autriche, en Suisse, en Pologne, en Tchécoslovaquie et en Hongrie, avec un effectif à l'étranger de 228 personnes, dit[27] qu'il avait l'impression d'être « un apprenti jongleur essayant de lancer en l'air sans les faire tomber un ballon de caoutchouc, une bouteille de lait ouverte et une mitrailleuse chargée ». À travers l'Europe, « une légion d'exilés politiques, d'anciens officiers de renseignement et ex-agents secrets, ainsi qu'une collection d'aventuriers se transformaient en pontes du renseignement qui négociaient le commerce d'informations fabriquées à la demande ». Plus ses espions achetaient des renseignements, moins ils avaient de valeur. Ce qui passait pour des renseignements concernant les Soviétiques et leurs satellites était un patchwork de supercheries inventées par des menteurs talentueux[28].

Helms établit par la suite qu'au moins la moitié des informations sur l'Union soviétique et l'Europe de l'Est contenues dans les dossiers de la CIA relevaient de la falsification pure. Et rares étaient ceux parmi ses officiers ou ses analystes à pouvoir faire le tri entre la réalité et la fiction.

Dès le premier jour où Vandenberg prit ses fonctions, il fut accablé de terrifiants rapports en provenance de l'étranger. Impossible de déterminer si les mises en garde étaient authentiques mais, de toute façon, elles remontaient la voie hiérarchique. Flash : un officier soviétique ivre affirmait que la Russie allait attaquer sans prévenir. Flash : le commandant des forces soviétiques dans les Balkans portait un toast à la chute imminente d'Istanbul. Flash : Staline s'apprêtait à envahir la Turquie, encercler la mer Noire puis prendre le contrôle de la Méditerranée et du Moyen-Orient. Le Pentagone décida que la meilleure façon de faire échec à toute avance soviétique était de couper les lignes de ravitaillement de l'Armée rouge en Roumanie. Les plus hauts membres de l'état-major interarmes se penchaient déjà sur les plans de bataille.

Ils dirent à Vandenberg de préparer la première opération clandestine de la guerre froide. Pour se plier à ces instructions, Vandenberg transforma la mission du Central Intelligence Group. Le 17 juillet 1946, il dépêcha deux de ses aides de camp auprès de Clark Clifford, le conseiller de Truman pour la sécurité. Ils affirmèrent « qu'il fallait maintenant modifier la conception initiale du Central Intelligence Group » pour en faire une « agence opérationnelle »[29]. Ce qui fut fait sans aucune autorisation légale. Le même jour, Vandenberg demanda personnellement au secrétaire à la Guerre, Robert Patterson, et au secrétaire d'État, James Byrnes, de lui glisser discrètement 10 millions de dollars supplémentaires de fonds secrets pour financer le travail des « agents de renseignement à travers le monde[30] ». Ils s'exécutèrent.

L'Office of Special Operations de Vandenberg entreprit alors de mettre sur pied une force de résistance en Roumanie. Frank Wisner avait laissé derrière lui tout un réseau d'agents à Bucarest qui ne demandaient qu'à travailler pour les Américains mais qui, hélas, étaient profondément infiltrés par les services secrets soviétiques. Charles W. Hostler, le premier chef d'antenne à Bucarest pour l'Office of Special Operations, se trouva plongé dans une ambiance de « conspiration, d'intrigues, de comportements douteux, de fourberie, de malhonnêteté, et au besoin de meurtres et d'assassinats » au milieu d'un ramassis de fascistes, de communistes, de monarchistes, d'industriels, d'anarchistes, de modérés, d'intellectuels et d'idéalistes... « un environnement social et politique auquel de jeunes officiers américains étaient bien mal préparés »[31].

Vandenberg ordonna au lieutenant Ira C. Hamilton et au major Thomas R. Hall, tous deux appartenant à la petite mission militaire américaine à Bucarest, d'organiser en force de résistance le Parti national paysan de Roumanie. Le major Hall, qui avait été officier de l'OSS dans les Balkans, parlait un peu le roumain, le lieutenant Hamilton pas un mot. Il avait pour guide le seul agent de quelque importance recruté deux ans auparavant par Wisner : Theodore Manacatide, qui avait été sergent au service de renseignement de l'Armée roumaine et qui travaillait maintenant à la mission américaine comme traducteur dans la journée et espion la nuit. Manacatide emmena Hamilton et Hall rencontrer des dirigeants du Parti national paysan. Les Américains leur proposèrent le soutien clandestin des États-Unis : armes, argent et informations. Le 5 octobre, les Américains, travaillant pour la nouvelle station du Central Intelligence Group dans Vienne occupée, firent passer en Autriche l'ancien ministre des Affaires étrangères de Roumanie et cinq autres membres de la prétendue Armée de libération : après les avoir bourrés de calmants, ils les fourrèrent dans des sacs postaux et les emmenèrent par avion en lieu sûr.

Il ne fallut que quelques semaines au Renseignement soviétique et à la police secrète roumaine pour retrouver la trace des espions. Les Américains et leur principal agent détalèrent tandis que les forces de sécurité communistes écrasaient le plus gros de la résistance roumaine. Accusés de trahison, les leaders du Parti paysan furent jetés en prison. Manacatide, Hamilton et Hall furent condamnés par contumace lors d'un procès public après que des témoins eurent juré qu'ils s'étaient présentés comme agents du nouveau service de renseignement américain. Frank Wisner découvrit en page 10 du *New York Times* du 20 novembre 1946 un bref article annonçant que son ancien agent Manacatide, « anciennement employé par la mission des États-Unis », avait été condamné à la prison à vie « pour avoir accompagné à un congrès du Parti national un certain lieutenant Hamilton, de la Mission militaire américaine ». À la fin de l'hiver, tous les Roumains jusqu'au dernier qui avaient travaillé pour Wisner pendant la guerre furent emprisonnés ou exécutés. Une dictature sans merci prit le contrôle de la Roumanie, son accession au pouvoir précipitée par l'échec de l'action clandestine américaine.

Wisner abandonna son cabinet d'avocats et partit pour Washington : là, il se fit confier au Département d'État un poste où il surveillait les secteurs occupés de Berlin, Vienne, Tokyo, Séoul et Trieste. Mais il avait de plus grandes ambitions. Il était convaincu que les États-Unis devaient apprendre à se battre d'une autre manière, en utilisant les mêmes talents et les mêmes armes secrètes que leur ennemi.

3.

« COMBATTRE LE FEU PAR LE FEU »

Washington était une petite ville dirigée par des gens qui croyaient vivre au centre de l'univers. Leur ville dans la ville était Georgetown, une enclave de 2,5 kilomètres carrés de rues pavées bordées de magnolias. Au cœur de ce quartier, au 3327 P Street, se dressait une magnifique maison de trois étages construite dans les années 1820 avec un jardin anglais et une impressionnante salle à manger. C'est là que s'étaient installés Frank et Polly Wisner. En 1947, cela devint le dimanche soir le rendez-vous de l'établissement de sécurité nationale qui commençait à émerger : de fait, la politique étrangère des États-Unis se précisa vraiment à la table des Wisner.

On pouvait y rencontrer un de leurs amis intimes, David Bruce, un ancien de l'OSS qui allait devenir ambassadeur des États-Unis à Paris ; Chip Bohlen, conseiller du secrétaire d'État et futur ambassadeur à Moscou ; le sous-secrétaire d'État Robert Lovett et le futur secrétaire d'État Dean Acheson ; et aussi le nouvel éminent kremlinologue George Kennan. Ces hommes étaient convaincus qu'il était en leur pouvoir de changer le cours des événements, et leur grand sujet de discussion était comment empêcher la Russie de mettre la main sur l'Europe. Staline consolidait son contrôle sur les Balkans. Dans les montagnes de Grèce, des guérillas gauchistes s'opposaient à la monarchie. Des émeutes éclataient en Italie et en France. Le soleil déclinait sur l'Empire britannique : les États-Unis allaient devoir prendre seuls la tête du monde libre.

Wisner et ses invités prêtaient à Kennan une oreille attentive. Ils avaient tous lu le fameux « long télégramme » envoyé de Moscou et partageaient les vues de son auteur sur la menace soviétique. Tout comme le secrétaire à la Marine James Forrestal, qui allait bientôt devenir le premier secrétaire à la Défense, un ancien enfant prodige de Wall Street qui voyait dans le communisme un fanatisme qu'il fallait combattre avec une foi encore plus ardente. Devenu le protecteur politique de Kennan, Forrestal l'installa dans la demeure d'un général au National War College et fit de ses écrits une lecture obligatoire pour des milliers d'officiers. Vandenberg, le directeur du Central Intelligence Group, avait avec Kennan des discussions sans fin sur les moyens d'espionner les recherches des Russes sur l'arme atomique. Le nouveau secrétaire d'État, George C. Marshall, le chef de l'Armée américaine pendant la Seconde Guerre mondiale, décida que le pays avait besoin de remodeler sa politique étrangère et, au printemps, il nomma Kennan directeur des Affaires politiques au Département d'État.

Ce dernier était en train d'esquisser un plan de bataille pour ce qu'on appelait depuis peu la guerre froide. En six mois, les idées de cet obscur diplomate aboutirent aux trois forces qui allaient dominer le monde : la doctrine Truman, avertissement lancé à Moscou de cesser de mettre sur son orbite des pays étrangers les uns après les autres ; le Plan Marshall, bastion destiné à renforcer l'influence américaine en face du communisme ; et le service des actions clandestines de la Central Intelligence Agency [32].

« LE PLUS GRAND SERVICE DE RENSEIGNEMENT DU MONDE »

En février 1947, l'ambassadeur britannique avait annoncé au secrétaire d'État Dean Acheson que dans six semaines l'Angleterre devrait cesser l'aide économique et militaire qu'elle accordait à la Grèce et à la Turquie. Les Grecs auraient besoin d'environ un milliard de dollars dans les quatre ans à venir pour lutter contre la menace communiste. De Moscou, Walter Bedell Smith assurait que la présence de troupes britanniques constituait la seule force capable d'empêcher la Grèce de tomber sous le joug soviétique.

Aux États-Unis, la peur des Rouges s'accentuait. Pour la première fois depuis la crise de 1929, les Républicains avaient maintenant le contrôle des deux chambres du Congrès et l'influence de gens comme Joseph McCarthy, le sénateur du Wisconsin, et le représentant de Californie, Richard Nixon, ne cessait de s'accentuer. Truman était de moins en moins populaire, sa cote dans les sondages avait chuté de 50 points depuis la fin de la guerre. Il n'avait plus le même avis à propos de Staline et des Soviétiques : il était maintenant convaincu qu'ils représentaient un fléau pour le monde.

Truman et Acheson convoquèrent le sénateur Arthur Vandenberg, un Républicain, président de la Commission des Affaires étrangères.

Acheson expliqua qu'une tête de pont communiste en Grèce représenterait une menace pour toute l'Europe occidentale. Les États-Unis allaient devoir trouver un moyen de sauver le monde libre – et ce serait au Congrès de régler la note. Le sénateur Vandenberg s'éclaircit la voix et se tourna vers Truman. « Monsieur le Président, dit-il [33], la seule façon d'y parvenir, c'est de prononcer un discours qui fichera la trouille au pays. »

Le 12 mars 1947, Truman prononça ce discours : lors d'une réunion des deux chambres du Congrès, il déclara que, si les États-Unis ne luttaient pas contre le communisme à l'étranger, le monde courait au désastre. Il fallait, déclara le Président, des centaines de millions de dollars pour soutenir la Grèce, aujourd'hui « menacée par les activités terroristes de plusieurs milliers d'hommes armés ». Sans l'aide américaine, « le désordre risquait de gagner tout le Moyen-Orient », les pays d'Europe plongeraient dans le désespoir, et les ténèbres s'abattraient sur le monde libre. Son credo avait des accents nouveaux : « J'estime que la politique des États-Unis doit être de soutenir les peuples libres qui refusent de se laisser asservir par des minorités armées ou par des pressions extérieures. » Toute agression d'un ennemi de l'Amérique contre toute nation du monde serait considérée comme une attaque contre les États-Unis. C'était la doctrine Truman. Le Congrès tout entier l'applaudit debout.

On commença à déverser des millions de dollars sur la Grèce en même temps que des navires de guerre, des soldats, des armes, des munitions, du napalm et des espions. Athènes devint bientôt une des plus grandes antennes du Renseignement américain dans le monde. La décision prise par Truman de combattre le communisme au-delà des frontières constituait la première directive claire que les espions américains recevaient de la Maison Blanche. Il leur manquait encore un chef déterminé. Le général Vandenberg comptait les jours en attendant de se voir confier le commandement de la nouvelle aviation américaine, mais, s'adressant encore à une poignée de membres du Congrès comme directeur du Central Intelligence Group, il leur confia en secret que jamais le pays n'avait connu de telles menaces à l'extérieur.

Durant la Seconde Guerre mondiale, dit Vandenberg, « nous devions nous fier avec une confiance aveugle au remarquable système de renseignement britannique » – mais « les États-Unis ne devraient jamais aller demander à un gouvernement étranger de leur prêter ses yeux – son service de renseignement – pour y voir ». La CIA pourtant dépendrait toujours des services de renseignement étrangers pour comprendre vraiment des pays et des langues qui lui étaient inconnus.

Le successeur de Vandenberg, le troisième à occuper ce poste en quinze mois, fut le contre-amiral Roscoe Hillenkoetter, qui prêta serment le 1er mai 1947. Hilly, comme on l'appelait, n'était vraiment pas fait pour cette tâche. Il respirait l'insignifiance. Comme ses prédécesseurs, il n'avait jamais voulu être le directeur du Renseignement – « il n'aurait sans doute jamais dû l'être », dit un ouvrage sur la CIA [34].

Le 27 juin 1947, une commission du Congrès tint quelques séances secrètes qui, à la fin de l'été, aboutirent à la création officielle de la CIA.

Né en 1893 dans une des meilleures familles de Watertown, dans l'État de New York, Allen Dulles était un ardent patriote. Son père était le pasteur presbytérien de la ville ; son grand-père et son oncle avaient été tous les deux secrétaires d'État. À Princeton, le président de son collège était Woodrow Wilson, qui devait devenir président des États-Unis. Après la Première Guerre mondiale, Dulles avait occupé des postes subalternes dans la diplomatie et lors de la crise de 29 travaillé dans un cabinet d'avocats de Wall Street. Chef de l'OSS en Suisse, il s'était acquis une réputation – cultivée avec soin – de maître espion et les dirigeants du parti républicain le considéraient comme un directeur du Renseignement en exil, comme on voyait chez son frère John Foster Dulles, le principal porte-parole de la politique étrangère du parti, un secrétaire d'État fantôme. Allen était un homme extrêmement affable, avec un regard pétillant, et un rire tonitruant. Mais c'était aussi un homme d'une grande duplicité, qui trompait régulièrement sa femme, et dévoré d'ambition.

Des gardes armés interdisaient l'accès du bureau 1501 [35] dans le Longworth Office Building, un des trois bâtiments construits pour abriter le Congrès, et tous ceux qui travaillaient là avaient juré le secret. Tirant sur sa pipe comme un proviseur réprimandant des élèves turbulents, Allen Dulles décrivait une CIA qui serait « dirigée par un petit groupe d'hommes triés sur le volet et ayant la passion de l'anonymat ». Son directeur devrait posséder « une solide formation juridique », ainsi qu'une « longue expérience et de profondes connaissances » – bref, un homme qui ressemblerait fort à Allen Dulles. Ses principaux assistants, si c'étaient des militaires, « renonceraient à leur grade de soldat, de marin ou d'aviateur pour "prendre la robe" en entrant dans le service de renseignement ».

Les Américains, affirmait Dulles, avaient « la matière première pour édifier le plus grand service de renseignement du monde. Les effectifs n'ont pas besoin d'être très nombreux » – quelques centaines de bonnes recrues feraient l'affaire. « Le fonctionnement du service ne doit rien avoir de flamboyant sans pour autant s'envelopper dans le mystère où aiment à se draper les détectives amateurs, assura-t-il aux membres du Congrès. Pour réussir, il ne faut que beaucoup de travail, du discernement et du bon sens. »

Il se garda bien de dire ce qu'il voulait vraiment : ressusciter les opérations clandestines de l'OSS pendant la guerre.

La création d'un nouveau service d'action clandestine était à portée de main. Le président Truman en dévoila l'architecture en signant le 26 juillet le National Security Act. Ce texte faisait de l'aviation une arme séparée sous le commandement du général Vandenberg, et un nouveau Conseil de sécurité nationale, le National Security Council ou NSC, devenait le central de la Maison Blanche pour communiquer les décisions présidentielles. Il créait aussi le poste de secrétaire à la Défense : son premier titulaire, James Forrestal, reçut pour mission d'unifier l'établissement militaire américain. (« Ce service, écrivit James Forrestal quelques jours plus tard [36], va probablement être le plus grand cimetière de toute l'Histoire pour les vieux fauves incapables de faire encore leur numéro. »

Et, en six paragraphes concis et un peu sommaires, le texte donna naissance le 18 septembre à la Central Intelligence Agency.

La CIA était née avec de graves tares congénitales. Elle se heurta dès l'abord à des ennemis farouches au Pentagone et au Département d'État – les organismes dont elle était précisément chargée de coordonner les rapports. Ses pouvoirs étaient mal définis et pendant près de deux ans, on ne verrait venir ni statut officiel ni budget alloué par le Capitole. En attendant, le quartier général de la CIA ne survivrait que grâce à un fonds de subsistance voté par une poignée de membres du Congrès.

Et son caractère secret resterait toujours en contradiction avec l'esprit d'ouverture de la démocratie américaine. « Cette organisation, écrivit Dean Acheson qui allait bientôt devenir secrétaire d'État [37], m'inspirait les plus vives appréhensions » et il « avertit le Président qu'une fois installée, ni le Conseil de sécurité nationale, ni personne d'autre ne serait en mesure de savoir ce qu'elle ferait, ni de la contrôler ».

Le National Security Act ne mentionnait pas d'opérations secrètes à l'étranger. Il donnait pour instructions à la CIA de coordonner, d'évaluer et de diffuser les informations – et de se charger d'« autres fonctions et missions liées au renseignement intéressant la Sécurité nationale ». Onze mots qui contenaient les pouvoirs préservés deux ans auparavant par l'habile général Magruder malgré les réticences du Président. Avec le temps, ce vide juridique allait permettre de mener des centaines d'opérations clandestines – dont quatre-vingt-une durant le second mandat de Truman [38].

La conduite d'opérations clandestines exigeait l'autorisation directe ou tacite du Conseil de sécurité nationale. Le NSC se composait en ce temps-là du président Truman, du secrétaire à la Défense, du secrétaire d'État et des chefs militaires. Mais c'était un organisme évanescent. Il ne se réunissait pas souvent et, quand cela arrivait, Truman participait rarement à ses travaux.

Les décisions importantes se prenaient en secret, souvent au cours de petits-déjeuners le mercredi à la résidence privée du secrétaire à la Défense Forrestal.

Le 27 septembre, Kennan adressa à celui-ci une note détaillée[39] demandant l'installation d'un « corps spécialisé dans la guérilla ». Même si le peuple américain n'approuverait peut-être jamais de telles méthodes, estimait Kennan, « il pourrait être essentiel pour notre sécurité de combattre le feu par le feu ». Forrestal accueillit avec enthousiasme cette proposition. À eux deux, ils mirent sur pied le service américain des opérations clandestines.

« L'INAUGURATION D'UNE GUERRE POLITIQUE ORGANISÉE »

Forrestal convoqua Hillenkoetter au Pentagone pour discuter de « l'opinion aujourd'hui généralement admise que notre Central Intelligence Group est d'une totale inefficacité ». Il avait de bonnes raisons de s'en inquiéter : l'écart entre les capacités de la CIA et les missions qu'on lui demandait de remplir était atterrant.

Le nouveau responsable du Bureau des opérations spéciales de la CIA, le colonel Galloway, était un pète-sec imbu de sa personne dont la carrière avait atteint son sommet quand, officier de cavalerie, il enseignait les subtilités de l'équitation aux cadets de West Point. Écœuré, son adjoint, Stephen Penrose, qui avait dirigé la section Moyen-Orient de l'OSS, donna sa démission. Dans une note amère adressée à Forrestal, Penrose l'avertit[40] : « La CIA perd ses professionnels et sans attirer de nouvelles recrues compétentes », au moment même « où, plus que jamais, le gouvernement a besoin d'un service de renseignement professionnel, efficace et en pleine expansion ».

Néanmoins, le 14 décembre 1947, le Conseil de sécurité nationale confia à la CIA sa première mission top-secret. L'Agence devait mener des « opérations psychologiques clandestines conçues pour faire échec aux activités des Soviétiques ou inspirées par eux[41] ». Sur ce roulement de tambour martial, la CIA entreprit de battre les Rouges aux élections italiennes prévues pour avril 1948.

La CIA déclara à la Maison Blanche que l'Italie courait le risque de devenir un État totalitaire et policier. Si les communistes l'emportaient, ils s'empareraient du « plus ancien bastion de la culture occidentale.

Les catholiques, en particulier, auraient toute raison de s'inquiéter de la sécurité du Saint-Siège[42] ». La perspective d'un gouvernement athée faisant peser sa menace sur le pape était trop horrible à envisager. Kennan estimait que mieux valait une guerre ouverte plutôt que de laisser les communistes s'emparer légalement du pouvoir – mais l'action clandestine inspirée des techniques de subversion communiste offrait la meilleure solution de rechange.

F. Mark Wyatt, un jeune officier de la CIA qui se fit les dents sur cette opération, se souvenait qu'elle commença des semaines avant que le Conseil de sécurité nationale ne l'autorise officiellement. Dès le début, la mission était illégale. « Au quartier général de la CIA, nous étions absolument terrifiés, dit Wyatt[43], et non sans raison. Nous outrepassions ce que prévoyaient nos statuts. »

Il faudrait de l'argent, beaucoup d'argent, pour battre les communistes. Environ 10 millions de dollars, d'après les estimations les plus optimistes du chef de l'antenne de la CIA à Rome, James J. Angleton. Élevé en partie en Italie, Angleton avait servi là dans l'OSS et il y était resté ; il avait affirmé au quartier général avoir si profondément infiltré le service secret italien qu'il le contrôlait pratiquement. Ses membres allaient faire la chaîne pour distribuer les fonds. Mais d'où viendrait l'argent ? La CIA n'avait toujours pas de budget indépendant et pas de fonds de secours pour les opérations clandestines.

James Forrestal et son copain Allen Dulles sollicitèrent leurs amis et collègues de Wall Street et de Washington – hommes d'affaires, banquiers et politiciens – mais cela ne suffisait jamais. Forrestal s'adressa alors à un vieux camarade, John W. Snyder, le secrétaire au Trésor et un des plus proches collaborateurs de Harry Truman. Il persuada Snyder de puiser dans le Fonds de stabilisation des changes, créé à la suite de la crise de 29 pour consolider la valeur du dollar à l'étranger par des opérations de Bourse à court terme, et converti pendant la Seconde Guerre mondiale en caisse de dépôt pour le butin pris aux forces de l'Axe. Il contenait 200 millions de dollars qui devaient être affectés à la reconstruction de l'Europe. Des millions furent virés sur les comptes en banque de riches citoyens américains, dont beaucoup d'Italo-Américains, qui envoyaient alors l'argent aux associations politiques récemment formées par la CIA. Les donateurs avaient pour instructions de faire figurer un code spécial sur leur déclaration d'impôts à la rubrique « donations à des œuvres de charité ». Ces sommes étaient remises à des politiciens italiens et à des prêtres de l'Action catholique, le bras politique du Vatican. Ainsi des valises bourrées de billets changeaient-elles de main entre les murs du prestigieux hôtel Hassler. « Nous aurions préféré faire cela de façon plus raffinée, dit Wyatt. Passer à quelqu'un des sacoches noires pour affecter le résultat d'une élection n'a rien de vraiment séduisant. » Mais cela marcha : les chrétiens-démocrates italiens l'emportèrent avec une marge confortable et formèrent un gouvernement sans les communistes. Ce fut le début d'une longue histoire d'amour entre le parti et l'Agence. Pendant les vingt-cinq années à venir, la CIA garda l'habitude d'acheter les votes et les politiciens à grand renfort de sacs de billets.

Mais, dans les semaines précédant les élections, les communistes remportèrent une nouvelle victoire. Ils s'emparèrent de la Tchécoslovaquie, inaugurant une série d'arrestations et d'exécutions qui se poursuivirent pendant près de cinq ans. Le chef d'antenne de la CIA à Prague, Charles Katek, œuvra pour faire passer à Munich une trentaine de Tchèques – ses agents et leur famille, et parmi eux le chef du Renseignement tchèque. Katek s'arrangea pour lui faire quitter le pays coincé entre le radiateur et la calandre d'une torpédo [44].

Le 5 mars 1948, au moment où éclatait la crise tchèque, un câble terrifiant arriva au Pentagone, envoyé par le général Lucius D. Clay, chef des forces américaines d'occupation à Berlin. Le général disait qu'il avait l'intuition qu'une attaque soviétique risquait de se déclencher d'une minute à l'autre. Une fuite en provenance du Pentagone mit en émoi Washington. La CIA eut beau adresser un rapport assurant au Président que rien n'annonçait une agression imminente, personne n'écouta. Le lendemain, Truman réunit les deux chambres du Congrès pour annoncer que l'Union soviétique et ses agents brandissaient la menace d'un cataclysme. Il demanda et fit immédiatement approuver la formidable entreprise qui devait être connue sous le nom de Plan Marshall [45].

Le Plan offrait au monde libre des milliards de dollars pour réparer les dommages causés par la guerre et dresser contre les Soviétiques une barrière politique et économique soutenue par les Américains. Dans dix-neuf capitales – seize en Europe, trois en Asie – les États-Unis aideraient à rebâtir la civilisation, suivant un plan américain. George Kennan et James Forrestal figuraient parmi les principaux auteurs du projet, Allen Dulles faisant office de consultant.

Ils contribuèrent à y insérer un codicille secret qui donnait à la CIA les moyens de mener une guerre politique : cette disposition permettait à l'Agence de rafler sur les fonds du Plan des millions de dollars ne figurant sur aucun bilan.

Le mécanisme était d'une simplicité stupéfiante. Après avoir approuvé le Plan Marshall, le Congrès ouvrit un budget d'environ 13,7 milliards de dollars sur cinq ans. Un pays qui bénéficiait de l'aide du Plan devait en contrepartie mettre de côté une somme équivalente dans sa propre monnaie. Les bureaux à l'étranger du Plan mirent à la disposition de l'Agence cinq pour cent de ces fonds.

C'était du blanchiment d'argent à l'échelle mondiale qui resta secret jusque bien après la fin de la guerre froide. Là où le Plan florissait en Europe et en Asie, il en allait de même des espions. « Nous regardions ailleurs pour leur donner un coup de main », dit le colonel R. Allen Griffin, qui dirigeait le département Extrême-Orient du Plan Marshall[46].

Les fonds secrets étaient au cœur des opérations clandestines. La CIA disposait maintenant d'une source inépuisable d'argent totalement anonyme.

Dans une note top-secret envoyée peut-être à une vingtaine de destinataires au Département d'État, à la Maison Blanche et au Pentagone le 4 mai 1948[47], Kennan proclama « l'inauguration d'une guerre politique organisée » et réclama la création d'un nouveau service d'action clandestine. Il déclara ouvertement que le Plan Marshall, la doctrine Truman et les opérations clandestines de la CIA faisaient tous partie d'une stratégie dirigée contre Staline.

L'argent siphonné au Plan Marshall par la CIA allait financer tout un réseau de commissions et de conseils présidés par des citoyens en vue. Les communistes avaient dans toute l'Europe ce genre d'organisations : maisons d'édition, journaux, groupes d'étudiants, syndicats. La CIA allait désormais en avoir autant. Ces organismes recruteraient des agents étrangers : émigrés d'Europe de l'Est, réfugiés de Russie. Sous le contrôle de la CIA, ces étrangers allaient créer dans les pays libres de l'Europe des groupes politiques clandestins qui transmettraient la flamme aux « mouvements de libération » opérant derrière le rideau de fer. Si la guerre froide devenait un conflit ouvert, les États-Unis disposeraient en première ligne d'une force de combat.

Les idées de Kennan firent bientôt des adeptes. Le 18 juin 1948, le Conseil de sécurité nationale les adopta dans un ordre du jour secret : la directive 10/2 du NSC demanda la mise en œuvre d'actions clandestines pour attaquer les Soviétiques sur l'ensemble de la planète[48].

La force de frappe conçue par Kennan pour conduire cette guerre secrète se vit décerner le nom le plus innocent qu'on pouvait imaginer : l'Office of Policy Coordination (OPC), le « Bureau de coordination politique ». C'était une couverture servant à dissimuler le travail du groupe. On l'installa dans le cadre de la CIA, mais son chef devrait rendre compte au secrétaire à la Défense ainsi qu'au secrétaire d'État tant le directeur de la Centrale de renseignement avait peu de pouvoirs. S'il faut en croire un rapport du Conseil de sécurité nationale déclassifié en 2003[49], le secrétaire d'État voulait qu'il se charge de la « diffusion de fausses rumeurs, d'actes de corruption, de l'organisation de mouvements non communistes ». Forrestal et le Pentagone voulaient « des mouvements de guérilla… des armées secrètes… des opérations de sabotage et des assassinats ».

« UN SEUL HOMME DOIT ÊTRE LE PATRON »

Le principal champ de bataille était Berlin. Frank Wisner travaillait sans relâche pour mettre au point la politique américaine dans la ville occupée. Il incitait ses supérieurs du Département d'État à user d'un stratagème pour pousser les Soviétiques à introduire une nouvelle monnaie allemande. Moscou repousserait certainement cette idée, ce qui provoquerait l'effondrement des accords de partage du pouvoir à Berlin. Une nouvelle dynamique politique ferait reculer les Russes.

Le 23 juin, les puissances occidentales instituèrent la nouvelle monnaie. Les Soviétiques répondirent aussitôt par le blocus de Berlin. Pendant que les États-Unis organisaient un pont aérien pour faire échec au blocus, Kennan passait des heures dans la salle de crise, le centre de communications avec l'étranger fermé à double tour au quatrième étage du Département d'État, à s'arracher les cheveux à mesure qu'arrivaient en rafales de Berlin câbles et télex.

L'antenne de la CIA à Berlin[50] s'efforçait vainement depuis plus d'un an d'obtenir des renseignements sur l'Armée rouge en Allemagne et en Russie, de suivre les progrès de Moscou dans les recherches sur les armes nucléaires, sur les chasseurs à réaction, les missiles et la guerre biologique. Ses officiers avaient pourtant des agents au sein de la police berlinoise et parmi les hommes politiques – et, surtout, un contact au quartier général du Renseignement soviétique à Karlshorst, dans Berlin-Est. On le devait à Tom Polgar, qui se révélait un des plus brillants officiers de la CIA. Polgar avait un maître d'hôtel dont le frère travaillait pour un officier de l'Armée soviétique à Karlshorst. Polgar prodiguait tablettes de chocolat et cacahuètes salées destinés à améliorer leur confort matériel. En retour on lui prodiguait des informations. Polgar avait un second agent, une télétypiste de la section de liaison au quartier général de la police de Berlin. La sœur de celle-ci était la maîtresse d'un lieutenant de police proche des Russes. Les amants se retrouvaient dans l'appartement de Polgar. Celui-ci transmit ainsi des informations d'une importance cruciale qui parvinrent jusqu'à la Maison Blanche. L'antenne de Berlin joua ainsi son rôle pour que durant ces mois-là la guerre froide reste froide.

Wisner, lui, était prêt à la voir se réchauffer. Il affirmait que les États-Unis devraient déployer blindés et artillerie dans les rues de Berlin. On ne l'écouta pas, mais son esprit combatif trouva des échos.

Kennan avait insisté : ce ne devrait pas être un comité qui contrôlerait les opérations clandestines. Il fallait un commandant en chef ayant le total soutien du Pentagone et du Département d'État. « Un seul homme doit être le patron », écrivit-il. Forrestal, Marshall et Kennan en convinrent : c'était Wisner.

Frisant la quarantaine, il était d'une courtoisie trompeuse. Dans sa jeunesse, il avait été bel homme, mais ses cheveux commençaient à s'éclaircir et son penchant pour l'alcool à lui épaissir le visage et le torse. Il n'avait à son actif que moins de trois ans d'expérience comme espion en temps de guerre et cryptodiplomate. Et voilà qu'il lui fallait créer de toutes pièces un service d'action clandestine.

Richard Helms observa que Wisner brûlait d'« un enthousiasme et d'une ardeur qui, à n'en pas douter, lui imposaient une tension hors du commun[51] ». Sa passion de l'action clandestine allait à jamais modifier la place de l'Amérique dans le monde.

4.

« LE GRAND SECRET »

Frank Wisner prit la tête du service d'action clandestine le 1er septembre 1948. Sa mission : ramener les Soviétiques derrière les anciennes frontières de la Russie et libérer l'Europe du joug communiste. Son poste de commandement était installé dans une baraque au toit de tôle ondulée faisant partie des constructions provisoires du ministère de la Guerre entre le mémorial de Lincoln et le monument à Washington. On croisait de la vermine dans les couloirs : ses hommes l'appelaient le « Palais des rats ».

Il travaillait dans un état de frénésie contrôlée, au moins douze heures par jour, six jours par semaine et il en exigeait autant de ses officiers. Il disait rarement au directeur de la Centrale de renseignement ce qu'il faisait : lui seul décidait si ses missions secrètes étaient conformes à la politique étrangère américaine.

Son organisation ne tarda pas à être plus importante que l'ensemble de l'Agence. Les opérations clandestines devinrent la force dominante, employant le plus de monde, disposant des fonds et du pouvoir les plus considérables et il en fut ainsi pendant plus de vingt ans.

En un mois, Wisner avait tracé les plans pour les cinq ans à venir. Il entreprit de créer un conglomérat multinational de médias pour la propagande. Il chercha à mener une guerre économique contre les Soviétiques en fabriquant de la fausse monnaie et en manipulant les marchés. Il croyait qu'il y avait en Allemagne 700 000 Russes à la dérive qu'il pourrait rallier à la cause. Il voulait en recruter un millier pour en faire des troupes de choc : il en trouva dix-sept.

Sur l'ordre de Forrestal, Wisner constitua des réseaux d'agents dormants – des étrangers qui combattraient les Soviétiques dans les premiers jours de la Troisième Guerre mondiale. L'objectif était de ralentir l'avance des centaines de milliers de soldats de l'Armée rouge en Europe de l'Ouest. Il voulait des armes, des munitions, des explosifs stockés dans des caches à travers l'Europe et le Moyen-Orient pour faire sauter des ponts, des dépôts et les champs de pétrole d'Arabie devant un déferlement soviétique. Le général Curtis LeMay, le nouveau chef du Strategic Air Command et qui avait sous son contrôle l'arsenal nucléaire américain, savait que ses appareils seraient à court de carburant après avoir largué leurs bombes sur Moscou et qu'au retour ses pilotes et ses équipages devraient sauter en parachute quelque part à l'est du rideau de fer. LeMay dit à Franklin Lindsay, le bras droit de Wisner[52], de préparer un itinéraire d'évasion pour permettre à ses hommes de s'échapper par voie de terre. Des colonels de l'Air Force lançaient des consignes à leurs homologues de la CIA : voler un chasseur-bombardier soviétique, de préférence avec son pilote enfermé dans un sac ; infiltrer des agents munis de radios dans chaque terrain d'aviation entre Berlin et l'Oural ; au premier signe avant-coureur de guerre, saboter toutes les pistes d'atterrissage d'Union soviétique. Ce n'étaient pas des requêtes : c'étaient des ordres.

Avant tout, il fallait à Wisner des milliers d'espions américains. Il lança une campagne de recrutement du Pentagone jusqu'à Park Avenue, Yale, Harvard et Princeton où on payait professeurs et entraî-neurs pour dénicher les talents. Il engagea des avocats, des banquiers, des étudiants, de vieux camarades de collège, des anciens combattants paumés. Wisner s'était donné pour objectif d'ouvrir au moins trente-six antennes à l'étranger dans les six mois : il réussit à en créer quarante-sept en trois ans. Presque chaque ville où il ouvrait boutique avait deux chefs d'antenne de la CIA : l'un travaillant pour Wisner aux actions clandestines, l'autre effectuant des missions d'espionnage pour le Service des opérations spéciales de la CIA. Comme on pouvait le prévoir, ils se tiraient mutuellement dans les pattes, se chipaient des agents : Wisner débaucha des centaines d'officiers des Opérations spéciales en leur offrant de plus grosses soldes et la promesse d'exploits plus glorieux.

Il réquisitionnait avions, armes, munitions, parachutes et uniformes de surplus dans les dépôts du Pentagone et des bases disséminées dans les zones occupées d'Europe et d'Asie et ne tarda pas à se trouver à la tête de stocks de quelque 250 millions de dollars. James McCargar, un des premiers hommes que Wisner engagea au Bureau de coordination politique, l'OPC, expliquait[53] : « On savait, bien sûr, que la CIA gardait le secret sur ses opérations ; mais celles de l'OPC n'étaient pas seulement secrètes, l'existence même de l'organisation était également un secret, à vrai dire le plus grand secret du gouvernement américain après les essais d'armes nucléaires. »

McCargar avait travaillé pour le Département d'État en Union soviétique durant la guerre et il y avait appris que « les seules méthodes qui vous permettaient d'arriver à vos fins étaient clandestines ». À lui tout seul, il avait évacué de Budapest des dirigeants politiques hongrois pour les amener dans une planque installée à Vienne par Al Ulmer, le premier chef de station de la CIA dans la capitale occupée. Les deux hommes devinrent rapidement amis et, lorsqu'ils se retrouvèrent à Washington durant l'été 1948, Ulmer invita McCargar à rencontrer son nouveau patron. Wisner engagea aussitôt ce dernier au quartier général et lui confia la responsabilité de sept pays : la Grèce, la Turquie, l'Albanie, la Hongrie, la Roumanie, la Bulgarie et la Yougoslavie. Quand il prit ses fonctions en octobre 1948, raconta McCargar, « nous n'étions que dix : Wisner, deux officiers, les secrétaires et moi. Moins d'un an plus tard, nous étions 450 et au bout de quelques années, des milliers ».

« ON NOUS TRAITAIT COMME DES ROIS »

Wisner envoya Al Ulmer à Athènes où il entreprit de couvrir dix pays bordant la Méditerranée, l'Adriatique et la mer Noire. Le nouveau chef de station acheta une magnifique résidence au sommet d'une colline dominant la ville, une propriété entourée d'un mur avec une salle à manger de vingt mètres de long et comme voisins le gratin du corps diplomatique. « Nous étions les maîtres, raconta Ulmer bien des années plus tard [54]. Nous dirigions. On nous traitait comme des rois. »

La CIA commença à assurer un appui politique et financier aux plus ambitieux militaires et officiers de renseignement, recrutant de jeunes éléments prometteurs susceptibles de diriger un jour le pays, des relations qui serviraient par la suite. D'abord à Athènes [55] et à Rome, puis dans toute l'Europe, des hommes politiques, des généraux, des chefs de réseaux d'espionnage, des directeurs de journaux, des leaders syndicalistes, tout comme des organisations culturelles et des associations religieuses en vinrent à compter sur l'Agence pour leur prodiguer conseils et fonds.

Les chefs d'antenne de Wisner avaient besoin d'argent liquide. À la mi-novembre 1948, Wisner prit l'avion pour Paris afin de discuter ce problème avec Averell Harriman, le directeur du Plan Marshall [56]. La rencontre eut lieu sous les dorures de l'hôtel Talleyrand, qui avait été la résidence du ministre des Affaires étrangères de Napoléon. Sous le regard du buste en marbre de Benjamin Franklin, Harriman déclara à Wisner qu'il pouvait puiser à sa guise dans les sacs bourrés de dollars du Plan. Fort de cette autorisation, Wisner regagna Washington pour être reçu par Richard Bissell, l'administrateur en chef du Plan Marshall. Wisner alla droit au but. Bissell fut d'abord déconcerté mais

« Wisner prit le temps d'apaiser du moins certaines de mes inquiétudes en m'assurant qu'il avait l'accord de Harriman. Quand j'insistai pour savoir comment serait utilisé cet argent, il m'expliqua qu'il ne pouvait pas me le dire », se rappelait Bissell. Il le découvrirait bien assez tôt : dix ans plus tard, il prenait la place de Wisner.

Wisner se proposait avec l'argent du Plan de briser l'influence des communistes sur les plus importantes organisations syndicales de France et d'Italie. Ayant obtenu l'accord de Kennan, il choisit deux talentueux leaders syndicaux pour conduire ces opérations à la fin de 1948 : Jay Lovestone, un ancien président du parti communiste américain, et Irving Brown, son fidèle second ; tous deux d'ardents anti-communistes, transformés par les âpres batailles idéologiques des années 30. Lovestone était secrétaire exécutif du Free Trade Union Committee, une sous-marque de l'American Federation of Labor, l'AFL ; Brown était son représentant en Europe. Ils versèrent de petites fortunes fournies par la CIA à des organisations syndicales soutenues par les démocrates-chrétiens et l'Église catholique. Des pots-de-vin distribués dans les ports de Marseille et de Naples garantirent que les armes et le matériel militaire américains seraient déchargés par des dockers amis. L'argent de la CIA coulait à flots dans les pattes dûment graissées de gangsters corses qui savaient briser une grève à coups de poing[57].

Wisner put aussi s'enorgueillir d'une mission plus acceptable en soutenant financièrement une mystérieuse association qui devint pendant vingt ans une vitrine intéressante pour la CIA : le Congrès pour la Liberté de la Culture. Il envisageait « un vaste projet ciblé sur les intellectuels – un peu comme la bataille pour l'esprit de Picasso », pour reprendre l'élégante formule de Tom Braden, de la CIA, un ancien de l'OSS[58]. Une guerre de mots menée à coups de petits magazines, de livres de poche et de conférences élitistes. « Je crois que le budget du Congrès pour la Liberté de la Culture pour une année où j'en étais responsable était de 800 000 à 900 000 dollars », dit Braden. Cela incluait les fonds de démarrage d'*Encounter*, un mensuel très intello qui eut une certaine influence dans les années 50 sans vendre plus de quarante mille exemplaires par numéro. Le genre de travail missionnaire susceptible d'attirer les étudiants en lettres récemment arrivés à l'Agence. Ce n'était pas désagréable de diriger une petite revue ou une maison d'édition à Paris ou à Rome.

Wisner, Kennan et Allen Dulles conçurent un bien meilleur moyen d'utiliser la ferveur politique et l'énergie intellectuelle d'exilés venant d'Europe de l'Est pour les canaliser de l'autre côté du rideau de fer : Radio Free Europe. Les préparatifs commencèrent à la fin de 1948 et au début de 1949, mais il fallut plus de deux ans pour écouter les

premières émissions. Dulles devint le fondateur d'un Comité international pour une Europe libre, une des nombreuses organisations de ce
genre financées par la CIA. Le conseil d'administration de Free Europe
comptait parmi ses membres le général Eisenhower ; Henry Luce, le
président de *Time, Life* et *Fortune* ; ainsi que Cecil B. DeMille, le
producteur de Hollywood – tous recrutés par Dulles et Wisner comme
couverture pour la véritable direction. La radio allait devenir une arme
puissante dans la guerre politique.

« LE CREUSET DE LA CONFUSION »

Wisner espérait vivement qu'Allen Dulles serait le prochain directeur de la Centrale de renseignement. Dulles aussi.

Au début de 1948, Forrestal avait demandé à Dulles de mener une
enquête top-secret sur les faiblesses de structure de la CIA. Le jour des
élections approchait et Dulles mettait la dernière main au rapport qui
allait lui tenir lieu de discours inaugural pour son arrivée à l'Agence.
Il était convaincu que Truman serait vaincu par le républicain Thomas
Dewey et que le nouveau président le nommerait au poste qui lui
revenait de droit.

Ce rapport[59], qui resta classifié pendant cinquante ans, était un
réquisitoire précis et brutal. Primo : la CIA brassait des tonnes de
papier ne contenant pratiquement que peu de faits, sinon aucun, sur la
menace communiste. Secundo : l'Agence n'avait pas d'espions parmi
les Soviétiques ni leurs satellites. Tertio : Roscoe Hillenkoetter avait
totalement échoué comme directeur. La CIA, affirmait le rapport,
n'était pas encore « un service de renseignement efficace » et il
faudrait « des années de patients efforts » pour y parvenir. Ce qu'il
fallait maintenant c'était un nouveau chef audacieux – et son identité
n'était un secret pour personne. Hillenkoetter nota amèrement que
c'était tout juste si Allen Dulles n'avait pas fait graver son nom sur la
porte du directeur. Mais lorsque le rapport arriva, Truman avait été
réélu et Dulles avait des liens si étroits avec le parti républicain que sa
nomination était politiquement inconcevable. Hillenkoetter resta donc,
laissant l'Agence effectivement sans dirigeant. Le Conseil de sécurité
nationale lui ordonna bien de tirer les conclusions du rapport mais il
n'en fit jamais rien.

Dulles se mit à expliquer à ses amis de Washington que, si on ne
prenait pas des mesures énergiques à la CIA, le Président courait au
désastre à l'étranger. D'autres firent chorus. Dean Acheson, maintenant
secrétaire d'État, entendit dire que la CIA était « en train de fondre

dans le creuset de la confusion et du ressentiment [60] » : c'étaient les propos que lui tenait Kermit « Kim » Roosevelt, le petit-fils du président Theodore Roosevelt, le cousin de FDR, et le futur chef du département Proche-Orient et Asie du Sud de la CIA. John Ohly, l'assistant de Forrestal pour le renseignement, mit en garde son patron [61] : « La plus grande faiblesse de la CIA tient au type et à la qualité de son personnel et à ses méthodes de recrutement. » Pire encore, « la plupart des gens capables restant à l'Agence ont décidé, si des changements ne se produisent pas dans les mois à venir, de donner leur démission. En perdant des collaborateurs de cette qualité, l'Agence va sombrer dans un marasme dont il sera bien difficile, pour ne pas dire impossible, de la tirer ». On aurait pu lire ces messages un demi-siècle plus tard. Ils décriraient fidèlement les malheurs de l'Agence dans la décennie qui suivit la chute du communisme soviétique. On comptait dans ses rangs bien peu d'espions américains expérimentés et, hors des États-Unis, pratiquement pas d'agents étrangers de talent.

Il n'y avait pas que les capacités de la CIA à être en cause. Les pressions de la guerre froide divisaient les nouveaux responsables de la Sécurité nationale.

James Forrestal et George Kennan avaient été les créateurs et les chefs des opérations clandestines de la CIA. Mais ils s'avéraient impuissants à contrôler la machine qu'ils avaient mise en marche. Kennan, lessivé, se terrait dans sa retraite à la Bibliothèque du Congrès. Forrestal était au bord du gouffre. Le 28 mars 1949, il démissionna de son poste de secrétaire à la Défense. Le dernier jour qu'il passa à son bureau, il craqua, proclamant en gémissant qu'il n'avait pas dormi depuis des mois. Le Dr William C. Menninger, le plus éminent psychiatre des États-Unis, diagnostiqua un épisode psychotique aigu et le fit enfermer d'urgence au service psychiatrique du Bethesda Naval Hospital.

Après cinquante nuits de délire [62], dans les dernières heures de son existence, Forrestal recopiait la traduction d'un poème de Sophocle quand il s'arrêta au milieu du mot « *nightingale* » (qui signifie *rossignol*) et fit une chute mortelle par sa fenêtre du quinzième étage. *Nightingale* était le nom de code d'un groupe de résistance ukrainien que Forrestal avait autorisé à mener une guerre secrète contre Staline. Ses chefs comprenaient des collaborateurs nazis qui, lors de la Seconde Guerre mondiale, avaient massacré des milliers de gens derrière les lignes allemandes. Les membres du groupe devaient être parachutés derrière le rideau de fer au service de la CIA.

5.

« UN RICHE AVEUGLE »

Durant la Seconde Guerre mondiale, les États-Unis firent cause commune avec les communistes pour lutter contre les fascistes. Durant la guerre froide, la CIA utilisa des fascistes pour combattre les communistes. Les Américains patriotes assumèrent ces missions au nom des États-Unis. « On ne peut pas faire marcher les chemins de fer, dit plutôt malencontreusement Allen Dulles [63], sans l'aide de quelques membres du parti nazi. »

Plus de deux millions de gens étaient à la dérive en Allemagne occupée. Nombre d'entre eux étaient des réfugiés tentant d'échapper à l'ombre qui ne cessait de s'étendre de la domination soviétique [64]. Frank Wisner envoya ses agents directement dans des camps de personnes déplacées afin d'en recruter pour une mission qu'il décrivait [65] comme « encourager les mouvements de résistance dans le monde soviétique et établir des contacts avec les organisations clandestines ». Son argument était que la CIA était obligée d'« utiliser ces réfugiés dans l'intérêt national des États-Unis ».

Malgré les objections du directeur de la Centrale de renseignement, il voulait faire parvenir à ces hommes des armes et de l'argent. Les exilés soviétiques étaient très demandés « comme réserve en cas de guerre éventuelle », observait l'Agence [66], même s'ils étaient « désespérément scindés en groupes ayant des objectifs, des philosophies et des tissus ethniques différents ».

Les ordres de Wisner donnèrent naissance à la première des missions paramilitaires de l'Agence – la première de bien d'autres qui envoyèrent à la mort des milliers d'agents étrangers. Toute l'affaire a commencé à se dévoiler avec la publication d'un ouvrage sur la CIA de l'historien Ruffner [67].

« MOINS ON EN DIRA SUR CE TEXTE,
MIEUX CELA VAUDRA »

Au début de 1949, les ambitions de Wisner se heurtèrent à un obstacle de taille. L'Agence n'avait pas l'autorité légale pour mener des actions clandestines contre aucune nation. Elle n'avait pas de statut constitutionnel promulgué par le Congrès ni de fonds légalement autorisés pour les entreprendre. Elle continuait donc à opérer hors des lois des États-Unis.

Au début de février 1949, le directeur de la Centrale vint bavarder en privé avec Carl Vinson, un démocrate de Géorgie, qui présidait la Commission du Congrès pour les services armés. Hillenkoetter l'avertit que le Congrès devait passer une loi accordant sa bénédiction officielle à la CIA et lui accordant le plus vite possible un budget. L'Agence était plongée jusqu'au cou dans diverses opérations et il lui fallait une couverture légale. Après avoir fait part de ses inquiétudes à quelques autres membres de la Chambre des représentants et du Sénat, Hillenkoetter leur soumit le Central Intelligence Agency Act de 1949. Ils se réunirent pendant une bonne demi-heure pour en soupeser les termes.

« Nous n'aurons qu'à dire à la Chambre, expliqua Vinson à ses collègues, qu'on doit se fier à notre jugement et que nous ne serons pas en mesure de répondre à beaucoup de questions qu'on pourrait nous poser. » Dewey Short, éminent représentant républicain à la Commission, convint que ce serait « une folie » de débattre le texte en public. « Moins on en dira sur ce texte, mieux cela vaudra pour nous tous »[68].

Le 27 mai 1949, le CIA Act fut rondement voté par le Congrès qui accordait ainsi à l'Agence les plus vastes pouvoirs imaginables. Une génération plus tard, il devint de bon ton de condamner les espions des États-Unis pour crimes contre la Constitution. Mais, au cours des vingt-cinq ans qui s'écoulèrent entre le vote du CIA Act et l'éveil au Congrès d'un esprit de chien de garde, la CIA ne se vit interdire que de se comporter comme une police secrète sur le territoire des États-Unis. La loi octroyait à l'Agence le droit de faire à peu près tout ce qu'elle voulait dès l'instant où le Congrès lui en fournissait annuellement les moyens financiers. Ceux qui étaient au courant considéraient l'approbation du budget secret par une petite sous-commission des services armés comme une autorisation légale concernant toutes les opérations clandestines. Un des membres du Congrès en votant « oui » résuma cet accord tacite bien des années plus tard, lorsqu'il était président des États-Unis. Si c'est secret, c'est légal, déclara Richard Nixon.

La CIA avait maintenant carte blanche : des fonds versés sans pièces justificatives – des sommes qui ne laissaient aucune trace, enfouies sous de fausses rubriques dans le budget du Pentagone – représentaient des autorisations sans limite.

Une clause clé de la loi de 1949 permettait à la CIA de faire entrer aux États-Unis cent ressortissants étrangers par an au nom de la sécurité nationale en leur accordant « un permis de séjour permanent sans tenir compte de tout ce qui pourrait le leur interdire dans le cadre des lois sur l'immigration ou de tout autre texte ». Le même jour où le président Truman signait le CIA Act de 1949, lui donnant ainsi force de loi, Willard G. Wyman, le général à deux étoiles qui dirigeait maintenant le Bureau des opérations spéciales de l'Agence, expliquait aux fonctionnaires américains des services d'immigration qu'un Ukrainien du nom de Mikola Lebed [69] « rendait de précieux services à cette Agence en Europe [70] ». Grâce à la loi récemment votée, la CIA fit ainsi entrer Lebed aux États-Unis.

Les propres dossiers de l'Agence décrivaient la faction ukrainienne dirigée par Lebed comme « une organisation terroriste ». Lebed, pour sa part, avait fait de la prison pour le meurtre du ministre de l'Intérieur polonais en 1936 et il s'était évadé quand l'Allemagne avait trois ans plus tard attaqué la Pologne. Il voyait dans les nazis des alliés naturels. Les Allemands recrutèrent ses hommes qu'ils incorporèrent dans deux bataillons, dont l'un baptisé « Rossignol », qui se battit dans les Carpates, survécut à la fin de la guerre et resta dans les forêts d'Ukraine pour hanter jusqu'à sa mort le secrétaire à la Défense Forrestal. Lebed, de son côté, s'était proclamé à Munich ministre des Affaires étrangères en exil du Conseil de libération de l'Ukraine et offrit à la CIA de mettre à la disposition de l'Agence ses partisans pour des missions contre Moscou.

Le ministère de la Justice établit que c'était un criminel de guerre qui avait massacré une foule d'Ukrainiens, de Polonais et de Juifs. Mais tous les efforts tentés pour le déporter cessèrent après qu'Allen Dulles en personne eut écrit au commissaire fédéral de l'immigration pour dire que Lebed était « d'une valeur inestimable pour l'Agence » et qu'il l'avait assistée dans des « opérations de la plus haute importance ».

« La CIA, note l'histoire secrète de l'Agence concernant l'opération ukrainienne [71], avait peu de moyens de recueillir des renseignements sur l'Union soviétique et se sentait obligée d'exploiter toutes les occasions, si minces que fussent les chances de succès ou si peu recommandable que fût l'agent en question. Les groupes d'émigrés, même ceux qui avaient un passé douteux, étaient souvent la seule alternative qui s'offrait à moins de ne rien faire du tout. » Aussi, « les antécédents parfois peu recommandables pendant la guerre de nombreux groupes de ce genre s'estompaient quelque peu s'ils pouvaient rendre service à la CIA ». En 1949, les États-Unis étaient prêts à travailler avec à peu près n'importe quel salopard pour combattre Staline. Lebed était de ceux-là.

« NOUS NE VOULIONS PAS Y TOUCHER »

Tout comme le général Reinhard Gehlen [72].

Pendant la Seconde Guerre mondiale, le général Gehlen, en tant que chef de l'Abwehr, le service de renseignement militaire d'Hitler, avait essayé d'espionner les Soviétiques depuis le front de l'Est. C'était un homme autoritaire et prudent qui jurait disposer d'un réseau de « bons Allemands » pour espionner derrière les lignes russes pour le compte des États-Unis.

« Dès le début, dit Gehlen, j'étais motivé par les convictions suivantes : une confrontation entre l'Est et l'Ouest est inévitable. Chaque Allemand doit apporter sa contribution pour que l'Allemagne soit en mesure de remplir les missions qui lui incombent pour la défense commune de la civilisation occidentale chrétienne. » Les États-Unis avaient besoin « des meilleurs Allemands pour les aider dans cette tâche… si l'on veut sauvegarder la culture occidentale ». Le réseau de renseignement qu'il proposait aux Américains se composait d'un groupe de « remarquables ressortissants allemands qui sont de bons Allemands mais dont l'idéologie les porte aussi dans le camp des démocraties occidentales ».

Incapable de contrôler l'organisation Gehlen, même si elle en finançait généreusement les opérations, l'armée s'efforça à maintes reprises de la refiler à la CIA. Bien des officiers de Richard Helms y étaient vivement opposés. L'un d'eux exprima sa répulsion à travailler avec un réseau d'« anciens SS au passé nazi avéré ». Un autre lança en guise d'avertissement que « le Renseignement américain est un riche aveugle qui se sert de l'Abwehr comme chien pour le guider. Le seul ennui, c'est que la laisse est bien trop longue [73] ». Helms lui-même craignait à juste titre que « les Russes soient certainement au courant de cette opération [74] ».

« Nous ne voulions pas y toucher, dit Peter Sichel, alors chef des opérations allemandes au quartier général de la CIA [75]. Ce n'était absolument pas une question d'éthique mais de sécurité. »

Mais, en juillet 1949, sous la pression incessante de l'armée, la CIA prit le contrôle du groupe Gehlen. Installé dans d'anciens bureaux nazis, dans la banlieue de Munich, Gehlen accueillit à bras ouverts dans son cercle des douzaines de criminels de guerre notoires. Comme le redoutaient Helms et Sichel, les services de renseignement est-allemands et soviétiques pénétrèrent au plus niveau le groupe Gehlen. Les plus dangereuses de ces taupes refirent surface bien après que le groupe se fut transformé en service de renseignement national d'Allemagne de l'Ouest. L'homme qui depuis longtemps était à la tête du contre-espionnage de Gehlen avait toujours travaillé pour Moscou.

Steve Tanner, un jeune officier de la CIA basé à Munich, raconta que Gehlen avait convaincu les responsables du Renseignement américain qu'il était en mesure de mener des missions au cœur même du pouvoir soviétique. « Et, étant donné les difficultés que nous rencontrions pour y parvenir, assurait-il [76], cela paraissait idiot de ne pas essayer. »

« NOUS N'ALLIONS PAS RESTER ASSIS SUR NOS FESSES »

Tanner était un ancien des services de renseignement de l'armée, tout juste sorti de Yale, et recruté par Richard Helms en 1947, parmi les deux cents premiers officiers de la CIA à prêter serment. À Munich, il était chargé de trouver des agents susceptibles de recueillir des informations pour les États-Unis de l'autre côté du rideau de fer.

À peu près toutes les principales nationalités de l'Union soviétique et de l'Europe de l'Est possédaient au moins un groupe d'émigrés persuadés de leur propre importance qui recherchaient l'aide de la CIA à Munich et à Francfort. Certains des hommes que Tanner examina comme espions potentiels étaient des ressortissants d'Europe de l'Est qui s'étaient rangés aux côtés de l'Allemagne contre la Russie. Ils comprenaient « des gens avec un passé de fasciste essayant de sauver leur carrière en se rendant utiles aux Américains », disait Tanner et il se méfiait d'eux.

Faute de recevoir des directives de Washington, Tanner s'en imposa quelques-unes : pour bénéficier du soutien de la CIA, les groupes d'émigrés devaient avoir été fondés dans leur pays natal et non pas dans une salle de café de Munich. Ils devaient avoir des contacts dans leur pays avec des groupes antisoviétiques. Ils ne devaient pas s'être compromis par une étroite collaboration avec les nazis. En décembre 1948, après de longs et minutieux contrôles, Tanner estima avoir trouvé une bande d'Ukrainiens qui méritaient l'appui de la CIA. Le groupe s'intitulait

« Conseil suprême pour la libération de l'Ukraine ». Ses membres à Munich faisaient office de représentants politiques de ceux qui se battaient dans leur patrie. Tanner assura à ses chefs que, sur le plan moral aussi bien que politique, le Conseil suprême était un organisme fiable.

Tanner passa le printemps et l'été 1949 à préparer l'infiltration de ses Ukrainiens derrière le rideau de fer. Les hommes étaient arrivés des Carpates des mois auparavant comme courriers, porteurs de messages des groupes clandestins ukrainiens rédigés sur de minces feuilles de papier pliées en liasses et cousues ensemble. On les considéra comme les signes d'un mouvement de résistance acharnée susceptible de fournir des renseignements sur ce qui se passait en Ukraine et de donner l'alerte en cas d'attaque soviétique contre l'Europe de l'Ouest. À la direction de la CIA, on nourrissait même de plus grands espoirs : on pensait que « l'existence de ce mouvement pourrait influer sur l'évolution d'un conflit ouvert entre les États-Unis et l'URSS ».

Tanner recruta un équipage de casse-cous qui, quelques mois plus tôt, avaient détourné un avion de ligne hongrois pour le poser à Munich. Le 26 juillet, le général Wyman, chef des Opérations spéciales de la CIA, donna son approbation officielle. Tanner surveilla leur entraînement – utilisation du morse, maniement des armes, etc. – car il comptait parachuter deux d'entre eux au-dessus de leur pays natal pour que la CIA puisse communiquer avec les partisans. La CIA, malheureusement, n'avait personne à Munich ayant l'expérience de parachutage d'agents derrière les lignes ennemies. Tanner finit par dénicher quelqu'un. « Un collègue serbo-croate qu'on avait parachuté en Yougoslavie durant la dernière guerre enseigna à mes gars comment sauter et comment se recevoir. C'était dingue ! Comment peut-on faire un saut périlleux arrière avec une carabine en bandoulière ? » Mais c'était ce genre d'opérations qui avait fait la réputation de l'OSS.

Tanner déclara qu'il ne fallait pas trop attendre de cette mission. « Nous nous rendions compte que ce n'était pas au fond des forêts d'Ukraine qu'ils avaient des chances de savoir ce qu'il y avait dans la tête de Staline, ni comment se posaient les grands problèmes politiques, dit-il. Du moins pourraient-ils se procurer des documents, ramasser des chaussures, des vêtements, les choses qui traînent dans les poches des gens. » Car, pour créer un vrai réseau d'espions au sein de l'Union soviétique, la CIA devrait leur fournir des éléments de déguisement : les détritus quotidiens de la vie en Russie. Même si ces missions ne permettaient jamais de recueillir beaucoup de renseignements extraordinaires, dit Tanner, ils auraient une grande valeur symbolique. « Cela montrerait à Staline que nous n'allions pas rester assis sur nos fesses. Et c'était important car, jusque-là, nous n'avions fait que dalle pour ce qui était des opérations sur son territoire. »

Le 5 septembre 1949, les hommes de Tanner décollèrent à bord d'un C-47 piloté par les Hongrois qui étaient arrivés à Munich en détournant leur avion. Aux accents martiaux d'une marche militaire, ils sautèrent dans la nuit des Carpates pour se poser près de la ville de Lvov. Le Renseignement américain avait pénétré en Union soviétique.

L'histoire de la CIA, déclassifiée en 2005, donne un bref résumé de ce qui se passa ensuite : « Les Soviétiques éliminèrent rapidement les agents. »

« QUELLE ERREUR AVIONS-NOUS COMMISE ? »

L'opération n'en déclencha pas moins une véritable vague d'enthousiasme au quartier général de la CIA. Wisner se mit à tirer des plans pour envoyer davantage d'hommes afin de recruter des réseaux de dissidents, créer des mouvements de résistance soutenus par les Américains et pouvoir prévenir assez tôt la Maison Blanche d'une attaque des forces soviétiques. La CIA expédia par avion et par voie de terre des douzaines d'agents ukrainiens : ils furent presque tous capturés. Les officiers de renseignement soviétiques se servaient des prisonniers pour la désinformation : tout va bien, envoyez encore des armes, de l'argent, des hommes. Puis ils les exécutaient. Au bout de cinq ans de « missions avortées », l'histoire de l'Agence précise : « La CIA renonça à cette méthode. »

« À la longue, conclut l'ouvrage, les efforts de l'Agence pour pénétrer de l'autre côté du rideau de fer en utilisant des agents ukrainiens se révélèrent tragiquement vains. »

Wisner pourtant ne se laissa pas décourager. Il se lança dans de nouvelles aventures paramilitaires en Europe.

En octobre 1949, quatre semaines après le premier parachutage en Ukraine, Wisner fit équipe avec les Britanniques pour faire passer des rebelles en Albanie communiste, le pays le plus pauvre et le plus isolé d'Europe. Il voyait dans cette enclave balkanique désolée un terrain fertile pour lever une force de résistance composée de royalistes en exil et de racaille loyaliste ramassés à Rome et à Athènes. Un navire parti de Malte emmena neuf Albanais pour la première mission de commando. Trois hommes furent tués immédiatement et la police secrète se mit à la poursuite des survivants. Wisner n'avait ni le loisir ni le goût de l'introspection. Il envoya un nouveau contingent se faire entraîner au parachutage à Munich, puis les confia à la station d'Athènes qui avait son propre aéroport, une flotte d'avions et quelques pilotes polonais coriaces.

Ils sautèrent au-dessus de l'Albanie pour atterrir dans les bras de la police secrète. Avec l'échec de chaque mission, les plans devenaient plus frénétiques, l'entraînement plus bâclé, les Albanais plus désespérés, leur capture plus certaine. Les agents qui survécurent furent faits prisonniers, les messages qu'ils adressaient à la station d'Athènes contrôlés par leurs gardiens.

« Quelle erreur avions-nous commise ? » se demandait John Limond Hart qui s'occupait des Albanais de Rome [77]. Il fallut des années à la CIA pour comprendre que les Soviétiques connaissaient depuis le début tous les détails de l'opération. Les camps d'entraînement en Allemagne étaient infiltrés. Les communautés d'exilés albanais de Rome, Athènes et Londres étaient infestées de traîtres. Et James J. Angleton – l'homme responsable au quartier général de la sécurité des opérations secrètes, chargé de protéger la CIA des agents doubles – avait coordonné la mission avec son meilleur ami du Renseignement britannique : l'espion soviétique Kim Philby, qui faisait la liaison entre Londres et l'Agence.

Philby travaillait pour Moscou depuis un bureau sécurisé du Pentagone, à côté de celui des chefs d'état-major interarmes. Des rasades de gin ou de whisky avaient scellé son amitié avec Angleton. C'était un buveur extraordinaire, qui descendait sa bouteille de whisky par jour et Angleton était en passe de devenir un des champions d'alcoolisme de la CIA, un titre pourtant fort disputé. Pendant plus d'un an et après plus d'un déjeuner bien arrosé, Angleton fournit à Philby les coordonnées précises des zones de largage de chaque agent que la CIA parachutait en Albanie. Malgré les échecs qui succédaient aux échecs, et les morts aux morts, les vols se poursuivirent quatre années durant. Au total, environ deux cents agents étrangers de la CIA trouvèrent ainsi la mort. Pratiquement personne du gouvernement américain ne le savait. C'était le grand secret.

Quand ce fut terminé, Angleton fut promu au rang de chef du contre-espionnage, poste qu'il occupa pendant vingt ans. Ivre après le déjeuner, l'esprit perdu dans un dédale impénétrable, sa corbeille où arrivait son courrier un trou noir, il devait porter un jugement sur chaque officier responsable de chaque opération dirigée contre les Soviétiques. Il en vint à se persuader qu'un maître plan soviétique contrôlait la perception du monde des Américains et que lui, et lui seul, comprenait la profondeur de cette imposture. Il entraîna les missions de la CIA contre Moscou dans un ténébreux labyrinthe.

« UNE IDÉE FONDAMENTALEMENT MAUVAISE »

Au début de 1950, Wisner lança un nouvel assaut contre le rideau de fer. Il confia cette mission à un autre ancien de Yale en poste à Munich du nom de Bill Coffin, une nouvelle recrue qui avait toute la ferveur anticommuniste d'un socialiste convaincu.

« J'avais vu, dit Coffin, qu'auprès de Staline Hitler pouvait parfois passer pour un boy-scout. J'étais très antisoviétique mais très pro-russe. »

Wisner décida de jouer sur les Solidaristes, un groupe russe encore plus à droite si possible en Europe qu'Hitler. Seule une poignée d'agents de la CIA à parler russe comme Bill Coffin pouvait travailler avec eux. La CIA et les Solidaristes commencèrent à faire passer des tracts dans les casernes russes d'Allemagne de l'Est. Puis ils lancèrent des ballons emportant des milliers de brochures. Ils parachutèrent ensuite des groupes de quatre hommes embarqués à bord d'avions dépourvus de toute immatriculation qui les larguaient jusqu'au-dessus des faubourgs de Moscou. Les agents solidaristes descendaient un par un en territoire russe pour être un par un traqués, capturés et exécutés. Une fois de plus, la CIA livrait ses agents à la police secrète.

« C'était une idée fondamentalement mauvaise », déclara plus tard Coffin, devenu aumônier de Yale. Il fallut presque une décennie à l'Agence pour reconnaître qu'« assister des émigrés dans l'éventualité d'un conflit avec l'URSS était une notion peu réaliste ».

Au total, des centaines d'agents étrangers de la CIA furent ainsi envoyés à la mort en Russie, en Pologne, en Roumanie, en Ukraine et dans les États baltes au cours des années 50. Il ne reste dans les archives aucune trace de leur sort, pas plus que du châtiment pour les responsables de ces échecs.

Quelques heures seulement après que les hommes de Tanner aient décollé pour leur premier vol en septembre 1949, un équipage de l'Air Force survolant l'Alaska avait détecté des traces de radioactivité dans l'atmosphère. Tandis qu'on analysait les résultats de ces prélèvements le 20 septembre, la CIA déclarait avec assurance que l'Union soviétique ne fabriquerait pas de bombe atomique avant au moins quatre ans [78].

Trois jours plus tard, Truman annonçait au monde que Staline avait la bombe.

Le 29 septembre, le chef du renseignement scientifique de la CIA signalait dans un rapport que son service était incapable de remplir sa mission : il lui manquait les spécialistes capables de repérer les efforts de Moscou pour produire des armes de destruction massive. Le travail de l'Agence concernant les armes nucléaires s'était soldé par « un échec presque total » à tous les niveaux ; ses espions ne possédaient aucune donnée scientifique ni technique sur la bombe soviétique et les analystes en étaient réduits à des estimations au pif. Il prévenait que cet échec risquait d'avoir pour les États-Unis des « conséquences catastrophiques ».

Le Pentagone ordonna frénétiquement à la CIA de poster ses agents à Moscou pour dérober les plans militaires de l'Armée rouge. « À l'époque, pensait Richard Helms, la possibilité de recruter et de contrôler ce genre de sources était aussi improbable que d'installer des espions en résidence sur la planète Mars. »

Là-dessus, sans avertissement, le 25 juillet 1950, les États-Unis se trouvèrent confrontés à une attaque surprise qui avait bien l'air du début de la Troisième Guerre mondiale.

6.

« C'ÉTAIENT DES MISSIONS-SUICIDE »

La guerre de Corée fut pour la CIA le premier grand test. Il donna à l'Agence son premier véritable chef : le général Walter Bedell Smith. Le président Truman l'avait appelé pour sauver la CIA bien avant que la guerre éclate. Mais, après avoir servi comme ambassadeur des États-Unis à Moscou, le général était rentré chez lui avec un ulcère qui avait failli le tuer. Quand on annonça l'invasion de la Corée, il se trouvait à l'hôpital militaire Walter Reed où on venait de lui enlever les deux tiers de l'estomac. Truman le supplia, mais le général lui demanda un mois pour voir s'il allait survivre. L'appel se transforma alors en ordre et Bedell Smith devint le quatrième directeur de la Centrale de renseignement en quatre ans.

Il avait pour mission de découvrir les secrets du Kremlin et il avait une idée assez claire de ses chances. « Je m'attends au pire et je suis sûr que je ne serai pas déçu. » Aussitôt après avoir prêté serment, arborant sa quatrième étoile, cadeau du Président, il découvrit le pétrin dans lequel il s'était fourré. « C'est intéressant de vous voir tous ici réunis, dit-il en parcourant du regard la table lors de sa première réunion d'état-major [79]. Ce sera encore plus intéressant de voir combien vous serez d'ici quelques mois. »

Bedell Smith était un homme extrêmement autoritaire, impitoyable, sarcastique et qui ne supportait pas l'imperfection. Les opérations tentaculaires de Wisner le firent s'étrangler de rage. « C'était là que passait tout l'argent, déclara-t-il [80], et le reste de l'Agence s'en doutait. » Dès sa première semaine en poste, il découvrit que c'était au Département d'État et au Pentagone que Wisner rendait compte et non pas au directeur de la CIA. Fou de colère, il informa le chef des opérations clandestines que le temps de dépenser sans compter était fini.

« UNE TÂCHE IMPOSSIBLE »

Pour mieux servir le Président, le général tenta de sauver le côté analytique de l'Agence, ce qu'il appelait « le cœur et l'âme de la CIA[81] ». Il procéda à une révision de fond en comble des procédures de rédaction des rapports de renseignement et il finit par persuader Sherman Kent, qui avait fui Washington dans les premiers jours sombres du Central Intelligence Group, de revenir de Yale pour créer un système d'estimations nationales rassemblant les meilleures informations dont pouvaient disposer les divers services du gouvernement. Kent déclara que c'était « une tâche impossible[82] ». Après tout, dit-il, « estimer c'est ce qu'on fait quand on ne sait pas[83] ».

Quelques jours après l'entrée en fonction de Bedell Smith, Truman s'apprêtait à rencontrer le général Douglas MacArthur sur l'île de Wake, dans le Pacifique. Le Président voulait connaître les meilleurs renseignements que possédait la CIA sur la Corée. Et, avant tout, savoir si la Chine communiste allait entrer en guerre. MacArthur, qui lançait ses troupes au cœur de la Corée du Nord, avait affirmé que la Chine n'attaquerait jamais.

La CIA ne savait pratiquement rien de ce qui se passait en Chine. En octobre 1949, au moment où Mao Tsé-toung chassait les forces nationalistes de Tchang Kaï-chek et proclamait la République populaire, seule une poignée des espions américains en Chine avait fui à Hong-Kong et Taiwan. Déjà entravée par Mao, la CIA était paralysée par MacArthur qui détestait l'Agence et faisait de son mieux pour interdire à ses agents l'accès de l'Extrême-Orient. Malgré les efforts désespérés de la CIA pour garder un œil sur la Chine, les réseaux d'agents étrangers que lui avait légués l'OSS étaient bien trop insuffisants. Il en allait de même de la documentation et des recherches dont disposait l'Agence. Au début de la guerre de Corée, quatre cents analystes travaillaient sur des bulletins de renseignement quotidiens destinés au président Truman, mais quatre-vingt-dix pour cent de leurs rapports ne faisaient que réécrire les dossiers du Département d'État ; le plus clair du reste n'était que commentaires sans intérêt[84].

Sur le théâtre des opérations, la CIA avait pour alliés les services de renseignement de deux dirigeants aussi corrompus que peu fiables : le président de la Corée du Sud, Syngman Rhee, et le chef des nationalistes chinois, Tchang Kaï-chek. Les informations valables étaient aussi difficiles à trouver que l'électricité et l'eau courante. La CIA se trouvait manipulée par des amis véreux, dupée par des ennemis communistes et à la merci d'exilés à court d'argent qui fabriquaient de faux renseignements [85].

La seule vraie source de renseignement sur l'Extrême-Orient depuis les derniers jours de la Seconde Guerre mondiale jusqu'à la fin 1949 provenait des petits génies du service secret des transmissions de l'Armée américaine : ils étaient parvenus à intercepter et à décrypter des câbles et des communiqués communistes échangés entre Moscou et l'Extrême-Orient. Puis le silence tomba au moment précis où le leader nord-coréen Kim Il Sung discutait avec Staline et Mao de l'attaque qu'il envisageait de lancer. La possibilité pour les Américains d'écouter les projets militaires soviétiques, chinois et nord-coréens s'évanouit soudain.

Juste avant qu'éclate la guerre de Corée, un espion soviétique avait infiltré le centre nerveux des décrypteurs de codes, Arlington Hall, une ancienne école de filles réquisitionnée à un jet de pierre du Pentagone. Il s'agissait de William Wolf Weisband, un linguiste qui traduisait les messages déchiffrés du russe en anglais. Recruté par le service de renseignement soviétique dans les années 30, Weisband parvint à lui tout seul à faire voler en éclats la possibilité qu'avaient les États-Unis de lire les messages secrets soviétiques. Bedell Smith comprit qu'il était arrivé quelque chose d'épouvantable au service des transmissions et il alerta la Maison Blanche. Cela eut pour résultat la création de la National Security Agency, le service secret des transmissions qui ne tarda pas à dépasser la CIA par ses effectifs et son pouvoir. Un demi-siècle plus tard, la National Security Agency qualifia l'affaire Weisband de « peut-être l'échec le plus significatif dans le domaine du renseignement de toute l'histoire des États-Unis [86] ».

« AUCUNE INDICATION CONVAINCANTE »

Le Président partit pour l'île de Wake le 11 octobre 1950. La CIA lui assura qu'elle ne voyait « aucune indication convaincante de l'intention que pourrait avoir la Chine d'intervenir sur une grande échelle en Corée... à moins que l'URSS ne décide une guerre mondiale [87] ». L'Agence parvint à ce jugement malgré deux alertes envoyées par les trois hommes de l'antenne de Tokyo. D'abord, le chef de station, George Aurell, signala qu'un officier chinois nationaliste de Mandchourie le prévenait que Mao avait massé 300 000 hommes près de la frontière coréenne. Puis Bill Duggan, qui devint par la suite chef de station à Taiwan, assura que les Chinois n'allaient pas tarder à pénétrer en Corée du Nord. La seule réaction du général MacArthur fut de menacer Duggan de le faire arrêter. Jamais ces avertissements ne parvinrent jusqu'à l'île de Wake.

Au quartier général, l'Agence continuait à affirmer à Truman que la Chine ne participerait en aucune façon à la guerre. Le 18 octobre, tandis que les forces de MacArthur fonçaient en direction du nord vers le Yalu et la frontière chinoise, la CIA annonça : « L'aventure soviético-coréenne s'est soldée par un échec. » Le 20 octobre, elle déclara que les forces chinoises repérées sur la rive du Yalu étaient là pour protéger les installations hydro-électriques. Elle précisa à la Maison Blanche le 28 octobre qu'en fait de troupes chinoises, il ne s'agissait que d'une poignée de volontaires. Le 30 octobre, après une attaque contre les troupes américaines qui avait causé de lourdes pertes, la CIA réaffirma qu'une intervention chinoise de grande envergure était improbable. Quelques jours plus tard, des agents de la CIA qui parlaient chinois interrogèrent plusieurs prisonniers capturés durant cet engagement et établirent que c'étaient des soldats de Mao. La CIA pourtant réitéra ses affirmations que la Chine n'allait pas lancer d'invasion. Deux jours plus tard, 300 000 Chinois déclenchèrent une offensive si brutale qu'elle repoussa presque les Américains à la mer.

Bedell Smith était horrifié. Il croyait que la CIA avait pour mission de protéger la nation contre une surprise militaire. Mais l'Agence n'avait su interpréter aucune des crises mondiales de l'année précédente : la bombe atomique soviétique, la guerre de Corée, l'invasion chinoise. En décembre 1950, le président Truman proclama l'état d'urgence et rappela en activité le général Eisenhower, tandis que Bedell Smith accentuait sa guerre à lui pour faire de la CIA un service de renseignement professionnel. Il commença par chercher quelqu'un pour contrôler Frank Wisner.

« UN DANGER INCONTESTABLE »

Un nom lui vint à l'esprit.

Le 4 janvier 1951, Bedell Smith accepta l'inévitable et nomma Allen Dulles directeur adjoint des plans de la CIA (le titre servait de couverture : le poste était en fait chef des opérations clandestines). Il s'avéra vite que les deux hommes n'étaient pas faits pour s'entendre, comme l'observa Tom Polgar de la CIA lorsqu'il les vit ensemble. « Bedell manifestement n'aime pas Dulles, se souvient-il. Un officier reçoit un ordre et il l'exécute. Un avocat trouve toujours un moyen de se défiler. À la CIA, s'avéra-t-il, un ordre est le point de départ d'une discussion. »

Les opérations de Wisner étaient devenues cinq fois plus nombreuses depuis le début de la guerre. Bedell Smith voyait que les États-Unis n'avaient aucune stratégie pour mener ce genre de lutte. Il en appela au président Truman et au Conseil de sécurité nationale. L'Agence était-elle vraiment censée soutenir une révolution armée en Europe de l'Est ? En Chine ? En Russie ? Le Pentagone et le Département d'État répondirent : absolument, et plus encore. Le directeur se demandait comment. Wisner recrutait chaque mois des centaines d'étudiants qu'après quelques semaines dans une école de commandos il envoyait aux quatre coins du monde. Il s'efforçait d'édifier un appareil militaire à l'échelle mondiale sans le moindre entraînement professionnel, sans logistique ni réseau de communications. Pendant ce temps, Bedell Smith, assis à son bureau, grignotait les biscuits et les bouillies auxquels il était condamné depuis son intervention chirurgicale à l'estomac et sa colère se mêlait au désespoir.

Son second, le directeur adjoint du Renseignement, Bill Jackson, écœuré, finit par donner sa démission en disant que les opérations de la CIA étaient un impossible fatras[88]. Bedell Smith n'eut d'autre choix que de nommer Dulles directeur adjoint et Wisner chef des opérations clandestines. Quand il vit le premier budget de la CIA que proposaient les deux hommes, il explosa. Il s'élevait à 587 millions de dollars, une augmentation de onze fois depuis 1948. Plus de 400 millions étaient pour les opérations clandestines de Wisner : trois fois plus que le montant combiné de l'espionnage et de l'analyse[89].

Cela représentait « un danger incontestable pour la CIA en tant qu'agence de renseignement », tonna Bedell Smith[90]. Les meilleurs éléments seront forcés de consacrer tout leur temps à organiser les opérations et négligeront nécessairement le renseignement. Ce fut alors que le général commença à soupçonner Dulles et Wisner de lui cacher quelque chose. Lors des réunions quotidiennes avec le directeur adjoint et ses collaborateurs, comme le confirment des documents déclassifiés après 2002, il ne cessait de les interroger sur ce qui se passait à l'étranger. Mais à ses questions on ne lui faisait que des réponses inexplicablement vagues – ou pas de réponse du tout. Il les avertit de ne pas « taire » ni « maquiller des incidents regrettables ni des erreurs graves ». Il donna l'ordre de fournir un compte rendu détaillé de leurs opérations paramilitaires : noms de code, descriptions, objectifs, coûts. Il ne put jamais l'obtenir.

« NOUS NE SAVIONS PAS CE QUE NOUS FAISIONS »

Les rapports classifiés de la CIA sur la guerre de Corée révèlent ce que redoutait Bedell Smith[91].

Ils disent que les opérations paramilitaires de l'Agence étaient « non seulement inefficaces mais sans doute moralement répréhensibles par le nombre de vies perdues ». Des milliers d'agents recrutés chez les Coréens et les Chinois furent parachutés au-dessus de la Corée du Nord pendant la guerre pour ne jamais revenir. « Le temps et les frais dépensés étaient considérablement disproportionnés aux résultats », conclut l'Agence.

« On n'entreprenait pas la plupart de ces missions pour collecter du renseignement. Elles servaient à approvisionner des groupes de résistance inexistants ou fictifs, dit Peter Sichel qui fut témoin de cette succession d'échecs lorsqu'il devint chef de station à Hong-Kong[92]. C'étaient des missions-suicide. » Elles se poursuivirent jusque dans les années 60, des légions d'agents envoyés à la mort pour poursuivre des ombres.

Dans les premiers jours de la guerre, Wisner affecta un millier d'officiers en Corée et trois cents à Taiwan avec ordre d'infiltrer l'imprenable forteresse que représentait la dictature militaire de Mao et de Kim Il Sung. Il les lança dans la bataille sans guère de préparation ni d'entraînement. Parmi eux se trouvait Donald Gregg, tout juste émoulu du Williams College et qui, quand la guerre éclata, ne savait même pas où était la Corée. Après avoir suivi un cours éclair d'opérations paramilitaires, il fut expédié sur l'île de Saipan, un nouvel avant-poste de la CIA, aménagé au beau milieu du Pacifique pour 28 millions de dollars pour devenir un camp d'entraînement pour les opérations clandestines en Corée, en Chine, au Tibet et au Vietnam. Gregg recruta dans des camps de réfugiés des hommes courageux mais indisciplinés, ne parlant pas l'anglais et s'efforça d'en faire sur-le-champ des agents de renseignement américains. La CIA leur confia des missions mal conçues et qui n'eurent d'autres résultats que d'allonger la liste des vies sacrifiées. Gregg n'oublia jamais cette époque, même s'il devint par la suite chef de la station de la CIA à Séoul, puis ambassadeur des États-Unis en Corée du Sud et pour finir adjoint au chef de la Sécurité nationale sous les ordres du vice-président George H. W. Bush.

« Nous ne savions pas ce que nous faisions, confia-t-il plus tard[93]. Les résultats en Europe étaient mauvais. En Asie aussi. L'Agence avait à ses débuts des résultats épouvantables : une grande réputation et des résultats épouvantables. »

« LA CIA SE FAISAIT DUPER »

Bedell Smith ne cessait de mettre en garde Wisner contre les faux renseignements fabriqués par l'ennemi. Mais certains des agents de Wisner en fabriquaient eux-mêmes – y compris le chef d'antenne et le chef des opérations qu'il envoya en Corée.

Durant le printemps et l'été de 1952, les agents de Wisner parachutèrent plus de 1 500 Coréens dans le Nord. Ceux-ci envoyèrent par radio un flot de rapports détaillés sur les mouvements des forces communistes chinoises et nord-coréennes, tout cela sous la houlette du chef de l'antenne de la CIA à Séoul, Albert R. Haney, un colonel d'infanterie beau parleur et ambitieux qui sc vantait ouvertement d'avoir des milliers d'hommes travaillant pour lui dans des opérations de guérila et des missions de renseignement. Haney affirmait avoir personnellement surveillé le recrutement et l'entraînement de centaines de Coréens. Certains de ses collègues américains le tenaient pour un dangereux idiot. William W. Thomas Jr, un officier de renseignement politique pour le Département d'État à Séoul, soupçonnait le chef d'antenne d'avoir à sa solde une foule de gens « contrôlés par le camp adverse [94] ».

C'était également l'avis de John Limond Hart, qui remplaça Haney comme chef de station à Séoul en septembre 1952. Après une série d'expériences cinglantes avec les fabricateurs de faux renseignements en Europe durant ses quatre premières années à la CIA, et son affectation à Rome comme officier traitant des Albanais en exil, Hart connaissait parfaitement les problèmes de désinformation et il décida « de regarder de plus près les exploits miraculeux dont se vantaient mes prédécesseurs [95] ».

Haney avait à Séoul plus de deux cents agents de la CIA, dont pas un seul ne parlait coréen. La station comptait sur des agents coréens pour surveiller les opérations de guérila et la collecte dans le Nord. Après trois mois de recherches, Hart établit que presque tous les agents coréens qu'on lui avait légués avaient soit inventé les rapports qu'ils envoyaient, soit travaillé en secret pour les communistes. Chaque dépêche du front adressée au quartier général par la station depuis dix-huit mois était une supercherie calculée.

Il découvrit peu après que tous les agents coréens les plus importants recrutés par Haney – pas seulement certains mais tous – étaient « des escrocs qui avaient pendant quelque temps vécu des jours heureux grâce aux généreux versements prétendument effectués à des "contacts" en Corée du Nord. Presque tous les rapports que nous avions reçus de leurs sources imaginaires provenaient de nos ennemis ».

Longtemps après la fin de la guerre de Corée, la CIA en arriva à la conclusion que Hart avait raison : la quasi-totalité des renseignements secrets collectés par l'Agence à cette période avaient été fabriqués par les services de sécurité nord-coréens et chinois avant d'être transmis au Pentagone et à la Maison Blanche. Les opérations paramilitaires de l'Agence en Corée avaient été infiltrées avant même d'être lancées.

Hart expliqua au quartier général que la station devrait cesser toute activité tant qu'on n'aurait pas fait l'inventaire des dégâts. Un service de renseignement infiltré par l'ennemi était pire que pas de service du tout. Au lieu de cela, Bedell Smith dépêcha un émissaire à Séoul pour dire à Hart que « la CIA, étant une nouvelle organisation dont la réputation n'était pas encore établie, ne pouvait tout simplement pas reconnaître auprès d'autres branches du gouvernement – et surtout pas des services secrets violemment concurrents – qu'elle était incapable de collecter des informations sur la Corée du Nord[96] ». Le messager était le directeur adjoint du Renseignement, Loftus Becker. Après avoir effectué pour Bedell Smith en novembre 1952 une tournée d'inspection de toutes les stations de la CIA en Asie, il rentra à Washington et donna sa démission. Il avait conclu que la situation était sans espoir : la capacité pour la CIA de collecter du renseignement en Extrême-Orient était « quasiment négligeable ». Avant de démissionner, il alla voir Frank Wisner : « Les opérations ratées indiquent un manque de réussite, lui dit-il, et il y en a eu beaucoup ces temps derniers[97]. »

On ne souffla mot du rapport de Hart ni des vantardises de Haney. L'Agence était tombée dans une embuscade et présentait les choses comme une manœuvre stratégique. Dulles déclara aux membres du Congrès que « la CIA rencontrait des éléments de résistance considérables en Corée du Nord », lui avait confié le colonel d'aviation James G. L. Kellis, qui à l'époque avait été directeur des opérations paramilitaires de Wisner. Dulles avait été averti que « "les guérillas de la CIA" en Corée du Nord étaient sous le contrôle de l'ennemi » ; en vérité, « la CIA ne disposait pas de tels contacts » et « la CIA se faisait duper », écrivit Kellis dans une lettre très dure qu'il adressa à la Maison Blanche une fois la guerre finie[98].

La faculté de présenter un échec comme un succès devenait une tradition à la CIA. La réticence de l'Agence à tirer les leçons de ses erreurs ne tarda pas à être un élément permanent de sa culture.

« IL Y A DES GENS QUI DOIVENT SE FAIRE TUER »

En 1951, l'Agence ouvrit un second front dans la guerre de Corée. Les officiers du bureau des opérations en Chine de l'Agence, affolés de voir Mao entrer en guerre, se persuadèrent qu'environ un million de guérilleros nationalistes du Kuomintang attendaient à l'intérieur de la Chine rouge l'aide de la CIA[99].

Ces rapports sortaient-ils des usines à bobards de Hong-Kong, étaient-ils le produit des manipulations politiques de Taiwan ou bien les stratèges de Washington prenaient-ils leurs désirs pour des réalités ? Était-ce raisonnable de faire la guerre à Mao ? On n'avait pas le temps de réfléchir à tout cela. « On n'a pas au gouvernement de stratégie fondamentale pour ce genre de conflit, dit Bedell Smith à Dulles et à Wisner[100]. Nous n'avons même pas de politique en ce qui concerne Tchang Kaï-chek. »

Dulles et Wisner en improvisèrent une. Ils tentèrent d'abord d'enrôler des Américains pour les parachuter au-dessus de la Chine communiste. Une recrue possible, Paul Kreisberg, ne demandait qu'à rallier les rangs de la CIA jusqu'au jour où « on voulut mettre à l'épreuve mon engagement en me demandant si je serais prêt à être parachuté sur le Sichuan. J'aurais pour mission d'organiser un groupe de soldats anticommunistes du Kuomintang réfugiés dans les collines du Sichuan et de monter avec eux un certain nombre d'opérations puis de m'exfiltrer, si nécessaire, par la Birmanie. Ils me regardèrent en disant : "Seriez-vous disposé à faire cela ?"[101]. » Kreisberg réfléchit et entra au Département d'État.

La CIA pensait aussi saper le pouvoir de Mao grâce à des cavaliers musulmans, les clans de Hui installés dans le nord-ouest de la Chine et commandés par Ma Pu-fang, un chef tribal qui avait des liens politiques avec les nationalistes chinois. La CIA largua sur l'ouest de la Chine des tonnes d'armes, de munition et de radios ainsi que des dizaines d'agents chinois, puis essaya de trouver des Américains pour les suivre. Parmi ceux qu'ils tentèrent de recruter se trouvait Michael D. Coe, qui devint par la suite un des plus grands archéologues du vingtième siècle et qui déchiffra le code des hiéroglyphes mayas.

À l'automne 1950, il avait vingt-deux ans et terminait ses études à Harvard, quand un professeur l'invita à déjeuner et lui posa la question que des milliers d'étudiants de la côte Est allaient entendre au cours de la décennie suivante : « Aimeriez-vous travailler pour le gouvernement à un poste vraiment intéressant ? » Il partit pour Washington où on lui donna un pseudonyme pris au hasard dans un annuaire du téléphone de Londres. On lui dit qu'il serait officier traitant dans une de deux opérations clandestines : soit on le parachuterait au fin fond de la Chine de l'Ouest pour soutenir les combattants musulmans, soit on l'enverrait sur une île au large de la côte chinoise pour organiser des raids.

« Heureusement pour moi, dit Coe [102], ce fut la seconde option. » On l'affecta à Western Enterprises, une société écran de la CIA à Taiwan créée pour faciliter la subversion dans la Chine de Mao et il passa huit mois sur une petite île perdue. La seule opération de renseignement de quelque importance qu'il mena là-bas aboutit à la découverte que le chef nationaliste sur place était un espion communiste. De retour à Taipei dans les derniers mois de la guerre de Corée, il constata que Western Enterprises n'était pas plus clandestin que les bordels chinois que fréquentaient ses collègues.

Pour ne pas tout miser sur le même cheval, la CIA décida qu'il devait y avoir une « Troisième Force » en Chine [103]. D'avril 1951 jusqu'à la fin de 1952, l'Agence dépensa environ 100 millions de dollars en achats d'armes et de munitions pour équiper 200 000 guérilleros sans pour autant découvrir la mythique Troisième Force [104]. Presque la moitié des fonds et des armes alla à un groupe de réfugiés basés à Okinawa qui persuadèrent la CIA qu'ils avaient sur le continent le soutien d'importants contingents anticommunistes. C'était une arnaque. Ray Peers, l'ancien de l'OSS qui dirigeait Western Enterprises, déclara que si jamais il découvrait un authentique soldat de la Troisième Force, il l'abattrait, l'empaillerait et l'expédierait à la Smithsonian Institution.

La CIA cherchait toujours ces forces de résistance introuvables quand, en juillet 1952, elle parachuta un commando de quatre guérilleros chinois en Mandchourie. Quatre mois plus tard, ils demandaient du secours par radio. Mais c'était un piège : ils avaient été capturés et retournés par les Chinois. Ils ne furent pas les seuls. Pékin fournit le score des opérations de l'Agence en Mandchourie : sur les 212 agents étrangers largués par la CIA, 101 avaient été tués et 111 faits prisonniers.

La Birmanie fut le dernier théâtre d'opérations de la CIA dans la guerre de Corée. Au début 1951, alors que les communistes chinois repoussaient vers le sud les troupes du général MacArthur, le Pentagone crut que les nationalistes chinois pourraient soulager un peu la pression que subissait MacArthur en ouvrant un second front. Environ 1 500 hommes fidèles à Li Mi, un général nationaliste, étaient bloqués dans le nord de la Birmanie, près de la frontière chinoise. Li Mi demanda aux Américains des armes et de l'or. La CIA commença à acheminer par avion des soldats nationalistes en Thaïlande, à les entraîner, à les équiper puis à les parachuter en Birmanie du Nord avec des palettes de fusils et de munitions. Desmond FitzGerald, récemment arrivé à l'Agence avec un impressionnant carnet d'adresses et une certaine expérience juridique, s'était battu en Birmanie lors de la Seconde Guerre mondiale. Il reprit en main l'opération de Li Mi [105]. L'affaire tourna vite à la farce puis à la tragédie.

Quand les soldats de Li Mi pénétrèrent en Chine, les troupes de Mao les taillèrent en pièces. Les responsables de l'espionnage à la CIA découvrirent que l'opérateur radio de Li Mi à Bangkok était un agent communiste chinois. Mais les hommes de Wisner ne voulaient rien entendre. Les soldats de Li Mi battirent en retraite puis se regroupèrent. Lorsque FitzGerald largua de nouvelles cargaisons d'armes et de munitions sur la Birmanie, les hommes de Li Mi refusèrent de se battre. Ils s'installèrent dans les montagnes du Triangle d'or où ils pratiquèrent la culture de l'opium et épousèrent des femmes du pays. Vingt ans plus tard, la CIA devrait mener une autre petite guerre en Birmanie pour détruire les laboratoires produisant de l'héroïne sur lesquels reposait le vaste empire de la drogue dont Li Mi était devenu le maître.

« Inutile de se lamenter sur les occasions perdues... ni de chercher des excuses aux échecs passés, écrivit Bedell Smith dans une lettre au général Matthew B. Ridgway, qui avait succédé à MacArthur comme chef du théâtre d'Extrême-Orient [106]. Une pénible expérience m'a enseigné que les opérations clandestines sont un travail pour les professionnels et non pour les amateurs. »

Un post-scriptum vint bientôt s'ajouter après l'armistice de juillet 1953 aux malheurs de la CIA en Corée [107]. L'Agence considérait Syngman Rhee, le président de Corée du Sud, comme un cas désespéré et cherchait depuis des années à le remplacer. Elle manqua le tuer par erreur.

Par un superbe après-midi à la fin de l'été, un yacht longeait lentement la côte de Yong-do, l'île où la CIA entraînait ses commandos coréens. Le président Rhee recevait à bord un groupe d'amis. Les officiers et les gardes du camp n'avaient pas été avertis de son passage : ils ouvrirent le feu. Par miracle, il n'y eut pas de blessés, mais le Président était mécontent. Il convoqua l'ambassadeur américain pour l'informer que le groupe paramilitaire de la CIA avait soixante-douze heures pour quitter le pays. Peu après, le malchanceux chef de station, John Hart, dut tout recommencer : recruter, entraîner et parachuter des agents en Corée du Nord de 1953 à 1955. Tous, à sa connaissance, furent capturés et exécutés.

En Corée, l'Agence échoua sur tous les plans. Elle s'avéra incapable de prévoir les événements, de fournir des analyses valables et de recruter avec discernement des agents. Cela coûta la vie à des milliers d'Américains ainsi qu'à leurs alliés asiatiques.

Une génération plus tard, les vétérans américains appelaient la Corée « la guerre oubliée ». À l'Agence on pourrait parler d'amnésie délibérée. On noya dans la comptabilité le gaspillage de 152 millions de dollars d'armes pour des guérillas fantômes. On ne révéla jamais que, pour une grande part, les renseignements collectés sur la guerre de Corée étaient erronés ou fabriqués. On ne posa jamais la question, qui resta donc sans réponse, de savoir ce que cela avait coûté en vies humaines.

Mais le secrétaire d'État adjoint pour l'Extrême-Orient, Dean Rusk, se doutait de quelque chose. Il envoya enquêter sur place John Melby, un remarquable spécialiste de la Chine au Département d'État. « Notre service de renseignement est si mauvais que cela frise la malfaisance », dit-il à Rusk [108]. Convoqué au quartier général de la CIA, il eut droit à la classique engueulade de Bedell Smith en présence du directeur adjoint, Allen Dulles, silencieux.

Pour Dulles, l'Asie avait toujours été un théâtre d'opérations secondaire. À son avis, c'était en Europe que se livrait la vraie guerre pour la civilisation occidentale. Ce combat-là exigeait « des gens prêts à tenir bon et à en supporter les conséquences, dit-il à un petit cercle d'amis et de collègues réunis pour une conférence secrète à la Princeton Inn en mai 1952. Après tout, nous avons perdu cent mille hommes en Corée, reprit-il d'après une transcription déclassifiée en 2003. Si nous avons accepté ces pertes, je ne m'inquiéterais pas d'en avoir eu quelques autres et quelques martyrs derrière le rideau de fer... Je ne pense pas qu'on puisse attendre d'avoir rassemblé toutes ses troupes et d'être sûr de remporter la victoire. Il faut bien commencer et aller de l'avant.

« Il faut bien avoir quelques martyrs, conclut Dulles [109]. Il y a des gens qui doivent se faire tuer. »

7.

« UN VASTE CHAMP D'ILLUSIONS »

Allen Dulles demanda à ses collègues réunis à la Princeton Inn d'envisager le meilleur moyen d'anéantir le pouvoir que possédait Staline de contrôler ses États satellites. Le communisme, croyait-il, pouvait être détruit par l'action clandestine. La CIA était prête à repousser la Russie jusqu'à ses anciennes frontières.

« Si nous devons agir et prendre l'offensive, l'Europe de l'Est me semble le meilleur endroit pour commencer », dit-il [110].

Chip Bohlen prit la parole. Bientôt nommé ambassadeur à Moscou, Bohlen suivait depuis le début ces problèmes. « Livrer une guerre politique ? demanda-t-il à Dulles. Nous le faisons depuis 1946. Qu'elle ait donné des résultats ou qu'on s'y soit pris de la meilleure façon, c'est une autre question. Quand vous demandez : "Faut-il prendre l'offensive ?", je vois un vaste champ d'illusions. »

Pendant que la guerre faisait toujours rage en Corée, les chefs d'état-major interarmes avaient donné l'ordre à Frank Wisner et à la CIA de lancer « une grande offensive clandestine contre l'Union soviétique » visant « le cœur du système de contrôle communiste » [111]. Wisner essaya. Le Plan Marshall se transformait en pactes destinés à fournir des armes aux alliés de l'Amérique : Wisner vit là une occasion d'armer des forces constituées en secret derrière les lignes pour combattre les Soviétiques en cas de conflit. Il semait ainsi dans toute l'Europe. Des montagnes et des forêts de Scandinavie jusqu'en France, en Allemagne, en Italie et en Grèce, ses hommes larguaient des lingots d'or dans des lacs et constituaient des caches d'armes pour la bataille à venir. En même temps, dans les marais et les collines d'Ukraine et des pays Baltes, ses pilotes parachutaient des agents vers une mort certaine.

En Allemagne, plus d'un millier de ses agents glissaient des tracts dans Berlin-Est, fabriquaient de faux timbres-poste à l'effigie du dirigeant est-allemand Walter Ulbricht avec une corde nouée autour du cou et préparaient des missions paramilitaires en Pologne. Rien de tout cela n'apportait d'informations sur la nature de la menace soviétique. Les opérations conçues pour saboter l'Empire soviétique ne cessaient d'étouffer les plans pour l'espionner.

« À MOINS DE LES TENIR CORPS ET ÂME »

Profondément méfiant, Walter Bedell Smith dépêcha un général à trois étoiles, Lucian K. Truscott, un officier qui avait beaucoup de relations et de brillants états de service pendant la guerre, pour prendre en main les opérations de la CIA en Allemagne et découvrir ce que faisaient les hommes de Wisner. Il avait pour instructions d'arrêter tout projet qui lui semblait douteux. À son arrivée, il choisit comme principal assistant Tom Polgar, de la station de Berlin.

Ils tombèrent sur quelques bombes prêtes à exploser. Notamment un noir secret décrit dans les documents de la CIA de l'époque comme un programme d'« interrogatoires à l'étranger ».

L'Agence avait installé des prisons clandestines pour arracher des aveux à ceux qu'elle soupçonnait d'être des agents doubles. L'une en Allemagne, l'autre au Japon. La troisième, et la plus grande, dans la zone du canal de Panama. « Comme à Guantánamo, dit Polgar en 2005 [112], on y allait carrément. »

La zone était un monde à part, dont les États-Unis s'étaient emparés à la fin du dix-neuvième siècle, un secteur taillé à coups de bulldozers dans les jungles entourant le canal de Panama. Sur une base navale de la zone, le service de sécurité de la CIA avait réaménagé un complexe de cellules en parpaing à l'intérieur d'une prison normalement utilisée pour abriter des marins chahuteurs ou en état d'ébriété. Dans ces cellules l'Agence poursuivait des expériences secrètes sur les interrogatoires musclés, en utilisant des méthodes frisant la torture, le contrôle mental par des drogues et le lavage de cerveau.

Le projet remontait à 1948, quand Richard Helms et ses officiers en Allemagne se rendirent compte qu'ils étaient trompés par des agents doubles. Cela commença par un programme d'urgence lorsque la guerre de Corée éclata et qu'un sentiment d'affolement s'empara de la CIA. À la fin de cet été-là, alors qu'à Panama la température frôlait les 40 degrés, on injecta des drogues à deux émigrés russes arrivés d'Allemagne et on les interrogea brutalement. Avec quatre autres Nord-Coréens soupçonnés d'être des agents doubles et à qui l'on infligea le même traitement dans une base militaire japonaise réquisitionnée par la CIA, ils furent parmi les premiers cobayes humains connus à être soumis au programme nom de code Artichaut, dans le cadre de recherches menées depuis quinze ans par la CIA pour trouver des moyens de contrôler l'esprit humain [113].

Richard Helms dit un jour que les officiers de renseignement américains étaient formés à croire qu'ils ne pouvaient pas compter sur un agent étranger « à moins de le tenir corps et âme ». Cette nécessité conduisit à des travaux sur les drogues permettant de contrôler la pensée et aux prisons où les essayer. Dulles, Wisner et Helms furent personnellement responsables de ces tentatives.

Le 15 mai 1952, Dulles et Wisner reçurent un rapport sur le Projet Artichaut donnant tous les détails sur les quatre années d'efforts de l'Agence pour tester l'héroïne, les amphétamines, les somnifères, le LSD récemment découvert et d'autres « techniques spéciales utilisées dans les interrogatoires de la CIA ». Une partie de ce projet s'efforçait de découvrir une technique d'interrogatoire si puissante que « l'individu qui y était soumis aura du mal quand on l'interroge à soutenir une thèse inventée de toutes pièces ». Quelques mois plus tard, Dulles donna son accord à un ambitieux nouveau programme nom de code Ultra, sous les auspices duquel sept prisonniers d'un pénitencier fédéral furent maintenus sous LSD pendant soixante-dix-sept jours consécutifs. Quand la CIA administra la même drogue à un civil travaillant pour l'armée, il sauta par la fenêtre d'un hôtel de New York. Comme ces prisonniers soupçonnés d'être des agents doubles qu'on avait envoyés dans la prison secrète de Panama, ce n'étaient que des conscrits facilement remplaçables dans la lutte pour vaincre les Soviétiques.

De hauts responsables de la CIA, dont Helms, firent détruire presque tous les dossiers concernant ces programmes de crainte qu'on ne les rende publics. Les preuves qui subsistent sont fragmentaires, mais elles laissent clairement entendre que les interrogatoires d'agents suspects sous l'effet de produits qu'on leur faisait prendre de force continuèrent jusque dans les années 50. Jusqu'en 1956, des membres des opérations clandestines, du service de sécurité de l'Agence, ainsi que des savants et des médecins de la CIA se rencontraient tous les mois pour discuter des progrès du Projet Artichaut [114].

Les efforts pour pénétrer le rideau de fer avaient amené la CIA à adopter la tactique de ses ennemis.

« UN PLAN BIEN CONÇU SAUF QUE... »

Parmi les opérations que le général Truscott étouffa dans l'œuf, il y avait le projet de soutenir un groupe intitulé les Jeunes Allemands [115].

Nombre de ses chefs étaient des Jeunesses hitlériennes vieillissants. En 1952, les effectifs s'élevaient à plus de vingt mille membres. Ils acceptèrent avec enthousiasme les armes, les radios, les caméras et l'argent de la CIA et les enfouirent aux quatre coins du pays. Ils se mirent également à dresser leur longue liste de politiciens appartenant au courant des démocrates d'Allemagne de l'Ouest qu'ils comptaient assassiner quand l'heure viendrait. Les Jeunes Allemands devinrent si voyants que leur existence même et la liste de leurs ennemis déclenchèrent un scandale public.

« Lorsque le secret fut éventé, ce fut l'affolement », raconta John McMahon, un futur directeur adjoint de la Centrale, qui était alors un jeune officier de l'état-major de Truscott.

Le jour même où Dulles parlait à la Princeton Inn, Henry Hecksher lançait un ardent plaidoyer au quartier général de la CIA. Depuis des années, Hecksher, qui allait bientôt devenir chef de la base de Berlin, cultivait un seul agent en Allemagne de l'Est, Horst Erdmann, qui dirigeait une impressionnante organisation appelée le Comité des juristes libres, un groupe clandestin de jeunes avocats et juristes hostiles au régime communiste de Berlin-Est. Ils compilaient des dossiers sur les crimes commis par l'État. Un congrès international de juristes devait se tenir à Berlin en juillet 1952 et les Juristes libres pourraient jouer un rôle important sur une scène mondiale.

Wisner voulait prendre le contrôle des Juristes libres pour en faire un mouvement de résistance armé. Hecksher protesta : ces hommes étaient des sources de renseignement, expliqua-t-il, et, si on les obligeait à jouer un rôle paramilitaire, ils deviendraient de la chair à canon. On ne l'écouta pas. Les officiers de Wisner à Berlin choisirent un des adjoints du général Reinhard Gehlen pour transformer le groupe en une force combattante organisée en cellules de trois hommes. Mais chaque membre de chaque cellule connaissait l'identité des autres – une erreur classique dans le domaine de la sécurité. La veille de la conférence internationale, les soldats soviétiques enlevèrent et torturèrent un de leurs chefs et on arrêta tous les Juristes libres de la CIA [116].

Vers la fin 1952, dans les derniers mois du mandat de Smith comme directeur de la Centrale, de nouvelles opérations improvisées dans la précipitation par Wisner commencèrent à s'écrouler. Les retombées en laissèrent une impression ineffaçable sur un nouvel arrivant à l'Agence, Ted Shackley, un sous-lieutenant arraché à l'école de police de Virginie occidentale et à qui on promettait une carrière foudroyante. La première mission qu'on lui confia était d'étudier une importante opération de Wisner pour soutenir une armée de libération polonaise, le Mouvement de liberté et d'indépendance, connue sous le signe de WIN.

Wisner et ses hommes avaient largué sur la Pologne pour près de 5 millions de dollars de lingots d'or, de mitraillettes, de fusils et de munitions ainsi que des walkie-talkies. Ils avaient établi de solides contacts avec le « WIN de l'extérieur », une poignée d'émigrés installés en Allemagne et à Londres. Ils étaient convaincus que le « WIN de l'intérieur » était une force puissante – cinq cents soldats en Pologne, vingt mille partisans armés et cent mille sympathisants – tous prêts à combattre l'Armée rouge.

C'était une illusion. La police secrète polonaise, appuyée par les Soviétiques, avait dès 1947 liquidé le WIN. En 1950, on envoya aux émigrés polonais de Londres un courrier qui ne se doutait de rien, porteur d'un message annonçant que le WIN était toujours bien vivant à Varsovie. Les émigrés contactèrent les hommes de Wisner : ceux-ci sautèrent sur cette occasion de monter un groupe de résistance derrière les lignes ennemies et s'empressèrent de parachuter en Pologne tous les patriotes qu'ils purent trouver. Au quartier général, les dirigeants de la CIA crurent avoir enfin battu les communistes à leur propre jeu. « La Pologne représente un des secteurs les plus prometteurs pour le développement de mouvements de résistance clandestins », déclara Bedell Smith lors d'une réunion avec ses adjoints en août 1952. Et Wisner lui dit : « Le WIN a maintenant le vent en poupe »[117].

Les services de renseignement soviétique et polonais avaient passé des années à tendre leur piège. « Ils étaient parfaitement au courant de nos opérations aériennes. Quand nous allions parachuter ces agents, expliqua McMahon, ils s'empressaient de prendre contact avec des gens dont nous savions qu'ils pourraient nous aider. Les Polonais et les gens du KGB étaient sur leurs talons et les liquidaient aussitôt. C'était donc un plan bien conçu sauf que nous recrutions des agents de l'Union soviétique. Cela s'avéra un désastre monumental qui causa la mort de bien des gens. » Peut-être trente, peut-être plus.

Shackley dit qu'il n'avait jamais oublié le spectacle de ses camarades officiers se rendant compte que cinq années de préparatifs et des millions de dollars avaient abouti à ce résultat. Le plus cruel fut peut-être de découvrir que les Polonais avaient envoyé un bon paquet d'argent de la CIA au parti communiste italien.

« La CIA avait de toute évidence pensé pouvoir opérer en Europe de l'Est comme l'avait fait pendant la guerre l'OSS dans l'Europe de l'Ouest occupée, conclut Henry Loomis, un futur directeur de la Voix de l'Amérique[118]. C'était manifestement impossible. »

« L'AVENIR DE L'AGENCE »

La CIA était maintenant un service dont les ramifications s'étendaient sur le monde entier, avec des effectifs de quinze mille personnes, un demi-milliard de dollars en fonds secrets à dépenser chaque année et cinquante stations à l'étranger. Par la seule force de sa volonté, Bedell Smith avait fondu le Bureau de coordination politique avec le Bureau des opérations spéciales en un seul service d'action clandestine pour fonctionner à l'étranger, créé sur place un système unifié d'analyse et réussi à ce que la Maison Blanche considère avec un certain respect la CIA.

Mais il n'avait jamais réussi à en faire un service de renseignement vraiment professionnel. « Nous n'arrivons pas à trouver des gens qualifiés, déplorait-il à la fin de son mandat[119]. Ils n'existent tout simplement pas. » Et jamais il n'était parvenu soumettre Allen Dulles ni Frank Wisner à son autorité.

Dwight D. Eisenhower fut élu président sur un programme de sécurité nationale qui appelait le monde libre à obtenir la libération des satellites soviétiques, un scénario rédigé par son plus proche conseiller en politique étrangère, John Foster Dulles. Leur plan de victoire exigeait un nouveau directeur de la Centrale. Choisi malgré les protestations de Bedell Smith, confirmé sans opposition par le Sénat et acclamé par la presse, Allen Dulles finit par obtenir le poste qu'il convoitait.

Richard Helms connaissait bien Dulles depuis huit ans, depuis qu'ils avaient fait le voyage ensemble jusqu'à la petite école de brique rouge en France où Bedell Smith avait accepté la capitulation sans condition du Troisième Reich. À quarante ans, Helms était maintenant un homme au caractère un peu anxieux, sans un cheveu qui dépassait sur sa tête et qui, quand on éteignait les lumières le soir, ne laissait jamais un papier traîner sur son bureau. Dulles, soixante ans, des airs de professeur Nimbus, marchait en pantoufles quand il était seul car ses crises de goutte le faisaient souffrir. Peu après l'élection d'Eisenhower, Dulles convoqua Helms dans sa suite directoriale et les deux hommes prirent le temps de bavarder.

« Un mot concernant l'avenir, dit Dulles en tirant sur sa pipe. L'avenir de l'*Agence*.

« Vous vous rappelez les complots et les luttes au couteau qu'il y avait eu quand nous essayions ce genre de choses en 1946 ? Quelles seraient les responsabilités de la Centrale de renseignement ? Y aurait-il même un service ? » Dulles tenait à bien faire comprendre à Helms que, tant qu'il serait directeur de la Centrale, il y aurait bel et bien un service consacré aux missions audacieuses, difficiles et dangereuses.

« Je veux avoir l'absolue certitude que vous compreniez l'importance à notre époque des opérations clandestines, dit Dulles[120]. La Maison Blanche et cette Administration portent un *intense intérêt* à tous les aspects de *l'action clandestine.* »

Au cours des huit années suivantes, par sa passion de l'action clandestine, son dédain pour les travaux des analystes et sa dangereuse habitude de ne pas dire la vérité au président des États-Unis, Allen Dulles causa un tort indicible à l'Agence qu'il avait aidé à créer.

Deuxième Partie

« Une étrange forme de génie »

LA CIA SOUS EISENHOWER

1953-1961

8.

« NOUS N'AVONS PAS DE PLAN »

Allen Dulles était directeur de la CIA depuis une semaine quand, le 5 mars 1953, Staline mourut. « Nous n'avons aucun renseignement valable sur ce qui se passe à l'intérieur du Kremlin, déplorait l'Agence quelques jours plus tard [1]. Nos estimations sur les intentions et les plans à long terme des Soviétiques ne sont que des spéculations qui se fondent sur des éléments insuffisants. » Le nouveau président n'était pas content. « Depuis 1946, tonna Eisenhower [2], les prétendus experts glosent à qui mieux mieux sur ce qui se passerait à la mort de Staline et sur ce que nous devrions entreprendre en tant que nation. Eh bien ! il est mort. Mais on peut tourner et retourner les dossiers du gouvernement à la recherche d'un plan : rien. Nous n'avons pas de plan. Nous ne savons même pas si sa mort change quelque chose. » La mort de Staline ne fit que renforcer les craintes des Américains quant aux intentions des Soviétiques. La grande question pour la CIA était de savoir si les successeurs de Staline – quels qu'ils pussent être – s'apprêtaient à déclencher une guerre préemptive. Mais les spéculations de l'Agence concernant les Soviétiques étaient autant de reflets dans une galerie de glaces déformantes. Staline n'avait jamais échafaudé de véritable plan pour s'assurer la domination du monde, il ne disposait d'ailleurs pas des moyens de l'appliquer. Celui qui finit par prendre le contrôle de l'Union soviétique après sa mort, Nikita Khrouchtchev, se souvenait que Staline « tremblait » et « frissonnait » à l'idée d'un affrontement global avec l'Amérique. « Staline avait peur de la guerre, révéla Khrouchtchev [3], et n'a jamais rien fait pour provoquer un conflit avec les États-Unis. Il connaissait sa faiblesse. »

*

Un des grands points faibles, justement, de l'État soviétique résidait dans le fait que la moindre facette de la vie quotidienne était subordonnée à la sécurité nationale. Staline puis ses successeurs éprouvaient une sensibilité pathologique en ce qui concernait leurs frontières. Napoléon les avait franchies en partant de Paris et Hitler, de Berlin. La seule politique étrangère cohérente de Staline après la guerre avait été de faire de l'Europe de l'Est un gigantesque bouclier humain. Tandis que Staline déployait toute son énergie à assassiner ses ennemis de l'intérieur, le peuple soviétique faisait la queue pendant des heures pour acheter un sac de pommes de terre, et les Américains jouiraient sous la présidence d'Eisenhower de huit ans de paix et de prospérité. Mais cette paix, ils la payèrent d'une course aux armements sans fin, d'une chasse aux sorcières politique et d'une guerre économique incessante.

Le défi que devait relever Eisenhower, c'était de faire face à l'Union soviétique sans déclencher la Troisième Guerre mondiale ni renverser la démocratie américaine. Il craignait que le coût de la guerre froide ne paralysât les États-Unis car, s'il écoutait ses généraux et ses amiraux, le Trésor public dans sa totalité y passerait. Il décida donc de fonder sa stratégie sur les armes secrètes : bombes atomiques et action clandestine. Cela coûtait bien moins cher que des escadrilles de chasseurs à réaction et des flottilles de porte-avions à plusieurs milliards de dollars. En disposant d'une puissance de feu nucléaire suffisante, les États-Unis réussiraient à dissuader les Soviétiques de lancer une nouvelle guerre mondiale – ou à la remporter si elle venait à éclater. Une campagne d'action clandestine à l'échelle de la planète permettrait aux États-Unis d'enrayer l'expansion du communisme – ou, selon la politique ouvertement proclamée d'Eisenhower, de repousser les Russes jusqu'à leurs frontières.

Eisenhower joua le sort du pays sur son arsenal nucléaire et son service d'espionnage et, dès le début de sa présidence, à presque toutes les réunions du Conseil de sécurité nationale, se posèrent des questions quant au meilleur usage qu'on pouvait en faire. Le NSC, créé en 1947 pour gouverner la façon d'exercer la puissance américaine à l'étranger, s'était rarement réuni du temps de Truman. Eisenhower lui redonna vie et en dirigea le fonctionnement comme un bon général commande son état-major.

Chaque semaine, Allen Dulles quittait le décor un peu minable de ses bureaux, s'engouffrait dans sa limousine noire, passait devant les baraquements provisoires où travaillaient Wisner et ses agents et franchissait les grilles de la Maison Blanche. Il prenait place à la grande table ovale de la salle du Conseil, en face de son frère Foster, le secrétaire d'État, entre le secrétaire à la Défense, le président du Comité des chefs d'état-major interarmes, le vice-président Richard M. Nixon et le Président. Traditionnellement, Allen ouvrait la séance en passant en revue les différents points chauds du globe, puis on se mettait à discuter les stratégies de la guerre secrète.

« NOUS SERIONS CAPABLES D'ÉCRASER LE MONDE ENTIER »

Eisenhower était littéralement obsédé par l'éventualité d'un nouveau Pearl Harbor, et ce n'était pas la CIA qui pouvait apaiser ses craintes. Lors de la réunion du 5 juin 1953 du Conseil de sécurité nationale, Allen Dulles lui déclara que l'Agence ne disposait pas « des canaux de renseignement permettant de le prévenir à l'avance d'une attaque surprise soviétique[4] ». Quelques mois plus tard, la CIA se risqua à prédire que les Soviétiques ne seraient pas capables de lancer un missile intercontinental sur les États-Unis avant 1969 : l'Agence ne se trompait que d'une douzaine d'années.

Quand, en août 1953, l'Union soviétique procéda aux essais de sa première arme de destruction massive – pas tout à fait une bombe thermonucléaire, mais pas loin – l'Agence ne se doutait de rien et ne donna aucune alerte. Six semaines plus tard, lorsqu'Allen Dulles fit son rapport au Président sur les essais soviétiques, Eisenhower envisagea de lancer une attaque nucléaire tous azimuts sur Moscou avant qu'il ne fût trop tard.

À Dulles qui le prévenait que « les Russes pourraient demain lancer une attaque nucléaire contre les États-Unis »[5], Eisenhower répondit que « à son avis, personne ici n'estimait trop élevé le coût pour remporter une guerre contre l'Union soviétique ». Mais le prix à payer pour la victoire serait peut-être la destruction de la démocratie américaine. Le Président cita alors ce que lui avaient dit les chefs d'état-major interarmes : « Nous devrions faire ce qui sera nécessaire même si cela doit bouleverser le mode de vie des Américains. Nous serions capables d'écraser le monde entier... si nous étions disposés à adopter le système d'Adolf Hitler. »

Eisenhower avait cru pouvoir résoudre ce paradoxe par l'action clandestine. Mais d'âpres affrontements à Berlin-Est avaient révélé l'incapacité de la CIA à affronter de plein fouet le communisme. Les 16 et 17 juin 1953, près de 370 000 Allemands de l'Est descendirent dans la rue ; des milliers d'étudiants et d'ouvriers se heurtèrent violemment à leurs oppresseurs, incendiant les bâtiments des partis communistes soviétique et est-allemand, détruisant des voitures de police et s'efforçant d'arrêter les chars soviétiques qui voulaient écraser le mouvement. La CIA avait sous-estimé l'ampleur du soulèvement et ne put rien faire pour sauver les rebelles. Même Frank Wisner se déroba.

La semaine suivante, Eisenhower ordonna à la CIA[6] de « former et équiper des organisations clandestines capables de lancer des opérations à grande échelle ou de soutenir une guerre » en Allemagne de l'Est et dans d'autres satellites soviétiques. L'ordre enjoignait aussi à la CIA d'« encourager l'élimination des principaux dirigeants fantoches » des États captifs. Il avait employé le mot « élimination », mais cela resta vain. Le Président découvrait les limites des possibilités de la CIA. Cet été-là, au solarium de la Maison Blanche, Eisenhower réunit les hommes auxquels il faisait le plus confiance dans le domaine de la sécurité nationale – dont Walter Bedell Smith, George Kennan, Foster Dulles ainsi que le lieutenant général d'aviation James R. Doolittle, le pilote qui avait dirigé le bombardement de Tokyo en 1942 – pour leur demander de redéfinir la stratégie américaine envers les Soviétiques. À la fin de la discussion, l'idée de repousser la Russie jusqu'à ses frontières par l'action clandestine avait vécu. Après cinq ans d'existence.

Le Président tenta d'abord de réorienter l'Agence : la CIA combattrait l'ennemi en Asie, au Moyen-Orient et en Amérique latine – et partout où les empires coloniaux s'écroulaient. Sous la présidence d'Eisenhower, l'Agence entreprit 170 opérations clandestines importantes dans 48 pays[7] – des missions de guerre, politiques, psychologiques et paramilitaires, dans des contrées où les espions américains ne connaissaient pas grand-chose de leur culture, de leur langue ou de leur histoire.

Eisenhower prenait souvent ses décisions initiales concernant une action clandestine lors de conversations en tête à tête avec les frères Dulles. Allen, en général, parlait à Foster d'une opération qu'il envisageait et Foster la mentionnait alors au Président autour d'un verre dans le Bureau ovale. Il rapportait ensuite à Allen l'approbation du Président assortie d'une recommandation : ne pas se faire prendre. C'est ainsi qu'avec la bénédiction d'Eisenhower, les deux frères entreprirent de refaire la carte du monde.

« UNE SITUATION QUI SE DÉTÉRIORE RAPIDEMENT »

Dès ses premiers jours au pouvoir, Allen Dulles entreprit de fourbir l'image publique de la CIA, cultivant les éditeurs et les commentateurs les plus influents, séduisant sénateurs et membres du Congrès, courtisant les chroniqueurs de la presse. Il préférait une publicité dans la dignité à un silence discret[8].

Dulles gardait soigneusement le contact avec ceux qui dirigeaient

The New York Times, The Washington Post ainsi que les principaux hebdomadaires et, ainsi, pouvait décrocher son téléphone pour corriger les termes d'un article trop critique, veiller à ce qu'un irritant correspondant à l'étranger soit changé de poste ou encore s'assurer les services, par exemple, du chef du bureau du *Time* à Berlin ou de l'homme de *Newsweek* à Tokyo. Glisser des informations dans la presse était, pour Dulles, comme une seconde nature. Les salles de rédaction étaient envahies d'anciens de la branche de propagande officielle du gouvernement, l'Office of War Information qui, jadis, faisait partie du domaine de « Wild Bill » Donovan. Parmi ceux qui ne restaient jamais insensibles aux appels de la CIA, figuraient Henry Luce et ses journalistes de *Time, Look* et *Fortune*, des rédacteurs de magazines populaires comme *Parade,* la *Saturday Review* et le *Reader's Digest,* ainsi que les plus puissants directeurs de CBS News. Dulles bâtit un appareil de relations publiques et de propagande qui en arriva à inclure plus de cinquante organes de presse, une douzaine de maisons d'édition, sans parler de l'appui personnel d'hommes tels qu'Axel Springer, le plus puissant magnat de la presse ouest-allemande.

Dulles voulait qu'on voie en lui le maître subtil d'un service d'espionnage professionnel, image que la presse s'empressait de refléter ; les archives de la CIA racontent cependant une tout autre histoire.

Les comptes rendus des réunions quotidiennes de Dulles avec ses adjoints montrent une Agence zigzaguant entre crises internationales et catastrophes intérieures – alcoolisme endémique, malversations, démissions en série [9].

À la fin de la guerre, quelques jeunes officiers de la CIA, cadres moyens de l'Agence, consternés par le mauvais moral qui régnait au quartier général, exigèrent et obtinrent l'autorisation de mener un sondage interne sur leurs pairs. Ils interviewèrent cent quinze membres du personnel de la CIA et rédigèrent un long rapport, très détaillé, qui fut terminé à la fin de la première année de Dulles en tant que directeur. Ils décrivaient « une situation qui se détériore rapidement » : une frustration de plus en plus marquée, un certain désarroi et un manque de détermination. On avait recruté des garçons brillants, patriotes, en leur faisant miroiter les promesses de fascinantes missions à l'étranger – « une impression dénuée de tout fondement » – et ils avaient écopé d'affectations sans avenir comme dactylos et coursiers.

Les jeunes officiers de la CIA travaillaient pour « trop de personnes, occupant des postes de responsabilité, n'ayant pas l'air de savoir ce qu'elles font ». Ils avaient vu un service de renseignement qui se mentait à lui-même, et décrivaient une CIA qui octroyait des pouvoirs importants à des incapables et laissait croupir de nombreuses recrues compétentes dans les couloirs.

Allen Dulles étouffa leur rapport, et rien ne changea. Quarante-trois ans plus tard, en 1996, une enquête du Congrès arriva à la conclusion que la CIA « continue à souffrir d'une grave crise de personnel à laquelle, jusqu'à maintenant, elle n'a pas trouvé de solution cohérente... La CIA ne dispose toujours pas aujourd'hui dans la plupart de ses stations à travers le monde d'un nombre suffisant d'officiers traitants qualifiés [10] ».

« QUELQU'UN POUR FAIRE LE SALE BOULOT »

Eisenhower, qui voulait faire de la CIA un instrument efficace du pouvoir présidentiel, tenta d'imposer une vraie structure de commandement avec Walter Bedell Smith, lequel, juste après l'élection d'Eisenhower, s'attendait à être nommé à la tête du Comité des chefs d'état-major interarmes. La décision du nouveau président faisant de lui le sous-secrétaire d'État le consterna : Bedell Smith ne souhaitait pas être le second de Foster Dulles qu'il considérait comme un vantard imbu de sa personne [11]. Mais le Président le voulait – et avait besoin de lui – pour servir d'intermédiaire loyal entre lui et les frères Dulles.

Bedell Smith exhala sa colère auprès du vice-président Nixon, son voisin à Washington. Celui-là se rappelle avoir entendu Bedell, devant un whisky, s'exprimer vigoureusement : « Je tiens à vous dire quelque chose à propos d'Ike... J'ai toujours été son idiot de service... Il lui faut quelqu'un pour faire le sale boulot dont il n'a pas envie de se charger lui-même afin de conserver son air de brave type [12]. »

Bedell Smith assura donc le lien crucial entre la Maison Blanche et l'action clandestine de la CIA. En tant que moteur du Conseil de coordination des opérations, récemment créé, il transmit les directives secrètes du Président et du Conseil de sécurité nationale, et surveilla leur bonne exécution par la CIA. Les ambassadeurs qu'il avait lui-même triés sur le volet jouèrent un rôle central dans la réalisation de ces missions.

Au cours des dix-neuf mois où Bedell Smith fit office de proconsul du Président pour l'action clandestine, l'Agence exécuta les deux seuls coups victorieux de son histoire. Les rapports aujourd'hui déclassifiés révèlent qu'ils réussirent parce qu'on avait acheté les gens, qu'on les avait contraints et qu'on avait eu parfois recours à la force brutale, et non pas en employant le secret, la ruse et des moyens détournés. Mais ils créèrent la légende qui prétendait que la CIA était la balle d'argent dans l'arsenal de la démocratie. Ils conférèrent à l'Agence le lustre que Dulles convoitait pour elle.

9.

« LE PLUS GRAND TRIOMPHE DE LA CIA »

En janvier 1953, quelques jours avant l'inauguration de la présidence d'Eisenhower, Walter Bedell Smith appela Kim Roosevelt au quartier général de la CIA et lui demanda : « Quand notre foutue opération démarrera-t-elle ?[13]. »

Deux mois plus tôt, au début de novembre 1952, Roosevelt, le chef des opérations de la CIA pour le Proche-Orient, s'était rendu à Téhéran afin de régler un problème pour ses amis du Renseignement britannique : le Premier ministre iranien, Mohammad Mossadegh, les ayant surpris à essayer de le renverser, les avait tous expulsés de leur ambassade, y compris les espions. Roosevelt était alors venu pour protéger et payer un réseau d'agents iraniens qui avaient travaillé pour les Anglais mais étaient trop heureux d'accepter les largesses des Américains. Sur le chemin du retour, il fit escale à Londres pour faire son rapport à ses collègues britanniques.

Il apprit ainsi que le Premier ministre Winston Churchill souhaitait l'aide de la CIA pour renverser le gouvernement iranien. Ce pétrole iranien qui, quarante ans auparavant, avait propulsé Churchill vers la puissance et la gloire, sir Winston voulait maintenant le récupérer.

À la veille de la Première Guerre mondiale, Churchill, en tant que Premier Lord de l'Amirauté, avait remplacé le charbon – le combustible des navires de la Royal Navy – par le mazout, et avait soutenu l'achat par la Grande-Bretagne de cinquante et un pour cent de la nouvelle Anglo-Persian Oil Company qui avait, cinq ans plus tôt, découvert le premier gisement pétrolier d'Iran. Le pétrole iranien alimentait donc les navires de la nouvelle armada de Churchill, et ses revenus en payaient la construction. Tandis que l'Angleterre régnait sur les mers, les troupes anglaises, russes et turques piétinaient le sol du nord de l'Iran, détruisant une bonne partie de l'agriculture du pays et provoquant une famine qui fit, estime-t-on, deux millions de victimes. De ce chaos émergea un commandant cosaque, Reza Khan, qui prit le pouvoir par la ruse et par la force ; quatre membres des Majlis, le Parlement iranien, s'opposèrent à lui, parmi lesquels le politicien nationaliste Mohammad Mossadegh.

Les Majlis ne tardèrent pas à découvrir que le géant britannique du pétrole, l'actuelle Anglo-Iranian Oil Company, fraudait systématiquement leur gouvernement en empochant indûment des milliards. La haine des Anglais et la crainte des Soviétiques atteignaient en Iran une ampleur telle que les nazis réussirent à s'y infiltrer profondément – au point que, en août 1941, Churchill et Staline envahirent l'Iran. Ils exilèrent Reza Khan et mirent sur le trône son fils de vingt et un ans, un jeune homme docile au regard timide, Mohammad Reza Chah Pahlavi.

Tandis que les armées soviétiques et britanniques occupaient l'Iran, les forces américaines utilisaient ses aéroports et ses routes afin d'acheminer pour quelque 18 milliards de dollars d'aide militaire à Staline. Le seul Américain important en Iran pendant la Seconde Guerre mondiale était le général Norman Schwarzkopf ; il y organisa la Gendarmerie, la police rurale (ce fut son fils qui, pendant la guerre contre l'Irak en 1991, commanda l'opération Tempête du désert). En décembre 1941, Roosevelt, Churchill et Staline tinrent une conférence de guerre à Téhéran, mais les Alliés laissaient derrière eux une nation affamée où les travailleurs du pétrole gagnaient cinquante cents par jour et où le jeune shah se maintenait au pouvoir grâce à la fraude électorale. Après la guerre, Mossadegh fit appel aux Majlis pour renégocier la concession pétrolière britannique : l'Anglo-Iranian Oil contrôlait les plus importantes réserves connues de la planète ; sa raffinerie au large d'Abadan était la plus grande du monde. Tandis que directeurs et techniciens britanniques profitaient des piscines et des clubs privés, les Iraniens travaillant dans les installations pétrolières vivaient dans des taudis sans eau courante, sans électricité ni tout-à-l'égout ; voilà qui apportait de l'eau au moulin du parti communiste Tudeh qui revendiquait à l'époque 2 500 adhérents. Le pétrole rapportait aux Anglais deux fois plus de revenus qu'aux Iraniens. L'Iran réclamait désormais un partage à cinquante-cinquante, que les Anglais refusèrent. Ils s'efforcèrent d'influencer l'opinion en achetant des politiciens, des directeurs de journaux et même le directeur de la radio d'État.

Le chef du Renseignement britannique à Téhéran, Christopher Montague Woodhouse, prévint ses compatriotes : ils couraient à la catastrophe. Elle se produisit en avril 1951, quand les Majlis votèrent la nationalisation de la production pétrolière iranienne. Quelques jours plus tard, Mohammad Mossadegh devint Premier ministre. À la fin du mois de juin, des navires de guerre croisaient au large de la côte iranienne. En juillet, l'ambassadeur américain, Henry Grady, signala que les Anglais, dans un geste de « pure folie », tentaient de renverser Mossadegh. En septembre, les Britanniques organisèrent un blocus international du pétrole iranien, une mesure de guerre économique destinée à détruire Mossadegh. Là-dessus, Churchill revint au pouvoir comme Premier ministre ; il avait soixante-seize ans, Mossadegh, soixante-dix-neuf. Deux vieillards obstinés qui menaient les affaires de leurs États respectifs en pyjama. Les chefs militaires britanniques préparèrent leurs plans : soixante-dix mille hommes s'apprêtaient à s'emparer des champs pétroliers d'Iran et de la raffinerie d'Abadan. Mossadegh en appela aux Nations unies et à la Maison Blanche, fit du charme en public tout en prévenant Truman en privé qu'une attaque anglaise pourrait déclencher une Troisième Guerre mondiale. Truman déclara tout net à Churchill que les États-Unis ne soutiendraient jamais une telle invasion, ce à quoi Churchill répliqua en précisant que l'appui politique de sa position en Iran représentait le prix à payer par les États-Unis pour le soutien militaire de son pays dans la guerre de Corée. À l'été 1952, ils arrivèrent à une impasse.

« LA CIA FAIT DE LA POLITIQUE PAR DÉFAUT »

L'espion britannique Monty Woodhouse prit l'avion pour Washington afin de rencontrer Walter Bedell Smith et Frank Wisner. Le 26 novembre 1952, ils discutèrent des moyens de « déstabiliser Mossadegh [14] ». Leurs entretiens se déroulaient dans le crépuscule d'une fin de mandat présidentiel, au moment où le pouvoir de Truman déclinait. Comme le déclara Wisner alors que le complot prenait forme, « la CIA fait » parfois « de la politique par défaut » [15]. La politique étrangère déclarée des États-Unis était de soutenir Mossadegh, mais la CIA s'apprêtait à le déposer sans l'imprimatur de la Maison Blanche.

Le 18 février 1953, le nouveau chef du Secret Intelligence Service (le SIS) arriva à Washington. Sir John Sinclair, un Écossais à la voix douce connu du public sous le nom de « C » et que ses amis appelaient « Sinbad », rencontra Allen Dulles et proposa de confier à Kim Roosevelt la responsabilité d'organiser un coup d'État.

Roosevelt mena brillamment l'affaire. Il avait travaillé deux ans sur des opérations paramilitaires et de propagande politique pour lutter contre une invasion soviétique de l'Iran. Les officiers de la CIA avaient déjà mis de côté de l'argent et des armes en quantité suffisante pour assurer l'entretien de dix mille guerriers des tribus six mois durant. Roosevelt avait l'autorisation d'attaquer le Tudeh, le parti communiste iranien interdit, aux effectifs peu nombreux, mais influent. Changeant d'objectif, il chercha alors à saper le soutien dont bénéficiait Mossadegh auprès des principaux groupes politiques et religieux.

Roosevelt commença par monter une campagne de corruption et de subversion. Les officiers de l'Agence et leurs agents iraniens s'acquirent l'allégeance de tâcherons de la politique, de religieux et d'hommmes de main. Ils achetèrent les services de bandes pour faire le coup de poing dans les réunions du Tudeh et de mollahs pour dénoncer Mossadegh dans les mosquées. La CIA n'avait pas, comme les Anglais, des décennies d'expérience en Iran, ni autant d'agents recrutés dans le pays. Mais elle disposait de plus d'argent : au moins un million de dollars par an, fortune immense dans l'une des nations les plus pauvres du monde.

La CIA s'inspira du réseau d'influence – totalement acheté – contrôlé par le Renseignement britannique. Il était dirigé par les trois frères Rashidian dont le père, un Iranien anglophile, contrôlait des compagnies de navigation, des banques et des affaires immobilières. Les Rashidian avaient du poids auprès de membres du Parlement iranien et tenaient sous leur coupe les principaux marchands du bazar qui, sans qu'on le sût, faisaient la loi à Téhéran. Ils achetaient des sénateurs, des chefs militaires, des directeurs de journaux et des éditeurs, des bandes de malfrats et au moins un membre du cabinet de Mossadegh. Ils payaient les informations avec des boîtes de biscuits bourrées de billets. Ils comptaient même dans leur cercle le valet de chambre du shah qui jouerait un rôle de catalyseur dans le coup d'État.

Le 4 mars 1953, Allen Dulles arriva à la séance du Conseil de sécurité nationale avec sept pages de notes concernant « les conséquences d'une mainmise soviétique sur l'Iran [16] ». Le pays était confronté à « une machination révolutionnaire qui se préparait » et, s'il basculait dans le communisme, tous les dominos du Moyen-Orient s'écrouleraient. Soixante pour cent du pétrole du monde libre seraient entre les mains de Moscou. Cette perte catastrophique « réduirait gravement nos réserves en cas de guerre », déclara Dulles ; il faudrait rationner le pétrole et l'essence aux États-Unis. Le Président n'en croyait pas un mot ; il pensait que mieux vaudrait sans doute proposer à Mossadegh un prêt de 100 millions de dollars pour stabiliser son gouvernement plutôt que de le renverser [17].

Monty Woodhouse suggéra avec tact à ses homologues américains de la CIA de présenter différemment le problème à Eisenhower car ils n'arriveraient pas à faire passer Mossadegh pour un communiste [18]. En revanche, ils pourraient arguer que, plus longtemps il resterait au pouvoir, plus le danger serait grand de voir les Soviétiques envahir l'Iran. Kim Roosevelt affûta son baratin avant de le débiter au Président : si Mossadegh penchait à gauche, l'Iran basculerait dans le camp soviétique, mais si on le poussait dans la bonne direction, la CIA pourrait s'assurer que le gouvernement passe sous contrôle américain.

Mossadegh tomba dans le piège. Dans un bluff mal calculé, il brandit devant l'ambassade américaine le spectre d'une menace soviétique sur Téhéran. Il s'attendait à être « sauvé par les Américains, dit John H. Stutesman, un diplomate qui connaissait bien Mossadegh et qui était en 1953 le responsable des affaires iraniennes au Département d'État [19]. Mossadegh avait le sentiment que s'il mettait les Anglais dehors et menaçait les Américains de l'hégémonie russe, nous nous précipiterions. Il ne se trompait pas tellement ».

Le 18 mars 1953, Frank Wisner annonça à Roosevelt et à Woodhouse qu'ils avaient un premier feu vert d'Allen Dulles. Le 4 avril, le quartier général de la CIA fit parvenir un million de dollars à l'antenne de Téhéran. Mais Eisenhower, de même que d'autres personnages importants participant à l'opération, doutait encore de l'opportunité de renverser le régime iranien.

Quelques jours plus tard, le Président prononça un discours éloquent intitulé « Une chance pour la paix » dans lequel il déclarait « inaliénable le droit pour toute nation de former un gouvernement et d'instaurer un système économique de son choix » et « indéfendable toute tentative d'une nation pour dicter à une autre la forme de son gouvernement ». Ces idées frappèrent aussitôt Roger Goiran, le chef de station de la CIA à Téhéran, qui demanda au quartier général pourquoi les États-Unis cherchaient à adopter les traditions du colonialisme britannique au Moyen-Orient. Une erreur historique, affirmait-il, qui se solderait à long terme par un désastre pour les intérêts américains. Allen Dulles le rappela à Washington et le révoqua de ses fonctions de chef de station. L'ambassadeur américain en Iran, Loy Henderson, qui depuis le début était au courant du plan, s'opposa vigoureusement au choix des Britanniques de mettre en avant, pour ce coup d'État, un vieux débauché de major général à la retraite, Fazlollah Zahedi. Mossadegh avait confié un jour à l'ambassadeur qu'il savait que Zahedi était un traître à la solde des Anglais.

Ces derniers le désignèrent néanmoins, avec l'appui des Américains qui voyaient en lui le seul homme visant le pouvoir et passant pour pro-américain. À la fin d'avril, après l'enlèvement et l'assassinat du chef de la police nationale iranienne, il se cacha – et il avait bien raison car les meurtriers présumés étaient ses propres partisans ; il ne refit surface que onze semaines plus tard.

En mai, le complot se précisa bien qu'il lui manquât toujours l'aval du Président. On en était maintenant à la version définitive. Zahedi, disposant de 75 000 dollars de l'argent de la CIA, allait former un secrétariat militaire et sélectionner des colonels pour monter le coup d'État. Un groupe de fanatiques religieux s'intitulant les Guerriers de l'Islam – « une bande de terroristes », dit une histoire de la CIA à propos du coup d'État – irait menacer la vie des partisans de Mossadegh au sein même et en dehors du gouvernement. La CIA prépara des tracts et des affiches pour une campagne de propagande de 150 000 dollars, proclamant : « Mossadegh favorise le parti Tudeh et l'URSS... Mossadegh est un ennemi de l'islam... Mossadegh mène le pays droit à l'effondrement économique. » Le jour J, les conspirateurs s'empareraient du quartier général de l'état-major, de Radio-Téhéran, de la poste, de la banque centrale, des services du téléphone et du télégraphe. On arrêterait Mossadegh et les membres de son cabinet. D'autres fonds, 11 000 dollars par semaine, servirent aussitôt à acheter un nombre suffisant de membres du parti Majli pour qu'une majorité proclame Zahedi Premier ministre, ce qui donnerait à l'affaire une apparence de légalité. Zahedi à son tour ferait serment d'allégeance au shah et le remettrait sur le trône.

Le faible shah jouerait-il son rôle ? L'ambassadeur Henderson ne l'en croyait pas capable, mais Roosevelt estimait que, sans lui, les chances de réussir seraient nulles.

Le 15 juin, Roosevelt partit pour Londres afin de soumettre le plan aux grands maîtres du Renseignement britannique. Personne ne souleva d'objection. Après tout, les Américains réglaient l'addition. Les Anglais avaient conçu l'affaire, mais leurs dirigeants n'étaient pas en mesure de jouer un rôle dominant dans sa réalisation : le 23 juin, le chef du Foreign Office, Anthony Eden, subissait une grave intervention abdominale à Boston et, le même jour, Winston Churchill faillit être emporté par une attaque ; le secret fut si bien gardé que la CIA n'en sut rien.

Au cours des deux semaines suivantes, l'Agence mit sur pied une hiérarchie à deux têtes : un service qui serait chargé du secrétariat militaire de Zahedi et un autre qui assurerait le contrôle de la guerre politique et de la propagande, les deux rendant compte directement à Frank Wisner. Kim Roosevelt se préparait à s'envoler pour Beyrouth d'où, par la route, il traverserait la Syrie et l'Irak afin de gagner l'Iran et retrouver les frères Rashidian. La CIA attendait le feu vert du président des États-Unis.

Il fut donné le 11 juillet. Et, à partir de cet instant, tout, ou presque, tourna mal.

« APRÈS VOUS, VOTRE MAJESTÉ »

Avant le jour J, le secret de la mission était déjà éventé. Le 7 juillet, la CIA avait capté une émission du parti Tudeh : la radio clandestine avertissait les Iraniens que le gouvernement américain, avec le concours de divers « espions et traîtres » parmi lesquels le général Zahedi, travaillait à « liquider le gouvernement Mossadegh »[20]. Mossadegh avait ses propres sources de renseignement, indépendantes du Tudeh, et il savait à quoi s'attendre.

Puis la CIA découvrit qu'elle ne disposait pas de troupes pour le coup projeté, le général Zahedi n'ayant aucun soldat sous ses ordres. L'Agence ne possédait aucune carte de la situation militaire en Iran, aucun état des effectifs de l'Armée iranienne. Kim Roosevelt se tourna alors vers le brigadier général Robert A. McClure, le père des forces américaines d'opérations spéciales[21]. Il avait été le chef du Renseignement d'Eisenhower lors de la Seconde Guerre mondiale, avait dirigé la Division de guerre psychologique pendant la guerre de Corée ct surveillait maintenant la bonne marche des opérations bilatérales avec la CIA. Il avait travaillé avec Dulles et Wisner, lesquels lui inspiraient la plus grande méfiance.

Le général McClure était venu à Téhéran pour prendre la tête du groupe d'assistance militaire américain créé en 1950 afin d'apporter aux officiers iraniens pleins d'avenir l'appui militaire, la formation et les conseils nécessaires. Dans le cadre de la guerre des nerfs que menait la CIA, il imposa aux Américains de couper les ponts avec les chefs militaires pro-Mossadegh. Roosevelt faisait entièrement confiance à McClure pour lui fournir un tableau de l'établissement militaire iranien et des tendances politiques de ses officiers supérieurs. Le président Eisenhower insista personnellement pour que McClure décroche une deuxième étoile après le coup d'État, faisant remarquer « ses excellentes relations avec le shah et avec d'autres personnages importants qui nous intéressent ». La CIA recruta pour aider les conjurés un colonel qui avait assuré la liaison entre les Iraniens et le groupe d'assistance militaire de McClure, et qui, à son tour, enrôla en secret une quarantaine de ses camarades officiers.

Il ne manquait plus que le shah.

Un colonel de la CIA, Stephen J. Meade, prit un avion pour Paris afin de prendre au passage la sœur jumelle du shah, la princesse Ashraf, une femme énergique et impopulaire, qui, d'après le scénario de la CIA, devrait rentrer d'exil et persuader le shah de soutenir le général Zahedi. Mais Ashraf était introuvable. Asadollah Rashidian, qui travaillait pour les services de renseignement britanniques, finit par la dénicher sur la Côte d'Azur. Il fallut encore dix jours pour la décider à prendre un vol commercial pour Téhéran. Pour la convaincre, les services britanniques se fendirent d'une forte somme d'argent et d'un manteau de vison, et le colonel Meade promit que, en cas d'échec du coup d'État, les États-Unis assureraient l'entretien de la famille royale. Après une confrontation orageuse avec son frère jumeau, elle quitta Téhéran le 30 juillet, certaine de l'avoir persuadé. Le 1er août, la CIA fit venir le général Norman Schwarzkopf pour donner du courage au shah. Ce dernier, craignant que son palais ne fût truffé de micros, entraîna le général dans la vaste salle de bal, tira une petite table au beau milieu de la pièce et lui murmura à l'oreille qu'il ne voulait pas participer au coup d'État : il n'était pas sûr du soutien de l'armée.

Kim Roosevelt passa la semaine à se glisser en cachette dans le palais du shah pour faire pression sur lui ; il l'avertit que son refus de suivre la CIA risquait de mener à un Iran communiste ou à « une seconde Corée » – et, dans un cas comme dans l'autre, à la condamnation à mort du monarque et de sa famille. Terrifié, le shah s'enfuit dans sa propriété des bords de la mer Caspienne.

Roosevelt se lança alors dans l'improvisation : il fit rédiger un décret royal congédiant Mossadegh et nommant Zahedi Premier ministre, puis ordonna au colonel commandant la garde impériale du shah de présenter à Mossadegh, sous la menace d'un pistolet, un exemplaire signé de ce document d'une légalité douteuse et de l'arrêter s'il n'en tenait pas compte. Le 12 août, le colonel partit donc sur la Caspienne, aux trousses du shah, et revint le lendemain soir avec des exemplaires dûment signés des décrets. Les agents iraniens de Roosevelt déboulèrent alors dans les rues de Téhéran, journaux et imprimeries se mirent à vomir leur propagande : Mossadegh était communiste, Mossadegh était juif ; les hommes de main au service de la CIA, se faisant passer pour des membres du parti Tudeh, attaquèrent des mollahs et profanèrent une mosquée. Mossadegh contre-attaqua en mettant sous les verrous les Majlis – d'après la loi, seuls les Majlis avaient le pouvoir de le révoquer –, rendant inefficaces les sénateurs et les députés dont la CIA avait acheté les voix.

Roosevelt continuait à aller de l'avant. Le 14 août, il envoya au quartier général un câble réclamant d'urgence 5 millions de dollars supplémentaires pour soutenir le général Zahedi. Le coup d'État était prévu pour cette nuit-là – et Mossadegh le savait. Il mobilisa la garnison de Téhéran et déploya autour de sa maison un cordon de chars et de troupes. Quand les hommes de la garde impériale du shah vinrent arrêter le Premier ministre, des officiers fidèles l'avaient déjà emmené dans une planque de la CIA, sous la garde d'un des officiers de Roosevelt, un jeunot du nom de Rocky Stone. Le groupe de colonels iraniens réuni dans la hâte se désintégra.

Le 16 août, Radio-Téhéran ouvrit son antenne à 5 heures 45 du matin pour annoncer l'échec du coup d'État. Au quartier général de la CIA régnait le désarroi. Allen Dulles était injoignable : la semaine précédente, il avait quitté Washington pour des vacances prolongées en Europe, ne doutant pas un instant que tout se passait bien. Quant à Frank Wisner, il n'avait rien à proposer. Roosevelt, livré à lui-même, prit alors la décision de tenter de convaincre le monde que le coup d'État manqué avait été fomenté par Mossadegh lui-même, mais il avait besoin du shah pour faire passer cette histoire. L'ambassadeur américain en Irak, Burton Berry, apprit quelques heures plus tard que le shah se trouvait à Bagdad et qu'il appelait au secours. Roosevelt donna à Berry les grandes lignes d'un scénario : conseiller au shah d'expliquer dans une allocution radiodiffusée qu'il avait dû fuir devant un soulèvement organisé par la gauche. Le souverain obéit, puis demanda à son pilote de déposer un plan de vol pour la capitale des monarques en exil : Rome.

La nuit du 16 août, un des officiers de Roosevelt remit 50 000 dollars aux agents iraniens de la station en leur commandant de rassembler une foule de prétendus malfrats communistes. Le lendemain matin, des centaines d'agitateurs stipendiés déferlèrent dans les rues de Téhéran, pillant, incendiant et mettant en pièces les symboles du gouvernement. D'authentiques membres du parti Tudeh se joignirent même à eux, mais ils se rendirent vite compte « que c'était un coup monté ».

Henderson, Roosevelt et le général McClure tinrent, quatre heures durant, un conseil de guerre dans l'enceinte de l'ambassade, d'où il résulta un nouveau plan pour semer l'anarchie. Grâce à McClure, des officiers iraniens furent dépêchés dans de lointaines garnisons afin d'enrôler des soldats pour soutenir le coup d'État ; les agents iraniens reçurent pour instructions d'engager de nouvelles cohortes d'émeutiers, et enfin des religieux furent envoyés en émissaires auprès du suprême ayatollah chiite d'Iran pour le persuader de proclamer une guerre sainte.

Mais là-bas, au quartier général, Wisner était au désespoir après avoir lu l'estimation du jour des meilleurs analystes de la CIA : « L'échec du coup d'État militaire à Téhéran et la fuite du shah à Bagdad soulignent que le Premier ministre Mossadegh reste maître de la situation et laissent prévoir de nouvelles mesures radicales de sa part pour éliminer toute opposition [22]. » Tard dans la nuit du 17 août, il envoya un message à Téhéran disant qu'en l'absence de toute recommandation contraire de Roosevelt et de Henderson, il fallait arrêter le coup d'État contre Mossadegh. Quelques heures plus tard, vers 2 heures du matin, Wisner passa un coup de téléphone affolé à John Waller, qui dirigeait le département Iran au quartier général de la CIA.

Le shah était arrivé à Rome où il était descendu à l'hôtel Excelsior, lui annonça Wisner. Et, ajouta-t-il, « il est arrivé quelque chose de terrible. Vous ne devinerez jamais ».

Impossible pour Waller, en effet.

« Pensez à ce que vous pouvez imaginer de plus épouvantable, poursuivit Wisner.

— Il a été renversé par un taxi et il est mort, suggéra Waller.

— Non, non, non, répondit Wisner. John, vous ne savez peut-être pas que Dulles avait décidé de prolonger ses vacances pour aller à Rome. Maintenant, pouvez-vous imaginer ce qui s'est passé ?

— C'est Dulles, répliqua Waller, qui l'a renversé avec sa voiture et qui l'a tué ? »

Wisner n'apprécia pas la plaisanterie.

« Ils se sont présentés juste en même temps à la réception de l'Excelsior, reprit-il. Et Dulles a dû dire : "Après vous, Votre Majesté" » [23].

«UNE ÉTREINTE PASSIONNÉE »

À l'aube du 19 août, les foules engagées par l'Agence se rassemblaient à Téhéran, prêtes à l'émeute. Des cars et des camions bourrés de membres de tribus du sud – leurs chefs tous payés par la CIA – arrivèrent dans la capitale. L'adjoint de l'ambassadeur Henderson, William Rountree, décrivit [24] ce qui se passa ensuite comme « une révolution presque spontanée ».

« Cela commença par une démonstration publique d'un club de culturistes qui soulevaient des poids et des haltères : des costauds et des videurs recrutés par la CIA pour la journée. Ils se mirent à crier des slogans anti-Mossadegh et pro-shah, puis défilèrent dans les rues. D'autres les rejoignirent et, bientôt, se forma une manifestation substantielle en faveur du shah et contre Mossadegh. Dans la foule, deux chefs religieux, l'ayatollah Ahmed Kashani [25] et, à ses côtés, un de ses disciples de cinquante et un ans, l'ayatollah Ruhollah Musavi Khomeiny, le futur maître de l'Iran.

Roosevelt envoya ses agents iraniens attaquer le bureau du télégraphe, le ministère de la Propagande, le quartier général de la police et de l'armée. Dans l'après-midi, après une escarmouche qui fit au moins trois victimes, les agents de la CIA prenaient l'antenne à

Radio-Téhéran. Roosevelt se rendit à la planque de la CIA où se cachait Zahedi sous la garde de Rocky Stone et lui dit de se tenir prêt à se proclamer Premier ministre. Zahedi avait tellement peur que Stone dut lui boutonner sa tunique de général. Au moins cent personnes ce jour-là trouvèrent la mort dans les rues de Téhéran.

Et au moins deux cents de plus quand la CIA donna l'ordre à la garde impériale du shah d'attaquer la résidence puissamment défendue de Mossadegh. Le Premier ministre s'échappa mais se rendit le lendemain. Il passa les trois années suivantes en prison et une dizaine d'autres en résidence surveillée avant de mourir en 1967. Roosevelt remit à Zahedi un million de dollars en liquide et le nouveau Premier ministre entreprit d'écraser toute résistance et de jeter en prison des milliers d'opposants politiques.

« La CIA opéra de façon remarquable en créant une situation qui, dans des circonstances et une atmosphère propices, favorisait un changement, observa l'ambassadeur Rountree, qui fut plus tard secrétaire d'État adjoint pour le Proche-Orient. Manifestement les choses ne se passèrent pas comme prévu, ou du moins espéré, mais cela finit par s'arranger. »

Auréolé de ce succès, Kim Roosevelt prit l'avion pour Londres. Le 26 août, à 2 heures de l'après-midi, il fut reçu par le Premier ministre au 10 Downing Street. Roosevelt trouva Winston Churchill « en mauvaise forme », l'élocution difficile, la vision brouillée, la mémoire chancelante. « Le sigle CIA ne lui disait rien, mais il se souvenait vaguement que le nom de Roosevelt devait avoir un rapport avec son vieil ami Bedell Smith »[26].

À la Maison Blanche, on accueillit Roosevelt en héros. On croyait de plus en plus à la magie de l'action clandestine, même si certains au quartier général ne considéraient pas comme un triomphe la chute de Mossadegh. « Malheureusement, ce succès apparemment brillant donna l'extravagante impression que la CIA était toute-puissante, écrivit Ray Cline, un des analystes du renseignement de la CIA. Cela ne prouvait en rien que la CIA était capable de renverser un gouvernement et de mettre au pouvoir des hommes de son choix : il s'agissait d'un cas unique où l'on s'était contenté de fournir la dose précise d'assistance marginale dans de bonnes conditions et au bon moment. » En achetant l'allégeance de soldats et d'émeutiers, la CIA avait créé un degré de violence suffisant pour monter un coup d'État. De l'argent avait changé de mains et ces mains avaient changé un régime.

Le shah remonta sur le trône et organisa les prochaines élections au Parlement en utilisant comme hommes de main les bandes à la solde de la CIA. Il imposa trois ans de loi martiale et renforça le contrôle du pouvoir sur le pays. Il fit appel à l'Agence et à la mission militaire américaine en Iran pour créer un nouveau service de renseignement, bientôt connu sous le nom de SAVAK, dont la CIA voulait qu'elle soit ses yeux et ses oreilles contre les Soviétiques. Le shah, lui, voulait une police secrète pour protéger son pouvoir. Formée et équipée par la CIA, la SAVAK assura son autorité pendant plus de vingt ans.

Le shah devint la pièce maîtresse de la politique étrangère dans le monde islamique. Durant les années à venir, ce serait le chef de station et non l'ambassadeur qui s'adresserait au shah au nom des États-Unis. La CIA s'insinua dans la culture politique de l'Iran, « dans une étreinte passionnée avec le shah », dit Andrew Killgore, un conseiller politique du Département d'État auprès de l'ambassadeur américain de 1972 à 1976, Richard Helms.

Le coup d'État « fut considéré comme le plus grand triomphe de la CIA, dit Killgore[27]. On le salua comme une victoire nationale de l'Amérique. Nous avions changé ici le cours d'un pays ». Une génération d'Iraniens grandit en sachant que le shah avait été mis sur le trône par la CIA. Avec le temps, le souvenir du chaos provoqué par l'Agence dans les rues de Téhéran reviendrait hanter les États-Unis.

L'illusion d'une CIA capable, d'un tour de passe-passe, de renverser un gouvernement était séduisante : elle poussa l'Agence dans un conflit en Amérique centrale qui se prolongea pendant les quarante années suivantes.

10.

« BOMBARDEZ, JE RÉPÈTE, BOMBARDEZ »

Quelques jours après Noël 1953, le colonel Al Haney gara sa Cadillac toute neuve à l'entrée d'une base aérienne délabrée, près d'Opa-Locka, en Floride, posa le pied sur le tarmac et inspecta son nouveau domaine : trois bâtiments de deux étages au bord des Everglades. Le colonel, après avoir enseveli sous un linceul top-secret le gâchis qu'il avait laissé comme chef de station en Corée du Sud, manœuvra pour obtenir un nouveau poste. Ce bel incapable de trente-neuf ans, récemment divorcé, sa carcasse d'un mètre quatre-vingt-cinq sanglée dans un uniforme impeccable, venait d'être nommé adjoint spécial d'Allen Dulles pour l'opération Succès, le projet de la CIA pour renverser le gouvernement du Guatemala.

Cela faisait plus de trois ans que l'Agence caressait l'idée d'un complot pour se débarrasser du président Jacobo Arbenz. Cette envie se précisa quand Kim Roosevelt rentra triomphant d'Iran. Grisé, Allen Dulles lui demanda de prendre la tête de l'opération en Amérique centrale. Roosevelt déclina respectueusement cette offre : après avoir étudié l'affaire, il s'était rendu compte que l'Agence s'engageait à l'aveuglette. Elle n'avait pas d'espions au Guatemala et pas la moindre idée des désirs de l'armée ou du peuple. Les militaires étaient-ils fidèles à Arbenz ? Pouvait-on ébranler leur loyauté ? La CIA n'en savait rien.

Haney devait trouver un moyen de faire accéder au pouvoir un colonel guatémaltèque limogé sélectionné par la CIA, Carlos Castillo Armas. Mais sa stratégie n'était qu'une esquisse. Le plan prévoyait seulement que la CIA entraînerait et équiperait une force rebelle pour la lancer contre le palais présidentiel de Guatemala City. Wisner en adressa le schéma au Département d'État afin d'obtenir l'encouragement du général Walter Bedell Smith, lequel mit sur place, pour l'opération, une nouvelle équipe d'ambassadeurs américains.

« JE SUIS VENU POUR MANIER LE BÂTON »

Jack Peurifoy, la Terreur, s'était acquis ce sobriquet en 1950 en débarrassant le Département d'État des gauchistes et des libéraux. À peine arrivé à son nouveau poste, Peurifoy câbla à Washington : « Je suis venu au Guatemala pour manier le bâton. »

Bedell Smith choisit comme ambassadeur au Honduras Whiting Willauer, un des fondateurs de Civil Air Transport, la compagnie aérienne que Frank Wisner avait achetée en 1949. Willauer fit venir des pilotes de Taiwan, du siège de la CAT, avec la consigne de garder profil bas et d'attendre les ordres à Miami et à La Havane. L'ambassadeur Thomas Whelan alla au Nicaragua afin de travailler avec le dictateur Anastasio Somoza qui aidait la CIA à installer une base d'entraînement destinée aux hommes de Castillo Armas.

Le 9 décembre 1953, Allen Dulles donna son accord à l'opération Succès et débloqua un budget de 3 millions de dollars. Il confia le commandement à Al Haney et désigna Tracy Barnes comme responsable de la guerre politique.

Dulles croyait à l'image romanesque de l'espion gentleman, et Tracy l'incarnait parfaitement. D'excellente famille, Mr Barnes avait suivi le cursus classique des officiers de la CIA : Groton, Yale, et pour finir il avait fait son droit à Harvard[28]. Il avait grandi à Long Island où ses parents disposaient de leur terrain de golf privé. Héros de l'OSS, il avait été décoré pour avoir capturé une garnison allemande entière. Plein d'audace et de panache, il affichait l'orgueil qui précède la chute et incarnait ce qu'on pouvait imaginer de pire pour l'action clandestine. « Comme les gens qui, malgré tous leurs efforts, semblent condamnés à ne jamais réussir à maîtriser une langue étrangère, Barnes se révéla incapable de piger en quoi consistait une opération secrète », observa Richard Helms[29]. Pis encore, grâce aux constants éloges dont le couvrait Allen Dulles, Tracy ne se rendait pas compte de son problème. » Il continua à servir comme chef de station en Allemagne, en Angleterre et enfin à la baie des Cochons.

Le 29 janvier 1954, Barnes et Castillo Armas s'envolèrent pour Opa-Locka où ils commencèrent à mettre leurs plans au point avec le colonel Haney. Mais, en se réveillant le lendemain matin, ils découvrirent que le monde entier était au courant de leur projet : tous les grands quotidiens de l'hémisphère occidental publiaient les accusations du Président dénonçant un « complot contre-révolutionnaire » parrainé par un « gouvernement du Nord », fomenté par Castillo Armas, et qui avait pour base un camp d'entraînement rebelle installé dans une ferme de Somoza au Nicaragua. La fuite provenait de câbles et de documents secrets qu'un officier de la CIA – qui assurait la liaison entre le colonel Haney et Castillo Armas – avait oubliés dans une chambre d'hôtel de Guatemala City. Convoqué à Washington, le malheureux officier se vit conseiller de prendre un poste de guetteur d'incendies au cœur des forêts du Nord-Ouest Pacifique.

La crise démontra rapidement qu'Al Haney figurait parmi les recrues les plus incapables des effectifs de la CIA. Cherchant désespérément à détourner l'attention des Guatémaltèques de son grand projet, il inonda la presse locale de fausses nouvelles. « Tâchez, câbla-t-il au quartier général de la CIA, de fabriquer des nouvelles qui fascinent les gens, telles que des histoires de soucoupes volantes ou une naissance de sextuplés dans une région perdue. » La charte de la CIA exigeait de mener toute action clandestine de façon si subtile qu'on ne puisse pas y déceler la main de l'Amérique. Mais, pour Wisner, une opération était clandestine dès l'instant où elle n'était pas reconnue par les États-Unis et demeurait ignorée du peuple américain.

Il convoqua le colonel Haney au quartier général pour lui passer un savon. « Il n'y a pas d'opération que l'on considère comme aussi importante que celle-ci, ni sur laquelle se joue davantage la réputation de l'Agence », tonna Wisner, mais « le quartier général n'a jamais reçu de rapport clair et précis sur ce qui doit se passer le jour J ». Le plan du colonel Haney se résumait à des axes chronologiques s'entrecroisant griffonnés sur un rouleau de douze mètres de papier d'emballage épinglé à une cloison des baraquements d'Opa-Locka. Il expliqua à Wisner qu'on ne pouvait comprendre l'opération qu'en examinant ces gribouillages.

Wisner commença à « douter du jugement et du bon sens de Haney », se souvenait Richard Bissell. Ce dernier, lui aussi pur produit de Yale, l'homme qu'on appelait autrefois Mr Plan Marshall, venait de rejoindre les rangs de la CIA. Il s'était engagé, selon sa formule, comme « apprenti de Dulles [30] » et on lui avait promis très vite de grandes responsabilités. Le directeur le chargea immédiatement de mettre de l'ordre dans la logistique de plus en plus complexe de l'opération Succès.

Bissell et Barnes représentaient la tête et le cœur de la CIA de Dulles. Ils n'avaient aucune expérience dans la gestion de l'action clandestine, mais, preuve de la confiance qu'ils inspiraient à Dulles, ce dernier leur demanda de voir ce que mijotait Al Haney à Opa-Locka.

Bissell reconnaît que Barnes et lui éprouvaient une certaine sympathie pour le colonel hyperactif. « Barnes était très pro-Haney et emballé par l'opération. Quant à moi, je pensais que Haney était l'homme de la situation car il fallait pour mener ce genre d'opération un homme d'action et un chef énergique. Barnes et moi aimions bien Haney et nous approuvions ses méthodes. À n'en pas douter, l'opération de Haney me laissa une impression positive car je montai un projet analogue au sien pour la préparation du débarquement sur la baie des Cochons. »

« CE QUE NOUS VOULIONS,
C'ÉTAIT UNE CAMPAGNE DE TERREUR »

L'« audacieux mais incompétent » Castillo Armas (pour citer Barnes) avec ses forces rebelles « extrêmement réduites et mal entraînées » (pour citer Bissell) n'attendait, pour attaquer, qu'un signal des Américains, et cela sous le regard vigilant de l'homme de Haney, Rip Robertson, qui avait dirigé quelques-unes des catastrophiques opérations de guérilla en Corée.

Nul ne savait ce qui se passerait quand Castillo Armas et ses quelques centaines de rebelles attaqueraient les cinq mille hommes de l'Armée guatémaltèque. La CIA subventionnait à Guatemala City un mouvement de plusieurs centaines d'étudiants anticommunistes, qui servaient surtout, pour reprendre les termes de Wisner, d'« équipes de gorilles » et ne constituaient absolument pas un groupe de résistance. Wisner, pour se couvrir, décida d'ouvrir un second front dans la guerre contre Arbenz. Il dépêcha à Guatemala City un des plus brillants officiers de la CIA, Henry Hecksher, le chef de la station de Berlin, avec mission de persuader des chefs militaires de se rebeller contre le gouvernement. Hecksher, autorisé à dépenser 10 000 dollars par mois pour les soudoyer, s'acquit bientôt la loyauté d'un ministre sans portefeuille du cabinet d'Arbenz, le colonel Elfego Monzon. On espérait que d'autres générosités enfonceraient un coin dans un corps d'officiers qui, sous la double pression de l'embargo sur les armes imposé par les États-Unis et de la menace d'une invasion américaine, commençait déjà à craquer.

Mais Hecksher ne tarda pas à se convaincre que seule une attaque en règle par les États-Unis enhardirait suffisamment les militaires guatémaltèques pour les pousser à renverser Arbenz. Hecksher écrivit à Haney : l'« étincelle cruciale » doit être générée par la chaleur – la chaleur des États-Unis », sous la forme d'un bombardement de la capitale.

Le quartier général de la CIA adressa alors à Haney une liste – cinq pages – des cinquante-huit Guatémaltèques à assassiner. Cette exécution ciblée reçut l'approbation de Wisner et de Barnes. La liste comprenait de « hauts responsables du gouvernement, des leaders d'organisations » suspectés de tendances communistes, ainsi que « les quelques individus occupant des postes clés au gouvernement et dans l'armée, dont l'élimination est indispensable à la réussite d'une action militaire ». Castillo Armas et la CIA convinrent que les assassinats seraient commis lors de son arrivée triomphale à Guatemala City ou juste après. Ce serait un message qui soulignerait la résolution des rebelles.

Un des nombreux mythes concernant l'opération Succès répandu par Allen Dulles dans la presse américaine était que son triomphe éventuel ne devrait rien à la violence mais résulterait d'un brillant coup d'espionnage. D'après la version de Dulles, l'affaire aurait été déclenchée par un soi-disant ornithologue, en fait un espion américain en poste dans la ville polonaise de Stettin, sur la Baltique – l'extrémité septentrionale du rideau de fer –, qui vit dans ses jumelles qu'un cargo, l'*Alfhem*, transportait des armes tchèques destinées au gouvernement Arbenz. Il envoya alors une lettre contenant un message codé dans un micropoint – « Mon Dieu, mon Dieu, pourquoi m'as-tu abandonné ? » ; le destinataire, un officier de la CIA travaillant dans la clandestinité dans un magasin d'accessoires automobiles à Paris, relaya aussitôt le message codé à Washington par ondes courtes ; puis, toujours selon la version de Dulles, un autre officier de la CIA inspecta les cales du navire lors de son passage par le canal de Kiel reliant la Baltique à la mer du Nord. La CIA savait donc, dès l'instant où l'*Alfhem* quitta l'Europe, qu'il transportait une cargaison d'armes destinée au Guatemala.

Admirable récit repris dans de nombreux ouvrages d'histoire, mais un mensonge éhonté – destiné à masquer une grave faute opérationnelle. En réalité, la CIA ne trouva jamais le navire.

Arbenz, espérant s'assurer la loyauté de ses officiers en les armant, cherchait désespérément à briser l'embargo sur les armes imposé au Guatemala par les Américains. Henry Hecksher avait signalé le transfert par la Banque du Guatemala sur le compte suisse d'un entrepôt d'armes tchèques de 4 860 000 dollars. Mais la CIA perdit aussitôt la trace de l'opération. Malgré quatre semaines de recherches frénétiques, l'*Alfhem* arriva sans encombre à Puerto Barrios, au Guatemala. La cargaison était déjà déballée quand l'ambassade américaine apprit qu'on venait de décharger des fusils, des mitrailleuses, des obusiers et du matériel.

L'arrivée des armes – dont beaucoup étaient rouillées et inutilisables, certaines marquées d'un svastika, ce qui donnait une idée de leur âge et de leur origine – représenta une véritable aubaine pour la propagande américaine. Exagérant sans vergogne l'importance militaire de la cargaison, Foster Dulles et le Département d'État proclamèrent que le Guatemala faisait maintenant partie du complot soviétique visant à créer la subversion dans l'hémisphère occidental. Le président du Congrès, John McCormack, qualifia cet envoi d'armes de bombe atomique plantée dans l'arrière-cour de l'Amérique.

L'ambassadeur Peurifoy déclara que les États-Unis étaient en guerre. « Il ne faudra rien moins qu'une intervention militaire », câbla-t-il à Wisner le 21 mai. Trois jours plus tard, des navires de guerre et des sous-marins de l'US Navy imposèrent un blocus au Guatemala, en violation des lois internationales.

Le 26 mai, un avion survola le palais du Président et lâcha des tracts sur le quartier général de la garde présidentielle. « Luttez contre l'athéisme communiste ! exhortaient-ils. Luttez aux côtés de Castillo Armas ! » Le coup était habile. « Je suppose que peu importe vraiment ce que disent les tracts », déclara Tracy Barnes à Al Haney, et il avait raison. Ce qui comptait, c'était que la CIA avait largué une arme sur un pays qui n'avait encore jamais été bombardé.

« Ce que nous voulions, c'était une campagne de terreur, expliqua E. Howard Hunt qui, à la CIA, travaillait sur le dossier de guerre politique de l'opération [31], pour terroriser Arbenz en particulier, pour terroriser aussi ses troupes, tout comme les bombardiers Stuka allemands semaient la terreur parmi la population en Hollande, en Belgique et en Pologne au début de la Seconde Guerre mondiale ».

À partir du 1er mai 1954, la CIA livra au Guatemala, quatre semaines durant, une guerre psychologique grâce à une radio pirate, la Voix de la Libération, dirigée par un contractuel de la CIA, David Atlee Phillips, acteur amateur et auteur dramatique habile. Et, formidable coup de chance, la station de la radio d'État guatémaltèque dut, à la mi-mai, interrompre ses émissions pour un remplacement de son antenne prévu depuis longtemps : Phillips en profita pour se glisser sur sa fréquence où les auditeurs qui cherchaient les émissions d'État tombèrent sur Radio-CIA. L'inquiétude de la population tourna à l'affolement quand la station rebelle commença à émettre sur ondes courtes des informations concernant des soulèvements imaginaires, des défections et des tentatives pour empoisonner les puits et appeler des enfants sous les drapeaux.

Le 5 juin, le chef désormais à la retraite de l'aviation guatémaltèque se rendit en avion au Nicaragua, dans la ferme de Somoza d'où partaient les émissions. Les comparses de Phillips lui firent boire du whisky et l'amenèrent à évoquer les raisons pour lesquelles il avait fui le Guatemala. La bande de l'enregistrement, une fois soigneusement coupée puis montée au studio de campagne de la CIA, donnait l'impression d'un appel à la rébellion.

CONSIDÉRER LE SOULÈVEMENT COMME UNE FARCE

Quand, le lendemain matin, Arbenz entendit parler de l'émission, il se produisit en lui comme un déclic, et il devint le dictateur dépeint pas la CIA. Redoutant la désertion de ses pilotes, il interdit de vol les avions. Il ordonna ensuite une descente de police au domicile d'un leader étudiant anticommuniste qui travaillait en étroite collaboration avec la CIA et y découvrit des preuves du complot fomenté par les Américains. Il suspendit les libertés civiques et fit arrêter des centaines de personnes, en concentrant ses coups sur le groupe d'étudiants en liaison avec la CIA. Au moins soixante-quinze d'entre eux furent torturés, tués puis ensevelis dans des fosses communes.

« La panique gagne les milieux gouvernementaux », câbla, le 8 juin, l'antenne de la CIA au Guatemala. Exactement ce que souhaitait entendre Haney. Il s'empressa d'attiser les flammes en diffusant de fausses nouvelles supplémentaires : « Un groupe de conseillers soviétiques sous la direction d'un membre du Politburo de Moscou vient d'atterrir… On prépare un décret ordonnant la conscription des jeunes gens et des jeunes filles de seize ans pour des camps de travail où on s'efforcera de briser l'influence de la famille et de l'Église sur eux… Arbenz a déjà quitté le pays. Ses proclamations depuis le Palais national sont lues, en réalité, par un sosie fourni par le Renseignement soviétique. »

Haney prit l'initiative d'envoyer dans le sud, par avion, des bazookas et des mitrailleuses et, se passant d'autorisation, ordonna d'armer les paysans et de les pousser à tuer les membres de la police. « Nous mettons sérieusement en question, câbla Wisner à Haney, le fait d'enjoindre aux *campesinos* d'abattre les hommes de la Guardia Civil… Cela revient à les pousser à la guerre civile… »

Le 18 juin, Castillo Armas lança l'assaut qu'on attendait depuis quatre ans. Cent quatre-vingt-dix-huit rebelles attaquèrent Puerto Barrios, sur la côte atlantique, mais ils furent repoussés par la police et les dockers. Cent vingt-deux autres marchèrent sur la garnison de l'Armée guatémaltèque de Zacapa ; seulement trente d'entre eux échappèrent à la mort ou à la captivité. Castillo Armas en personne, vêtu d'un blouson de cuir, prit, au volant d'un break délabré, la tête de cent hommes venus du Honduras pour s'emparer de trois villages guatémaltèques mal défendus ; il s'installa à quelques kilomètres de la frontière et réclama à la CIA du ravitaillement, des hommes et des armes – mais moins de soixante-douze heures plus tard, plus de la moitié de ses forces avait été tuée ou capturée.

L'après-midi du 19 juin, l'ambassadeur Peurifoy réquisitionna la ligne sécurisée de l'ambassade et supplia directement Allen Dulles : « Bombardez, je répète, bombardez. » Haney intervint moins de deux heures plus tard en adressant un ardent message à Wisner : « Allons-nous rester là à regarder le dernier espoir des hommes libres du Guatemala submergé sous le flot de l'oppression communiste et de ses atrocités en attendant de lancer les forces armées américaines contre l'ennemi ?... Le même ennemi que nous avons combattu en Corée et que nous combattrons peut-être demain en Indochine ? »

Wisner ne réagit pas : c'était une chose d'envoyer à la mort des légions d'étrangers, mais c'en était une autre de dépêcher des pilotes américains bombarder la capitale d'un pays.

Le matin du 20 juin, l'antenne de la CIA à Guatemala City signalait que le gouvernement Arbenz « reprenait le dessus ». La capitale était « très calme, les magasins étaient fermés. Les habitants, attendant dans l'indifférence, ont tendance à considérer le soulèvement comme une farce ».

Au quartier général de la CIA, la tension était presque insoutenable. Wisner, gagné par le fatalisme, câbla à Haney et à la station de la CIA : « Nous sommes prêts à autoriser l'usage de bombes dès l'instant où nous serons convaincus que cette décision augmenterait de façon substantielle les probabilités de succès sans causer de graves dommages aux intérêts des États-Unis... Nous craignons que le bombardement d'installations militaires risque de mobiliser l'armée contre la rébellion plutôt que de provoquer des défections et nous sommes convaincus que des attaques contre des cibles civiles, qui feraient couler le sang de nombreux innocents, feraient le jeu de la propagande communiste et tendraient à nous aliéner tous les éléments de la population. »

Dulles, pour être en mesure d'opposer un démenti, n'avait accordé à Castillo Armas que trois chasseurs-bombardiers Thunderbolt F-47 – dont deux hors service. Alors qu'il s'apprêtait à rencontrer le Président, Dulles autorisa en secret une nouvelle attaque aérienne sur la capitale. Le matin du 22 juin, l'unique appareil capable encore de voler pour la CIA incendia un petit réservoir de pétrole dans les faubourgs de la ville. Vingt minutes suffirent à éteindre le feu. « L'impression générale est que les attaques révèlent une incroyable faiblesse et un total manque de décision, tempêta Haney, furieux. On qualifie de farce les efforts de Castillo Armas. Les tendances anticommunistes et antigouvernementales menacent de disparaître. » Il câbla directement à Dulles pour réclamer immédiatement d'autres avions.

Dulles décrocha son téléphone et appela William Pawley, un homme d'affaires parmi les plus riches des États-Unis, le président de l'Union des démocrates pour Eisenhower – et l'un des plus gros contributeurs à sa campagne électorale de 1952 – et, enfin, un conseiller de la CIA. Si quelqu'un était capable de fournir une aviation secrète, c'était bien Pawley. Dulles envoya ensuite Bissell auprès de Walter Bedell Smith, consulté quotidiennement par la CIA au sujet de l'opération Succès, et le général donna son accord à cette façon détournée de se procurer des avions. Mais, à la dernière minute, le secrétaire d'État adjoint pour l'Amérique latine, Henry Holland, protesta énergiquement, exigeant d'en référer au Président.

Le 22 juin, à 14 heures 15, Dulles, Pawley et Holland entrèrent dans le bureau d'Eisenhower qui demanda quelles étaient, pour l'instant, les chances de réussite de la rébellion. Nulles, avoua Dulles. Et si la CIA disposait de davantage d'avions et de bombes ? Peut-être vingt pour cent, estima Dulles.

Le Président et Pawley rapportèrent la conversation dans leurs Mémoires en termes presque identiques, à une exception près – Eisenhower supprima le rôle de Pawley dans l'histoire et on peut comprendre pourquoi : il passait un marché secret avec son bienfaiteur sur le plan politique. « Ike se tourna vers moi, écrivit Pawley, et me dit : Bill, allez-y, trouvez ces avions. »

Pawley téléphona à la banque Riggs, à deux pas de la Maison Blanche, puis il appela l'ambassadeur du Nicaragua auprès des États-Unis. Ensuite, après avoir retiré 150 000 dollars en espèces et conduit dans sa voiture l'ambassadeur au Pentagone, Pawley remit les espèces à un officier qui s'empressa de transférer au gouvernement du Nicaragua la propriété de trois Thunderbolt. Les appareils, avec leur armement complet, décollèrent de Porto Rico et arrivèrent le soir même à Panama.

Ils entrèrent en action à l'aube et attaquèrent les forces guatémaltèques dont la fidélité était la clé du plan conçu pour renverser Arbenz. Les pilotes de la CIA mitraillèrent les convois de troupes transportant les soldats vers le front ; ils larguèrent des bombes, de la dynamite, des grenades et des cocktails Molotov ; ils firent sauter une station de radio contrôlée par des missionnaires chrétiens américains et coulèrent un cargo britannique au mouillage sur la côte pacifique.

Au sol, Castillo Armas ne parvint pas à gagner un pouce de terrain. Battant en retraite, il supplia la CIA de lui fournir un soutien aérien plus important. La Voix de la Libération, son signal relayé depuis un transpondeur installé au sommet de l'ambassade américaine, émettait des récits habilement concoctés annonçant que des milliers de soldats rebelles convergeaient vers la capitale. Des haut-parleurs placés sur le toit de l'ambassade diffusaient à fond le vacarme enregistré de chasseurs P-38 fonçant dans la nuit. Le président Arbenz, complètement ivre, voyait à travers les brumes de l'alcool les États-Unis fondre sur lui.

Dans l'après-midi du 25 juin, la CIA bombarda le champ de manœuvres des plus grandes installations militaires de Guatemala City, ce qui sapa le moral des officiers. Arbenz réunit cette nuit-là son cabinet pour annoncer à ses ministres que des éléments de l'armée s'étaient révoltés. C'était vrai : une poignée d'officiers avaient secrètement décidé de se rallier à la CIA et de renverser le Président.

L'ambassadeur Peurifoy rencontra les conspirateurs le 27 juin, la victoire à portée de main ; mais Arbenz céda le pouvoir au colonel Carlos Enrique Diaz qui forma une junte et fit le serment de combattre Castillo Armas. « On nous a floués », câbla Peurifoy. Al Haney envoya à toutes les antennes de la CIA un message dénonçant Diaz comme un « agent communiste ». Il ordonna ensuite à Enno Hobbing, un officier de la CIA, remarquable baratineur, ancien chef du bureau de *Time* à Berlin, d'avoir une petite conversation avec Diaz à l'aube du jour suivant. Hobbing transmit le message suivant à Diaz : « Colonel, vous ne convenez pas à la politique étrangère américaine. »

La junte se volatilisa instantanément, remplacée successivement par quatre autres, chacune de plus en plus pro-américaine. L'ambassadeur Peurifoy exigea alors que la CIA quittât la scène. Wisner câbla à tous les intéressés le 30 juin que « l'heure était venue pour les chirurgiens de se retirer pour laisser les infirmières s'occuper du patient ». Peurifoy dut manœuvrer encore deux mois avant que Castillo Armas assumât la présidence. Une salve de vingt et un coups de canon salua son arrivée à un dîner officiel donné à la Maison Blanche où le vice-président Richard Nixon porta un toast « au vaillant soldat » qui avait mené « la révolte du peuple guatémaltèque contre le joug communiste ».

Le Guatemala inaugurait ainsi quarante ans de dictature militaire, d'escadrons de la mort et de répression armée.

« INCROYABLE »

Les dirigeants de la CIA créèrent un mythe à propos de l'opération Succès tout comme ils l'avaient fait avec le coup d'État en Iran. D'après leur version, l'opération était un chef-d'œuvre. En fait, dit Jake Esterline qui, à la fin de l'été, devint le nouveau chef de station au Guatemala [32], « nous n'avions vraiment pas l'impression que c'était un succès ». Le coup n'avait réussi que grâce à la force et à la chance.

Le 29 juillet 1954, Allen Dulles invita dans sa maison de Georgetown Frank Wisner, Tracy Barnes, Dave Phillips, Al Haney, Henry Hecksher et Rip Robertson pour une répétition générale avant de présenter les conclusions de l'affaire au Président. Il écouta avec horreur Haney se lancer dans un discours interminable avec un long préambule sur ses exploits en Corée.

« Je n'ai jamais entendu autant de foutaises », lâcha Dulles avant d'ordonner à Phillips de tout réécrire.

Dans un salon de la Maison Blanche où on avait fait l'obscurité pour projeter des diapositives, la CIA présenta à Eisenhower une version embellie de l'opération Succès. Quand on ralluma, la première question du Président fut pour Rip Robertson.

« Combien d'hommes Castillo Armas a-t-il perdus ? demanda-t-il.

— Un seul, répondit Robertson.

— Incroyable », commenta le Président.

Au moins quarante-trois des hommes de Castillo Armas avaient été tués dans l'opération, mais personne ne se risqua à contredire Robertson. C'était un mensonge éhonté.

Cela marqua un tournant dans l'histoire de la CIA. Les histoires qu'il fallait inventer pour les actions clandestines à l'étranger faisaient désormais partie de la culture politique de l'Agence. Bissell l'exprima clairement : « Beaucoup d'entre nous à la CIA ne se sentaient pas tenus d'observer dans leurs actes tous les principes de la morale. » Ses collègues et lui étaient prêts à mentir au Président pour protéger l'image de l'Agence. Et leurs mensonges entraînèrent des conséquences durables.

11.

« ET ALORS CE SERA LA TEMPÊTE »

« Tout ce qui concerne la CIA baigne dans le secret : ce qu'elle coûte, son efficacité, ses succès, ses échecs », déclara en mars 1954 le sénateur du Montana, Mike Mansfield [33].

Allen Dulles ne répondait que devant un petit nombre de membres du Congrès, ces derniers protégeant la CIA de la curiosité publique derrière de vagues sous-commissions du budget des Forces armées. Il demandait régulièrement à ses adjoints de lui fournir « des exemples de réussites de la CIA qu'il puisse utiliser lors de la prochaine réunion de budget [34] ». Il n'en avait pas dans sa manche. Il était prêt, en de rares occasions, à faire montre de franchise. Deux semaines après la critique formulée par Mansfield, Dulles se trouva confronté à trois sénateurs au cours d'une réunion à huis clos. Les notes qu'il avait préparées [35] reconnaissaient que le développement rapide des opérations clandestines de la CIA avait pu être « risqué, voire peu judicieux pour l'effort à long terme de la guerre froide ». Elles admettaient que « des opérations imprévues, conçues dans l'urgence, non seulement échouaient en général, mais qu'elles perturbaient et même compromettaient nos minutieux préparatifs pour des actions à plus lointaine échéance ».

Sous le dôme du Capitole, ce genre de secrets pouvait être bien gardé. Mais un sénateur à lui seul présentait une véritable menace pour la CIA : Joseph McCarthy, toujours obsédé par les « Rouges ». McCarthy et son équipe avaient constitué un réseau clandestin d'informateurs qui avait rageusement quitté l'Agence vers la fin de la guerre de Corée. Dans les mois qui suivirent l'élection d'Eisenhower, les dossiers de McCarthy se gonflèrent d'allégations prétendant que « la CIA avait à son insu recruté un grand nombre d'agents doubles – des individus qui, tout en travaillant pour la CIA, étaient en fait des agents communistes ayant pour mission de fabriquer de fausses informations », comme le rapporta son principal conseiller, Roy Cohn [36]. Contrairement à bien des accusations de McCarthy, celle-ci était fondée, et Allen Dulles le savait. Si le peuple américain avait appris, au plus fort de la hantise anticommuniste, que l'Agence s'était fait duper aux quatre coins de l'Europe et de l'Asie par les services de renseignement soviétique et chinois, c'en aurait été fini de la CIA.

Lorsque, en privé, McCarthy dit en face à Dulles « que la CIA n'était ni sacro-sainte ni à l'abri d'une enquête [37] », le directeur comprit que sa survie était en jeu. Foster Dulles avait ouvert ses portes aux limiers de McCarthy pour jouer officiellement les petits saints, geste qui ravagea le Département d'État pour dix ans. Mais Allen tint bon. Il repoussa les tentatives du sénateur pour assigner en justice Bill Bundy, un agent de la CIA qui, par fidélité à un vieux camarade, avait versé une contribution de 400 dollars au fonds de défense d'Alger Hiss, soupçonné d'être un espion communiste.

Son attitude publique était dictée par ses principes, mais il ne se priva pas pour lancer une opération clandestine assez douteuse contre McCarthy [38]. Cette campagne clandestine fut évoquée dans le témoignage secret d'un agent de la CIA devant la Commission sénatoriale présidée par McCarthy et en présence du conseiller de l'opposition, Robert F. Kennedy, document rendu public en 2003 et dont on trouvera les détails dans une histoire de la CIA déclassifiée en 2004.

Après cet affrontement en privé avec McCarthy, Dulles rassembla une équipe d'officiers de la CIA pour infiltrer le bureau du sénateur au moyen d'un espion ou d'un micro caché, de préférence les deux. La méthode même qu'employait J. Edgar Hoover : recueillir des ragots, puis les répandre. Dulles demanda à James Angleton, son « tsar » de la désinformation, de trouver un moyen de faire avaler à McCarthy et à ses collaborateurs de fausses informations afin de le discréditer. Angleton convainquit James McCargar – une des premières recrues de Wisner – de fabriquer de faux rapports sur un membre connu des clandestins de McCarthy opérant à la CIA. McCargar réussit : la CIA infiltra le Sénat.

« Vous avez sauvé la République », lui dit Allen Dulles.

« CETTE PHILOSOPHIE FONDAMENTALEMENT RÉPUGNANTE »

Cependant, même si, en 1954, le pouvoir de McCarthy commençait à décliner, la menace contre la CIA s'amplifiait. Le sénateur Mansfield et trente-quatre de ses collègues soutenaient un projet de loi sur la création d'un comité de surveillance et l'obligation pour l'Agence de tenir le Congrès pleinement et régulièrement informé de ses activités.

(Loi qui ne serait votée que vingt ans plus tard.) Un groupe de travail du Congrès avec, à sa tête, le fidèle collègue d'Eisenhower, le général Mark Clark, s'apprêtait à enquêter sur l'Agence[39].

Fin mai 1954, le président des États-Unis reçut d'un colonel d'aviation une extraordinaire lettre de six pages[40]. C'était le cri passionné d'un homme qui, du sein de la CIA, tirait la sonnette d'alarme. Eisenhower la lut et la conserva.

Son auteur, Jim Kellis, était un des pères fondateurs de l'Agence. Vétéran de l'OSS qui avait participé à des opérations de guérilla en Grèce, il avait ensuite servi en Chine comme premier chef de station de la Strategic Services Unit à Shanghai.

« La Central Intelligence Agency est dans un piteux état, écrivait le colonel Kellis à Eisenhower. La CIA ne mène aujourd'hui pratiquement aucune opération valable derrière le rideau de fer. Dans ses communiqués, l'Agence présente à l'extérieur un tableau optimiste, mais l'horrible vérité reste sous l'étiquette TOP-SECRET des dossiers. »

La vérité était que « la CIA, sciemment ou à son insu, a remis un million de dollars à un service de sécurité communiste ». Il s'agissait de l'opération WIN en Pologne : il est peu probable que Dulles ait parlé au Président des sinistres détails de l'opération qui capota trois semaines avant l'arrivée d'Eisenhower à la Maison Blanche. « La CIA, sans s'en douter, a organisé pour les communistes un réseau de renseignement », ajoutait Kellis, faisant allusion à la débâcle de l'antenne de Séoul pendant la guerre de Corée, affaire sur laquelle Kellis avait mené son enquête personnelle lors d'un voyage en Extrême-Orient en 1954.

Dulles avait inondé la presse d'articles polissant son image de « bienveillant missionnaire chrétien et de brillant expert du renseignement, écrivait Kellis. Pour certains d'entre nous qui avons vu l'autre visage d'Allen Dulles, nous n'y voyons guère de traits chrétiens. Je le considère pour ma part comme un fonctionnaire impitoyable, ambitieux et d'une totale incompétence. » Kellis implorait le Président de « prendre les mesures radicales qui s'imposaient pour assainir » la CIA.

Eisenhower voulait parer aux menaces qui pesaient sur le service secret et régler ses problèmes discrètement. En juillet 1954, peu après la conclusion de l'opération Succès, il chargea le général Jimmy Doolittle, qui avait travaillé sur le Projet Solarium, ainsi que son vieil ami William Pawley, qui avait fourni les chasseurs-bombardiers pour l'affaire du Guatemala, d'évaluer les capacités de la CIA dans le domaine de l'action clandestine.

Doolittle avait dix semaines pour faire son rapport. Pawley et lui rencontrèrent Dulles et Wisner, se rendirent dans des stations de la CIA en Allemagne et à Londres et interrogèrent des chefs militaires et des diplomates qui travaillaient en liaison avec leurs homologues de la CIA. Ils eurent aussi des entretiens avec Bedell Smith qui leur déclara que « Dulles était trop émotif pour occuper un poste aussi sensible » et que « son émotivité était bien pire qu'elle n'apparaissait en surface ».

Le 19 octobre 1954, Doolittle alla voir le Président à la Maison Blanche[41]. Il déclara que l'Agence avait « gonflé au point de devenir une énorme organisation employant un grand nombre de personnes dont certaines d'une compétence douteuse ». Dulles s'entourait de collaborateurs peu qualifiés et indisciplinés. La délicate question de « relation familiale » avec Foster Dulles se posa. « Cela conduit à ce que l'un protège l'autre ou qu'il l'influence. » Un comité indépendant de civils de confiance devrait surveiller la CIA pour le Président.

Le rapport Doolittle[42] signalait que le service d'action clandestine de Wisner était « bourré de gens n'ayant que peu sinon pas du tout la formation requise ». Avec ses six états-majors séparés, ses sept divisions géographiques et plus de quarante départements, il existe pratiquement à tous les niveaux « du bois mort ». Le rapport préconisait une « réorganisation complète » de l'empire de Wisner, qui avait souffert de son « expansion démesurée » et des « formidables pressions pour accepter des missions qui dépassent ses capacités ». Il faisait remarquer que « dans les opérations clandestines, la qualité compte plus que la quantité. Un petit nombre de gens compétents peuvent être plus utiles qu'un grand nombre d'incompétents ».

Dulles savait pertinemment qu'il contrôlait mal le service d'action clandestine. Les officiers de la CIA menaient des opérations derrière le dos de leurs chefs. Mais Dulles traita le rapport Doolittle comme il le faisait des mauvaises nouvelles, en l'enterrant. Il refusa de le montrer aux plus hauts responsables de la CIA – pas même à Wisner[43].

Bien que le rapport restât classifié jusqu'en 2001, sa préface fut rendue publique un quart de siècle plus tôt. Elle contenait une des mises en garde les plus sinistres de la guerre froide :

> « Il est maintenant clair que nous sommes confrontés à un ennemi implacable qui a pour objectif avoué la domination du monde et ce à n'importe quel prix. Dans ce genre de jeu, il n'existe pas de règles. Si les États-Unis entendent survivre, il faut reconsidérer les vieux concepts du "fair-play". Nous devons créer des services d'espionnage et de contre-espionnage efficaces et apprendre à porter chez l'ennemi la subversion, le sabotage et la destruction en recourant à des méthodes plus habiles, plus sophistiquées et plus appropriées que celles qu'on emploie contre nous. Il peut s'avérer nécessaire pour le peuple américain de s'initier à

cette philosophie fondamentalement répugnante, de la comprendre et de la pratiquer. »

La CIA, par exemple, n'avait jamais résolu « le problème de l'infiltration d'agents humains, précisait-il. Une fois les frontières franchies – par parachutage ou tout autre moyen – il est très difficile d'échapper à la détection, concluait-il. Les informations que nous avons obtenues par cette méthode ont toujours été d'une importance négligeable et le coût en efforts, en dollars et en vies humaines prohibitif ».

C'était accorder l'absolue priorité à l'espionnage pour recueillir des renseignements sur les Soviétiques. Cela soulignait que rien n'était trop cher payé pour les obtenir.

« NOUS N'AVONS PAS POSÉ LES BONNES QUESTIONS »

Dulles rêvait d'installer un espion américain derrière le rideau de fer [44].

En 1953, le premier officier de la CIA qu'il avait envoyé à Moscou se fit séduire par sa femme de chambre russe – elle était colonel du KGB –, photographier en flagrant délit et congédier par l'Agence pour ses frasques. En 1954, un second officier, surpris à faire de l'espionnage, fut arrêté et expulsé peu après son arrivée.

De toute façon, aucun des officiers de Wisner n'avait mis les pieds en Russie. On ne pouvait pas compter sur eux pour fournir au Président le renseignement qu'il voulait : être averti à l'avance d'une attaque nucléaire. Lorsque le Conseil de sécurité nationale se réunit pour discuter des mesures à prendre si une telle attaque se produisait, le Président se tourna vers Dulles en lui disant : « Ne risquons pas un nouveau Pearl Harbor [45]. » Ce fut la mission que le Président assigna à la seconde Commission de renseignement qu'il créa en 1954.

Eisenhower demanda à James R. Killian, le président du Massachusetts Institute of Technology, de prendre la direction d'un groupe qui rechercherait les moyens de prévenir une attaque surprise des Soviétiques. Il insista sur les techniques recommandées par le rapport Doolittle : « contrôle des communications et surveillance électronique ».

La CIA redoubla d'efforts pour écouter l'ennemi. Et elle y parvint, à sa façon.

Dans le grenier du quartier général de la base de Berlin, un ancien joueur de base-ball devenu avocat puis espion, du nom de Walter O'Brien, photographiait des documents volés au bureau de poste de

Berlin-Est. Ils décrivaient le trajet souterrain des nouveaux câbles de communication utilisés par les fonctionnaires soviétiques et est-allemands. Ce coup d'espionnage aboutit au Projet Tunnel de Berlin.

Le tunnel fut considéré à l'époque comme le plus grand triomphe public de la CIA. L'idée – qui causa sa perte – venait du Renseignement britannique. En 1951, les Anglais avaient confié à la CIA qu'ils se branchaient sur les câbles de communications soviétiques grâce à un réseau de tunnels creusés sous les zones d'occupation de Vienne peu après la fin de la Seconde Guerre mondiale. Ils suggérèrent d'en faire autant à Berlin. Grâce aux plans volés, cela devint une réelle possibilité.

Une histoire secrète du tunnel de la CIA à Berlin[46], écrite en août 1967 et déclassifiée en février 2007, exposait trois questions qui se posèrent à William K. Harvey, un ex-agent du FBI, grand buveur et le revolver facile, quand il arriva comme chef de la base de Berlin en 1952 : l'Agence était-elle capable de creuser un tunnel de 450 mètres dans la zone soviétique de Berlin-Est et d'atteindre une cible de cinq centimètres de diamètre – à soixante-dix centimètres au-dessous d'une grande artère – sans se faire prendre ? Comment se débarrasser en secret des déblais – quelque 3 000 tonnes de terre sablonneuse ? Et quelle histoire inventer pour justifier les travaux de creusement au milieu des baraques abritant des réfugiés à la lisière de la zone américaine ?

Allen Dulles et son homologue britannique, sir John Sinclair, se mirent d'accord en décembre 1953 sur le projet de tunnel dont les travaux commencèrent l'été suivant. Un bâtiment couvrant tout un pâté de maisons et avec un toit hérissé d'antennes s'élèverait au milieu du chantier ; les Soviétiques penseraient à une station d'interception des messages diffusés dans l'atmosphère. Le vieux truc du prestidigitateur pour détourner l'attention. Les Américains creuseraient le tunnel vers l'est jusqu'à un point situé sous les câbles. Les Anglais, forts de leur expérience de Vienne, foreraient un puits à l'extrémité du tunnel et installeraient alors les postes d'écoute. À Londres, un bureau – qui finit par employer 317 officiers – traiterait les conversations enregistrées par la CIA. À Washington, l'Agence mobiliserait 350 personnes pour transcrire les transmissions par télex interceptées dans le tunnel. Les techniciens du Génie se chargeraient du creusement avec l'assistance technique des Britanniques. Le plus gros problème, comme toujours, se révéla être celui de la traduction, car l'Agence manquait de linguistes possédant une bonne connaissance du russe et même de l'allemand.

Le tunnel fut terminé à la fin de février 1955 et, un mois plus tard, les Anglais commencèrent à installer les écoutes. Les renseignements commencèrent à affluer en mai : des dizaines de milliers d'heures de conversations et de télex comprenant des détails précieux sur l'armement conventionnel et nucléaire déployé en Allemagne et en Pologne, des informations provenant du ministère soviétique de la Défense à Moscou et des précisions sur l'organisation du contre-espionnage soviétique à Berlin. On découvrait aussi des signes de confusion et d'indécision dans les administrations soviétique et est-allemande, en même temps que les noms ou les identités de couverture de plusieurs centaines d'officiers de renseignement soviétiques. Bref, on collectait des nouvelles – même si la traduction prenait des semaines ou des mois –, tout cela au prix de 6 700 000 dollars. Même quand, comme la CIA en avait la certitude, on découvrirait l'existence du tunnel, cela montrerait que « les États-Unis, que l'on considérait comme des néophytes en matière d'espionnage, étaient capables de réussir un coup pareil aux dépens des Soviétiques dont on avait depuis longtemps reconnu la maîtrise dans ce domaine », aveu poignant rapporté dans l'histoire de la CIA.

L'Agence ne s'attendait pas à voir le pot-aux-roses découvert aussi vite. Il avait fallu moins d'un an pour y parvenir. Le Kremlin en effet était au courant depuis le début, avant même que fût donné le premier coup de pioche. L'affaire fut révélée par une taupe soviétique infiltrée dans le Renseignement britannique : George Blake qui avait changé de camp alors qu'il était prisonnier de guerre en Corée du Nord et qui avait mis les Soviétiques dans le secret dès la fin de 1953. Ses maîtres tenaient Blake en si haute estime que Moscou laissa l'opération se poursuivre onze mois durant avant de la dénoncer avec fracas. Des années plus tard, même après avoir compris que l'adversaire avait toujours connu l'existence du tunnel, la CIA persistait à croire qu'elle était tombée là sur un vrai filon. La question se pose encore aujourd'hui : Moscou avait-il délibérément fourni de fausses informations par ce canal ? La CIA, semble-t-il, obtint deux genres de renseignements dans l'opération. L'Agence s'était procuré un plan des systèmes de sécurité soviétique et est-allemand, et elle ne décela même pas la moindre indication d'une menace de guerre de la part de Moscou[47].

« Ceux d'entre nous qui connaissaient un peu la Russie, dit Tom Polgar, le vétéran de la base de Berlin[48], la considéraient comme un pays du tiers-monde un peu en retard cherchant à se développer comme l'Europe de l'Ouest. » Mais les hauts responsables de Washington ne partageaient pas cette opinion. La Maison Blanche et le Pentagone présumaient que le Kremlin avait les mêmes *intentions* qu'eux, à savoir anéantir l'ennemi le premier jour de la Troisième Guerre mondiale ; ils voulaient donc d'abord localiser les *capacités* militaires des Soviétiques pour, ensuite, les détruire ; ils ne croyaient pas que les espions américains en fussent capables.

Mais les machines peut-être.

Le rapport Killian annonçait pour la CIA le prochain triomphe de la technologie et l'éclipse de l'espionnage à l'ancienne. Il poussait Eisenhower à construire des avions et des satellites-espions qui survoleraient l'Union soviétique et photographieraient ses arsenaux.

La technologie était à la portée de l'Amérique. Depuis deux ans. Mais Dulles et Wisner étaient trop occupés par les problèmes opérationnels pour prêter attention à un mémo de juillet 1952 rédigé par leur collègue Loftus Becker, alors directeur adjoint du Renseignement qui proposait la mise au point d'« un satellite de reconnaissance » – une caméra de télévision lancée sur un missile pour observer l'Union soviétique depuis l'espace. Le problème était de construire la caméra. Edwin Land, le prix Nobel inventeur du Polaroïd, était sûr d'y parvenir.

En novembre 1954, alors qu'on travaillait au tunnel de Berlin, Land, Killian et Dulles furent reçus par Eisenhower et obtinrent son accord pour construire l'avion espion U-2, un planeur à moteur emmenant une caméra dans son ventre qui permettrait aux Américains d'avoir des yeux derrière le rideau de fer. Il accompagna cette autorisation d'une sombre prédiction : « Un jour, une de ces machines se fera prendre et alors ce sera la tempête[49]. »

Dulles confia la fabrication de l'appareil à Dick Bissell : il ne connaissait rien aux avions mais constitua au sein du gouvernement une bureaucratie secrète qui protégea le programme de l'U-2 des regards indiscrets et permit d'accélérer la création de l'avion.

En même temps qu'il formait cette très petite cellule, il confia à James Q. Reber, le directeur adjoint de la coordination du renseignement, la mission de décider ce que l'appareil photographierait à l'intérieur de l'Union soviétique. Mais, finalement, le Pentagone fixa toujours lui-même les objectifs de reconnaissance : combien les Soviétiques avaient-ils de bombardiers ? Combien de missiles à tête nucléaire ? Combien de chars ?

Plus tard, Reber déclara que l'obsession de la guerre froide avait empêché de photographier autre chose. « Nous n'avons pas posé les bonnes questions », conclut-il.

Si la CIA avait eu une image plus précise de la vie en Union soviétique, elle aurait découvert que l'URSS était incapable de fournir à la population les produits de première nécessité : les Américains n'imaginèrent pas un instant que les derniers combats de la guerre froide seraient économiques et non militaires.

« IL Y A DES CHOSES
QU'IL NE DIT PAS AU PRÉSIDENT »

Les efforts du Président pour enquêter sur les possibilités de la CIA aboutirent à une foudroyante avancée technologique qui révolutionna la collecte du renseignement, sans jamais aller cependant à la racine du problème. Sept ans après sa création, on n'exerçait toujours pas de surveillance ni de contrôle de la CIA.

Après le départ de Walter Bedell Smith, il ne restait personne pour serrer la bride à Allen Dulles. Seul Eisenhower pouvait exercer un certain contrôle sur les opérations clandestines.

En 1955, le Président modifia les règles en créant le « Groupe spécial » – trois représentants de la Maison Blanche, du Département d'État et de la Défense chargés de vérifier le bilan des opérations secrètes de la CIA. Mais ils n'avaient pas la possibilité de les approuver d'avance et, s'il le voulait bien, Dulles pourrait évoquer ses plans, en passant, lors des déjeuners sans cérémonie qui réunissaient les membres du Groupe spécial : le nouveau sous-secrétaire d'État, le secrétaire adjoint à la Défense et l'assistant du Président pour la Sécurité nationale. Mais, le plus souvent, il n'en faisait rien. Une histoire de la CIA en cinq volumes couvrant la carrière de Dulles comme directeur de la Centrale de renseignement faisait observer qu'il jugeait inutile de les mettre au courant des actions clandestines : ils n'étaient pas en mesure de porter un jugement sur lui ou sur l'Agence[50].

Le directeur, ses adjoints et ses propres chefs de station à l'étranger restaient libres de déterminer leur politique, de combiner leurs opérations et d'en juger en secret les résultats. Dulles prévenait la Maison Blanche quand bon lui semblait. « Il y a des choses qu'il ne dit pas au Président, confia sa sœur à un collègue du Département d'État[51]. Et c'est peut-être mieux qu'il ne sache pas. »

12.

« NOUS AVIONS NOS MÉTHODES »

Il y avait une arme que la CIA utilisait avec une dextérité sans pareille, l'argent liquide. L'Agence excellait à acheter les services de politiciens étrangers. Pour sélectionner le futur dirigeant d'une puissance mondiale, son choix se porta sur le Japon.

Deux des agents les plus influents jamais recrutés par les États-Unis aidèrent la CIA à prendre ainsi le contrôle du gouvernement. Accusés de crimes de guerre, ils avaient, pendant trois ans, partagé la même cellule à Tokyo à la fin de la guerre, sous l'occupation américaine. Ils avaient été libérés à la fin de 1948, la veille du jour où avaient été conduits à la potence nombre de leurs compagnons de prison.

Avec l'aide de la CIA, Nobosuke Kishi devint le Premier ministre du Japon et le chef du parti majoritaire. Yoshio Kodama assura sa liberté et sa position de gangster Numéro 1 du pays en aidant le Renseignement américain. Ensemble ils façonnèrent la politique du Japon d'après-guerre. Dans la lutte contre le fascisme, ils avaient représenté tout ce que l'Amérique abhorrait, dans la guerre contre le communisme, ils lui convenaient parfaitement.

Dans les années 30, Kodama menait un groupe de jeunes d'extrême droite qui avait tenté d'assassiner le Premier ministre ; il fut condamné à une peine de prison, mais le gouvernement japonais l'utilisa pour se procurer des espions et des métaux stratégiques en vue du combat qui s'annonçait. Après cinq années passées à contrôler un des marchés noirs les plus florissants de la Chine occupée, Kodama avait le grade de contre-amiral et une fortune personnelle estimée à quelque 175 millions de dollars.

Une opération qu'il avait montée pendant la guerre de Corée pour procurer aux Américains le tungstène dont ils avaient besoin pour leurs missiles avait laissé un mauvais souvenir à l'antenne de la CIA à Tokyo. L'Agence préféra pour le moment s'intéresser à de jeunes politiciens pleins d'avenir – dont Kishi – qui avaient remporté des sièges à la Diète, le Parlement japonais, lors des premières élections tenues après la fin de l'occupation américaine.

Kishi devint le chef du mouvement conservateur naissant. Moins d'un an après son élection, grâce à l'argent de Kodama et à ses remarquables talents politiques, il contrôlait le plus important groupe d'élus du Japon. Une fois au pouvoir, il édifia le parti qui dirigea le pays pendant près d'un demi-siècle.

Il avait signé la déclaration de guerre contre les États-Unis et occupé le poste de ministre de l'Armement pendant la Seconde Guerre mondiale. Bien qu'emprisonné après la guerre, Kishi avait aux États-Unis des amis bien placés parmi lesquels Joseph Grew, l'ambassadeur américain à Tokyo lors de l'attaque sur Pearl Harbor. En 1942, Grew était interné à Tokyo quand Kishi, alors membre du cabinet de guerre, lui proposa de le laisser sortir pour faire une partie de golf. Ils devinrent amis. Quelques jours après la sortie de prison de Kishi, Grew devint le premier président du Comité national pour une Europe libre, la couverture créée par la CIA pour soutenir Radio Free Europe et d'autres programmes de la guerre politique.

Sitôt libéré, Kishi se rendit directement à la résidence du Premier ministre où son frère, Eisaku Sato, chef de cabinet de celui-ci sous l'occupation, lui donna un costume pour remplacer sa tenue de prisonnier.

« C'est drôle, n'est-ce pas ? dit Kishi à son frère [52]. Nous sommes tous démocrates maintenant. »

Sept années de patientes intrigues transformèrent le prisonnier Kishi en Premier ministre. Il prit des leçons d'anglais avec le chef du bureau de *Newsweek* à Tokyo et se fit présenter à des politiciens américains par le responsable de la section de politique étrangère du magazine, Harry Kern, un ami intime d'Allen Dulles qui devint plus tard un honorable correspondant de la CIA au Japon.

Kishi cultivait les fonctionnaires de l'ambassade américaine comme des orchidées rares. D'abord prudent – il avait encore mauvaise réputation –, il invita un soir au théâtre Bill Hutchinson, un ancien de l'OSS qui travaillait avec la CIA au Japon comme chargé de l'information et de la propagande à l'ambassade américaine. À l'entracte, il l'exhiba à ceux de ses amis qui faisaient partie de l'élite tokyoïte pour bien montrer qu'il était de retour sur la scène internationale – et dans les bonnes grâces des États-Unis.

Pendant un an, il rencontra en secret dans le salon d'Hutchinson des fonctionnaires de la CIA et du Département d'État. « De toute évidence, se souvient Hutchinson [53], il voulait au moins l'appui tacite du gouvernement américain. » Autant de conversations qui jetèrent les fondements des relations entre le Japon et les États-Unis pour les quarante années à venir.

Kishi expliqua aux Américains sa stratégie : détruire le parti libéral majoritaire, le rebaptiser, le reconstruire puis en prendre la tête. Sous sa direction, le nouveau parti libéral démocrate ne serait ni démocrate, ni libéral, mais plutôt un club de droite regroupant des leaders féodaux issus des cendres du Japon impérial. Il commencerait par travailler en coulisse en laissant des hommes d'État plus chevronnés le précéder au poste de Premier ministre, puis il prendrait le pouvoir. Il s'engagea à modifier la politique étrangère du Japon de façon à ce qu'elle convienne aux désirs de l'Amérique. Les États-Unis pourraient conserver leurs bases militaires au Japon et y entreposer des armes nucléaires, un point assez sensible au Japon. Il ne demandait en retour aux États-Unis que de lui accorder en secret leur soutien politique.

Foster Dulles rencontra Kishi en août 1955 et le secrétaire d'État américain lui assura tout net qu'il pouvait compter sur ce soutien – si les conservateurs japonais s'unissaient pour aider les États-Unis à combattre le communisme.

Tout le monde comprit en quoi consisterait le soutien américain.

Kishi expliqua à Sam Berger, l'attaché politique de l'ambassade américaine, que mieux vaudrait pour lui avoir pour contact quelqu'un de plus jeune, de moins important, et non connu au Japon. On confia cette mission à un officier de la CIA, Clyde McAvoy qui, après avoir survécu à la prise d'Okinawa et fait un peu de journalisme, avait rallié les rangs de l'Agence. Ainsi se noua une des relations les plus solides jamais cultivées par la CIA avec un leader politique étranger.

« UN COUP FUMANT »

Les rapports de la CIA avec le parti libéral démocrate se bornaient essentiellement à un échange : des informations contre de l'argent. Ces sommes servaient à faire vivre le parti et à recruter des informateurs dans son sein. Les Américains instaurèrent ce genre de relations avec de jeunes hommes à l'avenir prometteur qui devinrent par la suite membres du Parlement, ministres et éminents hommes d'État. Ils développèrent ensemble le PLD tout en sabotant le parti socialiste japonais et les syndicats. Quand il s'agissait de financer les politiciens étrangers, l'Agence employait des méthodes plus raffinées que celles qu'elle avait, sept ans auparavant, utilisées en Italie : au lieu de trimballer des valises bourrées de billets dans les couloirs d'hôtels quatre étoiles, la CIA se servait d'hommes d'affaires américains de toute confiance comme intermédiaires pour remettre l'argent à ses alliés. Parmi eux figuraient des patrons de Lockheed, la firme aéronautique qui travaillait alors sur le U-2 et négociait pour vendre des avions aux nouvelles forces de défense japonaises que Kishi envisageait.

En novembre 1955, Kishi unifia les conservateurs japonais sous la bannière du parti libéral démocrate. Tout en manœuvrant pour arriver au sommet, il s'engagea à œuvrer avec l'Agence pour la signature d'un nouveau traité de sécurité entre son pays et les États-Unis. Son officier traitant, Clyde McAvoy, put ainsi suivre – et influencer – la politique étrangère naissante du Japon d'après-guerre.

En février 1957, le jour où Kishi devait prendre son poste de Premier ministre, un vote de procédure crucial sur le traité de sécurité devait avoir lieu à la Diète, où le PLD comptait le plus grand nombre de voix. « Ce jour-là, se souvenait McAvoy[54], nous avons réussi un coup fumant. Les États-Unis et le Japon étaient sur le point de signer cet accord. Le parti communiste japonais le trouvant inacceptable avait décidé de manifester à la Diète. Je l'appris par un membre du secrétariat, un socialiste qui était mon agent. Kishi devait rencontrer l'Empereur ce jour-là. Je le convoquai d'urgence. Il répondit à mon appel et se présenta à la porte de notre planque en haut-de-forme, jaquette et pantalon rayé. Et, bien que je n'aie l'approbation de personne, je lui parlai de la manifestation que projetaient les communistes à la Diète. Or, les députés avaient l'habitude de faire une pause et d'aller prendre un verre ou une collation vers 10 heures 30 ou 11 heures. Kishi dit aux membres de son parti : pas de pause. Tout le monde sortit, à l'exception des membres du PDL qui s'engouffrèrent dans la salle des séances pour voter la loi. »

En juin 1957, à peine huit ans après avoir ôté sa tenue de prisonnier, Kishi fit aux États-Unis une visite triomphale. Il se rendit au Yankee Stadium pour la cérémonie du lancer de la première balle. Le vice-président Nixon l'invita à une partie de golf dans un club réservé aux Blancs et le présenta au Sénat comme un fidèle grand ami du peuple américain. Kishi assura au nouvel ambassadeur américain au Japon, Douglas MacArthur II, le neveu du général, que le nouveau traité de sécurité allait être signé et que l'on pouvait arrêter la vague montante de la gauche si l'Amérique l'aidait à consolider sa position. Kishi voulait un soutien financier permanent de la CIA plutôt qu'une série de versements subreptices. Il convainquit le représentant des États-Unis que « si le Japon basculait dans le communisme, on pouvait difficilement envisager que le reste de l'Asie n'en fît pas autant[55] ». L'ambassadeur retint la leçon. Foster Dulles était d'accord. Il estimait que les États-Unis avaient parié gros sur le Japon et que Kishi y représentait leur meilleur atout.

Le président Eisenhower lui-même décida que le soutien politique accordé au Japon et l'appui financier à Kishi ne faisaient qu'un. Il autorisa une série de versements réguliers à des membres clés du PDL. Aux politiciens qui ne savaient rien du rôle de la CIA, on raconta que ces sommes venaient des magnats des grosses sociétés américaines. L'argent coula à flots pendant au moins quinze ans, sous le mandat de quatre présidents des États-Unis, et contribua à consolider jusqu'à la fin de la guerre froide le monopartisme au Japon.

Les Japonais inventèrent l'expression *kozo oshoku* (corruption structurelle) pour décrire le système politique créé par le soutien de la CIA. Les versements de l'Agence continuèrent jusque dans les années 70. La corruption structurelle, bien plus longtemps.

« Nous avons gouverné le Japon pendant l'occupation et nous l'avons gouverné autrement par la suite, expliquait Horace Feldman qui servit comme chef de station à Tokyo[56]. Le général MacArthur avait ses méthodes. Nous avions les nôtres. »

13.

« UNE BIENHEUREUSE CÉCITÉ »

Fasciné par l'action clandestine, Allen Dulles cessa de se concentrer sur sa mission essentielle : fournir des renseignements au Président.

Il traitait avec le plus grand mépris les analystes de la CIA et l'essentiel de leur travail : il avait pris l'habitude d'estimer l'importance des rapports au poids, raconte l'un d'eux[57].

« CONDAMNER TOUT LE SYSTÈME SOVIÉTIQUE »

En cinq ans, Dulles et Wisner à eux deux avaient lancé plus de deux cents opérations clandestines importantes, déversant des fortunes pour influencer les courants politiques en France, en Allemagne, en Italie, en Grèce, en Égypte, au Pakistan, au Japon, en Thaïlande, aux Philippines et au Vietnam. L'Agence avait renversé des régimes, elle pouvait faire et défaire présidents et Premiers ministres, mais elle ne savait pas comment s'y prendre avec son ennemi juré.

À la fin de 1955, Eisenhower modifia la feuille de route de la CIA. Reconnaissant que l'action clandestine ne parvenait pas à saper le Kremlin, il changea les règles écrites au début de la guerre froide. Le nouvel ordre présidentiel, classé NSC 5412/2[58] et daté du 28 décembre 1955, resta valable quinze ans. Les nouveaux objectifs étaient de « créer et d'exploiter des situations gênantes pour le communisme international », de « répondre à toute menace d'un parti ou d'individus soumis au contrôle des communistes » et de « renforcer l'orientation vers les États-Unis des peuples du monde libre » – vastes ambitions, mais plus modestes et plus nuancées que ce que Dulles et Wisner tentèrent de réaliser.

Quelques semaines plus tard, Nikita Khrouchtchev créa plus d'ennuis au communisme international que n'aurait pu le rêver la CIA.

Dans son discours de février 1956 au XXe Congrès du parti communiste de l'Union soviétique, il dénonça Staline, mort depuis moins de trois ans, comme « un monstre d'égoïsme et de sadisme, capable de tout sacrifier pour servir sa puissance et sa gloire ». En mars, la CIA entendit des rumeurs à propos du discours. Mon royaume pour un exemplaire, lança Allen Dulles à ses hommes. L'Agence parviendrait-elle enfin à se procurer des renseignements provenant du sein même du Politburo ?

À cette époque, comme aujourd'hui, la CIA comptait énormément sur les services de renseignement étrangers, en achetant des secrets qu'elle n'était pas capable de découvrir toute seule. En avril 1956, des espions israéliens remirent le texte à James Angleton qui assurait l'unique liaison de la CIA avec l'État juif. Cette filière fournit à l'Agence une grande partie des renseignements qu'elle possédait sur le monde arabe, mais cela avait un prix : les Américains dépendaient de plus en plus d'Israël pour expliquer les événements du Moyen-Orient. Pendant des décennies, la vision israélienne colora la perception américaine de la situation.

En mai, quand George Kennan et d'autres spécialistes eurent jugé le texte authentique, un grand débat s'ouvrit au sein de la CIA.

Wisner, comme Angleton, voulait qu'on garde le secret vis-à-vis du monde libre et qu'on organise cependant des fuites sélectives à l'étranger afin de semer la discorde dans les partis communistes du monde entier. Angleton estimait qu'en introduisant subrepticement dans le document un peu de propagande, « il aurait pu s'en servir de façon à déconcerter les Russes et leurs services de sécurité et, peut-être aussi, utiliser certains de ces groupes d'émigrés que nous espérions encore à cette époque activer pour libérer l'Ukraine, par exemple », dit Ray Cline, un des analystes du renseignement en qui Dulles avait le plus confiance.

Mais ils voyaient surtout là un moyen d'appâter des espions soviétiques pour renflouer un des vieux projets de Wisner – et un des moins productifs –, l'opération Red Cap.

Empruntant son nom à la casquette rouge dont étaient coiffés les porteurs dans les gares ou les aéroports, Red Cap voulait inciter des Soviétiques à changer de camp et à travailler pour la CIA. Idéalement, ils feraient office de « transfuges sur place » : ils conserveraient leur poste auprès de leur gouvernement tout en espionnant au profit des Américains. Au cas où cela ne leur serait plus possible, ils passeraient à l'Ouest et révéleraient ce qu'ils savaient du système soviétique. Mais, pour l'instant, le projet n'avait pas permis de recruter un seul informateur soviétique de quelque importance. Le département qui couvrait cette opération possédait en 1956 une liste de vingt « agents sous contrôle » de la CIA en Russie. Parmi eux : un officier mécanicien occupant un poste subalterne dans la Marine soviétique, l'épouse d'un chercheur travaillant sur le guidage des missiles, ou encore un ouvrier, un réparateur de téléphone, le gérant d'un garage, un vétérinaire, un serrurier, un garçon de restaurant et un chômeur. Aucun susceptible d'avoir la moindre idée de la façon dont fonctionnait le Kremlin.

Dans la matinée du premier samedi de juin 1956, Dulles convoqua Ray Cline dans son bureau. « Wisner, commença-t-il, dit que, selon vous, nous devrions rendre public le rapport secret de Khrouchtchev. »

Cline s'expliqua : connaître les « véritables sentiments de tous ces types, qui avaient dû travailler toutes ces années sous le joug de ce vieux salaud de Staline » était une révélation extraordinaire.

« Bon sang, dit-il à Dulles, publions-le ! »

Dulles, se rappelait Cline, brandit son exemplaire entre ses doigts d'arthritique, posa sur son bureau ses pieds chaussés de pantoufles, remonta ses lunettes sur son front et lança : « Bon sang de bonsoir, je crois que je vais prendre une décision politique ! » Il appela Wisner, qu'il convainquit qu'il y avait là une occasion de « condamner tout le système soviétique », puis téléphona à son frère.

Le Département d'État s'arrangea pour qu'il y eût une « fuite » et, trois jours plus tard, le texte parut dans le *New York Times*. Cette décision déclencha une série d'événements que la CIA n'aurait jamais imaginés.

« LA CIA REPRÉSENTAIT UN GRAND POUVOIR »

Le rapport secret fut ensuite diffusé pendant des mois de l'autre côté du rideau de fer par Radio Free Europe, la machine de propagande à 100 millions de dollars de la CIA. Plus de trois mille présentateurs, rédacteurs et techniciens sous le contrôle des Américains le firent connaître en huit langues, envahissant les ondes jusqu'à dix-neuf heures par jour. Ils étaient censés diffuser leurs informations et leur propagande sans commentaire. Mais Wisner croyait au choc des mots : son intervention provoqua un schisme au sein de Radio Free Europe[59].

Les émigrés travaillant sur les diverses radios avaient supplié les Américains de leur fournir un message clair à répandre. Ils étaient servis : on récitait nuit et jour le texte du rapport.

Les conséquences furent immédiates. Les meilleurs analystes de la CIA étaient parvenus quelques mois auparavant à la conclusion que, à l'époque, aucun soulèvement populaire n'était probable en Europe de l'Est. Le 28 juin, après la diffusion du rapport, des ouvriers polonais commencèrent à s'insurger contre leurs maîtres soviétiques : ils manifestèrent contre une réduction de salaire et détruisirent les balises qui brouillaient les émissions de Radio Free Europe. La CIA ne pouvait qu'attiser leur fureur sans intervenir – surtout quand un maréchal soviétique était à la tête de l'Armée polonaise et que des officiers de renseignement soviétique surveillaient la police secrète, ce qui provoqua l'exécution de cinquante-trois Polonais et des centaines d'arrestations.

La lutte des Polonais amena le Conseil de sécurité nationale à chercher une faille dans le système du contrôle soviétique. Le vice-président Richard Nixon suggéra que cela servirait les intérêts américains si les Soviétiques réprimaient sévèrement les velléités d'un autre État satellite prêt à ruer dans les brancards comme la Hongrie : cela pourrait provoquer une vague de propagande anticommuniste à travers le monde[60]. Reprenant l'idée, Foster Dulles obtint l'approbation du Président pour promouvoir des « manifestations spontanées de mécontentement » dans les pays captifs. Allen Dulles promit de soutenir un programme de Radio Free Europe qui lançait des ballons par-dessus le rideau de fer, chargés de tracts et de badges en aluminium avec des slogans et une représentation de la cloche de la Liberté.

Dulles, en combinaison d'aviateur, entreprit alors une tournée de cinquante-sept jours à travers le monde à bord d'un quadrimoteur DC-6 spécialement aménagé ; son périple l'emmena dans les stations de la CIA de Paris, Francfort et Vienne, Rome et Athènes, Istanbul, Téhéran et Delhi, Bangkok et Singapour, Tokyo et Séoul, Manille et Saigon. Cc voyage était un secret de Polichinelle : Dulles était partout reçu comme un chef d'État. « Ce fut, rapporta Ray Cline, qui accompagnait le directeur[61], une des tournées clandestines les plus tapageuses qu'on ait jamais vues. » En regardant des dirigeants étrangers multiplier les courbettes, Cline fit une autre découverte : « La CIA représentait un grand pouvoir. Cela faisait un peu peur. »

« UNE BIENHEUREUSE CÉCITÉ »

Le 22 octobre 1956, peu après le retour de Dulles à Washington, Frank Wisner, fatigué par une longue journée de travail, éteignit les lumières de son bureau, descendit les couloirs au linoléum écaillé du bâtiment provisoire L pour regagner son élégante demeure de Georgetown où il se mit à préparer ses bagages en vue d'une tournée, à son tour, des plus grandes stations de la CIA en Europe.

Ni lui ni son patron n'avait la moindre idée des deux événements les plus importants du moment : à Londres et à Paris, on échafaudait des plans de guerre tandis que, en Hongrie, un soulèvement populaire couvait. Durant cette quinzaine cruciale, Dulles allait, dans ses rapports au Président, mal interpréter, ou dénaturer, chaque aspect de ces crises.

Son premier rendez-vous à Londres après un vol de nuit au-dessus de l'Atlantique était un dîner prévu de longue date avec sir Patrick Dean, un des hauts responsables du Renseignement britannique. Ils devaient discuter de plans visant à renverser le dirigeant égyptien, Gamal Abdel Nasser, qu'un coup d'État militaire avait porté au pouvoir trois ans plus tôt. Cela faisait des mois qu'on étudiait le problème. Quelques semaines plus tôt, sir Patrick se trouvait à Washington et les deux hommes étaient tombés d'accord : par un moyen ou un autre, il fallait écarter Nasser.

La CIA avait commencé par le soutenir, en lui versant des millions de dollars, en lui bâtissant une puissante station de radio et en lui promettant l'aide économique et militaire de l'Amérique. Toutefois, les événements d'Égypte prirent l'Agence au dépourvu, et ce, bien que l'ambassade américaine au Caire comptât quatre fois plus d'officiers de la CIA que de fonctionnaires du Département d'État. Première surprise, la plus grande, Nasser ne s'était pas complètement laissé acheter : il avait utilisé une partie des trois millions de dollars de pots-de-vin que lui avait discrètement remis la CIA pour construire un minaret au Caire sur une île en face du Nile Hilton – qu'on surnomma *el wa'ef rusfel*, l'érection de Roosevelt. La CIA ne pouvant pas tenir ses promesses d'aide militaire américaine, Nasser accepta de vendre, contre des armes, du coton à l'Union soviétique. Puis, en juillet 1956, Nasser s'en prit à l'héritage du colonialisme en nationalisant la Compagnie du canal de Suez créée par les Anglais et les Français pour contrôler le trafic maritime du Moyen-Orient. Londres et Paris poussèrent les hauts cris.

Les Anglais proposèrent d'assassiner Nasser et envisagèrent de détourner le cours du Nil afin d'anéantir les efforts de l'Égypte pour assurer son autonomie économique. Pour Eisenhower, recourir à la force serait « une grave erreur[62] ». La CIA suggéra alors une sournoise campagne de subversion.

Tels étaient les problèmes dont Wisner devait débattre avec sir Patrick Dean. D'abord il s'étonna, puis il s'agaça de ne pas voir sir Patrick arriver à cette rencontre prévue depuis longtemps. L'espion britannique avait un autre rendez-vous : dans une villa des environs de Paris, il mettait la dernière main à une attaque militaire contre l'Égypte par des forces conjointes britanniques, françaises et israéliennes, visant à renverser le gouvernement de Nasser et à reprendre le canal de Suez par la force. Israël attaquerait l'Égypte le premier, puis l'Angleterre et la France frapperaient à leur tour, en prétendant chercher à maintenir la paix tout en s'emparant du canal.

La CIA ne savait rien de tout cela, et Dulles assura à Eisenhower que les rumeurs concernant une campagne militaire rassemblant Israéliens, Anglais et Français contre l'Égypte étaient sans fondement [63]. Refusant d'entendre l'analyste en chef du renseignement à la CIA et l'attaché militaire américain à Tel-Aviv, il n'écouta pas davantage un vieil ami, Douglas Dillon, ambassadeur des États-Unis à Paris, quand ce dernier l'appela pour lui confirmer que la France faisait partie du complot. D'ailleurs, le Président affirmait de son côté : « Le plus important, c'est ce qui se passe en Hongrie. »

Une foule immense, en effet, s'était deux jours plus tôt massée devant le Parlement de Budapest, entraînée par des étudiants qui manifestaient contre le gouvernement communiste. La police, que tout le monde détestait, était confrontée à un autre rassemblement devant la radio d'État où un fonctionnaire du parti haranguait les protestataires. Certains des étudiants étaient armés. On tira un coup de feu de l'immeuble de la radio, les policiers ripostèrent et, toute la nuit, les manifestants les combattirent. Dans le Parc municipal de Budapest, un troisième groupe de manifestants arracha de son piédestal une statue de Staline, la traîna jusque devant le Théâtre national et la mit en pièces. Le lendemain matin, des troupes et des chars de l'Armée rouge entrèrent dans Budapest et les émeutiers persuadèrent une poignée de jeunes soldats soviétiques de se joindre à eux. Des rebelles, juchés sur des chars soviétiques arborant le drapeau hongrois, foncèrent sur le Parlement. Les commandants russes s'affolèrent et, dans cette terrible confusion, une fusillade éclata sur la place Kossuth, faisant plus de cent victimes.

À la Maison Blanche, Allen Dulles essayait d'expliquer au Président la signification de la révolution hongroise. « Il se pourrait bien que les jours de Khrouchtchev soient comptés », déclara-t-il. Il se trompait de sept ans.

Le lendemain, 27 octobre, Dulles contacta Wisner à Londres. Le chef de l'action clandestine voulait faire tout son possible pour aider le soulèvement : cela faisait huit ans qu'il attendait ce moment.

Il avait annoncé à la Maison Blanche qu'il s'apprêtait à créer un mouvement de résistance dans le pays en s'appuyant sur l'Église catholique, les coopératives paysannes, des agents qu'on aurait recrutés et des groupes d'exilés. Il avait totalement échoué : les exilés qu'il envoya d'Autriche furent arrêtés aussitôt, ses recrues s'avérèrent des menteurs et des voleurs, et les armes qu'il avait cachées à travers toute l'Europe, introuvables quand la crise éclata.

En octobre 1956, la CIA n'avait pas d'antenne en Hongrie. Au quartier général des opérations clandestines, aucun service ne s'occupait de la Hongrie et presque personne ne parlait la langue. Lorsque le soulèvement se produisit, Wisner avait un homme à Budapest, un seul, un Américain d'origine hongroise qui grattait du papier là-bas pour le Département d'État.

Durant les deux semaines que dura la révolution hongroise, l'Agence n'en savait pas plus que ce qu'elle pouvait lire dans la presse. Si la Maison Blanche avait accepté d'envoyer des armes, personne ne savait où. Une histoire secrète de la CIA évoquant le soulèvement de Budapest déclarait que le service d'action clandestine était dans un état de « bienheureuse cécité »[64].

« À aucun moment, précisait ce texte, nous n'avons eu quoi que ce fût qui aurait pu passer pour une opération de renseignement. »

« LA FIÈVRE DE L'ÉPOQUE »

Le 28 octobre, Wisner prit l'avion pour Paris et réunit quelques membres sûrs d'une délégation américaine à une conférence de l'OTAN sur la question de l'Europe de l'Est. Parmi eux se trouvait Bill Griffith, le principal conseiller politique du quartier général à Munich de Radio Free Europe. Wisner, exultant à l'idée de voir une vraie révolte contre le communisme, l'incita à pousser à fond la propagande. De New York, le directeur de Radio Free Europe adressa un mémo à l'intention du personnel hongrois de Munich : « Désormais, pouvait-on y lire, tous les coups sont permis. Je répète : tous les coups sont permis. » Le soir même, Radio Free Europe donna des consignes aux citoyens de Hongrie : saboter les voies ferrées, couper les lignes téléphoniques, armer les partisans, faire sauter les chars russes et combattre les Soviétiques jusqu'à la mort. « Ici la Voix de la Hongrie libre, proclamait la radio[65]. En cas d'une attaque de chars, que les armes légères ouvrent le feu sur les viseurs. » On conseillait aux auditeurs de lancer « des cocktails Molotov... une bouteille de vin emplie d'essence... sur la grille de ventilation du moteur ». Et l'émission se terminait sur « La liberté ou la mort ! »

Ce soir-là, Imre Nagy, un ex-Premier ministre chassé par les durs du parti communiste, vint à la radio d'État dénoncer les « terribles erreurs et les crimes abominables de ces dix dernières années[66] ». Il déclara que les troupes russes allaient quitter Budapest, qu'on allait dissoudre la police d'État et qu'« un nouveau gouvernement s'appuyant sur le pouvoir du peuple » se battrait pour une démocratie autonome. En soixante-douze heures, Nagy forma un gouvernement de coalition, abolit la règle du parti unique, rompit avec Moscou, déclara la neutralité de la Hongrie et demanda l'aide de l'ONU et des États-Unis. Mais, tandis que Nagy prenait le pouvoir et s'efforçait de détruire l'emprise soviétique sur son pays, Allen Dulles décréta que le personnage était un incapable. Il expliqua au Président que celui qui pouvait et devrait diriger le pays était l'homme du Vatican en Hongrie, le cardinal Mindszenty qui, depuis peu, n'était plus assigné à résidence.

Les radios de la CIA accusèrent faussement Nagy d'avoir appelé les troupes soviétiques à Budapest. On le qualifia de traître, de menteur, d'assassin. Il avait jadis été communiste, ce qui le condamnait à jamais. La CIA disposait alors de trois nouvelles fréquences : de Francfort, les Solidaristes russes en exil annonçaient qu'une armée de combattants de la liberté marchait sur la frontière hongroise ; de Vienne, la CIA amplifia les émissions à faible puissance de partisans hongrois et les retransmit sur Budapest ; d'Athèncs, les spécialistes de la guerre psychologique de l'Agence suggérèrent d'envoyer les Russes à la potence.

Dulles rayonnait quand, lors de la réunion du Conseil de sécurité nationale du 1er novembre, il exposa à Eisenhower la situation à Budapest. « Ce qui s'est passé là-bas est miraculeux, dit Dulles au Président [67]. Le pouvoir de l'opinion publique a empêché une utilisation efficace de la force armée. Environ quatre-vingts pour cent de l'armée sont passés dans le camp des rebelles et leur ont fourni des armes. »

Mais Dulles se trompait complètement. Les rebelles n'avaient pratiquement pas de fusils. L'Armée hongroise n'avait pas changé de camp, elle attendait de voir de quel côté soufflait le vent de Moscou : les Soviétiques lançaient 200 000 soldats et quelque 2 500 chars et véhicules blindés dans la bataille.

Le matin de l'invasion soviétique, le présentateur de Radio Free Europe, Zoltan Thury, déclara à ses auditeurs que « la pression exercée sur le gouvernement des États-Unis pour qu'il envoie une assistance militaire aux combattants de la liberté va devenir irrésistible ». Tandis que des dizaines de milliers de réfugiés frénétiques et furieux franchissaient la frontière autrichienne, beaucoup évoquaient cette émission comme « la promesse que de l'aide viendrait [68] ». On n'en vit pas la moindre. Allen Dulles assura que les radios de la CIA n'avaient rien fait pour encourager les Hongrois. Le Président le crut. Quarante ans plus tard, enfin, on déterra les transcriptions de ces appels.

En quatre jours, les troupes soviétiques écrasèrent les partisans de Budapest, en tuèrent des dizaines de milliers et en envoyèrent bien plus mourir dans les camps de Sibérie.

Le massacre commença le 4 novembre. Ce soir-là, les réfugiés de Hongrie commencèrent à faire le siège de l'ambassade américaine de Vienne. Ils posaient des questions acerbes, dit Peer de Silva, le chef de station : « Pourquoi ne les avions-nous pas aidés ? Ne savions-nous pas que les Hongrois comptaient sur notre assistance ? » Il n'avait rien à leur répondre.

Le quartier général lui ordonnait sans répit de rassembler les cohortes imaginaires de soldats soviétiques qui jetaient leurs armes et couraient vers la frontière autrichienne. Dulles parla au Président de ces défections massives. Illusions ! De Silva ne pouvait que penser que « ses chefs étaient pris dans la fièvre de l'époque [69] ».

« ... RISQUENT DE PROVOQUER D'ÉTRANGES RÉSULTATS »

Le 5 novembre, Wisner arriva à la station de la CIA de Francfort, commandée par Tracy Barnes, dans un tel état de désarroi qu'il était à peine capable de parler. Pendant que les chars russes massacraient des adolescents à Budapest, Wisner passa une nuit d'insomnie à jouer au train électrique dans la résidence de Barnes. Il apprit le lendemain, sans plaisir, la réélection d'Eisenhower. Et le Président ne fut pas plus heureux de découvrir à son réveil un rapport, fraîchement arrivé mais faux, de Dulles [70] annonçant que les Soviétiques s'apprêtaient à envoyer 250 000 hommes en Égypte pour défendre le canal de Suez contre les Anglais et les Français. Il était tout aussi mécontent de constater que la CIA s'était révélée incapable de lui fournir un rapport véridique sur la répression soviétique en Hongrie.

Le 7 novembre, Wisner partit pour la station de Vienne, à cinquante kilomètres de la frontière hongroise. Désespéré, il assista à l'envoi sur le fil de l'Associated Press de l'ultime message au monde libre des partisans hongrois : « NOUS SOMMES SOUS UN FEU NOURRI DE MITRAILLEUSES... ADIEU AMIS. DIEU SAUVE NOS ÂMES. »

De Vienne, il gagna Rome et dîna ce soir-là avec les espions américains de la station de la CIA, parmi lesquels William Colby, le futur directeur de l'Agence. Il voulait, raconta Colby, « venir en aide aux combattants de la liberté ». Mais il tenait des propos décousus. « De toute évidence, rapporta Colby, il était au bord de la dépression nerveuse » [71].

Le 14 décembre, de retour à Washington, il écoutait Allen Dulles évaluer les chances de la CIA dans une guérilla urbaine en Hongrie. « Nous sommes bien équipés pour des combats de guérilla dans les bois, dit Dulles [72], mais nous manquons d'armes pour les combats de rue et, notamment, d'armements antichars. » Il demanda alors à Wisner de lui indiquer « le meilleur équipement à mettre entre les mains des

Hongrois » et « des combattants de la liberté d'autres pays de l'autre côté du rideau de fer susceptibles de se révolter contre les communistes ». Wisner lui fit une réponse impressionnante : « Les récents événements ont infligé aux communistes russes des blessures considérables et parfois très profondes, déclara-t-il. Il semble bien que les États-Unis et le monde libre soient tirés d'affaire. » Certains de ses collègues virent là un cas de psychose post-traumatique, mais les proches de Wisner y voyaient quelque chose de plus grave. Le 20 décembre, il délirait dans une chambre d'hôpital devant des médecins impuissants à vraiment diagnostiquer le mal qui le rongeait.

Le même jour, le président Eisenhower reçut à la Maison Blanche la conclusion officielle d'une enquête sur le service d'action clandestine de la CIA, qu'il avait fait faire en secret. Rendue publique, elle aurait détruit l'Agence.

Le principal auteur du rapport était David Bruce, l'un des meilleurs amis de Wisner à Washington. D'une famille aristocratique, il avait été le Numéro 2 de Donovan à Londres, l'ambassadeur de Truman en France, le prédécesseur de Walter Bedell Smith au poste de sous-secrétaire d'État, et il en savait long sur les opérations de la CIA.

Eisenhower jugeait nécessaire depuis longtemps d'avoir l'œil sur la CIA. Dès janvier 1956, date à laquelle il avait pris connaissance des recommandations secrètes du rapport Doolittle, il avait annoncé publiquement qu'il créait le Conseil présidentiel qui devrait, tous les six mois, évaluer les résultats de la CIA.

L'ambassadeur Bruce demanda et obtint l'autorisation du Président de regarder de près les opérations clandestines de l'Agence, autrement dit le travail d'Allen Dulles et de Frank Wisner. Son rapport top-secret n'a jamais été déclassifié – et ceux qui ont rédigé, de l'intérieur, l'histoire de la CIA en ont même publiquement contesté l'existence[73]. Mais ses principales conclusions sont contenues dans un document du Conseil national du renseignement que l'auteur a pu se procurer. En voici quelques passages reproduits ici pour la première fois :

« Nous sommes sûrs que ceux qui ont soutenu la décision prise en 1948 de lancer notre gouvernement dans une guerre psychologique et un programme paramilitaire n'ont certainement pas pu prévoir les ramifications des opérations qui en ont découlé, disait le rapport. Personne, en dehors des membres de la CIA à en avoir suivi au jour le jour le déroulement, n'a une connaissance précise de ce qui se passe. »

La conception et l'approbation d'opérations clandestines extrêmement délicates et extrêmement coûteuses « devenaient de plus en plus exclusivement du domaine de la CIA – avec un financement assuré par des fonds internes sans aucun justificatif... »

Le rapport poursuivait :

« On s'inquiète beaucoup au Département d'État de l'impact de la guerre psychologique et des opérations paramilitaires de la CIA sur nos relations extérieures. Les gens du Département d'État estiment que la plus importante contribution de ce Conseil serait peut-être de porter à l'attention du Président l'influence significative, et quasi unilatérale, de ces activités sur l'évolution de nos politiques étrangères et de nos relations avec nos "amis"...

« Le soutien de la CIA et sa façon de manœuvrer sur place les médias, les syndicats, les personnalités politiques, les partis et autres agissements de ce genre sont susceptibles de peser sur les responsabilités de notre ambassadeur dans le pays sans qu'il en soit le moins du monde informé... On observe trop souvent, et surtout entre la CIA et le Département d'État, des différences d'opinion concernant l'attitude des États-Unis envers des personnalités ou des organisations locales... (Parfois, les relations fraternelles entre secrétaire d'État et directeur du Renseignement peuvent arbitrairement fixer la "position" des États-Unis.)...

« La guerre psychologique et les opérations paramilitaires (souvent nées de l'intervention dans les affaires intérieures d'autres nations de brillants jeunes gens bardés de diplômes qui doivent faire quelque chose de leur temps pour justifier leur raison d'être) sont aujourd'hui menées à l'échelle mondiale par une horde de représentants de la CIA que la nature même de leur situation personnelle prive de toute maturité politique. (Leurs "tractations" avec des personnages louches et leur façon d'utiliser des "thèmes" suggérés par leurs chefs ou inventés par eux sur le terrain – souvent sur la suggestion d'opportunistes locaux – risquent, comme c'est souvent le cas, de provoquer d'étranges résultats.) »

Les opérations clandestines de la CIA étaient menées « avec une autonomie et une légèreté dans des secteurs touchant aux affaires étrangères, disait un commentaire du Conseil national du renseignement en janvier 1957, qui donnent, dans certains cas, des situations presque incroyables ».

Durant les quatre années de son second mandat, le président Eisenhower tenta de changer le fonctionnement de la CIA. Néanmoins, avouait-il, il se savait incapable non seulement de changer Allen Dulles, mais aussi de trouver quelqu'un pour le remplacer. Il s'agissait de « l'un des organismes les plus particuliers que peut posséder un gouvernement, disait-il, et il faut sans doute une étrange forme de génie pour le diriger[74] ».

Allen n'avait accepté aucun contrôle. Un simple signe de tête de Foster suffisait. Il n'y avait jamais eu dans le gouvernement américain une équipe telle que celle que formaient les frères Dulles, mais l'âge et la fatigue les usaient. Foster, de sept ans l'aîné d'Allen, était mourant ; il se savait atteint d'un cancer incurable, qui le tua lentement au cours des deux années suivantes. Il lutta courageusement, parcourant le monde en avion, brandissant tous les sabres de l'arsenal américain. Mais il déclinait et cela provoquait un déséquilibre inquiétant chez le directeur du Renseignement. Au fur et à mesure que son frère s'affaiblissait, il perdait de sa flamme.

Tandis que Foster périclitait, Allen entraîna la CIA dans de nouvelles batailles en Asie et au Moyen-Orient. La guerre froide était peut-être dans une impasse mais, déclara-t-il à ses maréchaux, la lutte devait se poursuivre avec une nouvelle intensité du Pacifique à la Méditerranée.

14.

« TOUTES SORTES D'OPÉRATIONS À LA NOIX »

« Allez vivre avec ces Arabes, déclara le président Eisenhower à Allen Dulles et aux membres du Conseil de sécurité nationale[75], et vous vous apercevrez qu'ils sont tout simplement incapables de comprendre nos conceptions de la liberté et de la dignité humaine. Ils ont si longtemps vécu sous une dictature ou sous une autre ! Comment pouvons-nous compter les voir faire fonctionner un gouvernement libre ? »

La CIA entreprit de répondre à cette question en tentant de convertir, de contraindre ou de contrôler les gouvernements de l'Asie et du Moyen-Orient. Elle se retrouva bientôt en lutte avec Moscou pour se gagner la fidélité de millions de gens, et se démener pour assurer sa domination politique et économique sur des pays auxquels un accident géologique avait offert des milliards de barils de pétrole. La nouvelle ligne du front décrivait un vaste croissant partant de l'Indonésie sur l'océan Indien, traversant les déserts d'Iran et d'Irak et aboutissant aux antiques capitales du Moyen-Orient.

En chaque chef politique musulman qui ne voulait pas prêter serment d'allégeance aux États-Unis, l'Agence voyait « une cible légitimement désignée pour l'action politique de la CIA », déclara Archie Roosevelt, chef de station en Turquie et cousin de Kim Roosevelt, le « tsar » de la CIA au Moyen-Orient[76]. Beaucoup des hommes les plus puissants du monde islamique bénéficiaient des fonds et des conseils de la CIA. L'Agence les influençait quand elle le pouvait. Mais rares étaient les officiers de la CIA à parler la langue[77], à connaître les coutumes ou à comprendre les gens qu'ils cherchaient à soutenir ou à renverser.

Le Président se prononça en faveur de l'idée d'un djihad contre le communisme athée. « Nous devrions faire tout notre possible pour insister sur la notion de "guerre sainte" », déclara-t-il lors d'un conseil tenu en septembre 1957 à la Maison Blanche, auquel assistaient Frank

Wisner, Foster Dulles, le secrétaire d'État adjoint pour le Proche-Orient, William Rountree, et divers membres du Comité des chefs d'état-major interarmes[78]. Foster Dulles proposa une « force d'intervention secrète » qui permettrait à la CIA de fournir des armes, de l'argent et des renseignements au roi Séoud d'Arabie Saoudite, au roi Hussein de Jordanie, au président Camille Chamoun du Liban et au président Nouri Saïd d'Irak.

« Ces quatre bâtards étaient censés nous défendre contre le communisme et les extrémistes du nationalisme arabe au Moyen-Orient », dit Harrison Symmes, qui travaillait en étroite collaboration avec la CIA comme bras droit de Rountree et qui servit plus tard comme ambassadeur en Jordanie[79]. Le seul héritage qu'a laissé la « force d'intervention secrète », c'est d'inscrire, à la demande de Frank Wisner[80], le roi Hussein de Jordanie sur la feuille de solde de la CIA. L'Agence créa un service de renseignement jordanien qui assure encore aujourd'hui la liaison avec l'essentiel du monde arabe. Le roi reçut en secret des subsides pendant les vingt années qui suivirent.

Si les armes ne parvenaient pas à assurer la loyauté des États au Moyen-Orient, le tout-puissant dollar restait l'arme secrète de la CIA : on trouvait toujours de l'argent pour financer les intrigues politiques. Et Foster était de cet avis. « Il avait chargé Allen Dulles de cette mission, expliquait Symmes[81]. Si bien que nous nous trouvions embringués dans des coups tordus, des tentatives de coups d'État et toutes sortes d'opérations à la noix. »

« MÛR POUR UN COUP D'ÉTAT »

Un de ces « coups tordus » se prolongea sur presque une décennie : un complot pour renverser le gouvernement syrien.

En 1949, la CIA installa à la tête de la Syrie un colonel pro-américain, Adib Shishakli, qui s'acquit d'emblée l'assistance militaire des États-Unis en même temps qu'une aide financière en sous-main. Il se maintint quatre ans avant d'être renversé par le parti Baath avec l'appui de politiciens communistes et d'officiers de l'armée. En mars 1955, Allen Dulles annonça que le pays était « mûr pour un coup d'État militaire[82] » soutenu par l'Agence. En avril 1956, Kim Roosevelt et son homologue britannique du Secret Intelligence Service (le SIS), sir George Young, tentèrent de mobiliser des officiers syriens de droite : la CIA fit parvenir un demi-million de livres syriennes aux responsables de la conspiration. Mais le fiasco de Suez empoisonna le climat politique au Moyen-Orient, rapprocha la Syrie des Soviétiques et contraignit Américains et Britanniques à repousser leur projet à la fin d'octobre 1956.

Au printemps et à l'été 1957, ils le ressuscitèrent.

Roosevelt estimait qu'Abdul Hamid Serraj, depuis longtemps chef du service de renseignement syrien, était l'homme le plus puissant de Damas. Il faudrait donc assassiner Serraj ainsi que le chef d'état-major de l'Armée syrienne et le chef du parti communiste.

La CIA envoya Rocky Stone, qui s'était fait les dents en Iran, comme nouveau chef de station à Damas. Accrédité comme second secrétaire de l'ambassade américaine, il promit des millions de dollars et un pouvoir politique sans limite pour se gagner un certain nombre d'officiers de l'Armée syrienne. Dans les rapports qu'il envoya au quartier général, il présentait ses recrues comme un corps d'élite pour un coup d'État appuyé par les Américains.

Il ne fallut que quelques semaines à Abdul Hamid Serraj pour démasquer Stone.

Ses forces cernèrent l'ambassade des États-Unis à Damas, s'emparèrent de Stone et l'interrogèrent sans ménagement. Il leur révéla tout ce qu'il savait. Les Syriens le dénoncèrent publiquement comme un espion américain se faisant passer pour un diplomate, un vétéran de la CIA qui avait monté le coup d'État en Iran, et qui complotait avec des officiers et des politiciens syriens pour renverser le gouvernement en échange d'une aide américaine de millions de dollars.

La révélation de ce « complot de la CIA particulièrement maladroit », pour reprendre les propres termes de l'ambassadeur des États-Unis en Syrie, Charles Yost[83], entraîna des conséquences qui se font encore sentir aujourd'hui. Le gouvernement syrien déclara officiellement Rocky Stone persona non grata. C'était la première fois qu'un diplomate américain – espion travaillant dans la clandestinité ou fonctionnaire agréé du Département d'État – était expulsé d'un pays arabe. En retour, les États-Unis expulsèrent l'ambassadeur de Syrie à Washington, et ce fut le premier diplomate étranger à subir ce traitement de la part des États-Unis depuis la Première Guerre mondiale. Le gouvernement américain dénonça les « inventions » et les « calomnies » de la Syrie. Les complices syriens de Stone, dont l'ancien président Adib Shishakli, furent condamnés à mort et une purge frappa tous les officiers ayant entretenu des rapports avec l'ambassade américaine.

De cette tourmente politique naquit une alliance syro-égyptienne : la République arabe unie, qui devint le foyer de l'anti-américanisme au Moyen-Orient. À Damas, la réputation des États-Unis s'effondra tandis que s'affirmait l'influence politique et militaire des Soviétiques. Après ce coup manqué, aucun Américain ne réussit à gagner la confiance de dirigeants syriens de plus en plus tyranniques.

Avec ce genre d'opérations ratées – et c'était l'ennui – on « ne pouvait pas les démentir », avertissait David Bruce dans son rapport au président Eisenhower. Tout le monde avait pu y repérer la main de l'Amérique. Qui pouvait en « calculer l'impact sur notre position internationale ? les effets sur nos alliances actuelles ? Où serons-nous demain ? »

« NOUS SOMMES ARRIVÉS AU POUVOIR SUR UN TRAIN DE LA CIA »

Le 14 mai 1958, Allen Dulles convoqua ses adjoints pour l'habituelle réunion matinale. Il passa un savon à Wisner et lui conseilla de faire « un examen de conscience [84] » sur les performances de l'Agence au Moyen-Orient. Outre le coup manqué en Syrie, des émeutes anti-américaines avaient éclaté brusquement à Beyrouth et à Alger. S'agissait-il d'un complot mondial ? Plus on redoutait l'implantation des Soviétiques dans la région, plus il devenait urgent de créer sur leur flanc sud un barrage de pays pro-américains.

Les officiers de la CIA en Irak avaient pour instructions de travailler avec les dirigeants politiques, les chefs militaires, les responsables de la sécurité et les hommes d'influence en leur proposant argent et armes en échange d'alliances anticommunistes. Mais quand, le 14 juillet 1958, un groupe d'officiers renversa en Irak le monarque pro-américain Nouri Saïd, la station de Bagdad dormait sur ses deux oreilles. « Cela nous prit complètement au dépourvu », reconnut l'ambassadeur Robert C. F. Gordon, alors conseiller politique de l'ambassade [85].

Le nouveau régime, avec à sa tête le général Abdul Karim Qasim, se mit à fouiller dans les archives du gouvernement précédent, et on brandit bientôt la preuve que la CIA avait entretenu des liens étroits avec la monarchie irakienne dont la vieille garde était à sa solde. Un Américain travaillant sous contrat pour la CIA et se faisant passer pour rédacteur d'une prétendue association intitulée « Les Américains amis du Moyen-Orient » fut arrêté à son hôtel et disparut sans laisser de trace. Les agents de la station s'enfuirent.

Allen Dulles commença à qualifier l'Irak de « pays le plus dangereux du monde [86] ». Le général Qasim accueillit en Irak des missions soviétiques politiques, économiques et culturelles. « Nous ne possédons aucune preuve que Qasim soit communiste », annonça la CIA à la Maison Blanche, mais « à moins de prendre des mesures pour maîtriser l'influence du communisme, ou que les communistes ne commettent une erreur tactique majeure, l'Irak deviendra probablement un État contrôlé par les communistes »[87]. Les responsables de l'Agence avouaient en petit comité n'avoir aucune idée pour contrer cette menace. « La seule force organisée en Irak capable de barrer la route au communisme, c'est l'armée. Mais, d'après nos renseignements, elle n'a aucun pouvoir[88]. » Après avoir perdu une bataille en Syrie et une autre en Irak, la CIA se demandait avec angoisse que faire pour empêcher le Moyen-Orient de virer au rouge.

Après la débâcle en Irak, Kim Roosevelt, le chef du département Proche-Orient de la CIA depuis 1950, démissionna pour devenir consultant de compagnies pétrolières américaines. On nomma pour le remplacer James Critchfield qui, depuis des années, assurait la liaison entre l'Agence et le général Reinhard Gehlen en Allemagne.

Critchfield ne tarda pas à s'intéresser au parti Baath irakien après que ses tueurs eurent raté Qasim au cours d'une fusillade qui avait mal tourné. Ses officiers organisèrent une autre tentative d'assassinat – manqué – en utilisant un mouchoir empoisonné, stratagème approuvé jusqu'au plus haut niveau de l'Agence[89]. Il fallut attendre encore cinq ans, mais la CIA réussit enfin son coup pour asseoir l'influence américaine en Irak.

« Nous sommes arrivés au pouvoir sur un train de la CIA », dit Ali Saleh Sa'adi, le ministre de l'Intérieur Baath dans les année 60[90]. Parmi les passagers de ce train, un assassin plein d'avenir du nom de Saddam Hussein.

15.

« UNE TRÈS DRÔLE DE GUERRE »

L'image que se faisaient les Américains de la zone comprise entre la Méditerranée et le Pacifique était en noir et blanc : les États-Unis devaient tenir d'une main ferme chaque capitale, de Damas à Jakarta, de façon à empêcher les dominos de s'écrouler. Mais, en 1958, les efforts de la CIA pour renverser le gouvernement d'Indonésie provoquèrent un tel retour de flamme qu'ils alimentèrent l'avènement du plus grand parti communiste du monde en dehors de ceux de la Russie et de la Chine. Vaincre cette force entraînerait une vraie guerre qui coûterait des centaines de milliers de morts.

Après la Seconde Guerre mondiale, l'Indonésie avait lutté pour se libérer du joug colonial hollandais et y était parvenue à la fin de 1949. Les États-Unis soutinrent l'indépendance de l'Indonésie sous le gouvernement de son nouveau chef, le président Sukarno. Le pays commença à attirer l'attention de la CIA après la guerre de Corée, quand l'Agence se rendit compte que l'Indonésie disposait de réserves de pétrole atteignant peut-être vingt milliards de barils, que son chef d'État semblait peu disposé à s'aligner sur les États-Unis et qu'un mouvement communiste s'y affirmait.

L'Agence lança une première alarme à propos de l'Indonésie dans un rapport au Conseil de sécurité nationale le 9 septembre 1953. Après avoir entendu le compte rendu inquiétant de la CIA, Harold Stassen, alors directeur de l'Agence de sécurité mutuelle, l'organisation d'aide économique et militaire qui avait succédé au Plan Marshall, dit au vice-président Nixon et aux frères Dulles qu'ils « feraient bien d'envisager des mesures susceptibles de provoquer la chute du nouveau régime indonésien puisque, de toute évidence, il n'était pas recommandable. S'il était aussi profondément infiltré par les communistes que semblait le croire la CIA, il serait plus raisonnable d'essayer de s'en débarrasser plutôt que de le consolider [91] » Mais quand, quatre mois plus tard, Nixon regagna Washington après un tour du monde au cours duquel il avait rencontré Sukarno, il expliqua à des officiers de la CIA que le dirigeant indonésien exerçait « une grande emprise sur le peuple, qu'il n'était absolument pas communiste et qu'il était certainement le meilleur "atout" des États-Unis [92] » dans la région.

Les frères Dulles mettaient fortement en doute l'opinion de Nixon. Sukarno avait proclamé sa neutralité dans la guerre froide, or, à leurs yeux, il n'existait pas de neutres.

La CIA envisagea sérieusement de liquider Sukarno au printemps 1955. Le projet n'atteignit jamais le stade où il semblait réalisable. « La difficulté, se rappelait Richard Bissell [93], tenait à la possibilité de créer une situation qui permettrait au meurtrier potentiel d'avoir accès à la cible. »

« LA SUBVERSION PAR LES URNES »

Tandis que l'Agence envisageait de l'assassiner, Sukarno réunit à Bandung, en Indonésie, une conférence internationale rassemblant vingt-neuf chefs d'État asiatiques, africains et arabes. Ils proposèrent un mouvement mondial de nations qui seraient libres de choisir leur voie, sans s'aligner ni sur Moscou ni sur Washington. Dix-neuf jours après la conférence de Bandung, la CIA reçut de la Maison Blanche un nouvel ordre d'action clandestine portant le numéro NSC 5518 et qui fut déclassifié en 2003.

Il autorisait l'Agence à employer « tous les moyens d'action clandestine utilisables [94] » pour empêcher l'Indonésie de virer à gauche.

La CIA s'empressa de verser environ un million de dollars dans les coffres de l'adversaire politique de Sukarno le plus acharné, le parti Masjumi, à l'occasion des élections au Parlement de 1955, les premières organisées depuis l'indépendance. L'opération tourna court : le parti de Sukarno l'emporta, le Masjumi arriva second et le PKI – le parti communiste indonésien – se trouva en quatrième position avec seize pour cent des voix. Ces résultats inquiétèrent Washington. La CIA continua de financer les partis politiques de son choix, ainsi qu'« un certain nombre de personnalités politiques » indonésiennes, comme le raconta Bissell [95].

En 1956, nouvelle alerte rouge : Sukarno se rendit à Moscou et à Pékin, tout comme à Washington où, à la Maison Blanche, on l'avait écouté déclarer son admiration pour la forme de gouvernement adoptée par les États-Unis. Washington, cependant, s'était senti trahi parce qu'il n'avait pas choisi le modèle de la démocratie occidentale pour gouverner l'Indonésie, un archipel long d'environ cinq mille kilomètres et comprenant près d'un millier d'îles habitées par treize groupes ethniques principaux, parmi lesquels une population à prédominance islamique de plus de quatre-vingts millions d'habitants qui le plaçait, dans les années 50, au cinquième rang des États les plus peuplés du monde.

Sukarno, orateur remarquable, prenait la parole en public trois ou quatre fois par semaine. Les quelques Américains capables de suivre ses discours relataient qu'il citait Thomas Jefferson un jour et, le lendemain, débitait des thèses communistes. La CIA ne comprit jamais vraiment Sukarno, mais l'ordre NSC 5518 lui laissait une autorité si large qu'elle pouvait faire à peu près ce qu'elle voulait.

Le nouveau chef du département Extrême-Orient de la CIA, Al Ulmer, appréciait ce genre de liberté et c'est pourquoi il aimait l'Agence. « Nous parcourions le monde en n'en faisant qu'à notre tête, racontait-il quarante ans plus tard. Bon sang, ce qu'on a pu s'amuser ![96] »

Ulmer – il l'avouait lui-même – jouissait lorsqu'il était chef de station à Athènes d'un statut intermédiaire entre celui d'une vedette d'Hollywood et celui d'un chef d'État. Il avait facilité les choses à Allen Dulles qui s'était amouraché de la reine Frederika de Grèce et l'avait initié aux plaisirs des croisières avec les riches armateurs. On l'avait récompensé en lui confiant le département Extrême-Orient.

Ulmer reconnut dans une interview qu'en prenant son poste il ne savait pratiquement rien de l'Indonésie. Son chef de station à Jakarta lui déclara que l'Indonésie était mûre pour une subversion communiste. Le chef, Val Goodell, un magnat du caoutchouc à l'attitude résolument colonialiste, envoyait de Jakarta des messages incendiaires qu'Allen Dulles emportait à ses réunions hebdomadaires à la Maison Blanche dans les quatre premiers mois de 1957 : Situation critique… Envoyez des armes… Des officiers se sont rebellés à Sumatra, câblait Goodell[97].

En juillet 1957, les élections montrèrent que le PKI pourrait bien passer de la quatrième à la troisième place dans le classement des partis politiques. La CIA parlait de « gains spectaculaires » conférant aux communistes un « énorme prestige ». Sukarno allait-il maintenant se tourner vers Moscou et Pékin ? Personne n'en avait la moindre idée.

La Maison Blanche et la CIA dépêchèrent des émissaires à Jakarta pour évaluer la situation. Allen Dulles envoya Al Ulmer ; le président Eisenhower, F. M. Dearborn, son assistant spécial pour les opérations de sécurité. Dearborn, à son grand regret, dut rapporter à Eisenhower que tous les alliés de l'Amérique en Extrême-Orient, ou presque, étaient peu sûrs. Tchang Kaï-chek, à Taiwan, était à la tête d'une « dictature », le président Diem faisait un « one-man-show » au Sud-Vietnam, la corruption régnait parmi les dirigeants du Laos et, enfin, Syngman Rhee était très impopulaire en Corée du Sud.

Mais, expliqua l'envoyé du Président, le problème de l'Indonésie de Sukarno était différent : il s'agissait de « subversion par les urnes [98] » – un des dangers de la démocratie participative.

Al Ulmer pensait qu'il lui fallait découvrir quelles étaient les forces les plus violemment anticommunistes en Indonésie et leur fournir des armes et de l'argent [99].

Les hommes de la CIA refusaient d'accepter le fait que presque tous les chefs de l'Armée indonésienne restaient professionnellement fidèles au gouvernement, personnellement anticommunistes et politiquement proaméricains. Ils étaient convaincus qu'en soutenant des officiers rebelles, on pourrait créer à Sumatra un gouvernement indonésien dissident puis s'emparer de la capitale. Ulmer rentra à Washington pour dénoncer Sukarno comme « impossible à sauver, récupérer » et Allison, le nouvel ambassadeur américain à Jakarta, comme ayant « un faible pour le communisme », deux points qu'il parvint à faire admettre par les frères Dulles.

Quelques semaines plus tard, sur la recommandation de la CIA, on évinça Allison, un des spécialistes les plus expérimentés de l'Asie au Département d'État, pour lui confier précipitamment le poste d'ambassadeur en Tchécoslovaquie.

« LES FILS D'EISENHOWER »

Le rapport de la CIA lors de la réunion du Conseil de sécurité nationale du 1er août 1957 déclencha une petite explosion : Allen Dulles annonça que Sukarno avait « atteint le point de non-retour » et « allait faire désormais le jeu des communistes » [100]. Le vice-président Nixon reprit le thème et proposa que « les États-Unis utilisent l'organisation militaire de l'Indonésie pour mobiliser l'opposition au communisme ». Frank Wisner dit que la CIA pourrait soutenir une rébellion mais qu'il n'était pas capable de garantir « un contrôle absolu » dès l'instant où elle aurait éclaté : « Des conséquences explosives étaient toujours possibles. » Le lendemain, il confia à ses collègues que, « au plus haut niveau du gouvernement, on considérait d'une extrême gravité la détérioration de la situation en Indonésie [101] ».

Foster Dulles appuya de tout son poids un coup d'État. Il nomma l'ancien ambassadeur en Indonésie, Hugh Cumming, à la tête d'un comité d'officiers de la CIA et du Pentagone, qui, le 13 septembre 1957, remit ses conclusions : il recommandait que les États-Unis fournissent clandestinement une assistance militaire et économique aux officiers de l'armée qui cherchaient à prendre le pouvoir.

Le comité soulevait aussi des questions fondamentales sur les conséquences d'une action clandestine, et notamment celle-ci : « Les États-
Unis, ayant joué un rôle très important dans la création d'une Indonésie
indépendante, ne risquent-ils pas de perdre beaucoup en Asie et dans le
reste du monde si l'Indonésie se morcelle et si, comme cela semble
inévitable, notre responsabilité dans cette dislocation en vient à être
connue ? » La question resta sans réponse.

Le 25 septembre, selon des archives de la CIA qu'a pu consulter
l'auteur, le président Eisenhower donna l'ordre à l'Agence de renverser
le gouvernement indonésien et lui confia trois missions[102]. La
première : fournir « l'armement et toute l'aide militaire » aux « chefs
militaires anti-Sukarno » dans toute l'Indonésie ; deuxièmement :
« renforcer la détermination, la volonté et la cohésion » des officiers
rebelles sur les îles de Sumatra et de Sulawesi ; troisièmement : soutenir
et « encourager l'action des éléments non communistes et anticommunistes » au sein des partis politiques de l'île principale de Java.

Trois jours plus tard, l'hebdomadaire indien *Blitz* – contrôlé par le
Renseignement soviétique – publia un long article au titre provocant :
UN COMPLOT AMÉRICAIN POUR RENVERSER SUKARNO. La presse
indonésienne reprit aussitôt l'information. L'action clandestine était
restée secrète environ soixante-douze heures.

Richard Bissell envoya des U-2 survoler l'archipel et prépara les
livraisons d'armes et de munitions aux rebelles par mer et par air.
Jamais il n'avait dirigé d'opération paramilitaire ni dressé de plan de
ce genre. Il trouva cela fascinant.

Les préparatifs prirent trois mois. Wisner prit l'avion pour gagner la
station de la CIA à Singapour, en face de la partie nord de Sumatra,
juste de l'autre côté du détroit de Malacca, et y organiser les opérations
de guerre politique. Ulmer créa des postes de commandement aux
Philippines, sur la base de l'Air Force de Clark à Luzon ainsi que sur
la base navale de Subic Bay, les deux plus importantes de la région.
John Mason, le chef des opérations d'Ulmer pour l'Extrême-Orient,
rassembla, toujours aux Philippines, une petite équipe constituée
essentiellement d'anciens des opérations menées par la CIA pendant la
guerre de Corée, lesquels prirent contact avec les militaires rebelles de
Sumatra et de Sulawesi. Mason, avec l'aide du Pentagone, prépara une
livraison de mitrailleuses, fusils, carabines, lance-roquettes, mortiers,
grenades à main et munitions en quantité suffisante pour équiper huit
mille hommes. Partant de Subic Bay, le 8 janvier 1958, la première
cargaison, escortée par Mason à bord d'un sous-marin, arriva la
semaine suivante à Padang, un port situé à 360 kilomètres au sud de
Singapour. Le déchargement, effectué sans aucun secret, attira une
impressionnante foule de curieux.

Le 10 février, les rebelles indonésiens adressèrent un vibrant appel à Sukarno depuis une station de radio nouvellement installée à Padang aux frais de la CIA ; ils exigeaient, dans les cinq jours, un nouveau gouvernement et la mise hors la loi du communisme. Sans réponse de Sukarno – il batifolait dans les bars de geishas et les établissements de bain de Tokyo –, ils annoncèrent la formation d'un gouvernement révolutionnaire avec un ministre des Affaires étrangères choisi et payé par la CIA, le colonel Maludin Simbolon, un chrétien qui parlait l'anglais. Tout en proclamant leurs exigences à la radio, ils avertissaient les puissances étrangères de ne pas intervenir dans les affaires intérieures de l'Indonésie. Pendant ce temps, la CIA préparait de nouvelles livraisons d'armes en provenance des Philippines et attendait les premiers signes d'un soulèvement populaire contre Sukarno.

La station de la CIA à Jakarta prévint le quartier général de s'attendre à une longue période de manœuvres diplomatiques, « toutes les factions cherchant à éviter la violence [103] ». Huit jours plus tard, le 21 février, l'aviation indonésienne réduisit en cendres les stations de radio des révolutionnaires situées au centre de Sumatra, et la Marine indonésienne fit le blocus des positions rebelles le long de la côte. Les agents indonésiens et leurs conseillers américains se réfugièrent dans la jungle.

L'Agence ne semblait pas se soucier que certains des plus hauts chefs militaires de l'Armée indonésienne eussent été formés aux États-Unis, se baptisant eux-mêmes « les fils d'Eisenhower [104] ». Et ces hommes combattaient les rebelles. L'armée, avec à sa tête des anticommunistes, était en guerre contre la CIA.

« LES MEILLEURES TROUPES QUE NOUS POUVIONS RASSEMBLER »

Quelques heures après que ces premières bombes furent tombées sur Sumatra, les frères Dulles se téléphonèrent. Foster dit que, à son avis, « il fallait faire quelque chose, mais qu'il était difficile de décider quoi et pourquoi ». Si les États-Unis se trouvaient « impliqués dans une guerre civile » à l'autre bout du monde, comment le justifier devant le Congrès et le peuple américain ? Allen répondit que les forces réunies par la CIA étaient « les meilleures troupes que nous pouvions rassembler » et il souligna qu'on « n'avait pas beaucoup de temps pour y réfléchir » [105].

Lorsque le Conseil de sécurité nationale se réunit cette semaine-là, Allen Dulles annonça au Président que « les États-Unis étaient confrontés à des problèmes très difficiles [106] » en Indonésie.

Selon le compte rendu du NSC, « il esquissa les derniers développe-

ments de la situation, que, pour la plupart, on avait pu lire dans la presse »
et lança cette mise en garde : « Si ce mouvement dissident se soldait par
un échec, il avait la quasi-certitude que l'Indonésie basculerait dans le
communisme. » Foster Dulles déclara que « nous ne pourrions pas laisser
cela se produire ». Le Président reconnut que « nous devrions intervenir
si un coup de main communiste menaçait réellement ». C'étaient les
fausses alarmes de la CIA qui faisaient croire à cette menace.

Allen Dulles expliqua à Eisenhower que les forces de Sukarno
« n'étaient pas très enthousiastes à l'idée d'attaquer Sumatra ».
Quelques heures plus tard, des rapports en provenance d'Indonésie
pleuvaient au quartier général de la CIA, annonçant que ces mêmes
forces avaient « bombardé et bloqué les bastions des dissidents dans un
premier effort pour écraser par tous les moyens la rébellion » et
qu'elles préparaient « des opérations aéroportées et amphibies contre
la partie centrale de Sumatra ».

Des navires de guerre américains se rassemblèrent au large de Singapour : pour un jet, à dix minutes de vol de la côte de Sumatra. Le porte-
avions *Ticonderoga* avec deux bataillons de Marines à bord, escorté de
deux destroyers et d'un croiseur lourd, jeta l'ancre. Le 9 mars, Foster
Dulles fit une déclaration publique, appelant ouvertement à la révolte
contre le « despotisme communiste » de Sukarno. Le général Nasution,
commandant en chef de l'armée de Sukarno, riposta en envoyant deux
bataillons de soldats sur une flotte de huit navires accompagnés d'une
escadre aérienne. Ils se regroupèrent au large de la côte nord de
Sumatra, à une douzaine de milles de la rade de Singapour.

Le nouvel ambassadeur des États-Unis en Indonésie, Howard Jones,
câbla au secrétaire d'État que le général Nasution était un authentique
anticommuniste et que les rebelles n'avaient aucune chance de
l'emporter. Il aurait aussi bien pu glisser le message dans une bouteille
et la lancer à la mer.

Le chef des opérations du général Nasution, le colonel Ahmed Yani,
était un des « fils d'Eisenhower » – farouchement pro-américain,
diplômé du collège d'état-major de l'Armée américaine de Fort
Leavenworth, et ami du major George Benson, l'attaché militaire
américain à Jakarta. Pour préparer une grande offensive contre les
rebelles de Sumatra, le colonel demanda des cartes au major Benson
pour l'aider dans sa mission. Le major, ignorant tout de l'opération
clandestine de la CIA, se fit un plaisir de les lui fournir.

À la base de l'Air Force de Clark, aux Philippines, la CIA avait réuni
des équipages de vingt-deux hommes sous les ordres de pilotes
polonais au service de l'Agence depuis la malheureuse opération sur
l'Albanie, huit ans auparavant. Le premier vol transportait cinq tonnes
d'armes et de munitions avec des liasses de billets pour les rebelles de

Sumatra. À peine l'appareil eut-il pénétré dans l'espace aérien indonésien qu'il fut repéré par une des patrouilles du général Nasution : aux
parachutistes du général le plaisir de récupérer chacune des caisses
larguées par les pilotes de la CIA.

À l'est, sur l'île de Sulawesi, les choses ne se passaient pas mieux
pour la CIA. Des pilotes de l'aéronavale américaine décollèrent pour
une mission de reconnaissance destinée à repérer d'éventuelles cibles
sur l'île. Les rebelles, que soutenaient les Américains, montrèrent leur
talent en utilisant les mitrailleuses de calibre 50 pour arroser l'appareil.
L'équipage américain se tira sain et sauf d'un atterrissage de fortune à
trois cents kilomètres au nord dans les Philippines.

La CIA avait placé ses derniers espoirs sur les rebelles de Sulawesi,
dans la partie la plus septentrionale de l'archipel. Car, dans les derniers
jours d'avril, les troupes de Sukarno avaient anéanti les révoltés de
Sumatra. Les cinq officiers de la CIA qui se trouvaient sur l'île décam-
pèrent ; ils foncèrent vers le sud jusqu'à ce que leur Jeep tombât en
panne d'essence, puis gagnèrent la côte à pied à travers la jungle,
volant de quoi manger dans les échoppes des villages isolés. Arrivés au
bord l'océan, ils réquisitionnèrent un bateau de pêche et signalèrent par
radio leur position à la station de la CIA de Singapour. Un sous-marin
américain vint à leur secours.

La mission sur Sumatra avait « pratiquement capoté », annonça
tristement Dulles à Eisenhower le 25 avril. « Il ne semblait y avoir
aucune volonté de se battre chez les dissidents de l'île, expliqua le
directeur au Président [107], leurs chefs ayant été incapables de leur
donner la moindre idée de la raison pour laquelle ils se battaient.
C'était une très drôle de guerre. »

« ILS M'ONT INCULPÉ DE MEURTRE »

Eisenhower voulant pouvoir démentir cette opération donna l'ordre
que pas un seul Américain ne pût être impliqué « dans une quelconque
opération de caractère militaire en Indonésie [108] ». Dulles n'en tint
aucun compte.

Les pilotes de la CIA avaient commencé à bombarder et à mitrailler
de petites îles indonésiennes le 19 avril 1958. Ces appareils de l'Agence
étaient décrits dans un mémo de la CIA adressé à la Maison Blanche et
au président des États-Unis comme des « avions dissidents » : des
appareils indonésiens pilotés par des Indonésiens et non des avions
américains ayant à leurs commandes du personnel de l'Agence.

Parmi ces derniers se trouvait un certain Al Pope qui, à vingt-cinq ans, était déjà un vieux routier des missions secrètes dangereuses, connu pour son courage et son ardeur.

« J'aimais bien tuer des communistes, dit-il en 2005[109]. Par n'importe quels moyens. »

Il effectua sa première mission en Indonésie le 27 avril. Au cours des trois semaines suivantes, ses camarades et lui attaquèrent des objectifs militaires et civils dans les villages et les ports du nord-est de l'Indonésie. Le 1er mai, Allen Dulles déclara à Eisenhower que ces frappes aériennes avaient été « presque trop efficaces, puisqu'elles avaient causé le naufrage de deux cargos, un britannique et un panaméen[110] ». Ces opérations avaient fait des centaines de victimes civiles, annonça l'ambassade américaine. Quatre jours plus tard, Dulles, un peu nerveux, expliqua au Conseil de sécurité nationale que ces bombardements avaient « provoqué une grande colère[111] » dans la population indonésienne car on accusait des pilotes américains d'avoir été aux commandes. Accusations justifiées, mais que le président des États-Unis et le secrétaire d'État démentirent publiquement.

L'ambassade et l'amiral Felix Stump, commandant des forces américaines dans le Pacifique, avertirent Washington que l'opération montée par la CIA était un échec flagrant. Le Président somma le directeur du Renseignement de s'expliquer. Au quartier général, toute une équipe d'officiers s'affaira fébrilement à reconstituer tant bien que mal une chronologie des événements. En raison de son ampleur et de la diversité de ses objectifs, l'opération « ne pouvait pas conserver un caractère totalement clandestin », on devait parfois « improviser »[112], etc.

De son côté, Al Pope occupa les premières heures du dimanche 18 mai au-dessus de l'île d'Ambon, dans la partie orientale de l'Indonésie, à couler un navire de guerre, à bombarder un marché et à détruire une église. Bilan officiel : six civils et dix-sept militaires tués. Pope se lança alors à la poursuite d'un navire de 7 000 tonnes transportant plus d'un millier de soldats indonésiens ; mais son B-26 se trouva dans la ligne de mire des batteries antiaériennes du navire puis, bientôt, sous le feu d'un chasseur de l'aviation indonésienne. Pris entre deux feux, l'avion de Pope s'enflamma à six mille pieds. Pope donna l'ordre à son radio indonésien de sauter avant de l'imiter ; mais, sa jambe ayant heurté la queue de l'appareil, il se brisa la cuisse à la hauteur de la hanche et il descendit lentement vers la terre en se tordant de douleur au bout de son parachute.

Dans la poche de sa combinaison de vol, il y avait ses documents personnels, sa carte de membre du club des officiers de Clark Field, bref, de quoi l'identifier aisément comme un officier américain bombardant l'Indonésie sur ordre de son gouvernement. On aurait pu le fusiller sur place. On se contenta de l'arrêter.

« Ils m'ont inculpé de meurtre et condamné à mort, raconta-t-il [113]. Ils ont dit que je n'étais pas un prisonnier de guerre et que je n'avais pas droit à la Convention de Genève. »

La nouvelle de la capture de Pope parvint le soir même au quartier général de la CIA. Le directeur et son frère se rencontrèrent et convinrent qu'ils avaient perdu cette guerre-là.

Le 19 mai, Allen Dulles envoya un câble urgent à ses officiers en Indonésie, aux Philippines, à Taiwan et à Singapour : partez, coupez les vivres, arrêtez l'approvisionnement en armes, brûlez tous les documents compromettants et filez.

Le moment était venu pour les États-Unis de changer de camp. Le plus tôt possible. La politique étrangère américaine effectua alors un virage à cent quatre-vingts degrés. La communication de la CIA refléta aussitôt ce changement de cap. Le 21 mai, l'Agence annonça à la Maison Blanche que l'Armée indonésienne réprimait le communisme et que les propos et les actes de Sukarno allaient dans un sens favorable aux États-Unis [114]. C'étaient, désormais, les anciens amis de la CIA qui menaçaient les intérêts américains.

« Bien sûr, dit Richard Bissell [115], l'opération a été un échec complet. » Aussi longtemps qu'il resta au pouvoir, Sukarno ne manqua pas une occasion de le rappeler. Il savait que la CIA avait tenté de renverser son gouvernement, son armée le savait, tout autant que les milieux politiques d'Indonésie. Résultat final : le renforcement des communistes d'Indonésie dont l'influence et le pouvoir ne cessèrent de croître au cours des sept années qui suivirent.

« Ils ont *raconté* que l'Indonésie avait été un échec, constata Pope avec amertume. On leur a pourtant flanqué une pâtée : on a tué des milliers de communistes, même si la moitié d'entre eux ne savaient probablement pas ce que le mot "communiste" signifiait. »

La seule trace du passage de Pope en Indonésie se borne à une ligne d'un rapport de la CIA à la Maison Blanche en date du 21 mai 1958 – un mensonge pur et simple – où on peut lire : « Appareil B-26 dissident abattu le 18 mai lors d'une attaque sur Ambon [116]. »

« NOS PROBLÈMES S'AMPLIFIAIENT
D'ANNÉE EN ANNÉE »

L'Indonésie fut la dernière opération de Frank Wisner en tant que chef du service d'action clandestine. Il rentra d'Extrême-Orient en juin 1958, au bord du déséquilibre mental [117] et, à la fin de l'été, il devint fou. On diagnostiqua une « psychose maniaco-dépressive ». Les symptômes existaient depuis des années : le désir de changer le monde par la force de la volonté, les harangues enflammées, les missions-suicide. Les psychiatres et les premiers produits de la psychopharmacie n'eurent aucun effet. On tenta un traitement par électrochocs : six mois durant, on lui serra la tête dans un étau pour faire passer un courant assez fort pour allumer une ampoule de cent watts. Il en ressortit moins brillant, moins audacieux, et partit occuper le poste de chef de station à Londres.

Après l'effondrement de l'opération indonésienne, Dulles assista à une série de réunions du Conseil de sécurité nationale, au cours desquelles il émit des propos vagues et inquiétants sur la menace soviétique. Le Président commençait à se demander tout haut si la CIA savait ce qu'elle faisait. Un jour, il lança, stupéfait : Allen, essaieriez-vous de me pousser à déclencher une guerre par peur ?

Au quartier général, Dulles demanda à ses plus proches collaborateurs où il pourrait trouver des renseignements sur l'Union soviétique. Lors d'une réunion avec ses adjoints, le 23 juin 1958, il déclara qu'il « ne savait pas à quel service de l'Agence s'adresser pour obtenir des informations précises sur l'URSS [118] ». L'Agence, en réalité, n'en avait aucun : les renseignements recueillis n'étaient que du vent.

Abbot Smith, un de ses meilleurs analystes, revenant sur une décennie de travail à la fin de 1958, écrivait : « Nous nous étions construit une image de l'URSS et tout ce qui se passait devait concorder avec ce tableau. Pour un expert du renseignement, on ne saurait concevoir péché plus abominable [119]. »

Le 16 décembre, Eisenhower reçut un rapport de son comité de consultants en renseignement lui conseillant de procéder à un remaniement complet de la CIA [120]. Ils craignaient que l'Agence ne fût « incapable de donner une évaluation objective des renseignements recueillis par ses services pas plus que de ses propres opérations ». Poussés par l'ancien secrétaire à la Défense, Robert Lovett, ils supplièrent le Président de retirer à Allen Dulles la responsabilité des opérations clandestines.

Dulles, comme toujours, esquiva toutes les tentatives pour changer la CIA. Il assura au Président que rien n'allait mal au sein de l'Agence. De retour au quartier général, il déclara à ses plus proches collaborateurs que « nos problèmes s'amplifiaient d'année en année [121] ». Il promit au Président que le remplacement de Wisner allait régler les problèmes des missions et de l'organisation du service d'action clandestine. D'ailleurs, il avait exactement l'homme qui convenait pour ce poste.

16.

« IL MENTAIT AUSSI BIEN AUX GENS DU BAS DE L'ÉCHELLE QU'À CEUX D'EN HAUT »

Le 1er janvier 1959, on nomma Richard Bissell chef des opérations clandestines [122]. Le même jour, Fidel Castro prit le pouvoir à Cuba. Une histoire secrète de la CIA révélée en 2005 décrit en détail la réaction de l'Agence à cette menace [123].

L'Agence examina attentivement le personnage et resta perplexe. « Bien des observateurs sérieux ont le sentiment que son régime ne tiendra pas plus de quelques mois », prédit Jim Noel, le chef de la station dont les officiers avaient passé trop de temps à puiser la matière de leurs rapports au Country Club de La Havane [124].

En avril et mai 1959, peu après sa victoire, Castro se rendit en visite aux États-Unis ; un officier de la CIA qui le rencontra en tête à tête à Washington le décrivit comme « un nouveau chef spirituel des forces démocratiques et antidictatoriales de l'Amérique latine [125] ».

« IL NE FALLAIT PAS MONTRER NOTRE JEU »

Le Président était furieux de constater que la CIA avait mal jugé Castro. « Après des mois d'hésitation, écrivit Eisenhower dans ses Mémoires [126], nos experts du renseignement en arrivaient peu à peu à la conclusion que, avec l'arrivée au pouvoir de Castro, le communisme venait d'infiltrer notre hémisphère. »

Le 11 décembre 1959, Richard Bissell, qui était parvenu à cette conclusion, adressa à Allen Dulles un mémo suggérant « d'envisager sérieusement l'*élimination* de Fidel Castro ». Dulles apporta à cette proposition une correction cruciale : il barra *élimination*, un terme qui sentait carrément le meurtre, pour y substituer la formule *éloigner de Cuba* – et donna son feu vert.

Le 8 janvier 1960, Dulles dit à Bissell d'organiser une force opérationnelle spéciale pour renverser Castro. Bissell sélectionna personnel lement un grand nombre d'hommes parmi ceux qui avaient fait tomber le gouvernement du Guatemala six ans auparavant – et qui avaient présenté ensuite une version ô combien embellie du coup. Il choisit l'incapable Tracy Barnes pour mener la guerre psychologique, le talentueux Dave Phillips pour la propagande, le bouillant Rip Robertson pour la formation paramilitaire et le toujours médiocre E. Howard Hunt pour gérer les groupes politiques de façade.

Ils auraient pour chef Jake Esterline, qui avait dirigé la « salle d'opérations » de l'opération Succès. Esterline était chef de station au Venezuela quand il avait rencontré pour la première fois Fidel Castro au début de 1959. Il avait observé le jeune *commandante* paradant à Caracas, juste après son triomphe du Nouvel An sur le dictateur Fulgencio Batista, et il avait entendu la foule acclamer Castro comme un conquérant.

Le groupe prit la forme d'une cellule secrète au sein de la CIA. Tous les fonds, toutes les informations et toutes les décisions concernant la force opérationnelle pour Cuba passaient par Bissell.

Ce dernier ne parlait jamais de Cuba avec Richard Helms, son second dans le service d'action clandestine. Les deux hommes se détestaient et se méfiaient terriblement l'un de l'autre. Helms n'intervint qu'à propos d'une seule idée émanant de la force opérationnelle. Un coup de propagande : un agent cubain, formé par la CIA, se montrerait dans le port d'Istanbul où il prétendrait être un prisonnier politique venant de s'évader d'un navire soviétique ; il proclamerait que Castro réduisait en esclavage des milliers de ses compatriotes pour les expédier en Sibérie. Le plan avait pour nom de code « Le Cubain tout mouillé ». Helms étouffa l'affaire dans l'œuf.

Le 2 mars 1960 – deux semaines avant que le président Eisenhower approuve une action clandestine contre Castro – Dulles mit au courant le vice-président Nixon d'opérations déjà en train. Lisant un document de sept pages visé par Bissell et intitulé « Ce que nous faisons à Cuba », Dulles énuméra des actes de guerre économique, de sabotage, de propagande politique et même un plan prévoyant d'utiliser « une drogue qui, mêlée aux aliments de Castro, provoquerait chez lui un comportement tellement irrationnel qu'une apparition publique entraînerait pour lui des effets vraiment désastreux ». Nixon était pour, à fond.

Dulles et Bissell présentèrent leurs plans à Eisenhower et à Nixon lors d'une réunion à quatre qui se tint à la Maison Blanche à 14 heures 30 le 17 mars 1960. Ils ne proposaient pas de débarquer sur l'île. Ils expliquèrent à Eisenhower qu'ils seraient capables de renverser Castro grâce à un simple tour de passe-passe : ils créeraient « une opposition cubaine responsable, convaincante et unifiée » avec, à sa tête, des agents recrutés par la CIA ; une station de radio clandestine diffuserait des émissions de propagande sur La Havane pour déclencher un soulèvement ; des agents de la CIA du camp de l'Armée américaine installé au Panama pour l'entraînement à la guerre dans la jungle formeraient soixante Cubains qui s'infiltreraient dans l'île ; la CIA leur parachuterait des armes et des munitions.

En six ou sept mois, promettait Bissell, Fidel tomberait. Il fallait absolument respecter ces délais, les élections ayant lieu dans sept mois et demi. La semaine précédente, le sénateur John F. Kennedy et le vice-président Nixon avaient remporté les primaires de l'élection présidentielle du New Hampshire avec une marge confortable.

Le secrétaire du Président prit des notes lors de cette réunion. « Le Président trouve ce plan excellent… le gros problème est d'éviter toute fuite… Il ne fallait pas montrer notre jeu. »

« LE PRIX QU'IL NOUS FAUDRAIT PAYER »

Le Président et Dick Bissell s'opposaient âprement à propos d'un énorme secret : l'avion espion U-2. Depuis ses entretiens avec Khrouchtchev à Camp David, six mois auparavant, Eisenhower n'autorisait plus aucun survol du territoire soviétique. Khrouchtchev était rentré de Washington en vantant le courage avec lequel le Président s'efforçait d'arriver à une coexistence pacifique ; Eisenhower voulait léguer à son successeur « l'esprit de Camp David ».

Bissell se battait de toutes ses forces pour reprendre les missions secrètes. Le Président était déchiré car il avait vraiment besoin des renseignements recueillis par l'U-2.

Il tenait à combler le « retard américain » en matière balistique – affirmations non fondées de la CIA, de l'Air Force, des fournisseurs de matériel militaire et des politiciens des deux partis qui soutenaient que les Soviétiques bénéficiaient d'une avance grandissante dans le domaine de l'armement nucléaire. Les estimations de la CIA sur la puissance militaire soviétique ne reposaient pas sur le renseignement mais sur des calculs politiques et sur des conjectures : à en croire l'Agence, les Soviétiques en 1961 disposaient de cinq cents missiles balistiques intercontinentaux. En foi de quoi le Strategic Air Command établit un plan secret de riposte prévoyant plus de trois mille têtes nucléaires pour détruire chaque ville, chaque avant-poste de Varsovie à Pékin. Mais Moscou n'avait pas cinq cents missiles braqués sur les États-Unis : il n'en avait que quatre [127].

Cela faisait cinq ans et demi que le Président craignait que l'U-2 ne déclenchât la Troisième Guerre mondiale. Si l'appareil était abattu au-dessus de l'Union soviétique, les chances de paix sombreraient avec lui. Un mois après les conversations avec Khrouchtchev à Camp David, le Président avait refusé d'autoriser un projet de survol de l'URSS par l'U-2 ; il avait une fois de plus carrément déclaré à Allen Dulles qu'il était plus important pour lui de deviner par l'espionnage les intentions des Soviétiques que de découvrir des détails sur leurs capacités militaires. Seuls des espions et non des gadgets pourraient l'informer sur les intentions agressives de Moscou.

Sans ces informations, affirmait le Président, les vols d'U-2 constituaient des « provocations qui pourraient donner aux Russes l'impression que nous envisagions sérieusement de détruire leurs installations [128] » en les attaquant par surprise.

Eisenhower avait une réunion avec Khrouchtchev prévue à Paris le 16 mai 1960. Il redoutait de voir disparaître son principal atout − sa réputation de bonne foi − si un U-2 était abattu au moment où, selon ses propres termes, les États-Unis se trouvaient « engagés dans des discussions apparemment sincères » avec les Soviétiques.

En théorie, seul le Président disposait du pouvoir d'autoriser une mission d'U-2. Mais Bissell, qui dirigeait le programme, avait hâte de remplir son quota de vols et il essaya d'échapper à l'autorité du Président en « sous-traitant » des vols à des Anglais et à des Chinois nationalistes. Dans ses Mémoires, il écrivit qu'Allen Dulles avait été horrifié en apprenant que le premier vol d'U-2 avait survolé directement Moscou et Leningrad. Le directeur ne l'avait jamais su, Bissell n'ayant jamais jugé utile de le prévenir.

Après des semaines de discussion, Eisenhower finit par céder et donna son accord pour un survol de l'Union soviétique prévu le 9 avril 1960 au départ du Pakistan. Un succès en apparence. Mais les Soviétiques savaient qu'on avait une nouvelle fois violé leur espace aérien et déclenchèrent un état d'alerte maximale. Bissell insista pour obtenir un vol supplémentaire. Le Président fixa la date limite au 25 avril ; ce jour-là les nuages recouvraient les cibles communistes et Bissell supplia qu'on lui laissât plus de temps : Eisenhower lui octroya un délai de six jours. Le dimanche suivant devait être l'ultime date fixée pour un vol avant le sommet de Paris. Bissell s'efforça de circonvenir la Maison Blanche en s'adressant au secrétaire à la Défense et au président du Comité des chefs d'état-major interarmes afin d'obtenir le soutien pour *encore* un vol. Dans son ardeur, il avait omis de prévoir un désastre.

Le 1er mai, l'U-2, ainsi que le Président l'avait craint, fut abattu au-dessus de la Russie centrale, et le pilote de la CIA, Francis Gary Powers, capturé vivant. « Le Président, raconta C. Douglas Dillon qui occupait alors la charge de secrétaire d'État, me dit de mettre au point avec Allen Dulles une sorte de communiqué. » Mais, à la stupéfaction des deux hommes, la NASA annonça qu'un avion météo avait été perdu en Turquie – la version inventée par la CIA. Le directeur du Renseignement ou bien n'en avait jamais entendu parler, ou bien l'avait complètement oublié.

« Nous n'arrivions pas à comprendre comment c'était arrivé, confia Dillon. Mais il fallait nous tirer de là. »

Cela s'avéra difficile. Se cramponnant à leur version, la Maison Blanche et le Département d'État trompèrent le peuple américain une semaine entière en débitant des mensonges de plus en plus transparents. Le dernier, du 7 mai : « Jamais un tel vol n'a été autorisé. » Eisenhower en fut consterné. « Il ne pouvait pas laisser Allen Dulles assumer toute la responsabilité, car cela donnerait l'impression que le Président ignorait les agissements du gouvernement », expliqua Dillon.

Le 9 mai, Eisenhower entra dans le Bureau ovale et déclara tout net : « J'aimerais démissionner. » Pour la première fois dans l'histoire des États-Unis, des millions de citoyens comprirent que leur président pouvait les tromper au nom de la sécurité nationale. C'en était fini de la doctrine du démenti plausible. Cela torpilla le sommet avec Khrouchtchev et ce fut la fin du bref réchauffement en pleine guerre froide. L'affaire de l'avion-espion de la CIA anéantit pour près d'une décennie l'idée de détente. Eisenhower avait donné son accord à cette ultime mission dans l'espoir de prouver qu'il n'y avait pas lieu de croire au prétendu retard des États-Unis dans le domaine des missiles. Mais la façon dont on avait tenté de dissimuler que l'U-2 avait été abattu par les Russes le faisait passer pour un menteur. Quand il eut pris sa retraite, Eisenhower reconnut que le plus grand regret de son mandat était « le mensonge que nous avons raconté à propos de l'U-2. Je ne me rendais pas compte du prix qu'il nous faudrait payer pour cela[129] ».

Le Président savait qu'il lui serait impossible de terminer sa présidence dans une ambiance de paix et de réconciliation, et il était désormais bien décidé à faire la police aux quatre coins de la planète avant de quitter sa charge.

La CIA connut au cours de l'été 1960 une succession de crises. Sur les cartes qu'Allen Dulles et ses hommes apportaient à la Maison Blanche, les flèches rouges signalant les points chauds dans les Caraïbes, en Afrique et en Asie se multipliaient. La honte d'avoir laissé abattre l'U-2 céda la place à une fureur meurtrière.

Pour commencer, Dick Bissell réactiva énergiquement les plans de la CIA pour renverser Castro. Il installa une nouvelle station à Coral Gables en Floride, nom de code Wave. Il expliqua au vice-président Nixon qu'il lui faudrait une force de cinq cents exilés Cubains bien entraînés – au lieu des soixante dont il avait besoin quelques semaines plus tôt – pour mener l'attaque. Mais le centre de formation à la guerre de jungle de Panama ne pouvait pas accueillir quelques centaines de nouvelles recrues sans expérience. Bissell envoya donc Jake Esterline au Guatemala où celui-là négocia personnellement un accord secret avec le président Manuel Ydigoras, un général en retraite et habile manœuvrier. Le site qu'on lui confia devint le principal camp d'entraînement pour l'expédition de la baie des Cochons, avec son aéroport, son bordel et ses codes de conduite.

Puis, à la mi-août, le charmant, l'élégant Dick Bissell lança un contrat avec la Mafia contre Fidel Castro. Il s'adressa au colonel Sheffield Edwards, le chef de sécurité de la CIA, et lui demanda de le mettre en contact avec un gangster susceptible de se charger d'un contrat. Cette fois, il prévint Dulles, lequel donna son accord. Un historien de l'Agence conclut : « Bissell croyait sans doute [130] que Castro serait tombé sous les coups d'un assassin à la solde de la CIA avant que la Brigade ait même mis le pied sur une plage de la baie des Cochons. »

« POUR ÉVITER UN NOUVEAU CUBA »

Plus tard ce même jour, lors d'une réunion du Conseil de sécurité nationale, le Président ordonna au directeur du Renseignement d'éliminer l'homme que la CIA considérait comme le Castro de l'Afrique, Patrice Lumumba, le Premier ministre du Congo.

Lumumba avait été librement élu et il demanda l'assistance des Nations unies pour secouer le brutal joug colonial de la Belgique, puis, durant l'été 1960, il proclama l'indépendance du Congo. L'aide américaine ne vint jamais, car la CIA considérait Lumumba comme un drogué dans la main des communistes. Aussi, lorsque des parachutistes débarquèrent pour rétablir le contrôle belge dans la capitale, Lumumba accepta avions, camions et « techniciens » soviétiques pour assurer le fonctionnement de son gouvernement vacillant.

La semaine de l'arrivée des troupes belges, Dulles envoya Larry Devlin, le chef de station de Bruxelles, pour prendre le commandement de l'antenne de la CIA au Congo et évaluer la possibilité de faire de Lumumba la cible d'une opération clandestine. Le 18 août, après six semaines passées dans le pays, Devlin câbla au quartier général de la CIA : « CONGO VICTIME D'UNE TENTATIVE CLASSIQUE DE MAINMISE COMMUNISTE... QUE LUMUMBA SOIT UN COMMUNISTE AUTHENTIQUE OU QU'IL JOUE LEUR JEU... IL RESTE PEUT-ÊTRE PEU DE TEMPS POUR INTERVENIR ET ÉVITER UN NOUVEAU CUBA. » Allen Dulles communiqua l'essentiel de ce message à la réunion du NSC qui eut lieu le même jour. Selon le témoignage secret révélé au Sénat des années plus tard par le secrétaire du NSC Robert Johnson, le président Eisenhower se tourna vers Dulles et déclara catégoriquement qu'il fallait éliminer Lumumba[131]. Après quinze secondes d'un silence de mort, la réunion se poursuivit. Dulles câbla huit jours plus tard à Devlin : « EN HAUT LIEU, ON CONCLUT NETTEMENT QUE S'IL CONTINUE À OCCUPER SON POSTE, CELA AURA POUR RÉSULTAT INÉVITABLE LE CHAOS ET AU PIRE DE PRÉPARER LA VOIE À UNE MAINMISE COMMUNISTE SUR LE CONGO... NOUS ESTIMONS QUE SON ÉLIMINATION DOIT ÊTRE UN OBJECTIF URGENT ET PRIMORDIAL ET QUE, DANS LES CIRCONSTANCES ACTUELLES, CE DEVRAIT ÊTRE UNE PRIORITÉ POUR NOTRE ACTION CLANDESTINE. NOUS ENTENDONS DONC VOUS ACCORDER PLEINE AUTORITÉ DANS CE SENS. »

Sidney Gootlieb, le maître chimiste au pied-bot de la CIA, partit pour le Congo avec un sac de voyage contenant des flacons de toxines redoutables et une seringue hypodermique pour injecter les gouttes mortelles dans des aliments, une boisson ou un tube de pâte dentifrice. À charge pour Devlin de donner la mort à Lumumba. Les deux hommes eurent une brève conversation dans l'appartement de Devlin le 10 ou 11 septembre. « Je demandai de qui émanaient ces instructions, déclara sous serment Devlin dans une déposition secrète déclassifiée en 1988. On me répondit : "du Président". »

Devlin certifia qu'il enferma les toxines dans le coffre de son bureau en se demandant que faire. Il finit par enterrer les flacons dans la berge du Congo. Il avait honte, dit-il, qu'on lui ordonnât de tuer Lumumba et savait que la CIA avait d'autres moyens à sa disposition.

L'Agence avait déjà fait son choix : le prochain dirigeant du Congo serait Joseph Mobutu, « le seul homme au Congo capable d'agir avec fermeté », comme l'expliqua Dulles au Président lors de la réunion du NSC du 21 septembre. La CIA lui remit 250 000 dollars[132] au début d'octobre, suivis en novembre d'envois d'armes et de munitions. Mobutu s'empara de Lumumba et, selon les termes de Devlin, le livra à son « ennemi juré ». La base de la CIA à Élisabethville, au cœur du Congo, rapporta qu'« un officier belge d'origine flamande exécuta Lumumba d'une rafale de mitraillette » deux jours avant la prestation de serment du prochain président des États-Unis. Grâce au soutien sans faille de la CIA, Mobutu finit, après cinq ans de lutte pour le pouvoir, par contrôler le Congo. Il resta l'allié préféré de l'Agence en Afrique et le relais indispensable pour les opérations clandestines sur le continent pendant la guerre froide. Trois décennies durant, il régna en dictateur, l'un des plus brutaux et des plus corrompus, volant des milliards de dollars grâce aux dépôts de diamants, de minerais et de métaux stratégiques, n'hésitant pas à faire massacrer une multitude de personnes pour conserver le pouvoir.

« UNE POSITION ABSOLUMENT INTENABLE »

Plus les élections de 1960 approchaient, plus il devint clair aux yeux du vice-président Nixon que la CIA n'était pas encore prête, et de loin, à attaquer Cuba. Fin septembre, Nixon, très nerveux, ordonna au corps expéditionnaire : « Ne faites rien maintenant, attendez que les élections soient passées. » Ce délai rendit un précieux service à Castro. Ses espions lui dirent que le débarquement soutenu par les Américains pourrait être imminent et il renforça ses troupes et ses services de renseignement, frappant sans pitié les dissidents politiques dont la CIA espérait qu'ils serviraient de troupes de choc pour l'opération. Cet été-là, la résistance intérieure à Castro commença à s'affaiblir, mais il est vrai que la CIA n'attacha jamais grande importance à ce qui se passait sur l'île. Tracy Barnes fit discrètement procéder à un sondage d'opinion à Cuba – qui montra qu'une proportion écrasante de la population soutenait Castro. Ce résultat ne lui plaisant pas, il n'en tint aucun compte.

Les efforts de l'Agence pour parachuter des armes aux rebelles sur l'île se soldèrent par un fiasco. Le 28 septembre, une palette de mitrailleuses, de fusils et de Colt 45 pour équiper une centaine de combattants tomba sur Cuba d'un avion parti du Guatemala. Le parachutage manqua sa cible de douze kilomètres. Les forces de Castro s'emparèrent des armes, capturèrent l'agent cubain de la CIA qui devait les réceptionner et le fusillèrent. Le pilote se perdit sur le trajet du retour et se posa dans le sud du Mexique où la police locale saisit l'appareil. Il y eut au total trente missions de ce genre : trois au plus réussirent.

Au début d'octobre, la CIA se rendit compte qu'elle ne connaissait pratiquement rien des forces anti-castristes à Cuba. « Nous n'étions absolument pas certains qu'elles n'avaient pas été infiltrées » par les espions de Castro, dit Jake Esterline. Il était maintenant convaincu que ce ne serait que par une subtile subversion qu'on réussirait à renverser Castro.

« Nous avions fait un gros effort d'infiltration et de ravitaillement qui n'avait donné aucun résultat », se rappelait Bissell [133]. Il décida que « ce qu'il fallait, c'était une action de choc » – un vrai débarquement.

La CIA n'avait ni l'approbation du Président ni les troupes nécessaires pour mener à bien cette mission. Les cinq cents hommes qu'on entraînait au Guatemala « constituaient un effectif ridiculement insuffisant », dit Bissell à Esterline. Les deux hommes comprirent que seules des forces plus importantes seraient capables de réussir contre Castro qui disposait d'une armée de soixante mille hommes avec des chars et de l'artillerie, à quoi il fallait ajouter un service de sécurité intérieure de plus en plus impitoyable et efficace.

Bissell avait, au téléphone, la Mafia sur une ligne, la Maison Blanche sur une autre. L'élection présidentielle approchait. Durant la première semaine de novembre 1960, le principe même de l'opération Cuba céda sous la pression. Esterline déclara le projet irréalisable ; Bissell savait qu'il avait raison, mais il n'en souffla mot à personne et dans les mois et les semaines précédant le débarquement, il se réfugia dans le mensonge.

« Il mentait aussi bien aux gens du bas de l'échelle qu'à ceux d'en haut », disait Jake Esterline ; en bas, au corps expéditionnaire chargé du débarquement, en haut, au Président et au nouveau président-élu mais pas encore en fonction.

En novembre, John Kennedy l'emporta sur Richard Nixon de quelque 120 000 voix. Quelques Républicains estimèrent que l'élection avait été truquée dans certaines circonscriptions de Chicago. D'autres parlaient de voix achetées en Virginie de l'Ouest. Richard Nixon accusa la CIA, persuadé, à tort, que « les libéraux de Georgetown » comme Dulles et Bissell avaient secrètement aidé Kennedy en lui fournissant avant un débat télévisé crucial les informations concernant la situation à Cuba dont ils disposaient.

Une fois élu, Kennedy annonça immédiatement qu'il confirmait à leur poste respectif J. Edgar Hoover et Allen Dulles. Cette décision, inspirée par son père, était une mesure de protection politique et personnelle. Hoover, en effet, connaissait certains des plus sombres secrets de la famille Kennedy – dont l'aventure durant la Seconde Guerre mondiale du nouveau président avec une femme soupçonnée d'être une espionne nazie –, révélations qu'il avait partagées avec Dulles. Kennedy savait tout cela car son père, ancien membre du Comité des conseillers en renseignement extérieur, le lui avait confié de source autorisée.

Le 18 novembre, le Président-élu rencontra Dulles et Bissell dans la résidence de son père à Palm Beach, en Floride. Trois jours auparavant, Bissell avait reçu d'Esterline un rapport concluant sur l'opération cubaine : « Notre projet initial paraît maintenant irréalisable étant donné les contrôles institués aujourd'hui par Castro, disait Esterline. L'agitation intérieure que l'on croyait jadis possible n'aura pas lieu, en outre les défenses cubaines ne permettent plus le genre d'assaut initialement prévu. Notre second plan (une force de 1 500 à 3 000 hommes pour s'assurer la maîtrise d'une plage avec une piste d'atterrissage) est dorénavant considéré comme un objectif impossible à atteindre autrement que par une opération conjointe Agence-Département de la Défense. »

Autrement dit, pour renverser Castro, les États-Unis devraient envoyer les Marines.

« J'étais assis dans mon bureau à la CIA, raconta Esterline, et je me disais : "Bon Dieu, j'espère que Bissell a eu les couilles d'exposer la vraie situation à John Kennedy." » Mais Bissell n'en souffla pas mot, et le plan irréalisable devint une mission tout à fait envisageable.

La réunion de Palm Beach plaça les dirigeants de la CIA dans « une position absolument intenable », dit Bissell à un historien de l'Agence. Leurs notes prises durant cet entretien montrent qu'ils avaient l'intention de parler de leurs triomphes passés, notamment au Guatemala, et dans une multitude d'opérations clandestines à Cuba, en République dominicaine, en Amérique centrale et en Amérique du Sud. Mais ils n'en eurent pas le loisir. Avant la réunion, le président Eisenhower leur demanda de respecter un « ordre du jour réduit », ce qu'ils interprétèrent comme une interdiction de discuter de ce qui s'était passé aux séances du Conseil de sécurité nationale. C'est ainsi que des renseignements d'une importance capitale concernant les opérations clandestines de la CIA se perdirent dans la transition d'un président à un autre.

Eisenhower n'avait jamais approuvé un débarquement à Cuba, mais Kennedy ne le savait pas ; il ne savait que ce que lui dirent Dulles et Bissell.

« DEPUIS HUIT ANS, JE SUIS TOUJOURS VAINCU DANS CE COMBAT »

Depuis huit ans, Allen Dulles avait repoussé tous les efforts de l'extérieur pour changer la CIA. Il avait une réputation à protéger : celle de l'Agence, la sienne. Niant tout, n'admettant rien, il avait dissimulé la vérité pour cacher les échecs de ses opérations clandestines.

Depuis 1957 au moins, il avait refusé d'entendre les voix de la raison et de la modération, ignoré les recommandations de plus en plus pressantes des conseillers du Président pour le Renseignement, n'avait tenu aucun compte des rapports de son propre inspecteur général et traité avec le plus grand mépris ses subalternes. « C'était alors un vieil homme fatigué » dont le comportement professionnel « pouvait être, et était généralement, éprouvant à l'extrême », dit Dick Lehman, un des meilleurs analystes que l'Agence eût jamais connus [134].

Durant ses derniers jours à la Maison Blanche, le président Eisenhower se rendit compte qu'il n'avait pas de service d'espionnage digne de ce nom. Il parvint à cette conclusion après avoir lu une liasse de rapports qu'il avait fait établir dans l'espoir de changer la CIA.

Le premier, du 15 décembre 1960, était l'œuvre du Groupe d'études interarmes qu'il avait créé, après que les Soviétiques eurent abattu l'U-2, pour examiner l'ensemble du Renseignement américain ; il offrait un tableau terrifiant de laisser-aller et de désarroi. Le rapport disait que jamais Dulles ne s'était attaqué au problème d'une attaque surprise des Soviétiques. Il n'avait jamais coordonné le renseignement militaire et l'analyse faite par les civils. Il n'avait jamais mis le gouvernement en mesure d'être averti de l'imminence d'une crise. Il avait passé huit années à monter des opérations clandestines au lieu de maîtriser le service de renseignement des États-Unis.

Là-dessus, le 5 janvier 1961, le Comité des conseillers pour les activités du renseignement extérieur fournit ses recommandations finales. Il demandait « une réévaluation totale » de l'action clandestine : « Nous sommes incapables, au vu des opérations clandestines entreprises par la CIA à ce jour, de conclure qu'elles justifiaient les énormes dépenses en effectifs, argent et autres ressources qu'elles impliquaient. » Il prévenait le Président que « la façon dont la CIA se concentrait sur des opérations d'ordre politique, psychologique et autres activités clandestines avait tendance à la détourner profondément de sa mission première qui était la collecte du renseignement [135] ».

Le comité pressait le Président d'envisager la « totale séparation » entre le directeur du Renseignement et la CIA. Il affirmait que Dulles était incapable de diriger l'Agence tout en remplissant ses tâches de coordination du Renseignement américain : le travail de chiffrage et de décodage de la National Security Agency ; les possibilités naissantes qu'offraient les satellites-espions et la reconnaissance par photographie spatiale ; les querelles sans fin qui opposaient l'armée, la marine et l'aviation.

« Je rappelai au Président que bien des fois il s'était attaqué à ce problème général », écrivit Gordon Gray, son conseiller à la Sécurité nationale, après avoir examiné le rapport avec Eisenhower. Je sais, répondit Eisenhower. J'ai essayé mais je ne peux pas changer Allen Dulles.

« Nous avons accompli bien des choses », déclara Dulles à Eisenhower lors d'une des dernières réunions du Conseil de sécurité nationale qu'il présidait. Nous avons tout bien en main. J'ai réglé les problèmes du service des opérations clandestines. Le Renseignement américain n'a jamais été plus efficace. La coordination et la coopération entre les services n'ont jamais été meilleures. Les propositions des conseillers en renseignement du Président étaient ridicules, affirmat-il ; c'était de la folie et d'ailleurs elles étaient illégales. Je suis responsable devant la loi, rappela-t-il au Président, de la coordination du renseignement. C'est une responsabilité que je ne peux pas déléguer. Sans ma direction, dit-il, le Renseignement américain serait « un corps flottant dans le vide ».

Dwight Eisenhower finit par exploser : « La structure de notre organisation de renseignement est défectueuse », lança-t-il à Dulles. Elle ne tient pas debout, il faut la réorganiser et voilà longtemps que nous aurions dû le faire. » Rien n'avait changé depuis Pearl Harbor. « Depuis huit ans, je suis toujours vaincu dans ce combat », ajouta le président des États-Unis. Et, conclut-il, il laisserait à son successeur « des cendres en héritage ».

Troisième Partie

Causes perdues

LA CIA SOUS KENNEDY ET JOHNSON
1961-1968

17.

« PERSONNE NE SAVAIT QUOI FAIRE »

L'héritage fut transmis dans la matinée du 19 janvier 1961, lorsque le vieux général et le jeune sénateur se retrouvèrent en tête à tête dans le Bureau ovale. Non sans quelque inquiétude, Eisenhower confia rapidement à Kennedy les clés de la Sécurité nationale : armes nucléaires et opérations clandestines.

Puis les deux hommes se rendirent dans la Cabinet Room où étaient réunis les anciens et les nouveaux secrétaires d'État, de la Défense et du Trésor. « Le sénateur Kennedy demanda au Président ce qu'il pensait du soutien américain aux opérations de guérilla à Cuba, même si ce soutien impliquait publiquement les États-Unis, nota ce matin-là un secrétaire [1]. Le Président répondit : "Oui, nous ne pouvons pas laisser le présent gouvernement continuer"… Le Président ajouta que cela aiderait les choses si nous pouvions régler du même coup la situation en République dominicaine. » L'idée d'Eisenhower – un coup d'État dans les Caraïbes pourrait faire contrepoids à un autre – comportait une inconnue que personne à Washington n'avait calculée.

Quand Kennedy se leva le lendemain matin pour sa prestation de serment, cela faisait trente ans que le *generalissimo* Rafael Trujillo, le dirigeant de droite corrompu de la République dominicaine, assumait le pouvoir et qu'il s'y maintenait grâce à l'appui du gouvernement des États-Unis et des hommes d'affaires américains. Il régnait par la force, la duplicité et la terreur ; il prenait plaisir à pendre ses ennemis à des crocs de boucher. « Il disposait de salles de torture et pratiquait l'assassinat politique, expliqua le consul général Henry Dearborn, le plus haut diplomate américain en République dominicaine au début de 1961 [2]. Néanmoins, il faisait respecter la loi et l'ordre, imposait la propreté et l'hygiène, bâtissait des édifices publics et ne gênait pas les États-Unis, ce qui était parfait pour nous. » Mais Trujillo était devenu intolérable, poursuivait Dearborn, et la pression contre lui montait dans le pays.

Le 19 janvier 1961, Dearborn fut informé de l'envoi d'armes légères à un groupe de conspirateurs dominicains qui avaient l'intention d'abattre Trujillo. Le Special Group, sous la présidence d'Allen Dulles, avait pris la décision une semaine plus tôt. Dearborn demanda l'approbation de l'Agence pour fournir aux Dominicains trois fusils laissés à l'ambassade par des hommes de la marine. Tracy Barnes, l'adjoint de Bissell pour l'action clandestine, donna le feu vert. Un nouvel arrivage d'armes autorisé par Bissell resta au consulat américain de Saint-Domingue, des membres de la nouvelle Administration s'étant demandé comment réagirait l'opinion mondiale si on apprenait que les États-Unis expédiaient par la valise diplomatique des armes destinées à un complot.

Dearborn reçut alors un câble personnellement approuvé par le président Kennedy : « Peu importe que les Dominicains assassinent Trujillo : c'est très bien. Mais nous ne voulons à aucun prix qu'on nous mette cela sur le dos. » Tout se passa bien. Quand les tueurs abattirent Trujillo deux semaines plus tard, les fusils encore fumants auraient pu ou non être ceux de l'Agence : on ne releva aucune empreinte. Mais la CIA n'avait jamais été aussi près de commettre un meurtre sur ordre de la Maison Blanche.

L'attorney général des États-Unis, Robert F. Kennedy, griffonna quelques notes en apprenant la nouvelle de l'assassinat. « Le grand problème, c'est que nous ne savons pas quoi faire [3]. »

« J'AVAIS HONTE DE MON PAYS »

La CIA fonçait vers le débarquement à Cuba, mais « l'affaire commença à s'emballer, au-delà de tout contrôle », dit Jake Esterline. Le moteur dans tout cela, c'était Bissell. Il allait de l'avant, refusant de reconnaître que la CIA ne réussirait pas à renverser Castro et que le secret de l'opération était éventé depuis belle lurette.

Le 11 mars, Bissell se rendit à la Maison Blanche avec, sur le papier, quatre plans différents – tous rejetés par le président Kennedy qui donna trois jours au chef du service d'action clandestine pour lui présenter un meilleur projet. Le coup de génie de Bissell consista dans le choix d'un nouveau lieu de débarquement – trois grandes plages de la baie des Cochons. Le site avait l'avantage de répondre à la dernière exigence de la nouvelle Administration : les envahisseurs cubains, sitôt débarqués, devaient s'emparer d'un terrain d'atterrissage afin d'établir une tête de pont pour le nouveau gouvernement cubain.

Bissell assura au Président que cette opération réussirait. La pire des

Les directeurs de la Central Intelligence Agency

1946-2005

Le général William Donovan, surnommé Wild Bill (Bill le Dingue), fut le maître espion de la Seconde Guerre mondiale ; il inspira bien des futurs agents de la CIA qui servirent sous ses ordres, dont William Casey, directeur de la Central Intelligence Agency de 1981 à 1987.

En haut : Casey prononce un discours lors d'une réunion de l'OSS (Office of Strategic Services). Un grand portrait de Donovan est accroché au mur derrière lui.

En bas à gauche : le président Truman décore le contre-amiral Sidney Souers, premier directeur de la CIA. *En bas à droite* : le général Hoyt Vandenberg, le deuxième directeur de la CIA, témoigne devant le Congrès.

Le général Walter Bedell Smith, directeur de 1950 à 1953, fut le premier vrai chef de la CIA.

En haut à gauche : avec Eisenhower, le 8 mai 1945, jour de la capitulation allemande. *En haut à droite* : avec Truman, à la Maison Blanche.

En bas à gauche : photo prise en octobre 1950, au quartier général de la CIA ; Bedell Smith, sur la gauche, succède à l'inefficace contre-amiral Roscoe Hillenkoetter (en costume clair). *En bas à droite* : Frank Wisner dirigea les opérations clandestines de la CIA de 1948 jusqu'à sa dépression nerveuse en 1958. L'air soucieux, il regarde dans le vide.

En haut à gauche : Allen Dulles, à son bureau du quartier général, en 1954.

En haut à droite : après la Baie des Cochons, John Kennedy remplaça Dulles (*à gauche*) par John McCone. Ce dernier devint très proche de l'attorney général Robert Kennedy (*en bas à gauche*) qui joua un grand rôle dans les opérations clandestines. Le président Johnson congédia McCone pour nommer l'infortuné amiral Red Raborn. Sur la photo (*en bas à droite*), on le voit encore très détendu au ranch de Johnson en avril 1965.

Richard Helms, directeur de la CIA de 1966 à 1973, rechercha et gagna le respect du président Johnson.

En haut : en 1965, une semaine avant sa nomination comme directeur adjoint, Helms fait connaissance avec le Président.

En bas : En 1968, Helms, plein d'assurance, fait son rapport à Johnson et au secrétaire d'État Dean Rusk lors d'un des fameux déjeuners gastronomiques du mardi à la Maison Blanche.

En haut à gauche : mars 1969, le président Nixon serre des mains au quartier général de la CIA. Nixon se méfiait de l'Agence et méprisait son travail.

En bas : tandis que Saigon est sur le point de tomber, le directeur de la CIA, Bill Colby (*sur la gauche*), expose la situation au président Ford en avril 1975. À droite de Ford, le secrétaire d'État Henry Kissinger, et à sa gauche, le secrétaire à la Défense, James Schlesinger (*sans lunettes*).

En haut à droite : 17 juin 1976, George H. W. Bush, et le président Ford discutent de l'évacuation des Américains de Beyrouth, avec L. Dean Brown, envoyé spécial au Liban.

En haut : novembre 1979, Stansfield Turner, directeur de la CIA, ferme la marche. Le président Carter accueille à Camp David ses principaux conseillers militaires et diplomatiques pour trouver une solution au problème des otages américains en Iran.

En bas : juin 1985, réunion de crise dans la Situation Room de la Maison Blanche. Après le détournement du vol TWA à destination de Beyrouth, le président Reagan a convoqué ses conseillers à la Sécurité nationale. (Bill Casey se trouve sur la droite.) La prise d'otages se termina par une négociation secrète.

La fin de la guerre froide déclencha un numéro de chaises musicales à la CIA : cinq directeurs en six ans. Ces changements incessants coïncidèrent avec l'exode de spécialistes de l'analyse et des opérations clandestines.

En haut, de gauche à droite : William Webster, Robert Gates, le dernier à avoir fait carrière à la CIA avant d'en prendre la direction (aujourd'hui secrétaire à la Défense dans le gouvernement Obama) et Jim Woolsey.

En bas à gauche : John Deutch.

En bas à droite : le président Clinton, dans un fauteuil roulant à la suite d'un accident, avec George Tenet, qui, pendant sept ans, tenta de rebâtir la CIA.

À gauche : mars 2003, début de la guerre d'Irak. Réunion à la Maison Blanche en présence du président Bush et du vice-président Cheney. George Tenet soutint avec assurance la CIA qui affirmait que Saddam Hussein possédait un arsenal complet d'armes de destruction massive.

Au centre : Porter Goss, successeur de Tenet, et dernier directeur du Renseignement, accueille Bush au quartier général de la CIA en mars 2005.

En bas à droite : alors qu'elle approchait de son soixantième anniversaire, la CIA cessa d'occuper la première place du Renseignement américain. Mars 2006, le général Mike Hayden prête serment comme directeur de la CIA au quartier général de Langley. Son nouveau patron, John Negroponte, occupant le poste de directeur du Renseignement national, applaudit. On aperçoit au fond à droite la statue de Wild Bill Donovan.

situations serait que les rebelles de la CIA soient confrontés aux forces de Castro et s'enfoncent dans les montagnes[4]. Mais le terrain autour de la baie des Cochons, un enchevêtrement de racines de palétuviers enfoncées dans la boue, était infranchissable. Personne à Washington ne le savait, les cartes sommaires dont disposait la CIA et qui laissaient entendre que la région marécageuse conviendrait à des manœuvres de guérilla datant de 1895.

La semaine suivante, les contacts mafieux de la CIA firent une tentative pour assassiner Castro : ils remirent un flacon de pilules empoisonnées et des milliers de dollars à un des Cubains les plus en vue de la CIA, Tony Varona (qu'Esterline jugeait être « une canaille, un filou et un voleur »). Varona parvint à donner le flacon à un restaurateur de La Havane qui devait glisser le poison dans le cône de glace de Castro. Les officiers de renseignement cubains retrouvèrent plus tard le flacon dans une glacière, complètement congelé.

Quand le printemps arriva, le Président n'avait encore approuvé aucun plan d'attaque. Le mercredi 5 avril, il rencontra une nouvelle fois Dulles et Bissell dont il ne comprenait toujours pas la stratégie. Le 6 avril, il leur demanda si le bombardement qu'ils projetaient contre la modeste aviation de Castro ne risquait pas de faire disparaître l'élément de surprise sur lequel comptaient les envahisseurs. Personne ne fut capable de répondre.

Le samedi 8 avril, au milieu de la nuit, le téléphone sonna avec insistance chez Richard Bissell : c'était Jake Esterline qui l'appelait de la salle des opérations de Washington pour lui dire que le colonel Hawkins, son conseiller militaire, et lui avaient besoin de le voir seul au plus vite. Le dimanche matin, Bissell ouvrit la porte aux deux hommes fous de rage ; ils entrèrent au pas de charge dans le salon, s'assirent et lui annoncèrent qu'il fallait annuler l'invasion de Cuba.

Trop tard, répondit Bissell, le coup d'État contre Castro doit éclater dans une semaine.

« Si vous voulez éviter un désastre, il faut *absolument* éliminer *toute* l'aviation de Castro », dit – et ce n'était pas la première fois – Esterline à Bissell. Ils savaient tous les trois que les trente-six avions de combat de Castro étaient capables de tuer des centaines de Cubains de la CIA lors du débarquement. Faites-moi confiance, répondit Bissell en promettant de persuader le Président d'éliminer l'aviation de Castro. « Je vous promets, assura-t-il à Esterline, qu'on ne diminuera pas les frappes aériennes. »

Mais, au moment crucial, Bissell réduisit de seize à huit le nombre de bombardiers chargés d'anéantir l'aviation de Castro – pour complaire au Président qui souhaitait une opération discrète.

Le samedi 15 avril, huit bombardiers américains B-26 attaquèrent trois terrains d'aviation cubains tandis que les 1 511 hommes de la brigade de la CIA se dirigeaient vers la baie des Cochons. Cinq appareils cubains furent détruits et une douzaine d'autres, peut-être, endommagés. Selon la version que voulait faire accréditer la CIA, l'agresseur aurait été un unique transfuge de l'aviation cubaine qui avait atterri en Floride. Le jour même, Bissell expédia Barnes à New York pour vendre l'histoire à l'ambassadeur américain auprès des Nations unies, Adlai Stevenson.

Bissell et Barnes prirent Stevenson pour un imbécile, comme s'il était leur agent. De même que le secrétaire d'État Colin Powell à la veille de l'invasion de l'Irak, Stevenson raconta au monde entier l'histoire concoctée par la CIA mais, contrairement à Powell, il découvrit le lendemain qu'il s'était fait avoir.

Que Stevenson se fût fait prendre en flagrant délit de mensonge exaspéra le secrétaire d'État Dean Rusk, lequel avait déjà de bonnes raisons d'être furieux contre la CIA. En effet, quelques heures auparavant, Rusk avait dû, à la suite d'une autre opération loupée, adresser une lettre officielle d'excuse au Premier ministre de Singapour, Lee Kwan Yew : la police secrète de Singapour avait fait irruption dans une planque de la CIA au beau milieu de l'interrogatoire d'un ministre du cabinet à la solde de la CIA. Lee Kwan Yew, allié important des Américains, déclara que le chef de station lui avait proposé 3 300 000 dollars pour étouffer l'affaire[5].

À 18 heures, le 6 avril, Stevenson câbla de New York à Rusk pour l'avertir du « risque d'un autre désastre, style U-2, dans une opération aussi peu coordonnée ». À 21 heures 30, le conseiller du Président à la Sécurité nationale, McGeorge Bundy, appela l'adjoint de Dulles, le général Charles Pearre Cabell, et lui déclara que la CIA[6] ne pouvait pas lancer d'attaques aériennes contre Cuba « à moins qu'elles ne partent d'un terrain situé sur la tête de pont » de la baie des Cochons. Cabell et Bissell coururent jusqu'au bureau du secrétaire d'État, et Rusk leur confirma que les avions de la CIA interviendraient pour protéger la tête de pont mais pas pour attaquer des terrains d'aviation, des ports ou des stations de radio.

Jake Esterline, quand Cabell regagna la salle des opérations de la CIA pour raconter ce qui s'était passé, envisagea sérieusement de le tuer de ses propres mains : l'Agence s'apprêtait à laisser les Cubains « se faire tirer comme des lapins sur cette foutue plage », explosa-t-il.

L'ordre d'annulation surprit les pilotes de la CIA au Nicaragua alors qu'ils faisaient déjà chauffer leurs moteurs.

Quatre heures plus tard, un chasseur-bombardier Sea Fury piqua sur la baie des Cochons avec, aux commandes, le capitaine Enrique Carreras, un pilote entraîné aux États-Unis, l'as de l'aviation de Fidel

Castro. Visant le *Rio Escondido*, un vieux rafiot affrété par la CIA, le capitaine Carreras lança une fusée qui toucha le bateau deux mètres au-dessous de la ligne de flottaison, dans la cale où se trouvaient des douzaines de barils d'essence d'aviation ; ils s'enflammèrent aussitôt ainsi que 145 tonnes de munitions. L'équipage se jeta à l'eau tandis que le cargo explosait, projetant un nuage de fumée qui s'éleva à huit cents mètres au-dessus de la baie des Cochons où certains crurent que Castro avait lâché une bombe atomique.

Le président Kennedy appela l'amiral Arleigh Burke, le commandant de la Marine des États-Unis, pour sauver la CIA du désastre. « Personne ne savait quoi faire, pas plus que la CIA qui conduisait l'opération et qui ignorait ce qui était en train de se passer », déclara l'amiral le 18 avril.

Pendant deux jours affreux, Cubains de Castro et Cubains de la CIA continuèrent à se massacrer. Le soir du 18 avril, le commandant de la brigade rebelle, Pepe San Roman, envoya un message radio à Lynch, un des agents de la CIA qui participaient à l'opération sur le terrain : « Vous rendez-vous compte du caractère désespéré de la situation ? Vous nous soutenez, ou vous nous lâchez ? Ne nous abandonnez pas. N'ai plus de munitions pour les chars ni pour les bazookas. Au lever du jour, les chars attaqueront. Je ne veux pas être évacué. Nous combattrons jusqu'à la mort s'il le faut. » Le matin arriva sans qu'aucune aide ne leur parvînt. Les hommes de San Roman, dans l'eau jusqu'aux genoux, se firent tailler en pièces.

Vers 2 heures de l'après-midi du 19 avril, San Roman maudit la CIA, fracassa sa radio et abandonna le combat. En soixante heures, 1 189 hommes de la brigade cubaine avaient été faits prisonniers et 114 tués.

« Pour la première fois en trente-sept ans de service, écrivit Grayston Lynch, j'avais honte de mon pays. »

Ce même jour, Robert Kennedy envoya à son frère une note prophétique : « L'heure est venue de regarder les choses en face car, dans un an ou deux, la situation sera bien pire. Si nous ne voulons pas voir la Russie installer des bases de missiles à Cuba, nous ferions mieux de décider dès maintenant ce que nous sommes prêts à faire pour l'en empêcher[7]. »

« PRENDRE LE SEAU D'EAU SALE ET METTRE UN AUTRE COUVERCLE DESSUS »

Le président Kennedy dit à deux de ses assistants[8] qu'Allen Dulles lui avait assuré droit dans les yeux dans le Bureau ovale que la baie des Cochons serait un succès : « Monsieur le Président, ici même, devant ce bureau, j'ai dit à Ike que notre opération au Guatemala serait couronnée de succès et, Monsieur le Président, les perspectives cette fois sont encore meilleures. » Un mensonge éhonté car Dulles avait en fait dit à Eisenhower que les chances de la CIA étaient d'au moins une sur cinq – et nulles sans soutien aérien.

À l'heure du débarquement, Allen Dulles prononçait un discours à Porto Rico, déplacement programmé pour tromper l'adversaire mais qui donnait maintenant le sentiment que l'amiral avait abandonné son navire. À son retour, raconta Bobby Kennedy, il avait l'air d'un mort-vivant, le visage enfoui entre ses mains tremblantes. Le 22 avril, le Président convoqua le Conseil de sécurité nationale, institution qu'il avait toujours dédaignée [9]. Après avoir ordonné à Dulles consterné de « renforcer la surveillance des activités de Castro aux États-Unis » – tâche qui n'était pas du ressort de la CIA –, le Président ordonna au général Maxwell Taylor, le nouveau conseiller militaire de la Maison Blanche, de procéder avec Dulles, Bobby Kennedy et l'amiral Arleigh Burke à l'autopsie de l'opération baie des Cochons. Le comité d'enquête de Taylor se réunit l'après-midi ; Dulles brandissait un exemplaire de la directive NSC 5412/2, datant de 1955 et autorisant les opérations clandestines de la CIA.

« Je suis le premier, déclara Dulles au comité [10], à estimer que la CIA ne devrait pas mener des opérations paramilitaires [jetant au passage un voile sur une décennie de soutien sans réserve à ce genre d'opérations]. Je pense néanmoins que, plutôt que de tout détruire pour repartir de zéro, nous devrions prendre ce qui est bon dans ce que nous avons, nous débarrasser de tout ce qui n'est pas vraiment de la compétence de la CIA, puis repartir de zéro de manière à obtenir une plus grande efficacité. Nous devrions examiner la directive 5412 et y apporter les révisions nécessaires pour que les opérations paramilitaires soient menées différemment. Ce ne sera pas aisé de leur trouver une place : il est très difficile de garder ces affaires secrètes. »

Les travaux du comité Taylor firent vite comprendre au Président la nécessité de trouver une nouvelle façon de mener les actions clandestines. Un des derniers témoins cités devant le comité fut un mourant qui évoqua avec une redoutable clarté les problèmes les plus sérieux qui se posaient à la CIA. Le témoignage du général Walter Bedell Smith résonne aujourd'hui avec une autorité qui fait froid dans le dos :

> « *Question* : Comment pouvons-nous, dans une démocratie, utiliser efficacement toutes nos possibilités sans être obligés de réorganiser le gouvernement de fond en comble ?
>
> *Général Smith* : Une démocratie ne peut pas faire la guerre.

Pour entrer en guerre, on doit faire voter une loi conférant au Président des pouvoirs extraordinaires…

Question : On dit qu'actuellement nous sommes en guerre.

Général Smith : C'est exact.

Question : Suggérez-vous que nous devrions conférer au Président des pouvoirs de temps de guerre ?

Général Smith : Non. Toutefois, le peuple américain n'a pas le sentiment d'être actuellement en guerre et il n'est donc pas disposé à faire les sacrifices nécessaires. Lorsqu'on est en guerre, même s'il s'agit d'une guerre froide, on doit avoir une Agence sans morale capable d'opérer dans le secret… Je pense qu'on a fait à la CIA une publicité telle qu'il faudrait offrir un autre abri à l'action clandestine.

Question : Pensez-vous que nous devrions retirer à la CIA les opérations clandestines ?

Général Smith : Il est temps de prendre le seau d'eau sale et de mettre un autre couvercle dessus [11]. »

Trois mois plus tard, Walter Bedell Smith mourait ; il avait soixante-cinq ans.

L'inspecteur général de la CIA, Lyman Kirkpatrick, procéda à sa propre autopsie de la baie des Cochons, et conclut que Dulles et Bissell n'avaient pas vraiment tenu informés de l'opération deux présidents et deux Administrations. Si la CIA voulait garder sa place, dit Kirkpatrick, elle devrait améliorer radicalement son organisation et sa gestion. Le général Cabell avertit Dulles dont il était l'adjoint que ce rapport, tombant entre des mains hostiles, signerait la fin de l'Agence. Dulles était du même avis, et il veilla à ce que le rapport fût enterré. On rapatria dix-neuf des vingt exemplaires imprimés et on les détruisit. Le dernier resta sous clé pendant près de quarante ans.

Allen Dulles prit sa retraite comme directeur du Renseignement en septembre 1961, alors que les ouvriers mettaient les dernières touches à l'imposant nouveau quartier général de la CIA – pour la construction duquel il s'était battu pendant des années – au milieu des forêts de Virginie sur la rive gauche du Potomac, à douze kilomètres des faubourgs de la capitale. Il avait demandé que fût gravée dans le hall central une inscription tirée de l'Évangile selon saint Jean : « Et vous connaîtrez la vérité et la vérité vous rendra libres. » On accrocha dans le même vaste espace un médaillon à son effigie. « *Si monumentum requiris, circumspice* », pouvait-on y lire : Si vous cherchez un monument, regardez autour de vous.

Richard Bissell resta encore six mois. Il avoua plus tard dans un témoignage secret [12] que l'expertise tant vantée de son service d'action clandestine n'était qu'une façade : que ce n'était « pas le lieu où on pouvait s'attendre à trouver une compétence professionnelle ». Quand il partit, le Président épingla à son revers la médaille de la National Security. « Il nous laisse, déclara-t-il, un héritage dont nous profiterons longtemps. »

Une partie de ce legs était en fait une confiance brisée. Durant les dix-neuf années qui suivirent, aucun président ne se fierait totalement à la Central Intelligence Agency.

« VOUS VOILÀ MAINTENANT DANS L'ŒIL DU CYCLONE »

Après la baie des Cochons, John Kennedy, plutôt que de détruire la CIA ainsi que, dans sa fureur, il l'avait tout d'abord envisagé, arracha à sa spirale mortelle le service d'action clandestine de l'Agence en en confiant les commandes à son frère. Ce fut une des décisions les plus malavisées de la présidence. Robert Kennedy, trente-cinq ans, connu pour son caractère impitoyable et fasciné par le monde secret, prit le contrôle des opérations clandestines les plus délicates des États-Unis. Les deux hommes se précipitèrent dans l'action clandestine avec une énergie sans précédent : ils lancèrent cent soixante-trois opérations importantes de la CIA en moins de trois ans – Eisenhower, en huit ans, en avait déclenché cent soixante-dix.

Le Président avait voulu faire de Robert Kennedy le nouveau directeur du Renseignement, mais ce dernier crut préférable de choisir un homme qui, après la baie des Cochons, pourrait bénéficier de la protection politique du Président. Après de longues recherches, ils arrêtèrent leur choix sur un homme d'État de l'entourage d'Eisenhower, John McCone.

McCone approchait de la soixantaine ; Républicain résolument conservateur de Californie, catholique fervent et farouchement anticommuniste, il aurait très probablement été secrétaire à la Défense si Nixon avait été élu en 1960. Il avait fait fortune dans la construction navale sur la côte Ouest pendant la Seconde Guerre mondiale, puis avait été adjoint au secrétaire à la Défense James Forrestal. Sous-secrétaire à l'Aviation durant la guerre de Corée, il avait contribué à créer la première puissance militaire vraiment mondiale de l'après-guerre puis, comme président de la Commission à l'énergie atomique lors du mandat d'Eisenhower, il avait surveillé les usines d'armement nucléaire de la nation ; il siégeait au Conseil de sécurité nationale. Richard Helms, son nouveau chef des opérations clandestines, le décrivait comme « sorti tout droit de l'agence de figuration d'Hollywood » à cause de « ses cheveux blancs, ses joues colorées, son pas vif, ses costumes sombres impeccablement coupés et son incontestable assurance »[13].

Le nouveau directeur n'était « pas un homme que les gens allaient aimer[14] », prédit son administrateur en chef, mais il devint vite « très proche de Bobby Kennedy » avec lequel il partageait catholicisme fervent et anticommunisme.

McCone a laissé un compte rendu quotidien, d'une méticulosité sans pareille, de son travail, de ses réflexions et de ses conversations, dont la majeure partie n'a été déclassifiée qu'en 2003 et en 2004. Ses mémos éclairent minute par minute ses années en tant que directeur et évoquent dans le détail les moments les plus périlleux de la guerre froide.

Avant de prêter serment, McCone voulut se faire une idée globale des opérations de l'Agence. Il parcourut l'Europe avec Allen Dulles et Richard Bissell, se rendit à une réunion des chefs de station d'Extrême-Orient dans une retraite montagneuse au nord de Manille : ce fut d'ailleurs là qu'il rencontra son nouveau directeur adjoint, Ray Cline, alors chef d'antenne à Taipei et futur analyste en chef du renseignement de la CIA.

Mais Bissell et Dulles omirent quelques détails ; ils ne jugèrent jamais opportun de parler à McCone du formidable programme, le plus ancien et le plus illégal de la CIA sur le territoire des États-Unis : l'ouverture de tout courrier arrivant dans le pays ou en sortant. Depuis 1952, dans les installations postales de l'aéroport international de New York, des officiers de la sécurité de la CIA ouvraient des lettres dont l'équipe de contre-espionnage de Jim Angleton triait les informations. Dulles et Bissell ne révélèrent pas davantage à McCone les complots pour assassiner Fidel Castro, momentanément suspendus après la baie des Cochons. Près de deux ans s'écoulèrent avant que le directeur ne découvrît ces projets ; et il n'apprit l'ouverture du courrier qu'en même temps que le reste du pays.

Après la baie des Cochons, on persuada le président Kennedy de reconstituer les centres d'action clandestine qu'il avait fermés après son arrivée au pouvoir. On rétablit le bureau des conseillers du Président en matière de renseignement. On reconstitua le Special Group (rebaptisé plus tard Comité 303), chargé de surveiller le service d'action clandestine, dont le Président serait pour les quatre années à venir le conseiller à la Sécurité nationale : McGeorge Bundy, toujours calme, toujours tiré à quatre épingles et d'une parfaite correction, sorti des collèges de Groton et de Yale, ancien doyen des sections Arts et Sciences de l'Université de Harvard. On comptait parmi les membres du comité McCone le président de l'état-major interarmes et de hauts fonctionnaires du Département d'État et de la Défense. Mais presque jusqu'à la fin de l'Administration Kennedy, on laissa aux responsables des opérations clandestines de la CIA toute latitude pour consulter ou non le Special Group. Ainsi, McCone et le Special Group ne surent-ils pas grand-chose sinon rien de plusieurs de ces opérations [15].

En novembre 1961, John et Bobby Kennedy créèrent, dans le plus grand secret, une nouvelle cellule de projets d'action clandestine, le Special Group (Augmented) ; c'était l'unité de Robert Kennedy et elle avait une seule mission : éliminer Castro. Le soir du 20 novembre, neuf jours avant de prêter serment comme directeur, McCone reçut chez lui un appel du Président lui-même le convoquant à la Maison Blanche. En se présentant l'après-midi suivant, il trouva les Kennedy en compagnie d'un général de brigade de cinquante-trois ans, Ed Lansdale. Sa spécialité était la contre-insurrection, et sa méthode consistait à se gagner les cœurs et les esprits du tiers-monde à grand renfort d'ingéniosité américaine, de dollars et de belles paroles. Il travaillait pour la CIA et le Pentagone depuis avant la guerre de Corée, homme de main de Frank Wisner à Manille et à Saigon où il avait aidé les dirigeants pro-américains à prendre le pouvoir.

On présenta Lansdale comme le nouveau chef des opérations du Special Group (Augmented). Le Président expliqua que le général Lansdale étudiait la possibilité d'une action à Cuba sous la direction de l'attorney général et que lui, le Président, désirait qu'on lui soumît un plan dans les deux semaines [16].

McCone estimait que seule une vraie guerre mettrait Castro au tapis. Et, à son avis, la CIA n'était pas en mesure de faire une guerre, secrète ou pas. Il déclara au président Kennedy qu'on ne pouvait pas continuer à considérer l'Agence comme « une unité drapée dans le secret, conçue pour renverser des gouvernements, assassiner des chefs d'État et intervenir dans la politique de pays étrangers [17] ». Il rappela au Président que la CIA avait selon la loi une responsabilité fondamentale : « réunir *tous* les renseignements » recueillis par les États-Unis, les analyser et en faire part à la Maison Blanche. Les Kennedy reconnurent dans un ordre écrit préparé par McCone et signé par le Président qu'il serait « le principal officier de renseignement du gouvernement ». Sa mission consisterait à assurer « la coordination et l'évaluation des renseignements provenant de toutes les sources ».

McCone pensait qu'on l'avait engagé aussi pour façonner la politique étrangère des États-Unis que mènerait le Président. Ce n'était pas et ce n'aurait pas dû être le rôle du premier officier de renseignement du pays. Mais, même si son jugement se révéla souvent plus juste que celui des anciens de Harvard occupant les plus hauts échelons de l'État, il découvrit rapidement que les Kennedy avaient un certain nombre d'idées neuves sur la façon dont lui et la

CIA devaient servir les intérêts des États-Unis. Le jour où le président Kennedy lui fit prêter serment, il comprit que ceux qui se chargeraient en fait de Castro seraient le Président lui-même, Robert Kennedy et le mielleux général Lansdale.

« Vous voilà maintenant dans l'œil du cyclone, bienvenue à bord », dit le Président à McCone lors de sa prestation de serment [18].

« HORS DE QUESTION »

D'emblée, le Président demanda à McCone de trouver un moyen de percer le mur de Berlin. Le mur avait été érigé – d'abord en barbelés puis en béton – en août 1961. Cela aurait pu être un formidable coup de propagande pour l'Ouest, une preuve éclatante que les mensonges exorbitants du communisme ne réussissaient plus à enrayer la fuite de millions de citoyens d'Allemagne de l'Est.

La semaine de l'édification du mur, Kennedy envoya le vice-président Lyndon Johnson à Berlin où le chef de la base de la CIA, Bill Graver, lui remit un document top-secret : un état impressionnant de tous les agents de la CIA à l'Est.

« Je vis ce tableau, dit Haviland Smith, alors étoile montante de la base de Berlin. Selon les dires de Graver, nous avions des agents à la caserne de Karlsruhe – le centre de renseignement soviétique – et nous avions totalement infiltré Berlin-Est. Mais si on *savait* vraiment, on découvrait que notre contact dans la mission militaire polonaise était le vendeur de journaux du coin de la rue, que celui qui avait infiltré le centre soviétique était un couvreur qui réparait des toitures. Tout cela était du bidon [19]. »

David Murphy, le chef de la division Europe de l'Est de la CIA, rencontra le président Kennedy à la Maison Blanche dans la semaine qui suivit la construction du mur. « L'Administration Kennedy cherchait à nous persuader de mettre au point des plans pour des actions paramilitaires clandestines et pour fomenter la dissidence » en Allemagne de l'Est, dit-il, mais « des opérations là-bas étaient hors de question » [20].

La raison finit par apparaître dans un document déclassifié en juin 2006, une terrifiante évaluation des dommages rédigée par Dave Murphy lui-même.

Le 6 novembre 1961, le chef du contre-espionnage ouest-allemand, Heinz Felfe, fut arrêté par sa propre police de sécurité. Felfe, ex-nazi pur et dur, avait rejoint l'organisation Gehlen en 1951, deux ans après que la CIA l'eut prise sous son aile, et il était rapidement monté en grade quand elle fut devenue le service de renseignement officiel ouest-allemand, le BND, en 1955.

Mais, parallèlement, Felfe avait travaillé pour les Soviétiques, infiltrant le service ouest-allemand et, par ce canal, l'antenne et les bases de la CIA. Il était parvenu à manipuler et à tromper les officiers de la CIA en Allemagne à tel point que ceux-là ne savaient plus si les informations recueillies derrière le rideau de fer étaient vraies ou fausses.

L'Agence était pratiquement impuissante en Allemagne et en Europe de l'Est [21]. Il fallut une décennie pour réparer les dégâts.

« LE PRÉSIDENT VEUT DES RÉSULTATS, TOUT DE SUITE »

Le mur de Berlin – et tout le reste – n'était rien comparé au désir des Kennedy de venger l'honneur de la famille perdu à la baie des Cochons. Renverser Castro devenait « la priorité absolue du gouvernement américain », dit Bobby Kennedy à McCone le 19 janvier 1962 [22]. Mais le nouveau directeur le prévint que l'Agence disposait de bien peu d'informations fiables pour agir. « Sur les vingt-sept ou vingt-huit agents que la CIA compte aujourd'hui à Cuba, nous n'avons de contact qu'avec douze d'entre eux, et encore rarement », précisa-t-il à l'attorney général [23]. Sept des Cubains de la CIA avaient été capturés quatre semaines auparavant alors qu'ils pénétraient sur l'île.

Sur ordre de Robert Kennedy, Lansdale dressa une liste des tâches urgentes pour la CIA : utiliser l'Église catholique et le milieu cubain contre Castro [24], diviser le régime de l'intérieur, saboter l'économie, acheter la police secrète, détruire les récoltes en pratiquant une guerre biologique ou chimique et changer le régime avant les élections au Congrès de novembre 1962.

« Ed jouissait de cette aura, dit Sam Halpern, le nouveau chef adjoint du bureau cubain, un ancien de l'OSS qui connaissait Lansdale depuis dix ans [25]. Certains le prenaient pour un magicien mais, au fond, c'était un faiseur. Son plan pour renverser Castro ne tenait pas debout. »

Helms en convenait.

Mais les Kennedy ne voulaient rien entendre. « Allons-y, tonnait l'attorney général [26]. Le Président veut des résultats, tout de suite. » Helms salua et y alla. Il créa un groupe autonome dépendant directement d'Ed Lansdale et de Robert Kennedy ; il rassembla une équipe d'agents venus du monde entier pour monter la plus grande opération de renseignement jamais lancée par la CIA en temps de paix, avec quelque six cents officiers de la CIA à Miami et ses alentours, près de cinq mille fournisseurs et la troisième flotte des Caraïbes, basée dans la baie de Guantánamo et comprenant sous-marins, patrouilleurs, garde-côtes et hydravions.

Il fallait un nom de code pour l'opération : Sam Halpern lui donna celui de Mangouste.

« IL N'Y A RIEN PAR ÉCRIT, BIEN SÛR »

Helms choisit pour diriger l'équipe de Mangouste William K. Harvey, le responsable de la construction du tunnel de Berlin. Harvey baptisa le projet « Force opérationnelle W » en souvenir de William Walker, l'aventurier américain qui, dans les années 1850, à la tête d'une armée privée, tenta de conquérir l'Amérique centrale et se proclama empereur du Nicaragua. Un choix bizarre – pour qui ne connaissait pas Bill Harvey.

On présenta Harvey aux Kennedy comme le James Bond de la CIA. Cela semble avoir intrigué John Fitzgerald Kennedy, grand amateur des romans d'espionnage de Ian Fleming, car Bond et Harvey n'avaient en commun qu'un goût certain pour les martinis. Obèse, les yeux exorbités, toujours armé d'un pistolet, Harvey buvait des whiskies doubles au déjeuner puis retournait travailler en maudissant le jour où il avait rencontré Robert Kennedy. Bobby Kennedy « exigeait des mesures immédiates et des solutions rapides », raconta l'adjoint de McCone, Walt Elder[27]. « Harvey n'avait ni mesure immédiate à proposer ni solution rapide à offrir ».

Il disposait cependant d'une arme secrète.

La Maison Blanche de Kennedy avait ordonné à la CIA de créer une équipe d'assassins. Interrogé par une commission d'enquête sénatoriale et une commission présidentielle en 1975, Richard Bissell déclara que ces ordres étaient venus du conseiller à la Sécurité nationale, McGeorge Bundy, et de son assistant, Walt Rostow, ajoutant que les hommes du Président « n'auraient pas donné ce genre d'encouragement s'ils n'avaient pas eu l'assurance d'avoir l'approbation du Président[28] ».

Bissell avait transmis l'ordre à Bill Harvey qui fit ce qu'on lui demandait. Il était rentré de Berlin en septembre 1959 pour prendre le commandement de la Division D du service d'action clandestine. Les officiers de la Division D s'introduisaient dans les ambassades étrangères situées hors des États-Unis afin de voler des livres de code et de chiffre pour les petits curieux de la National Security Agency. La Division D avait dans les capitales étrangères des contacts avec des criminels auxquels on pouvait faire appel pour des cambriolages, l'enlèvement de courriers diplomatiques et autres crimes commis au nom de la sécurité nationale des États-Unis.

En février 1962, Harvey créa un programme « d'action directe », nom de code Fusil, et engagea les services d'un agent étranger, un résident luxembourgeois – en fait apatride – qui travaillait sous contrat pour la Division D. Harvey songeait à lui pour tuer Fidel Castro.

En avril 1962 – les archives de la CIA le montrent –, Harvey fit une nouvelle tentative : il rencontra à New York le gangster John Rosselli, puis choisit un nouvel assortiment de comprimés empoisonnés fournis par le Dr Edward Gunn, le chef du Bureau des services médicaux de la CIA, qu'on devait verser dans le thé ou le café de Castro. Il se rendit alors à Miami et les remit à Rosselli ainsi qu'un camion de déménagement bourré d'armes.

Le 7 mai 1962, l'attorney général fut mis au courant du Projet Fusil par le conseiller juridique de la CIA, Lawrence Houston, et le chef de la sécurité de l'Agence, Sheffield Edwards. Cela rendit Robert Kennedy fou furieux [29] – à cause non pas du projet d'assassinat en soi mais du rôle qu'y jouait la Mafia. Il ne fit rien pour empêcher la CIA de chercher à tuer Castro.

Richard Helms, qui avait pris trois mois plus tôt la direction du service d'action clandestine, donna son feu vert à Harvey. Il estima toutefois préférable de ne pas en parler à McCone, estimant à juste titre que le directeur formulerait de vives objections d'ordre religieux, juridique et politique.

J'ai un jour posé personnellement la question à Helms : le président Kennedy voulait-il la mort de Castro ? « Il n'y a rien par écrit, bien sûr, répondit-il tranquillement, mais, à mon avis, certainement oui [30]. »

Helms pensait que l'assassinat politique en temps de paix constituait une aberration morale, mais il ne fallait pas négliger les considérations pratiques. « Si on commence à vouloir éliminer des dirigeants étrangers, et les gouvernements l'envisagent plus souvent qu'on ne se plaît à le croire, la question se pose toujours de savoir qui sera le suivant, observa-t-il. Si on abat les dirigeants d'un autre pays, pourquoi n'abattraient-ils pas les vôtres ? [31] »

« UNE VÉRITABLE INCERTITUDE »

Lorsque John McCone prit le poste de directeur du Renseignement, « la CIA n'allait pas bien » et « on n'avait pas le moral, raconta-t-il. Mon premier problème était de rétablir la confiance » [32].

Mais, six mois plus tard, la confusion régnait au quartier général de la CIA, et McCone se mit à congédier des centaines d'officiers du service d'action clandestine. Les mises à la retraite, le contrecoup de la baie des Cochons créaient une « véritable incertitude » quant à l'avenir de l'Agence.

Helms décida alors que le seul remède était un retour aux fondamentaux de l'espionnage et, non sans hésitation, il retira ses meilleurs hommes des services paralysés des bureaux soviétiques et d'Europe de l'Est et les mit sur Cuba. Il avait sous son commandement en Floride une poignée d'officiers qui avaient appris à infiltrer et à exfiltrer agents et courriers de zones contrôlées par les communistes telles que Berlin-Est. La CIA installa à Opa-Locka un centre de débriefing pour y interroger des milliers de gens qui avaient quitté Cuba sur des vols réguliers ou des bateaux privés. Le centre interrogea ainsi quelque 1 300 réfugiés cubains[33] qui fournirent à l'Agence des informations politiques, militaires et économiques ainsi que des documents et les déchets de la vie quotidienne – vêtements, pièces de monnaie, cigarettes – destinés à aider les agents qu'on infiltrait sur l'île. La station de Miami affirmait disposer au cours de l'été 1962 de quarante-cinq hommes qui lui transmettaient des renseignements de Cuba ; certains venaient en Floride pour y suivre une formation accélérée de dix jours dispensée par la CIA et repartaient pour Cuba en canot à moteur à la faveur de la nuit. Le petit réseau d'espionnage qu'ils y installèrent fut l'unique aboutissement des 50 millions de dollars que coûta l'opération Mangouste.

Bobby Kennedy ne cessait de réclamer – en vain – des commandos pour faire sauter les centrales électriques, les usines et les fabriques de sucre de Cuba. « La CIA est-elle en mesure de réussir ce genre de coups ? » demanda Lansdale à Harvey[34]. Réponse de Harvey : deux années et 100 millions de dollars supplémentaires seraient nécessaires pour créer une force capable de renverser Castro.

La CIA se consacrait tellement au montage de ses actions clandestines qu'elle ne remarqua pas la menace pour la survie des États-Unis qui se précisait à Cuba.

18.

« NOUS NOUS SOMMES ÉGALEMENT FAIT AVOIR PAR NOUS-MÊMES »

Le 30 juillet 1962, John F. Kennedy entra dans le Bureau ovale[35] et brancha le système d'écoute dernier cri qu'il avait fait installer pendant le week-end. La toute première conversation qu'il enregistra concernait un plan pour renverser le gouvernement du Brésil et évincer son président, Joao Goulart.

Kennedy et son ambassadeur au Brésil, Lincoln Gordon, envisageaient de dépenser 8 millions de dollars pour faire pencher la balance lors des prochaines élections et pour préparer le terrain en vue d'un coup d'État militaire contre Goulart – « pour le pousser dehors si besoin en était », dit l'ambassadeur Gordon au Président. L'antenne de la CIA au Brésil « ferait discrètement comprendre que nous ne sommes pas nécessairement hostiles à toute sorte d'action militaire, s'il est clair que la raison en est... — de faire échec à la gauche », précisa le Président. Il ne laisserait pas le Brésil ni aucune autre nation de l'hémisphère occidental devenir un second Cuba.

L'argent commença à couler à flots de la CIA vers la vie politique du Brésil. Le retour sur investissement se ferait en moins de deux ans[36].

Les cassettes de la Maison Blanche, transcrites en 2001, enregistraient le feu roulant des plans d'action clandestine qui prenaient naissance dans le Bureau ovale.

Le 8 août, McCone rencontra le Président à la Maison Blanche pour discuter de l'opportunité de parachuter des centaines de nationalistes chinois sur la Chine de Mao. Le Président avait donné son accord à l'opération, McCone était réticent. Mao disposait de missiles sol-air ; en outre, rappela McCone au Président, le dernier U-2 envoyé par la CIA au-dessus de la Chine continentale avait été repéré par les radars communistes chinois douze minutes après son décollage de Taiwan. « C'est comique, dit l'assistant à la Sécurité nationale de Kennedy, Michael Forrestal, le fils du défunt secrétaire à la Défense. Nous nous apprêtons à offrir au Président un nouveau désastre d'U-2. » Et quelle histoire inventerions-nous cette fois ? demanda en plaisantant le Président. Éclats de rire généraux. Un mois après cette réunion, les forces de Mao abattaient un U-2 au-dessus de la Chine.

Le 9 août, Richard Helms se rendit à la Maison Blanche pour discuter des chances d'un coup d'État en Haïti, à cinquante kilomètres de Cuba. Le dictateur d'Haïti, François Duvalier dit « Papa Doc », avait empoché l'aide économique américaine et utilisé le soutien militaire des États-Unis pour consolider son régime corrompu. Le Président avait autorisé un coup d'État, et la CIA distribué des armes aux dissidents qui espéraient renverser le gouvernement par tous les moyens. On avait envisagé le risque que Duvalier fût tué dans l'opération : McCone avait donné son feu vert [37].

Mais la CIA traînait les pieds. Helms avertit le Président que les « tontons macoutes » de Duvalier « représentaient une force répressive loin d'être négligeable », ce qui rendait le projet dangereux.

Le 10 août, John McCone, Robert Kennedy et le secrétaire à la Défense Robert McNamara se réunirent dans la somptueuse salle de conférences du secrétaire d'État Dean Rusk, au sixième étage du Département d'État. Sujet : Cuba. McCone se souvenait « qu'il avait été suggéré de liquider les principaux dirigeants du régime de Castro », dont Castro et son frère Raul, le ministre de la Défense cubain qui venait tout juste de rentrer d'un voyage à Moscou où il s'était rendu pour acheter des armes. Le directeur trouvait l'idée détestable car il pressentait un plus grand danger : il prédit que l'Union soviétique fournirait à Castro des armes nucléaires – des missiles balistiques à moyenne portée capables de frapper les États-Unis ; cette possibilité le préoccupait depuis quatre mois. Il n'avait aucun renseignement, rien sur quoi s'appuyer sinon son instinct.

Seul McCone voyait clairement la menace. « Si j'étais Khrouchtchev, dit-il [38], je disposerais des missiles offensifs sur Cuba. Puis je taperais avec ma chaussure sur la table et je dirais aux États-Unis : "Quel effet cela vous ferait-il de vous trouver pour une fois du mauvais côté d'un canon de fusil ?" » Les experts déclarèrent unanimement que cela dépassait les limites du possible, nota un historien de l'Agence.

On croyait l'Agence de moins en moins capable de prédire l'attitude des Soviétiques ; depuis une décennie, ses analystes se trompaient constamment.

« LE SECTEUR LE PLUS DANGEREUX DU MONDE »

Le 15 août, McCone retourna à la Maison Blanche pour discuter des meilleurs moyens de renverser Cheddi Jagan, le Premier ministre de la Guyane britannique, une colonie perdue au milieu des bancs de boue des Caraïbes sud-américaines.

Jagan, un dentiste formé aux États-Unis et marié à une marxiste de Chicago, Janet Rosenberg, venait d'une famille d'ouvriers des plantations. Il fut élu pour la première fois en 1953. Peu après, Winston Churchill suspendit la Constitution coloniale, ordonna la dissolution du gouvernement et jeta les Jagan en prison. Ils furent libérés lorsque les Anglais restaurèrent le gouvernement constitutionnel. Jagan fut réélu à deux reprises ; en octobre 1961, il avait été reçu dans le Bureau ovale.

« Je suis allé voir le président Kennedy pour obtenir l'aide des États-Unis et leur soutien pour que les Anglais nous donnent notre indépendance, se rappelait Jagan [39]. Il s'est montré charmant et jovial. Les États-Unis craignaient de me voir livrer la Guyane aux Russes. J'ai répondu : "Si c'est ce qui vous fait peur, ne craignez rien." Nous n'aurons pas de base soviétique. »

John F. Kennedy déclara publiquement – dans une interview accordée au gendre de Khrouchtchev, rédacteur en chef des *Izvestia* – que « les États-Unis soutiennent l'idée que chaque peuple a le droit de choisir librement la forme de son gouvernement [40] ».

Mais Kennedy décida d'utiliser la CIA pour déposer Jagan. Peu après la visite de ce dernier à la Maison Blanche, l'agitation éclata à Georgetown, sa capitale. Des radios dont on n'avait jamais entendu parler déferlèrent sur les ondes. Des fonctionnaires se mirent en grève. Des émeutes firent plus de cent victimes. Les syndicats se révoltèrent après avoir reçu conseils et argent de l'Institut américain pour le développement du travail libre qui, à son tour, recevait argent liquide et avis de la CIA. Arthur Schlesinger, historien officiel de la Maison Blanche du temps de Kennedy, demanda au Président : « La CIA croit-elle qu'elle peut mener une opération *vraiment* clandestine – c'est-à-dire une opération qui, malgré d'éventuels soupçons de la part de Jagan, ne laissera aucune trace que, vainqueur ou vaincu, il puisse exhiber au monde, d'une intervention des États-Unis ? [41]. »

Le 15 août 1962 à la Maison Blanche, le Président, McCone et le conseiller à la Sécurité nationale McGeorge Bundy, décidèrent qu'il était temps d'agir. Le Président lança une campagne de 2 millions de dollars qui finit par chasser Jagan du pouvoir [42]. Il expliqua plus tard au

Premier ministre britannique Harold Macmillan : « L'Amérique latine était le secteur le plus dangereux du monde. La présence d'un État communiste en Guyane britannique... créerait aux États-Unis des pressions irrésistibles pour frapper militairement Cuba [43]. »

Lors de cette même réunion du 15 août qui scella le sort de Jagan, McCone remit au président Kennedy la nouvelle doctrine de la CIA sur la contre-insurrection. Elle était accompagnée d'un second document énumérant les opérations clandestines en cours dans onze pays – Vietnam, Laos et Thaïlande, Iran et Pakistan, Bolivie, Colombie, République dominicaine, Équateur, Guatemala et Venezuela –, document « classé hautement confidentiel parce qu'il raconte tout sur nos coups fourrés », expliqua McCone au Président [44]. « Une admirable collection, un dictionnaire de vos crimes », renchérit Bundy en riant.

Le 21 août, Robert Kennedy demanda à McCone si la CIA pouvait simuler une attaque contre la base américaine de la baie de Guantánamo en guise de répétition d'un débarquement américain à Cuba. McCone souleva des objections. Le lendemain, en privé, il prévint John Kennedy : attaquer Cuba pourrait se révéler une erreur fatale. Pour la première fois, il avertit le Président : il pensait les Russes capables d'installer à Cuba des missiles balistiques à moyenne portée, auquel cas une attaque surprise américaine risquerait de déclencher une guerre nucléaire. Il préconisa de prévenir l'opinion de la probabilité de l'existence d'une base de missiles soviétiques. Le Président repoussa aussitôt cette idée mais se demanda tout haut si on aurait besoin des guérillas de la CIA ou des troupes américaines pour détruire les sites de missiles – s'ils existaient. Pour l'instant, personne à part McCone n'en était convaincu.

Cette conversation du 22 août se poursuivit dans le Bureau ovale jusqu'à l'arrivée, un peu après 18 heures, du général Maxwell Taylor en qui Kennedy avait la plus grande confiance. Avant de discuter de Cuba, le Président voulait examiner deux autres opérations clandestines : le parachutage, la semaine suivante, de vingt soldats chinois nationalistes sur le territoire chinois, ainsi qu'un projet de la CIA concernant la mise sur écoute des membres de la presse de Washington.

Quatre semaines auparavant, Hanson Baldwin, le spécialiste en sécurité nationale du *New York Times,* avait publié un article décrivant les efforts des Soviétiques pour protéger les sites de lancement de missiles balistiques intercontinentaux par des casemates bétonnées ; extrêmement détaillé, ce reportage citait les conclusions des plus récentes estimations de la CIA.

Le Président demanda à McCone de créer un groupe de travail pour stopper le flux de secrets du gouvernement vers la presse. Cet ordre

violait les statuts de l'Agence qui interdisent formellement l'espionnage sur le sol américain. Bien avant que Nixon ait institué son unité
de « plombiers », composée d'anciens de la CIA et chargée d'empêcher des fuites d'informations, Kennedy utilisait l'Agence pour
espionner les Américains.

En ordonnant au directeur du Renseignement de mettre au point
un programme de surveillance à l'intérieur même des États-Unis,
Kennedy créait un précédent que ne manqueraient pas de suivre les
présidents Johnson, Nixon et George W. Bush.

Toujours lors de cette réunion à la Maison Blanche, la conversation
finit par revenir à Castro. Trente-huit navires soviétiques avaient
mouillé à Cuba ces sept dernières semaines, précisa McCone au Président, dont la cargaison contenait peut-être des pièces de missiles.
« Nous n'en savons rien. » Mais, dans tous les cas, les Soviétiques
travaillaient à renforcer le potentiel militaire de Cuba. « Mais,
demanda le Président, peut-être n'y a-t-il aucun rapport avec la
question de savoir s'ils installent des bases de missiles, n'est-ce pas ?
— Non, répondit McCone. Je pense que les deux faits sont étroitement
liés. Je crois que les Russes font les deux. »

Le lendemain, McCone quitta Washington pour un long voyage de
noces. Veuf depuis peu, il venait de se remarier et projetait d'aller à
Paris et dans le midi de la France. « Je ne serais que trop heureux que
vous m'appeliez, écrivit-il au Président[45], car, si vous le faites, cela me
soulagerait du sentiment de culpabilité qui semble vouloir me hanter. »

« FOURREZ ÇA DANS UNE BOÎTE
ET CLOUEZ-LA BIEN »

Le 29 août, un U-2 survola Cuba. Dans la nuit, on développa le film.
Le 30 août, un analyste de la CIA se pencha sur sa table lumineuse et
cria : « J'ai trouvé un site SAM (Surface to Air Missile) ». Il s'agissait
d'un missile sol-air, un SA-2, l'arme soviétique même qui avait abattu
l'U-2 au-dessus de la Russie. Ce même jour, un autre U-2 fut surpris en
train de survoler l'espace aérien soviétique, violant la promesse américaine et provoquant une protestation officielle de Moscou.

John Fitzgerald Kennedy ordonna au général Carter, qui faisait
fonction de directeur du Renseignement pendant le voyage de noces de
McCone, de mettre le rapport concernant le SAM à la poubelle.
« Fourrez ça dans une boîte et clouez-la bien », insista le Président[46].
Surtout ne pas laisser des tensions internationales créer une agitation
politique, certainement pas à deux mois des élections. Là-dessus, le

9 septembre, un autre U-2 fut abattu au-dessus de la Chine. L'avion espion et les risques qu'il faisait encourir étaient maintenant considérés au Département d'État et au Pentagone « avec la plus grande répugnance ou au moins avec un extrême embarras », selon les termes d'un rapport de la CIA[47]. Furieux, McGeorge Bundy harcela Dean Rusk et, agissant au nom du Président, annula le prochain vol d'U-2 au-dessus de Cuba, puis convoqua James Q. Reber, responsable à la CIA de la Commission de la reconnaissance aérienne.

« Y aurait-il ici quelqu'un, impliqué dans le planning de ces missions, qui chercherait à déclencher une guerre ? » lança Bundy.

Le 11 septembre, le président Kennedy arrêta les vols d'U-2 au-dessus de Cuba. Quatre jours plus tard, les premiers missiles à moyenne portée furent débarqués sur le port de Mariel à Cuba. L'arrêt des photographies[48] – à un moment décisif de l'Histoire – se prolongea quarante-cinq jours.

McCone qui, depuis la Riviera, suivait par câbles ce qui se passait au quartier général de la CIA, donna instruction à l'Agence de mettre en garde la Maison Blanche contre le « danger d'une surprise ». Elle n'en fit rien. La CIA estimait à 10 000 le nombre de militaires soviétiques à Cuba ; ils étaient 43 000. Selon les estimations de la CIA, les effectifs des forces cubaines s'élevaient à 100 000 : le chiffre exact était de 275 000. La CIA écartait catégoriquement la possibilité que les Soviétiques bâtissent des sites nucléaires à Cuba.

« L'installation sur le territoire cubain d'engins nucléaires soviétiques susceptibles de frapper les États-Unis serait incompatible avec la politique soviétique », conclurent les principaux experts de la CIA dans une Estimation spéciale du renseignement national datée du 19 septembre. La CIA déclara tout net : « Les Soviétiques n'ont probablement pas une idée très nette de l'avenir de leur programme militaire pour Cuba. » Cette évaluation atteignait des sommets dans l'erreur d'estimation ; elle conserva le record dans ce domaine quarante ans, jusqu'au jour où la CIA tenta de préciser l'état de l'arsenal de l'Irak.

Seul McCone n'était pas d'accord. Le 20 septembre, dans un des derniers câbles qu'il envoya au quartier général alors qu'il terminait son voyage de noces, il insista pour que l'Agence réexaminât la situation. Les analystes poussèrent un soupir de lassitude puis relurent un message reçu au moins huit jours plus tôt d'un agent cubain du plus bas échelon, chargé de surveiller les routes : il avait signalé qu'un convoi de remorques tractées longues de plus de vingt mètres, transportant un chargement soigneusement bâché de la taille de gros poteaux téléphoniques, traversait la campagne cubaine non loin de la ville de San Cristobal. « Je n'ai jamais su son nom, dit Sam Halpern de la CIA[49]. Pourtant cet agent nous annonçait – seul résultat valable de l'opération Mangouste – qu'il se passait quelque chose de bizarre... Et, après dix jours de discussion devant la Commission de la reconnaissance aérienne, on approuva finalement un survol. »

Le 4 octobre, ayant regagné son poste, McCone tonna contre l'interdiction des survols imposée par la Maison Blanche.

Pendant ce temps, quatre-vingt-dix-neuf têtes nucléaires soviétiques étaient arrivées à Cuba sans être détectées, chacune soixante-dix fois plus puissante que la bombe qu'Harry Truman avait fait lâcher sur Hiroshima. Le 5 octobre, McCone se rendit à la Maison Blanche pour réaffirmer que la sécurité de la nation dépendait de la reprise accélérée des survols d'U-2 au-dessus de Cuba. Bundy répliqua qu'il était convaincu qu'il ne voyait là aucune menace – et que s'il en existait une, la CIA n'avait pas pu la découvrir.

« LA SURPRISE, QUASI TOTALE, DES SERVICES DE RENSEIGNEMENT »

La découverte des missiles par la CIA dix jours plus tard a été dépeinte comme un triomphe. Les hommes au pouvoir furent pourtant peu nombreux sur le moment à le considérer comme tel.

« La surprise, quasi totale, des services de renseignement devant l'installation et le déploiement de missiles stratégiques à Cuba a résulté pour une large part du dysfonctionnement du processus d'analyse permettant d'évaluer et de signaler les informations », déclara quelques mois plus tard le bureau du Président pour le renseignement étranger [50]. Le Président avait été « mal renseigné » par la CIA qui « n'avait pas été en mesure de donner aux plus hauts fonctionnaires du gouvernement l'image la plus exacte possible » de ce qu'étaient en train de faire les Soviétiques. Le bureau constata que « la couverture par les agents clandestins infiltrés à Cuba était insuffisante » et que l'on « n'avait pas fait bon usage de la surveillance par photographie aérienne ». Il concluait ainsi : « La façon dont on a traité les indicateurs de renseignement dans l'affaire de Cuba pourrait bien être la plus sérieuse défaillance de notre système de renseignement, laquelle, faute d'être corrigée, pourrait entraîner les plus graves conséquences. »

On ne corrigea rien du tout : la même défaillance se manifesta lorsqu'il s'agit d'évaluer l'état de l'arsenal de l'Irak en 2002.

Mais, sur l'insistance de McCone, le black-out photographique prit fin. À l'aube du 14 octobre, un avion U-2 piloté par le major Richard D. Heyser, du Strategic Air Command, survola l'ouest de Cuba, prenant neuf cent vingt-huit photographies en six minutes. Vingt-quatre heures plus tard, les analystes de la CIA ouvraient des yeux ronds en découvrant les plus grosses armes communistes jamais vues. Durant toute la journée du 15 octobre, ils comparèrent les photos de l'U-2 avec celles des missiles soviétiques prises lors de la revue du 1er Mai à Moscou. Ils consultèrent les spécifications techniques des manuels fournis jadis par Oleg Penkovsky, un colonel du service de renseignement soviétique qui, quatre mois durant, avait, dès l'été 1960, tenté d'approcher la CIA. Mais, ayant eu affaire à des agents trop inexpérimentés, trop méfiants et trop timorés pour conclure un accord, il avait fini par prendre contact avec les Britanniques qui travaillèrent avec lui de concert avec la CIA à Londres. Risquant gros, il avait passé clandestinement quelque cinq mille pages de documents, la plupart fournissant de précieuses informations sur la technologie et la doctrine militaires. Il avait agi volontairement et il était le premier espion soviétique important que la CIA ait jamais eu. Une semaine exactement après l'arrivée à Washington des photos prises par l'U-2, Penkovsky était arrêté par le Renseignement soviétique.

À la fin de l'après-midi du 15 octobre, les analystes de la CIA savaient qu'ils étaient en train de regarder des missiles balistiques SS-4 de portée moyenne, capables de transporter une tête nucléaire d'une mégatonne de Cuba à Washington. Le président Kennedy faisait campagne à New York en vue des élections qui auraient lieu dans trois semaines. Ce soir-là, McGeorge Bundy donnait chez lui un dîner d'adieu pour Chip Bohlen, récemment nommé ambassadeur à Paris. Vers 10 heures, le téléphone sonna : au bout du fil, Ray Cline, le directeur adjoint du renseignement à la CIA. « Ces trucs qui nous inquiétaient… dit-il [51], on dirait qu'on tient vraiment quelque chose. »

Richard Helms apporta les photos prises par l'U-2 à l'attorney général à 9 heures 15 le 16 octobre. « Kennedy se leva de son bureau et resta un moment à regarder par la fenêtre, se rappelait Helms. Il se retourna vers moi. "Merde, fit-il en levant les poings comme un boxeur qu'on vient de déclarer vainqueur. Sacré bon sang de bonsoir." C'était exactement ce que je pensais [52]. »

Bob Kennedy se disait quant à lui : « Nous nous sommes fait avoir par Khrouchtchev, mais nous nous sommes également fait avoir par nous-mêmes [53]. »

19.

« NOUS SERIONS *RAVIS* D'ÉCHANGER CES MISSILES »

À la CIA on s'était mis dans la tête que les Soviétiques n'enverraient jamais d'armes nucléaires à Cuba et, maintenant qu'on avait vu les engins, on ne parvenait toujours pas à suivre le raisonnement des Soviétiques. « Je n'arrive pas à comprendre leur point de vue, se lamentait le président Kennedy le 16 octobre. C'est vraiment un mystère pour moi. Je n'en sais pas assez sur l'Union soviétique. »

Cette fois encore, le général Marshall Carter remplaçait le directeur, McCone s'étant rendu à Seattle pour l'enterrement de son nouveau beau-fils victime d'un accident de voiture. Carter se présenta à 9 heures 30 devant le Special Group (Augmented) réuni dans la Situation Room, le poste de commandement souterrain de la Maison Blanche, avec les dernières propositions d'attaques secrètes sur Cuba ordonnées par Robert Kennedy. Carter qui, en privé, décrivait le Kennedy des réunions de Mangouste comme un terrier enragé, écouta sans rien dire l'attorney général approuver, sous réserve du feu vert du Président, huit nouveaux actes de sabotage. Carter retrouva ensuite au rez-de-chaussée, dans la Cabinet Room où s'étaient réunis peu avant midi les principaux responsables de la Sécurité nationale, le responsable de l'interprétation des photos de la CIA, Art Lundahl, ainsi que le grand expert de l'Agence en matière de missiles, Sidney Graybeal.

Le Président mit en marche son magnétophone[54]. Plus de quarante années s'écoulèrent avant que soit rassemblée une transcription fidèle des réunions concernant la crise des missiles de Cuba.

« CE SERAIT FICHTREMENT DANGEREUX »

Le Président contempla les photos. « C'est du matériel récent ? demanda-t-il. — Monsieur le Président, nous n'avons encore jamais vu ce genre d'installations, répondit Lundahl. — Pas même en Union soviétique ? — Non, Monsieur le Président. — Ces engins sont prêts à tirer ? — Non, Monsieur le Président, affirma Graybeal. — Et, combien de temps avons-nous... combien de temps avant qu'ils soient capables de tirer ? » Personne ne savait. Où étaient les têtes nucléaires ? s'informa le secrétaire à la Défense McNamara. Personne ne savait. Mais le secrétaire d'État Rusk avait une idée. « Nous n'avons pas vraiment à vivre dans la crainte de ses armes nucléaires, dans la mesure où lui aussi doit vivre dans la crainte des nôtres », suggéra-t-il.

Le Président situait très vaguement ces missiles : il avait presque oublié qu'il avait choisi de les garder braqués sur les Soviétiques.

John Kennedy ordonna de préparer trois plans d'attaque : numéro 1, faire détruire les sites de missiles nucléaires par des jets de l'aviation ou de la marine ; numéro 2, monter une frappe aérienne bien plus importante ; numéro 3, débarquer à Cuba et conquérir l'île. « Nous allons certainement adopter le plan numéro 1, dit-il. Nous allons éliminer ces missiles. » La réunion se termina à 13 heures, après que Bobby Kennedy eut défendu l'idée d'un débarquement en règle.

À 14 heures 30, dans son vaste bureau du Département de la Justice, Robert Kennedy passa un savon à l'équipe de Mangouste et exigea des idées nouvelles de missions. Relayant une question que le Président lui avait posée quatre-vingt-dix minutes plus tôt, il demanda à Helms de lui dire combien de Cubains seraient prêts à se battre pour le régime si les États-Unis débarquaient. Personne ne le savait. À 18 heures 30, les hommes du Président se réunirent une nouvelle fois dans la Cabinet Room. Pensant aux missions de Mangouste [55] le président Kennedy demanda si l'on pouvait détruire des missiles balistiques à moyenne portée (des MRBMs) avec des balles. Oui, lui répondit le général Carter, mais, ces missiles étant mobiles, on pouvait les déplacer pour les cacher ailleurs. Le problème de viser des missiles mobiles n'est actuellement toujours pas résolu.

Le Président considérait maintenant la question d'une guerre nucléaire à propos de Cuba ; il commençait à réaliser combien il connaissait mal le dirigeant soviétique. « Nous nous sommes certainement trompés sur ses intentions, admit le Président. Une minorité seulement d'entre nous le croyait prêt à installer des MRBMs à Cuba. » Personne sauf John McCone, murmura Bundy sous cape. Pourquoi Khrouchtchev avait-il fait cela ? demanda le Président. « C'est comme si nous installions tout d'un coup un grand nombre de MRBMs en Turquie, dit-il. Ça, à mon avis, ce serait *fichtrement dangereux.* »

Silence gêné. « Eh bien, Monsieur le Président, déclara Bundy, *nous l'avons fait.* »

Le Président quitta la réunion en laissant sur le tapis deux options militaires : soit une attaque surprise contre Cuba, soit un débarquement de grande envergure. En sortant, il demanda à voir McCone le lendemain matin, avant son départ pour le Connecticut dans le cadre de la campagne électorale. Le général Carter, McNamara, Bundy et quelques autres restèrent.

Le directeur adjoint du Renseignement Marshall Carter, soixante et un ans, petit, trapu, chauve, n'avait pas sa langue dans sa poche. Chef d'état-major du NORAD, le North American Air Defense Command, sous la présidence d'Eisenhower, il connaissait la stratégie nucléaire des États-Unis et, une fois le Président sorti, il exprima tout haut ses craintes : « Vous lancez là-bas une attaque surprise, dit Carter. Vous détruisez tous les missiles. Ce ne sera pas la *fin* ; ce sera le *commencement*. » Le premier jour de la Troisième Guerre mondiale.

« LA SOLUTION QUE J'AVAIS PRÉCONISÉE »

Le lendemain mercredi 17 octobre, John McCone et John Kennedy se retrouvèrent à 9 heures 30. « Le Président semblait enclin à agir rapidement, et sans prévenir », nota McCone. Le Président demanda alors à McCone de se rendre en voiture à Gettysburg, en Pennsylvanie, pour mettre Dwight D. Eisenhower au courant. McCone se présenta là-bas à midi avec des photos des missiles prises par l'U-2. « Eisenhower parut pencher (mais sans la recommander précisément) pour une action militaire qui isolerait La Havane et par là même le cœur du pays », releva McCone.

Le directeur regagna Washington et tenta de mettre de l'ordre dans ses pensées. Les six pages – sans interligne – de notes qu'il rédigea cet après-midi-là furent déclassifiées en 2003 [56]. Elles révèlent un effort pour trouver un moyen de se débarrasser des missiles de Cuba sans déclencher une guerre atomique.

Son passé dans la construction navale permettait à McCone de comprendre le pouvoir militaire, politique et économique des navires en mer. Ses notes évoquaient l'idée d'imposer « un blocus total » de Cuba soutenu par la menace d'une attaque. Lors de ses réunions avec Bob Kennedy, McNamara, Rusk et Bundy – qui se prolongèrent jusqu'à minuit – il exposa sa stratégie de blocus. Ses notes montrent qu'il n'obtint pas l'appui des principaux conseillers du Président.

Le jeudi 18 octobre à 11 heures, McCone et Art Lundahl arrivèrent à la Maison Blanche avec de nouvelles photos prises par U-2 : elles révélaient un autre site de missiles, chacun d'une portée de 3 500 kilomètres, capables de frapper n'importe quelle grande ville améri-caine, à l'exception de Seattle. McCone précisa que les bases de missiles étaient tenues par des troupes soviétiques, et McNamara fit remarquer qu'une attaque surprise de ces bases causerait la mort de plusieurs centaines de Soviétiques : ce serait un acte de guerre contre Moscou, pas contre La Havane. Puis le sous-secrétaire d'État George Ball répéta ce que Carter avait dit l'avant-veille : « Attaquer sans avertissement ressemblerait à Pearl Harbor. »

Le Président déclara : « La *vraie* question est de savoir laquelle de nos mesures *réduit* les risques de l'ultime échec que serait un échange nucléaire... Vous avez le blocus sans déclaration de guerre. Vous avez le blocus avec déclaration de guerre. Nous avons les plans 1, 2 et 3. Nous avons le débarquement. »

Ce jour-là, McCone recueillit deux voix en faveur de sa solution – un blocus soutenu par des menaces d'attaque –, celle d'Eisenhower et celle de Robert Francis Kennedy. Une minorité qui, cependant, renversa la tendance. Le Président, dans la solitude du Bureau ovale, s'adressant directement aux micros cachés, reconnut lui-même que, « manifestement, les opinions avaient basculé contre les avantages d'une attaque surprise [57] ». Le dimanche, le Président appela McCone chez lui pour lui faire part, comme l'observa avec satisfaction le directeur de la CIA, de sa « décision d'adopter la solution que j'avais préconisée [58] ». Le Président annonça la nouvelle au monde dans une allocution télévisée le lundi soir 22 octobre.

« TU RISQUAIS L'*IMPEACHMENT* »

La matinée du mardi 23 octobre commença à la Maison Blanche par un briefing de McCone. Très conscients des dégâts politiques que pourrait leur causer le seul homme à Washington qui les avait avertis de la menace, les Kennedy lancèrent McCone dans une campagne effrénée de manipulation pour convaincre les membres du Congrès et les éditorialistes. Ils voulaient aussi regonfler l'ambassadeur Adlai Stevenson auquel incombait la tâche de plaider la cause américaine devant les Nations unies.

De la Maison Blanche, McCone appela Ray Cline, son analyste en chef, et lui dit de prendre l'avion pour New York avec des tirages des photos prises par l'U-2. L'équipe de Stevenson avait « un peu de mal à convaincre le Conseil de sécurité nationale parce que, ma foi, au moment de la baie des Cochons, Stevenson avait montré des photos truquées qui, plus tard, s'avérèrent bel et bien truquées »

Les douze plus hauts responsables de la Sécurité nationale du président Kennedy se réunirent alors pour discuter de la façon d'organiser le blocus prévu pour entrer en vigueur le lendemain matin. Il s'agissait techniquement d'un acte de guerre. McCone rapporta des propos de couloir relayés des Nations unies par Ray Cline, et qui laissaient entendre que les bateaux soviétiques en route vers Cuba pourraient bien essayer de passer devant les navires de guerre américains.

La réunion s'acheva. Kennedy signa la proclamation de quarantaine. Son frère et lui se trouvèrent alors seuls quelques minutes dans la Cabinet Room.

« On dirait que ça va être dur. Mais, d'un autre côté, on n'a pas vraiment le choix », dit le Président. Son frère renchérit : « Il n'y avait pas de choix. Tu sais, tu risquais l'*impeachment*. » « Oui, dit le Président, je le risquais certainement. »

Le mercredi 24 octobre à 10 heures du matin, le blocus entra en vigueur, l'Armée américaine atteignit son plus haut degré d'alerte avant une guerre nucléaire et McCone vint chaque jour rendre compte au Président. Le directeur du Renseignement obéissait enfin aux exigences de ses statuts en communiquant au Président l'ensemble des informations recueillies par les services de renseignement. L'Armée soviétique n'était pas en alerte maximale, mais elle accroissait ses préparatifs, signala-t-il, et la flotte soviétique avait des sous-marins dans l'Atlantique qui suivaient les convois faisant route vers Cuba. De nouvelles reconnaissances photographiques révélèrent des entrepôts destinés à abriter des têtes nucléaires mais aucune trace de celles-là. McCone expliqua longuement ce jour-là au Président que le blocus n'empêcherait pas les Soviétiques de préparer les sites de lancement de missiles.

McNamara commençait à exposer ses plans pour intercepter les convois soviétiques quand McCone intervint soudain pour annoncer la teneur d'une note qu'il venait de recevoir : à plus de cinq cents milles de Cuba, les bâtiments soviétiques qui se dirigeaient vers l'île avaient soit stoppé, soit fait demi-tour. C'est à ce moment-là que Rusk se serait penché vers Bundy pour lui dire : « Nous nous regardons les yeux dans les yeux et je crois que l'autre vient de cligner des paupières. »

La première partie de la stratégie de McCone fonctionnait : la quarantaine frappant les bateaux soviétiques tiendrait. La seconde partie serait beaucoup plus dure. Comme il ne cessait de le rappeler au Président, les missiles étaient toujours là, les têtes nucléaires cachées quelque part sur l'île, et le danger ne faisait que croître.

Le 26 octobre à la Maison Blanche, Adlai Stevenson déclara que des semaines, des mois peut-être de négociations seraient nécessaires pour faire sortir les missiles de Cuba. À midi, il obtint du Président un entretien privé (Bobby, s'il était présent, n'intervint jamais) dans le Bureau ovale, en présence seulement d'Art Lundahl, le spécialiste de l'interprétation des photos. Les dernières reconnaissances photographiques montraient que les Soviétiques avaient introduit des armes nucléaires tactiques à faible portée ; des lance-missiles récemment camouflés étaient presque prêts à tirer. Chaque site de lancement était tenu par cinq cents techniciens de l'armée et gardé par trois cents soldats soviétiques.

« De quelle autre solution disposons-nous ? s'informa le Président. L'alternative consiste à choisir entre la frappe aérienne et le débarquement. Si nous débarquons, le temps de parvenir à ces sites après un âpre combat, ils auront braqué leurs engins sur nous. La question reste toujours la même : tireront-ils ou non ? »

McCone n'était pas partisan d'un débarquement. « Ce sera une entreprise bien plus sérieuse que la plupart des gens ne l'imaginent », déclara-t-il au Président. Les Russes et les Cubains avaient « un sacré équipement… Ce ne serait pas une petite affaire ».

Cette nuit-là, arriva à la Maison Blanche un long message de Moscou – sa transmission et sa réception nécessitèrent plus de six heures – dont on n'eut le texte complet qu'à 21 heures. Il s'agissait d'une lettre personnelle de Nikita Khrouchtchev évoquant « la catastrophe d'une guerre nucléaire » et proposant – semblait-il – une issue : si les Américains promettaient de ne pas envahir Cuba, les Soviétiques retireraient leurs missiles.

Le samedi 27 octobre, McCone débuta son rapport à la Maison Blanche par une inquiétante nouvelle : les missiles pourraient être lancés dans moins de six heures. Il avait à peine terminé son exposé quand le président Kennedy lut une dépêche tout juste arrachée du télétype de l'Associated Press et datée de Moscou : « Le Premier ministre Khrouchtchev a déclaré hier au président Kennedy qu'il serait prêt à retirer ses armes offensives de Cuba si les États-Unis retiraient leurs fusées de Turquie. » Tollé général dans la pièce.

Au début, tout le monde était contre – sauf le Président et McCone.

« Ne nous faisons pas d'illusions, insista Kennedy. C'est une proposition très valable. »

McCone renchérit : il s'agissait là de quelque chose de précis, de sérieux, qu'on ne pouvait ignorer. On discuta de la façon de réagir tout au long de la journée qui fut émaillée de moments de terreur : d'abord, un U-2 avait empiété sur l'espace aérien soviétique au large de la côte de l'Alaska, provoquant un décollage d'urgence des chasseurs soviétiques, et ensuite, vers 18 heures, l'annonce soudaine par McNamara qu'un autre U-2 avait été abattu au-dessus de Cuba, causant la mort du major d'aviation Rudolf Anderson.

Les chefs d'état-major interarmes recommandèrent alors vivement de lancer dans trente-six heures une attaque de grande envergure sur Cuba. Vers 18 heures 30, le Président quitta la salle de réunion et la discussion devint aussitôt moins formelle, plus brutale.

« Les militaires, lança McNamara, préconisent un débarquement. L'Union soviétique risque alors d'attaquer à son tour les missiles turcs, ce qui amènerait les États-Unis à attaquer les navires ou les bases russes de la mer Noire. »

« Ce qui serait *fichtrement* dangereux, renchérit le secrétaire à la Défense, et je ne suis pas sûr que nous puissions l'éviter si nous attaquons Cuba. Mais je pense que nous devrions faire tout notre possible pour ne pas en arriver là. Et le moyen serait de désamorcer les missiles turcs avant d'attaquer Cuba », conclut-il.

McCone explosa. « Alors, je ne vois pas pourquoi vous ne procédez pas à l'échange proposé par Khrouchtchev ! » Et les positions changèrent.

D'autres voix exprimèrent leur soutien. Sa colère montant, McCone poursuivit : « Nous dirons que, après en avoir discuté, nous serions *ravis* d'échanger ces missiles en Turquie contre cette histoire de Cuba. Je ferais l'échange *tout de suite*. »

Vers 19 heures 30, le Président regagna la Cabinet Room et proposa une interruption pour le dîner. Puis son frère et lui s'enfermèrent dans le Bureau ovale avec McNamara, Rusk, Bundy et quatre autres collaborateurs de toute confiance. On ne convia pas McCone. On discuta de son idée : c'était ce que voulait le Président. Tous ceux qui se trouvaient là jurèrent le secret. Puis Bobby Kennedy quitta la Maison Blanche pour rencontrer dans son bureau du Département de la Justice l'ambassadeur Anatoly Dobrynine. Il déclara à ce dernier que les États-Unis acceptaient l'échange de missiles, à condition qu'il ne soit jamais rendu public. Pas question pour les Kennedy d'avoir l'air de passer un marché avec Khrouchtchev. L'attorney général falsifia délibérément son mémo sur cette entrevue, supprimant une référence à l'échange qui fut gardé secret. Un quart de siècle plus tard, John McCone dit : « Le président Kennedy et l'attorney général Bobby Kennedy affirmèrent n'avoir à aucun moment discuté de la présence des missiles en Turquie avec aucun représentant des Soviétiques et que jamais un accord ne fut conclu à ce propos [59]. »

Des années durant, le peuple américain fut convaincu que la calme détermination du président Kennedy et l'insistance de son frère pour parvenir à une solution pacifique avaient épargné un conflit nucléaire à la nation. Ainsi le rôle capital de McCone dans la crise des missiles de Cuba resta-t-il dans l'ombre jusqu'à la fin du vingtième siècle.

Les Kennedy ne tardèrent pas à se retourner contre McCone. Le directeur laissa entendre dans tout Washington qu'il avait été la seule sentinelle à donner l'alerte à propos des missiles de Cuba ; il témoigna devant le Conseil du Président sur le renseignement qu'il avait fait part à ce dernier de ses craintes le 22 août. L'essentiel du rapport du Conseil fut publié dans le *Washington Post* du 4 mars 1963. Bobby Kennedy suggéra à son frère que la CIA avait dû laisser filtrer l'information dans le but de l'atteindre.

« Oui, appuya le Président. Un vrai salaud, ce John McCone [60]. »

« ÉLIMINER FIDEL, EN L'EXÉCUTANT SI NÉCESSAIRE »

Au plus fort de la crise de Cuba, McCone avait tenté de freiner les activités de Mangouste et de concentrer tous ses efforts sur la collecte des renseignements pour le Pentagone [61]. Il croyait y être arrivé, mais Bill Harvey, de la CIA, parvenu à la conclusion d'une invasion imminente de Cuba par les États-Unis, ordonna à ses spécialistes du sabotage de Mangouste d'attaquer.

Quand Bobby Kennedy, qui avait soutenu à fond les missions de Mangouste, découvrit cette redoutable faille dans l'échelle de commandement, il entra dans une fureur noire. Harvey fut banni de Washington, expédié à Rome comme chef d'antenne par Helms – mais non sans un dîner d'adieu bien arrosé, et remarqué par le FBI, avec Johnny Rosselli, le tueur à gages de la Mafia qu'il avait recruté pour abattre Castro. À Rome, Harvey qui buvait sec perdit complètement les pédales, et traita ses hommes aussi brutalement que Bobby Kennedy l'avait fait avec lui.

Helms le remplaça par son chef du secteur Extrême-Orient, Desmond FitzGerald, ancien élève de Harvard et milliardaire habitant un hôtel particulier de Georgetown avec maître d'hôtel à l'office et Jaguar au garage. Le Président l'aimait bien : il lui rappelait James Bond. Frank Wisner l'avait arraché à son cabinet d'avocat new-yorkais au début de la guerre de Corée pour le nommer aussitôt responsable de la division Extrême-Orient de son service d'action clandestine. C'était lui qui avait aidé à mener la désastreuse opération Li Mi en Birmanie. Puis il avait pris le commandement de la Mission Chine de la CIA, qui envoya des agents étrangers à la mer jusqu'à ce que, en 1955, on décide au quartier général que la mission était une perte de temps, d'argent, d'énergie et de vies humaines. D'abord chef adjoint pour l'Extrême-Orient, il devint responsable de la division et présida à la rapide expansion des opérations de la CIA au Vietnam, au Laos et au Tibet.

Les Kennedy lui ordonnaient maintenant de faire sauter à Cuba des installations minières, des usines, des centrales électriques et des navires de commerce dans l'espoir de déclencher une contre-révolution. L'objectif, comme l'expliqua Bobby Kennedy à FitzGerald en avril 1963, était d'évincer Castro en dix-huit mois – avant la prochaine élection présidentielle. Ces vaines opérations coûtèrent la vie à vingt-cinq agents cubains de la CIA.

Et puis, au cours de l'été et de l'automne 1963, FitzGerald lança l'ultime mission pour tuer Castro [62].

La CIA comptait utiliser comme tueur Rolando Cubela, son agent le mieux placé au sein du gouvernement cubain. De tempérament nerveux, bavard et violent, il détestait Castro. Commandant dans l'Armée cubaine, il occupait le poste d'attaché militaire en Espagne et voyageait énormément. Le 1er août 1963, lors d'une conversation avec un agent de la CIA à Helsinki, il se porta volontaire pour « éliminer Fidel, en l'exécutant si nécessaire ». Le 5 septembre, il rencontra son officier traitant à la CIA, Nestor Sanchez, à Porto Alegre, au Brésil, où il représentait Cuba aux Jeux universitaires internationaux. Le 7 septembre, la CIA observa que Castro avait choisi une réception à l'ambassade du Brésil à La Havane pour faire une longue déclaration à un correspondant d'Associated Press. Castro lui dit que « les dirigeants américains prendraient de gros risques s'ils prêtaient leur concours à toute tentative pour se débarrasser de dirigeants cubains... S'ils soutiennent des complots terroristes pour éliminer des dirigeants cubains, eux-mêmes s'exposeront à de grands dangers ».

Sanchez et Cubela se rencontrèrent une nouvelle fois à Paris au début d'octobre et l'agent cubain expliqua à son officier traitant qu'il avait besoin d'un fusil à longue portée avec un viseur télescopique. Le 29 octobre 1963, FitzGerald prit un avion pour Paris et rencontra Cubela dans une planque de la CIA.

FitzGerald se présenta comme l'émissaire personnel de Robert Kennedy, ce qui était dangereusement proche de la vérité, et promit que la CIA fournirait à Cubela les armes de son choix. Les États-Unis, affirma-t-il, voulaient frapper un « vrai coup » à Cuba.

20.

« BON BOULOT, PAS VRAI, PATRON ? »

Seul dans le Bureau ovale, le lundi 4 novembre 1963, John Kennedy dicta un mémo sur le maelström qu'il avait déclenché à l'autre bout du monde : l'assassinat d'un allié de l'Amérique, le président du Sud-Vietnam, Ngo Dinh Diem.

« Il nous faut assumer une grande part de responsabilité dans cette affaire », dit John Kennedy [63]. Il s'arrêta un moment pour jouer avec ses enfants qui entraient pour ressortir aussitôt, puis reprit : « La façon dont il a été tué » – nouvelle pause – « a rendu cet acte particulièrement horrible ».

L'agent de la CIA Lucien Conein était l'espion de Kennedy parmi les généraux mutins qui assassinèrent Diem. « Je faisais partie intégrante du complot », reconnut Conein des années plus tard dans un testament extraordinaire [64].

On le surnommait Black Luigi, et il avait le panache d'un bandit corse. Engagé dans l'OSS, il avait été formé par les Britanniques et parachuté en France occupée. En 1945, il gagna l'Indochine pour combattre les Japonais ; il était à Hanoï avec Ho Chi Minh et ils furent un moment alliés. Il y resta ensuite pour devenir membre à part entière de la CIA.

En 1954, il était l'un des premiers officiers du Renseignement américain au Vietnam. Après la défaite des Français à Dien Bien Phu, une conférence internationale partagea le Vietnam en deux, le Nord et le Sud.

Durant les neuf années suivantes, les États-Unis soutinrent le président Diem en qui ils voyaient l'homme capable de combattre le communisme au Vietnam. Conein servit sous les ordres d'Ed Lansdale, le nouveau chef de l'antenne de la CIA à Saigon. La mission de Lansdale était « assez vague, dit Rufus Phillips, de la CIA. « C'était littéralement "Ed, faites ce que vous pouvez pour sauver le Sud-Vietnam" [65] ».

Conein se rendit au Nord-Vietnam pour des missions de sabotage :
il détruisit des trains et des bus, pollua le fuel et l'huile, organisa deux
cents commandos vietnamiens formés par la CIA et enterra des armes
dans les cimetières de Hanoï. Puis il regagna Saigon pour aider à
consolider le régime du président Diem, un catholique mystique dans
un pays bouddhiste, à qui la CIA fournissait outre des millions de
dollars une phalange de gardes du corps et une ligne directe avec Allen
Dulles. L'Agence créa les partis politiques du Sud-Vietnam, entraîna sa
police secrète, réalisa ses films populaires et assura l'impression et la
distribution d'un magazine d'astrologie affirmant que les astres étaient
favorables à Diem.

« L'IGNORANCE ET L'ARROGANCE »

En 1959, les paysans soldats du Nord-Vietnam commencèrent à
tailler dans les jungles du Laos la piste Ho Chi Minh ; les sentiers
grouillaient de guérilleros et d'espions en route pour le Sud-Vietnam.

Le Laos, un pays agreste préindustriel, devint « un point sensible où
les États-Unis voyaient leurs intérêts contestés par le monde communiste », dit John Gunther Dean, alors jeune fonctionnaire du Département d'État à l'ambassade américaine de Vientiane [66]. La CIA se mit au
travail pour acheter un nouveau gouvernement laotien et former une
armée de guérilla qui combattrait les communistes et attaquerait la
piste [67]. Les Nord-Vietnamiens ripostèrent en redoublant d'efforts pour
infiltrer le pays et former les communistes locaux, le Pathet Lao.

L'architecte de la stratégie politique américaine au Laos était le chef
d'antenne de la CIA, Henry Hecksher, un ancien de la base de Berlin et
du coup d'État au Guatemala. Hecksher commença à constituer un
réseau en utilisant les jeunes diplomates comme commis voyageurs.
« Un jour, Hecksher me demanda si je pouvais porter une valise au
Premier ministre, se souvenait Dean. La valise contenait de l'argent [68]. »

La CIA parvint ainsi à évincer un gouvernement de coalition issu
d'élections libres pour mettre en place un nouveau Premier ministre,
le prince Souvanna Phouma. Ce dernier avait pour officier traitant
Campbell James, dont la famille avait fait fortune dans les chemins de
fer, et dont la tenue, le comportement et les idées étaient ceux d'un
grenadier du dix-neuvième siècle. Sorti de Yale seulement huit ans plus
tôt, il se voyait comme un vice-roi du Laos et en avait d'ailleurs adopté
le train de vie. James se fit des amis et étendit son influence parmi les
dirigeants du Laos grâce à un cercle de jeu privé qu'il avait créé et où
trônait une roulette empruntée à John Gunther Dean [69].

La véritable bataille du Laos commença quand Bill Lair, un agent de la CIA qui dirigeait un centre d'entraînement à la guerre dans la jungle, découvrit un certain Vang Pao, général de l'Armée royale laotienne et chef d'une tribu montagnarde, les Hmong, qui lui déclara : « Il nous est impossible de vivre avec les communistes. »

Au début de janvier 1961, dans les derniers jours de l'Administration Eisenhower, les pilotes de la CIA livrèrent aux Hmong leurs premières armes. Six mois plus tard, plus de neuf mille membres des tribus des collines contrôlés par Vang Pao rejoignirent trois cents commandos thaïs formés par Lair aux opérations de combat contre les communistes. Leur mission la plus urgente consistait à couper la piste Ho Chi Minh. Hanoï avait alors proclamé un Front de libération nationale dans le Sud. Cette année-là, quatre mille fonctionnaires sud-vietnamiens moururent des mains du Vietcong.

Quelques mois après l'arrivée au pouvoir du président Kennedy, on considéra que le Laos et le Sud-Vietnam n'avaient plus qu'un seul et même destin. Kennedy ne voulait pas envoyer des troupes américaines mourir dans ces jungles ; il préféra demander à la CIA de doubler les effectifs de ses forces tribales au Laos et de « faire tous ses efforts pour lancer des opérations de guérilla au Nord-Vietnam [70] » avec ses recrues asiatiques.

Les Américains envoyés au Laos pendant les années Kennedy ne connaissaient pas les tribus Hmong et les appelaient Méo, une épithète qui les situait quelque part entre les « barbares » et les « nègres ». Parmi ces jeunes gens se trouvait Dick Holm qui, avec le recul, déplora « l'ignorance et l'arrogance des Américains débarquant dans le Sud-Est asiatique... Nous n'avions que des notions très rudimentaires concernant l'histoire, la culture et la politique des gens que nous voulions aider [71] ».

« NOUS AVONS RÉCOLTÉ UN TAS DE MENSONGES »

Les Américains envoyés au Vietnam ignoraient tout autant l'histoire et la culture de ce pays [72]. Mais les agents de la CIA se considéraient comme les hommes de pointe dans la guerre mondiale contre le communisme.

Saigon leur appartenait. « Ils avaient les couvertures les plus diverses : producteurs de cinéma ou de théâtre, industriels, directeurs de centres de formation, experts en armes, commerçants, raconta l'ambassadeur Leonardo Neher, alors fonctionnaire du Département d'État à Saigon [73]. Ils disposaient de sommes incroyables. Ils avaient tout ce qu'ils voulaient. »

Il ne leur manquait que des renseignements sur l'ennemi. Pour leur en fournir, ils devaient compter sur William E. Colby, chef d'antenne de Saigon entre 1959 et 1961 et futur chef de la division Extrême-Orient du service d'action clandestine.

Colby, qui avait combattu derrière les lignes ennemies dans les commandos de l'OSS, adopta leur tactique et lança une opération baptisée « Projet Tigre » : 250 agents sud-vietnamiens furent parachutés sur le Nord-Vietnam ; deux ans plus tard, 217 d'entre eux étaient soit portés tués ou disparus, soit suspectés d'être des agents doubles [74].

La raison de l'échec de ces missions échappa à la CIA jusqu'au jour où, la guerre froide terminée, un des adjoints de Colby, le capitaine Do Van Tien, son second pour le Projet Tigre, lui révéla qu'il n'avait cessé d'espionner pour le compte de Hanoï.

« Nous avons récolté un tas de mensonges, dit Robert Barbour, le chef adjoint du service politique de l'ambassade américaine [75]. Nous savions que certains l'étaient. Mais pas tous. »

En octobre 1961, le président Kennedy envoya le général Maxwell Taylor évaluer la situation [76]. « Le Sud-Vietnam traverse une crise de confiance aiguë », écrivit-il au Président dans le rapport secret qu'il lui adressa. Les États-Unis devaient « démontrer par des actes – et pas seulement par des mots – qu'ils étaient sérieusement engagés dans le sauvetage du Vietnam » ; il précisait : « Pour être convaincant, cet engagement doit inclure l'envoi au Vietnam de quelques forces militaires américaines. » C'était un *très grand* secret [77].

Pour gagner la guerre, continuait le général Taylor, les États-Unis avaient besoin d'espions supplémentaires. Dans une annexe secrète au rapport, le chef adjoint de l'antenne de la CIA à Saigon, David Smith, précisait que tout se jouerait au sein du gouvernement du Sud-Vietnam. Les Américains, déclarait-il, devaient infiltrer le gouvernement de Saigon, l'influencer, « accélérer en son sein les processus de décision et d'action » – et, s'il le fallait, le changer.

On confia cette tâche à Lucien Conein.

« PERSONNE N'AIMAIT DIEM »

Conein commença par travailler avec Ngo Dinh Nhu, le frère à demi fou du président Diem, pour mettre sur pied le programme des Hameaux stratégiques : il s'agissait, en guise de défense contre la subversion communiste, de faire quitter leur village à des paysans pour les rassembler dans des camps armés. Arborant l'uniforme de lieutenant-colonel de l'Armée américaine, Conein plongea dans les dédales en pleine corruption de l'établissement militaire et politique du Sud-Vietnam.

Ses contacts devinrent rapidement les meilleurs dont disposait l'Agence au Vietnam. Mais il y avait tellement de choses qu'il ignorait.

Le 7 mai 1963, veille du 2 527ᵉ anniversaire de Bouddha, Conein prit l'avion pour Hué où il trouva une foule de militaires dont la présence l'étonna. On l'encouragea à repartir par le prochain avion. « J'avais envie de rester, se souvint-il. Je voulais assister à la célébration de l'anniversaire de Bouddha... mais pas question. » Le lendemain matin, les soldats de Diem attaquèrent et massacrèrent les membres des milieux bouddhistes de Hué.

« Diem avait perdu contact avec la réalité », résuma Conein. Les scouts en uniforme bleu de Diem prenaient modèle sur les Jeunesses hitlériennes ; ses forces spéciales formées par la CIA et sa police secrète visaient à créer un régime catholique dans un pays bouddhiste. En opprimant les moines, Diem en avait fait une force politique : durant les cinq semaines qui suivirent, leurs protestations contre le gouvernement s'accrurent. Le 11 juin, un moine de soixante-six ans du nom de Quang Duc s'assit à un carrefour de Saigon et se fit brûler vif. La photo de son immolation fit le tour du monde. Il ne resta de lui que son cœur. Diem ensuite se mit à attaquer les pagodes, à tuer des moines, des femmes et des enfants pour soutenir son pouvoir.

« Personne n'aimait Diem, dit peu après Bobby Kennedy[78]. Mais comment se débarrasser de lui et trouver quelqu'un capable de poursuivre la guerre sans diviser le pays en deux et donc perdre non seulement la guerre mais le pays – voilà le problème. »

Fin juin et début juillet 1963, le président Kennedy se mit à discuter en privé de la façon de se débarrasser de Diem. Pour que cela se passe bien, mieux valait le faire en secret. Le Président commença par nommer un nouvel ambassadeur : le dictatorial Henry Cabot Lodge, un rival politique qu'il avait battu à deux reprises, d'abord aux élections sénatoriales du Massachusetts puis comme colistier de Richard Nixon. Lodge accepta le poste avec plaisir une fois assuré qu'on lui conférerait à Saigon les pouvoirs d'un vice-roi.

Le 4 juillet, Lucien Conein reçut un message du général Tran Van Don, chef d'état-major de l'armée du Sud-Vietnam, qu'il connaissait depuis dix-huit ans : *Rendez-vous à l'hôtel Caravelle.* Ce soir-là, dans la boîte de nuit enfumée et bondée du sous-sol de l'établissement, le général Don lui confia que les militaires étaient prêts à se soulever contre Diem.

« Quelle sera la réaction des Américains si nous allons jusqu'au bout ? » demanda Don à Conein.

Le 23 août, John F. Kennedy donna sa réponse.

Il était seul, par un samedi soir pluvieux, à Hyannis Port, appuyé sur ses béquilles pour soulager son dos endolori ; il pleurait son fils mort-né Patrick, enterré deux semaines auparavant. Peu avant 21 heures, le Président reçut un appel de son conseiller à la Sécurité nationale, Michael Forrestal, et, sans hésitation, approuva un câble confidentiel destiné au nouvel ambassadeur américain et rédigé par Roger Hilsman, du Département d'État. « Nous devons envisager l'éventualité que Diem lui-même ne puisse pas être épargné », disait-il à Lodge, en le pressant de « prendre des mesures précises pour assurer le remplacement de Diem » [79]. Ni le secrétaire d'État, ni le secrétaire à la Défense, ni le directeur du Renseignement n'avaient été consultés ; or tous trois nourrissaient des doutes quant à l'opportunité d'un coup d'État contre Diem.

« Je n'aurais pas dû donner mon accord », reconnut le Président quand les conséquences apparurent clairement [80].

Hilsman dit à Helms que le Président avait ordonné qu'on se débarrasse de Diem [81]. Helms confia la mission à Bill Colby, le nouveau chef de la division Extrême-Orient de la CIA [82]. Colby transmit l'affaire à John Richardson qu'il avait choisi pour le remplacer comme chef de l'antenne de Saigon.

Le 29 août – son sixième jour à Saigon –, Lodge câbla à Washington : « Nous sommes lancés dans une aventure où on ne peut plus faire machine arrière : renverser le gouvernement Diem. » À la Maison Blanche, Helms vit le Président recevoir le message, l'approuver et donner l'ordre à Lodge de bien s'assurer que le secret sur le rôle des Américains – le rôle de Conein – dans le coup d'État resterait bien gardé.

L'ambassadeur n'aimait pas le statut privilégié de l'Agence à Saigon ; aussi, jaloux des pouvoirs que détenait John Richardson [83], Lodge décida-t-il qu'il voulait un nouveau chef d'antenne [84].

Il grilla donc Richardson en arrangeant une fuite délibérée au profit d'un journaliste de passage à Saigon, livrant ainsi publiquement son nom à la presse car ses propos furent repris par le *New York Times* et le *Washington Post*. Il raconta que Richardson « avait fait échouer un plan d'action que Mr Lodge avait rapporté de Washington car l'Agence ne l'approuvait pas ». Sa carrière ruinée, Richardson quitta Saigon quatre jours plus tard ; après un délai décent, Lodge s'installa dans sa maison.

« Nous avons eu de la chance qu'on ait rappelé Richardson, observa le vieil ami de Conein, le général Don [85]. S'il avait été présent, notre plan aurait été bien compromis. »

« UN MANQUE TOTAL D'INFORMATIONS »

Lucien Conein rencontra le général Duong Van Minh au Grand Quartier général de Saigon le 5 octobre. Il rapporta que le général avait évoqué le problème de l'assassinat et la question du soutien américain à une nouvelle junte. Dave Smith, le nouveau chef d'antenne, recommanda « de ne pas nous opposer irrévocablement au projet d'assassinat » – douce musique aux oreilles de Lodge, anathème pour celles de McCone[86].

McCone ordonna à Smith de cesser « d'encourager, d'approuver ou de soutenir l'assassinat », puis se précipita dans le Bureau ovale. Soucieux d'éviter des mots qui pourraient lier la Maison Blanche au meurtre, il choisit, lorsqu'il témoigna plus tard, une métaphore sportive : Monsieur le Président, si j'étais l'entraîneur d'une équipe de base-ball et que je ne dispose que d'un seul lanceur, je le garderais à sa place, qu'il soit bon lanceur ou non. Le 17 octobre, lors d'une réunion du Special Group et, quatre jours plus tard, au cours d'un tête-à-tête avec le Président, McCone déclara que depuis l'arrivée en août de Lodge, la politique étrangère des États-Unis se poursuivait malgré « un manque total d'informations » concernant la politique de Saigon. La situation en train de se développer autour de Conein était « extrêmement dangereuse », prévint-il, et lourde de « graves menaces pour les États-Unis »[87].

L'ambassadeur américain rassura la Maison Blanche. « Je suis convaincu, déclara-t-il[88], que nos rapports avec Conein restent dans les limites d'un démenti plausible. Nous ne devrions pas nous opposer à un coup d'État pour deux raisons. La première étant qu'on peut parier presque à coup sûr que le prochain gouvernement ne risque pas de patauger et de trébucher autant que l'a fait l'actuel, et la seconde, que nous serions extrêmement mal avisés, à long terme, de déconseiller une tentative de coup d'État... seule façon pour le peuple vietnamien d'espérer un changement de gouvernement. »

La Maison Blanche câbla des instructions précises à Conein : découvrir les plans du général, ne pas les encourager, garder un profil bas. Trop tard : on avait déjà franchi la démarcation entre l'espionnage et l'action clandestine. Conein était trop connu pour opérer dans la clandestinité, tous ceux qui comptaient sachant que l'homme de pointe de la CIA parlait au nom de l'Amérique.

Le soir du 24 octobre Conein rencontra le général Don et apprit que le coup d'État aurait lieu dans moins de dix jours. Nouvelle rencontre le 28 octobre. Don écrivit plus tard : Conein « nous proposa de l'argent et des armes, mais je refusai en disant que nous n'avions besoin que de courage et de conviction [89] ».

Conein transmit avec précaution l'opposition des États-Unis à un assassinat. Selon son témoignage, les généraux réagirent ainsi : « Ça ne vous plaît pas comme ça ? Eh bien, nous agirons comme nous l'entendons… Puisque vous n'aimez pas cela, nous n'en discuterons plus. » Il ne les découragea pas. Si je l'avais fait, expliqua-t-il, « le contact aurait été coupé et je me serais retrouvé aveugle ».

Conein annonça l'imminence du coup d'État à Lodge, qui dépêcha Rufus Phillips auprès de Diem. Assis au palais, ils parlèrent de la guerre et de la politique. Puis, se rappelait Phillips [90], « Diem me regarda d'un air interrogateur et me dit : "Il va y avoir un coup d'État contre moi ?"

« Je le regardai, j'avais envie de pleurer, et je répondis : "Je le crains, Monsieur le Président." Nous n'en dîmes pas plus ».

« QUI A DONNÉ CES ORDRES ? »

Le coup d'État eut lieu le 1er novembre. Il était midi à Saigon, minuit à Washington. Conein, convoqué chez le général Don par un émissaire, revêtit son uniforme et téléphona à Rufus Phillips pour lui confier sa femme et ses jeunes enfants. Puis il prit un revolver 9 mm et une sacoche contenant environ 70 000 dollars de fonds de la CIA, sauta dans sa Jeep et traversa en trombe les rues de Saigon jusqu'au Grand Quartier général de l'armée du Sud-Vietnam. On tirait des coups de feu dans la ville. Les putschistes avaient fermé l'aéroport, coupé les lignes téléphoniques, pris d'assaut le QG de la police, envahi la station de radio gouvernementale et attaqué les centres du pouvoir politique.

Conein transmit son premier rapport peu après 14 heures, heure de Saigon. Il resta en contact avec l'Agence grâce à la liaison sécurisée de sa Jeep avec l'antenne de la CIA, et décrivit au fur et à mesure les fusillades, les canonnades, les mouvements de troupes et les manœuvres politiques. La station de la CIA relayait ses rapports à la Maison Blanche et au Département d'État par des câbles chiffrés.

« Conein au JGS HQS (Quartier général de l'état-major interarmes) d'après les généraux Minh et Don et des témoins oculaires », rapportait le premier câble. « Les généraux tentent de contacter le Palais par téléphone mais sans y parvenir. Voici leur proposition : Si le Président donne immédiatement sa démission, ils garantiront sa sécurité et le départ sans encombre du Président et de Ngo Dinh Nhu. Si le Président refuse ces conditions, le Palais sera attaqué dans l'heure. »

Conein envoya un second message environ une heure plus tard. Il n'y aurait « pas de discussion avec le Président. Il dira oui ou non et la conversation s'arrêtera là ». Le général Don et ses alliés appelèrent le président Diem peu avant 16 heures en lui demandant de se rendre. Ils lui proposèrent l'asile et la sécurité pour quitter le pays. Il refusa. Le président du Sud-Vietnam appela alors l'ambassadeur américain. « Quelle est l'attitude des États-Unis ? » demanda Diem. Lodge répondit qu'il n'en avait aucune idée : « Il est 4 heures 30 du matin à Washington, et le gouvernement américain ne peut absolument pas avoir d'opinion. » Puis Lodge ajouta : « D'après un rapport qui m'est parvenu, les responsables de la situation actuelle vous proposent, à vous et à votre frère, un sauf-conduit pour quitter le pays. En avez-vous entendu parler ? »

« Non », affirma Diem sans vergogne. Puis il s'interrompit, réalisant que Lodge faisait peut-être partie du complot monté contre lui. « Vous avez mon numéro de téléphone », dit-il, et la conversation s'arrêta là. Trois heures plus tard, son frère et lui se planquèrent dans la villa d'un marchand chinois qui avait financé le réseau d'espionnage privé de Diem à Saigon ; elle bénéficiait d'une ligne directe avec le palais présidentiel, sauvegardant l'illusion qu'il exerçait toujours le pouvoir. Les combats se poursuivirent toute la nuit : près d'une centaine de Vietnamiens trouvèrent la mort au moment de la prise d'assaut du palais par les rebelles.

Vers 6 heures du matin, Diem téléphona au général Minh pour lui annoncer qu'il était prêt à donner sa démission ; le général se porta alors garant de sa sécurité. Diem dit qu'il attendrait à l'église Saint-François-Xavier dans le quartier chinois de Saigon. Le général envoya un engin blindé chercher Diem et son frère, ordonna à son garde du corps personnel de prendre la tête du convoi, puis leva deux doigts de la main droite, ce qui signifiait : tuez-les tous les deux.

Le général Don donna l'ordre à ses troupes de faire le ménage à son quartier général, d'apporter une grande table recouverte de feutre vert et de préparer une conférence de presse. « Foutez-le camp, conseilla-t-il à son ami Conein, nous faisons venir la presse. » Conein venait à peine de rentrer chez lui quand Lodge le convoqua. « Je suis allé à l'ambassade où l'on m'avait informé que je retrouverais Diem, raconta-t-il. J'étais fatigué, j'en avais marre et je demandai : "Qui a donné ces ordres ?" Le président des États-Unis, m'annonça-t-on. »

Vers 10 heures du matin, Conein retourna au quartier général de l'état-major où il aborda le premier général qu'il rencontra. « Minh m'a dit qu'ils s'étaient suicidés. Je l'ai regardé en demandant : Où ? Ils étaient dans l'église catholique de Cholon, ils s'étaient suicidés », relata Conein dans sa déposition classifiée devant la Commission sénatoriale chargée d'enquêter sur l'assassinat douze ans plus tard.

« Je crois qu'à ce moment-là, j'ai perdu mon calme. J'ai dit à Minh : "Écoutez, vous êtes bouddhiste, je suis catholique. S'ils se sont suicidés dans cette église et si le prêtre y dit la messe ce soir, votre histoire ne tiendra pas debout." J'ai demandé : "Où sont-ils ?" Il m'a répondu : "Au QG de l'état-major, derrière le QG", est-ce que je voulais les voir ? J'ai refusé. "Pourquoi pas ?" a-t-il dit. J'ai alors déclaré : "Eh bien, il y a une chance sur un million que les gens croient à leur suicide dans une église, mais si je constate que ce n'est pas le cas et que j'aie une autre opinion, je suis dans le pétrin." »

Conein regagna alors l'ambassade américaine pour annoncer la mort de Diem, mais ne raconta pas toute la vérité. « Informé par homologues vietnamiens que suicide commis en sortant de la ville », câbla-t-il. À 2 heures 50 du matin, heure de Washington, arriva une réponse signée de Dean Rusk : « Nouvelle suicides Diem et Nhu ont causé choc ici… important établir publiquement sans contestation possible que décès bien dus à suicide, si c'est vrai. »

Le samedi 2 novembre 1963 à 9 heures 35, le Président convoqua son frère, McCone, Rusk, McNamara et le général Taylor à la Maison Blanche pour une réunion confidentielle. Peu après, Michael Forrestal apporta en courant un câble flash de Saigon. Le général Taylor raconta que le Président se leva d'un bond et « se précipita hors de la pièce avec un air bouleversé que je ne lui avais jamais vu[91] ».

À 18 heures 31, McGeorge Bundy câbla à Lodge avec copies uniquement à McCone, McNamara et Rusk : « La mort de Diem et de Nhu, malgré leurs défauts, a causé ici un choc, et la réputation du nouveau gouvernement peut être gravement compromise si la conviction se répand qu'il s'agirait d'un assassinat ordonné par un ou plusieurs membres du nouveau régime… Personne ne doit s'imaginer qu'on accepte ici l'assassinat politique. »

Ce samedi-là, Jim Rosenthal était de permanence à l'ambassade américaine de Saigon. Lodge l'envoya sur le perron accueillir des visiteurs importants. « Je n'oublierai jamais ce spectacle, dit-il[92]. La voiture s'arrête et Conein saute à terre, ouvre la portière arrière, salue, et ces types descendent… Je les ai accompagnés jusqu'à l'ascenseur et Lodge les a accueillis… Dire que ces gens, qui venaient de faire un coup d'État et de tuer leur président, débarquaient à l'ambassade comme pour dire : "Bon boulot, pas vrai, patron ?" »

21.

« JE CROYAIS QU'IL S'AGISSAIT
D'UNE *CONSPIRATION* »

Le mardi 19 novembre 1963, Richard Helms se rendit à la Maison Blanche, une mitraillette belge dissimulée dans un sac de voyage.

Helms avait apporté ce trophée de guerre – la CIA avait fait saisir une cargaison de trois tonnes d'armes que Fidel Castro avait tenté de faire passer en fraude au Venezuela – au Département de la Justice pour la montrer à Bobby Kennedy, lequel estima qu'il fallait que son frère devait la voir. Ils gagnèrent donc dans le Bureau ovale où ils discutèrent avec le Président des moyens de combattre Fidel. La lumière d'un automne finissant déclinait déjà quand le Président se leva de son rocking-chair pour contempler la Roseraie.

Helms rangea l'arme dans son sac et déclara : « Je suis bien content que le Secret Service ne nous ait pas surpris arrivant ici avec cette mitraillette. » Le Président, perdu dans ses pensées, détourna son regard de la fenêtre et serra la main de Helms. « Oui, répondit-il avec un sourire, ça me donne un sentiment de sécurité »[93].

Le vendredi suivant, McCone et Helms déjeunaient d'un sandwich dans la suite du directeur quand tomba la terrible nouvelle.

On avait abattu le Président. McCone enfonça son feutre sur sa tête et gagna la maison de Bobby Kennedy, à une minute de là en voiture. Helms redescendit dans son bureau pour travailler à la rédaction d'un câble destiné à toutes les antennes de la CIA dans le monde. À cet instant, sa réaction se rapprochait beaucoup de celle de Lyndon Johnson.

« Il me vint tout de suite à l'esprit, se rappelait Johnson[94], que, s'ils avaient abattu le Président… quelqu'un d'autre – qui ? – suivrait. Que se passait-il à Washington ? Quand les missiles arriveraient-ils ? Je croyais qu'il s'agissait d'une *conspiration*, je me posais la question. Comme presque tout le monde autour de moi. »

Dans l'année qui suivit, au nom de la sécurité nationale, l'Agence dissimula au nouveau président et à la commission constituée pour enquêter sur le meurtre une grande part de ce qu'elle savait. La propre enquête interne qu'elle mena sur l'assassinat sombra dans la confusion et la méfiance, jetant des ombres de doute qui ne sont toujours pas dissipées. Ce récit est fondé sur les archives de la CIA ainsi que sur les témoignages d'agents de la CIA, prêtés sous serment, tous déclassifiés entre 1998 et 2004.

« CE FUT COMME UNE DÉCHARGE ÉLECTRIQUE »

« La mort tragique du président Kennedy impose à chacun de surveiller de près tout développement insolite dans le domaine du renseignement », fit remarquer Helms dans son message du 22 novembre à toutes les antennes de la CIA du monde. Au quartier général, Charlotte Bustos en repéra aussitôt un. Elle gérait les dossiers mexicains du service d'action clandestine et, deux minutes après l'annonce à la radio de l'arrestation de Lee Harvey Oswald par la police de Dallas, elle se précipita dans les couloirs, le dossier d'Oswald sous le bras, à la recherche de son chef John Whitten, le responsable des opérations clandestines de la CIA au Mexique et en Amérique centrale. Whitten parcourut rapidement le dossier.

« Ce fut comme une décharge électrique », se souvenait-il.

Le dossier révélait que, à 10 heures 45, le 1er octobre 1963, un homme se présentant comme Lee Oswald avait téléphoné à l'ambassade soviétique de Mexico pour demander ce qu'il advenait de sa demande de visa pour un voyage en Union soviétique. Dans le cadre de l'opération Envoi et avec le précieux concours de la police secrète mexicaine, l'antenne de Mexico avait mis sur écoute les ambassades soviétique et cubaine. Ainsi, la CIA avait-elle enregistré l'appel d'Oswald.

« Le Mexique bénéficiait des installations d'interceptions téléphoniques les plus complètes et les plus efficaces du monde, déclara Whitten[95]. J. Edgar Hoover pâlissait de jalousie chaque fois qu'il pensait à l'antenne de Mexico. » Un nombre non négligeable de soldats en garnison dans le sud-ouest des États-Unis avait été pris à Mexico en train d'essayer de vendre des secrets militaires ou de passer chez les Russes. La CIA disposait également de photos de surveillance de l'ambassade soviétique et ouvrait tout le courrier y arrivant ou en partant.

Mais les opérations d'écoute étaient si considérables que la station, engorgée, était noyée sous un déluge de renseignements sans intérêt. Et ce ne fut que huit jours plus tard qu'on écouta l'enregistrement du

1er octobre, qu'on retrouva la trace de la visite d'Oswald et qu'on demanda au quartier général de la CIA : Qui est Lee Oswald ? La CIA savait qu'il s'agissait d'un Marine américain passé publiquement en Union soviétique en octobre 1959. L'Agence avait dans ses dossiers une collection de rapports du FBI et du Département d'État énumérant les tentatives d'Oswald pour renoncer à sa nationalité américaine, ses menaces de fournir aux Soviétiques des renseignements sur les installations américaines secrètes du Pacifique, son mariage avec une Russe et son rapatriement en juin 1962.

Whitten comprit que celui qui avait abattu le Président pourrait être un agent communiste. Il décrocha son téléphone et demanda à Helms d'ordonner un examen immédiat de toutes les bandes et transcriptions de l'opération Envoi pour Mexico. Le chef d'antenne de la CIA, Win Scott, s'empressa d'appeler le président du Mexique, dont la police secrète travailla toute la nuit avec les services d'écoute de la CIA pour rechercher des traces de la voix d'Oswald.

Lorsque McCone regagna le quartier général de la CIA, la nouvelle qu'on détenait un dossier sur Oswald s'était déjà répandue. S'ensuivit alors une succession de conférences frénétiques, dont la dernière se réunit à 23 heures 30. Quand McCone découvrit que la CIA avait eu connaissance, avant l'attentat, de la visite d'Oswald à l'ambassade soviétique de Mexico, il entra dans une rage folle, invectivant ses adjoints, furieux de constater la façon dont l'Agence était gérée[96].

L'enquête interne de la CIA prit forme le samedi matin. Le 23 novembre, Helms réunit les barons de l'Agence, parmi lesquels James Angleton, chef du contre-espionnage depuis 1954, qui s'attendait à être chargé de l'affaire Oswald ; mais, à son grand scandale, Helms la confia à John Whitten.

Whitten, formé à l'interrogatoire des prisonniers de guerre lors de la Seconde Guerre mondiale et entré à la CIA en 1947, savait débrouiller les fils d'une conspiration. Il fut le premier de l'Agence à utiliser le polygraphe. Au début des années 1950, il recourut en Allemagne au détecteur de mensonge dans des centaines d'enquêtes concernant des agents doubles, de faux transfuges et des fabricants de renseignements. Il avait ainsi découvert certaines des plus grandes supercheries dont l'Agence aurait pu être victime, notamment l'œuvre d'un brillant faussaire qui avait vendu à l'antenne de Vienne un faux code de communication soviétique. Dans une autre affaire, il démasqua un agent qu'Angleton avait lancé contre cinq services différents de renseignement étrangers ; l'agent était en fait un escroc et un menteur pathologique : il avait tout bonnement révélé qu'il travaillait pour la CIA aux cinq services de renseignement étrangers, lesquels s'étaient tous empressés de le retourner pour qu'il infiltrât l'Agence. Dans chaque cas, Helms avait envoyé Whitten confronter Angleton dans le bureau sombre et enfumé de ce dernier.

« J'y arrivais en tripotant nerveusement ma police d'assurance qui indiquait mon plus proche parent à contacter », raconta Whitten[97]. Ces confrontations avaient créé entre les deux hommes « un amer ressentiment ». Dès l'instant où l'on confia l'affaire Oswald à Whitten, Angleton décida de lui saboter le travail.

Dans le courant de la matinée du 23 novembre, le quartier général de la CIA savait qu'Oswald s'était à plusieurs reprises, fin septembre et en octobre, rendu aux ambassades cubaine et soviétique pour tenter de gagner Cuba le plus vite possible et y rester en attendant d'obtenir son visa soviétique. « Le fait qu'il soit allé dans les deux ambassades de Mexico comptait manifestement beaucoup pour formuler nos premières impressions », dit Helms[98]. McCone se précipita pour annoncer la nouvelle au président Johnson, interrompant une longue conversation entre Lyndon Baines Johnson et Dwight Eisenhower qui le mettait en garde contre l'influence de Robert Kennedy sur les opérations clandestines[99].

Le dimanche matin 24 novembre, McCone retourna à la Maison Blanche où se rassemblait le cortège funéraire qui allait conduire le cercueil de John Kennedy jusqu'au Capitole où il serait exposé. McCone donna à Lyndon Johnson de plus amples informations sur les opérations de la CIA destinées à renverser le gouvernement de Cuba. Mais Johnson ne se doutait absolument pas que cela faisait près de trois ans que les États-Unis essayaient d'abattre Castro. Très peu de gens étaient au courant : Allen Dulles, Richard Helms, Robert Kennedy et, vraisemblablement, une quatrième personne, Fidel Castro lui-même.

Le même jour, l'antenne de la CIA à Mexico établit avec certitude qu'Oswald avait demandé un visa à des officiers de renseignement soviétique le 28 septembre. Il avait rencontré un dénommé Valery Kostikov, que l'on pensait membre du Département 13 du KGB – le service responsable des assassinats[100].

Le cortège s'apprêtait à quitter la Maison Blanche pour le Capitole quand Lee Harvey Oswald fut abattu en direct à la télévision au commissariat de police de Dallas. Le Président ordonna à la CIA de lui remettre immédiatement tout ce qu'elle avait sur Oswald. Whitten rédigea un résumé et le donna à Helms qui le remit quelques heures plus tard au Président. Ce rapport a été perdu ou détruit. En gros, expliqua Whitten, il précisait que la CIA ne disposait d'aucune preuve tangible démontrant qu'Oswald avait été un agent de Moscou ou de La Havane – mais que ce pourrait bien être le cas.

« NOUS MARCHIONS SUR DES ŒUFS »

Le mardi 26 novembre, John McCone fit au nouveau président des États-Unis un rapport officiel. « Le Président observa d'un ton méprisant qu'un certain nombre de personnes du Département de la Justice lui avaient suggéré le samedi de mener sur l'assassinat du Président une enquête indépendante, nota McCone dans le mémo qu'il rédigeait quotidiennement pour ses archives. Le président Johnson rejeta cette idée. »

Soixante-douze heures plus tard, à son corps défendant, Johnson revint sur sa décision. Le 29 novembre, le lendemain de Thanksgiving, il persuada Earl Warren, le président de la Cour suprême, peu convaincu, de diriger l'enquête. Après une série frénétique de coups de téléphone, il rameuta le reste des membres de la Commission Warren. Sur le conseil de Robert Kennedy, le Président appela chez lui Allen Dulles qu'il trouva stupéfait et déconcerté. « Vous avez songé à l'effet que cela aura sur mon travail antérieur et sur le poste que j'occupais ? » demanda Dulles. Lyndon Baines Johnson s'empressa de lui assurer que oui et raccrocha. Dulles téléphona aussitôt à James Angleton[101].

Dehors, il faisait déjà nuit et le Président se précipitait pour réunir la commission avant le bouclage des quotidiens du soir. Il parcourut la liste des heureux élus. La discrétion était essentielle : « Nous ne pouvons pas, dit le Président, laisser le Congrès, le Sénat, le FBI et d'autres encore raconter que c'est Khrouchtchev ou Castro qui a tué Kennedy. »

La création de la Commission Warren posa un dilemme terrible à Richard Helms. « Helms comprit que révéler des complots d'assassinat nuirait gravement à la réputation de l'Agence comme à la sienne et qu'il était fort possible que les Cubains aient commis cet assassinat en représailles à nos tentatives pour éliminer Castro », témoigna Whitten[102].

Helms ne le savait que trop. « Nous marchions sur des œufs, dit-il dans une déposition top-secret quinze ans plus tard[103]. Nous redoutions beaucoup à l'époque ce que nous pourrions découvrir… »

Que les complots contre Castro pussent être révélés représentait pour Bobby Kennedy un fardeau insupportable. Il garda le silence.

Le Président, qui avait aussi ordonné au FBI d'enquêter sur le meurtre du Président, exigea de la CIA une coopération totale et la transmission à la Commission Warren de tout ce que les deux organismes découvriraient. Mais l'animosité entre eux était bien installée.

Au début de 1962, CIA, FBI, Pentagone, Département d'État et Service d'immigration et de naturalisation détenaient tous des dossiers sur Oswald. En août 1963, Oswald avait rencontré à plusieurs reprises à La Nouvelle-Orléans des membres du directoire des Étudiants cubains, un groupe anti-Castro financé par la CIA et dont les membres rapportèrent à leur officier traitant qu'ils soupçonnaient Oswald de tenter de s'infiltrer dans leurs rangs. En octobre 1963, le FBI voyait en lui un marxiste, peut-être un peu dérangé, soutenant la révolution cubaine, capable de violence et qui avait eu récemment des contacts avec des officiers du Renseignement soviétique. Le 30 octobre, le Bureau apprit qu'il travaillait à Dallas, au dépôt des livres scolaires du Texas.

Bref, un transfuge mécontent admirant Castro, dont la CIA avait des raisons de croire qu'il pourrait avoir été recruté comme agent communiste, qui cherchait désespérément à rentrer à Moscou par La Havane, et qui était posté sur l'itinéraire du convoi présidentiel à Dallas.

La CIA et le FBI n'échangèrent jamais leurs impressions. Le FBI n'envisagea même pas de suivre sa piste. Beau prélude à leur performance dans les semaines précédant le 11 septembre 2001. De « l'incompétence flagrante », déclara J. Edgar Hoover dans un mémo du 10 décembre 1963 qui resta secret jusqu'au début de ce siècle [104].

« Nous n'avons pas poussé jusqu'au bout certains aspects saillants de l'enquête sur Oswald, écrivit Hoover en octobre 1964. Ce devrait être une leçon pour nous tous, mais je doute que certains s'en rendent même compte aujourd'hui. »

Les membres de la Commission Warren ne savaient rien de tout cela. Comme John Whitten ne tarda pas à le découvrir, la CIA elle aussi dissimula à la commission beaucoup de ce qu'elle savait être vrai.

Whitten eut le plus grand mal à trier les faits dans l'avalanche de faux bruits que déversaient les antennes de la CIA à travers le monde. « Des douzaines de personnes prétendaient avoir vu Oswald ici et là, dans les circonstances les plus mystérieuses, du pôle Nord au Congo », se rappelait-il [105]. Les fausses pistes jetaient la CIA dans un labyrinthe. Pour faire le tri, Whitten devait pouvoir compter sur les informations du FBI. Il lui fallut pourtant deux semaines avant d'obtenir l'autorisation de lire le rapport de l'enquête préliminaire du FBI sur Oswald en décembre 1963.

Passant outre la coopération ordonnée par le Président, le FBI ne donnait en général aucun renseignement à la CIA. Le responsable de la liaison entre la CIA et le FBI était Jim Angleton, et « Angleton ne me parla jamais de ses discussions avec le FBI ni des informations qu'il recueillait ainsi », affirma Whitten. Faute d'avoir réussi à influencer le cours initial de l'enquête, Angleton avait saboté le travail de Whitten et condamné ses efforts pour découvrir les faits.

Helms et Angleton convinrent de ne rien révéler à la Commission Warren et aux propres enquêteurs de la CIA des complots ourdis pour assassiner Castro. « Un acte moralement répréhensible, témoigna quinze ans plus tard Whitten. Helms retint les informations car elles lui auraient coûté sa place. » Elles auraient représenté « un facteur absolument essentiel à l'analyse des événements entourant l'assassinat de Kennedy », conclut Whitten. S'il les avait connues, « notre enquête aurait pris un tout autre tour ».

Angleton et Allen Dulles, dans des conversations clandestines, contrôlaient le flux de renseignements en provenance de la CIA, et les décisions que prirent Helms et Angleton ont peut-être modifié les conclusions de la Commission Warren. Mais Angleton certifia que la commission n'aurait jamais pu interpréter la signification du rôle des Soviétiques et des Cubains comme il le fit avec sa petite équipe.

« Nous voyions les choses plus nettement... Nous avions plus d'expérience en ce qui concerne le Département 13 et toute son histoire. Nous connaissions leur mode opératoire [106]. » Il prétendait inutile de leur confier des secrets qu'il jugeait préférable de garder entre ses mains.

C'était faire obstruction à la justice. Angleton n'avait qu'un argument à invoquer pour sa défense : sa conviction que Moscou avait envoyé un agent double afin de masquer son rôle dans le meurtre de John Kennedy.

« LES IMPLICATIONS... AURAIENT ÉTÉ CATASTROPHIQUES »

Son suspect, Iouri Nosenko, était arrivé aux États-Unis comme transfuge du KGB en février 1964, juste au moment où Angleton prit en main l'enquête de la CIA. Enfant gâté de l'élite soviétique – son père était ministre de la Construction navale, membre du Comité central du parti communiste, inhumé au Kremlin après sa mort –, Iouri était entré au KGB en 1953, à l'âge de vingt-cinq ans. En 1958, il travaillait à la section du KGB qui se concentrait sur les Américains et les Anglais voyageant en Union soviétique ; muté au département américain, il espionna l'ambassade américaine en 1961 et 1962 avant de devenir chef adjoint du département touristique.

Le statut de son père le protégea de nombreux faux pas, tous dus à son penchant pour la vodka, jusqu'à ce qu'il se rendît à Genève, en juin 1962, en tant qu'officier de sécurité pour une délégation soviétique participant à une conférence de dix-huit nations sur le désarmement. Le premier soir, il s'enivra copieusement et, au réveil, découvrit qu'une prostituée lui avait dérobé l'équivalent de 900 dollars en francs suisses. Le KGB ne plaisantait pas avec les mauvaises gestions de fonds.

Nosenko ayant cru – à tort – reconnaître en David Mark, de la délégation américaine, un agent de la CIA, alla trouver ce dernier. Mark était arrivé à Moscou cinq ans auparavant comme conseiller politique et économique de l'ambassade américaine. Sans avoir jamais été un espion, il avait rendu de petits services à la CIA, ce qui lui avait valu d'être ouvertement déclaré persona non grata par les Soviétiques. Cela ne gêna en rien sa carrière puisque, par la suite, il devint ambassadeur et Numéro 2 de la branche renseignement du Département d'État.

À l'issue d'une réunion sur le traité d'interdiction des essais nucléaires, se souvenait Mark, Nosenko l'aborda et lui dit en russe : « J'aimerais vous parler... Mais pas ici. Je voudrais déjeuner avec vous [107]. » Entrée en matière évidente. Mark suggéra un restaurant dans les faubourgs de la ville et rendez-vous fut pris pour le lendemain. « Bien sûr, j'en ai tout de suite parlé à ceux de la CIA ; ils se sont exclamés : "Mon Dieu, pourquoi as-tu choisi ce restaurant ? Tous les espions le fréquentent." » L'Américain et le Russe déjeunèrent donc ensemble sous le regard attentif de deux agents de la CIA.

Nosenko raconta à Mark l'histoire de la prostituée et de l'argent volé. Celui-là se rappelle l'avoir entendu dire : « Il faut que je compense ça. Je peux vous fournir certaines informations qui intéresseront beaucoup la CIA, tout ce que je veux, c'est mon argent. » Mark le mit en garde : « Attention, vous vous apprêtez à commettre une trahison. » Mais le Russe était prêt. Ils convinrent donc d'un nouveau rendez-vous à Genève pour le lendemain. Deux agents de la CIA se précipitèrent dans la capitale helvétique pour conduire l'interrogatoire : le premier était Tennent Bagley, un officier de la division soviétique basée à Berne qui parlait un peu russe ; le second, George Kisevalter, le maître des manipulateurs d'espions russes, arriva du quartier général par avion.

Nosenko se présenta ivre à leur premier rendez-vous. « Très ivre », précisa-t-il des années plus tard. La CIA enregistra toute la conversation, mais le magnétophone marchait mal et, même bricolée par Bagley d'après les souvenirs de Kisevalter, une grande partie des informations se perdit à la traduction.

Bagley câbla au quartier général le 11 juin 1962 que Nosenko avait « totalement prouvé sa bonne foi », qu'il avait « fourni des renseignements importants » et qu'il se montrait complètement coopératif. Mais, au cours des dix-huit mois suivants, Angleton convainquit Bagley qu'il s'était fait duper ; jadis supporter résolu de Nosenko, Bagley devint alors son ennemi le plus acharné.

Nosenko avait accepté d'espionner pour la CIA à Moscou. Il revint à Genève avec la délégation soviétique et rencontra ses officiers traitants à la fin de janvier 1964. Le 3 février, le jour où la Commission Warren entendit les premières dépositions, il annonça aux Américains qu'il voulait passer immédiatement à l'Ouest. Nosenko déclara qu'il avait lui-même géré le dossier Oswald au KGB et que rien n'impliquait l'Union soviétique dans l'assassinat de Kennedy.

Angleton était certain qu'il mentait, jugement qui eut des conséquences catastrophiques.

Nosenko déballa une foule de secrets, mais Angleton avait déjà décrété qu'il faisait partie d'un grand complot soviétique ; il était persuadé que le KGB avait, depuis longtemps, infiltré la CIA à un très haut niveau. Sinon, comment expliquer la longue litanie d'opérations éventées en Albanie et en Ukraine, en Pologne et en Corée. Peut-être Moscou connaissait-il toutes les opérations de la CIA contre les Soviétiques. Peut-être Nosenko avait-il été envoyé pour protéger la taupe infiltrée au sein de la CIA. Le seul et unique transfuge qu'Angleton eût jamais accueilli avec chaleur – Anatoly Golitzine, reconnu par les psychiatres de la CIA comme cliniquement paranoïaque – confirma et renforça les pires craintes d'Angleton.

Le premier devoir d'Angleton en tant que chef du contre-espionnage était de protéger la CIA et ses agents de ses ennemis ; il avait pourtant commis dans cette tâche de nombreuses erreurs. En 1959, le major Piotr Popov, le premier espion important de la CIA infiltré en Union soviétique, avait été arrêté et exécuté par le KGB. George Blake, l'espion de Moscou qui avait fait échouer le projet du tunnel de Berlin avant même qu'il fût creusé, avait été démasqué au printemps 1961, obligeant la CIA à considérer que le tunnel avait représenté, pour les Soviétiques, un instrument de désinformation. Six mois plus tard, on avait découvert que Heinz Felfe, l'homologue ouest-allemand d'Angleton, était un espion soviétique qui avait sévèrement compromis les opérations de la CIA en Allemagne et en Europe de l'Est. Un an plus tard, les Soviétiques avaient arrêté le colonel Oleg Penkovsky, le héros secret de la crise des missiles de Cuba ; ils l'avaient exécuté au printemps 1962.

Et puis, il y avait eu Kim Philby. En janvier 1963, le premier maître en contre-espionnage d'Angleton, son vieux confident, son partenaire de beuverie, s'était réfugié à Moscou. On finit par découvrir qu'il était un agent soviétique qui avait servi aux plus hauts niveaux du Renseignement britannique. Cela faisait douze ans qu'on le soupçonnait : Walter Bedell Smith avait demandé des rapports sur toutes les personnes qui avaient été en contact avec lui. Bill Harvey déclara catégoriquement que Philby était un agent soviétique, Jim Angleton assurait tout aussi catégoriquement que non.

Au printemps 1964, après des années d'échecs accablants, Angleton chercha la voie de la rédemption. Il estimait que, si la CIA réussissait à briser Nosenko, le maître complot pourrait être révélé – et le mystère de l'assassinat de Kennedy résolu.

Helms posa le problème quand il déposa devant la Commission d'enquête du Congrès :

> « *Mr Helms* : Si les renseignements fournis par Nosenko à propos d'Oswald étaient exacts, cela conduisait à certaines conclusions sur Oswald et ses rapports avec les autorités soviétiques. Mais s'ils étaient inexacts et s'il les transmettait au gouvernement des États-Unis sur instruction des services soviétiques, on aboutissait alors à une conclusion radicalement différente… S'il avait été établi de façon incontestable qu'il avait menti et que, par conséquent, Oswald était un agent du KGB, j'aurais estimé que les implications – non pas pour la CIA ou le FBI, mais pour le président des États-Unis et le Congrès des États-Unis – auraient été catastrophiques.
>
> *Question* : Pouvez-vous être plus précis ?
>
> *Mr Helms* : Oui, je le peux. En d'autres termes, c'est le gouvernement soviétique qui a ordonné l'assassinat du président Kennedy. »

Tels étaient les enjeux. En avril 1964, avec l'approbation de l'attorney général Robert Kennedy, la CIA mit Nosenko à l'isolement, d'abord dans une planque de la CIA, puis au camp Peary, le site d'entraînement de l'Agence situé à côté de Williamsburg en Virginie. Nosenko connut, sous la garde de la division soviétique, le même traitement que celui qui, au goulag, était réservé à ses compatriotes russes. Maigres rations de gruau arrosé de thé léger, ampoule nue allumée vingt-quatre heures sur vingt-quatre, et aucune compagnie.

On a conservé dans les archives de l'Agence l'enregistrement audio d'un interrogatoire conduit par Tennent Bagley dans la cellule de prison de la CIA. La voix de basse assourdie de Nosenko supplie en russe : « Sur mon âme… sur mon âme… je vous supplie de me croire. » Et la voix aiguë de Bagley hurle en anglais : « C'est de la foutaise ! De la foutaise ! De la foutaise ! » Son travail valut à Bagley d'être promu chef adjoint de la division soviétique et décoré par Richard Helms de la Distinguished Intelligence Medal.

À la fin de l'été 1964, ce fut à Richard Helms qu'échut la tâche de parler à la Commission Warren de Iouri Nosenko. Mission extrêmement délicate. Quelques jours avant que la commission achève ses travaux, Helms déclara au juge de la Cour suprême que la CIA ne pouvait accepter les protestations d'innocence de Moscou concernant l'assassinat du Président. Ce rebondissement de dernière minute ne plut guère à Earl Warren. Le rapport final de la commission ne mentionna jamais l'existence de Nosenko.

Helms en vint à redouter les conséquences de l'incarcération de Nosenko. « Je me rendis compte, dit-il [108], que nous ne pouvions pas le garder au cachot comme nous l'avions fait, au mépris des lois américaines. » La CIA envoya une autre équipe interroger Nosenko ; elle détermina qu'il avait dit la vérité. On finit par le libérer cinq ans après son passage à l'Ouest ; on lui versa 80 000 dollars, on lui fabriqua une nouvelle identité et on l'enregistra comme salarié de la CIA.

Mais Angleton et son petit cercle ne fermèrent jamais le dossier. Leur recherche du traître à l'intérieur de la CIA mit en pièces la division soviétique. On commença la chasse à la taupe en poursuivant les agents portant un nom à consonance slave, en remontant la hiérarchie jusqu'au chef de la division. Cela paralysa les opérations russes de la CIA pour une décennie, jusque dans les années 1970.

Pendant les vingt-cinq années qui suivirent le passage à l'Ouest de Nosenko, la CIA s'acharna à rédiger le dernier chapitre de son histoire. Elle mena sept enquêtes poussées sur l'affaire [109]. Nosenko fut condamné, disculpé et accusé une nouvelle fois jusqu'au dernier jugement, rendu à la fin de la guerre froide par Rich Heuer de la CIA. Heuer, qui avait d'abord fermement cru au grand complot, évalua ce que Nosenko avait donné aux États-Unis : l'espion russe avait identifié – ou fourni des pistes sur – quelque 200 étrangers et 238 Américains pour lesquels le KGB avait manifesté de l'intérêt ; il avait dénoncé quelque 300 agents de renseignement et contacts soviétiques à l'étranger et environ 2 000 agents du KGB ; il avait localisé cinquante-deux microphones dissimulés à l'ambassade américaine à Moscou ; il avait donné à la CIA des précisions sur la façon dont les Soviétiques s'efforçaient de faire chanter des diplomates étrangers ou des journalistes. Pour ajouter foi à la thèse du maître complot il fallait être convaincu sur quatre points : premièrement, que Moscou avait échangé tous ces renseignements pour protéger une seule taupe ; deuxièmement, que tous les transfuges communistes étaient des agents de désinformation ; troisièmement, que l'immense appareil de renseignement soviétique n'existait que pour induire en erreur les États-Unis ; et

enfin, que derrière l'assassinat de Kennedy se dissimulait une impénétrable conspiration communiste.

Pour Richard Helms, le dossier ne fut jamais fermé. En attendant le
jour, affirma-t-il, où les services de renseignement soviétique et cubain
ouvriraient leurs archives, l'affaire ne serait jamais close. Soit le
meurtre de John Kennedy était l'œuvre d'un marginal dérangé armé
d'un fusil de pacotille avec un viseur de trois sous, soit la vérité était
plus terrible. Comme le déclara Lyndon Johnson vers la fin de son
mandat : « Kennedy essayait d'avoir Castro, mais c'est Castro qui l'a
eu le premier. »

22.

« UNE DÉRIVE INQUIÉTANTE »

Les opérations clandestines des Kennedy obsédèrent Johnson toute sa vie. Dallas, ne cessait-il de répéter, était le châtiment divin pour la mort de Diem. « On s'est tous réunis, on a rassemblé un ramassis de brutes et on est allé l'assassiner », se lamentait-il [110]. Durant la première année de son mandat, des coups d'État successifs ébranlèrent Saigon, une insurrection sournoise commença à causer la mort d'Américains au Vietnam, et la crainte que la CIA ne fût qu'un instrument de meurtre politique s'insinua en lui.

Il se rendait compte, désormais, que Bobby Kennedy jouait un grand rôle dans les opérations clandestines et voyait en lui un rival certain pour la présidence. Lors d'une réunion dans le Bureau ovale avec John McCone, le 13 décembre 1963, Johnson demanda carrément si et quand Kennedy quitterait le gouvernement. McCone déclara que « l'attorney général comptait conserver son poste mais qu'on ne savait pas dans quelle mesure le Président souhaitait qu'il s'impliquât dans le travail du renseignement, les problèmes du NSC et les affaires de contre-insurrection [111] ». La réponse ne tarda pas à arriver : les jours de Bobby en tant qu'animateur du service d'action clandestine étaient terminés ; il partit sept mois plus tard.

Le 28 décembre, McCone prit l'avion pour le ranch texan de Lyndon Baines Johnson afin d'y prendre le petit-déjeuner et de faire son rapport après un voyage à Saigon. « Le Président évoqua aussitôt son désir de "changer l'image de la CIA" et de lui faire perdre cette aura de cape et d'épée », observa McCone [112]. Le seul rôle légitime de la CIA était de recueillir, d'analyser et de transmettre des renseignements, déclara McCone, et non de monter des complots pour renverser des gouvernements étrangers. Johnson répondit qu'il en avait « assez de ces situations où, chaque fois qu'on mentionnait mon nom ou celui de la CIA, on l'associait à un coup fourré ».

Lyndon Johnson veilla toute la nuit pour tenter de trancher :

s'engager à fond au Vietnam ou, au contraire, lâcher prise ? Or, sans le soutien américain, Saigon tomberait. Mais il n'avait aucune envie de se lancer dans cette affaire avec des milliers de soldats américains, et il ne pouvait pas non plus donner l'impression de se retirer. Restait une unique voie entre la guerre et la diplomatie, celle de l'action clandestine.

« POUR QUE PERSONNE NE PUISSE GÉRER LE RENSEIGNEMENT »

Au début de 1964, McCone et son nouveau chef d'antenne à Saigon, Peer de Silva, n'avaient que de mauvaises nouvelles pour le Président. McCone était « extrêmement préoccupé par la situation ». Il jugeait « totalement erronées » les bases d'information « sur lesquelles nous évaluions le cours de la guerre ». Il avertit la Maison Blanche et le Congrès : « Le Vietcong reçoit un soutien substantiel du Nord-Vietnam – et peut-être d'ailleurs –, et tenter de l'empêcher en bloquant les frontières, les voies d'eau et une côte s'étirant sur des centaines de kilomètres est difficile [113]. »

Après le sanglant échec du Projet Tigre, le Pentagone proposait de reprendre, de concert avec la CIA, une série de raids destinés à convaincre Hanoï de renoncer à toute insurrection au Sud-Vietnam et au Laos. McCone était persuadé que de telles attaques ne dissuaderaient pas Ho Chi Minh. « Il faudrait expliquer au Président, suggérat-il [114], que ce n'est pas ce qu'on a trouvé de mieux depuis l'invention du beurre de cacahuète. »

On ordonna donc à l'Agence de confier son réseau de paramilitaires asiatiques au Groupe des opérations spéciales du Pentagone au Vietnam. Helms dénonça « une dérive inquiétante » qui entraînait la CIA de l'espionnage vers un rôle de soutien militaire conventionnel.

En mars 1964, le Président envoya une nouvelle fois McCone et McNamara à Saigon. À son retour, le directeur annonça au Président que la guerre ne se passait pas bien. « McNamara avait, lui, une vue très optimiste des choses, déclara McCone dans un témoignage destiné à la Bibliothèque présidentielle LBJ. Je dus affirmer que, tant que la piste Ho Chi Minh resterait ouverte et que des convois de renforts et d'approvisionnement pourraient l'emprunter sans obstacle, on serait malavisé de prétendre que les choses se déroulaient si bien. »

Ce fut le commencement de la fin de la carrière de John McCone en tant que directeur du Renseignement. Lyndon lui ferma la porte du Bureau ovale. Les communications entre la CIA et le Président se limitaient à un rapport écrit bihebdomadaire sur les événements mondiaux, qu'il lisait si et quand il en avait envie.

Le Président était au pouvoir depuis onze mois quand il demanda pour la première fois à McCone quels étaient les effectifs de la CIA, ce que cela coûtait et à quoi précisément elle pouvait lui servir[115]. On entendait rarement le directeur et on suivait aussi rarement ses avis. Sans l'oreille du Président, il ne disposait d'aucun pouvoir et, sans ce pouvoir, la CIA commença à dériver vers le passage périlleux qu'elle avait connu dans les années 1960.

La divergence d'opinion avec McNamara à propos du Vietnam révéla une scission politique plus profonde. D'après la loi, le directeur de la CIA présidait le conseil de toutes les agences américaines de renseignement. Mais, depuis deux décennies, le Pentagone se battait pour imposer au directeur le rôle de second violon dans cette formation discordante qu'on appelait dorénavant « la communauté du renseignement ». Depuis six ans, le groupe de conseillers du Président pour le Renseignement suggérait que le directeur soit à la tête de cette communauté et laisse un chef exécutif tenter de gérer la CIA. Allen Dulles avait obstinément résisté à cette idée et refusé de s'intéresser à autre chose qu'à l'action clandestine. McCone ne cessait de dire qu'il voulait abandonner cette ambiance de cape et d'épée. Mais, en 1964, le service d'action clandestine engloutissait près des deux tiers du budget de l'Agence et quatre-vingt-dix pour cent du temps de McCone. Il voulait affirmer son statut dans le cadre du Renseignement américain. Il avait besoin pour cela d'une autorité à la mesure de ses responsabilités. On ne la lui octroya jamais. Le Pentagone semait en permanence des mines sur son chemin.

Au cours de la décennie précédente, trois grands organismes de renseignement s'étaient développés aux États-Unis, tous trois placés sous la tutelle nominale du directeur, qui n'avait de pouvoir que sur le papier. Il était censé superviser la National Security Agency, le système global d'écoute de plus en plus gigantesque du Renseignement américain : la NSA avait été créée par Truman en 1952 sur l'insistance de Walter Bedell Smith après les accablantes surprises de la guerre de Corée. Mais c'était le secrétaire à la Défense qui disposait de l'argent et de l'autorité. McNamara contrôlait aussi la nouvelle Defense Intelligence Agency, créée après la baie des Cochons dans le but de coordonner le fatras d'informations recueillies par l'armée, la flotte, l'aviation et les Marines[116]. Il y avait aussi le National Reconnaissance Office, né en 1962 pour construire des satellites-espions. Au printemps 1964, les généraux de l'Air Force essayèrent d'arracher à la CIA le contrôle de ce programme d'un milliard de dollars annuels. Cette lutte de pouvoir fit voler en éclats le Bureau de reconnaissance.

« Je suis tout prêt de dire au secrétaire à la Défense et au Président qu'ils peuvent se mettre le NRO où je pense… tonna McCone [117]. Les bureaucrates du Pentagone essaient de foutre la pagaille pour que personne ne puisse gérer le renseignement. »

McCone tenta de démissionner cet été-là, mais Lyndon Johnson lui ordonna de rester à son poste au moins jusqu'aux élections. La guerre du Vietnam battait maintenant son plein et il fallait à tout prix préserver une apparence de loyauté.

« … TIRAIENT SUR DES POISSONS VOLANTS »

La guerre avait été autorisée par la Résolution du golfe du Tonkin, imposée au Congrès après ce que le Président et le Pentagone qualifièrent d'agression sans provocation du Nord-Vietnam sur des navires américains dans des eaux internationales le 4 août. La National Security Agency, qui recueillit et contrôla les renseignements sur cette attaque, affirma catégoriquement que les preuves dont elle disposait étaient irréfutables. Robert McNamara jura que oui. L'histoire officielle de la marine concernant la guerre du Vietnam les trouve concluantes.

Il ne s'agissait pas d'une erreur commise de bonne foi. La guerre du Vietnam a commencé par des mensonges politiques fondés sur des renseignements truqués. Si la CIA avait travaillé dans le cadre de ses statuts, si McCone avait rempli ses devoirs comme le lui imposait la loi, les faux rapports n'auraient pas tenu plus de quelques heures. Mais la vérité ne fut révélée qu'en novembre 2005 dans une confession extrêmement détaillée publiée par la National Security Agency [118].

En juillet 1964, le Pentagone et la CIA déterminèrent que les attaques terrestres, prévues par le plan OPLAN 34A et lancées six mois auparavant, n'avaient donné aucun résultat, ainsi que l'avait annoncé McCone. Les États-Unis augmentèrent donc le nombre des raids sur mer, sous le commandement de Tucker Gougelmann, un homme de la CIA, un Marine aguerri qui, bien des années plus tard, serait la dernière victime américaine de la guerre du Vietnam. Pour épauler ses forces, Washington accrut sa surveillance dans le Nord. La marine avait commencé un programme d'écoute des communications ennemies codées – le terme technique est SIGINT ou messages de renseignement (signals intelligence) – dans le cadre de l'opération nom de code Desoto. Ces missions débutaient à l'intérieur d'une boîte noire de la taille d'un conteneur attaché au pont d'un destroyer croisant au large de la côte vietnamienne : à l'intérieur, des antennes et des moniteurs surveillés par une douzaine d'officiers du Naval Security Group. Ils écoutaient les échanges entre militaires du Nord-Vietnam ; les données étaient recueillies, décryptées puis traduites par les spécialistes de la National Security Agency.

Les chefs d'état-major interarmes envoyèrent, dans le cadre d'une mission Desoto, l'USS *Maddox*, commandé par le capitaine John Herrick, avec l'ordre de « stimuler et enregistrer les réactions du Nord-Vietnam aux raids des commandos ». Le *Maddox* devait rester à huit milles nautiques de la côte et des îles côtières nord-vietnamiennes du golfe du Tonkin. Les États-Unis, en effet, ne reconnaissaient pas au Vietnam la limite internationale des douze milles. La dernière nuit de juillet et celle du 1er août 1964, le *Maddox* enregistra une attaque OPLAN 34A sur l'île de Hon Me dans le golfe du Tonkin ; il repéra la contre-attaque et observa des patrouilleurs de fabrication soviétique armés de torpilles et de mitrailleuses en train de se regrouper au large de l'île.

Dans l'après-midi du 2 août, le *Maddox* détecta l'approche de trois de ces bateaux. Le capitaine Herrick envoya un message flash aux autres commandants de la Septième Flotte : il ouvrirait le feu sur ces navires si nécessaire. Il demandait l'assistance du destroyer *Turner Joy* et des chasseurs à réaction du porte-avions *Ticonderoga*. Peu après 15 heures, le *Maddox* tira à trois reprises sur les patrouilleurs nord-vietnamiens. Le Pentagone et la Maison Blanche ne le mentionnèrent jamais dans aucun communiqué ou rapport, soutenant que les communistes avaient eux-mêmes ouvert le feu. Le *Maddox* tirait toujours quand quatre jets F-8E de la marine attaquèrent les patrouilleurs, tuant quatre matelots, endommageant gravement deux des bateaux et touchant le troisième. Leurs capitaines se réfugièrent dans des criques pour attendre les ordres de Haiphong. Le *Maddox* n'avait été touché que par une balle de mitrailleuse.

Le 3 août, le président Johnson proclama la poursuite des patrouilles américaines dans le golfe du Tonkin et le Département d'État annonça l'envoi de la première note diplomatique à Hanoï, pour l'avertir des « graves conséquences » de toute « nouvelle action militaire gratuite ».

Puis, le 4 août, par une nuit de tempête, les capitaines des destroyers américains, les commandants de la Septième Flotte et leurs chefs du Pentagone reçurent tous une alerte urgente d'autres opérateurs de SIGINT à terre : les trois patrouilleurs nord-vietnamiens rencontrés au large de l'île de Hon Me le 2 août revenaient. À Washington, Robert McNamara appela le Président. À 22 heures, dans le golfe du Tonkin, 10 heures du matin à Washington, les destroyers américains envoyèrent un message flash pour signaler qu'ils étaient attaqués [119].

Les opérateurs radar et sonar à bord du *Maddox* et du *Turner Joy* signalèrent avoir aperçu des taches fantômes dans la nuit ; leurs capitaines ouvrirent le feu. Le rapport de la NSA, déclassifié en 2005, décrivit comment « les deux destroyers tournoyèrent follement dans les eaux sombres du golfe du Tonkin, le *Turner Joy* tirant plus de trois cents salves au hasard », les deux bâtiments effectuant de frénétiques manœuvres d'esquive. « C'était en pivotant à toute vitesse dans l'eau que les navires de guerre américains provoquaient toutes les images radar de nouvelles torpilles. » Les Américains tiraient sur leurs ombres.

Le Président ordonna une frappe aérienne immédiate sur les bases navales nord-vietnamiennes.

Dans l'heure, le capitaine Herrick signala : « TOUTE CETTE ACTION LAISSE DE NOMBREUX DOUTES. » Quatre-vingt-dix minutes plus tard, à Washington, ces doutes se dissipèrent. La NSA annonça au secrétaire à la Défense et au président des États-Unis qu'elle avait intercepté un communiqué de la Marine nord-vietnamienne déclarant : « AVONS SACRIFIÉ DEUX NAVIRES TOUT LE RESTE OKAY. »

Mais, alors que les frappes aériennes sur le Nord-Vietnam avaient déjà débuté, la NSA passa en revue les interceptions de communications de la journée. Il n'y avait plus rien. Tous les services d'écoute de SIGINT du Sud-Vietnam et des Philippines regardèrent une nouvelle fois. Rien. La NSA réexamina les interceptions qu'elle avait transmises au Président, revérifiant la traduction et l'heure enregistrée sur le message original.

Cette fois, le message disait : « AVONS SACRIFIÉ DEUX CAMARADES MAIS TOUS SONT DES BRAVES. » Le message avait été composé au moment, ou juste avant, où le *Maddox* et le *Turner Joy* avaient ouvert le feu le 4 août. Il ne s'agissait *absolument pas* de ce qui s'était passé cette nuit-là, mais du premier accrochage, deux nuits plus tôt, le 2 août.

La NSA garda le silence sur cet élément capital. Elle n'en souffla mot à personne. Ses analystes et ses linguistes regardèrent une troisième, une quatrième fois l'heure enregistrée. Tout le monde – absolument tout le monde, même les hésitants – décida de ne rien dire. Entre les 5 et 7 août, la direction de la NSA rédigea cinq rapports et comptes rendus d'action. Puis elle prépara une chronologie des événements, la version officielle de la vérité, le dernier mot sur ce qui s'était passé dans le golfe du Tonkin, l'histoire que l'on conserverait pour les générations futures d'analystes du renseignement et les commandants militaires.

Comme le précise l'aveu, en novembre 2005, de la NSA : « L'ensemble accablant des rapports, si on les avait utilisés, aurait raconté qu'aucune attaque n'avait eu lieu. On fit donc un effort délibéré pour démontrer le contraire... un effort délibéré pour que le

SIGINT confirme ce qui s'était passé le soir du 4 août dans le golfe du Tonkin. » Le rapport concluait que l'on avait « délibérément déformé les informations pour étayer l'idée qu'une attaque avait bien eu lieu ». Les officiers du Renseignement américain « rationalisèrent les preuves contradictoires ».

Lyndon Johnson, depuis deux mois, était prêt à bombarder le Nord-Vietnam. Et, sur son ordre, Bill Bundy, le secrétaire d'État adjoint pour l'Extrême-Orient, le frère du conseiller à la Sécurité nationale et analyste chevronné de la CIA, avait, dès le mois de juin 1964, rédigé une résolution engageant la guerre, qu'on enverrait au Congrès quand se présenterait une occasion favorable.

Ces faux renseignements correspondaient parfaitement à la politique prévue. Le 7 août, le Congrès autorisa la guerre contre le Vietnam : la Chambre des représentants vota la résolution par 416 voix contre zéro, le Sénat par 88 voix contre 2. « Une tragédie grecque », résuma Cline, un acte du théâtre politique que l'on reprit quatre décennies plus tard quand de faux renseignements concernant l'arsenal irakien permirent à un autre président d'avancer des raisons de déclarer la guerre.

Ce fut Lyndon Johnson qui, quatre ans après les événements, récapitula ce qui s'était vraiment passé dans le golfe du Tonkin. « Bon sang, lança le Président, ces abrutis de marins tiraient sur des poissons volants ! »

23.

« PLUS DE COURAGE QUE DE SAGESSE »

« Pendant dix bonnes années, écrivit Richard Helms [120], le Vietnam fut pour moi un cauchemar. » Lorsque de chef de l'action clandestine il devint directeur du Renseignement, la guerre restait toujours présente à son esprit. « Tel un incube, elle impliquait des exigences qu'on ne réussissait jamais à satisfaire et des efforts qui ne semblaient jamais suffisants, mais que l'on répétait pourtant en les intensifiant sans cesse.

« Nous tentions toutes les approches possibles du problème, nous engagions nos meilleurs agents sur le terrain pour infiltrer le gouvernement d'Hanoï, rappelait Helms. Notre incapacité à pénétrer le gouvernement nord-vietnamien fut, au sein de l'Agence, l'élément le plus frustrant de ces années-là. Nous ne parvenions pas à déterminer ce qui se passait au plus haut niveau du gouvernement de Ho, ni à comprendre comment s'élaborait la politique et qui en était l'artisan. » À la racine de cet échec, il y avait « notre ignorance de l'histoire, de la société et de la langue du Vietnam », reconnut-il.

Nous n'avions pas fait le choix de savoir, nous ne savions donc pas dans quelle mesure nous ne savions rien.

« Le plus triste, déclara Helms dans un récit enregistré pour la Bibliothèque Lyndon Baines Johnson [121], c'était notre ignorance – ou notre innocence, si vous préférez – qui nous amenait à nous méprendre, et à prendre un tas de mauvaises décisions. »

Lyndon Johnson, lui aussi, faisait un cauchemar récurrent à propos du Vietnam. Si jamais il hésitait, s'il perdait, « je verrais Robert Kennedy se dresser pour mener le combat contre moi, en racontant à tout le monde que j'avais trahi l'engagement de John Kennedy envers le Sud-Vietnam. Que j'étais un lâche. Un mou. Un homme sans courage. Oh ! je voyais cela venir. Tous les soirs, en m'endormant, je m'imaginais attaché sur le sol au milieu d'un vaste espace. Au loin, j'entendais les cris de milliers de gens qui se précipitaient vers moi : "Lâche ! Traître ! Mauviette !" [122]. »

« LA GUERRE DE McCONE »

Les guérillas communistes du Vietcong dans le Sud ne cessant de se renforcer, le nouvel ambassadeur, le général Maxwell Taylor, un ancien du Special Group (contre-insurrection), et Bill Colby, chef de la division pour l'Extrême-Orient, se mirent à chercher une autre stratégie pour lutter contre ces terroristes insaisissables.

Le 16 novembre 1964, un rapport explosif de Peer de Silva, le chef d'antenne de la CIA à Saigon, atterrit sur le bureau de John McCone au quartier général. Il était intitulé « Notre expérience de la contre-insurrection et ses implications [123] ». Helms et Colby l'avaient lu et approuvé. L'idée, audacieuse, comportait un grand risque ; elle suggérait de « transformer la guerre de McNamara en guerre de McCone », comme le directeur adjoint du Renseignement, Marshall Carter, l'expliqua carrément à son patron ce jour-là.

De Silva avait essayé d'étendre le pouvoir de la CIA au Sud-Vietnam en créant dans les provinces des patrouilles paramilitaires chargées de traquer le Vietcong. Grâce à la collaboration du ministre de l'Intérieur et du chef de la police nationale, de Silva acheta à un leader syndicaliste un peu escroc un domaine au nord-est du Sud-Vietnam pour y proposer un cours intensif de contre-insurrection à l'usage des civils. La première semaine de novembre 1964, au moment où les Américains élisaient le président Johnson pour un mandat complet, de Silva avait pris l'avion pour inspecter son tout nouveau projet. Ses agents avaient formé trois équipes de quarante recrues vietnamiennes qui signalaient avoir tué 167 Vietcongs en ne perdant que six des leurs. De Silva envisagea alors de convoyer par avion jusqu'au camp cinq mille Sud-Vietnamiens originaires de tout le pays pour recevoir une formation tactique et politique de trois mois que dispenseraient des agents de la CIA et des conseillers militaires américains. Pour reprendre la formule de Peer de Silva, ils rentreraient ensuite chez eux en tant « qu'équipes de contre-terroristes » et massacreraient les Vietcongs.

John McCone avait grande confiance en de Silva et il donna son accord. Mais il avait l'impression qu'il était en train de perdre une bataille. Le lendemain de l'arrivée du mémo de Peer de Silva, McCone se rendit à la Maison Blanche et, pour la seconde fois, présenta sa démission au président Johnson. Il lui proposa divers successeurs qualifiés mais, une fois de plus, et ce ne serait pas la dernière, le Président ignora la requête du directeur du Renseignement.

McCone resta donc en place tandis que les crises s'accumulaient. De même que les présidents qu'il servait, il croyait à la théorie des dominos. Il expliqua au futur président, le représentant Gerald R. Ford, que « si le Sud-Vietnam tombait sous la coupe des communistes, il en irait certainement de même du Laos et du Cambodge, avant la Thaïlande, l'Indonésie, la Malaisie et finalement les Philippines », ce qui aurait de « vastes répercussions » sur le Moyen-Orient, l'Afrique et l'Amérique latine [124]. Il ne croyait pas la CIA équipée pour lutter contre les insurgés et les terroristes et il craignait de voir « le Vietcong devenir peut-être la déferlante du futur [125] ». Il était convaincu que la CIA était incapable de combattre le Vietcong.

De Silva déplorait « l'aveuglement » de l'Agence et les erreurs de sa stratégie. « Dans les villages, écrivait-il [126], le Vietcong utilisait la terreur délibérément, avec précision et une violence insupportable. » Les paysans « nourrissaient ces gens, recrutaient pour eux, les cachaient et leur fournissaient les renseignements dont ils avaient besoin ». Et puis, à la fin de 1964, le Vietcong porta la guerre dans la capitale. « Le recours à la terreur par le Vietcong, à Saigon même, était fréquent, parfois au hasard, parfois soigneusement planifié et pratiqué », écrivait de Silva. Le secrétaire à la Défense McNamara faillit être touché par une bombe enfouie au bord de la route reliant la ville à l'aéroport ; une voiture piégée détruisit le cantonnement des officiers célibataires de Saigon le soir de Noël 1964. Les pertes se faisaient plus lourdes à mesure que les attentats-suicide et les mines posées çà et là frappaient à volonté. Le 7 février 1965, à 2 heures du matin, le Vietcong attaqua la base américaine de Pleiku, dans les hauts plateaux du centre du Vietnam, causant la mort de huit Américains. La fusillade terminée, les Américains découvrirent un plan très précis de la base sur le corps de l'un des attaquants vietcongs.

Nous avions plus d'armes, et de plus gros calibre, mais ils avaient plus d'espions, et meilleurs. Cela faisait la différence.

Quatre jours plus tard, Lyndon Johnson riposta : des bombes à gravité, des chapelets de bombes, et des bombes au napalm se mirent à pleuvoir sur le Vietnam. La Maison Blanche adressa un message urgent à Saigon pour obtenir l'estimation la plus valable de la situation. George W. Allen, le meilleur analyste de l'antenne de Saigon, répondit que les bombes ne dissuaderaient pas un ennemi de plus en plus en plus fort et à la détermination intacte. Mais l'ambassadeur Maxwell Taylor relut le rapport, ligne par ligne, et en supprima méthodiquement chaque paragraphe pessimiste avant de l'envoyer au Président. Les cadres de la CIA à Saigon comprirent qu'on n'aimait pas les mauvaises nouvelles. La corruption du renseignement entre les mains des généraux politiciens, des chefs civils et de l'Agence même se poursuivit [127]. Pendant plus de trois ans encore, le Président ne recevrait aucun rapport de la CIA reflétant véritablement la situation.

Le 8 mars, les Marines en tenue de combat débarquèrent à Da Nang : de jolies filles leur offrirent des guirlandes de fleurs, mais Ho Chi Minh, lui, leur réservait un tout autre accueil.

Le 30 mars, une voiture piégée explosa devant l'antenne de la CIA à Saigon : elle faillit coûter la vie à de Silva, précipité dans la rue quand la fenêtre de son bureau situé au premier étage vola en éclats, et tua au moins vingt personnes dont la secrétaire de Peer de Silva, âgée de vingt-deux ans.

Le Président cherchait comment lutter contre un ennemi invisible. « Il doit bien exister quelque part un type, avec assez de cervelle, capable d'imaginer un moyen pour dénicher des cibles à atteindre », se disait-il tandis que la nuit tombait sur Saigon [128]. Et il décida de lancer des milliers de soldats supplémentaires dans la bataille et d'accroître la campagne de bombardements ; à aucun moment, il ne consulta le directeur du Renseignement.

« UN EFFORT MILITAIRE QUI NE NOUS APPORTERA PAS LA VICTOIRE »

Le 2 avril 1965, John McCone donna pour la dernière fois sa démission, démission qui prendrait effet dès que Lyndon Johnson lui aurait choisi un successeur. Il fit au Président une inquiétante prédiction : « À chaque jour, à chaque semaine qui passe, on peut s'attendre à une pression de plus en plus insistante pour faire cesser les bombardements, dit-il [129]. Elle viendra de divers éléments, de la presse, des Nations unies et de l'opinion mondiale. Le temps jouera donc contre nous et je crois que les Nord-Vietnamiens comptent là-dessus. » Un de ses meilleurs analystes, Harold Ford, lui déclara : « Au Vietnam, notre divorce avec la réalité s'accentue de plus en plus » et « nous procédons avec plus de courage que de sagesse ». McCone s'en rendait compte maintenant. Il prévint McNamara : le pays allait « dériver dans une situation où la victoire serait bien incertaine », et son ultime mise en garde au Président fut on ne peut plus brutale : « Nous allons nous trouver englués dans une guerre de jungle exigeant un effort militaire qui ne nous apportera pas la victoire, et dont nous aurons le plus grand mal à nous extraire. »

Lyndon Johnson n'écoutait plus John McCone depuis longtemps, et le directeur quitta son poste, conscient de n'avoir jamais eu la moindre influence sur les décisions du président des États-Unis. À l'instar de tous ceux, ou presque, qui le suivirent à la Maison Blanche, Lyndon Baines Johnson n'appréciait le travail de l'Agence que s'il correspondait à ses idées ; sinon, les conclusions finissaient dans la corbeille à papier. « Laissez-moi vous dire une chose à propos de ces gars du Renseignement, déclara-t-il [130]. Quand j'étais jeune au Texas, nous avions une vache qui s'appelait Bessie et que j'allais traire le matin de bonne heure. Je m'installais et je lui tirais un seau de lait frais. Un jour où j'avais trimé dur, j'avais obtenu un seau entier de lait ; mais je ne faisais pas attention, et la vieille Bessie le renversa d'un coup de sa queue pleine de bouse. Eh bien ! vous savez ce qu'ils font, ces gars du Renseignement ? Vous vous donnez du mal pour mettre sur pied un bon programme ou une politique qui tienne la route et, d'un coup de queue crottée de merde, ils foutent tout par terre. »

24.

« LE DÉBUT D'UNE LONGUE GLISSADE »

Le Président voulait « un grand homme » pour diriger le Renseignement, un homme « capable d'allumer la mèche si cela était nécessaire pour sauver le pays [131] ».

Le directeur adjoint, Marshall Carter, lui déconseilla de choisir quelqu'un de l'extérieur. Choisir un militaire le doigt toujours sur la couture du pantalon serait, dit-il, « une grave erreur », choisir un ami politique serait « un désastre » ; si la Maison Blanche pensait que personne dans les rangs de la CIA n'était digne d'occuper ce poste, autant « fermer boutique et céder la place aux Indiens [132] ». Les conseillers du Président pour la Sécurité nationale, quasi à l'unanimité – McCone, McNamara, Rusk et Bundy –, désignèrent Richard Helms.

Johnson n'écouta aucun d'eux : dans l'après-midi du 6 avril 1965, il contacta au téléphone un amiral à la retraite de cinquante-neuf ans, Red Raborn, un Texan de Decatur. Raborn avait des références politiques : il s'était acquis l'affection de Lyndon Baines Johnson en participant, lors de la campagne de 1964, à une émission de télévision – payée – où il avait déclaré le candidat républicain, le sénateur Barry Goldwater, trop bête pour être président. Il s'était fait connaître en faisant adopter pour les sous-marins de la marine le missile nucléaire Polaris, ce qui lui valut des amis au Congrès. C'était un homme charmant, jouissant d'une belle situation dans l'industrie aérospatiale et d'un superbe terrain à Palm Springs donnant sur le onzième trou de son terrain de golf préféré.

En entendant la voix de son commandant en chef, Red Raborn se mit au garde à vous. « Voilà, déclara Lyndon Johnson [133], j'ai besoin de vous, et j'ai besoin de vous dare-dare. » La conversation était déjà bien engagée quand Raborn comprit que Lyndon Baines Johnson voulait qu'il dirigeât la CIA. Le Président lui assura que le plus gros du travail serait accompli par Richard Helms, en tant que nouveau directeur adjoint : « Vous pourrez faire la sieste tous les jours après le déjeuner. Nous ne vous surmènerons pas. » Et, faisant vibrer la fibre patriotique de Raborn, il ajouta : « Je sais comment réagit un vieux soldat quand il entend le clairon. »

L'amiral embarqua le 28 avril 1965. Le Président fit tout un numéro lorsqu'il prêta serment à la Maison Blanche, affirmant qu'il avait cherché aux quatre coins du pays et qu'il n'avait trouvé qu'un seul homme pour occuper ce poste. Des larmes de gratitude coulèrent sur les joues de Raborn – son dernier moment de bonheur comme directeur du Renseignement.

Le jour même, la République dominicaine s'embrasa. Les États-Unis avaient tenté, en vain, de faire de ce pays la vitrine des Caraïbes après l'assassinat en 1961, soutenu par les Américains, du dictateur Rafael Trujillo. Voilà maintenant que des rebelles en armes se battaient dans les rues de la capitale. Johnson décida d'envoyer quatre cents Marines avec le FBI et des renforts pour l'antenne de la CIA. C'était la plus grande opération de débarquement de forces américaines en Amérique latine depuis 1928 et la première aventure armée de ce genre dans les Caraïbes depuis la baie des Cochons.

Lors de l'importante réunion qui se tint ce soir-là à la Maison Blanche, Raborn déclara – sans preuve et sans qualification – que les rebelles étaient contrôlés par Cuba. « À mon avis, c'est un coup de Mr Castro, déclara Raborn le lendemain matin au cours d'une conversation téléphonique avec le Président. Il ne fait aucun doute dans mon esprit qu'il s'agit du début de l'expansion de Castro.

— Combien de terroristes de Castro ? demanda le Président.

— Eh bien, répondit Raborn, nous en avons identifié huit avec certitude. Vers 6 heures du matin, j'ai d'ailleurs fait parvenir à la Maison Blanche une liste – elle devrait se trouver dans la Situation Room – précisant qui ils sont, ce qu'ils font et quelle formation ils ont reçue. » La liste des huit « terroristes de Castro » figure dans un mémo de la CIA où l'on peut lire : « Aucune preuve n'établit que le régime de Castro soit directement impliqué dans l'insurrection en cours. »

Le Président raccrocha et décida d'envoyer un renfort de 1 000 Marines en République dominicaine.

La CIA, demanda ce matin-là le Président à son conseiller pour la Sécurité nationale, a-t-elle averti de l'imminence d'une crise ? « Pas le moins du monde », répondit Bundy.

« Notre CIA prétend pourtant qu'il s'agit d'une opération menée par Castro, déclara Johnson le 30 avril à son avocat personnel, Abe Fortas, tandis que 2 500 parachutistes sautaient sur la République dominicaine [134]. Cela fait peut-être partie d'un vaste plan communiste lié à ce qui se passe au Vietnam… »

Le Président s'apprêtait à expédier 6 500 autres soldats américains à Saint-Domingue.

Mais McNamara se méfiait de ce que Raborn racontait au Président : « Je ne crois pas à cette histoire », lâcha-t-il sans ambages.

Le Président affirma néanmoins dans un discours au peuple américain qu'il ne laisserait pas « des conspirateurs communistes » établir en République dominicaine « un autre gouvernement communiste dans l'hémisphère occidental ».

Le rapport de Raborn sur la crise produisit pour Lyndon Baines Johnson un effet identique à ceux qu'avaient entraînés l'U-2 sur Eisenhower et la baie des Cochons sur Kennedy : il amena la presse américaine à dénoncer « un manque de crédibilité » chez le Président. La formule, publiée pour la première fois le 23 mai 1965, fit mal et persista.

Le Président ne demanda plus jamais l'avis de son directeur du Renseignement.

Le moral du quartier général était, sous le commandement chancelant de Raborn, au plus bas. « C'était tragique, écrivit Ray Cline, le directeur adjoint du Renseignement [135], le début d'une longue glissade vers le bas. » « Pauvre vieux Raborn, soupirait Red White, son autre assistant au poste de directeur exécutif [136]. Il arrivait tous les matins à 6 heures 30 pour prendre son petit-déjeuner, croyant qu'un jour le Président l'appellerait. » Johnson ne le fit jamais. Il apparaissait douloureusement évident que Raborn ne se révélait « pas qualifié pour diriger la CIA », concluait White.

Tandis que Raborn pataugeait et s'agitait vainement, Richard Helms, lui, dirigeait : cette année-là, il gérait trois importantes actions clandestines, chacune lancée par le président Eisenhower puis consolidée par le président Kennedy et désormais d'une importance vitale pour Lyndon Baines Johnson dans ses efforts pour gagner la guerre dans le Sud-Est asiatique. Au Laos, la CIA s'efforçait de couper la piste Ho Chi Minh, en Thaïlande, elle cherchait à arranger les élections et, en Indonésie, elle soutenait secrètement des dirigeants qui massacraient les communistes sans compter. Trois pays, et autant de dominos pour le Président qui avait ordonné à la CIA de les mettre au pas dans la crainte que, si l'un s'écroulait, il n'en allât de même du Vietnam.

Le 2 juillet, Lyndon Baines Johnson appela Eisenhower pour lui demander son avis sur l'escalade de la guerre. Les Américains avaient déjà perdu 446 hommes au Vietnam. Une nouvelle junte, la neuvième depuis l'assassinat du président Diem, venait de prendre le pouvoir : elle était dirigée par Nguyen Cao Ky, un pilote qui avait largué vers la mort des agents paramilitaires lors de missions organisées par la CIA, et par Nguyen Van Thieu, un général qui assuma plus tard la présidence. Ky était mauvais, Thieu corrompu. À eux deux, ils incarnaient la démocratie sud-vietnamienne. « Vous nous croyez vraiment capables de battre le Vietcong là-bas ? » demanda le Président[137]. La victoire, répondit Eisenhower, dépendait entièrement d'un bon service de renseignement, or « c'est le plus dur à trouver ».

« UNE GUERRE SAINTE »

Au Laos, tout commença par une guerre de renseignement. En vertu des accords signés par les superpuissances et leurs alliés, tous les combattants étrangers devaient évacuer le pays. Le nouvel ambassadeur américain, William Sullivan, avait lui-même contribué à négocier ces accords. Mais Hanoï maintenait des milliers d'hommes dans le Nord afin de renforcer les forces communistes du Pathet Lao. Les chefs d'antenne et leurs agents avaient ordre de mener une guerre secrète, bravant les subtilités diplomatiques et la réalité militaire sur le terrain.

Durant l'été 1965, tandis que Lyndon Johnson expédiait des dizaines de milliers d'hommes au Vietnam, la guerre au Laos était menée par une trentaine d'agents de la CIA : grâce au matériel militaire parachuté par les pilotes de l'Agence, ils armaient les tribus Hmong qui, faisant office de guérilleros, s'aventuraient jusqu'à la lisière de la piste Ho Chi Minh et surveillaient les commandos thaïs entraînés par Bill Lair, de la CIA.

Lair conduisait la guerre au Laos depuis un bâtiment secret de la base installée par la CIA et le Pentagone à Udorn, en Thaïlande, sur l'autre rive du Mékong. Il avait quarante ans et travaillait pour la CIA dans le Sud-Est asiatique depuis quatorze ans ; il avait épousé une Thaï, mangeait du riz gluant avec du piment et buvait l'eau-de-vie des Hmong.

Son assistant, Lilley, était entré à la CIA en 1951, à sa sortie de Yale. Rattaché à la division Extrême-Orient, il avait passé la guerre de Corée à parachuter des agents en Chine et à se faire flouer par les Chinois nationalistes. Débarqué au Laos en mai 1965, il était rapidement devenu chef d'antenne. L'argent de la CIA coulait à flots pour être généreusement distribué « aux politiciens qui écoutaient nos conseils », expliquait-il. Résultat : lors des prochaines élections à l'Assemblée nationale du Laos, cinquante-quatre sièges sur cinquante-sept revinrent aux dirigeants choisis par la CIA. Mais Vientiane était un poste dur.

« Nous voyions de jeunes gars périr dans des accidents d'hélicoptères, se rappelait Lilley[138]. Nous connaissions des coups d'État, des inondations, toute sorte de problèmes. Et nous voyions certains des nôtres craquer parce qu'ils ne pouvaient plus tenir. »

L'antenne de la CIA s'efforçait d'identifier des cibles communistes au Laos, de repérer les sentiers qui s'entremêlaient pour constituer la piste Ho Chi Minh, de traquer l'ennemi et de lancer des missions de bombardement. À quatre reprises, les Américains détruisirent d'innocentes cibles civiles au Laos, bombardant un jour un village ami qui avait eu le privilège de recevoir la veille la visite de l'ambassadeur américain Sullivan ; la mission avait été ordonnée par Bill Lair qui tentait de récupérer un pilote de la CIA abattu et capturé par le Pathet Lao. Les bombes tombèrent à trente kilomètres de l'objectif prévu et le pilote, Ernie Brace, passa huit ans comme prisonnier au Hilton de Hanoï.

Pourtant, la guerre au Laos avait commencé sur une échelle modeste, « dans une grande effervescence, et avec le sentiment que nous avions enfin trouvé des gens prêts à combattre les communistes et, parfois, à les vaincre dans des opérations de guérilla, expliqua Lilley. C'était une guerre sainte. Une bonne guerre ».

Puis l'avant-poste de Long Tieng commença à s'étendre : nouvelles routes, nouveaux entrepôts, baraquements, camions, Jeeps, bulldozers ; une piste d'atterrissage plus longue, des vols plus nombreux, un soutien aérien renforcé. Les Hmong cessèrent de cultiver quand les avions de la CIA se mirent à faire pleuvoir du riz. « Notre personnel s'accrut, doubla, tripla, raconta Lilley. Cela ressemblait de plus en plus au Vietnam. Et c'est alors que le contrôle de la situation commença à nous échapper. »

Ce moment arriva en octobre 1965, quand Bill Colby se rendit au Laos et prit l'avion pour Long Tieng, dans le cadre d'une tournée d'inspection. La guerre au Vietnam avait pris de l'ampleur : à la fin de l'année, 184 000 hommes étaient déployés. Pour vaincre le Nord, il fallait toujours couper la piste Ho Chi Minh par où les communistes lançaient hommes et matériel dans la bataille plus vite que les États-Unis n'arrivaient à en détruire. Colby était découragé [139] : l'ennemi contrôlait des points stratégiques dans tout le Laos, jusqu'aux faubourgs de Vientiane.

Il voulait un nouveau chef d'antenne, un fonceur sans état d'âme ; il lui fallait pour ce poste Ted Shackley.

« UNE RÉUSSITE SPECTACULAIRE »

On appela donc Shackley à Berlin où, depuis moins de six mois, il dirigeait l'antenne de la CIA ; auparavant, à Miami, il avait longuement essayé de renverser Castro. Il n'avait jamais mis les pieds en Asie.

Il fit venir de l'antenne de Miami et de la base de Berlin des hommes en qui il avait confiance ; il les chargea d'aller dans les provinces pour y former des milices villageoises et, ensuite, les envoyer au combat. Le nombre d'agents de la CIA travaillant pour lui fut multiplié par sept, passant de 30 à 250 ; les forces paramilitaires laotiennes sous ses ordres doublèrent et comptèrent 40 000 hommes qu'il utilisa comme contrôleurs aériens avancés pour assurer sur le Laos la couverture de l'aviation américaine. En avril 1966, vingt-neuf équipes de surveillance routière signalaient les mouvements de l'ennemi sur la piste à la base de la CIA d'Udorn qui envoyait ensuite des bombardiers pour les anéantir.

L'aviation américaine se mit alors à pilonner les jungles du Laos qu'elle transforma en désert ; au Nord-Vietnam, des bombardiers B-52 détruisirent les villages et les hameaux situés au bout de la piste Ho Chi Minh ; l'armée et la marine envoyèrent des commandos pour tenter de briser l'épine dorsale de la piste, à l'endroit où elle s'incurvait vers le sud.

Le compte précis des dégâts et des pertes humaines que tenait Shackley lui permit de conclure que le mariage des tribus montagnardes et de la technologie américaine avait « révolutionné l'art de la guerre irrégulière » et « mis entre les mains des décideurs de la politique américaine une arme fondamentalement nouvelle ». À Washington, les hommes du Président lurent les rapports de Shackley – tant de milliers de commandos laotiens recrutés, tant de communistes tués par mois, tant de missions accomplies – et qualifièrent son travail de « réussite spectaculaire [140] ». Ils approuvèrent donc l'octroi de dizaines de millions de dollars supplémentaires pour la guerre de la CIA au Laos. Shackley pensait être en train de gagner la guerre ; les communistes continuaient cependant d'emprunter la piste.

« UN TERRAIN SÛR DU SUD-EST ASIATIQUE »

Un problème politique plus délicat se posait à la CIA en Thaïlande : créer l'illusion de la démocratie.

En 1953, Walter Bedell Smith et les frères Dulles avaient envoyé à Bangkok un ambassadeur extraordinaire : « Wild Bill » Donovan [141], septuagénaire et toujours aussi combatif. Après la guerre de Corée, il développa énergiquement les opérations clandestines de la CIA dans le Sud-Est asiatique, aidé dans cette tâche par les quarante mille hommes de la police nationale thaïe dont le chef, soutenu par la CIA et l'ambassade de Donovan, était un roi de l'opium. L'Agence et un groupe de conseillers militaires américains – leurs rangs s'étoffaient sans cesse –

armèrent et entraînèrent les soldats thaïs dont le commandant contrôlait les bordels, les abattoirs et les entrepôts d'alcool de Bangkok. Donovan appuyait publiquement les généraux thaïs, des défenseurs de la démocratie, proclamait-il. Et leur concours permit à l'Agence de bâtir la base d'Udorn ; jadis centre nerveux des opérations clandestines pour tout le Sud-Est asiatique, elle devint, après le 11 Septembre, une prison secrète où furent détenus et interrogés les islamistes radicaux.

Après le départ de Donovan, et plus d'une décennie durant, la Thaïlande vécut sous une dictature militaire. En 1965, sous la pression de Washington, les généraux proposèrent d'organiser des élections, tout en craignant ce qui allait sortir des urnes. La CIA entreprit donc de créer et de contrôler un processus démocratique. Le problème était délicat : la Thaïlande vivait toujours sous la loi martiale qui interdisait les partis politiques. Mais sous la poigne énergique de l'ambitieux ambassadeur en Thaïlande, Graham Martin, et de la CIA, les généraux acceptèrent d'unir leurs forces et de former un nouveau parti ; la CIA, en retour, fournirait des millions de dollars pour mettre sur pied la nouvelle machine politique.

Objectif : maintenir « la suprématie et le contrôle du groupe dirigeant actuel » et « s'assurer que le parti créé remporterait une majorité confortable aux élections ». L'Agence bâtirait ainsi, à partir de rien, « un processus électoral démocratique », et les États-Unis disposeraient d'un « régime pro-occidental stable sur un terrain sûr du Sud-Est asiatique »[142]. Le président Johnson donna son approbation : la stabilité de la Thaïlande était indispensable à une victoire américaine au Vietnam.

« NOUS NOUS SOMMES SIMPLEMENT LAISSÉ PORTER »

La CIA avait prévenu la Maison Blanche : pour l'Amérique, perdre son influence en Indonésie ôterait toute signification à la victoire au Vietnam. L'Agence se donnait donc beaucoup de mal pour trouver un nouveau dirigeant au pays musulman le plus peuplé du monde.

Là-dessus, dans la nuit du 1er octobre 1965, séisme politique. Sept ans après la tentative de la CIA pour le renverser, le président Sukarno lança en secret une sorte de coup d'État contre son propre gouvernement. Après deux décennies au pouvoir, Sukarno, dont la santé et le jugement déclinaient, avait cherché à consolider son autorité en s'alliant au parti communiste indonésien, le PKI qui, avec ses trois millions et demi de membres, était devenu la plus grande organisation communiste au monde après celles de la Russie et de la Chine.

Ce basculement vers la gauche se révéla une erreur fatale. Cette nuit-là, cinq généraux au moins furent assassinés, dont le chef d'état-major. La radio d'État annonça qu'un conseil révolutionnaire avait pris le pouvoir afin de protéger le Président et la nation de la CIA.

L'antenne de Jakarta comptait quelques amis dans l'armée et au gouvernement ; l'un d'entre eux, surtout, était bien placé : Adam Malik, ex-marxiste déçu de quarante-huit ans, ex-ambassadeur de Sukarno à Moscou et ex-ministre du Commerce.

À la suite de constantes querelles avec le Président, Malik avait rencontré dans une planque de Jakarta un agent de la CIA, Clyde McAvoy – l'opérateur clandestin qui, dix ans plus tôt, avait aidé à recruter le futur Premier ministre du Japon – venu en Indonésie avec mission d'infiltrer le PKI et le gouvernement de Sukarno.

« J'avais recruté Adam Malik et j'étais son officier traitant, expliqua McAvoy lors d'une interview en 2005 [143]. Il était l'Indonésien du plus haut rang que nous ayons recruté. » La CIA obtint ainsi l'accord pour un nouveau programme d'action clandestine visant à enfoncer un coin entre la gauche et la droite en Indonésie.

Mais, au mois d'octobre 1965, en quelques semaines terrifiantes, l'Indonésie se scinda en deux.

La CIA s'efforçait de consolider un gouvernement fantôme, une troïka composée d'Adam Malik, du sultan qui régnait sur le centre de Java et d'un major général du nom de Suharto. Malik profita de ses relations avec la CIA pour organiser une série de rencontres secrètes avec le nouvel ambassadeur américain en Indonésie, Marshall Green. Ce dernier raconta qu'il se fit ainsi « une idée très claire de ce que pensait Suharto, de ce que pensait Malik, et de ce qu'ils se proposaient de faire » pour débarrasser l'Indonésie du communisme en s'appuyant sur le nouveau mouvement politique qu'ils dirigeaient, le Kap-Gestapu [144].

À la mi-octobre 1965, Malik envoya un assistant à la résidence du principal attaché politique de l'ambassade, Bob Martens, qui était en poste à Moscou alors que Malik s'y trouvait comme envoyé de l'Indonésie. Martens remit à l'émissaire une liste, établie à partir de coupures de la presse communiste, recensant soixante-sept dirigeants du PKI. « Il ne s'agissait absolument pas d'une liste de condamnations, précisa Martens [145], mais d'un moyen pour les non-communistes de connaître l'organisation du camp adverse. » Deux semaines plus tard, l'ambassadeur Green et le chef d'antenne de la CIA à Jakarta, Hugh Tovar, commencèrent à recevoir des rapports de seconde main évoquant des tueries et des atrocités dans l'est et le centre de Java où des troupes de choc civiles, avec la bénédiction du général Suharto, massacraient les gens par milliers.

McGeorge Bundy et son frère Bill estimèrent que Suharto et le Kap-Gestapu méritaient d'être soutenus par les États-Unis ; mais l'ambassadeur Green les prévint : cette aide ne pourrait venir ni du Pentagone ni du Département d'État, car cela serait trop risqué. Ils décidèrent donc tous les trois de confier l'argent à la CIA.

Ils convinrent d'aider l'Armée indonésienne en lui faisant parvenir 500 000 dollars de fournitures médicales transitant par la CIA, étant entendu que l'armée les revendrait pour se procurer des espèces, en même temps qu'on approuverait provisoirement un envoi de matériel de communication sophistiqué destiné aux chefs de l'Armée indonésienne. On n'oubliait pas non plus de récompenser généreusement les services de Malik auquel on versa 50 millions de rupiahs (environ 10 000 dollars). Un câble de l'ambassadeur à Bill Bundy précisait que « les risques d'être découverts ou d'une révélation concernant notre soutien sont aussi minimes dans ce cas que dans toute opération de ce genre ».

Une vague de violence commença à déferler sur l'Indonésie. Le général Suharto et le Kap-Gestapu massacrèrent une multitude de gens. L'ambassadeur Green confia plus tard au vice-président Hubert H. Humphrey au cours d'une conversation dans le bureau de celui-là au Capitole [146] que « entre 300 000 et 400 000 personnes furent exterminées » dans « un bain de sang ». Le vice-président mentionna qu'il connaissait Adam Malik depuis des années, « l'un des hommes les plus intelligents [que j'ai] jamais rencontrés », observa l'ambassadeur. Nommé ministre des Affaires étrangères, il fut reçu pendant vingt minutes par le président des États-Unis dans le Bureau ovale. À la fin de leur discussion, qui avait porté essentiellement sur le Vietnam, Lyndon Johnson assura qu'il suivait avec le plus grand intérêt le développement de la situation en Indonésie et qu'il souhaitait bonne chance à Malik et à Suharto. Plus tard, grâce au soutien des États-Unis, Malik occupa le poste de président de l'Assemblée générale des Nations unies.

Lors d'une session secrète de la Commission sénatoriale des Relations extérieures, l'ambassadeur Green révisa ses estimations concernant le nombre des morts en Indonésie [147] : « Je crois que nous devrions peut-être porter ce nombre à près de 500 000 personnes, déclara-t-il dans une déposition déclassifiée en mars 2007. Bien sûr, personne ne sait exactement. Nous ne pouvons juger que d'après la quantité de villages entiers qui ont été dépeuplés. »

Le président de la commission, le sénateur de l'Arkansas J. William Fulbright, posa directement la question suivante :

« Étions-nous impliqués dans le coup d'État ?

— Non, monsieur le Sénateur, répondit l'ambassadeur Green.

— Étions-nous impliqués dans la précédente tentative de coup d'État ?

— Non. Je ne pense pas.

— La CIA n'a joué aucun rôle dans cette affaire ? interrogea Fulbright.

— Vous parlez de 1958 ? » demanda Green. L'Agence avait évidemment fomenté ce coup d'État, de ses débuts tâtonnants jusqu'à la fin. « Je ne peux malheureusement pas répondre, dit l'ambassadeur. Je ne sais pas avec certitude ce qui s'est passé. »

Moment périlleux : on avait failli aborder le sujet d'une opération désastreuse aux conséquences redoutables – mais le sénateur n'insista pas.

« Vous ne savez pas si la CIA était impliquée ou non, dit Fulbright. Et nous n'étions pas impliqués dans cette affaire.

— Non, monsieur le Sénateur, approuva l'ambassadeur. Absolument pas. »

Le nouveau régime fit plus d'un million de prisonniers politiques, dont certains restèrent en prison des dizaines d'années durant ; d'autres y moururent. L'Indonésie demeura une dictature militaire jusqu'à la fin de la guerre froide. Les conséquences de cette répression se font encore sentir aujourd'hui.

Depuis quarante ans, les États-Unis nient toute participation dans le massacre perpétré en Indonésie au nom de l'anticommunisme. « Ce n'est pas nous qui avons créé les vagues, dit Marshall Green [148]. Nous nous sommes simplement laissé porter. »

« SINCÈREMENT ET PROFONDÉMENT PERTURBÉ »

Vingt ans plus tôt, Frank Wisner et Richard Helms avaient quitté ensemble Berlin pour Washington en se demandant s'il y aurait jamais une Central Intelligence Agency. Tous deux avaient gravi les échelons pour diriger le service d'action clandestine : l'un d'eux aujourd'hui était sur le point d'arriver au pinacle, l'autre avait sombré dans les abysses.

Depuis des mois en effet, Frank Wisner se morfondait dans sa ravissante maison de Georgetown où, plongé dans le désespoir, il buvait du whisky dans des verres en cristal. Parmi les secrets les mieux gardés de la CIA, figuraient les séjours répétés en maison de fous d'un de ses pères fondateurs. On avait retiré à Wisner la direction de l'antenne de Londres et on l'avait contraint à la retraite en 1962, quand ses troubles mentaux avaient repris : il déblatérait contre Adolf Hitler, avait des visions, entendait des voix. Wisner savait qu'il ne se rétablirait jamais : le 29 octobre 1965, il avait rendez-vous dans son domaine de l'Eastern Shore du Maryland pour chasser avec son vieil ami de la CIA, Joe

Bryan, et, cet après-midi-là, il se rendit dans sa maison de campagne, prit un fusil de chasse et se fit sauter la cervelle. Il avait cinquante-six ans. Après de magnifiques funérailles à la National Cathedral, il fut enterré au cimetière national d'Arlington ; on grava sur sa tombe : « Lieutenant de la Marine des États-Unis ».

L'esprit de corps de la guerre froide commençait à s'éroder. Quelques semaines seulement après la mort de Wisner, Ray Cline, le directeur adjoint du Renseignement, alla trouver Clark Clifford, le président du Conseil pour le renseignement étranger, pour régler son compte à Red Raborn.

Cline affirma que le directeur représentait un danger pour le pays. Le 25 janvier 1966, Clifford déclara à McGeorge Bundy, qui s'apprêtait à partir après cinq années épuisantes comme conseiller à la Sécurité nationale, que le Conseil était « sincèrement et profondément perturbé par le problème de la direction de la CIA [149] ». Quelques jours plus tard, une fuite habilement glissée dans le Washington Star apprit à Raborn qu'il allait être viré. L'amiral riposta : il adressa à Bill Moyers, l'attaché de presse du Président, une longue liste de tout ce qu'« il avait accompli [150] » : l'Agence avait supprimé les actions clandestines inutiles et improductives, installé un centre d'opérations fonctionnant vingt-quatre heures sur vingt-quatre pour informer le Président, doublé les effectifs des équipes de contre-insurrection au Vietnam et triplé l'ensemble des opérations menées depuis Saigon. Il assura à la Maison Blanche que, aussi bien au quartier général que dans les antennes locales, le moral était excellent. Dans la matinée du 22 février 1966, le Président lut le brillant compte rendu de ses états de service présenté par l'amiral Raborn, décrocha son téléphone et appela McGeorge Bundy.

Raborn « ne se rend absolument pas compte, dit le Président [151], qu'on ne le tient pas en très haute estime et qu'il ne fait pas du bon travail. Il s'imagine qu'il a beaucoup amélioré les choses et qu'il a parfaitement réussi. Et j'ai bien peur que Helms ne le laisse s'en persuader ».

Cette semaine-là, Bundy démissionna et Lyndon Baines Johnson ne nomma personne pour le remplacer à la tête du Comité de surveillance de l'action clandestine, le Comité 303. Les opérations qui exigeaient l'aval de la Maison Blanche restèrent en suspens, y compris un plan pour arranger les élections en République dominicaine en faveur d'un ancien président exilé à New York, ainsi qu'une nouvelle infusion de dollars et d'armes pour le dictateur du Congo. Johnson laissa le Comité en sommeil durant mars et avril 1966. Il avait d'abord pensé, pour la présidence du Comité 303, à Bill Moyers – qui deviendrait par la suite la voix de gauche la plus lucide de la télévision publique –, lequel assista le 5 mai 1966 à une séance qui le fit frémir et l'incita à décliner cet honneur. Le Président institua alors nouveau conseiller à la Sécurité nationale et président du 303 son fidèle béni-oui-oui, Walt Whitman Rostow, et le 303 reprit ses travaux en mai [152]. Malgré cette interruption, il approuva cinquante-quatre opérations clandestines importantes de la CIA, pour la plupart destinées à soutenir la guerre dans le Sud-Est asiatique.

Le troisième samedi de juin 1966, la standardiste de la Maison Blanche réussit enfin à passer au domicile de Richard Helms un appel du Président.

Âgé de cinquante-trois ans, grisonnant, maintenu en forme par une pratique régulière du tennis, réglé comme une montre suisse, Helms arrivait chaque matin, samedi inclus, à 6 heures 30 au quartier général au volant de sa vieille Cadillac noire ; ce jour-là, il s'était exceptionnellement donné congé. Ce qui avait commencé par une idylle de guerre avec le renseignement s'était transformé en passion dévorante. Marié depuis vingt-six ans à Julia Shields, une femme sculpteur de six ans son aînée, il laissait son mariage dépérir faute d'attentions. Leur fils était au collège. Toute sa vie était consacrée à l'Agence, et ce coup de téléphone exauça son vœu le plus cher.

Il prêta serment à la Maison Blanche le 30 juin. Le Président avait fait venir la fanfare des Marines. Helms se trouvait désormais à la tête de près de vingt mille hommes, dont plus d'un tiers espionnaient à l'étranger, et disposait d'un budget d'environ un milliard de dollars. On le considérait comme l'un des plus puissants personnages de Washington.

25.

« NOUS AVONS SU ALORS QUE NOUS NE POUVIONS PAS GAGNER LA GUERRE »

Lorsque Richard Helms prit le contrôle de la CIA, 250 000 soldats américains étaient en guerre. Un millier d'opérateurs clandestins dans le Sud-Est asiatique et trois mille analystes du renseignement aux États-Unis avaient conscience du désastre qui ne faisait que se préciser.

Une véritable bataille se jouait au quartier général. Le travail des analystes consistait à juger si on pouvait gagner la guerre, celui du service d'action clandestine à aider à la gagner. La plupart des analystes étaient pessimistes, la plupart des opérateurs rêvaient d'en découdre. Ils travaillaient dans des mondes différents : au quartier général, des gardes armés séparaient les divers services, et Helms se voyait en « acrobate de cirque debout sur deux chevaux à la fois, chacun ayant de bonnes raisons d'aller de son côté [153] ».

Parmi les centaines de nouvelles recrues qui arrivèrent l'été où Helms prit son poste, figurait un jeune homme de vingt-trois ans qui s'était engagé pour s'amuser afin de se faire payer un voyage à Washington durant sa seconde année d'études à l'Université d'Indiana. Un bus de la CIA emmena Bob Gates, futur directeur de l'Agence et futur secrétaire à la Défense, de Washington jusqu'à une allée protégée par une clôture grillagée surmontée de barbelés qui débouchait devant un bâtiment en ciment de sept étages hérissé d'antennes.

Quatre-vingt-dix jours plus tard, sous-lieutenant, il se retrouva sur la base aérienne de Whiteman dans le Missouri pour apprendre à déterminer les cibles nucléaires. Le jeune analyste eut très vite un terrifiant aperçu de l'évolution de la guerre au Vietnam : les États-Unis, à court de pilotes, envoyaient des colonels aux cheveux blancs bombarder les communistes.

« Nous avons su alors, se souvenait Gates [154], que nous ne pouvions pas gagner la guerre. »

« QUADRATURE DU CERCLE EFFECTUÉE »

Helms et son adjoint pour l'Extrême-Orient, Bill Colby, étaient de vieux routiers des opérations clandestines, et leurs rapports au Président reflétaient l'esprit battant du service. Helms déclara à Lyndon Baines Johnson : « Cette Agence se donne à fond pour contribuer à la réussite du programme américain au Vietnam [155]. » Colby adressa à la Maison Blanche une estimation rayonnante des résultats de l'antenne de Saigon. George Carver, que Helms avait désigné comme son assistant spécial pour les affaires du Vietnam, ne cessait, lui aussi, d'annoncer de bonnes nouvelles à la Maison Blanche.

Pourtant, dans une longue étude, *The Vietnamese Communists' Will to Persist*, envoyée au Président et peut-être à une douzaine de ses principaux collaborateurs, les meilleurs analystes de la CIA avaient conclu que rien de ce que pourraient tenter les États-Unis ne parviendrait à assurer la défaite de l'ennemi. Le 26 août 1966, aussitôt après avoir lu ce rapport, le secrétaire à la Défense McNamara appela Helms et demanda à voir le meilleur expert de la CIA sur le Vietnam. George Carver étant en vacances cette semaine-là, ce fut son adjoint George Allen qui se rendit dans le saint des saints du Pentagone pour son premier entretien en tête à tête avec le secrétaire à la Défense. On avait prévu un rendez-vous d'une demi-heure à 10 heures 30. Cette conversation se révéla être le seul échange d'idées entre la CIA et le Pentagone durant la présidence de Lyndon Johnson.

Qu'Allen eût travaillé dix-sept ans sur le Vietnam fascina McNamara. Eh bien, s'exclama-t-il, vous devez avoir quelques idées sur ce qu'il faut faire. « Il voulait savoir comment j'agirais si j'étais à sa place, se souvenait Allen. Je décidai de répondre sincèrement. »

« Cessez d'envoyer des renforts aux forces américaines, commença-t-il [156]. Arrêtez de bombarder le Nord et négociez un cessez-le-feu avec Hanoï. » McNamara appela sa secrétaire et lui demanda d'annuler tous ses autres rendez-vous jusqu'au déjeuner.

Pourquoi, s'étonna le secrétaire à la Défense, les États-Unis choisiraient-ils de laisser s'écrouler les dominos de l'Asie ? Parce que, répondit Allen, le risque ne serait pas plus grand autour d'une table de conférence que sur le théâtre des opérations. Si les États-Unis cessaient les bombardements et entamaient des négociations avec la Chine et l'Union soviétique aussi bien qu'avec leurs alliés et ennemis en Asie, on pourrait déboucher sur une paix dans l'honneur.

McNamara écouta pendant quatre-vingt-dix minutes ces séduisantes hérésies ; il prit alors trois décisions fatales. Il demanda à la CIA de lui préparer un ordre de bataille, une estimation des forces ennemies déployées contre les États-Unis, et, à ses collaborateurs, de rédiger une histoire top-secret de la guerre depuis 1954 : les Pentagon Papers. Puis il s'interrogea sur son action au Vietnam. Le 19 septembre, il téléphona au Président [157] : « Je suis de plus en plus convaincu que nous devrions envisager l'arrêt définitif des bombardements sur le Nord, dit-il. Je crois aussi que nous devrions prévoir, comme je l'ai déjà mentionné, un plafond pour nos forces engagées. Je pense que nous ne devrions plus envisager l'avenir en nous disant que nous irons de plus en plus haut – six cent mille hommes, sept cent mille, ce qu'il faudra. » Le Président se contenta pour toute réponse d'un grognement inintelligible.

McNamara comprit trop tard que les États-Unis avaient dramatiquement sous-estimé la détermination des insurgés qui massacraient des soldats américains au Vietnam, fatale erreur que nous répéterions bien des années plus tard en Irak. L'étude de l'ordre de bataille qu'il avait commandée déclencha une énorme bagarre entre les chefs militaires à Saigon et les analystes de la CIA au quartier général. À combien de combattants communistes les États-Unis se trouvaient-ils confrontés au Vietnam : à moins de 300 000, comme l'assuraient les militaires, ou à plus de 500 000, comme l'estimaient les analystes ?

La différence s'expliquait par le nombre de guérilleros, d'irréguliers, de miliciens – soldats sans uniforme. Si, malgré deux années de bombardements incessants par les avions américains et d'attaques acharnées par les troupes américaines, l'ennemi pouvait encore compter sur un demi-million d'hommes, cela signifiait qu'on ne pouvait vraiment pas gagner la guerre. L'estimation inférieure équivalait à un acte de foi de la part du général William Westmoreland, le commandant des forces américaines au Sud-Vietnam, et de son aide de camp, Robert Komer dit « Robert la lampe à souder ». Membre fondateur de la CIA, il dirigeait la nouvelle campagne de contre-insurrection, nom de code Phœnix, qui ne cessait de prendre de l'ampleur ; il envoyait de multiples mémos confidentiels à Lyndon Baines Johnson pour le convaincre que la victoire était à portée de main.

La discussion s'éternisait, jusqu'au jour où Helms dépêcha Carver à Saigon pour s'entendre avec Westmoreland et Komer. La discussion ne se passa pas bien. Les militaires étaient intraitables. « Vous n'avez qu'à reconnaître que vous avez tort », dit Komer à Carver au cours d'un monologue qui occupa tout un dîner [158].

Helms ressentait une pression croissante – et la nécessité d'embellir les rapports de la CIA pour les adapter à la politique du Président. Il finit par céder et prétendit que « les chiffres ne veulent rien dire ».

L'Agence accepta officiellement le chiffre falsifié de 299 000 ennemis tout au plus. « Quadrature du cercle effectuée », câbla Carver au directeur.

Suppression ou falsification des rapports concernant le Vietnam – une longue histoire : au printemps 1963, John McCone avait connu les mêmes problèmes.

Mais dorénavant peu importait ce que la CIA rapportait à Washington. Jamais on n'avait vu une guerre où les chefs militaires disposaient d'autant de renseignements : documents d'ennemis capturés, interrogatoires brutaux de prisonniers de guerre, interceptions électroniques, reconnaissances aériennes, rapports venus du terrain dans le sang et la boue des lignes de front, analyses minutieuses, synthèses trimestrielles de tout ce que savaient la CIA et les chefs militaires américains. Aujourd'hui, un vieil atelier de torpilles non loin du Pentagone abrite plus de douze kilomètres de microfilms, une faible partie des archives du Renseignement américain provenant de la guerre.

Jamais un tel amas d'informations n'avait si peu servi. La guerre avait été conduite à partir d'une série de mensonges que se racontaient entre eux les dirigeants des États-Unis et qu'ils débitaient au peuple américain. La Maison Blanche et le Pentagone s'efforçaient sans cesse de convaincre l'opinion que la guerre se déroulait bien. Mais, avec le temps, la réalité sur le terrain l'emporterait.

26.

« UNE BOMBE H POLITIQUE »

Le 13 février 1967, Richard Helms terminait à Albuquerque une longue journée d'inspection des laboratoires d'armes nucléaires lorsqu'un officier de transmissions de la CIA, extrêmement agité, l'aborda devant sa chambre d'hôtel avec un message de la Maison Blanche : Rentrez immédiatement à Washington.

Ramparts, un petit mensuel gauchiste, s'apprêtait à publier un article dévoilant que la National Student Association, un respectable groupe d'étudiants qui avait des ramifications dans le monde entier, recevait, et ce, depuis des années, une généreuse subvention de l'Agence. Le quartier général de la CIA venait d'avertir la Maison Blanche : apprendre que « la CIA entretenait des rapports avec des organisations et des fondations privées » déchaînerait une tempête [159]. « On accusera probablement la CIA d'intervention déplacée dans des affaires domestiques et de manipulation et de mise en danger de jeunes gens innocents. L'Administration sera sans doute attaquée. »

Aussitôt la nouvelle divulguée, le président Johnson annonça l'ouverture par Nick Katzenbach, le Numéro 2 du Département d'État, d'une enquête au plus haut niveau concernant les rapports de la CIA avec des organisations privées aux États-Unis, et « laissa la responsabilité de tirer l'Agence de ce mauvais pas) » à la seule personne à savoir avec précision ce qui s'était passé, Helms [160].

James Reston, du *New York Times*, fit observer à juste titre que risquaient désormais d'être également révélés les liens de la CIA avec quelques stations de radio, publications ou syndicats qu'il ne nommerait pas – en bref deux décennies du travail secret de la CIA.

On apprit ainsi que Radio Free Europe, Radio Liberty ainsi que le Congrès pour la liberté de la culture étaient des créations de l'Agence. Tous les petits magazines d'influence qui s'étaient épanouis sous l'étendard de la gauche libérale anticommuniste, tous les groupes éminemment respectables qui avaient servi de canaux pour le personnel et pour l'argent de la CIA – telles la Ford Foundation et l'Asia Foundation –, tous faisaient partie d'un montage de sociétés fantômes et d'organisations de couverture liées à la CIA. Que l'un d'eux fût démasqué, et tous les autres sautaient ensemble.

Les radios représentaient incontestablement les instruments de guerre politique les plus influents. La CIA avait dépensé près de 400 millions de dollars à les subventionner et avait de bonnes raisons de croire que des millions d'auditeurs de l'autre côté du rideau de fer appréciaient chacun des mots qu'elles diffusaient. Mais leur légitimité se trouva sérieusement entamée lorsqu'on découvrit qu'elles émettaient sur les fréquences de la CIA.

L'Agence avait bâti un château de cartes, et Helms le savait. Dix ans plus tôt, Helms avait parlé à Wisner de supprimer les subventions secrètes et de laisser le Département d'État contrôler les radios ; ils étaient convenus de tenter de convaincre le président Eisenhower, mais n'avaient pas poursuivi.

S'agissant du contrôle de l'action clandestine, la CIA n'était d'ailleurs que partiellement coupable de négligence ; cela faisait des années en effet que ni la Maison Blanche, ni le Pentagone, ni le Département d'État ne la surveillaient. Depuis l'arrivée au pouvoir du président Kennedy, plus de trois cents opérations clandestines de grande envergure avaient été lancées – et, hormis Helms, aucun dirigeant n'avait eu connaissance de la plupart d'entre elles. « Nous manquons de précisions sur la façon dont certains programmes doivent être exécutés et on ne nous tient pas au courant de la réalisation de programmes d'une importance majeure », signalait un responsable du renseignement au Département d'État le 15 février 1967 [161].

Les mécanismes créés pour surveiller la CIA et pour placer le service d'action clandestine sous l'autorité présidentielle ne fonctionnaient pas – ils n'avaient d'ailleurs jamais fonctionné. On pensait de plus en plus à la Maison Blanche, au Département d'État, au Département de la Justice ainsi qu'au Congrès que l'Agence était devenue quelque peu incontrôlable.

« CE QU'ILS ONT PRÉCISÉMENT À L'ESPRIT, C'EST DE LE TUER »

Le 20 février 1967, le Président téléphona à l'attorney général des États-Unis, Ramsey Clark.

Cinq semaines auparavant, Lyndon Baines Johnson et le chroniqueur Drew Pearson avaient eu à la Maison Blanche une conversation confidentielle d'une heure à propos de John Rosselli, un membre de la Mafia, ami fidèle de Bill Harvey, de la CIA, et ennemi juré de Robert Kennedy [162].

« Cette histoire qui circule à propos de la CIA... envoyer des gens pour liquider Castro, dit Lyndon Baines Johnson à Ramsey Clark [163]. C'est *incroyable*. » Et il lui raconta l'histoire. « Ils ont un type impliqué là-dedans, qui a été amené à la CIA avec quelques autres et chargé par la CIA et l'attorney général d'assassiner Castro après la baie des Cochons... Ils avaient ces comprimés. » Chaque mot était vrai. Mais le récit, qui ne s'arrêtait pas là, amena Johnson à une conclusion terrifiante bien que non fondée : Castro avait capturé les conspirateurs, « il les avait torturés. Et ils lui avaient tout raconté... Alors, il a dit : "Très bien. On va s'en occuper." Il a appelé Oswald et quelques types et leur a dit... d'aller régler ça. » *Ça*, c'était l'assassinat du président des États-Unis.

Johnson demanda à Ramsey Clark d'établir ce que savait le FBI à propos des liens entre la CIA, la Mafia et Bobby Kennedy.

Le 3 mars, Pearson déclarait dans sa chronique : « Le président Johnson est assis sur une bombe H politique : un rapport non confirmé selon lequel le sénateur Robert Kennedy aurait pu approuver une tentative d'assassinat qui se serait par la suite retournée contre son défunt frère. » Cet article effraya Bobby Kennedy ; le lendemain, il déjeuna avec Helms qui lui apporta l'unique exemplaire du seul rapport établissant un lien entre Kennedy et le complot de la Mafia visant Castro.

Deux jours plus tard, le FBI termina un rapport destiné au Président et intitulé carrément : « Sur les intentions de la CIA d'envoyer des hommes de main pour assassiner Castro. » C'était clair et sans fioriture : la CIA avait tenté de tuer Castro ; l'Agence avait engagé à cette fin des membres de la Mafia et, en tant qu'attorney général, Robert Kennedy connaissait le complot de la CIA et l'implication de la Mafia.

Le président Johnson rumina l'affaire pendant deux semaines puis ordonna à Helms d'enquêter officiellement sur les complots contre Castro, Trujillo et Diem. Helms n'avait pas le choix et dit à John Earman, l'inspecteur général de la CIA, de se mettre au travail. Earman convoqua, l'un après l'autre, chacun des hommes au courant de ce qui s'était passé dans son service ; il recueillit, un par un, les dossiers de la CIA afin d'établir un compte rendu détaillé.

Le secrétaire d'État Rusk ordonna au chef du service de renseignement du Département d'État Tom Hughes de mener indépendamment sa propre enquête sur les opérations clandestines de la CIA. Le 5 mai, Hughes s'installa dans le grand bureau du secrétaire d'État avec Rusk et Katzenbach ; ensemble, les trois hommes examinèrent s'il n'y aurait pas lieu pour le Président de procéder à des coupes sombres dans le service d'action clandestine. Hughes en était arrivé à la conclusion qu'acheter des politiciens étrangers, soutenir des coups d'État ici ou là et fournir en armes les rebelles d'un pays ou d'un autre risquait de saper les valeurs américaines ; il proposa que les États-Unis réduisent l'action clandestine « à un minimum irréductible » et suggéra qu'ils n'aillent de l'avant que lorsque « les résultats éventuels sont essentiels à la sécurité nationale ; d'une valeur assez significative pour l'emporter sur les risques ; et ne peuvent être obtenus par aucun autre moyen »[164]. Rusk transmit ces idées à Helms qui n'était pas vraiment contre.

La même semaine, Helms lut attentivement les cent trente-trois pages du premier jet du rapport de l'inspecteur général de la CIA, qui disait que les meurtriers de Diem et de Trujillo avaient été « encouragés mais pas contrôlés par le gouvernement américain ». Mais il précisait dans tous ses détails le mécanisme des complots contre Castro. « Nous ne pouvons trop souligner dans quelle mesure des membres de l'Agence se sont sentis soumis aux sévères pressions de l'Administration Kennedy pour tenter quelque chose à propos de Castro, disait le rapport. On trouve des gens qui parlent vaguement de "tenter quelque chose à propos de Castro" alors qu'il est clair que ce qu'ils ont précisément à l'esprit, c'est de le tuer. » Même si la pression venait des plus hauts échelons du gouvernement, le rapport restait silencieux sur la question de l'autorisation présidentielle. Le seul à pouvoir donner une réponse définitive, le sénateur Robert Kennedy, s'occupait au même moment de soutenir un texte aggravant les peines contre ceux qui profanaient le drapeau américain.

Le rapport accusait tous les responsables encore en vie de la CIA ayant servi comme chef du service d'action clandestine – Allen Dulles, Richard Bissell, Richard Helms et Desmond FitzGerald – de complicité dans des conspirations visant à commettre un meurtre. Il s'attaquait particulièrement à FitzGerald, précisant que c'était lui qui avait personnellement fourni des fusils à viseur télescopique à l'agent cubain Rolando Cubela, lequel avait juré d'abattre Castro la semaine où le président Kennedy avait été assassiné. FitzGerald avait beau le nier vigoureusement, les chances pour qu'il mentît étaient fortes.

Le 10 mai, Helms, muni de ses notes manuscrites concernant le rapport de l'inspecteur général, alla voir le Président. On n'a aucune trace de ce qu'ils se dirent. Puis, le 23 mai, Helms témoigna sur la CIA devant la sous-commission présidée par le sénateur Richard Russell. Russell en savait plus que quiconque d'extérieur à l'Agence sur son fonctionnement. Nul à Washington n'était plus proche du président Johnson. Dans le contexte de l'assassinat politique, il posa à Helms une question très pointue : il l'interrogea sur la capacité de la CIA « à s'assurer le silence de ceux qu'elle avait employés dans le passé[165] ».

Helms revint ce jour-là au quartier général et veilla à ce que fût détruit le moindre bout de papier ayant trait à l'enquête de l'inspecteur général. Il conserva l'unique exemplaire du rapport dans son coffre où il resta les six années suivantes.

« UN HOMME OBSÉDÉ »

Ce fut pour Helms une époque des plus périlleuses pour sa vie professionnelle. Tout au long du printemps 1967, il se trouva confronté, au sein même du quartier général, à une crise aussi redoutable que le tic-tac des bombes à retardement des projets d'assassinat. Quelques-uns de ses meilleurs agents avaient déclenché une rébellion interne contre les théories du complot de Jim Angleton.

Depuis plus d'une décennie, depuis le jour où Angleton avait obtenu, avec l'aide des Israéliens, un exemplaire du discours secret de Khrouchtchev dénonçant Staline, il jouissait à la CIA d'un statut d'exception. Il contrôlait toujours le compte israélien et assurait la liaison avec le FBI tout en occupant le poste crucial de chef du contre-espionnage, l'homme qui protégeait l'Agence des espions communistes cherchant à l'infiltrer. Mais sa vision du « grand complot » tramé par Moscou avait commencé à empoisonner l'atmosphère de l'Agence. Une histoire secrète de la CIA alors que Richard Helms dirigeait le Renseignement, déclassifiée en février 2007, révèle en détail le ton et la teneur du travail d'Angleton au quartier général [166] :

« Angleton, vers le milieu des années 1960, en était arrivé à professer un ensemble d'opinions qui, si elles se révélaient exactes, laissaient présager pour les États-Unis de graves conséquences. Angleton était convaincu que l'Union soviétique, guidée par un groupe extrêmement habile de dirigeants, conservait toute son hostilité envers l'Ouest. Le communisme international restait toujours aussi monolithique, et les bruits d'une scission entre Moscou et Pékin faisaient seulement partie d'une savante "campagne de désinformation". Un "Bloc socialiste intégré et déterminé", écrivait Angleton en 1966, s'efforçait de nourrir de fausses rumeurs de "divisions, d'évolution, de lutte de pouvoir, de désastres économiques, de bons et de mauvais communismes" afin d'offrir à l'Ouest décontenancé "une jungle de miroirs". Quand ce programme de désinformation stratégique serait parvenu à faire voler en éclats la solidarité occidentale, Moscou n'aurait aucun mal à éliminer les unes après les autres les nations du Monde libre. À en croire

Angleton, seuls les services de renseignement occidentaux pourraient riposter à ce défi et conjurer le danger. Et, comme les Soviétiques avaient infiltré absolument chacun de ses services, le sort de la civilisation occidentale reposait, dans une large mesure, entre les mains des experts du contre-espionnage. »

Angleton était un malade et lui faire confiance pouvait entraîner de graves conséquences. C'est ainsi qu'au printemps 1967, on incarcéra – pour trois ans dans des conditions abominables – le transfuge soviétique Iouri Nosenko ; on soupçonna, à tort, de hauts responsables de la division Union soviétique de la CIA d'espionner pour Moscou ; on refusa de croire tous les transfuges soviétiques ou agents recrutés là-bas.

Une résistance à Angleton, limitée mais déterminée, commençait à se manifester au sein du service d'action clandestine. « Plutôt que de nous laisser désinformer par l'ennemi, nous nous faisions des illusions », déclara Leonard McCoy, un haut responsable de la division Union soviétique, dans un mémo que Helms lut pour la première fois en avril 1967 [167]. Il dit à Helms que là façon de penser d'Angleton avait provoqué une totale « paralysie de nos efforts du côté soviétique ».

Angleton et son équipe ne fournissaient pratiquement pas de rapport de renseignement au reste de l'Agence : il se considérait comme l'unique client de son travail et refusait de faire circuler ses conclusions par écrit. Il avait saboté des chefs d'antenne aux quatre coins de l'Europe, sapé les efforts des services de renseignement alliés et empoisonné l'atmosphère de l'Agence. Selon l'expression de l'amiral Taylor, le directeur adjoint du Renseignement, « Jim était un homme obsédé… Helms déplorait cette obsession mais estimait qu'Angleton était si précieux et si difficile à remplacer que ses autres qualités compensaient les inconvénients de cette obsession [168] ».

Malgré les carrières brisées, les vies gâchées et le pur chaos créé par Angleton, Helms lui fit toujours confiance. Pourquoi ? D'abord parce que, pour autant qu'on sache, durant les vingt années où Angleton dirigea le contre-espionnage, la CIA ne fut jamais infiltrée par un traître ou par un espion soviétique et, de cela, Helms lui fut éternellement reconnaissant. Et puis, comme le montre pour la première fois clairement l'histoire secrète de la CIA rédigée par Helms, il doit en partie à Angleton son plus grand triomphe comme directeur du Renseignement : la précision avec laquelle la CIA put annoncer la guerre des Six Jours.

Le 5 juin 1967, Israël attaqua l'Égypte, la Syrie et la Jordanie. La CIA l'avait prévu. Les Israéliens avaient affirmé à la Maison Blanche et au Département d'État qu'ils se trouvaient en grand danger, mais Helms certifia au Président qu'il s'agissait d'un pieux mensonge lancé dans l'espoir de s'acquérir le soutien militaire direct des Américains. Au grand soulagement de Lyndon Johnson, Helms assura qu'Israël attaquerait à l'heure et au lieu de son choix et remporterait sans doute une victoire rapide – en quelques jours. La source de cette prévision faite avec assurance, Angleton, tenait l'information de ses amis au plus haut niveau du Renseignement israélien et l'avait transmise directement et exclusivement à Helms.

Lyndon Baines Johnson fut évidemment très impressionné par l'exactitude de cette prédiction et réalisa pour la première fois, raconta Helms, que « le renseignement avait un rôle à jouer [169] ». Cela valut à Helms une place au déjeuner du mardi du Président – la meilleure table de la ville où se retrouvaient les plus hauts personnages du gouvernement, ce que Helms appelait le cercle magique. Une fois par semaine pendant les dix-huit mois qui suivirent, la CIA bénéficia de ce dont elle avait le plus grand besoin : l'attention du président des États-Unis.

« UNE FORMIDABLE PLOMBERIE »

Helms tenait à garder le contrôle des secrets domestiques de la CIA et, dans ce but, exigeait d'éviter de mauvaises surprises à l'étranger. À cause du climat politique, nombre des opérations clandestines de l'Agence équivalaient à des bombes H potentielles.

En juin 1967, Helms demanda à Desmond FitzGerald une évaluation de toutes les actions clandestines à l'étranger afin de s'assurer que le secret qui les entourait était sans faille – et de faire taire tous ceux qui risquaient de parler. L'Agence ne pouvait se permettre ni un autre scandale public ni le risque d'un nouveau jugement de l'opinion. La pression subie par FitzGerald, ajoutée au fardeau que faisait peser sur lui l'enquête interne concernant les complots contre Castro, se révéla trop forte. Cinq semaines plus tard, au cours d'une partie de tennis avec l'ambassadeur de Grande-Bretagne, il fut foudroyé par une crise cardiaque. Il avait cinquante-six ans, comme Frank Wisner.

Après la disparition de FitzGerald, Helms choisit pour diriger le service d'action clandestine un vieil ami fidèle : Thomas Hercules Karamessines, surnommé Tom K., membre fondateur de la CIA, ancien chef de l'antenne d'Athènes, et constamment torturé par une hernie discale. Durant l'été et l'automne 1967, ils continuèrent à passer en revue la liste des opérations clandestines de la CIA. Pas un pays sur terre n'était territoire neutre et Helms avait pour objectif d'étendre au monde entier la couverture de l'Agence.

Monter de bonnes opérations demandait des années. « Il faut installer l'infrastructure, réunir les gens qui devront travailler avec vous, expliqua un jour Helms [170]. Il faut installer dans la structure une formidable plomberie pour avoir quelque chance de réussir. »

Mais la patience, la persistance, l'argent et la ruse ne suffisaient pas, à eux seuls, à combattre le communisme. Il fallait armer les dirigeants amis, leur police secrète formée par la CIA et les organisations paramilitaires. Le président Eisenhower avait créé un plan passe-partout, Overseas Internal Security Program, contrôlé à la fois par la CIA, le Pentagone et le Département d'État. L'auteur du manifeste pour la mission – « une approche démocratique, désintéressée et souvent inconditionnelle pour aider d'autres pays à s'aider eux-mêmes » – était Al Haney, le clown de l'antenne de Séoul, celui qui avait commandé l'opération Succès au Guatemala.

Haney proposait d'assurer l'ordre mondial en armant les alliés de l'Amérique dans le tiers-monde. « On a accusé les États-Unis d'avoir le tort d'aider des régimes antidémocratiques à renforcer leurs systèmes de sécurité et de contribuer par là à consolider leur pouvoir », expliquait-il [171]. Mais « les États-Unis ne peuvent pas se permettre le luxe moral de n'aider que les régimes du monde libre qui satisfont à leurs idéaux démocratiques ».

Le programme permit de former 771 217 militaires et policiers étrangers dans vingt-cinq pays. Les aires les plus fertiles coïncidaient avec celles dont le terrain avait été préparé par l'action clandestine de la CIA. Le programme avait aidé à créer une police secrète au Cambodge, en Colombie, en Corée du Sud, en Équateur, au Salvador, au Guatemala, en Iran, en Irak, au Laos, au Pérou, aux Philippines, au Sud-Vietnam et en Thaïlande, pays dans lesquels ministère de l'Intérieur et police nationale travaillaient en étroite liaison avec l'antenne de la CIA. L'Agence installa aussi une académie internationale de police au Panama et une « école de bombes » à Los Fresnos, au Texas, qui formait des officiers originaires d'Amérique centrale et d'Amérique du Sud – dont les futurs chefs des escadrons de la mort du Salvador et du Honduras.

Il n'y avait parfois qu'un pas de la salle de classe à la chambre de torture. La CIA s'aventurait sur un « terrain dangereux, nota Robert Amory, chef du directoire du Renseignement sous Eisenhower et Kennedy [172]. On peut facilement en arriver à employer des méthodes du type Gestapo ».

Dans les années 1960, le travail de la CIA s'étendit de façon spectaculaire en Amérique latine. « Castro servait de catalyseur, expliquait Tom Polgar, le vétéran de la base de Berlin qui, de 1965 à 1967, dirigea l'état-major du service de renseignement de la division Amérique latine [173]. La CIA et les classes possédantes d'Amérique latine avaient un point commun : cette hantise.

« Ma mission consistait à utiliser les antennes d'Amérique latine comme moyens de collecte de renseignements sur l'Union soviétique et Cuba, développait Polgar. Ce qui nécessite un gouvernement relativement stable qui coopérera avec les États-Unis. »

La CIA soutenait les dirigeants de onze pays d'Amérique latine : Argentine, Bolivie, Brésil, Équateur, Guatemala, Guyane, Honduras, Nicaragua, Pérou, République dominicaine et Venezuela. Dès l'instant qu'un gouvernement ami était au pouvoir, un chef d'antenne de la CIA avait plusieurs façons de maintenir l'influence américaine sur les dirigeants étrangers. « On devenait leur service de renseignement, poursuivait Polgar. Comme ils ne savent pas ce qui se passe dans le monde, on leur fait un briefing hebdomadaire – arrangé selon leur sensibilité. De l'argent aussi : toujours le bienvenu. Du matériel : des armes, de l'équipement, toute sorte de joujoux. De la formation. Et on peut toujours emmener quelques officiers à Fort Bragg ou à Washington : jolies vacances. »

L'Agence affirmait, proclamait même – dans une déclaration officielle signée de Richard Helms – que les juntes militaires d'Amérique latine étaient propices aux États-Unis [174], qu'elles constituaient la seule force capable de contrôler les crises politiques, la loi et l'ordre étant préférables aux luttes confuses pour la démocratie et la liberté.

En 1967, en cultivant les dictateurs de deux continents, la CIA remporta une de ses plus grandes victoires de la guerre froide : la traque de Che Guevara.

« SOUVIENS-TOI : C'EST UN HOMME QUE TU TUES »

Le Che, une figure emblématique pour les soldats et les agents de la révolution cubaine servant dans des avant-postes aussi éloignés que le Congo où le pouvoir de l'homme fort, Joseph Mobutu, était menacé par une poignée de rebelles hétéroclites, les Simbas, dont les guerriers avaient enlevé le chef de la base de la CIA à Stanleyville en 1964.

Le Congo était un des avant-postes de la guerre froide : Mobutu et la CIA travaillaient en étroite harmonie. Gerry Gossens, le Numéro 3 de la CIA au Congo, proposa la création d'une nouvelle force pour combattre l'influence des Soviétiques et des Cubains en Afrique. « Mobutu me donna une maison, sept officiers et six Volkswagen ; je leur appris la surveillance, dit Gossens [175]. Nous installâmes un service congolais qui faisait son rapport à la CIA. Nous leur donnions les instructions. Nous les contrôlions et, avec la bénédiction du Président, nous réglions leurs dépenses opérationnelles. Je prenais le résultat, je le filtrais, je le triais et je le passais à Mobutu. Ce dernier obtenait ce qu'il voulait de la CIA : argent et armes, avions et pilotes, un médecin personnel ainsi que la sécurité politique d'une liaison étroite avec le gouvernement américain – tandis que la CIA installait ses bases et ses antennes au cœur de l'Afrique. »

Lors d'une bataille classique de la guerre froide, le Che et ses Cubains se trouvèrent confrontés à la CIA et à ses Cubains sur la rive occidentale du lac Tanganyika, au beau milieu de l'Afrique[176]. Les forces de l'Agence, équipées de fusil sans recul et d'avions de combat, attaquèrent plusieurs milliers de Simbas et une centaine de soldats cubains du Che. Sous le feu de l'ennemi, le Che demanda des instructions à Fidel. « Évitez l'annihilation », conseilla *el jefe maximo*.

Le Che battit piteusement en retraite. Dans sa fuite, il traversa l'Atlantique pour tenter d'allumer les flammes de la révolution en Amérique latine et pour, finalement, être traqué par la CIA dans les montagnes de Bolivie.

Soutenu par plus d'un million de dollars de la CIA, un général d'extrême droite, René Barrientos, avait pris le pouvoir dans ce pays désespérément pauvre[177]. Cet argent servait, pour reprendre les mots de l'Agence, à « encourager un gouvernement stable favorablement disposé envers les États-Unis » et « à soutenir les efforts de la junte au pouvoir pour pacifier le pays ». Le général écrasa ses adversaires avec une violence accrue.

En avril 1967, Barrientos apprit à l'ambassadeur américain, Douglas Henderson, que ses officiers traquaient le Che dans les montagnes de Bolivie. Comme il partait cette semaine-là pour Washington, l'ambassadeur avait annoncé la nouvelle à Desmond FitzGerald. « Il ne peut pas s'agir de Che Guevara, avait répondu FitzGerald[178]. Nous pensons que Che Guevara a été tué en République dominicaine et qu'il est enterré là-bas dans une tombe anonyme. » La CIA dépêcha néanmoins deux Cubains qui avaient participé à la baie des Cochons pour coopérer à la traque avec une escouade de Rangers boliviens formés par les Américains.

Felix Rodriguez, l'un des Cubains de la CIA, envoya du front une série de dépêches vibrantes – déclassifiées en 2004 – qui constituent les seuls témoignages oculaires d'un épisode longtemps enveloppé dans les voiles du mythe. Du village de Higueras, Rodriguez contacta par radio John Tilton, le chef d'antenne de La Paz, qui relaya les nouvelles à Bill Broe et à Tom Polgar, au quartier général. Leurs rapports furent transmis à Helms qui les porta lui-même à la Maison Blanche.

Le Che fut capturé le 8 octobre 1967 au cours d'un accrochage avec les Rangers boliviens. Malgré une blessure à la jambe, il était indemne, mais ses rêves de faire un Vietnam en Amérique du Sud s'étaient volatilisés sur les hauts plateaux de Bolivie. Les Rangers l'emmenèrent dans une petite école. Rodriguez apprit que le haut commandement bolivien déciderait le lendemain du sort du Che.

« Je parviens à le garder en vie, signala Rodriguez [179], ce qui n'est pas facile. »

Au lever du jour, Rodriguez tenta d'interroger le Che qui était assis sur le sol de l'école auprès des corps de deux *compañeros* cubains ; ils parlèrent de l'escarmouche au Congo et de l'évolution de la révolution cubaine. Che déclara que, en dehors des conflits armés comme celui de la baie des Cochons, Castro n'avait pas tué plus de 1 500 de ses ennemis politiques. « "Bien sûr, le gouvernement cubain a exécuté tous les chefs de guérilla qui avaient envahi son territoire", dit Rodriguez rapportant les paroles du Che. Il s'arrêta alors et sourit en admettant sa propre situation sur le sol bolivien, poursuivit Rodriguez. La guérilla avait essuyé un dur revers avec sa capture… Il affirmait pourtant que ses idéaux finiraient par triompher… Il n'avait pas envisagé une exfiltration de la Bolivie en cas d'échec, ayant certainement décidé que ce serait la victoire ou l'échec. »

À 11 heures 50, le haut commandement donna l'ordre de fusiller le Che. « Guevara a été exécuté par une salve de coups de fusil à 13 heures 15 », annonça Rodriguez par radio à Tilton. Ses derniers mots furent : « Dites à ma femme de se remarier et à Fidel Castro que la Révolution se lèvera de nouveau pour les Amériques. » À son bourreau, il déclara : « Souviens-toi : c'est un homme que tu tues. »

Tom Polgar était de permanence quand Tilton appela pour annoncer la mort du Che.

« Pouvez-vous envoyer des empreintes digitales ? demanda Polgar [180].

— Je peux vous envoyer les doigts », répondit Tilton. Ceux qui avaient exécuté le Che lui avaient coupé les mains.

« ATTACHER UNE ATTENTION PARTICULIÈRE AUX CONSIDÉRATIONS D'ORDRE POLITIQUE »

Quant à Helms et ses adjoints, ils ne pouvaient guère se permettre de claironner : de multiples erreurs l'emportaient en effet sur les succès.

« Une fois de plus, les opérations de la CIA ont créé un problème majeur », annonça le service Égypte du Département d'État à Luke Battle, le nouveau sous-secrétaire d'État pour le Proche-Orient [181]. Le dirigeant égyptien, Gamal Abdel Nasser, se plaignait – de nouveau et non sans raison – que l'Agence tentait de le renverser.

Battle était au courant[182] : il était l'ambassadeur des États-Unis quand un officier traitant insouciant avait imprudemment révélé les rapports de l'Agence avec Mustapha Amin, rédacteur en chef d'un important journal du Caire et proche de Nasser ; la CIA le payait pour obtenir des renseignements et pour publier des articles pro-américains. Le chef d'antenne avait menti à l'ambassadeur à propos des rapports d'Amin avec l'Agence : l'homme était bien à la solde de la CIA. L'affaire fit grand bruit. Amin fut traduit en justice pour espionnage, brutalement torturé et passa neuf années en prison.

Helms tenta de renforcer le crédit de la CIA. Il avait espéré que le président Johnson assisterait aux cérémonies qui marquèrent en septembre 1967 le vingtième anniversaire de l'Agence. Mais Lyndon Baines Johnson, qui ne se rendit jamais à Langley, se contenta d'envoyer le vice-président Humphrey, lequel déclara dans son discours : « On vous critiquera. Seuls ceux qui ne font rien ne sont jamais critiqués, et je ne voudrais pas voir l'Agence se ranger dans cette catégorie[183]. »

La CIA ne pouvait pas survivre aux critiques du gouvernement, et encore moins à celles du public. Aussi, le 30 septembre 1967, Helms édicta-t-il des règles strictes pour les opérations clandestines qu'il fit parvenir à tous les chefs d'antenne : pour la première fois on leur recommandait la prudence. « Examinez avec soin tous les projets politiquement sensibles, signifiait l'ordre[184]. Il nous faut attacher une attention particulière aux considérations d'ordre politique. »

L'argent jusque-là déversé à flots pour des agents étrangers grillés, pour des journaux de troisième ordre et des partis politiques qui n'étaient plus dans la course commença à se faire plus rare. Le nombre de grandes opérations de guerre politique en Europe occidentale diminua. La CIA se concentrerait désormais sur la guerre ouverte dans le Sud-Est asiatique et la guerre froide au Moyen-Orient, en Afrique et en Amérique latine.

Mais une autre guerre se déroulait aux États-Unis mêmes ; le Président venait de demander à Helms d'entreprendre l'opération la plus politiquement sensible de toutes : espionner les Américains.

27.

« TRAQUER LES COMMUNISTES ÉTRANGERS »

Le président Johnson réalisait désormais que le mouvement anti-guerre pourrait le chasser de la Maison Blanche. Ce fut la guerre elle-même qui y parvint.

En octobre 1967, quelques analystes de la CIA participèrent à la première grande marche organisée à Washington contre la guerre. Le Président considéra les protestataires comme des ennemis de l'État ; convaincu que le mouvement pacifiste était contrôlé et financé par Moscou et Pékin, il voulut des preuves : il chargea Richard Helms de lui en trouver.

Helms rappela au Président que la CIA n'avait pas le droit d'espionner les Américains. « J'en suis parfaitement conscient, lui répondit Johnson [185]. Ce que je veux, c'est que vous suiviez cette affaire et que vous fassiez le nécessaire pour traquer les communistes étrangers qui sont derrière cette intolérable ingérence dans nos affaires intérieures. » Selon toute probabilité, Lyndon Baines Johnson s'exprima de manière encore plus explicite.

Au mépris flagrant des pouvoirs que lui concédait la loi, le directeur du Renseignement devint ainsi chef à mi-temps de la police secrète. La CIA lança une opération de surveillance intérieure, nom de code Chaos, qui dura presque sept ans. Helms créa, pour organiser l'espionnage des Américains, un nouveau Special Operations Group qu'il dissimula habilement dans l'ombre du service de contre-espionnage d'Angleton. Onze agents de la CIA se laissèrent pousser les cheveux, apprirent le jargon de la Nouvelle Gauche et entreprirent d'infiltrer les groupes pacifistes aux États-Unis et en Europe. L'Agence constitua un index informatique recensant 300 000 citoyens et organisations américains ainsi que des dossiers fournis sur 7 200 personnes. Elle commença à travailler en secret avec les services de police de l'Amérique entière. Incapable d'établir une distinction claire entre l'extrême gauche et l'opposition générale à la guerre, elle espionna toutes les grandes organisations du mouvement pacifiste. Sur ordre du Président, transmis par Helms et par le secrétaire à la Défense, la National Security Agency braqua ses immenses moyens d'écoute sur les citoyens américains.

Le Président et les conservateurs du Congrès imaginaient que des liens rattachaient entre elles les protestations pour la paix et les émeutes raciales qui ébranlaient les États-Unis. Ils voulaient que la CIA apportât la preuve que les communistes se trouvaient derrière les unes et les autres. L'Agence essaya, de son mieux.

En 1967, les ghettos de l'Amérique étaient devenus des zones de guerre : soixante-quinze émeutes urbaines différentes mirent le feu au pays, se soldant par 88 morts, 1 397 blessés, 16 389 arrestations, 2 157 condamnations et des dégâts estimés à 664 millions et demi de dollars. Quarante-trois personnes avaient été tuées à Detroit, vingt-six à Newark. La fureur ravageait les rues de New York, Los Angeles, San Francisco, Boston, Cincinnati, Dayton, Cleveland, Youngstown, Toledo, Peoria, Des Moines, Wichita, Birmingham et Tampa. Le 25 octobre, le sénateur John McClellan, un démocrate de l'Arkansas et président de la sous-commission sénatoriale permanente des enquêtes, écrivit à Helms pour lui demander la preuve que les Soviétiques dirigeaient le mouvement du pouvoir noir aux États-Unis. « La sous-commission s'intéresse vivement aux agissements de diverses organisations dans ce pays », précisait le sénateur [186].

McClellan prétendait que Moscou avait créé « pour les gens de couleur une école d'espionnage et de sabotage au Ghana » avec des instructeurs américains. « Comme on affirme que ces moniteurs viennent de quelque part en Californie, il serait très utile, suggérait le sénateur, que la sous-commission connaisse l'identité de tout instructeur américain et de tout étudiant de retour aux États-Unis... Nous vous serions reconnaissants de votre coopération. »

Le service d'action clandestine coopéra. Le 31 octobre, Tom Karamessines fit part à la Maison Blanche d'une rumeur confirmée émanant d'un Cubain de Miami. « Un camp d'entraînement noir » avait été installé sur une plage près de Santiago de Cuba ; on y « formait des Noirs à des opérations subversives contre les États-Unis », affirmait le rapport [187].

Lyndon Johnson était fou de rage. « Je ne vais tout de même pas laisser les communistes s'emparer de ce gouvernement, et c'est ce qu'ils sont en train de faire, tempêta-t-il devant Helms et McNamara dans une crise de colère qui dura quatre-vingt-quinze minutes, l'après-midi du samedi 4 novembre 1967 [188]. J'en ai par-dessus la tête de voir ces types embarquer dans un avion communiste pour être expédiés aux quatre coins de ce pays. Je veux que quelqu'un examine soigneusement qui quitte ce pays, pour où et dans quel but. » Cette dernière remarque s'adressant délibérément à Helms.

Mais la CIA ne trouva jamais la moindre preuve établissant un lien entre les leaders de la gauche américaine ou le mouvement du pouvoir noir et des gouvernements étrangers. Helms transmit cette regrettable information au Président le 15 novembre 1967. Il signala que, si la CIA soupçonnait certains membres de la gauche américaine d'affinités idéologiques avec Moscou ou Hanoï, rien ne montrait « qu'ils suivent d'autres directives que celles qu'ils ont prises eux-mêmes [189] ». Lyndon Johnson ordonna à Helms d'intensifier les recherches : elles n'aboutirent qu'à une violation continue du statut de la CIA.

Tous les soirs, par le biais de la télévision, la guerre entrait chez des millions d'Américains. Le 31 janvier 1968, 400 000 hommes des forces communistes frappèrent pratiquement chaque grande ville et chaque garnison américaine du Sud-Vietnam. L'offensive eut lieu le premier soir de la fête du Têt, le nouvel an lunaire ; l'ennemi fit le siège de Saigon – et des grandes bases américaines de Hué et de Khe Sanh. Le 1er février, la télévision et les reportages photographiques montrèrent le chef de la police de Saigon exécutant de sang-froid d'une balle dans la tête un prisonnier vietcong. L'assaut se poursuivait cependant. Malgré une écrasante contre-attaque américaine – 100 000 tonnes de bombes déversées uniquement sur Khe Sanh –, le choc de cette attaque surprise constitua une terrible défaite psychologique pour les États-Unis. Helms en conclut que la CIA n'avait pas pu prévoir l'offensive du Têt parce qu'elle ne possédait pratiquement aucun renseignement sur les intentions de l'ennemi [190].

Le 11 février 1968, Helms rassembla au quartier général tous ses experts du Vietnam. Tous sauf un – George Carver, encore optimiste mais pas pour longtemps – s'accordaient sur un point : le général Westmoreland, le commandant américain à Saigon, n'avait conçu aucune stratégie cohérente. Inutile d'envoyer de nouvelles troupes américaines. Si le gouvernement et l'armée du Sud-Vietnam ne se reprenaient pas, les États-Unis devraient se retirer. Helms envoya George Allen à Saigon pour estimer les dégâts et rencontrer le président Thieu et le vice-président Ky. Allen trouva l'armée du Sud-Vietnam brisée et les deux dirigeants prêts à s'étriper. Les soldats américains étaient incapables de défendre les villes du pays, les espions américains affolés et démoralisés. Hanoï avait remporté sa plus grande victoire politique depuis 1954, depuis la défaite des Français à Dien Bien Phu.

Helms transmit personnellement au Président ces conclusions profondément pessimistes. Elles ne suffirent pas à détruire totalement la formidable volonté politique de Lyndon Baines Johnson.

Le 19 février, tandis que Hanoï préparait une seconde vague de l'offensive du Têt, le Président s'entretint en privé avec Dwight Eisenhower. Le lendemain, au déjeuner du mardi à la Maison Blanche, Helms écouta le Président rapporter cette conversation.

« Le général Eisenhower a dit que Westmoreland avait plus de responsabilités qu'aucun autre général dans l'histoire de notre pays, raconta Lyndon Baines Johnson. Je lui ai demandé combien d'alliés lui-même commandait durant la Seconde Guerre mondiale. En totalisant les forces américaines et alliées, m'a-t-il répondu, environ cinq millions d'hommes. Je lui ai rétorqué que le général Westmoreland en avait 500 000, comment pouvait-il dire alors que Westmoreland avait plus de responsabilités qu'aucun général américain ? Parce qu'il s'agit d'une autre sorte de guerre, a-t-il répliqué, et que le général Westmoreland ne sait pas qui est l'ennemi [191]. »

Lyndon Johnson comprenait enfin qu'aucune stratégie ne réussirait à compenser l'échec du renseignement au Vietnam. Les États-Unis ne vaincraient pas un ennemi qu'ils ne pouvaient pas concevoir. Quelques semaines plus tard, il annonça qu'il ne briguerait pas un nouveau mandat comme président des États-Unis.

Quatrième Partie

« Débarrassez-vous de ces clowns »

LA CIA SOUS NIXON ET FORD

1968-1976

28.

« QUE FOUTENT DONC CES CLOWNS
LÀ-BAS À LANGLEY ? »

Richard Helms avait au printemps 1968 de bonnes raisons de craindre que Robert Kennedy ou Richard Nixon ne fût son prochain patron. Kennedy, en tant qu'attorney général, avait abusé des pouvoirs de l'Agence : il avait réquisitionné la CIA et traité Helms avec un dédain glacial ; aussi, candidat ou commandant en chef, se sentirait-il menacé par les secrets que l'Agence conservait dans ses dossiers. L'assassinat en juin du sénateur en pleine campagne choqua vraiment Helms ; mais, marqué – jusqu'à la fin de ses jours – par les coups de fouet que lui avait infligés Kennedy, Helms n'éprouva pas de véritable tristesse.

Avec Richard Nixon, se posait un tout autre problème. Helms savait à quel point lui en voulait Nixon qui estimait que l'Agence grouillait du gratin de la côte Est, de libéraux inconditionnels, de commères de Georgetown, d'hommes de Kennedy. Ce n'était un secret pour personne que Nixon la tenait pour responsable du plus grand désastre de sa vie, son échec à l'élection présidentielle de 1960 ; il était persuadé – à tort – que des secrets et des mensonges qu'Allen Dulles avait laissés filtrer avaient aidé John Kennedy à marquer des points cruciaux dans les débats télévisés. Dans ses Mémoires publiés en 1962, *Six crises*, Nixon avait écrit que, s'il avait été élu président, il aurait créé une nouvelle organisation [1], extérieure à la CIA, pour mener les opérations clandestines : il menaçait donc ouvertement de poignarder l'Agence.

Le 10 août 1968, Nixon et Helms eurent leur première longue conversation [2]. Le président Johnson avait invité le candidat dans son ranch texan : il lui avait fait déguster des steaks et du maïs en épi puis parcourir la propriété en décapotable ; il s'était ensuite tourné vers Helms pour faire un bref tour du monde : la confrontation entre la Tchécoslovaquie et l'Union soviétique, le soutien assidu de Castro aux mouvements révolutionnaires et enfin les négociations de paix secrètes entre les États-Unis et le Nord-Vietnam.

Nixon posa alors à Helms une question directe :

« Croient-ils encore que nous avons perdu la guerre ?

— Les Nord-Vietnamiens sont convaincus, depuis Dien Bien Phu, d'avoir gagné. » La dernière chose que souhaitait entendre Nixon.

Trois jours après avoir remporté l'élection, Nixon appela Lyndon Baines Johnson.

« Que pensez-vous de Helms ? lui demanda-t-il. Le garderiez-vous ?

— Certainement, répondit Johnson. Il est extrêmement compétent, il est concis, dit les choses telles qu'elles sont, et il est loyal[3]. »

C'était un grand compliment. Après un an et demi de déjeuners à la table du Président, Helms s'était acquis la confiance de Lyndon Baines Johnson et la réputation, à Washington, d'être un professionnel de premier ordre. Il estimait qu'en vingt ans la CIA avait constitué une équipe d'analystes connaissant la menace soviétique mieux que quiconque et un service d'action clandestine capable d'espionner sans se faire prendre. Il se considérait lui-même comme un loyal soldat au service de son président.

Helms n'allait pas tarder à découvrir le prix de cette loyauté.

« INCURABLEMENT SECRETS »

« Richard Nixon n'a jamais fait confiance à personne, racontait Helms vingt ans plus tard[4]. Il était devenu président et donc chef de l'exécutif, et pourtant il répétait sans cesse que l'Air Force était incapable quand elle bombardait le Vietnam de toucher une cible à trois mètres, que le Département d'État n'était qu'un ramassis de diplomates en costume rayé tout juste bons à siroter des cocktails, que l'Agence ne parviendrait jamais à remporter la victoire au Vietnam... Et ainsi de suite... Ils sont idiots, ils ne peuvent faire ni ceci ni cela. »

En janvier 1969, quelques jours après l'arrivée au pouvoir de la nouvelle Administration, Helms, attablé dans un silence tendu, regardait à la Maison Blanche Nixon picorer son fromage blanc et son ananas en boîte. Le Président s'attaquait violemment à la CIA pendant que son conseiller à la Sécurité nationale, Henry Kissinger, écoutait attentivement. « Je suis absolument certain, se rappelait Helms[5], que Kissinger se moquait éperdument des récriminations de Nixon. »

Le Président-élu et l'homme de Harvard s'étaient découvert des âmes sœurs. « Tous deux étaient incurablement secrets, mais Kissinger avec un certain charme, observa Thomas Hughes, le directeur du bureau de renseignement du Département d'État[6]. Ils s'étaient mis d'accord : eux seuls concevraient, ordonneraient et contrôleraient les opérations secrètes, Nixon pour édifier une forteresse politique à la Maison Blanche, Kissinger pour devenir, comme le disait son assistant Roger Morris, le chef intérimaire de la Sécurité nationale.

Helms avait créé pour se protéger un comité de Sages, le Covert Operations Study Group, chargé de rapporter au Président-élu les exploits du service d'action clandestine – et de le prévenir, lui, contre toute critique. Le groupe, dirigé par Franklin Lindsay, jadis bras droit de Frank Wisner, siégeait à Harvard et réunissait en secret une demi-douzaine d'universitaires qui avaient servi la Maison Blanche, le Pentagone, le Département d'État et la CIA. Trois d'entre eux étaient assez proches de leur collègue Henry Kissinger pour savoir qu'il serait le prochain conseiller à la Sécurité nationale du Président puisqu'il avait simultanément servi Nixon et Humphrey comme conseiller privé.

Une des recommandations du rapport secret du Covert Operations Study Group daté du 1er décembre 1968 plut particulièrement à Kissinger : elle préconisait que le nouveau président confiât à un haut personnage de la Maison Blanche la responsabilité de surveiller l'ensemble des opérations clandestines. Kissinger n'allait pas se contenter de les surveiller : il les dirigerait.

Le rapport pressait le nouveau président de « bien préciser au directeur de la CIA qu'il s'attende à l'entendre dire "non" quand, selon l'avis du directeur, une opération proposée ne peut être réalisée[7] ». Avis auquel Nixon ne prêta jamais attention.

« Les opérations clandestines peuvent rarement atteindre à elles seules un objectif important, poursuivait le rapport. Au mieux, une opération clandestine peut faire gagner du temps, prévenir un coup d'État ou, sinon, créer les conditions favorables qui permettront de recourir à des moyens manifestes pour atteindre un objectif important. » Principe que Nixon ne comprit jamais.

« Un individu, un parti politique ou un gouvernement en place peut être sérieusement touché, voire détruit, si l'assistance clandestine de la CIA se trouve révélée, disait le rapport. De telles révélations nuisent aux États-Unis en termes d'opinion mondiale : pour certains, elles montrent le mépris des États-Unis envers les droits des États et envers les droits de l'homme, pour d'autres, elles ne font que démontrer, quand nous nous faisons prendre, notre impuissance et notre stupidité… De nombreux Américains, surtout parmi les intellectuels et les jeunes, se sentent, par ces "coups fourrés", aliénés à leur gouvernement », poursuivait le rapport. « Des divulgations dans une telle atmosphère ont donné l'occasion à la "Nouvelle Gauche" de toucher un spectre de l'opinion politique bien plus large que cela n'eût été le cas autrement. » Nixon et Kissinger ignorèrent délibérément toutes ces réflexions.

Désireuse de se gagner les bonnes grâces du Président, la CIA adressa à Nixon les mêmes résumés quotidiens de renseignement que ceux que recevait Lyndon Johnson. Ils s'entassèrent, sans avoir été lus, dans un coffre de la suite qu'occupait Nixon au trente-neuvième étage de l'hôtel Pierre à New York, et ce pendant un mois, jusqu'au jour de décembre où Kissinger fit savoir que Nixon ne les regarderait jamais ; il sous-entendait clairement que toute communication de l'Agence au Président devrait, désormais, passer par lui. Ainsi Helms – pas plus que quiconque à la CIA – ne vit jamais Nixon seul.

Le contrôle que Kissinger exerça, dès le début, sur les opérations de la CIA se fit de plus en plus étroit. En 1967 et 1968, les surveillants du Comité 303 débattaient avec animation de l'évolution de l'action clandestine. Cette époque était dorénavant révolue : Kissinger dominait tous les autres membres du comité, à savoir Helms, l'attorney général John Mitchell ainsi que les Numéros 2 du Département d'État et du Pentagone. Un véritable one-man-show. Sur une période de trente-deux mois, le comité approuva techniquement, mais sans jamais vraiment se réunir, près de quarante opérations. Autrement dit, plus des trois quarts des programmes d'action clandestine de l'Administration Nixon ne furent pas examinés officiellement par le comité. Les opérations « noires » des États-Unis étaient approuvées par Henry Kissinger.

En 1969, comme on le sait, le Président enregistrait sur magnétophone les conversations de simples citoyens afin de stopper les fuites et de contrôler le flux d'informations circulant au sein du gouvernement. Son conseiller à la Sécurité nationale alla plus loin : Kissinger utilisa aussi la CIA pour espionner les Américains, fait qui, jusqu'alors, avait échappé à l'attention des historiens.

Après que le mouvement antiguerre eut appelé à un moratoire national – la suspension pendant une journée de l'activité commerciale américaine –, Helms reçut de Kissinger l'ordre d'espionner ses dirigeants. Enregistré dans le journal de bureau de Robert Bannerman, un haut fonctionnaire du Bureau de sécurité de la CIA, le mémo était intitulé : « Dr Kissinger – demande d'informations[8]. »

« Le Dr Kissinger a demandé à connaître les informations dont nous disposons concernant les dirigeants des groupes qui ont décrété le moratoire sur le Vietnam », peut-on lire dans le mémo de la CIA. Il ne s'agissait plus d'une simple continuation de Chaos, la recherche des sources étrangères de soutien au mouvement antiguerre. Le conseiller du Président à la Sécurité nationale réclamait tout bonnement les dossiers de la CIA sur des citoyens américains.

Les archives ne révèlent aucune hésitation de la part de Richard Helms. Depuis 1962, trois présidents successifs avaient ordonné au directeur de l'Agence d'espionner des Américains, au mépris de la charte de la CIA. Nixon était convaincu de la légalité de toute action présidentielle en matière de sécurité nationale : Si le Président le fait, disait-il, ce n'est pas illégal. Parmi ses successeurs, seul George W. Bush adoptera cette interprétation du pouvoir présidentiel inspirée du droit divin des monarques. Mais il y avait une différence entre donner un tel ordre, pour un président, et en faire autant au nom du Président, pour un fonctionnaire non élu.

« COGNER SUR LES SOVIÉTIQUES ET COGNER DUR »

Nixon et Kissinger opéraient à un niveau de clandestinité qui surpassait celui de la CIA. Lorsqu'ils discutaient avec les ennemis des États-Unis – négociaient en secret avec les Soviétiques, les Chinois, les Nord-Vietnamiens –, la CIA n'en savait pas grand-chose, sinon rien. Il y avait à cela une raison : la Maison Blanche ne croyait guère à ce que disaient les experts de la CIA des forces du communisme, et surtout pas à ses estimations de la puissance militaire de l'Union soviétique.

« Je ne veux pas dire qu'ils mentent ou qu'ils déforment les renseignements, mais je tiens à ce que vous autres fassiez bien attention à séparer les faits des opinions », déclara Nixon à Helms lors de la réunion du National Security Council du 18 juin 1969 [9].

Nixon fut scandalisé d'entendre l'Agence affirmer que les Soviétiques n'avaient ni la technologie ni l'intention de frapper d'emblée un coup massif en cas d'affrontement nucléaire. Cette conclusion accompagnait une avalanche d'estimations des forces stratégiques soviétiques que Nixon repoussa en bloc. « Inutile, écrivit-il en marge d'un mémo de Helms sur les capacités nucléaires de Moscou [10]. Une répétition sans intérêt de ce que nous lisons dans la presse quotidienne. » Les analyses de la CIA allaient à l'encontre des projets de Nixon d'installer un système de missiles antibalistiques – prélude aux fantasmes style *Guerre des Étoiles* de l'avenir.

Pour répondre à la Maison Blanche qui semblait se demander « de quel côté se trouvait l'Agence [11] », c'est ce que Helms finit par faire en supprimant un passage clé de la plus importante estimation de la CIA concernant les forces nucléaires en 1969. Une fois de plus, l'Agence adaptait ses rapports aux opinions de la Maison Blanche, ce qui « ne convenait pas aux analystes de l'Agence, se rappelait Helms. À leurs yeux, je n'avais pas respecté une des responsabilités fondamentales de l'Agence – évaluer toutes les données disponibles et en tirer des conclusions sans tenir compte de la politique des États-Unis ». Mais Helms ne voulait pas risquer cet affrontement. « J'étais convaincu que, dans une discussion avec l'Administration Nixon, nous ne l'aurions pas emporté et que l'Agence ne s'en serait jamais remise. » Mais on ne proposa aucun plan pour améliorer l'analyse des capacités et des intentions soviétiques.

Depuis huit ans, la CIA étudiait les photos de l'Union soviétique prises par les satellites de reconnaissance et s'efforçait de rassembler les pièces du puzzle que constituait l'ensemble de son établissement militaire. L'Agence travaillait sur la nouvelle génération de satellites-espions équipés de caméras de télévision. Helms n'avait pas cru à la possibilité de remplacer les espions par des gadgets [12]. Il certifia pourtant à Nixon qu'ils donneraient aux États-Unis le pouvoir de vérifier que Moscou respectait les accords du SALT, le Strategic Arms Limitation Treaty, alors en discussion à Helsinki [13].

Mais plus la CIA obtenait des informations sur la puissance militaire soviétique, moins l'image était claire. Nixon critiquait à juste titre l'Agence pour avoir sous-estimé la puissance de feu nucléaire dans les années 1960 ; il le lui reprocha tout au long de son mandat. Cette pression eut des effets évidents aujourd'hui : treize années durant, de l'ère Nixon aux derniers jours de la guerre froide, toute estimation des forces nucléaires soviétiques *surévaluait* le rythme auquel Moscou modernisait son armement.

Nixon n'en comptait pas moins sur la CIA pour des manœuvres de subversion, non seulement à Moscou, mais dans tous les pays du monde.

« Le Président nous convoqua, Henry Kissinger et moi, dans le Bureau ovale après la réunion ce jour-là du NSC pour ce qui s'avéra être une discussion de vingt-cinq minutes sur une foule de sujets : SALT, Laos, Cambodge, Cuba et opérations noires, nota Helms dans un mémo du 25 mars 1970 [14]. En ce qui concerne les opérations noires, le Président m'enjoignit de cogner sur les Soviétiques et de cogner dur, dans tous les coins du monde où nous le pourrions. Il me dit "d'y aller carrément", de tenir Henry Kissinger informé et de faire preuve d'imagination. »

Du rapport qu'envoya Helms à la Maison Blanche une semaine plus tard, un seul paragraphe attira l'attention de Nixon.

Helms passait en revue le travail de Radio Free Europe et de Radio Liberty – un investissement sur vingt ans de plus de 400 millions de dollars – et leur capacité à entretenir la dissidence derrière le rideau de fer. Il insistait sur l'influence de dissidents soviétiques tels le physicien Sakharov et l'écrivain Soljénitsyne dont la CIA avait diffusé les textes en Union soviétique.

Tout cela était bel et bon, mais vieux jeu aux yeux de Nixon. La possibilité pour la CIA de faire pencher des élections du bon côté le fascinait bien davantage.

« Il y a eu de nombreux exemples, rappela Helms au Président[15], où, face à la menace d'un parti communiste ou populaire, nous avons fait front et renversé la tendance avec succès. » Et de citer la Guyane en 1963, le Chili en 1964. Voilà qui sonnait mieux, argent et politique étant des sujets chers au cœur de Nixon.

« IL N'Y A DE VRAI QUE LA BONNE VIEILLE MÉTHODE »

L'Agence avait secrètement soutenu des politiciens en Europe de l'Ouest. Dans cette liste figuraient le chancelier Willy Brandt, le Premier ministre Guy Mollet[16], et tous les chrétiens-démocrates ayant remporté une élection nationale en Italie.

La CIA avait consacré vingt années et au moins 65 millions de dollars à acheter de l'influence à Rome, Milan et Naples. En 1965, McGeorge Bundy qualifiait le programme d'action clandestine de « honte annuelle » ; il se poursuivait cependant. Depuis des siècles des puissances étrangères intervenaient dans la politique italienne. Washington suivait « la tradition de ce qu'avaient fait auparavant les fascistes, les communistes, les nazis, les Anglais et les Français », commentait Thomas Fina, consul général à Milan sous Nixon, et vieux briscard et de la diplomatie et du renseignement en Italie. La CIA avait « financé des partis politiques, retiré à d'autres son soutien financier, donné de l'argent à des politiciens et pas à d'autres, subventionnant la publication de livres, des émissions de radio, des journaux et des journalistes », notait Fina[17]. Elle disposait des « ressources financières et politiques, des amis qu'il fallait et de la possibilité d'exercer un chantage ».

Nixon et Kissinger firent revivre cette tradition, utilisant pour ce faire l'antenne de la CIA de Rome et l'étonnant ambassadeur Graham Martin.

Kissinger disait de lui « ce type aux yeux froids » – un compliment, venant de lui. Certains diplomates américains le trouvaient bizarre et ténébreux[18], d'autres, « glissant comme une anguille[19] ». C'était Martin qui avait converti les fonds du Plan Marshall[20] en cash pour la CIA à l'ambassade américaine de Paris vingt ans auparavant. De 1965 à 1968, ambassadeur en Thaïlande, il avait travaillé en étroite collaboration avec la CIA. Aucun autre diplomate américain n'adorait à ce point les opérations clandestines.

Nixon le trouvait formidable. « Personnellement, j'ai la plus grande confiance en Graham Martin », dit-il à Kissinger le 14 février 1969[21], et cela suffit à mettre la machine en marche.

La nomination de Martin comme ambassadeur en Italie fut l'œuvre de Pier Talenti, un riche Américain de droite vivant à Rome où il avait récolté chez ses amis et alliés politiques des centaines de milliers de dollars pour la campagne de Nixon de 1968 ; cela lui avait ouvert les portes de la Maison Blanche. Talenti suscita une entrevue [22] avec le colonel Alexander M. Haig, l'attaché militaire de Kissinger, afin de lui signaler que les socialistes étaient sur le point de prendre le pouvoir en Italie et qu'il fallait, pour les contrer, un nouvel ambassadeur américain ; il cita le nom de Martin [23], message aussitôt transmis au sommet. Martin avait persuadé Nixon et Kissinger « qu'un coriace comme lui serait l'homme de la situation, qu'il infléchirait le cours de la politique italienne », expliqua Wells Stabler, son chef de mission adjoint à Rome.

« Martin décida qu'il n'y a de vrai que la bonne vieille méthode », dit Stabler qui, à son corps défendant, participa à la renaissance de l'action clandestine en Italie. Dès 1970, Martin, aussitôt reçue l'approbation de la Maison Blanche, raconte Stabler, surveilla la distribution de 25 millions de dollars tant aux chrétiens-démocrates qu'aux néofascistes. La répartition était faite « dans l'annexe » – l'antenne de la CIA située dans le palais somptueux qu'occupait l'ambassade américaine – par « l'ambassadeur, moi-même et le chef d'antenne, dit Stabler. L'argent allait moitié aux partis, moitié à des individus. Parfois le chef d'antenne ou moi-même faisions une recommandation, mais c'était l'ambassadeur qui donnait son accord ». Le chef d'antenne était Rocky Stone, le vétéran du coup d'État en Iran et de la tentative avortée de renversement du régime syrien, arrivé à Rome après trois années passées comme chef des opérations de la division soviétique.

Stone remit environ 6 millions de dollars aux dirigeants chrétiens-démocrates. Quelques millions supplémentaires allèrent aux comités qui poussaient « la politique ultra-conservatrice » du parti, dit Stabler. Et quelques autres millions à des mouvements clandestins d'extrême droite.

Comme l'avait promis Martin, l'argent transforma le visage politique de l'Italie. Le candidat qu'il soutenait, Giulio Andreotti, remporta une élection baignant dans les fonds de la CIA. Mais le financement clandestin de l'extrême droite alimenta un coup d'État manqué des néofascistes en 1970. L'argent servit à financer les opérations clandestines de l'extrême droite – y compris les attentats terroristes que le Renseignement italien imputa à l'extrême gauche. Il aboutit également au pire scandale politique de l'Italie d'après-guerre. Une enquête parlementaire révéla que le général Vito Miceli, chef du service de renseignement italien, avait empoché au moins 800 000 dollars de la CIA ; il fut emprisonné pour avoir tenté de prendre le pouvoir de force. Andreotti, l'homme politique italien à la carrière la plus longue – des décennies –, passa les dernières années de sa vie à lutter contre des accusations criminelles, dont celle de meurtre.

L'époque où la CIA achetait une influence politique en Italie s'acheva avec le départ de Graham Martin de Rome pour devenir le prochain – et le dernier – ambassadeur américain au Sud-Vietnam.

« NOUS SOMMES CONSCIENTS DES ENJEUX »

En 1969-1970, Nixon et Kissinger concentrèrent toute l'activité de la CIA sur l'expansion secrète de la guerre dans le Sud-Est asiatique[24]. Ils ordonnèrent à l'Agence de verser 725 000 dollars au président du Sud-Vietnam, Thieu, de manipuler les médias de Saigon, de trafiquer une élection en Thaïlande et d'augmenter les raids de commandos au Nord-Vietnam, au Cambodge et au Laos.

Tandis qu'ils intensifiaient leur guerre clandestine au Sud-Est asiatique, Nixon et Kissinger faisaient des plans pour un rapprochement secret avec le président Mao Tsé-toung. Pour déblayer le terrain, ils arrêtèrent les opérations de l'Agence contre le régime communiste.

Au cours de la décennie précédente la CIA avait, sous prétexte de combattre le communisme chinois, dépensé des dizaines de millions de dollars en parachutages de tonnes d'armes aux centaines de guérilleros tibétains qui luttaient pour leur chef spirituel, Sa Sainteté Tenzin Gyatso, le quatorzième dalaï-lama. Quand Allen Dulles et Desmond FitzGerald, en février 1960, exposèrent le plan à Eisenhower « le Président se demanda si l'opération ne se solderait pas par une répression plus brutale de la part des communistes chinois[25] ».

Il approuva néanmoins le programme. L'Agence installa un camp d'entraînement pour les combattants tibétains dans les Rocheuses du Colorado, versa directement une subvention annuelle de quelque 180 000 dollars au dalaï-lama et ouvrit des Maisons du Tibet à New York et à Genève qui serviraient d'ambassades officieuses. Objectif : entretenir le rêve d'un Tibet libre tout en harcelant l'Armée rouge dans l'ouest de la Chine. Cela n'avait donné pour résultats jusqu'alors que la mort de douzaines de combattants résistants et la prise lors d'une escarmouche d'une sacoche tachée de sang bourrée de précieux documents chinois.

En août 1969, l'Agence réclama un supplément de 2,5 millions de dollars[26] destinés à soutenir les insurgés tibétains l'année suivante, en qualifiant le groupe paramilitaire de 1 800 hommes de « force susceptible d'être employée en cas d'hostilités » contre la Chine. « Y trouvons-nous un bénéfice ? » demanda Kissinger. Il répondit à sa propre question : on continua à verser des subsides au dalaï-lama, mais on abandonna la résistance tibétaine.

Kissinger saborda ainsi ce qui restait de la mission qui, depuis vingt ans, menait des opérations clandestines contre la Chine.

Finis les raids de commandos de la guerre de Corée ; on se contentait maintenant d'émissions de radio diffusées depuis Taiwan et Séoul, de prospectus parachutés sur le continent, de fausses nouvelles en provenance de Hong-Kong et Tokyo et de ce que l'Agence décrivait comme « des activités à l'échelle mondiale pour dénigrer la République populaire de Chine et contrecarrer ses desseins ». La CIA continuait à coopérer avec le général Tchang Kaï-chek dans ses efforts – voués à l'échec – pour libérer Taiwan, sans se douter que Nixon et Kissinger projetaient de s'asseoir autour d'une table à Pékin avec le président Mao et le Premier ministre Chou En-lai.

Quand Kissinger finit par s'asseoir en face de Chou, le Premier ministre l'interrogea sur la dernière campagne de « Libérez Taiwan » : « La CIA ne jouait aucun rôle [27] ? »

Chou « surestimait grandement la compétence de la CIA, lui répondit avec assurance Kissinger.

— On ne parle que d'elle dans le monde, rétorqua Chou. Chaque fois qu'il se passe quelque chose, on pense toujours à elle ».

Chou apprit avec grand intérêt que Kissinger donnait personnellement son approbation aux opérations clandestines. Il émit des soupçons sur le rôle de l'Agence dans les efforts de subversion de la République populaire.

Kissinger répondit que la plupart des agents de la CIA « rédigent de longs rapports incompréhensibles et qu'ils ne font pas la révolution.

— Vous parlez de "révolution", souligna Chou, nous, nous disons "subversion".

— Ni la subversion, reconnut Kissinger. Je comprends. Nous sommes conscients des enjeux qu'impliquent nos rapports et nous ne laisserons pas une organisation mener de mesquines opérations qui risqueraient de faire obstacle à leur cours naturel ».

Et voilà ! La CIA n'était plus dans le coup en Chine pour les années à venir [28].

« LA DÉMOCRATIE NE MARCHE PAS »

La CIA luttait sur tous les fronts pour étayer la guerre au Vietnam. Un de ses plus gros efforts porta ses fruits trois semaines après l'arrivée au pouvoir du président Nixon. En février 1969, l'action clandestine parvint à créer l'apparence d'une démocratie en Thaïlande.

Depuis onze ans, une junte militaire régnait sur le pays et des dizaines de milliers de soldats américains se préparaient à la bataille contre Hanoï sur des bases militaires thaïes. La dictature ne faisait pas grand-chose pour entretenir l'idée que les Américains se battaient pour la démocratie dans le Sud-Est asiatique.

L'opération montée par la CIA pour les élections, nom de code Lotus, fut conçue en 1965 par l'ambassadeur Graham Martin, approuvée par le président Johnson et de nouveau par le président Nixon. L'antenne de la CIA à Bangkok insistait pour que la junte organisât des élections ; les généraux ne cessaient de les remettre à plus tard. Pour finir, l'Agence injecta des millions de dollars dans la politique thaïlandaise en 1968 et 1969 ; cet argent servit à financer la métamorphose apparente de militaires en un parti dirigeant prêt à affronter des élections. Le dispensateur des fonds était Pote Sarasin – ambassadeur de Thaïlande aux États-Unis de 1952 à 1957, directeur de l'Organisation du traité pour le Sud-Est asiatique de 1957 à 1964, et le civil de service à la tête de la junte.

Les élections eurent lieu et la junte au pouvoir l'emporta haut la main. Mais les dirigeants, vite lassés des signes extérieurs de la démocratie, mirent bientôt fin à l'expérience, en suspendant la Constitution et en dissolvant le Parlement. Le soir même du coup d'État qui s'était déroulé sans la moindre effusion de sang, Pote Sarasin reprit son poste de civil représentant la loi martiale et réunit les généraux pour une explication devant leurs amis de l'ambassade américaine à Bangkok. Ils déclarèrent qu'ils respectaient les principes de la démocratie et qu'ils avaient tenté de les mettre en œuvre. Mais, disaient-ils, « il est clair qu'en Thaïlande, la démocratie ne marche pas [29] ».

L'action clandestine de la CIA n'avait été qu'un vernis des plus minces. « Il ne devrait y avoir aucun changement dans les relations des Thaïs avec les États-Unis, déclara Kissinger à Nixon après le coup d'État. Les chefs du Conseil de la Révolution sont essentiellement ceux avec lesquels nous avons toujours traité. Nous pouvons prévoir que la poursuite de nos programmes en Thaïlande ne sera pas interrompue. »

« FAITES-MOI BOSSER CES BRANLEURS DE LA CIA »

En février 1970, le Président ordonna à l'Agence de se remuer un peu sur le Cambodge. Sa campagne de bombardements sur des cibles prétendument vietcongs devait commencer le 17 mars, après une année de préparatifs : des B-52 américains déverseraient 108 823 tonnes de bombes sur six camps censés communistes et identifiés – à tort – par la

CIA et le Pentagone comme le centre de commandement caché du Nord-Vietnam.

Helms tentait de poser les bases d'une nouvelle antenne de la CIA au Cambodge quand le Premier ministre de droite Lon Nol s'empara du pouvoir le jour où débutèrent les bombardements. Le coup d'État fut un choc pour la CIA, comme pour le reste du gouvernement américain.

« Que foutent donc ces clowns là-bas à Langley ? tonna Nixon.

« Faites-moi bosser ces branleurs de la CIA[30] sur le Cambodge », exigea-t-il. Il chargea Helms d'expédier des milliers de fusils automatiques AK-47 à Lon Nol et d'imprimer un million de tracts pour répandre partout le bruit que les États-Unis s'apprêtaient à envahir le pays. Puis il ordonna à la CIA de faire parvenir 10 millions de dollars au nouveau dirigeant cambodgien.

Nixon avait demandé un pointage exact des armes et des munitions acheminées vers l'ennemi par le port cambodgien de Sihanoukville. L'Agence se penchait sur ce problème depuis cinq ans, sans succès. Nixon suggéra la possibilité pour la CIA d'interrompre cet afflux d'armes en achetant les généraux cambodgiens. Helms souleva des objections pratiques : le trafic d'armes rapportait tant de millions aux généraux que l'Agence ne disposait pas de fonds suffisants pour acheter leurs services. Cet argument laissa le Président insensible. Lors d'une réunion le 18 juillet 1970 avec ses conseillers en renseignement étranger, Nixon critiqua violemment le travail de l'Agence.

« La CIA avait prétendu que le matériel ne débarquait à Sihanoukville qu'au compte-gouttes », dit-il[31]. Le port assurait en fait les deux tiers de l'approvisionnement en armes du Cambodge. « Si la CIA est capable de telles erreurs sur un problème aussi simple, que penser de ses estimations sur des questions plus importantes ? fit-il remarquer.

« Les États-Unis, qui dépensent 6 milliards de dollars par an pour le renseignement, méritent bien plus que ce qu'on leur propose[32]. » Le compte rendu de la réunion du Conseil reflète la rage du Président qui, furieux, déclara ne pas « pouvoir supporter des gens qui lui mentaient à propos du renseignement[33] ». Le compte rendu poursuivait : « Si le service de renseignement n'est pas à la hauteur ou s'il dépeint une situation qui est mauvaise, le Président veut le savoir, il refuse qu'on lui serve des évaluations déformées.

« Il comprend, continue le compte rendu, que la communauté du renseignement a parfois été échaudée et qu'elle a donc tendance à présenter des rapports aussi neutres que possible. Mais il croit que ceux qui sont responsables d'une distorsion délibérée d'un rapport de renseignement devraient être congédiés. »

Ce fut à cet instant délicat que Nixon donna l'ordre à la CIA d'« arranger » les prochaines élections au Chili.

29.

« USG VEUT UNE SOLUTION MILITAIRE »

En 1970, l'influence de la CIA se faisait sentir dans tous les pays de l'hémisphère occidental, de la frontière du Texas à la Terre de Feu. Au Mexique, le Président ne traitait qu'avec le chef d'antenne et non avec l'ambassadeur, et il recevait chez lui un briefing personnel pour le Nouvel An. Au Honduras, deux chefs d'antenne successifs avaient promis, au mépris des consignes de leur ambassadeur, le soutien des États-Unis à la junte militaire.

Rares étaient les pays d'Amérique latine à faire semblant de s'intéresser aux idéaux de la démocratie et au respect de la loi [34]. Parmi ceux-là, le Chili [35], où la CIA voyait se dresser une menace communiste.

Salvador Allende, un homme de gauche, était donné gagnant de l'élection présidentielle prévue pour septembre 1970. Le modéré Radomiro Tomic, soutenu par les chrétiens-démocrates, traditionnels favoris de la CIA, semblait loin derrière. Jorge Alessandri, le candidat de la droite, avait de solides antécédents pro-américains, mais il était corrompu ; Edward Korry, l'ambassadeur des États-Unis, le trouvait insupportable. Bref, les paris étaient ouverts.

La CIA avait déjà battu Allende : plus de deux ans avant l'élection présidentielle de septembre 1964, Kennedy avait approuvé un programme de guerre politique destiné à le renverser [36] ; l'Agence avait dépensé en « plomberie » quelque 3 millions de dollars qu'elle avait injectés dans l'appareil politique du Chili – on arrivait à environ un dollar par vote en faveur du chrétien-démocrate pro-américain Eduardo Frei. (Lyndon Johnson, qui approuva la poursuite de l'opération, dépensa beaucoup moins par électeur pour assurer sa propre élection à la présidence des États-Unis en 1964.) Pour la campagne de Frei, on mobilisa des consultants politiques qui circulaient avec des valises bourrées de billets. La CIA finança les efforts clandestins anti-Allende de l'Église catholique et des syndicats. L'Agence alimenta la résistance à Allende au sein du commandement militaire chilien et de la police nationale. Le secrétaire d'État Rusk déclara au président Johnson que la victoire de Frei représentait « un triomphe pour la démocratie », obtenu « en partie grâce au bon travail de la CIA ».

Le Président garda son poste six ans, la limite que lui imposait la Constitution. Dès lors se reposait la question de trouver un moyen de barrer la route à Allende. Depuis des mois, Helms avait prévenu la Maison Blanche que, pour garder le contrôle du Chili, il fallait approuver sans tarder une nouvelle action clandestine. Remporter des élections à l'étranger demandait du temps et de l'argent. L'Agence disposait à Santiago de l'un de ses hommes les plus sûrs, Henry Hecksher, qui avait espionné les Russes à Berlin, aidé à renverser le régime guatémaltèque et poussé le Laos dans le camp américain ; il recommandait vivement à la Maison Blanche de soutenir maintenant Alessandri, le candidat de droite.

Kissinger était préoccupé : il avait sur les bras une vraie guerre dans le Sud-Est asiatique, mais il était connu pour avoir comparé le Chili à un poignard pointé au cœur de l'Antarctique. Aussi, en mars 1970, approuva-t-il un budget de 135 000 dollars pour un programme de guerre politique contre Allende. Le 27 juin, y ajoutant encore 165 000 dollars, il observa : « Je ne vois pas pourquoi nous devrions laisser un pays devenir marxiste simplement parce que son peuple est irresponsable. » D'accord pour la défaite d'Allende, il ne soutint cependant aucun des candidats à l'élection.

La CIA se mit à l'ouvrage au printemps et à l'été 1970 : aux États-Unis et à l'étranger, elle fit de la propagande auprès de reporters importants qui servirent de sténographes à l'Agence ; en Europe, elle demanda à des représentants haut placés du Vatican [37] et de la démocratie-chrétienne en Italie et en Allemagne de l'Ouest d'œuvrer pour arrêter la progression d'Allende ; au Chili, « on imprimait des affiches, on faisait circuler des nouvelles, on encourageait des commentaires, on colportait des rumeurs, on distribuait des tracts », se rappelait Helms [38]. Le but : terrifier l'électorat – « montrer qu'une victoire d'Allende risquerait de détruire la démocratie chilienne, disait Helms. C'était un effort constant, mais dont les effets perceptibles semblaient minimes ».

Le 4 septembre 1970, Allende remporta l'élection tripartite avec une marge de 1,5 pour cent, moins de 37 pour cent des voix. D'après la loi chilienne, le Congrès devait ratifier le vote et confirmer la majorité relative d'Allende : simple formalité légale.

La CIA, qui savait très bien arranger une élection avant le vote mais qui ne l'avait jamais tenté après, disposait de sept semaines pour inverser le résultat.

« VOUS AVEZ DÉJÀ VOTRE VIETNAM »

Kissinger demanda à Helms d'évaluer les chances d'un coup d'État. Elles étaient minces : le Chili vivait en démocratie depuis 1932 et les militaires n'avaient jamais cherché à s'emparer du pouvoir. Helms envoya un câble au chef d'antenne Henry Hecksher lui ordonnant de prendre contact avec des officiers chiliens susceptibles de s'occuper d'Allende. Hecksher n'avait pas de relations dans ce domaine, mais connaissait Agustín Edwards, l'un des hommes les plus puissants du Chili – propriétaire de la plupart des mines de cuivre, d'*El Mercurio,* le quotidien le plus important, et de l'usine d'embouteillage de Pepsi-Cola. Une semaine après l'élection, Edwards prit l'avion pour rencontrer son bon ami Donald Kendall, directeur général de Pepsi et parmi les bailleurs de fonds les plus influents du président Nixon.

Le 14 septembre, Edwards et Kendall prirent le café avec Kissinger. Puis « Kendall rendit visite à Nixon pour lui demander de l'aide afin d'écarter Allende », se souvenait Helms[39]. (Kendall nia plus tard cette démarche mais Helms accueillit ce démenti en riant.) Helms retrouva Edwards vers midi au Hilton de Washington et ils discutèrent de la chronologie d'un coup d'État militaire contre Allende. Cet après-midi-là, Kissinger accorda un supplément de 250 000 dollars pour la guerre politique au Chili : au total, la CIA versa 1,95 million de dollars à Edwards et à *El Mercurio* pour faire campagne contre Allende.

Dans la matinée, Helms avait dit à Tom Polgar, le chef d'antenne de Buenos Aires, de prendre l'avion pour Washington – en amenant avec lui le chef de la junte militaire d'Argentine, le général Alejandro Lanusse, un homme déterminé qui avait passé quatre ans en prison dans les années 1970 après un coup d'État manqué. Le lendemain après-midi, les deux hommes attendaient Helms à son retour d'une réunion avec Nixon et Kissinger.

« Helms était très nerveux quand il revint », se souvenait Polgar, et non sans raison : Nixon lui avait ordonné de monter un coup d'État militaire sans en avertir ni le secrétaire d'État, ni le secrétaire à la Défense, ni l'ambassadeur américain, ni le chef d'antenne.

Helms avait quarante-huit heures pour soumettre à Kissinger un plan qui tienne debout et quarante-neuf jours pour stopper Allende.

Tom Polgar, qui connaissait Helms depuis vingt-cinq ans, lut du désespoir dans son regard. Helms se tourna vers le général Lanusse et lui demanda ce dont sa junte avait besoin pour renverser Allende.

Le général regarda le chef du Renseignement américain et dit :

« Mr Helms, vous avez déjà votre guerre du Vietnam. Ne m'en mettez pas une sur les bras [40]. »

« CE QU'IL NOUS FAUT, C'EST UN GÉNÉRAL AVEC DES COUILLES »

Le 16 septembre, Helms convoqua à une réunion matinale son chef de l'action clandestine Tom Karamessines et sept autres collaborateurs. « Le Président, annonça-t-il, a demandé à l'Agence d'empêcher Allende d'accéder au pouvoir ou de le déstabiliser. » Karamessines avait la direction des opérations ainsi que la mission ingrate de tenir Kissinger au courant.

La CIA divisa l'opération Allende en Piste Une et Piste Deux. La Une concernait la guerre politique, la pression économique, la propagande et les manœuvres diplomatiques [41] ; elle avait pour objectif d'acheter au sein du Sénat chilien un nombre de voix suffisant pour bloquer la confirmation d'Allende. Si cela échouait, l'ambassadeur Korry envisageait de convaincre le président Frei d'organiser un coup d'État constitutionnel. En dernier ressort, expliqua Korry à Kissinger, les États-Unis « condamneraient le Chili et les Chiliens aux pires privations et à la pauvreté, ce qui contraindrait Allende à adopter la politique impitoyable d'un État policier » et déclencherait ainsi un soulèvement populaire.

La Piste Deux était un coup d'État militaire. Korry en ignorait tout. Mais, bravant l'ordre du Président d'exclure Henry Hecksher, Helms demanda à Tom Polgar de retourner en Argentine pour l'encourager. Hecksher et Polgar – des anciens de la base de Berlin, grands amis depuis la Seconde Guerre mondiale – comptaient parmi les meilleurs éléments de la CIA. Tous deux estimaient ce projet de Piste Deux complètement fou.

Helms fit venir David Atlee Phillips, le chef de station au Brésil, pour diriger le groupe chargé de l'opération Chili. Agent de la CIA depuis 1950, vétéran du Guatemala et de la République dominicaine, et le plus brillant des artistes en propagande de l'Agence, il n'attendait rien de la Piste Une.

« Quiconque a vécu au Chili comme moi et connaît les Chiliens sait qu'on pourrait acheter un sénateur, mais deux ? Jamais de la vie. Trois ? Hors de question, affirmait-il [42]. Ils vendraient la mèche. »

Pour la Piste Une, Phillips avait à sa solde vingt-trois reporters étrangers qui ameuteraient l'opinion internationale. Pour la Piste Deux, il avait une équipe de clandestins de la CIA opérant sous un faux pavillon avec de faux passeports ; l'un se faisait passer pour un homme d'affaires colombien, un autre pour un contrebandier argentin, un troisième pour un officier de renseignement brésilien.

Le 27 septembre, cette fine équipe demanda à l'attaché militaire de l'ambassade américaine, le colonel Paul Wimert, un ami de longue date de la CIA, de les aider à trouver des officiers chiliens pour renverser Allende. Un des rares généraux à avoir tenté récemment de fomenter un coup d'État, Roberto Viaux, était candidat. Mais nombre de ses camarades officiers estimaient que c'était un idiot dangereux ; certains trouvaient même qu'il était fou.

Le 6 octobre, un membre de l'équipe s'entretint longuement avec Viaux. Dans l'heure qui suivit, Korry apprit que la CIA mijotait un coup d'État derrière son dos ; il eut une conversation orageuse avec Henry Hecksher. « Vous avez vingt-quatre heures pour comprendre que vous êtes sous mes ordres, sinon vous quittez le pays », lança l'ambassadeur.

« Je suis consterné, câbla Korry à Kissinger. Toute tentative de notre part pour encourager un coup d'État nous conduirait à un échec du style baie des Cochons. »

Un Kissinger au bord de l'apoplexie ordonna à l'ambassadeur de cesser de se mêler de ce qui ne le regardait pas. Puis il convoqua une nouvelle fois Helms à la Maison Blanche ; résultat, un câble urgent à l'antenne de la CIA de Santiago : « CONTACTEZ LES MILITAIRES ET FAITES-LEUR SAVOIR QU'USG – le gouvernement des États-Unis – VEUT UNE SOLUTION MILITAIRE ET QUE NOUS LES SOUTIENDRONS... »

Le 7 octobre, quelques heures après que cet ordre fut parti du quartier général de la CIA, Helms s'envola pour une tournée d'inspection de deux semaines des antennes de Saigon, Bangkok, Vientiane et Tokyo.

Ce jour-là, Henry Hecksher essaya de démolir l'idée de monter un coup d'État avec le concours du général Viaux. Le chef d'antenne affirma au quartier général qu'un régime présidé par Viaux « serait une tragédie pour le Chili et pour le monde libre... qu'un coup d'État organisé par Viaux entraînerait un bain de sang ». Ce commentaire fut mal reçu à Washington. Le 10 octobre, alors qu'il ne restait que deux semaines avant l'installation au pouvoir d'Allende, Hecksher fit une nouvelle tentative pour expliquer la situation à ses supérieurs.

Le quartier général hésita.

Le 13 octobre, Hecksher câbla pour annoncer que Viaux envisageait d'enlever le commandant en chef de l'Armée chilienne, le général Schneider, très respectueux de la Constitution. Kissinger convoqua Karamessines à la Maison Blanche. Le matin du 16 octobre, celui-là envoya ses ordres à Hecksher :

« NOTRE POLITIQUE EST TOUJOURS DE RENVERSER ALLENDE PAR UN COUP D'ÉTAT… IL A ÉTÉ ÉTABLI QU'UNE TENTATIVE DE VIAUX MENÉE PAR LUI SEUL AVEC LES FORCES DONT IL DISPOSE ABOUTIRAIT À UN ÉCHEC… ENCOURAGEZ-LE À DÉVELOPPER SES PLANS… À UNIR SES FORCES AVEC D'AUTRES CONSPIRATEURS… CONTINUONS À NOUS INTÉRESSER VIVEMENT AUX ACTIVITÉS DE VALENZUELA ET AUTRES ET LEUR SOUHAITONS PLEIN SUCCÈS. »

Le général Camilo Valenzuela, commandant la garnison de Santiago, avait pris contact avec la CIA six jours auparavant ; il avait révélé qu'il était disposé à intervenir, peut-être avec succès, mais qu'il avait peur. Le soir du 16 octobre, un de ses officiers prit langue avec la CIA en demandant de l'argent et des instructions. « *Qué necesitamos es un general con cojones* », expliqua l'officier. « Ce qu'il nous faut, c'est un général avec des couilles. »

Le lendemain soir, le général Valenzuela envoya deux colonels rencontrer en secret le colonel Wimert, le représentant en uniforme de la CIA. Leur plan – pratiquement identique au premier conçu par Viaux – prévoyait d'enlever le général Schneider, de l'emmener par avion en Argentine, de dissoudre le Congrès et de prendre le pouvoir au nom des forces armées. Ils reçurent chacun 50 000 dollars en liquide, trois mitraillettes et un bidon de gaz lacrymogène, tout cela avec l'approbation du quartier général de Tom Karamessines.

Le 19 octobre, cinq jours avant l'installation d'Allende, Hecksher fit observer que la Piste Deux avait été menée « avec si peu de professionnalisme et dans des conditions de sécurité si lamentables que, dans la situation actuelle du Chili, le plan pourrait avoir une chance de réussir ». Autrement dit, les officiers chiliens sachant que la CIA cherchait à empêcher Allende d'accéder au pouvoir étaient si nombreux que la cote d'un coup d'État montait. Un mémo de la CIA du 20 octobre le confirmait. Le lendemain, Richard Helms rentra de sa tournée de deux semaines dans les antennes d'Asie.

Le 22 octobre, cinquante heures avant que le Congrès se réunisse pour confirmer le résultat des élections, un groupe d'hommes armés tendit une embuscade au général Schneider alors qu'il se rendait à son travail. Criblé de balles, il mourut en salle d'opération peu après que, par 153 voix contre 35, le Congrès déclare Salvador Allende président du Chili élu selon la Constitution.

Il fallut plusieurs jours à la CIA pour découvrir qui avait abattu le général Schneider. Au quartier général, Dave Phillips avait supposé que les mitraillettes de la CIA avaient fait le travail, et il fut grandement soulagé d'apprendre que c'étaient les hommes de Viaux et non ceux de Valenzuela qui avaient pressé la détente. L'avion de la CIA prévu pour faire sortir de Santiago le général Schneider après son enlèvement transporta à sa place l'officier chilien qui avait reçu l'argent et les armes de l'Agence. « Il arriva à Buenos Aires avec un pistolet dans sa poche en disant : "Je suis dans le pétrin, il faut que vous m'aidiez" », se souvenait Tom Polgar. L'Agence avait commencé par acheter des voix au Chili ; elle se retrouva à fournir des armes automatiques à des assassins en herbe.

« LA CIA NE VAUT PAS UN CLOU »

La Maison Blanche était furieuse que la CIA eût échoué. Le Président et ses hommes étaient convaincus qu'un clan libéral au sein de la CIA avait saboté l'opération. Alexander Haig, maintenant général et indispensable bras droit de Kissinger, expliquait cet échec en disant que les agents de la CIA avaient laissé leurs sentiments politiques « influencer leurs conclusions [43] ». Il était grand temps, dit Haig à son patron, de se débarrasser de « ces groupes gauchisants qui fleurissaient sous le règne de Helms et d'insister sur un profond remaniement des moyens, des attitudes et des concepts de base sur lesquels étaient fondés les programmes clandestins de la CIA [44] ».

Nixon décréta que Helms ne pourrait conserver son poste que s'il faisait du ménage dans la maison. Le directeur promit aussitôt de congédier quatre de ses six adjoints, en ne gardant que Tom Karamessines pour l'action clandestine et Carl Duckett pour la technologie. Dans un mémo à Kissinger, il laissait entendre que des purges incessantes risquaient de menacer le moral et le dévouement de ses hommes. Mais Nixon « continuait à s'en prendre à la CIA et à son lamentable travail de renseignement, se rappelait George P. Shultz, alors directeur du Budget. Je veux que vous réduisiez de moitié le budget de la CIA… »

Malgré les protestations d'un adjoint de Kissinger contre des réductions arbitraires, le Président maintint le couteau sous la gorge de la CIA les deux années suivantes.

En décembre, sur ordre du président, Kissinger et Shultz confièrent à James R. Schlesinger, un assistant ambitieux spécialiste des coupes sombres dans les budgets des services publics [45], une mission de trois mois qui consistait à passer en revue le rôle et les responsabilités de Richard Helms.

Schlesinger, ancien camarade de classe de Kissinger à Harvard, rapporta que le coût de la collecte du renseignement montait en flèche tandis que la qualité diminuait. Les 7 000 analystes de la CIA n'arrivaient pas à dégager les tendances des données sous lesquelles ils étaient noyés ; les 6 000 agents du service d'action clandestine se révélaient incapables d'infiltrer les hautes sphères du monde communiste ; le directeur du Renseignement n'avait d'autre pouvoir que celui de conduire des actions clandestines et de produire des rapports de renseignement que Nixon et Kissinger ne lisaient que rarement. L'Agence ne parvenait pas à soutenir les ambitions planétaires de Nixon : ouvrir la porte à la Chine, tenir bon devant les Soviétiques, terminer la guerre du Vietnam aux conditions imposées par les États-Unis. « Rien ne démontre que la communauté du renseignement dans sa structure actuelle viendra à bout de ce genre de problèmes », conclut Schlesinger[46].

Il proposa alors la refonte la plus radicale de l'espionnage américain depuis 1947. Un nouveau « tsar » travaillerait à la Maison Blanche d'où, sous le titre de directeur national du Renseignement, il surveillerait l'empire du renseignement. La CIA serait démembrée et on inventerait une nouvelle agence pour s'occuper de l'action clandestine et de l'espionnage.

Ce long combat se termina un an après l'accession au pouvoir d'Allende. Le Président ordonna directement à Helms de remettre le contrôle de la CIA à son directeur adjoint – l'homme de main de Nixon, le général Cushman – et d'assumer pour la galerie le rôle d'empereur du Renseignement américain[47]. Helms esquiva ce coup de poignard par une riposte habile : il installa Cushman dans un placard si profond que le général réclama bientôt une nouvelle affectation comme commandant en chef des Marines. Le poste de Numéro 2 à la CIA resta vacant six mois.

Après cet épisode, le projet tomba dans l'oubli, sauf dans l'esprit de Richard Nixon. « Le renseignement est une vache sacrée, pestait-il[48]. La CIA ne vaut pas un clou. » Et il nota dans un coin de sa tête de se débarrasser de Richard Helms.

« LES CONSÉQUENCES NATURELLES ET PROBABLES »

Les efforts pour renverser Salvador Allende ne cessèrent pas. « La Piste Deux ne s'interrompit jamais vraiment », dit Tom Karamessines, et ses notes sur une réunion du 10 décembre 1970 à la Maison Blanche reflétaient ce qui allait arriver. « Kissinger, dans le rôle d'avocat du diable, fit remarquer que le programme que se proposait de suivre la CIA consistait à soutenir les modérés. Puisque Allende se prétend un modéré, pourquoi ne pas soutenir les extrémistes ? » demanda-t-il.

C'est précisément ce que fit l'Agence : elle dépensa plus des 10 millions de dollars autorisés par Nixon pour semer le chaos politique et économique au Chili. Le résultat se manifesta en 1971. Le nouveau chef de la division Amérique latine, Ted Shackley, de retour au quartier général de la CIA après avoir été chef d'antenne au Laos et au Sud-Vietnam, signala à ses supérieurs que ses agents étaient prêts à « user de notre influence sur des chefs militaires clés pour qu'ils puissent jouer un rôle décisif du côté des acteurs du coup d'État ». Le nouveau chef d'antenne de Santiago, Ray Warren, tissa un réseau de militaires et de saboteurs qui s'attacheraient à pousser l'armée hors de ses limites constitutionnelles. Le président Allende commit alors une erreur fatale : pour réagir à la pression qu'exerçait sur lui la CIA, il forma une armée fantôme, le Grupo de Amigos del Presidente – les Amis du Président. Fidel Castro soutint cette force, ce que ne pouvaient admettre les militaires chiliens.

Presque trois ans jour pour jour après l'élection d'Allende, un jeune agent de la CIA à Santiago du nom de Jack Devine, qui devint des années plus tard chef du service d'action clandestine, envoya un message flash qui parvint directement à Kissinger que Nixon venait de nommer secrétaire d'État. Le câble signalait que dans quelques minutes ou quelques heures, les États-Unis allaient recevoir une demande d'aide émanant « d'un officier jouant un rôle capital au sein du groupe de militaires projetant de renverser le président Allende ».

Le coup d'État se produisit le 11 septembre 1973. Rapide et terrible. Plutôt que d'être fait prisonnier dans son palais présidentiel, Allende se suicida avec une carabine automatique, cadeau de Fidel Castro. Cet après-midi-là débuta la dictature du général Augusto Pinochet, et la CIA coopéra aussitôt avec la junte du général. Pinochet régna avec cruauté, massacrant plus de 3 200 personnes, emprisonnant et torturant des dizaines de milliers d'autres victimes des escadrons de la mort.

« Il ne fait aucun doute, avoua l'Agence dans une déposition devant le Congrès, une fois terminée la guerre froide, que certains contacts de la CIA prirent une part active à l'exécution et à la dissimulation de graves abus contre les droits de l'homme. » Le principal d'entre eux était le colonel Manuel Contreras, le chef du service de renseignement chilien sous Pinochet. Il devint un agent à la solde de la CIA et en rencontra d'importants dirigeants en Virginie, deux ans après le coup d'État, à une époque où l'Agence signalait qu'il était personnellement responsable de milliers de meurtres et de cas de torture au Chili. Contreras se distingua par un haut fait particulièrement remarquable : l'assassinat en 1976 d'Orlando Letelier, ex-ambassadeur d'Allende aux États-Unis, et de Ronni Moffitt, un aide de camp américain, tués par une voiture piégée à quatorze blocs de la Maison Blanche.

Contreras exerça un chantage sur les États-Unis en menaçant de révéler au monde ses relations avec la CIA, bloquant ainsi son extradition et son procès pour meurtre. Il n'était pas envisageable pour l'Agence que Pinochet apprît et approuvât cet acte de terrorisme commis sur le territoire américain.

Le régime de Pinochet tint dix-sept ans. Après la chute du dictateur, Contreras fut condamné à sept ans de prison par un tribunal chilien pour le meurtre d'Orlando Letelier. Pinochet mourut en décembre 2006, à l'âge de 91 ans, sous le coup d'une accusation de meurtre et avec 28 millions de dollars dans des comptes secrets à l'étranger. À l'heure où sont rédigées ces lignes, Henry Kissinger est toujours poursuivi devant les justices chilienne, argentine, espagnole et française par des survivants rescapés des escadrons de la mort. Le conseiller juridique de la Maison Blanche avait honnêtement prévenu le secrétaire d'État que « celui qui déclenche un coup d'État peut être tenu pour responsable des conséquences naturelles et probables de cet acte ».

La CIA était incapable de « poser des boutons d'arrêt sur le mécanisme » des actions clandestines, dit Dave Phillips, le chef de l'opération chilienne[49]. « Je pressentais qu'un coup d'État militaire pourrait entraîner deux semaines de combats de rue à Santiago et peut-être des mois de lutte et des milliers de morts dans la campagne, déclara-t-il dans une déposition à huis clos devant une commission sénatoriale cinq ans après l'échec de Piste Deux. Dieu sait que je me savais impliqué dans une affaire où un homme risquait de trouver la mort. »

On lui demanda alors : Quelle distinction faites-vous entre un mort victime d'un assassinat et des milliers de victimes d'un coup d'État ?

« Sénateur, répondit-il, quelle distinction faisais-je pendant la Seconde Guerre mondiale quand le bombardier que j'étais, en pressant un bouton, allait causer la mort de centaines, de milliers peut-être de personnes ? »

30.

« NOUS ALLONS DÉGUSTER »

La surveillance secrète exercée par le gouvernement sous le président Nixon culmina au printemps 1971 : CIA, NSA et FBI espionnaient les citoyens américains ; le secrétaire à la Défense Melvin Laird et l'état-major interarmes utilisaient l'écoute électronique et l'espionnage pour surveiller Kissinger ; Nixon, perfectionnant les installations de Kennedy et de Johnson, avait fait brancher, à la Maison Blanche et à Camp David, des micros à commande vocale dernier cri [50] ; Nixon et Kissinger enregistraient leurs plus proches collaborateurs ainsi que les reporters de Washington pour tenter d'éviter les fuites dans la presse.

Mais les fuites, un véritable torrent, ne tarissaient jamais. Le *New York Times* commença la publication de longs extraits des Papiers du Pentagone, l'histoire secrète du Vietnam commandée quatre ans plus tôt par le secrétaire à la Défense, Robert McNamara. La source en était Daniel Ellsberg, un ancien jeune prodige du Pentagone engagé par Kissinger comme consultant pour le National Security Council et qu'il avait invité dans la propriété de Nixon à San Clemente en Californie. Cette publication rendit furieux Kissinger, et Nixon davantage encore. Le Président s'adressa à John Ehrlichman, le responsable des Affaires intérieures, pour faire cesser les fuites [51] ; il constitua une équipe, les Plombiers, dont il confia la direction à un agent de la CIA qui venait de prendre sa retraite et qui avait joué un rôle important au Guatemala et à la baie des Cochons.

Everette Howard Hunt Jr, un « personnage unique, d'après les dires de l'ambassadeur Sam Hart qui l'avait rencontré à la fin des années 1950, quand il était chef d'antenne en Uruguay [52], totalement égocentrique, totalement amoral, un danger pour lui-même et son entourage, et allant de désastre en désastre », incarnait un jeune guerrier romantique lors de son engagement dans la CIA en 1950 ; puis il était devenu fantaisiste, utilisant son talent à écrire des romans d'espionnage, pas mauvais d'ailleurs ; il avait pris sa retraite de la CIA depuis moins d'un an quand une vague connaissance, Chuck Colson, un assistant de Nixon, lui offrit une nouvelle mission : mener des opérations secrètes pour la Maison Blanche.

Hunt prit l'avion pour Miami afin de rencontrer son vieux compagnon américano-cubain, un agent immobilier, et ils discutèrent près d'un monument élevé à la mémoire des morts de la baie des Cochons. « Il me décrivit la mission comme une opération de sécurité nationale, relata Barker[53]. Je demandai à Howard qui il représentait et il me fit une réponse digne d'un roman : il appartenait à un groupe au niveau de la Maison Blanche, directement sous les ordres du président des États-Unis. » Ensemble ils recrutèrent quatre autres Cubains de Miami, dont Eugenio Martinez qui avait dirigé pour la CIA quelque trois cents missions par mer à Cuba et qui continuait à toucher cent dollars par mois du quartier général.

Le 7 juillet 1971, Ehrlichman téléphona à l'espion de Nixon au sein de la CIA, son directeur adjoint, le général Cushman. L'assistant du Président lui dit que Howard Hunt l'appellerait directement pour lui demander son assistance. « Je voulais que vous sachiez qu'il s'occupait en fait de certaines choses pour le Président, lui précisa Ehrlichman[54]. Considérez qu'il a pratiquement carte blanche. » Hunt se montrait de plus en plus exigeant : il voulait reprendre son ancienne secrétaire, il voulait un bureau à New York avec une ligne téléphonique protégée, des magnétophones dernier cri, une caméra pour faire un repérage en vue d'un cambriolage au cabinet du psychiatre d'Ellsberg à Beverly Hills et, enfin, il demandait à la CIA de développer le film. Cushman informa tardivement Helms que l'Agence avait fourni à Hunt un déguisement complet : une perruque rousse, un appareil à modifier la voix ainsi que de faux papiers d'identité. Là-dessus, la Maison Blanche réclama à l'Agence un profil psychologique de Daniel Ellsberg, en violation flagrante de la charte qui interdisait à la CIA d'espionner des Américains. Mais Helms obéit.

Helms poussa dehors Cushman en novembre 1971, et il fallut des mois à Nixon pour trouver le candidat parfait : le lieutenant général Vernon Walters qui, depuis près de vingt ans, se chargeait de missions secrètes pour les présidents. Helms ne l'avait pourtant jamais rencontré avant l'arrivée de ce dernier comme nouveau directeur adjoint de l'Agence le 2 mai 1972. « Je venais tout juste de mener une opération dont la CIA ignorait tout, se rappelait le général Walters. Helms[55], qui aurait voulu quelqu'un d'autre, me dit : "J'ai entendu parler de vous ; que savez-vous du renseignement ?" Je répondis : "Eh bien, j'ai négocié avec les Chinois et les Vietnamiens pendant trois ans et j'ai emmené quinze fois Henry Kissinger en cachette à Paris sans que vous ni personne d'autre de l'Agence n'en sache rien". » Helms fut impres-

sionné, mais il eut bientôt des raisons de s'interroger sur la loyauté de
son nouvel adjoint.

« TOUS LES ARBRES DE LA FORÊT VONT TOMBER »

Tard le samedi 17 juin 1972, Howard Osborn, le chef du Bureau de
la sécurité de la CIA appela Helms chez lui ; le directeur se douta qu'il
ne s'agissait pas d'une bonne nouvelle. Voici le souvenir qu'il garda de
la conversation [56].

« Dick, vous n'êtes pas couché ?

— Non, Howard.

— Je viens d'apprendre l'arrestation par la police du district de cinq
hommes qui cambriolaient le siège du parti démocrate au Watergate...
Quatre Cubains et Jim McCord.

— McCord ? Un ancien de la maison ?

— Il a pris sa retraite il y a deux ans.

— Et les Cubains – Miami ou La Havane ?

— Miami... ils sont dans ce pays depuis quelque temps.

— Nous les connaissons ?

— Pour l'instant, je ne peux pas vous dire.

— Première chose, mettez la main sur les gens des opérations et
expédiez-les à Miami. Vérifiez tous les dossiers, ici et à Miami... C'est
tout ?

— Non, pas vraiment, soupira Osborn. Il semble que Howard Hunt
soit lui aussi impliqué. »

En entendant le nom de Hunt, Helms sursauta. « Qu'est-ce qu'ils
foutaient là ? » demanda-t-il tout en en ayant une petite idée : McCord
était un expert en écoute électronique, Hunt travaillait pour Nixon ;
il s'agissait à coup sûr de la mise sur écoute d'une ligne téléphonique,
un crime fédéral.

Sans quitter le bord de son lit, Helms parvint à dénicher dans un
hôtel de Los Angeles le directeur du FBI, L. Patrick Gray (J. Edgar
Hoover était mort six semaines auparavant après quarante-huit années
au pouvoir), et lui annonça avec beaucoup de précautions que les
cambrioleurs du Watergate avaient été engagés par la Maison Blanche
et que la CIA n'avait *absolument rien à voir là-dedans*. Compris. Bien,
alors, bonne nuit.

Le lundi 19 juin, Helms retrouva au quartier général pour la réunion
quotidienne de 9 heures ses principaux collaborateurs. Bill Colby,
maintenant directeur exécutif, le Numéro 3 de la CIA, se rappelle que
Helms avait déclaré : « Nous allons déguster parce que ce sont des

anciens » – c'est-à-dire des anciens de la CIA – « et nous savions très bien qu'ils travaillaient pour la Maison Blanche [57] ». Le lendemain matin, le *Washington Post* déposait la responsabilité du Watergate à la porte du Bureau ovale – même si personne ne savait, à ce jour, si Richard Nixon avait autorisé l'effraction.

Le 23 juin, Nixon dit à H. R. Halderman, son assistant qui ne prenait pas de gants, de convoquer Helms et Walters à la Maison Blanche et de leur ordonner au nom de la sécurité nationale de se débarrasser du FBI. Ils convinrent de commencer par jouer franc jeu – une méthode très délicate. Walters appela Gray et lui demanda de ne plus s'occuper de l'affaire. Mais on franchit la ligne le lundi 26 juin, quand le conseiller de Nixon, John Dean, donna l'ordre à Walters de trouver une grosse somme d'argent, dont il serait impossible de retrouver l'origine, pour acheter le silence des six anciens de la CIA emprisonnés ; le mardi, Dean renouvela sa demande. Il annonça ensuite au Président le prix du silence : un million de dollars sur deux ans. Seul Helms – ou Walters en l'absence de Helms – avait le pouvoir d'autoriser un versement secret pris sur la caisse noire de la CIA ; ils étaient les seuls fonctionnaires du gouvernement américain capables d'apporter légalement à la Maison Blanche une valise contenant un million de dollars en liquide, ce que Nixon savait.

« Nous avions la possibilité de nous procurer l'argent n'importe où dans le monde, expliqua Helms [58]. Contrôlant toute opération d'arbitrage, nous n'avions jamais besoin de blanchir de l'argent. » Mais remettre ces fonds « aurait eu pour résultat la fin de l'Agence, développa-t-il. Si j'avais accepté de faire ce que la Maison Blanche nous demandait, non seulement je me serais retrouvé en prison, mais l'Agence aurait perdu à jamais toute crédibilité ».

Helms refusa. Le 28 juin, il quitta Washington pour une tournée de trois semaines des antennes avancées d'Asie, d'Australie et de Nouvelle-Zélande, laissant temporairement la direction de l'Agence à Walters.

Peu après son retour, Jim McCord, qui attendait son procès et qui risquait cinq ans de prison, envoya, par l'intermédiaire de son avocat, un message à la CIA pour signaler que les hommes du Président voulaient qu'il témoignât que le cambriolage du Watergate était une opération de la CIA. Que l'Agence trinque, lui avait dit un conseiller de la Maison Blanche, et une grâce présidentielle suivrait. « Si Helms s'en va et qu'on mette l'opération du Watergate sur le dos de la CIA – ce qui est faux –, tous les arbres de la forêt vont tomber. Ce sera un véritable désert. On est maintenant au bord du précipice. Faites passer le message que, s'ils cherchent à tout faire sauter, ils sont sur la bonne voie. »

« TOUT LE MONDE SAVAIT
QUE NOUS ALLIONS PASSER UN SALE MOMENT »

Le 7 novembre 1972, le président Nixon fut réélu à une écrasante majorité ; il se jura ce jour-là de mener lors de son second mandat le Département d'État et la CIA d'une main de fer, de les détruire et de les rebâtir selon l'image qu'il s'en faisait.

Le 9 novembre, Kissinger proposa de remplacer Helms par John Schlesinger, alors président de la Commission à l'énergie atomique. « Très bonne idée », approuva Nixon [59].

Le 13 novembre, il déclara à Kissinger qu'il avait l'intention « de ruiner le service des Affaires étrangères. Je dis bien les mettre en ruines – les anciennes Affaires étrangères – pour bâtir un nouveau service. Je vais le faire [60] ». Son choix se porta, pour accomplir le travail, sur un homme sûr : un ancien de l'OSS et champion des collecteurs de fonds pour les Républicains, William J. Casey. En 1968, Casey avait harcelé le président-élu Nixon pour qu'il le nommât directeur du Renseignement, mais Nixon avait préféré lui confier la présidence de la Securities and Exchange Commission (la Commission des opérations de Bourse), habile décision accueillie avec enthousiasme dans tous les conseils d'administration d'Amérique. Cette fois, pour le second mandat de Nixon, Casey allait être nommé sous-secrétaire d'État pour les Affaires économiques. Sa véritable mission consistait en fait à servir de saboteur à Nixon – « pour mettre en pièces le Département d'État », avait précisé le Président [61].

Le 20 novembre, au cours d'une brève réunion un peu embarrassée à Camp David, Nixon congédia Helms en lui proposant le poste d'ambassadeur en Union soviétique. Un silence gêné s'installa pendant que Helms considérait ce que signifiait vraiment cette offre. « Vous savez, Monsieur le Président, je ne pense pas que m'envoyer à Moscou serait une très bonne idée », fit remarquer Helms [62]. « Ma foi, répondit Nixon, peut-être pas. » Helms proposa plutôt l'Iran, et Nixon insista pour qu'il prît ce poste. Ils convinrent également que Helms y resterait jusqu'en mars 1973, jusqu'à son soixantième anniversaire, l'âge officiel de la retraite à la CIA. Nixon ne tint pas parole, acte de cruauté gratuit. « Ce type était une merde », lâcha Helms en secouant encore la tête de rage lorsqu'il raconta l'histoire.

« Croyez-vous, demanda dix ans plus tard à Nixon son ami et ancien conseiller Frank Gannon [63], à une conspiration, ou à un projet, de la part de la CIA pour vous évincer du pouvoir ?

— Beaucoup le pensent, répondit Nixon. La CIA avait un motif : personne n'ignorait que je n'étais pas satisfait de la CIA. Je voulais me débarrasser d'un peu de bois mort. Et ils le savaient.

— Croyez-vous qu'ils vous craignaient ? poursuivit Gannon.

— C'est hors de doute, dit Nixon. Et avec raison. »

Le 21 novembre, Nixon proposa la CIA à James Schlesinger qui accepta avec plaisir l'offre du Président. De même que Casey au Département d'État, Schlesinger avait ordre de tout chambouler. « Débarrassez-vous de ces clowns, ne cessait de répéter le Président[64]. À quoi servent-ils ? Ils ont là-bas 40 000 personnes occupées à lire le journal.

Le 27 décembre, le Président dicta un mémo esquissant les grandes lignes de la mission. Même si Kissinger voulait dominer totalement le Renseignement américain, « c'est Schlesinger qui doit être aux commandes, dit Nixon[65]. Si jamais le Congrès a l'impression que le Président a confié toutes les activités de renseignement à Kissinger, cela va faire un raffut épouvantable. Si, au contraire, je nomme le nouveau directeur de la CIA Schlesinger mon principal conseiller pour le Renseignement, nous pourrons faire passer la chose au Congrès. Henry n'a tout simplement pas le temps... Cela fait plus de trois ans que je les tanne, Haig et lui, pour réorganiser le Renseignement, sans le moindre succès ». Écho retentissant de la crise de colère d'Eisenhower fulminant devant son incapacité après huit ans de lutte à remettre sur pied le Renseignement américain.

Lors de ses dernières journées en poste, Helms craignait de voir Nixon et ses sbires piller les dossiers de la CIA. Il fit tout ce qui était en son pouvoir pour détruire deux ensembles de documents secrets qui auraient pu causer la ruine de l'Agence. L'un concernait les expériences sur le contrôle psychologique à l'aide du LSD et d'autres drogues qu'Allen Dulles et lui avaient approuvées vingt ans plus tôt. Très peu de ces archives ont survécu.

Le second était son propre stock d'enregistrements secrets sur bandes. Helms avait enregistré des centaines de conversations dans son bureau du septième étage au cours des six ans et sept mois où il avait servi comme directeur du Renseignement. Lors de son départ officiel le 2 février 1973, tous sans exception avaient été détruits.

« Helms quitta l'immeuble devant le personnel au complet massé à l'entrée du quartier général, dit Sam Halpern, alors le principal assistant du service d'action clandestine. Pas un qui eût l'œil sec[66]. Tout le monde savait qu'après cela nous allions passer un sale moment. »

31.

« CHANGER LA CONCEPTION D'UN SERVICE SECRET »

L'effondrement de la CIA en tant que service secret de renseignement commença avec le départ de Helms et l'arrivée de James Schlesinger au quartier général.

Schlesinger fut directeur du Renseignement dix-sept semaines. Durant cette période, il congédia plus de cinq cents analystes et un millier de personnes appartenant au service des opérations clandestines. Des agents en poste à l'étranger reçurent des câbles codés non signés les informant qu'ils étaient virés ; cela lui valut de recevoir de son côté des menaces de mort anonymes et l'obligea à ajouter des gardes armés à son détachement de sécurité.

Il nomma Bill Colby à la tête du service d'action clandestine et lui expliqua d'emblée qu'il était temps de changer la conception d'un « service secret [67] ». À l'aube de la technocratie c'en était fini de l'ère des vieux de la vieille en place depuis vingt-cinq ans. « Il se méfiait terriblement du rôle et de l'influence des opérateurs clandestins, se rappelait Colby. Il estimait que, sous leur coupe, l'Agence était devenue complaisante, suffisante, et qu'elle abritait beaucoup trop de ces "vieux" ne faisant pas grand-chose d'autre que de s'occuper les uns des autres, de jouer aux espions et de revivre la splendeur passée. »

Les « vieux » répliquaient que le plus clair du travail de la CIA hors des frontières consistait à lutter contre les Soviétiques et les communistes chinois.

Colby ne tarda pas à dresser l'inventaire des capacités de la CIA : dix ans plus tôt, la moitié du budget de l'Agence était consacré aux opérations clandestines ; sous Nixon, cette proportion tombait maintenant au-dessous de dix pour cent. On recrutait de moins en moins de jeunes talents, en cause la guerre du Vietnam. Le climat politique n'encourageait pas à engager de brillants jeunes diplômés de l'université et, d'ailleurs, à la demande générale, des collèges de plus en plus nombreux interdisaient l'accès de leur campus aux recruteurs. La suppression du service militaire se traduisit par l'arrêt des processions de jeunes officiers demandant à être enrôlés dans la CIA.

L'Union soviétique demeurait une terre toujours pratiquement vierge pour les espions américains. La Corée du Nord et le Nord-Vietnam, des taches blanches sur la carte. La CIA achetait ses meilleures informations aux services de renseignement alliés et aux dirigeants du tiers-monde qu'elle tenait totalement sous sa coupe.

La division soviétique restait paralysée par les théories de la conspiration de Jim Angleton, toujours en charge du contre-espionnage. Parmi les nombreuses corvées de Bill Colby figurait celle de savoir quoi faire du vieux chasseur d'espions alcoolique qui en était maintenant arrivé à la conclusion que Colby lui-même était une taupe de Moscou. Colby tenta de persuader Schlesinger de congédier Angleton. Mais, après avoir entendu le Grand Exposé, le nouveau directeur se montra plus réticent.

Dans son bureau sombre et enfumé, Angleton ramena le nouveau patron cinquante ans en arrière, aux débuts du communisme soviétique ; il évoqua les manipulations montées par les Russes dans les années 1920 et 1930, les campagnes de désinformation et les opérations d'agents doubles des années 1940 et 1950, ainsi que l'hypothèse de l'infiltration de la CIA dans les années 1960 [68] – en bref, que l'ennemi avait percé les défenses de la CIA et s'y était installé en profondeur.

Fasciné par ce voyage guidé dans les enfers d'Angleton, Schlesinger goba totalement le Grand Exposé.

« HORS DU CADRE FIXÉ PAR LA CHARTE DE L'AGENCE »

Schlesinger parlait de la CIA comme de « la central intelligence agency – avec un petit "c", un petit "i" et un petit "a" [69] ». Elle n'était devenue rien de plus « qu'une composante de la NSC » sous l'autorité de Kissinger. Celui-là avait l'intention d'en confier les rênes au directeur adjoint Vernon Walters, tandis que lui s'occuperait des satellites-espions du National Reconnaissance Office, le colossal système d'écoute électronique de la National Security Agency, ainsi que des rapports militaires fournis par la Defense Intelligence Agency. Bref, il comptait assumer le rôle qu'il avait imaginé dans son rapport au Président : celui de directeur national du Renseignement.

Mais les crimes et délits de la Maison Blanche vinrent fracasser ses grandes ambitions. « L'affaire du Watergate commença à l'emporter sur tout le reste, dit Schlesinger, et les désirs que je nourrissais au début furent peu à peu tout simplement engloutis par la nécessité de protéger l'Agence et d'organiser son salut. »

Et il avait une conception particulière des moyens de la sauver.

Schlesinger croyait qu'on lui avait dit tout ce que savait l'Agence à propos du Watergate. Ce fut pour lui un choc d'entendre Howard Hunt témoigner que ses plombiers et lui avaient dévalisé le cabinet du psychiatre Daniel Ellsberg avec l'assistance technique de la CIA. En passant en revue les dossiers de l'Agence, on découvrit une copie du film développé par ses soins pour Hunt après son examen des lieux. De nouvelles recherches exhumèrent les lettres de la CIA à Jim McCord qu'on aurait pu interprétées comme une menace de chantage à l'encontre du président des États-Unis.

Bill Colby avait sauté derrière les lignes ennemies avec l'OSS, il avait passé six ans à superviser le massacre des communistes au Vietnam, et la simple violence verbale ne l'impressionnait guère. Mais il fut frappé de la rage qui s'empara de Schlesinger. Sacquez tout le monde s'il le faut, ordonna le directeur, démolissez-moi la baraque, arrachez le parquet, mettez tout à nu. Puis Schlesinger rédigea un mémo à l'attention de tous les employés de la CIA. Cette note constituait une des décisions les plus dangereuses jamais prises par un directeur de la CIA [70], l'héritage qu'il choisissait de laisser :

> « J'ai donné l'ordre à tous les hauts responsables de cette Agence de me signaler sur-le-champ toute activité se déroulant actuellement ou s'étant déroulée dans le passé susceptible d'être considérée comme hors du cadre fixé par la charte de l'Agence.
>
> « J'enjoins donc à toute personne présentement employée par la CIA de me rapporter toute activité de ce genre dont il aurait connaissance. J'invite tous les ex-employés à faire de même. Quiconque détient une telle information devra me contacter... en précisant qu'il souhaite m'entretenir d' " activités hors de la charte de la CIA ". »

La charte excessivement vague de la CIA [71] était néanmoins claire sur un point : l'Agence ne pouvait pas être la police secrète des États-Unis. Pourtant, à l'époque de la guerre froide, la CIA avait espionné les citoyens, mettant leur téléphone sur écoute, ouvrant leur courrier et conspirant pour commettre un meurtre sur ordre de la Maison Blanche.

L'ordre de Schlesinger était daté du 9 mai 1973, avec effet immédiat. Ce même jour, l'affaire du Watergate commença à rattraper Nixon. Il avait été contraint de congédier sa garde du palais et seul restait le général Alexander Haig, le nouveau chef d'état-major de la Maison Blanche. Quelques heures seulement après la proclamation de l'ordre de Colby, Haig l'appela pour lui annoncer que l'attorney général donnait sa démission et que le secrétaire à la Défense prenait sa place. Schlesinger quittait la CIA pour le Pentagone et le Président voulait

que Colby fût le nouveau directeur du Renseignement. Le gouvernement était plongé dans un désarroi tel que Colby ne prêta serment
qu'en septembre. Pendant quatre mois, ce fut le général Walters qui fit
office de directeur, Colby étant le directeur désigné – étrange situation.

Colby avait maintenant cinquante-trois ans et derrière lui trente
années à l'OSS et à la CIA. Toute sa vie, il avait été l'incarnation
même de l'action clandestine. Au printemps 1973, obligé d'être le bras
séculier de Schlesinger, il dut convoquer ses camarades pour leur
remettre leur notification de licenciement. En même temps, sa fille
aînée, âgée d'une vingtaine d'années, dépérissait et finissait par mourir
d'anorexie. Le 21 mai, Colby s'assit à son bureau et entama la lecture
de la compilation initiale des crimes commis par la CIA, qui totali-
saient finalement 693 violations potentielles de sa charte. Cette
semaine-là venaient de s'ouvrir les audiences publiques du Sénat sur
l'affaire du Watergate. La nouvelle que Nixon et Kissinger avaient
enregistré des propos tenus par des assistants et des journalistes fut
rendue publique. On annonça alors la nomination d'un procureur
spécial pour enquêter sur les crimes du Watergate.

Toute sa vie, Colby avait été un catholique fervent croyant aux
conséquences du péché mortel. Il découvrait maintenant les complots
contre Fidel Castro et le rôle central qu'y avait joué Robert Kennedy,
les expériences sur le contrôle psychologique, les prisons secrètes et
les essais de drogues sur des cobayes humains. L'écoute et la surveillance de citoyens et de reporters ne choquaient pas sa conscience
puisque ces mesures avaient été prises sous la responsabilité de trois
présidents. Mais il savait que, dans le climat actuel, la révélation de ces
secrets pourrait anéantir l'Agence. Colby mit tous ces documents sous
clé et entreprit de diriger la CIA[72].

La Maison Blanche s'écroulait sous le poids écrasant du Watergate
et Colby avait parfois l'impression que la CIA s'effondrait aussi. Que
Nixon se dispensât de lire les renseignements que lui transmettait
l'Agence s'avérait souvent une bonne chose. En 1973, pendant le
Ramadan et le jour même de Yom Kippour – le jour le plus sacré –,
l'Égypte entra en guerre contre Israël et pénétra profondément dans des
territoires tenus par les Israéliens. Contrairement aux solides prévi-
sions qu'elle avait faites en 1967, avant la guerre des Six Jours, la CIA
n'avait pas su discerner les prémices de la tempête. « Nous ne nous
sommes pas couverts de gloire, reconnut Colby[73]. Nous avons prédit la
veille du jour où la guerre a éclaté qu'elle n'aurait pas lieu. »

L'Agence avait assuré à la Maison Blanche quelques heures avant le
début des hostilités : « Les manœuvres sont certes plus réalistes que
d'habitude, mais il n'y aura pas de guerre[74]. »

32.

« UN IDÉAL FASCISTE CLASSIQUE »

Le 7 mars 1973, le président Nixon reçut dans le Bureau ovale Tom Pappas, un Américain d'origine grecque, magnat des affaires passé maître dans la combine politique et ami de la CIA ; il avait fourni en liquide pour la campagne de Nixon une contribution de 549 000 dollars, cadeau des chefs de la junte militaire grecque [75]. L'argent avait été blanchi par le KYP, le service du Renseignement grec : l'un des sombres secrets de la Maison Blanche de Nixon.

Pappas avait maintenant des centaines de milliers de dollars de plus à offrir au Président, de quoi acheter le silence des cambrioleurs du Watergate [76]. L'argent provenait essentiellement des « colonels », la junte grecque qui s'était emparée du pouvoir en avril 1967, avec à sa tête George Papadopoulos, un agent recruté par la CIA depuis l'époque d'Allen Dulles et des liens qui unissaient le KYP et l'Agence.

« Ces colonels complotaient depuis des années, dit Robert Keeley, futur ambassadeur des États-Unis en Grèce. C'étaient des fascistes... ils représentaient presque un idéal fasciste classique [77]. »

Militaires et officiers du Renseignement grec avaient travaillé de concert avec sept chefs d'antenne en poste à Athènes [78]. Leur grand ami était Thomas Hercules Karamessines, l'Américain d'origine grecque chef du service d'action clandestine sous Richard Helms, et ils avaient toujours cru que « la Central Intelligence Agency accédait directement à la Maison Blanche », dit Norbert Anschutz, le diplomate américain du rang le plus élevé à Athènes durant le coup d'État de 1967 [79].

Pourtant les colonels avaient pris la CIA au dépourvu. « La seule fois où j'ai vu Helms vraiment en colère, ce fut lors du coup d'État des colonels en 1967, raconta Dick Lehman, l'analyste chevronné alors chargé de la collecte du renseignement à Athènes [80]. Les généraux grecs préparaient un coup d'État contre le gouvernement élu, plan que nous connaissions tous et qui n'était pas encore au point. Mais un groupe de colonels, leur coupant l'herbe sous les pieds, avaient agi sans prévenir. Helms était furieux », dit Lehman qui avait lu les câbles en provenance d'Athènes arrivés pendant la nuit.

La politique officielle américaine garda ses distances à l'égard des colonels jusqu'à l'arrivée à la présidence de Richard Nixon en janvier 1969. La junte utilisa Tom Pappas, qui travaillait à Athènes avec la CIA depuis vingt ans, comme messager pour glisser de l'argent liquide dans les coffres politiques de Nixon et du vice-président Spiro Agnew – l'Américain d'origine grecque le plus puissant dans l'histoire des États-Unis. Des pots-de-vin bien placés. Agnew se rendit à Athènes en visite officielle, tout comme les secrétaires d'État à la Défense et au Commerce. Les États-Unis vendirent à la junte des chars, des avions et de l'artillerie. L'antenne d'Athènes promettait, rapporta Archer K. Blood, un conseiller politique de l'ambassade américaine, que ces ventes d'armes aux colonels les « ramèneraient à la démocratie », « un mensonge », ajoutait-il, mais « si on s'avisait de critiquer la junte, la CIA explosait de colère »[81].

En 1973, les États-Unis étaient le seul pays du monde développé à être en bons termes avec une junte qui jetait en prison et torturait ses ennemis politiques. « Je protestais en invoquant les droits de l'homme, dit Charles Stuart Kennedy, le consul général à Athènes[82], mais la CIA n'en tenait aucun compte. »

Au printemps 1974, le général Dimitrios Ioannidis prit la tête de la junte. Cela faisait vingt-deux ans qu'il travaillait avec la CIA, son unique contact avec le gouvernement des États-Unis : l'ambassadeur et le personnel diplomatique n'étaient pas dans le coup. Le chef de l'antenne de la CIA Jim Potts *était*, aux yeux de la junte, le gouvernement américain. L'Agence disposait d'« un atout majeur à Athènes. Elle entretenait des relations avec le type qui dirigeait le pays et ne voulait pas que cela change », nota Thomas Boyatt, responsable de Chypre au Département d'État à Washington[83].

« ARNAQUÉ PAR UN MERDEUX DE GÉNÉRAL »

L'île de Chypre, située à soixante kilomètres des côtes turques et à huit cents d'Athènes, avait été colonisée par les Grecs dans l'Antiquité, occupée par les croisés au Moyen Âge, conquise par les Ottomans au dix-septième siècle et administrée par la Grande-Bretagne de 1878 à 1960, date de son indépendance. Les colonels grecs détestaient le dirigeant chypriote, l'archevêque Makarios, et n'avaient qu'une idée, le renverser. Le chef adjoint de la mission américaine à Chypre, William Crawford, avait eu vent de leur projet.

« Je me suis rendu à Athènes avec ce que je considérais comme une preuve flagrante qu'ils s'apprêtaient à faire s'écrouler tout le château de cartes, se souvenait-il [84]. Notre chef d'antenne à Athènes, Jim Potts, rétorqua que c'était tout simplement impossible : ces gens, des amis avec lesquels il travaillait depuis trente ans, ne feraient jamais quelque chose d'aussi stupide. »

En 1974, Tom Boyatt acquit la conviction que les amis de la CIA à Athènes voulaient se débarrasser de Makarios. Il rédigea un câble à l'intention de l'ambassadeur Tasca à Athènes : Allez parler au général Ioannidis, disait le message. Signalez-lui – « en mots d'une seule syllabe que même lui comprendra » – que « les États-Unis s'opposent énergiquement à toute tentative, manifeste ou clandestine, par quelque élément du gouvernement grec que ce fût de venir semer le trouble à Chypre ». Dites-lui que « nous sommes particulièrement hostiles à toute menée visant à renverser Makarios pour installer un gouvernement pro-Athènes. Parce que, si cela se produit, les Turcs envahiront le territoire chypriote, ce qui ne sera bon pour aucun de nous ».

Mais l'ambassadeur Tasca n'avait jamais parlé de sa vie au général Ioannidis, ce rôle étant réservé au chef d'antenne de la CIA.

Le samedi 12 juillet 1974, le Département d'État reçut un câble rassurant de l'antenne de la CIA à Athènes : Ne vous inquiétez pas, le général et la junte ne font rien pour renverser l'archevêque Makarios. « Parfait, une information de première main, et je rentrai donc chez moi, se rappelait Boyatt. Vers 3 heures du matin, le lundi, on m'appela du Centre des opérations du Département d'État : " Vous feriez mieux de venir ", me dit mon interlocuteur. » La junte avait attaqué.

Boyatt se précipita au Département d'État où un officier des transmissions lui tendit deux feuilles de papier. La première était le rapport de renseignement de la CIA à l'intention du président Nixon et du secrétaire d'État Kissinger : « Nous avons reçu du général Ioannidis l'assurance que la Grèce ne déploiera pas ses forces à Chypre. » La seconde était un câble de l'ambassade américaine à Chypre : « Le palais présidentiel est en flammes. Les troupes chypriotes ont été décimées. »

D'Ankara arriva un message flash annonçant la mobilisation des forces turques. Deux armées de l'OTAN, toutes deux entraînées et équipées par les États-Unis, s'apprêtaient à se faire la guerre avec des armes américaines. Les Turcs frappèrent une plage du nord de Chypre et coupèrent l'île en deux avec des chars et de l'artillerie de provenance américaine. Des Chypriotes grecs furent massacrés dans le secteur turc de l'île et des Chypriotes turcs, dans le secteur grec. Durant tout le mois de juillet, la CIA signala que l'Armée grecque et la population soutenaient à fond le général Ioannidis. Quand éclata la bataille pour Chypre, la junte grecque tomba.

« Et donc, résuma Boyatt des années plus tard, nous étions assis sur nos fesses, et la communauté du renseignement des États-Unis trônait dans toute sa majesté tandis qu'il se faisait arnaquer par un merdeux de général de brigade grec. »

« LE TERRIBLE PRIX »

Le 8 août 1974, Richard Nixon démissionna. Le coup final avait été son aveu d'avoir ordonné à la CIA de faire obstruction à la justice au nom de la sécurité nationale.

Le lendemain, le secrétaire d'État Kissinger reçut de Tom Boyatt un message inouï : la CIA avait menti à propos de ses activités à Athènes et délibérément induit en erreur le gouvernement américain – mensonges qui avaient contribué à déclencher la guerre qui ravageait la Grèce, la Turquie et Chypre, une guerre qui faisait des milliers de morts.

La semaine suivante, à Chypre, une fusillade éclata autour de l'ambassade américaine, et l'ambassadeur Rodger P. Davies périt, victime d'une balle en plein cœur. À Athènes, des centaines de milliers de manifestants marchèrent sur l'ambassade américaine et essayèrent d'y mettre le feu ; l'ambassadeur, choisi par Kissinger lui-même le jour de la démission de Nixon et qui venait d'arriver, était Jack Kubisch, un diplomate de grande expérience.

La CIA lui envoya, ainsi qu'il l'avait exigé, un nouveau chef d'antenne : Richard Welch avait appris le grec à Harvard et servi comme chef de station au Pérou et au Guatemala ; il s'installa dans l'hôtel particulier qu'avait occupé chacun de ses prédécesseurs – une adresse bien connue donc. « Cela posait un très grave problème, dit l'ambassadeur Kubisch. Je lui avais choisi une autre résidence, dans un autre quartier de la ville, afin d'essayer de dissimuler qui il était et de lui donner une sorte de couverture. » Étant donné la violence des sentiments anti-américains à Athènes, cela semblait effectivement prudent. Mais « ni Welch ni sa femme ne paraissaient s'en inquiéter ; ils pensaient tout bonnement qu'à Athènes ils ne couraient pas le moindre danger ».

Welch et son épouse se rendirent au réveillon de Noël organisé dans la résidence privée de l'ambassadeur, à quelques blocs de la villa de la CIA. Quatre personnes dans une petite voiture garée dans l'allée attendaient leur retour ; trois hommes obligèrent alors le chef d'antenne à descendre de voiture. « Ils le tuèrent sur-le-champ de trois balles de Colt 45 en pleine poitrine, relata l'ambassadeur Kubisch. Puis ils remontèrent dans leur voiture et disparurent. » Le premier assassinat d'un chef d'antenne dans l'histoire de la CIA.

L'ambassadeur Kubisch déclara qu'il avait vu à Athènes « le terrible prix que doit payer le gouvernement des États-Unis lorsqu'il noue des liens aussi étroits… avec un régime répressif [85] ». La conséquence, en partie, de laisser la CIA diriger la politique étrangère des États-Unis.

33.

« CE SERAIT LA FIN DE LA CIA »

« Permettez-moi pour commencer d'aborder un problème concernant l'utilisation de matériel classifié », déclara le président Gerald R. Ford en ouvrant une de ses premières séances du Conseil de sécurité nationale dans la Cabinet Room de la Maison Blanche le 7 octobre 1974 [86].

Les survivants du Watergate – le secrétaire d'État Kissinger, le secrétaire à la Défense Schlesinger, le directeur adjoint de la CIA Walters et l'ambitieux et influent conseiller de la Maison Blanche Donald Rumsfeld – étaient exaspérés par la dernière fuite en date. Les journaux venaient de publier une liste de commandes passées par Israël et la réponse américaine ; or les États-Unis s'apprêtaient en effet à expédier des milliards de dollars d'armes à Israël et à l'Égypte.

« C'est intolérable, lança Ford, et j'ai envisagé avec Don Rumsfeld plusieurs options pour régler ce problème. » Le Président exigeait, dans les quarante-huit heures, un plan pour empêcher la presse d'imprimer ce qu'elle savait. « Nous n'avons pas les outils nécessaires, rétorqua Schlesinger [87]. Il nous faut, comme en Angleterre, un Official Secrets Act, une loi sur les secrets d'État, mais le climat actuel ne le permet pas. »

Bill Colby sauta sur l'occasion de renforcer sa position à la Maison Blanche car il savait que cette infraction au secret menaçait la survie même de l'Agence. Une fois Ford vice-président, il avait été aux petits soins avec lui : il lui faisait porter par courrier le rapport quotidien sur le renseignement préparé pour le Président et l'informa que la CIA projetait secrètement de contribuer, à la hauteur de 400 millions de dollars, au renflouage de l'épave d'un submersible soviétique coulé dans le Pacifique (l'opération échoua : le sous-marin se brisa en deux). Il tenait à ce que Ford sût « tout ce que savait le Président », expliquait-il [88]. « Nous ne voulions pas voir se répéter la situation où Truman ignorait le Projet Manhattan. »

Mais le président Ford ne lui téléphona jamais et ne le consulta pas non plus en privé. Ford rétablit le Conseil de sécurité nationale, Colby assistait aux réunions mais ne fut jamais admis seul dans le Bureau ovale. Il tenta bien de participer aux grandes décisions mais, avec Kissinger et Haig en gardiens du temple, il n'eut jamais accès au cercle intime de la Maison Blanche de Ford. Et ses espoirs d'une occasion de restaurer la réputation de la CIA s'évanouirent en décembre 1974.

Un reporter du *New York Times*, Seymour Hersh, avait découvert que l'Agence espionnait en secret les Américains ; il avait dépisté l'essentiel de l'histoire grâce à des mois d'enquête et, le vendredi 20 décembre 1974, il interviewa longuement Colby au quartier général. Colby, qui enregistra secrètement la conversation, s'efforça de convaincre Hersh que cette surveillance illégale ne revêtait pas une grande importance, mais il reconnut qu'elle avait existé. Hersh travailla toute la nuit, jusqu'au samedi matin, à la rédaction de son article qui parut le 22 décembre 1974 à la une du numéro du dimanche. La manchette annonçait : GRANDE OPÉRATION DE LA CIA AUX ÉTATS-UNIS CONTRE LES MOUVEMENTS ANTI-GUERRE.

Colby essaya de protéger l'Agence en rejetant la responsabilité de cette surveillance illégale sur Jim Angleton qui, depuis vingt ans, ouvrait le courrier avec la participation du FBI. Il le convoqua dans son bureau et le congédia. Mis à la porte, Angleton passa le reste de sa vie à tisser des mythes autour de son action. Lorsqu'on lui demanda d'expliquer pourquoi la CIA n'avait pas obéi à l'ordre émanant de la Maison Blanche de détruire les réserves de poisons de l'Agence, il déclara : « Il est inconcevable qu'une branche secrète du gouvernement ait à obéir à tous les ordres donnés publiquement par le gouvernement[89]. »

« DES SQUELETTES VONT SORTIR DU PLACARD »

Le soir du réveillon, Colby envoya à Kissinger une longue note récapitulant les secrets entassés dans les archives sur l'ordre de Schlesinger. Kissinger résuma tout cela en un mémo de cinq pages à simple interligne adressé le jour de Noël au président Ford. Il fallut au Congrès un an d'enquête, l'année 1975 tout entière, pour dégager de ce mémo un certain nombre de faits.

Kissinger informait le Président que la CIA avait en effet espionné les milieux de gauche, mis sur écoute et placé sous surveillance des journalistes, qu'elle avait procédé à des perquisitions illégales et ouvert d'innombrables sacs de courrier. Mais il y avait bien plus et bien pis. Kissinger n'osa pas coucher sur le papier ce qu'il avait découvert dans ce qu'il appelait « le livre des horreurs ». Certaines des actions de la CIA « étaient manifestement illégales », annonça-t-il à Ford. D'autres

« posaient de graves problèmes moraux ». Bien qu'il eût siégé dix ans à la modeste sous-commission de la CIA à la Chambre des représentants, le président Ford n'avait jamais entendu parler d'aucun de ces secrets : espionnage sur le territoire américain, contrôle psychologique, tentatives d'assassinat. Les conspirations en vue de commettre un meurtre avaient commencé à la Maison Blanche sous Eisenhower, le plus vénéré des présidents républicains du vingtième siècle.

Là-dessus, le vendredi 3 janvier 1975, Ford reçut un autre message, celui-là provenant de l'attorney général des États-Unis, Laurence Silberman.

Silberman avait appris ce même jour l'existence de l'épais dossier contenant les secrets des méfaits de la CIA. Il se trouvait dans le coffre du bureau de Colby, et Silberman supposait qu'il contenait des preuves de crimes fédéraux. Le plus haut représentant de la loi venait de prendre au piège le directeur du Renseignement qui, s'il ne remettait pas les dossiers, serait accusé d'obstruction à la justice.

Silberman – par la suite juge d'appel fédéral, il dirigea une enquête accablante sur la CIA en 2005 – fut dangereusement près de devenir lui-même le directeur du Renseignement. Ford lui proposa le poste ; Silberman refusa[90]. « Je ne le souhaitais pas pour un tas de raisons », raconta-t-il. Il savait que l'Agence allait essuyer une terrible tempête.

Dans son mémo du 3 janvier au Président, Silberman soulevait deux problèmes. Premièrement : « Plans pour assassiner certains dirigeants étrangers – ce qui, à tout le moins, pose des questions exceptionnelles. » Deuxièmement : « Mr Helms s'est peut-être parjuré lors des audiences de confirmation de sa nomination comme ambassadeur en Iran[91]. » On avait interrogé Helms, qui répondait sous serment, à propos du renversement du président du Chili Allende. La CIA avait-elle quelque chose à voir dans cette affaire ? Non, monsieur, avait répondu Helms. Ayant juré le secret mais aussi de dire la vérité, Helms dut finalement comparaître devant un juge fédéral sous l'inculpation de mensonge – pour n'avoir pas dit au Congrès toute la vérité.

Le soir du 3 janvier, Ford déclara à Kissinger, au vice-président Nelson Rockefeller et à Donald Rumsfeld que « ce serait la fin de la CIA[92] », si les secrets étaient divulgués. Le samedi 4 janvier à midi, Helms se présenta dans le Bureau ovale. « Franchement, lui dit Ford[93], nous sommes dans le pétrin. » Rockefeller, ajouta le Président, allait diriger une commission chargée d'enquêter sur les activités domestiques de la CIA, mais seulement sur les activités domestiques. Ford espérait qu'il lui serait possible de rester dans ces limites étroites. « Ce serait tragique d'aller au-delà, dit-il à Helms. Ce serait navrant si un tollé général nous forçait à aller plus loin et à porter atteinte à l'intégrité de la CIA. Je présume d'emblée que, jusqu'à preuve du contraire, ce que vous avez fait était bien. »

Helms comprit ce qui l'attendait.

« Pas mal de squelettes vont sortir du placard, annonça-t-il au Président. Je ne connais pas tout ce qui s'est passé à l'Agence. Peut-être que personne ne le sait. Mais j'en sais assez pour dire que, si des squelettes sortent du placard, je participerai au déballage. »

Helms, ce jour-là, balança un premier paquet par-dessus la haie de la Maison Blanche : il raconta à Kissinger que Bobby Kennedy avait géré personnellement les complots pour assassiner Castro. Kissinger transmit la nouvelle au Président. L'horreur se renforça. Ford, qui avait commencé à être connu à l'échelon national comme membre de la Commission Warren, comprenait désormais que certains des aspects de l'assassinat de Kennedy lui avaient échappé [94] ; les pièces manquantes de ce puzzle le hantaient. Vers la fin de sa vie, il qualifia d'« invraisemblable » le fait que l'Agence ait dissimulé des preuves à la Commission Warren. La CIA « a commis une erreur en ne nous livrant pas tous les éléments qu'elle avait à sa disposition », jugea Ford.

La Maison Blanche devait maintenant affronter huit enquêtes et auditions du Congrès concernant la CIA. Rumsfeld expliqua comment la Maison Blanche allait se sortir de cette mauvaise passe grâce à la Commission Rockefeller dont les membres seraient « Républicains et du bon côté ». L'un d'eux figurait déjà dans ses dossiers : « Ronald Reagan, un commentateur politique, ancien président de la Guilde des acteurs de cinéma et ancien gouverneur de Californie. »

« Quelle devrait être la conclusion du rapport ? » s'informa le Président. Tous insistèrent sur la nécessité de prendre des mesures d'urgence pour parer à la situation. « Il faut contrôler Colby », préconisa Kissinger. S'il ne gardait pas le silence, « toutes ces histoires se répandront partout ».

Le nouveau Congrès, élu trois mois après la démission de Nixon, n'avait jamais été plus libéral. « La question est de déterminer la façon d'organiser l'enquête sur la CIA », dit le président Ford à Rumsfeld le 21 février [95]. Rumsfeld s'engagea à monter « pour le Président une opération de contrôle des dégâts ». Il se chargea de déterminer combien des secrets de la CIA – si tant est qu'il y en eût – Ford et Rockefeller devraient partager avec le Capitole.

Le 28 mars, Schlesinger dit au Président qu'il fallait impérativement « diminuer l'importance des opérations de la CIA » à travers le monde. « La CIA est en proie à d'âpres dissensions internes », expliqua Schlesinger, qui avait contribué à les semer [96]. Le service d'action clandestine regorgeait de « vieux agents épuisés », d'hommes susceptibles de propager partout des secrets. Colby se montrait « fichtrement trop coopératif avec le Congrès ». Le risque de voir les révélations se multiplier augmentait de jour en jour.

34.

« ICI SAIGON. TERMINÉ »

Le 2 avril 1975, Bill Colby avertit la Maison Blanche : les États-Unis étaient sur le point de perdre une guerre.

« Que je comprenne bien la situation, dit Kissinger[97]. Existe-t-il un endroit où les Sud-Vietnamiens ont une chance d'établir un front et d'arrêter les Nord-Vietnamiens ?

— Ici, au nord de Saigon, répondit Colby en désignant une ligne sur la carte.

— C'est sans espoir ! » s'écria Schlesinger.

Le Sud-Vietnam allait-il s'effondrer ? s'inquiéta Kissinger. Inévitable, estimait Colby.

« Donc, Martin – l'ambassadeur Graham Martin – doit commencer à préparer un plan d'évacuation, déclara Kissinger. J'estime que nous devons – c'est notre devoir – évacuer ceux qui on cru en nous... Il faut évacuer les personnes qui ont participé au programme Phœnix. » (Il s'agissait de la campagne paramilitaire d'arrestations, d'interrogatoires et de tortures que Colby avait aidé à mettre en œuvre en tant que civil, avec rang d'ambassadeur, de 1968 à 1971, et qui avait tué au minimum plus de vingt mille suspects vietcongs.)

« La véritable question qui se pose maintenant, développa Colby, est de savoir si nous tentons de tenir un bastion autour de Saigon ? » Ou bien négocions-nous un accord pour, peut-être, sauver la face de façon à réussir à évacuer la capitale sans effusion de sang ?

« Pas de négociation, lâcha Kissinger – pas tant que j'occupe ce poste. » Continuez à approvisionner Saigon en armes et laissez le Nord et le Sud se débrouiller. « Nous ne pouvons rien sauver, conclut-il.

— Si, des vies », insista Colby. Mais Kissinger ne voulait rien entendre : pas question de négocier une fin pacifique des hostilités.

Le 9 avril, Colby retourna à la Maison Blanche pour tenter de faire comprendre au président Ford que les armées communistes se rapprochaient des capitales du Sud-Vietnam, du Laos et du Cambodge. Les

vingt années de lutte menée par les forces et les services de renseignement des États-Unis aboutissaient à ce triste résultat.

« Les communistes ont entamé une nouvelle bataille, avec Saigon
pour ultime objectif », expliqua Colby au Président et au National
Security Council le 9 avril. Les États-Unis devaient, le plus tôt
possible, commencer à évacuer autant d'Américains et de Vietnamiens
que faire se pouvait, car une fois Saigon tombée, des vengeances
s'exerceraient sûrement sur ceux des milliers d'Américains et des
dizaines de milliers d'alliés sud-vietnamiens dans la politique, l'armée
et le renseignement qui seraient restés.

« Les Nord-Vietnamiens disposent maintenant de dix-huit divisions
d'infanterie au Sud-Vietnam, déclara Colby, et nous sommes
convaincus que Hanoï va prendre toutes les mesures nécessaires pour
arriver à une conclusion rapide de la guerre – sans doute au début de
l'été. » Il se trompait de deux mois : en effet, trois semaines plus tard, la
ville de Saigon où travaillaient encore six mille Américains, militaires,
espions, diplomates et fonctionnaires, tombait. Colby suggéra au Président que « nous devrions demander au Congrès de débloquer les fonds
qui nous permettraient de tenir notre engagements d'aider au départ des
Vietnamiens, un ou deux millions peut-être. » Ç'aurait été la plus
grande évacuation d'urgence de l'histoire des États-Unis.

La mise en garde de Colby n'éveilla aucun écho, ni à Washington, ni
à la Maison Blanche, ni au Pentagone, ni dans l'esprit de l'ambassadeur américain à Saigon. Seul, Tom Polgar, le chef d'antenne de
Saigon, ne l'avait que trop bien compris.

« CELA A ÉTÉ UN LONG COMBAT
ET NOUS AVONS PERDU »

À 4 heures du matin, le 29 avril 1975, Polgar fut réveillé par le
fracas des fusées et de l'artillerie. L'aéroport était sous le feu de
l'ennemi. Sept hélicoptères américains d'Air America – qui assurait la
navette de la CIA au Sud-Vietnam – furent détruits. Polgar[98], qui
assumait la responsabilité de centaines de gens, se trouvait confronté à
deux problèmes : celui des Américains qui travaillaient pour lui, et
celui des Vietnamiens – ainsi que leur famille – qu'il employait. Tous
voulaient désespérément partir, mais impossible, désormais, de faire
atterrir ou décoller des avions.

Polgar s'habilla en hâte et se précipita à l'ambassade ; l'ambassadeur
Martin, en pleine crise d'emphysème, pouvait à peine parler. Polgar
contacta alors Kissinger et l'amiral Noel Gayler, le commandant améri-

cain dans le Pacifique. Des ordres arrivèrent de Washington : pousser au maximum l'évacuation du personnel non essentiel ; rien de plus : Kissinger ne précisait pas qui devait rester, qui devait partir et comment.

L'Armée sud-vietnamienne sombrait dans le chaos, la police nationale avait disparu, et l'anarchie régnait dans les rues que le couvre-feu rendait autrefois silencieuses.

Le président Ford ordonna de réduire les effectifs de l'ambassade de six cents personnes à cent cinquante ; parmi ceux qui restaient figuraient cinquante agents de la CIA. Polgar ne croyait guère que les Nord-Vietnamiens laisseraient fonctionner une importante antenne de la CIA après la chute de Saigon.

Polgar vit à l'intérieur de l'ambassade des gens fous de rage arracher pour les piétiner des photographies de Nixon et de Kissinger.

À 11 heures 38, Ford donna l'ordre de fermer la mission de Saigon. Tous les Américains devaient avoir quitté la ville avant la tombée de la nuit. L'ambassade était cernée par des milliers de Vietnamiens affolés qui formaient un véritable mur de gens désespérés. Il n'existait qu'un seul moyen d'accès ou de sortie, un passage secret reliant le parking au parc de l'ambassade de France. L'ambassadeur Martin l'utilisa pour rassembler sa femme et leurs serviteurs. Polgar téléphona à sa résidence privée où la femme de chambre lui annonça qu'il avait des visiteurs : un adjoint du Premier ministre, un général trois étoiles, le chef du service des transmissions de l'Agence nationale du renseignement, le chef du protocole, des officiers de haut rang et leur famille, ainsi que de nombreux autres Vietnamiens qui avaient travaillé avec la CIA.

Trois heures après l'ordre d'évacuation donné par le président Ford, les premiers hélicoptères arrivèrent de navires mouillés à 120 kilomètres de la côte. Les pilotes des Marines faisant preuve d'autant d'habileté que d'audace parvinrent grâce à d'incessantes navettes à sauver environ mille Américains et près de six mille Vietnamiens. Une photo célèbre montre un des derniers hélicoptères à quitter Saigon posé sur un toit tandis qu'une file de gens grimpent à une échelle pour embarquer. Pendant des années on crut que la photographie représentait l'ambassade mais, en fait, il s'agissait d'une planque de la CIA ; quant aux personnes qu'on voyait grimper, c'étaient des amis de Polgar.

Polgar brûla ce soir-là tous les dossiers, câbles et codes de la CIA. Peu après minuit, il rédigea son message d'adieu : « CECI EST LE DERNIER MESSAGE DE LA STATION DE SAIGON… CELA A ÉTÉ UN LONG COMBAT ET NOUS AVONS PERDU… CEUX QUI N'ARRIVENT PAS À APPRENDRE LA LEÇON DE L'HISTOIRE SONT CONTRAINTS DE LA RÉPÉTER. ESPÉRONS QUE NOUS NE CONNAÎTRONS PAS UNE AUTRE EXPÉRIENCE COMME CELLE DU VIETNAM ET QUE LA LEÇON AURA PORTÉ. ICI SAIGON. TERMINÉ. »

Puis il fit sauter la machine qui avait envoyé le message.

Trente ans plus tard, Polgar se souvenait des derniers moments de la guerre du Vietnam : « En descendant l'étroit escalier métallique accédant à l'aire d'atterrissage de l'hélicoptère, nous savions que nous laissions derrière nous dans l'enceinte de l'ambassade des milliers de gens. Chefs d'une cause perdue, nous savions tous ce que chacun éprouvait. »

« QUINZE ANNÉES D'EFFORTS QUI NE DÉBOUCHAIENT SUR RIEN »

Le 12 mai 1975, la CIA récupéra les deux derniers avions C-46 qui restaient en Thaïlande. Ces appareils, à peu près de la taille d'un DC-3, appartenaient à la Continental Air Services, une compagnie privée qui travaillait pour l'Agence. Les centaines d'avions comparables qui, à longueur d'année, avaient atterri sur la piste de Long Tieng en transportant du matériel, repartaient toujours à vide, en frôlant la haute ligne de crête. Personne n'avait en effet osé faire décoller de Long Tieng un C-46 chargé. Les appareils, embarquant deux fois plus de passagers que les trente-cinq pour lesquels ils avaient été conçus, tandis que des milliers de personnes criaient pour monter à bord, commencèrent lentement l'évacuation.

À Bangkok, le matin du 13 mai, le général d'aviation Heinie Aderholt, chef de l'Assistance militaire en Thaïlande, reçut un appel d'un inconnu. Le général Aderholt, qui travaillait depuis vingt ans avec la CIA sur des missions aériennes, dirigeait la seule opération militaire américaine fonctionnant encore dans le Sud-Est asiatique. « Le type n'avait pas donné son nom, se rappelait le général. Il accusa les États-Unis d'être en train d'abandonner les Hmong à Long Tieng. C'est le terme qu'il employa, *abandonner.* » L'inconnu demanda à Aderholt d'envoyer un quadrimoteur C-130 – un avion de transport de taille moyenne – pour sauver les Hmong. Aderholt dénicha miraculeusement un pilote américain qui était sur le point de quitter le hall de départ de l'aéroport de Bangkok et lui offrit 5 000 dollars pour emmener le C-130 à Long Tieng. Il appela ensuite le général George Brown, président du Comité des chefs d'état-major interarmes, pour lui demander l'autorisation de remplir cette mission. Le C-130 arriva l'après-midi même. Des centaines de Hmong embarquèrent en quelques minutes ; l'appareil décolla et revint le lendemain matin.

L'homme qui dirigeait l'évacuation était un agent de la CIA, Jerry Daniels, l'un des sept officiers de l'Agence décorés de l'ordre du

Million d'éléphants et du Parasol blanc par le roi du Laos en récompense de leur travail. Il servait de garde du corps au général Vang Pao qui contrôlait le trafic de la piste tout en maintenant une ligne de sauvetage pour cinquante mille personnes affolées. Daniels et Vang Pao ne pouvaient pas avoir l'air d'abandonner les troupes et leur famille. Quand le C-130 revint au matin du 14 mai, des milliers de Hmong se ruèrent vers la porte arrière par où on chargeait la cargaison. Vang Pao se réfugia sur une aire d'atterrissage d'hélicoptères située à quelques kilomètres, où une équipe de la CIA vint le sauver.

Daniels se trouva un avion. Un pilote sous contrat avec la CIA, le capitaine Jack Knotts, assista à la scène. Daniels, chargé d'un porte-documents et d'une caisse de bière, arriva sur la zone d'atterrissage au volant de sa Ford Bronco bleue et blanche. Il descendit de voiture et s'arrêta net. « Il ne veut pas embarquer tout de suite, raconta Knotts. Il prend son porte-documents et se met à parler dans sa radio. Un long moment. Et puis il salue, au garde-à-vous, comme s'il saluait la Jeep. Mais ce qu'il salue en réalité, ce sont dix ou quinze années d'efforts qui ne débouchaient sur rien. »

Les Hmong qui survécurent se retrouvèrent dans des camps de réfugiés ou en exil. Jerry Daniels mourut, sept ans après l'évacuation de Long Tieng, asphyxié au gaz dans son appartement de Bangkok. Personne ne sait s'il s'était suicidé.

35.

« INEFFICACES ET FROUSSARDS »

La CIA, telle une ville conquise, était mise à sac. Des commissions d'enquête du Congrès passaient ses dossiers au peigne fin : le Sénat se concentrait sur l'action clandestine, la Chambre, sur ses échecs en matière d'espionnage ainsi que sur l'analyse. Dans les rues de Washington apparaissaient des caricatures de Bill Colby marquées de crânes, de tibias entrecroisés et de l'as de pique. Les agents les plus chevronnés se voyaient déjà acculés à la ruine sur le plan aussi bien professionnel que personnel. La Maison Blanche redoutait un anéantissement politique et, le 13 octobre 1975, le Président et ses hommes se réunirent dans le Bureau ovale pour évaluer les dégâts.

« Toute preuve officielle de la participation des États-Unis à un assassinat constitue un désastre en matièrc de politique étrangère, insista Colby s'adressant au Président. Ils veulent aussi mettre leur nez dans des opérations clandestines sensibles – comme celle du Laos. La Maison Blanche envisage-t-elle de faire appel aux tribunaux pour arrêter le Congrès ? » « Mieux vaut une confrontation politique que judiciaire », renchérit Don Rumsfeld. Le Président, pour se préparer à ce combat, remania son cabinet fin octobre 1975.

Remaniement aussitôt baptisé le Massacre de Halloween : Jim Schlesinger fut remplacé à la Défense par Don Rumsfeld, Dick Cheney lui succéda comme chef d'état-major de la Maison Blanche et, dans une manœuvre machiavélique qui ne lui ressemblait guère, Ford neutralisa un possible concurrent pour l'élection présidentielle en congédiant Bill Colby et en nommant George Herbert Walker Bush à la tête du Renseignement. Choix en apparence étrange.

Ni général ni amiral ni espion, Bush était purement et simplement un politicien. Fils du patricien Prescott Bush, sénateur du Connecticut et vieil ami d'Allen Dulles, il était parti pour le Texas afin d'y chercher fortune dans le pétrole. Il avait siégé deux mandats durant au Congrès et avait, à deux reprises, été candidat au Sénat, mais sans succès.

Il avait été ambassadeur auprès des Nations unies pendant vingt-deux mois et l'enthousiaste président du Comité national républicain lors de l'affaire du Watergate. En août 1974, Ford avait bien failli le choisir comme vice-président ; cet échec avait été le coup le plus dur de sa carrière politique. Parmi les diverses ambassades prestigieuses proposées en guise de consolation, il avait choisi la Chine. De Pékin, Bush avait observé dans un prisme grossissant les luttes de la CIA, en se fiant aux bulletins radio de la Voix de l'Amérique et aux coupures de journaux vieux d'une semaine.

« M'enterrer à la CIA ? J'y vois, dit-il à Ford[99], la fin certaine de tout avenir politique. »

Mais, fin janvier 1976, quelques semaines après sa nomination en tant que directeur, Bush découvrit qu'il adorait l'Agence : le secret, la camaraderie, les gadgets, les intrigues internationales. « C'est le travail le plus intéressant que j'aie jamais fait », écrivit-il en mars à un ami[100]. En moins de onze mois aux commandes, il remonta le moral du quartier général et défendit la CIA contre toutes les critiques tout en l'utilisant habilement pour construire une base politique à ses ambitions grandissantes.

À part cela, il n'accomplit pas grand-chose. Dès l'abord, il se heurta de front au secrétaire à la Défense Rumsfeld[101], lequel contrôlait plus de quatre-vingts pour cent du budget du Renseignement. Cet argent m'appartient, revendiquait Rumsfeld : satellites-espions, surveillance électronique et renseignement militaire représentaient autant de soutiens sur le terrain aux soldats américains. Et Rumsfeld n'était nullement enclin à laisser le directeur de la CIA dire son mot à propos des dépenses secrètes. « Paranoïaque » quand il s'agissait de la CIA, persuadé que l'Agence ne pensait qu'à « l'espionner », Rumsfeld, expliqua lors d'une interview sur l'histoire de la CIA l'analyste chevronné George Carver[102], coupa les canaux de communication et de coopération qui existaient depuis longtemps entre le Pentagone et la CIA.

Recruter de nouveaux agents était devenu, après le Watergate et le Vietnam, extrêmement difficile. L'Agence regorgeait de bureaucrates vieillissants attendant l'âge de la retraite ; Bush, pour faire de la place, se débarrassa de douze des seize plus hauts responsables du quartier général. Il voulait désigner lui-même son chef de l'action clandestine, il appela donc celui de Colby, Bill Nelson, et lui déclara qu'il était temps de partir. Nelson salua et s'en alla, mais non sans avoir au préalable déposé sur le bureau de Bush un mémo lui précisant que le service d'action clandestine comptait deux mille agents de trop. Dans la grande tradition d'Allen Dulles, Bush enterra cette étude.

« ON AVAIT COUPÉ LES PONTS À LA CIA »

« L'Agence traverse une période agitée et difficile, écrivait Bush au président Ford le 1er juin 1976[103]. Les enquêtes minutieuses menées depuis maintenant plus d'un an aussi bien par la Chambre des représentants que par le Sénat ont abouti à une large divulgation dans le public de la nature d'opérations clandestines en cours. » Enquêtes qui, tandis que Bush dirigeait la CIA, amenèrent le Sénat puis, un an plus tard, la Chambre des représentants à créer une Commission de surveillance du renseignement. Si seulement, écrivit Bush, le Président réussissait à trouver un moyen de protéger la CIA du Congrès, alors « les opérations d'action clandestine continueront à apporter à notre politique étrangère la même précieuse contribution qu'elles lui offrent depuis vingt-huit ans ».

Mais l'Agence, surveillée par un Congrès maintenant vigilant, n'avait lancé que très peu d'opérations clandestines. Dans une réponse écrite à l'auteur, Bush affirma que les enquêtes du Congrès causèrent à l'Agence un tort durable. Elles freinèrent nos liaisons à travers le monde – les liens de la CIA avec les services de renseignement étrangers, source d'une grande partie des informations qu'elle recueillait – et « elles incitèrent de nombreuses personnes à cesser de coopérer avec la CIA ». Plus grave, ajouta-t-il, « elles sapèrent le moral d'un noyau de serviteurs de l'État parmi les plus remarquables, certainement, de ce pays ».

Une succession d'échecs sur le terrain n'arrangea pas la situation. Le plus rude concerna l'Angola. Deux mois après la chute de Saigon, le président Ford donna son accord à une nouvelle grosse opération visant à mettre l'Angola à l'abri du communisme. Les dirigeants de Lisbonne, qui s'étaient montrés parmi les pires des colonialistes européens, avaient, en se retirant, mis à sac l'Angola, pourtant le plus beau fleuron du Portugal en Afrique. Le pays était déchiré par la lutte des forces rivales.

La CIA envoya en Angola par l'intermédiaire de son grand allié, le président congolais Mobutu, 32 millions de dollars en espèces et pour 16 millions de dollars d'armes. Les armes furent distribuées à une bande indisciplinée de guérilleros anticommunistes, commandée par le beau-frère de Mobutu et jouissant de l'appui du gouvernement blanc d'Afrique du Sud. Le programme, soutenu par le président de Zambie qui bénéficiait de dessous-de-table réguliers des États-Unis et de la CIA, était coordonné au Département d'État de Kissinger par un talentueux jeune diplomate, Frank G. Wisner Jr, le fils et homonyme du défunt chef des opérations clandestines.

« On nous avait forcés à évacuer le Vietnam, dit Wisner [104]. Soit nous nous apprêtions à assister à une nouvelle offensive, apparemment menée par les communistes pour mettre la main sur un Angola gorgé de pétrole et recommencer la guerre froide en Afrique, soit nous tentions de l'empêcher.

« Pas question de nous présenter devant le Congrès après le Vietnam pour dire : "Envoyons donc des instructeurs américains et des armes là-bas", aussi Kissinger et le Président décidèrent-ils de s'adresser à l'Agence », expliqua Wisner. Mais les troupes soutenues par la CIA lâchèrent pied et leurs ennemis, grâce à l'appui de Moscou et de La Havane, prirent le contrôle de la capitale. Kissinger ordonna d'envoyer 28 millions de dollars supplémentaires pour les aider en secret. Il ne restait plus d'argent sur le budget d'urgence de la CIA. Au début de la brève année passée par Bush à la tête de la CIA, le Congrès interdit publiquement tout soutien aux guérillas angolaises et arrêta net l'opération. Rien de tel ne s'était encore produit. « On avait coupé les ponts à la CIA et on nous avait renvoyés chez nous », résuma Wisner.

« J'AI L'IMPRESSION DE M'ÊTRE FAIT AVOIR »

Le 4 juillet 1976, jour où l'on fêtait le bicentenaire de la Déclaration d'indépendance, Bush se préparait à rencontrer le gouverneur de Géorgie [105] dans un hôtel de Hershey, en Pennsylvanie. Il avait été très sensible à la requête de Jimmy Carter qui, avant même d'avoir remporté la nomination des Démocrates pour l'élection présidentielle, lui avait demandé les briefings de la CIA. Aucun candidat n'avait fait pareille demande aussi tôt dans la campagne. Bush et son assistant pour le Renseignement, Dick Lehman – qui avait été tellement frustré en voyant Allen Dulles soupeser les rapports au lieu de les lire –, trouvèrent Carter extrêmement intéressé. Leur discussion porta sur les sujets les plus variés, des satellites-espions à l'avenir de la minorité blanche en Afrique. Ils convinrent de continuer les briefings plus tard, en juillet, au domicile de Carter, dans le hameau de Plains, en Géorgie.

La réunion qui dura six heures évoqua le Liban, l'Irak, la Syrie, l'Égypte, la Libye, la Rhodésie et l'Angola ; la Chine occupa trente minutes, l'Union soviétique dix fois plus. Les hommes de la CIA parlèrent tout l'après-midi et une partie de la soirée. Carter, qui avait été ingénieur nucléaire dans la marine, connaissait les arcanes de l'arsenal stratégique américain. Il s'intéressait particulièrement aux données sur les armes soviétiques recueillies par les satellites-espions et il comprenait que les informations ainsi glanées joueraient un rôle vital dans le contrôle des armements. Il découvrit que les Soviétiques ne montraient jamais leur main en déclarant avec précision l'ampleur de leur arsenal nucléaire : les Américains s'étaient présentés à la table des négociations en indiquant aux Soviétiques combien de missiles possédait l'URSS et de combien eux-mêmes en disposaient. Carter resta songeur : l'idée que les Soviétiques mentaient semblait une notion nouvelle pour lui.

Bush lui assura que les photographies prises par la première génération de satellites-espions avaient fourni aux présidents Nixon et Ford les renseignements nécessaires pour poursuivre le SALT, le Strategic Arms Limitation Treaty (le Traité sur la limitation des armes stratégiques), avec les Soviétiques et s'assurer que ces derniers respectaient les accords. Une nouvelle génération de satellites arrivaient cet été-là qui, sous le nom de code Keyhole (Trou de serrure), donnaient des images de télévision en temps réel au lieu de photos longues à développer. Le département de science et de technologie de la CIA travaillait sur Keyhole depuis des années ; il apportait un énorme progrès.

Le candidat à la vice-présidence, le sénateur Walter Mondale, posa des questions sur l'action clandestine et sur les rapports de l'Agence avec les services de renseignement étrangers. Mondale avait fait partie de la Commission Church, qui avait enquêté sur la CIA [106]. On garde surtout le souvenir de la phrase de son président qui affirmait que l'Agence avait agi en « éléphant solitaire » – déclaration qui passait gaillardement à côté de la question en innocentant les présidents qui avaient cornaqué l'éléphant. Bush, que l'existence même de la Commission Church exaspérait, refusa de répondre aux questions de Mondale.

Le 19 novembre 1976, à Plains, eut lieu une dernière rencontre un peu embarrassée entre Bush et le Président-élu, Carter. « Bush voulait qu'on le garde » à la CIA, se rappelait Carter [107]. « Si j'avais accepté, il ne serait jamais devenu président. Sa carrière aurait suivi une tout autre voie ! »

Le mémo rédigé par Bush après leur rencontre montre qu'il révéla au Président-élu pas mal de choses sur quelques opérations en cours [108], et notamment sur le soutien financier apporté par la CIA à des chefs d'État tels que le roi Hussein de Jordanie ou le président du Congo Mobutu et à des hommes à poigne comme Manuel Noriega, le futur dictateur du Panama. Bush remarqua que Carter semblait l'écouter avec étrangement peu d'enthousiasme. Il n'avait pas tort. Le Président-élu jugeait répréhensibles les subsides versés aux dirigeants étrangers.

À la fin de 1976, Bush n'était pas en odeur de sainteté auprès de ses anciens fans de l'Agence ; il avait pris une mauvaise décision sur le plan politique en laissant une équipe d'idéologues néoconservateurs – « des gens de droite déchaînés », disait d'eux Dick Lehman [109] – réviser les estimations par la CIA du potentiel militaire soviétique.

William Casey, le plus acharné des membres du Foreign Intelligence Advisory Board du Président, avait discuté avec certains de ses amis et collègues de la communauté du renseignement. Ils étaient convaincus que la CIA sous-estimait dangereusement la puissance nucléaire soviétique. Casey et les autres membres du Conseil consultatif insistaient pour que le président Ford laissât un groupe extérieur rédiger ses propres estimations des forces soviétiques. Cette équipe, dont les membres profondément déçus par la détente avaient été sélectionnés par la droite républicaine, comprenait entre autres le général Daniel O. Graham, qui prônait la défense par les missiles, et Paul Wolfowitz, un négociateur sans illusion du contrôle des armements et futur secrétaire adjoint à la Défense. En mai 1976, Bush donna son accord à la création de l'« Équipe B » en annotant gaiement : « OK. Qu'elle essaie ! G.B. [110]. »

Le débat était hautement technique mais se résumait à une seule question : que prépare Moscou ? L'Équipe B brossa le portrait d'une Union soviétique en train d'augmenter formidablement son armement – alors qu'en fait elle réduisait les dépenses militaires ; ils surestimèrent de façon spectaculaire la précision des missiles balistiques intercontinentaux ; ils multiplièrent par deux le nombre des bombardiers TU-22M que l'Union soviétique construisait ; ils ne cessèrent de prédire des dangers qui ne se matérialisèrent jamais, des menaces qui n'existaient pas, des technologies qui ne furent jamais créées. Puis en décembre 1976, ils s'empressèrent de faire partager leurs découvertes à une sélection de reporters et d'éditorialistes.

La tempête déclenchée par l'Équipe B alimenta un énorme accroissement des dépenses d'armement du Pentagone et aboutit directement à placer Ronald Reagan en tête de la liste des concurrents pour la nomination républicaine de 1980. Une fois la guerre froide terminée, l'Agence mit à l'épreuve [111] les révélations de l'Équipe B : chacune d'entre elles était fausse.

« J'ai l'impression de m'être fait avoir », résuma Bush en s'adressant à Ford, Kissinger et Rumsfeld lors de la dernière séance du National Security Council de l'Administration sortante.

On avait corrompu l'analyse des renseignements afin d'en faire un outil visant des fins politiques, et elle n'avait jamais recouvré son intégrité. On avait politisé sans vergogne les estimations de la CIA à partir de 1969 – quand le président Nixon avait forcé l'Agence à modifier ses vues sur la capacité des Soviétiques à lancer les premiers une attaque nucléaire. « Je vois là une sorte de tournant à compter duquel tout a décliné, analysa Abbot Smith – qui dirigeait le Bureau des estimations nationales lors du mandat de Nixon –, interviewé pour l'histoire orale de la CIA. L'Administration Nixon a vraiment été la première à faire du renseignement une forme distincte de politique. Cela ne pouvait pas manquer d'être désastreux et je pense que ça l'a été. »

Mais ces réflexions ne troublaient visiblement pas le directeur de la CIA et le futur président des États-Unis.

« LA GRANDEUR QU'INCARNE LA CIA »

Bush, comme à son habitude, introduisit dans son discours d'adieu au personnel du quartier général de la CIA une touche de remerciements chaleureux. « J'espère, déclara-t-il, être capable dans les années à venir de trouver les mots qui feront comprendre au peuple américain la grandeur qu'incarne la CIA[112]. » Il fut le dernier directeur de l'Agence à recevoir de ses troupes ce qui se rapprochait le plus d'un soutien sans réserve : il avait, à leurs yeux, l'immense mérite d'avoir tenté de sauver le service d'action clandestine. Pourtant, à sa grande honte, il n'avait pas réussi à éviter que la CIA ne se laissât intimider par les politiques.

« Je ne constate aucune dégradation dans la qualité de l'analyse du renseignement, déclara Kissinger lors de leur dernière rencontre avant l'investiture de Jimmy Carter. Mais on ne peut pas en dire autant de l'action clandestine. Nous devons y renoncer.

— Henry, vous avez raison, répondit George Herbert Walker Bush, l'un des plus grands chantres de la CIA qu'on ait connus. Nous sommes tout à la fois inefficaces et froussards. »

Cinquième Partie

Une victoire sans joie

LA CIA SOUS CARTER, REAGAN ET GEORGE H. W. BUSH
1973-1993

36.

« IL CHERCHAIT À RENVERSER LEUR SYSTÈME »

Le candidat Carter avait qualifié la CIA de honte nationale ; une fois élu président, il finit pourtant par autoriser autant d'actions clandestines que Nixon et Ford [1] – avec une différence : il agissait, lui, au nom des droits de l'homme. Mais comment mettre au service de cette nouvelle mission les pouvoirs atrophiés de l'Agence ?

Il eut bien du mal à trouver un nouveau directeur du Renseignement. Thomas L. Hughes, l'ancien chef du service de recherche et de renseignement au Département d'État déclina cet honneur. Le Président s'adressa alors au rédacteur des discours de Kennedy, Ted Sorensen. « Carter, à ma grande surprise, me téléphona pour me proposer de venir à Plains, raconta Sorensen [2]. J'avais un frère qui avait travaillé des années comme clandestin pour la CIA. Je partis donc pour la Géorgie où j'eus une brève conversation avec Carter ; dès le lendemain, il me proposa le poste. » Mais il avait été objecteur de conscience durant la Seconde Guerre mondiale et sa nomination fut bloquée, ce qui n'était encore jamais arrivé dans l'histoire de la CIA.

Pour sa troisième tentative, le nouveau président porta son choix sur un quasi-inconnu, l'amiral Stansfield Turner, commandant le flanc sud de l'OTAN et basé à Naples. Turner serait le troisième amiral dans l'histoire de l'Agence à estimer que la CIA était un navire difficile à gouverner ; il était le premier à avouer mal connaître l'Agence, ce qui ne l'empêcha cependant pas d'affirmer rapidement son autorité.

« CE N'ÉTAIT PAS DANS LES RÈGLES DU JEU »

« Des tas de gens s'imaginent que le président Carter me fit venir pour me dire : "Nettoyez-moi tout cela et mettez de l'ordre." Mais pas du tout, spécifia Turner qui tenait à avoir tout de suite un bon service de renseignement[3]. Il voulait comprendre tous les mécanismes, depuis nos satellites jusqu'à nos espions et nos méthodes d'analyse des événements. Il soutenait sans restriction nos opérations de renseignement. En même temps, je savais, le connaissant, que nous devions opérer dans le cadre des lois des États-Unis. »

Dès le début, le service d'action clandestine posa un terrible dilemme à Turner. « Ils sont venus me dire : "Un de nos agents a presque réussi à s'infiltrer dans cette organisation terroriste, mais on lui a demandé comme preuve supplémentaire de sa bonne foi d'assassiner un des membres du gouvernement. L'autorisons-nous à le faire ?", et j'ai répondu : "Non, nous allons l'exfiltrer." Vous savez, c'est un échange. Il aurait peut-être pu sauver quelques vies, mais je n'allais pas, pour courir cette chance, laisser les États-Unis se rendre complices d'un meurtre. J'ai pensé que ce n'était pas dans les règles du jeu. »

Turner comprit vite la base de la lutte acharnée qui opposait les espions et les gadgets. Il penchait plus en faveur des machines que des hommes : il consacrait une grande partie de son temps, et de son énergie, à s'efforcer d'améliorer la couverture globale des satellites américains de reconnaissance, et ce au grand désarroi de certains de ses collaborateurs. « J'étais chargé de la collecte du renseignement humain, se rappelait John Holdridge qui avait été le chef de mission adjoint de Bush à Pékin avant de rallier la communauté du renseignement[4]. J'examinais ces opérations parfaitement utopiques qu'on me présentait et je me demandais qui diable avait pu les concevoir tant elles me semblaient irréalisables. »

Les analystes n'étaient pas bien vus non plus : le président Carter se déclarait étonné de constater que le rapport quotidien de la CIA récapitulait ce qu'il lisait dans le journal. Turner et lui se demandaient pourquoi les estimations de l'Agence paraissaient creuses et incomplètes. L'Agence pouvait se préparer à des débuts agités avec le nouveau président.

« CARTER AVAIT CHANGÉ LES VIEILLES RÈGLES »

La nouvelle équipe chargée par Carter de la Sécurité nationale rassemblait cinq membres éminents autour de quatre programmes différents. Le Président et le vice-président rêvaient d'une nouvelle politique étrangère fondée sur les principes des droits de l'homme. Le secrétaire d'État Cyrus Vance estimait que le contrôle des armements était primordial. Le secrétaire à la Défense, Harold Brown, s'efforçait de produire une nouvelle génération de technologie dans le domaine du renseignement comme sur le plan militaire pour quelques milliards de dollars de moins que ne le prévoyait le Pentagone. Le conseiller à la Sécurité nationale, Zbigniew Brzezinski, était le faucon parmi ces chouettes et ces colombes : des siècles d'oppression de la Pologne sous le joug de Moscou avaient façonné sa pensée. Il voulait aider les États-Unis à se gagner les esprits et les cœurs de l'Europe de l'Est ; c'était l'impulsion qu'il voulait donner à la politique étrangère du Président, et il essayait de frapper les Russes à leurs points faibles.

Le président Ford et le dirigeant soviétique Leonid Brejnev avaient signé en 1975 à Helsinki un accord pour encourager « la libre circulation des personnes et des idées ». Ford et Kissinger ne voyaient là qu'un camouflage. Mais d'autres prenaient l'accord au sérieux : toute une génération de dissidents en Russie et en Europe de l'Est qui en avaient assez des pratiques malfaisantes de l'État soviétique.

Brzezinski ordonna – et Carter approuva – une série d'actions clandestines visant Moscou, Varsovie et Prague : l'Agence devait publier des livres et subventionner l'impression et la distribution de magazines et de journaux en Pologne et en Tchécoslovaquie afin de diffuser les œuvres de dissidents soviétiques et de soutenir l'action politique d'Ukrainiens et autres minorités ethniques d'Union soviétique ; elle devait également confier des télécopieurs et des cassettes audio à des personnes à l'esprit libre derrière le rideau de fer. Ils cherchaient à subvertir le contrôle de l'information qui constituait le fondement de la répression dans le monde communiste.

La guerre politique engagée par Jimmy Carter ouvrit un nouveau front dans la guerre froide, souligna Bob Gates, de la CIA, à l'époque attaché comme analyste des questions soviétiques au National Security Council de Brzezinski : « Avec sa politique des droits de l'homme, il devint le premier président depuis Truman à contester directement la légitimité du gouvernement soviétique aux yeux de son propre peuple. Et les Soviétiques y reconnurent aussitôt le défi qu'elle représentait : ils estimaient qu'il cherchait à renverser leur système [5]. »

Carter avait des objectifs plus modestes : il souhaitait modifier le système soviétique, pas l'abolir. Mais le service d'action clandestine de la CIA refusait de s'en charger. La Maison Blanche se heurtait à la résistance des chefs de la division Union soviétique - Europe de l'Est opposés à l'augmentation du nombre des opérations clandestines.

Libérée de la paranoïa de l'époque Angleton, la division soviétique commençait à recruter des espions derrière le rideau de fer. « Nous avions abandonné les grandioses et glorieuses traditions de l'OSS pour devenir un service d'espionnage consacré à la collecte de renseignements sur l'étranger, expliqua Haviland Smith, de la CIA [6]. Nous pouvions nous rendre à Berlin-Est sans nous faire prendre. Nous pouvions recruter des Européens de l'Est. Nous allions modifier leur régime et recruter des Soviétiques. Il ne nous manquait qu'une chose : connaître les intentions soviétiques. Nous ne savions pas comment les découvrir. Et c'est pourtant *la mission du service d'action clandestine*. Si nous avions été capables de recruter un membre du Politburo, nous aurions été comblés. »

Le Politburo de la fin des années 1970 était une gérontocratie décrépite et corrompue dont l'emprise s'étendait dangereusement au-delà de ses moyens. Le chef du Renseignement soviétique, Iouri Andropov, un homme pétri d'ambitions politiques, avait créé pour ses supérieurs séniles du Kremlin une fausse image de l'Union soviétique, celle d'une superpuissance. Mais la CIA aussi se laissait duper par ce village Potemkine soviétique. « Dès 1978, nous nous rendions compte que l'économie soviétique était mal en point, dit l'amiral Turner. Nous n'avons pas franchi le pas que nous aurions dû sauter, que j'aurais dû sauter, à savoir que les problèmes économiques amèneraient des problèmes politiques. Nous pensions que, sous le régime stalinien, ils allaient se serrer la ceinture et continuer à avancer. »

La décision instinctive de Jimmy Carter d'imposer les principes des droits de l'homme comme une exigence internationale apparut à de nombreux membres du service d'action clandestine comme un acte de piété. Sa modeste mobilisation de la CIA pour sonder cette petite faille dans le rideau de fer n'était qu'un prudent défi au Kremlin. Il hâta pourtant le commencement de la fin de l'Union soviétique. « Carter avait en fait changé les vieilles règles de la guerre froide », conclut Bob Gates.

« PASSER D'UN CONFLIT BLANCS CONTRE NOIRS À UN CONFLIT ROUGES CONTRE BLANCS »

Le président Carter tenta aussi d'utiliser la CIA pour lutter contre l'apartheid en Afrique du Sud. Sa position changea le cours de trente années de politique étrangère de la guerre froide.

Réunie le 8 février 1977 dans la Situation Room de la Maison Blanche, l'équipe de Sécurité nationale du Président convint qu'il était temps pour les États-Unis d'essayer de changer le régime raciste d'Afrique du Sud. « Il doit être possible, avança Brzezinski, de passer d'un conflit Blancs contre Noirs à un conflit Rouges contre Blancs [7]. » Il s'agissait non pas du racisme mais de se situer dans le bon camp de l'Histoire.

Le directeur suppléant du Renseignement, Enno Knoche, déclara : « Nous cherchons à leur faire modifier des attitudes fondamentales.

Cela exigera de les observer de près. » En d'autres termes, les États-Unis allaient devoir commencer à espionner en Afrique du Sud. Le 3 mars 1977, lors d'une réunion plénière du National Security Council, Carter ordonna à la CIA d'exercer des pressions économiques et politiques sur l'Afrique du Sud et son allié raciste, la Rhodésie.

Seulement, « personne ne voulait s'intéresser à l'Afrique, raconta le directeur adjoint de l'Agence, Frank Carlucci [8]. Une de nos principales raisons d'établir des antennes en Afrique était d'essayer de recruter les Soviétiques qui s'y trouvaient en poste ».

Les Soviétiques soutenaient l'ennemi de l'apartheid le plus vigoureux, l'ANC, l'African National Congress (le Congrès national africain) dont le leader, Nelson Mandela, avait été emprisonné en 1962 grâce, en partie, à la CIA : les agents de la CIA travaillaient « main dans la main avec la sécurité sud-africaine, dit Gerry Gossens, chef d'antenne de quatre pays d'Afrique sous les présidents Nixon, Ford et Carter [9]. Nous avions besoin de savoir combien de Soviétiques, de Tchèques et d'Allemands de l'Est fournissaient des armes et des instructeurs. Il nous fallait des contacts personnels au premier rang du gouvernement. »

Devenu le nouveau chef d'antenne à Pretoria, Gossens reçut de Washington l'ordre d'espionner le gouvernement blanc d'Afrique du Sud. La CIA devait maintenant participer à l'effort ambitieux des Américains pour évincer les Soviétiques d'Afrique du Sud tout en se gagnant le soutien de gouvernements africains noirs. Jusqu'au jour où la police secrète de Rhodésie arrêta trois agents de la CIA tombés dans un piège et où le Renseignement sud-africain en trahit un quatrième.

Affolé par ces échecs, le quartier général de l'Agence interrompit ses opérations et rappela ses espions. Les efforts de la CIA pour réaliser la politique humanitaire du Président tournèrent court.

« CES GENS-LÀ ONT UNE CULTURE BIEN À EUX »

Les principes moraux de l'Administration Carter ne valaient rien pour le moral du quartier général de l'Agence. L'amiral Turner tenta de contourner la promesse de Carter de ne jamais mentir au peuple américain. Un dilemme pour le chef d'un service de renseignement dont les agents comptaient sur la duperie pour réussir. Le peu de confiance que Turner plaçait dans le service d'action clandestine ne cessait d'être entaillé par des actes de subversion.

En 1978, l'ambassadeur américain en Yougoslavie, Lawrence Eagleburger – futur secrétaire d'État dans la première Administration Bush –, tomba sur une directive émanant de la direction du service d'action clandestine adressée à tous les chefs d'antenne à travers le monde. Quelqu'un occupant un poste très élevé dans la hiérarchie avait, à l'insu de Turner, ordonné de ne rien révéler des grandes opérations à aucun des ambassadeurs américains où qu'ils soient. Message en violation flagrante des ordres présidentiels ininterrompus depuis dix-sept ans.

« Je demandai à mon chef d'antenne si c'était vrai, raconta Eagleburger [10]. Il me répondit que oui. Parfait, lui dis-je, je veux que vous envoyiez un message à l'amiral Turner. » Le texte en était succinct : « Vous cesserez toute activité en Yougoslavie jusqu'à ce que cet ordre soit annulé. Je veux dire par là que vous ne mettrez pas les pieds au bureau et que vous n'entreprendrez aucune action à Belgrade ou en Yougoslavie : vous n'avez tout simplement qu'à fermer boutique. »

Scientiste chrétien, Turner buvait de l'eau chaude parfumée avec du citron ; pas de café, pas de thé ; les anciens qui, eux, préféraient du whisky dans leur eau, lui reprochaient, à tort, d'avoir fait des coupes sombres dans le service d'action clandestine. Le premier à avoir diminué les effectifs était en fait Nixon. James Schlesinger s'était séparé de 1 000 opérateurs clandestins, Turner n'en avait congédié que 825 exactement, et ce avec l'approbation de Jimmy Carter.

Les anciens s'opposèrent vigoureusement à Turner quand il choisit John McMahon pour diriger le service d'action clandestine. McMahon n'était pas des leurs : il avait commencé par porter les valises d'Allen Dulles et il était à la tête du directoire de science et de technologie, la branche chargée de l'informatique de l'espionnage. Il dit à Turner : « Non, je ne suis pas l'homme qu'il vous faut. Ces gens-là ont une culture bien à eux. Ils préfèrent travailler avec les leurs et il faut comprendre leur façon de penser [11]. »

McMahon résista six mois puis, en janvier 1978, il devint le troisième chef du service d'action clandestine en dix-huit mois. Trois semaines après sa nomination, il fut convoqué devant le nouveau Comité de surveillance du renseignement de la Chambre des représentants. Le service d'action clandestine était furieux. « Cela les rendait dingues, rapporta McMahon [12]. Mais je savais que les membres du Congrès ne comprenaient rien à la CIA ni aux opérations clandestines. J'allais donc faire leur éducation. » Il fourra dans un sac quelques gadgets d'espion – caméras miniatures, micros cachés, etc. – et se présenta au Capitole. « Je leur dis : "Laissez-moi vous expliquer comment on opère à Moscou." [McMahon n'y avait jamais mis les pieds.] Et je commençai à déballer mon matériel. Ils regardaient ces gadgets avec stupéfaction. » Le comité, fasciné, accorda aux espions un budget bien plus conséquent que celui que le Président avait demandé. La renaissance du service d'action clandestine saccagé et démoralisé par les coupes depuis Nixon s'amorça à ce moment, à l'automne 1978.

Mais l'humeur restait sombre dans la citadelle du Renseignement américain.

Et là-dessus, le monde commença à s'écrouler sur la CIA.

« UN RÔLE DE SPECTATEURS »

Le 17 février 1979, l'armée du shah s'effondra et un ayatollah fanatique prit le contrôle de Téhéran. Trois jours plus tard, à quelques centaines de kilomètres plus à l'ouest, fut commis un meurtre qui pèserait du même poids sur les États-Unis.

L'ambassadeur américain en Afghanistan, Adolph « Spike » Dubs, fut enlevé dans une rue de Kaboul par des rebelles afghans luttant contre le gouvernement fantoche prosoviétique ; ils l'abattirent quand la police afghane – accompagnée de conseillers soviétiques – attaqua l'hôtel où il était retenu prisonnier. Les rebelles islamistes, soutenus par le Pakistan, préparaient une révolution contre leur gouvernement athée. Les vieillards croulants qui dirigeaient l'Union soviétique tournèrent vers le sud un regard affolé : plus de quarante millions de musulmans vivaient dans les républiques soviétiques d'Asie centrale. Les Soviétiques voyaient les flammes du fondamentalisme islamiste lécher leurs frontières. Lors d'une longue réunion du Politburo qui commença le 17 mars, le chef du Renseignement soviétique, Iouri Andropov, déclara que « nous ne pouvons pas perdre l'Afghanistan ».

Au cours des neuf mois qui suivirent, la CIA fut incapable de prévenir le président des États-Unis d'une invasion qui allait changer la face du monde [13]. L'Agence comprenait assez bien les capacités des Soviétiques, mais rien de leurs intentions.

« Les Soviétiques hésiteraient beaucoup à faire entrer en Afghanistan de gros contingents de leurs forces terrestres », déclara avec assurance le 23 mars 1979 le *National Intelligence Daily*, le rapport secret que la CIA adressait à la Maison Blanche, au Pentagone et au Département d'État. Cette semaine-là, trente mille soldats soviétiques convoyés par camions, chars et transports de troupes blindés commencèrent à se déployer près de la frontière afghane.

En juillet et en août, les rebelles afghans multiplièrent leurs attaques. Des mutineries éclatèrent dans des garnisons afghanes et Moscou envoya un bataillon de parachutistes sur la base de Bagram, près de Kaboul. Poussé par Brzezinski, le président Carter signa un ordre d'action clandestine à l'intention de la CIA pour qu'elle fournisse aux rebelles afghans une assistance médicale, de l'argent et du matériel de propagande. Les Soviétiques expédièrent à Kaboul treize généraux sous les ordres du commandant en chef des forces terrestres soviétiques. Pourtant, le 24 août, la CIA assurait au Président que « la détérioration de la situation ne présage pas une escalade de l'implication des Soviétiques sur le plan militaire sous forme d'actions de combat [14] ».

Le 14 septembre, l'amiral Turner annonça au Président que « les dirigeants soviétiques sont peut-être sur le point de décider d'engager leurs forces pour empêcher l'effondrement du régime » en Afghanistan – mais seulement petit à petit, en envoyant des groupes peu importants de conseillers militaires et quelques milliers d'hommes. N'étant pas très sûre de cette estimation, la CIA fit appel à tout son savoir-faire et à tous les éléments dont disposait le Renseignement américain, transcriptions d'écoutes électroniques et reconnaissance par les satellites-espions pour exploiter à fond les preuves recueillies. Le 28 septembre, les experts parvinrent à la conclusion unanime que Moscou n'envahirait pas l'Afghanistan.

Les troupes soviétiques continuaient de se masser. Le 8 décembre, un second bataillon aéroporté atterrit à Bagram. Le *National Intelligence Daily* estima que leur présence constituait simplement un mouvement pour renforcer les défenses des attaques rebelles contre la base. La semaine suivante, le chef d'antenne de Kaboul fit état de rapports de seconde main signalant qu'on avait aperçu dans les rues de la ville des commandos des forces spéciales.

Le lundi matin, 17 décembre, l'amiral Turner se rendit à la Maison Blanche pour une réunion des principaux collaborateurs du Président, le Special Coordination Committee. Parmi les participants, le vice-président Walter Mondale, Zbigniew Brzezinski, le secrétaire à la Défense Harold Brown, et le secrétaire d'État adjoint Warren Christopher. Turner leur annonça qu'on comptait désormais 5 300 soldats soviétiques sur la base aérienne de Bagram et deux nouveaux postes soviétiques juste au nord de la frontière afghane. Puis il ajouta : « La CIA n'y voit pas "une augmentation catastrophique des effectifs". Peut-être est-ce lié au fait que "les Soviétiques sont sensibles à la détérioration des forces militaires afghanes et à la nécessité de leur apporter un soutien" [15]. » Le mot *invasion* ne lui vint pas aux lèvres.

Les meilleurs analystes des questions soviétiques de la CIA – parmi lesquels Doug MacEachin, plus tard directeur adjoint du Renseignement – se mirent au travail. Le 19 décembre, ils rendirent leur jugement. « Le rythme des déploiements soviétiques ne suggère pas... l'adoption d'un plan d'urgence, déclarèrent-ils [16]. Des opérations anti-insurrectionnelles à l'échelle d'un pays nécessiteraient la mobilisation d'un bien plus grand nombre d'unités des forces terrestres. » En bref, les Soviétiques n'avaient pas l'intention d'attaquer.

Trois jours plus tard le vice-amiral Bobby Ray Inman, le directeur de la National Security Agency, l'empire américain de l'écoute électronique, reçut du terrain un message flash : l'invasion de l'Afghanistan était imminente. En fait, elle avait déjà commencé. Plus de cent mille soldats soviétiques s'emparaient du pays. Carter signa aussitôt un ordre d'action clandestine à la CIA : commencer à armer la résistance afghane et organiser du monde entier l'acheminement d'armes vers l'Afghanistan. Mais l'occupation soviétique était maintenant un fait accompli.

Non seulement la CIA avait manqué l'invasion mais elle refusait de l'admettre. Qui – sain d'esprit – se risquerait à envahir l'Afghanistan, cimetière des conquérants depuis deux mille ans ? L'échec incombait à un manque non de renseignements, mais d'imagination.

Devant l'invasion soviétique les États-Unis n'avaient droit qu'« à un rôle de spectateurs, écrivit plus de vingt ans après l'analyste vedette de l'Agence [17]. Les États-Unis pouvaient vociférer du haut des tribunes, cela n'aurait pas beaucoup d'impact sur le terrain. Il faudrait attendre la prochaine rencontre du Grand Jeu. »

37.

« NOUS DORMIONS, TOUT SIMPLEMENT »

Depuis que la CIA, en 1953, lui avait assuré le trône, le shah d'Iran constituait la pièce maîtresse de la politique étrangère au Moyen-Orient. « J'aimerais, déclara le président Nixon en avril 1971 [18], que davantage de dirigeants dans le monde soient dotés d'autant de prévoyance que lui. Et, disons-le, de son talent à maintenir en douceur un gouvernement pratiquement dictatorial. »

Nixon n'avait peut-être pas nommé intentionnellement Richard Helms ambassadeur en Iran. On y lut pourtant un message. « Nous étions stupéfaits que la Maison Blanche choisisse un homme qui, après tout, avait des liens si forts avec la CIA que tous les Iraniens le rendaient responsable de la chute de Mossadegh, expliqua Henry Precht, le chef du service politique de l'ambassade [19]. Cela équivalait, nous semblait-il, à cesser de prétendre à notre neutralité affichée et à confirmer que le shah n'était pour nous qu'une marionnette.

Le 31 décembre 1977, lors d'un somptueux dîner officiel, le président Carter porta un toast au shah et qualifia la monarchie iranienne d'« îlot de paix au milieu d'une mer agitée [20] », opinion sans cesse confirmée depuis quinze ans par les espions et les analystes de la CIA. Le shah utilisait d'ailleurs cette formule pour se décrire.

Mais quand Howard Hart, l'un des agents les plus courageux qu'ait jamais produits le service d'action clandestine, arriva à Téhéran quelques semaines plus tard et commença à faire ce en quoi il excellait – flâner dans les rues et rapporter ce qu'il avait vu de la réalité [21] –, il parvint à une tout autre conclusion : un rapport – tellement pessimiste que ses supérieurs le supprimèrent – qui contredisait tous les dires de la CIA au sujet du shah depuis les années 1960.

L'Agence n'avait rien signalé qui suggérât que le shah affrontait des problèmes. En août 1978, la CIA assura à la Maison Blanche que l'Iran ne courait absolument aucun risque de révolution. Quelques semaines plus tard, des émeutes éclataient dans les rues. Comme elles devenaient de plus en plus fréquentes, la crème des analystes de la CIA adressa un projet d'Estimation nationale du renseignement à l'amiral Turner afin qu'il y apposât sa signature : le shah pourrait survivre encore dix ans, y déclarait-on. Ou peut-être pas. Turner le lut, le jugea sans intérêt et le mit dans un tiroir.

Le 16 janvier 1979, le shah s'enfuit de Téhéran. Quelques jours plus tard, l'opinion que Hart avait de la rue s'assombrit encore.

Il fut agressé par une bande armée – des disciples d'un religieux fanatique de soixante-dix-sept ans, l'ayatollah Ruhollah Musavi Khomeiny, qui s'apprêtait à rentrer à Téhéran après un long exil. Son père, un banquier, avait passé trois années dans un camp d'internement japonais aux Philippines pendant la Seconde Guerre mondiale – Hart était alors un enfant. À son tour, il se retrouvait prisonnier. Tabassé par ses ravisseurs, traîné devant un tribunal populaire qui l'accusa d'espionnage au profit de la CIA et le condamna à être exécuté sur-le-champ, il clama son innocence et, implorant qu'on lui laissât la vie sauve, demanda à voir le mullah le plus proche. Un jeune religieux se présenta et trouva l'espion blond aux yeux bleus et à la musculature impressionnante dans les griffes de juges peu enclins à l'indulgence.

« Je plaidai : nulle part dans le Coran, on ne punit ce que je fais », raconta Hart. Le mullah réfléchit au problème et en convint. Hart fut libéré.

« NOUS NE COMPRENIONS PAS QUI ÉTAIT KHOMEINY »

Quelques jours plus tard, le 1ᵉʳ février 1979, la révolution populaire qui avait chassé le shah du Trône du Paon accueillit Khomeiny de retour à Téhéran. Le chaos s'accentuant dans les rues, on évacua des milliers d'Américains, y compris la quasi-totalité du personnel de l'ambassade.

Que la religion devînt, à la fin du vingtième siècle, une force politique irrésistible était une idée inconcevable. On ne croyait guère, à la CIA, un vieux religieux capable de prendre le pouvoir et de proclamer l'Iran république islamique. « Nous ne comprenions pas qui était Khomeiny, pas plus que le soutien dont bénéficiait son mouvement, déclara Turner – et pas davantage ce que sa vue du septième siècle sur le monde d'aujourd'hui pourrait signifier pour les États-Unis.

« Nous dormions, tout simplement [22]. »

Le 18 mars 1979, à 2 heures du matin, Howard Hart, désormais chef d'antenne intérimaire, rencontra un haut fonctionnaire de la SAVAK, la brutale police secrète du shah, qui avait loyalement servi l'antenne comme agent et comme informateur. Hart, après avoir remis à l'officier de l'argent et des faux papiers pour l'aider à fuir Téhéran, tomba sur deux Gardiens de la Révolution de Khomeiny qui le rossèrent consciencieusement aux cris de « CIA ! CIA ! ». Hart, allongé sur le dos, réussit à dégainer son pistolet et à les abattre[23]. Des années plus tard, il se rappelait encore le fanatisme ardent qu'il lut alors dans leurs yeux – l'image d'une guerre sainte. « Nous n'avons pas la moindre idée, s'était-il dit, de ce que représente ce pays. »

« C'ÉTAIT PLUS QU'INSULTANT »

Les Iraniens de tous les milieux, depuis ceux qui appartenaient à l'élite instruite jusqu'aux radicaux au regard enfiévré, pensaient la CIA toute-puissante et jouissant d'un immense pouvoir sur leur existence. La vérité, ils n'auraient pas pu y croire : en été 1979, l'antenne de la CIA comptait quatre hommes, tous récemment arrivés en Iran. En juillet, Howard Hart avait regagné le quartier général, laissant à son départ un chef d'antenne nouveau, Tom Ahern, qui avait passé les treize années précédentes au Japon ; un officier traitant expérimenté, Malcolm Kalp ; un technicien des transmissions, Phil Ward, ainsi qu'un ancien Marine de trente-deux ans, William J. Daugherty, entré à la CIA neuf mois auparavant – il avait participé à soixante-seize missions de combat dans l'aviation durant la guerre du Vietnam, et Téhéran était son premier poste dans la CIA.

Cinq mois plus tôt, une meute de marxistes iraniens avait envahi l'ambassade américaine. Les disciples de l'ayatollah lancèrent une contre-attaque, chassèrent les communistes et libérèrent les Américains. Personne n'imaginait que cela pût se reproduire. « Aucun risque d'une nouvelle attaque contre l'ambassade, avait assuré à l'antenne de Téhéran le chef du département Iran du quartier général de la CIA[24]. La seule possibilité qui déclencherait un assaut serait de permettre au shah d'entrer aux États-Unis – et personne dans cette ville ne serait assez stupide pour faire cela. »

Le 21 octobre 1979, Daugherty étudiait avec stupéfaction un câble en provenance du quartier général. « Je n'arrivais pas à croire ce que j'étais en train de lire », se rappelait-il.

Cédant à l'intense pression politique des amis du shah – notamment d'Henry Kissinger –, le président Carter avait, contre toute attente, décidé ce jour-là d'accueillir aux États-Unis le monarque exilé pour lui permettre d'y suivre un traitement médical ; il avait longuement hésité, craignant que, par représailles, des Américains ne fussent pris en otages. « Je criai : M... pour le shah ! Pourquoi ne jouerait-il pas au tennis à Acapulco plutôt qu'en Californie ? Il y serait aussi bien, se rappelait Carter[25]. Que ferons-nous s'ils prennent vingt de nos Marines et qu'ils en exécutent un chaque matin au lever du soleil ? Allons-nous faire la guerre à l'Iran ? »

Personne à la Maison Blanche ne songea à demander l'opinion de l'Agence.

Deux semaines plus tard, un groupe d'étudiants iraniens, tous disciples de l'ayatollah, s'emparèrent de l'ambassade et firent cinquante-trois otages – qui le restèrent jusqu'à la fin du mandat de Carter. Daugherty passa les dernières semaines de 1979 isolé dans une cellule ; entre le 29 novembre et le 24 décembre il subit, de la tombée de la nuit jusqu'à l'aube, six interrogatoires conduits par Hossein Sheikh-ol-eslam, futur ministre adjoint des Affaires étrangères. Ceux qui l'interrogeaient « disaient qu'ils savaient que j'étais le chef du réseau d'espionnage de la CIA pour tout le Moyen-Orient, que j'étais en train de préparer l'assassinat de Khomeiny et que j'avais poussé les Kurdes à se révolter contre le gouvernement de Téhéran. Ils m'accusaient de vouloir détruire leur pays, se souvenait Daugherty[26]. Ces Iraniens trouvaient inconcevable que la CIA envoie dans un secteur aussi critique que l'Iran quelqu'un qui ignorait à ce point la langue et la culture locales. Tellement inconcevable que quand, des semaines plus tard, ils finirent par découvrir la vérité, ils prirent cela pour une offense personnelle. Ils avaient déjà du mal à accepter que la CIA affecte à ce poste un officier sans expérience. Mais c'était plus qu'insultant qu'il ne parle pas la langue et qu'il ne connaisse ni les coutumes, ni la culture, ni l'histoire de leur pays. »

La CIA ne pouvait rien faire pour les libérer, lui et les autres otages retenus à l'ambassade américaine. Pourtant, en janvier 1980, l'Agence monta une opération classique d'espionnage pour tirer de là six fonctionnaires du Département d'État qui avaient réussi à se réfugier à l'autre bout de la ville, à l'ambassade du Canada.

L'opération était une idée de Toni Mendez, un agent de la CIA spécialiste de la contrefaçon et du déguisement[27]. Mendez et son équipe avaient mis au point les masques de *Mission : Impossible* permettant à des agents blancs de se déguiser en Africains, en Arabes et en Asiatiques. Il incarnait un exemple de génie créateur, rare à la CIA.

En guise de couverture pour sa mission en Iran, Mendez inventa de toutes pièces Studio Six, une société de production cinématographique bidon de Hollywood ; il loua des bureaux à Los Angeles et prit des pages entières de publicité dans *Variety* et dans *The Hollywood Reporter* pour y annoncer le prochain tournage d'*Argo*, un film de science-fiction dont certaines scènes auraient pour décor l'Iran. Le script du film – et de l'opération – incluait des papiers et des masques pour les six Américains. Armé d'un épais dossier comprenant de faux passeports et du faux matériel publicitaire, il obtint les autorisations nécessaires pour pénétrer en Iran ; parti de Bonn sur un vol commercial, il descendit au Sheraton de Téhéran, réserva pour le lundi suivant des places sur le vol de la Swissair à destination de Zurich et appela un taxi pour se rendre à l'ambassade du Canada où il retrouva ses six compatriotes. Mendez mena l'opération *Argo* sans aucune anicroche, ou presque : alors qu'ils embarquaient sur l'appareil de la Swissair, un des Américains qu'il venait de libérer lui donna un grand coup de coude et lui dit : « Vous avez vraiment tout arrangé, n'est-ce pas ? » en désignant le nom peint sur le nez de l'avion – « Argau », un canton suisse.

« Nous y vîmes un signe de bon augure, se rappelait Mendez. Nous attendîmes que l'avion eût décollé et quitté l'espace aérien iranien pour nous congratuler et commander des Bloody Marys. »

« UN ACTE DE VENGEANCE »

Les autres prisonniers ne bénéficièrent pas d'un pareil coup de baguette magique. Desert One, la mission de 1980 chargée de sauver les otages détenus à l'ambassade américaine, avait été confiée aux forces d'opérations spéciales du Pentagone. « La responsabilité incombait essentiellement à la CIA », dit Anthony Quainton, le coordinateur en chef du gouvernement pour le contre-terrorisme de 1978 à 1981 [28]. L'Agence fournit les renseignements sur la localisation probable des otages dans l'enceinte de l'ambassade. Des pilotes de la CIA parvinrent à amener sans être détectés un petit avion au-dessus du désert d'Iran pour tester le lieu d'atterrissage choisi pour l'opération. Howard Hart aida à concevoir un plan, extrêmement compliqué, pour extraire les otages et les conduire par avion vers la liberté. Mais la mission se termina en catastrophe : une collision au-dessus du désert d'un hélicoptère et d'un avion de transport qui provoqua la mort de huit commandos.

La vie devint alors beaucoup plus difficile pour les otages. Bill Daugherty, tiré de l'ambassade pour être jeté en prison, passa le plus clair des neuf mois suivants enfermé dans une cellule à peine assez grande pour loger son mètre quatre-vingt-huit ; à la fin, il ne pesait plus que 60 kilos. Les otages restants et lui furent finalement libérés, avec le consentement de leurs ravisseurs, à l'heure où le président Carter quittait définitivement la Maison Blanche – libération qui ne devait rien à une opération clandestine ou au Renseignement américain, seulement un geste politique conçu pour humilier les États-Unis.

Le lendemain, le désormais simple citoyen Jimmy Carter accueillit les otages sur une base militaire d'Allemagne. « J'ai une photo, quelque part, raconta Daugherty [29]. L'ex-président a un air gêné et moi, celui d'un cadavre impassible. »

Cette prise d'otages était un « acte de vengeance » destiné à punir la CIA du coup d'État de 1953 en Iran, écrivit Ken Pollack, un analyste chevronné du Moyen-Orient à la CIA [30]. Mais les conséquences de cette opération d'autrefois se prolongèrent bien au-delà de l'épreuve infligée aux Américains : le fanatisme de la révolution iranienne hanterait les quatre prochains présidents des États-Unis et causerait la mort au Moyen-Orient de centaines d'Américains. Un exploit flamboyant à porter au crédit des opérateurs clandestins de la plus belle génération de la CIA se transforma pour leurs successeurs en une tragique conflagration.

38.

« UN PIRATE OPÉRANT EN FREELANCE »

Le 4 octobre 1980, le directeur du Renseignement et trois de ses principaux collaborateurs se rendirent à Wexford, un somptueux domaine de Virginie autrefois propriété de John et Jackie Kennedy, pour mettre au courant le candidat républicain à la présidence, Ronald Reagan.

Ce dernier avait concédé une heure de son temps à la CIA : l'amiral Turner consacra quinze minutes à la récente invasion de l'Iran par Saddam Hussein, et quinze autres minutes à l'occupation soviétique de l'Afghanistan – qui durait depuis neuf mois – ainsi qu'aux envois par la CIA d'armes destinées à soutenir la résistance afghane ; puis, Bob Ames, l'expert de l'Agence pour le Moyen-Orient, disposa d'un horaire équivalent pour parler du royaume d'Arabie Saoudite et de la théocratie de l'ayatollah Khomeiny. Pendant ce temps des membres de l'entourage de Reagan, grisés par la perspective d'une victoire certaine à l'élection présidentielle toute proche, entraient et sortaient comme dans un vaudeville, et l'heure passa en un instant.

Reagan n'en savait pas beaucoup plus sur la CIA que ce qu'il avait vu au cinéma. Mais il prit l'engagement de lui laisser la bride sur le cou, et il tint sa promesse. Il choisit pour ce poste William J. Casey, son brillant et retors directeur de campagne.

Casey, en souvenir de l'époque où il était chef du renseignement de l'OSS à Londres, accrocha au mur de son bureau un portrait dédicacé de Bill Donovan dont le regard le contempla de toute sa hauteur durant les six années suivantes. Dans une guerre globale et totalitaire, avait préconisé Bill le Dingue, ainsi qu'on le surnommait, le renseignement doit être global et totalitaire. Casey en fit son credo ; son but : ranimer l'esprit combatif de la CIA. « Sa conception de la façon de mener une guerre contre une puissance totalitaire avait été clairement définie au temps de la Seconde Guerre mondiale, expliqua Bob Gates qui servit six ans à ses côtés [31]. Où tous les coups étaient permis. Où rien ne nous arrêtait. »

Casey fit quelques efforts pour devenir secrétaire d'État, mais cette idée horrifiait les intimes de Reagan. Question de présentation : aussi élégant qu'un lit défait, Casey n'était pas un homme d'État ; il marmonnait de façon inintelligible et ne savait pas se tenir à table. La future Première Dame ne supportait pas l'idée de Casey faisant des taches sur son smoking lors d'un dîner officiel. Casey, amer, conclut cependant un marché avec Reagan : il accepterait la CIA, mais avec le rang de membre du cabinet – le premier directeur à obtenir cela – et la possibilité de rencontrer le Président en privé. Il allait utiliser ces pouvoirs, non seulement pour mettre à exécution la politique américaine mais aussi pour la faire, comme s'il était après tout le secrétaire d'État. Casey ne demandait que quelques minutes avec le Président, un clin d'œil, un signe de tête affirmatif, après quoi il s'en allait.

Casey, une charmante canaille, un opérateur du Wall Street du bon vieux temps, avait fait fortune en vendant des moyens d'évasion fiscale. Il avait le talent d'infléchir les règles jusqu'à presque les briser. « Bon sang, s'exclama-t-il un jour devant William Webster, le directeur du FBI sous Reagan, il faut qu'on se débarrasse des juristes ! » « Il ne cherchait pas à mettre la "Constitution à la casse", analysa Webster, juriste jusqu'au bout des ongles [32]. Mais il avait tendance à trouver pesantes les contraintes de la loi. Il voulait s'en libérer. »

Reagan lui faisait confiance. Pas les autres. « Je fus extrêmement surpris quand le président Reagan choisit Casey, qui n'était pas qualifié pour diriger la CIA », raconta Gerald Ford [33] tandis que son directeur du Renseignement, George H. W. Bush, renchérissait : « Casey n'était pas le bon choix [34]. »

Mais Casey considérait que Reagan avait été élu grâce à lui et que, ensemble, ils avaient un rôle historique à jouer. Comme Reagan, Casey nourrissait de grandes visions. Comme Nixon, il estimait que tant que c'est secret, c'est légal. Comme Bush, il croyait que la CIA incarnait les meilleures valeurs américaines. Et, comme les Soviétiques, il se réservait le droit de mentir et de tricher.

Les années Reagan commencèrent par une explosion de nouvelles opérations clandestines, approuvées par le discret National Security Planning Group qui se réunissait dans la Situation Room, au sous-sol de la Maison Blanche ; les membres fondateurs de ce laboratoire de l'action clandestine dans les années Reagan étaient le Président ; le vice-président Bush ; le secrétaire d'État Alexander M. Haig Jr ; le secrétaire à la Défense Caspar W. Weinberger ; le conseiller national à la Sécurité et le président du Comité des chefs d'état-major interarmes ; l'ambassadrice auprès des Nations unies Jeane Kirkpatrick, et son ami intime Bill Casey. Casey domina la première réunion et, dans les premiers mois de la nouvelle Administration, obtint le feu vert du groupe pour des opérations clandestines de nettoyage en Amérique centrale, au Nicaragua, à Cuba, en Afrique du Nord et en Afrique du Sud.

Le 30 mars 1981, sur un trottoir de Washington, un fou tira sur le Président. Reagan frôla la mort ce jour-là, ce dont les Américains ne se doutèrent jamais.

Quand, la voix rauque, tremblant et transpirant, Al Haig agrippa fébrilement la rampe du podium de la Maison Blanche pour annoncer qu'il assurait les affaires courantes, il n'inspira aucune confiance. Le rétablissement du Président fut long et douloureux. La dégringolade de Haig également. Tout au long de l'année 1981, « un problème ne cessa de se poser, dit le vice-amiral John Poindexter, alors membre du National Security Council. Qui dirigerait la politique étrangère ?[35] ». Question qui demeura sans réponse, car l'équipe de Sécurité nationale de Reagan était en proie à d'incessantes luttes internes, déchirée par d'âpres rivalités personnelles et politiques. Le Département d'État et le Pentagone se comportaient comme des armées adverses. Au cours de huit années tumultueuses, six hommes différents se succédèrent au poste de conseiller à la Sécurité nationale. Jamais Reagan ne tenta d'arrêter cette lutte à couteaux tirés.

Ce fut Casey qui l'emporta. Lorsque George P. Shultz remplaça Haig comme secrétaire d'État, il découvrit avec stupéfaction que Casey organisait tout seul des opérations telles qu'un débarquement au Surinam, sur la côte nord-est de l'Amérique du Sud, avec 175 commandos coréens soutenus par la CIA. « C'était une idée insensée », dit Shultz[36], qui mit aussitôt le projet au panier.

« UNE FRATERNITÉ VIVANT AVEC DES ŒILLÈRES »

Bill Casey, l'un des chefs les plus intelligents, les plus capables et les plus inspirés à avoir jamais dirigé la CIA, était « un pirate opérant en freelance », selon l'expression de l'amiral Bobby Ray Inman qui dirigeait la National Security Agency lorsqu'en 1981 le président Reagan le désigna comme Numéro 2 de Casey[37].

« Casey me déclara tout net qu'il ne voulait pas être un directeur de la CIA traditionnel, rapporta Inman[38]. Il tenait à être l'officier de renseignement du Président et il allait diriger le service d'action clandestine de la CIA. »

Casey croyait fermement que le service d'action clandestine était devenu « une fraternité vivant avec des œillères dans le culte des exploits légendaires de leurs ancêtres des années 50 et 60 », résuma son premier chef d'état-major, Bob Gates[39]. Le service avait besoin de sang frais. Casey, se moquant éperdument de l'organigramme de la CIA, plongerait dans les tréfonds de l'Agence ou pêcherait à l'extérieur pour trouver les individus qui exécuteraient ses ordres.

Il poussa donc dehors John McMahon, le chef du service d'action clandestine. « Il me jugeait trop lent en matière d'opération clandestine : il trouvait que je n'avais pas le feu au ventre, raconta McMahon[40]. Il savait que je représentais un élément de prudence par rapport à ce que lui ou l'Agence pourraient avoir envie de faire. »

Casey remplaça le vieux briscard – trente ans de CIA derrière lui – par un ami fidèle, Max Hugel, qui avait levé des fonds et obtenu des voix pour Reagan. Hugel, un homme d'affaires mal embouché, avait débuté au Japon après la guerre comme vendeur de voitures d'occasion. Il ne connaissait rien de la CIA, et cela sauta tout de suite aux yeux. Petit, coiffé d'une moumoute, il arriva un beau jour à l'Agence vêtu d'un survêtement lavande ouvert jusqu'au nombril et arborant des chaînes en or dans sa toison grisonnante. Les opérateurs du service d'action clandestine, en service ou à la retraite, se rebellèrent comme un seul homme contre lui ; ils découvrirent de sales histoires sur son compte, s'empressèrent de les communiquer au *Washington Post* et, finalement, en moins de deux mois, l'obligèrent à plier bagage. Il fut remplacé par John Stein, qui avait aidé Mobutu à accéder au pouvoir et créé l'antenne du Cambodge pendant la guerre du Vietnam. Stein, le cinquième chef du service d'action clandestine en cinq ans, ne tarda pas non plus à s'avérer trop prudent au goût de Casey, et fut largué pour laisser la place à un opérateur clandestin vraiment audacieux, Clair George. Ayant balancé McMahon du service d'action clandestine, Casey lui donna pour mission de réorganiser la direction du Renseignement et d'en secouer un peu les analystes. McMahon entama ainsi la première grande réorganisation du service depuis trente ans.

Mais ce ne fut rien auprès de ce que fit Bob Gates lorsqu'il prit la succession de McMahon à ce poste au début de 1982. Gates, âgé de trente-huit ans, avait gagné du galon grâce à un mémo adressé à Casey et destiné à attirer l'attention. « La CIA devient lentement le Département de l'Agriculture », écrivait-il[41]. L'Agence présentait « un cas avancé de sclérose bureaucratique ». Les couloirs étaient encombrés de types médiocres qui traînaient les pieds tout en comptant les jours qui les séparaient de la retraite – et ils incarnaient la cause principale du « déclin de la qualité de notre collecte de renseignements ainsi que de leur analyse au cours des quinze dernières années ».

Gates traita les analystes de gens « à l'esprit fermé, pleins de suffisance et d'arrogance » ; il ajouta que leur travail, « dépassé et sans intérêt, arrivait trop tard pour offrir la moindre valeur, qu'il était trop limité, sans imagination et trop souvent tout bonnement mauvais », que leurs rangs étaient peuplés d'amateurs « qui se prétendaient des experts » [42]. Ils avaient manqué la plupart des développements importants de ces dix dernières années en Union soviétique et de la progression de son influence dans le tiers-monde. Il était temps pour eux de se secouer ou de prendre la porte.

Se secouer, autrement dit s'aligner. Quand Casey n'était pas d'accord avec ses analystes – et cela se produisait souvent –, il réécrivait leurs conclusions pour les amener à refléter ses idées. Quand il disait au Président : « Voici ce que pense la CIA », il fallait comprendre : « Voici ce que _je_ pense. » Il traqua ceux qui faisaient preuve d'une certaine indépendance d'esprit ; l'un des derniers à s'en aller fut Dick Lehman, un des meilleurs analystes de l'Agence, qui avait supporté Allen Dulles quand le vieil homme jugeait son travail en soupesant les dossiers et non en les lisant. « Travailler pour Casey constituait une épreuve pour tout le monde, en partie à cause de son caractère de plus en plus instable et en partie à cause de ses penchants pour la droite », expliqua Lehman [43].

« Les renseignements de la CIA, observa le secrétaire d'État Shultz [44], ne faisaient dans bien des cas que refléter simplement l'idéologie de Casey. »

« JE VAIS M'OCCUPER DE L'AMÉRIQUE CENTRALE »

Reagan et Casey, après avoir dénoncé publiquement tout ce que représentait Jimmy Carter, adoptèrent sept grands programmes d'action clandestine lancés par lui. Envois d'armes en Afghanistan et opérations de guerre politique pour soutenir les dissidents d'Union soviétique, de Pologne et de Tchécoslovaquie allaient se révéler parmi les opérations de la CIA les plus importantes de la guerre froide. Mais Casey s'intéressait davantage à la vraie guerre qui se livrait dans l'arrière-cour de l'Amérique.

Il avait tout de suite rassuré Ronald Reagan : « Je vais m'occuper de l'Amérique centrale. Laissez-moi faire. »

En 1980, le président Carter avait approuvé trois petits programmes d'action clandestine en Amérique centrale ; leur cible : les sandinistes, les gauchistes qui avaient pris le pouvoir au Nicaragua en l'arrachant à ce qui subsistait de l'impitoyable dictature exercée pendant quarante-trois ans par la famille Somoza. Le mélange de nationalisme, de théologie libérale et de marxisme prôné par les sandinistes les rapprochait de plus en plus de Cuba. Les actions clandestines de Carter engageaient la CIA à soutenir les partis politique pro-américains, les groupes ecclésiastiques, les coopératives agricoles et les syndicats pour lutter contre la propagation du socialisme des sandinistes.

Casey fit de ces opérations de petit calibre un programme militaire de grande envergure. En mars 1981, le président Reagan autorisa la CIA à fournir des armes et de l'argent « afin de contrer la subversion et le terrorisme sponsorisés par l'étranger » en Amérique centrale. La Maison Blanche et l'Agence racontèrent au Congrès qu'il s'agissait de défendre le Salvador, dirigé par des politiciens d'extrême droite et leurs escadrons de la mort, en coupant les envois d'armes du Nicaragua aux gauchistes. Une ruse calculée [45]. Il s'agissait en réalité d'entraîner et d'armer les Nicaraguayens au Honduras – les *contras* – afin de les utiliser pour reprendre leur pays aux sandinistes.

Casey avait persuadé le Président que la petite armée de la CIA était capable de prendre d'assaut le Nicaragua. Faute de quoi, affirma-t-il à Reagan, une armée de gauchistes latinos pourrait déferler du nord de l'Amérique centrale vers le Texas. Les analystes de la CIA tentèrent de s'opposer à lui. Les *contras*, dirent-ils, ne l'emporteront pas : ils n'ont pas l'appui de la population. Propos négatifs dont Casey s'assura qu'ils ne parviendraient jamais jusqu'à la Maison Blanche. Pour les contre-carrer, il forma un Corps expéditionnaire pour l'Amérique centrale, avec sa propre *war room* où les agents du service d'action clandestine trafiquaient les livres, gonflaient les menaces qu'ils dénonçaient, exagéraient les perspectives de réussite et embellissaient les rapports en provenance du terrain.

Casey démarra en choisissant Duane Clarridge comme chef de la division Amérique centrale du service d'action clandestine. Frisant la cinquantaine, gros buveur et amateur de cigares malgré une crise cardiaque à un âge précoce, Clarridge n'avait jamais travaillé en Amérique latine, ne parlait pas un mot d'espagnol et ne connaissait pratiquement rien de la région. Casey lui dit : « Prenez un mois ou deux et trouvez en gros que faire de l'Amérique centrale. » « Ce fut à peu près tout ce qu'il me dit », raconta Clarridge, qui soumit par la suite un plan en deux points : « Faites la guerre au Nicaragua et commencez à tuer les Cubains. » Exactement ce que Casey souhaitait entendre, aussi répondit-il : « OK, allez-y. »

L'ambassadeur de Reagan au Nicaragua, Anthony Quainton, prit son poste le jour où débuta l'opération. « La guerre secrète commença le 15 mars 1982, quand la CIA, utilisant des agents nicaraguayens, fit sauter le pont reliant le Nicaragua au Honduras, raconta-t-il. Je descendis de l'avion avec ma femme au milieu des flashes et des microphones qu'on tendait vers moi ; on me demanda ce que je pensais des derniers événements de la matinée, la destruction des ponts, et comment cela risquait d'affecter les relations bilatérales entre les États-Unis et le Nicaragua.

« On ne m'avait pas prévenu que cela devait se passer ce jour-là, souligna l'ambassadeur. La CIA avait son planning à elle. »

La guerre secrète ne le resta pas longtemps : le 21 décembre 1982, le Congrès vota une loi limitant la CIA à sa mission prévue, l'interruption de l'afflux d'armes communistes en Amérique centrale. On interdit à l'Agence d'utiliser ses fonds pour chasser les sandinistes. Le président Reagan s'en tint à sa version – les États-Unis ne cherchaient pas à renverser le régime nicaraguayen – et la soutint devant le Congrès. Ainsi, pour la première fois, le Président mentit au Congrès pour protéger des opérations clandestines de la CIA ; ce ne serait pas la dernière.

« JE ME FOUS DU CONGRÈS »

Durant ses deux premières années au pouvoir, le Congrès accorda à Casey des centaines de millions de dollars supplémentaires pour le service d'action clandestine. Les dépenses du Renseignement américain, enfouies dans les comptes du Pentagone, dépassèrent 30 milliards de dollars tandis que le seul budget de l'Agence s'élevait à plus de 3 milliards. Cet argent suralimenta les ambitions de la CIA et l'ampleur de l'action clandestine.

Casey employa une partie de cette manne au recrutement, pour le service d'action clandestine, de près de deux mille nouveaux agents, annulant les coupes imposées sous les présidences de Nixon, Ford et Carter. Bien moins nombreuses à avoir servi dans l'armée ou à avoir vécu à l'étranger, ces recrues ne connaissaient pas le monde comme leurs prédécesseurs – « preuve flagrante que la CIA n'attirait plus les éléments les plus brillants de l'Amérique, nota Clarridge[46], mais des espions plus soucieux de leur plan de retraite et de leur assurance maladie que de protéger la démocratie ».

Le Congrès soutenait vigoureusement une CIA plus grande, plus forte et plus habile[47], mais il ne cautionnait pas une guerre en Amérique centrale. Le peuple américain non plus. Reagan ne prit jamais la peine d'expliquer les raisons qui faisaient de cette guerre une bonne idée. Les Américains n'approuvaient pas non plus certains alliés de la CIA : les chefs de la garde nationale nicaraguayenne aux forts relents de dictature, les troupes de choc de la junte militaire d'Argentine, les colonels assassins de l'armée du Honduras et les chefs des escadrons de la mort guatémaltèques.

Les pouvoirs de surveillance du Congrès sur la CIA avaient atteint en 1981 un niveau acceptable. Deux comités de renseignement étaient désormais censés recevoir et examiner les plans d'action clandestine du Président. Ces rênes ne freinèrent jamais Casey. « Casey a été coupable d'outrage au Congrès dès le jour de sa prestation de serment », releva Bob Gates[48]. Quand on lui demandait de témoigner devant une commission, il marmonnait dans sa barbe, s'exprimait de façon délibérément confuse et allait parfois jusqu'à mentir comme un arracheur de dents. « J'espère que ça leur suffira, à ces salopards », lança-t-il en sortant d'une audition[49]. Ce comportement était contagieux : nombre des principaux collaborateurs de Casey apprirent l'art délicat du témoignage « particulièrement évasif », pour reprendre la formule d'Allen Fiers, chef du Corps expéditionnaire pour l'Amérique centrale[50]. D'autres résistèrent. L'amiral Inman démissionna de son poste de directeur adjoint au bout de quinze mois car « je l'avais souvent surpris en flagrant délit de mensonge[51] ».

Les mensonges de Casey avaient pour but de desserrer l'étreinte d'une laisse qui se resserrait de plus en plus. Si le Congrès refusait de financer les opérations de la CIA en Amérique centrale[52], il contournait la loi en cherchant des financiers privés ou un potentat étranger qui lui donnerait des fonds.

Malgré le dédain que professait ouvertement Casey à leur égard, les comités de surveillance du renseignement du Congrès lui accordaient un grand pouvoir sous forme « d'autorisations globales » signées par le président Reagan et couvrant des campagnes d'action clandestine contre des menaces réelles ou supposées, n'importe où dans le monde. Casey concevait de nombreuses opérations de la CIA comme de grands desseins visant à aider un allié de l'Amérique ou à démolir un ennemi, mais elles se résumaient généralement à la fourniture d'armes à des seigneurs de la guerre. Une des premières de ce genre démarra dix jours après l'arrivée de Casey à la direction de l'Agence ; elle dura dix ans.

Une « autorisation globale » de janvier 1981 donnait l'ordre à la CIA de faire quelque chose à propos du dictateur libyen Muammar Kadhafi, qui assurait le relais pour le convoyage d'armes destinées aux mouvements radicaux d'Europe et d'Afrique. Cherchant une base d'opérations contre la Libye, la CIA entreprit de contrôler le gouvernement de son plus proche voisin, le Tchad, un des pays les plus pauvres et les plus isolés d'Afrique. On confia cette mission à Hissène Habré, ministre de la Défense du Tchad, qui avait rompu avec son gouvernement et s'était réfugié avec environ deux mille guerriers dans l'ouest du Soudan. « Résultat de la décision de Casey, l'aide américaine commença à couler à flots, raconta l'ambassadeur Don Norland, le plus haut diplomate américain accrédité au Tchad au début de l'ère Reagan. La CIA était très impliquée dans cette opération »[53].

La politique étrangère officielle des États-Unis stipulait de promouvoir une solution pacifique aux dissensions internes qui déchiraient le Tchad. Habré avait commis d'innombrables atrocités contre son propre peuple : il ne pouvait gouverner que par la force. La CIA, ne connaissant pas grand-chose d'Habré ni de ses antécédents, l'aida à prendre le pouvoir au Tchad en 1982 ; elle le soutenait car il était l'ennemi de Kadhafi.

Les avions de transport de la CIA convoyaient les armes en Afrique du Nord sous l'égide du National Security Council. Lors de cette opération clandestine un jeune lieutenant-colonel du NSC, Oliver North, attira pour la première fois l'attention de Bill Casey. À la fin de 1981, David Blakemore, attaché militaire de l'opération Tchad, reçut un vendredi soir un appel urgent de North qui se plaignait du retard dans un envoi d'équipement au Tchad. « Vous savez, colonel North, lui dis-je, nous avons avisé le Congrès, mais il faut attendre quelques jours pour qu'on procède à l'expédition du matériel. "Je me fous du Congrès, riposta North [54]. Envoyez-moi ça tout de suite." Ce que nous fîmes. »

Des milliers d'hommes moururent dans les batailles livrées par Habré et ses troupes pour prendre le contrôle du Tchad. Les combats s'intensifiant, l'Agence fournit à Habré des lance-missiles Stinger, la meilleure arme sol-air du monde. Selon l'ambassadeur Norland, « le faire accéder au pouvoir et l'y maintenir pendant huit ans coûta peut-être un milliard de dollars ». Le soutien américain au Tchad – la politique de Casey – fut une « décision peu judicieuse », souligna l'ambassadeur. Mais les Américains à avoir entendu parler du Tchad étaient rares et, plus encore, ceux qui savaient que, dans les années 1980, Habré, l'allié de la CIA, bénéficiait directement du soutien de Saddam Hussein.

À la veille de la guerre du Golfe contre l'Irak, la CIA s'aperçut qu'on avait perdu la trace d'une douzaine de Stinger envoyés au Tchad – tombés peut-être aux mains de Saddam. Quand le secrétaire d'État James A. Baker III l'apprit, il fut abasourdi. Baker était chef de l'état-major de la Maison Blanche quand l'action clandestine avait commencé, mais il n'avait pas suivi l'opération jusqu'au bout. « Pourquoi diable avons-nous donné des Stinger au Tchad ? » se demanda-t-il tout haut.

« UN JOUR, LES ÉTATS-UNIS NE SERONT PLUS LÀ »

La plus importante opération d'envoi d'armes de la CIA fut le pipeline à l'échelle mondiale qui approvisionnait les moudjahidin, les saints guerriers d'Afghanistan qui luttaient contre les 110 000 hommes de l'armée d'occupation soviétique [55]. Cela commença sous Jimmy Carter, en janvier 1980. Comme il s'agissait d'une idée de Carter,

Casey ne s'y rallia pas de bon cœur – pas au début, en tout cas. Mais il comprit bientôt l'occasion qui se présentait.

« J'étais le premier chef d'antenne envoyé à l'étranger avec cette merveilleuse consigne : *"Allez tuer des soldats soviétiques"*, relata Howard Hart arrivé au Pakistan pour occuper ce poste en 1981. Imaginez un peu ! J'étais ravi. » Noble objectif, pourtant la mission ne consistait pas à libérer l'Afghanistan : personne ne croyait vraiment les Afghans capables de l'emporter.

Dès l'abord, les Saoudiens rivalisèrent, au dollar près, avec la CIA pour soutenir les rebelles. Les Chinois y allèrent de quelques millions de dollars d'armes, tout comme les Égyptiens et les Anglais. La CIA coordonnait les expéditions. Hart faisait les livraisons au Renseignement pakistanais. Les Pakistanais en prélevaient une bonne part avant d'acheminer le matériel à la résistance afghane à Peshawar, à l'est de la passe de Khyber, et les chefs rebelles cachaient la leur avant que les armes ne parviennent enfin en Afghanistan.

« Nous n'essayions pas d'apprendre aux rebelles afghans comment faire la guerre, mais en voyant certains succès des Soviétiques, analysa John McMahon, je me persuadai que toutes les armes que nous avions envoyées ne se retrouvaient pas entre les mains des tireurs afghans. » Il partit donc pour le Pakistan et réunit sept chefs de la rébellion. « Je leur déclarai que je me demandais s'ils ne fauchaient pas des armes afin des garder pour plus tard ou s'ils ne les vendaient tout simplement pas. Ils éclatèrent de rire et me répondirent : *"Tu as parfaitement raison, nous cachons des armes. Parce qu'un jour, les États-Unis ne seront plus là, et nous resterons tout seuls pour poursuivre la lutte."* »

Les chefs du Renseignement pakistanais qui distribuaient les armes et l'argent de la CIA favorisaient les factions afghanes qui se révélaient les plus aptes au combat. Ces factions se trouvaient aussi composées des islamistes les plus engagés. Personne n'imaginait que les combattants de la guerre sainte tourneraient un jour leur *djihad* contre les États-Unis.

« Dans l'action clandestine, dit McMahon, il faut toujours penser à la fin de la partie avant de la commencer. Et nous ne le faisons pas toujours[56]. »

« UN PLAN BRILLANT »

En mai 1981, les Soviétiques firent le tri entre la rhétorique et les réalités de l'Administration Reagan et commencèrent à redouter une attaque surprise des États-Unis. Ils se mirent en état d'alerte nucléaire globale ; il dura deux ans. Les deux superpuissances frisèrent une guerre accidentelle sans que la CIA s'en aperçoive, conclut Bob Gates une décennie plus tard. « Nous ne nous rendions pas compte du degré de désespoir auquel étaient parvenus les hommes du Kremlin, à quel point ils étaient isolés, repliés sur eux-mêmes, combien ils étaient paranoïaques et apeurés », développa Bob Gates, le remarquable analyste de l'esprit soviétique [57].

Si les Soviétiques avaient surpris une conversation privée entre le président Mitterrand et le président Reagan cet été-là, ils auraient peut-être eu de bonnes raisons de s'inquiéter.

En juillet 1981, Mitterrand prit Reagan à part lors d'un sommet économique à Ottawa. Des interprètes, qui faisaient aussi office d'espions, se passèrent le mot : le Renseignement français avait pour source un transfuge du KGB, le colonel Vladimir Vetrov, et Mitterrand pensait que les États-Unis devraient jeter un coup d'œil à son travail. Son dossier, nom de code Farewell, fut remis au vice-président Bush et à Bill Casey ; il fallut six mois aux fonctionnaires du National Security Council et à la CIA pour en assimiler la signification. Entre-temps, Vetrov était devenu fou et avait abattu un collègue du KGB ; il fut arrêté, interrogé et exécuté.

Le dossier Farewell contenait quatre mille documents détaillant dix années de travail d'une unité du directoire du KGB pour la science et la technologie. Le groupe, appelé Ligne X, travaillait avec tous les grands services de renseignement d'Europe de l'Est. Il réussit à voler les connaissances techniques des Américains – surtout dans le domaine des logiciels, domaine où les Américains avaient dix ans d'avance sur les Soviétiques.

Le dossier contenait des indices prouvant que les Soviétiques avaient cloné des logiciels américains concernant les systèmes radars aéroportés. Il donnait à penser que les ingénieurs soviétiques avaient l'ambition de concevoir une nouvelle génération d'appareils militaires et d'exaucer le vieux rêve de mettre au point un système de défense contre les missiles balistiques. Il révélait aussi l'identité de dizaines officiers du Renseignement soviétique chargés de voler les secrets de la technologie américaine aux États-Unis et en Europe de l'Ouest.

L'Amérique riposta. « C'était un plan brillant, estima Richard V. Allen, le premier conseiller à la Sécurité nationale de Reagan, dont les collaborateurs eurent l'idée [58]. Nous commençâmes à refiler aux Soviétiques de la mauvaise technologie, de la mauvaise technologie informatique, de la mauvaise technologie pour les forages pétroliers. Nous les en abreuvions et nous les laissions nous la voler. »

Les Soviétiques tentaient de construire un pipeline de gaz naturel reliant la Sibérie à l'Europe de l'Est. Ayant besoin d'ordinateurs pour contrôler les jauges et les soupapes, ils cherchèrent des logiciels sur le marché aux États-Unis. Washington repoussa cette demande mais désigna perfidement une société canadienne qui pourrait bien avoir ce que Moscou recherchait. Les Soviétiques envoyèrent un officier de la Ligne X pour voler le logiciel, la CIA et les Canadiens se mirent d'accord pour le laisser faire. Pendant quelques mois, le logiciel fonctionna à merveille. Puis, peu à peu, il fit monter la pression dans le pipeline. L'explosion qui se produisit dans les steppes sibériennes coûta des millions à Moscou.

Ces attaques silencieuses contre les programmes techniques soviétiques se prolongèrent une année entière. Casey, pour couronner le tout, envoya John McMahon en Europe pour distribuer aux services de renseignement amis la liste des Soviétiques figurant dans le dossier Farewell.

On utilisa pour cette opération presque toutes les armes dont disposait la CIA : guerre psychologique, sabotage, guerre économique, subterfuges stratégiques, contre-espionnage, guerre informatique – tout cela avec la collaboration du National Security Council, du Pentagone et du FBI. Elle détruisit une excellente équipe d'espionnage soviétique, causa de gros dommages à l'économie soviétique et déstabilisa l'État soviétique. Ce fut un succès éclatant. En renversant les rôles, on aurait pu y voir un acte de terrorisme.

39.

« PEUT-ÊTRE DANGEREUSEMENT »

Depuis plus de dix ans, des terroristes détournaient des avions, prenaient des otages et tuaient des ambassadeurs américains. La CIA, pas plus qu'aucune autre branche du Renseignement américain ne savait vraiment comment réagir.

Le dernier samedi de janvier 1981, Anthony Quainton, qui servait encore comme coordinateur du contre-terrorisme, reçut un appel urgent du secrétaire d'État Haig : lundi à 13 heures, Quainton ferait à la Maison Blanche un rapport sur son travail. « Je remis ce document au Président, qui avait avec lui le vice-président, le chef de la CIA, le chef du FBI et quelques membres du Conseil de sécurité nationale. Après avoir sucé quelques bonbons, le Président s'assoupit, ce que je trouvai très déconcertant [59]. »

La même semaine, Haig annonça que le terrorisme international allait remplacer les droits de l'homme comme problème numéro un des États-Unis. Peu après, Haig déclara que les Soviétiques dirigeaient en secret le sale boulot des plus redoutables terroristes [60]. Il demanda à la CIA d'apporter la preuve de cette audacieuse assertion. Casey, dans son for intérieur, était d'accord avec Haig, mais il n'avait aucun élément pour étayer sa thèse. Malgré les vertes réprimandes de leur patron, les analystes n'arrivaient pas à trouver quoi que ce soit. Sous cette pression, la CIA recourut à une supercherie : les conclusions que Casey mettait imprudemment en valeur reposaient sur une analyse incapable de les justifier. Vouloir rendre le Kremlin responsable de ces actions, c'était ne pas comprendre la véritable nature des actions terroristes au Moyen-Orient.

La CIA disposait jadis d'une source exceptionnellement bien placée : Ali Hassan Salameh, chef du renseignement de l'Organisation de libération de la Palestine et un des instigateurs du meurtre de onze athlètes israéliens lors des Jeux olympiques de 1972 à Munich [61]. Les informations qu'il fournit étaient un rameau d'olivier tendu aux États-

Unis par le président de l'OLP, Yasser Arafat. Son officier traitant était Bob Ames, qui opérait dans les rues de Beyrouth avant de devenir chef adjoint de la division Proche-Orient du service d'action clandestine[62]. À partir de la fin 1973, Salameh et Ames négocièrent un accord en vertu duquel l'OLP ne s'attaquerait pas aux Américains. Quatre années durant, ils partagèrent des renseignements sur leurs ennemis mutuels dans le monde arabe. Pendant cette période, les rapports de la CIA sur le terrorisme témoignaient d'une lucidité inhabituelle et qu'ils ne retrouveraient jamais : le terrorisme transcendait le parrainage des États car il prenait sa source dans la rage de gens qui ne possédaient rien. Une étude de la CIA d'avril 1976 concluait que « la vague du futur » apporterait « le développement d'une base complexe de l'activité terroriste transnationale, largement indépendante du système international centré sur les États – et profondément hostile à tout contrôle de sa part »[63].

La CIA changea d'opinion après 1978, quand le Renseignement israélien abattit Salameh pour venger Munich. Lorsque le président Reagan arriva au pouvoir, la CIA ne disposait de pratiquement aucune source valable au Moyen-Orient.

« LONGTEMPS AVEC TROP PEU D'INFORMATIONS »

Le 16 juillet 1982, le jour où il prêta serment comme secrétaire d'État, George Shultz se trouva confronté à une crise internationale au Liban. Le second coup de téléphone qu'il passa ce jour-là de son nouveau bureau fut pour Bob Ames, devenu l'analyste vedette de la CIA pour le monde arabe.

Ames, un des agents de la CIA les plus influents de sa génération, traitait personnellement avec Arafat, le roi Hussein de Jordanie et les dirigeants libanais. Parmi les agents qu'il avait recrutés se trouvait un politicien de poigne de Beyrouth du nom de Béchir Gemayel, un chrétien maronite et la source la plus haut placée de la CIA au Liban.

Le réseau maronite de l'Agence représentait à Beyrouth une force importante. La confiance aveugle que lui accordait la CIA empêchait l'Agence de se rendre compte à quel point la majorité libanaise détestait la minorité maronite. Cette hostilité fut la principale cause de la guerre civile qui divisa le pays et ouvrit la voie à l'invasion par Israël de juin 1982.

En août, le Liban volait en éclats : musulmans contre chrétiens, musulmans contre musulmans. Gemayel, fortement soutenu par les États-Unis et par Israël, fut choisi comme président par le Parlement libanais. La CIA avait une nouvelle fois un dirigeant national à sa solde. Gemayel assura personnellement à l'Agence que les Américains ne risquaient rien au Liban puisqu'on avait évacué les forces armées de l'OLP et que les Israéliens avaient cessé de pilonner Beyrouth.

Le 1er septembre, le président Reagan annonça un grand plan stratégique pour transformer le Moyen-Orient, conçu en secret par une petite équipe comprenant notamment Bob Ames. Sa réussite dépendait d'une harmonieuse convergence permettant à Israël, au Liban, à la Syrie, à la Jordanie et à l'OLP de coopérer sous le commandement des États-Unis. Le plan tint deux semaines.

Le 14 septembre, le président Gemayel trouva la mort dans l'explosion d'une bombe qui détruisit ses bureaux. Pour venger cet assassinat, les alliés maronites de la CIA, encouragés par les troupes israéliennes, massacrèrent sept cents réfugiés entassés dans les quartiers pauvres de Beyrouth. Des femmes et des enfants furent lapidés. Devant ce déferlement de meurtre et le scandale qu'il provoqua, le président Reagan envoya un contingent de Marines pour maintenir la paix. Mais il n'y avait plus de paix à maintenir.

Lorsque les Marines débarquèrent, « les gens de l'Agence tentaient de recréer une partie de leurs réseaux désorganisés, dit Robert S. Dillon, l'ambassadeur des États-Unis au Liban[64]. Ils continuèrent donc – peut-être dangereusement – à travailler avec les maronites. »

Occupée à reconstruire Beyrouth, la CIA ne vit pas une force nouvelle émaner des ruines. Un assassin du nom de Mughniyah, chef d'un groupe terroriste appelé Hezbollah, le parti de Dieu, rassemblait des fonds et des explosifs tout en entraînant ses tueurs à des séries d'attaques à la bombe et d'enlèvements qui allaient paralyser les États-Unis pendant les années à venir.

Le nom de Mughniyah est aujourd'hui tombé dans l'oubli, mais il était l'Oussama Ben Laden des années 80. Il a été tué le 13 février 2008 à Damas dans l'explosion d'une voiture piégée.

Le dimanche 17 avril 1983, Bob Ames prit l'avion pour Beyrouth et, une fois débarqué, s'arrêta en route à l'ambassade américaine, puis alla dîner avec trois collègues de l'Agence chez Jim Lewis, l'adjoint du chef d'antenne qui, quinze ans plus tôt, avait survécu à une année passée au Hilton de Hanoï après avoir été capturé au Laos.

Cela faisait cinq ans qu'Ames n'était pas revenu à Beyrouth. « Il était ravi d'être de retour », dit Susan Morgan, de la CIA, qui était du dîner ce soir-là[65]. Il était venu pour essayer de réparer ce que l'Agence avait perdu avec l'assassinat de Gemayel.

Le lundi matin, Ames appela Morgan pour l'inviter à dîner le soir même au Mayflower Hotel. Morgan alla ensuite déjeuner chez des amis à Sidon, au sud de Beyrouth. Au moment où on débarrassait, la maîtresse de maison lui dit qu'on avait annoncé à la radio une explosion à l'ambassade américaine. Morgan repartit pour Beyrouth en état de choc, presque sans voir les villages qu'elle traversait, laissés en ruine par les troupes israéliennes. Elle dut franchir un cordon de police sur la Corniche pour atteindre l'ambassade. Le bâtiment était complètement détruit. Ames et ses camarades avaient été tués sur le coup par l'onde de choc et ensevelis sous un amoncellement de pierres, d'acier et de cendres. Il était 2 heures 30 du matin quand on le retrouva sous les décombres. Morgan récupéra son passeport, son portefeuille et son alliance.

Il y avait soixante-trois victimes, dont dix-sept Américains, parmi lesquels le chef de l'antenne de Beyrouth, Ken Haas, un vieux briscard de l'antenne de Téhéran, son adjoint, Jim Lewis et une secrétaire, Phyllis Filatchy, qui en avait vu de dures dans les provinces du Sud-Vietnam. Au total, sept agents et membres du personnel de la CIA, le jour le plus sombre de toute l'histoire de l'Agence. L'auteur de l'explosion : Imad Mughniyah.

L'anéantissement de l'antenne de Beyrouth et la mort de Robert Ames empêchèrent à l'Agence de recueillir des renseignements au Liban et dans une importante partie du Moyen-Orient, « nous laissant pendant longtemps après cela avec trop peu d'informations, dit Sam Lewis, à l'époque ambassadeur des États-Unis en Israël [66]. Cela nous rendait très dépendants du Renseignement israélien. » Pendant tout le reste de la guerre froide, la CIA allait voir la menace islamique au Moyen-Orient par le prisme d'Israël.

Beyrouth était maintenant un champ de bataille pour les États-Unis. Mais la CIA, privée des rapports de ses sources, était impuissante. Les Marines américains se battaient au côté des chrétiens, les jets américains larguaient des bombes sur les musulmans, les navires de guerre américains lançaient, sans savoir ce qu'ils frappaient, des obus d'une tonne sur les collines du Liban. La Maison Blanche était entrée en guerre au Moyen-Orient sans avoir la moindre idée de ce dans quoi elle s'embarquait.

Le 23 octobre 1983, les terroristes de Mughniyah lancèrent un camion sur le cantonnement américain de l'aéroport international de Beyrouth, tuant 241 Marines. On estima que l'explosion avait une puissance qui s'exprimait en kilotonnes, la mesure utilisée pour les armes nucléaires tactiques.

Casey chercha longtemps un nouveau chef d'antenne qui aurait le courage de redonner des yeux à la CIA au Liban. Le seul candidat était Bill Buckley, un agent expérimenté mais un peu âgé, qui avait déjà servi à Beyrouth et dont la couverture avait été grillée. Casey décida de prendre le risque de le faire revenir.

Dix-huit jours après que le dernier Marine eut quitté le Liban, Buckley fut enlevé alors qu'il se rendait à son bureau. Il était aux mains de l'ennemi.

40.

« IL PRENAIT UN GRAND RISQUE »

En matière d'otages l'Agence avait une certaine expérience.

Le 7 mars 1984, Jeremy Levin, le chef du bureau de CNN à Beyrouth était enlevé. Le 16 mars, Bill Buckley, le chef d'antenne, avait disparu. Le 8 mai, le révérend Benjamin Weir, un missionnaire presbytérien, se volatilisait dans les rues de la ville. Au total quatorze Américains furent pris en otages à Beyrouth durant les années Reagan.

« QU'EST-CE QUE C'EST QUE
CETTE AGENCE DE RENSEIGNEMENT
QUE VOUS DIRIGEZ ? »

Casey pensait surtout à Buckley, pour la bonne raison qu'il se sentait personnellement responsable de son enlèvement. Casey fit entendre au président Reagan une cassette de Buckley en train d'être torturé et apparemment elle bouleversa le Président.

La CIA proposa au moins une douzaine de plans pour libérer Buckley, mais jamais elle ne disposa de renseignements suffisants pour les mettre à exécution. Le service d'action clandestine décida alors de tenter d'enlever Imad Mughniyah. « Le Président avait approuvé la recommandation du directeur de la CIA d'enlever Mughniyah », dit le coordinateur du contre-terrorisme, Robert Oakley[67]. L'Agence pensait qu'il était à Paris. Alertés par la CIA, des officiers de renseignement français firent une descente dans la chambre d'hôtel où l'Agence assurait qu'on le découvrirait. Au lieu d'un terroriste libanais de vingt-cinq ans, ils trouvèrent un touriste espagnol quinquagénaire Une des nombreuses sources qu'utilisait l'antenne de la CIA de Paris était un escroc iranien du nom de Manucher Ghorbanifar, une fripouille qui avait appartenu à la SAVAK, la police secrète du shah. Gras, avec un bouc et un début de calvitie, généralement habillé de façon excentrique, et toujours muni d'au moins trois faux passeports, il avait fui l'Iran après la chute de l'ancien régime. Depuis sa fuite, Ghorbanifar vendait des informations douteuses à la CIA et aux services de renseignement israéliens. Il avait l'art de prédire les événements après coup et, juste après l'enlèvement de Buckley, Ghorbanifar rencontra à Paris des agents de la CIA et leur assura qu'il possédait des renseignements qui pourraient permettre de le libérer. L'Agence le soumit par la suite à trois passages au détecteur de mensonge. Lors du troisième test, il échoua à toutes les questions à l'exception de celles concernant son nom et sa nationalité. Le 25 juillet 1984, la CIA le déclara officiellement menteur patenté – « un fabricant de renseignements et un casse-pieds » – et lança à son encontre, ce qui est extrêmement rare, un avis international le dénonçant comme « grillé », c'est-à-dire qu'il ne fallait en aucun cas se fier à ses déclarations. Cela n'empêcha pas Ted Shackley, un vétéran de la CIA, de se laisser entraîner à une rencontre qui se poursuivit trois jours dans un hôtel quatre étoiles de Hambourg.

Cinq ans après avoir été nommé le Numéro 2 du service d'action clandestine, l'ambitieux Shackley avait été contraint à la retraite par l'amiral Turner, au grand soulagement de certains de ses collègues. Son nom était devenu pour l'Agence synonyme de malhonnêteté professionnelle. Il était maintenant courtier en renseignement, c'est-à-dire vendeur de secrets comme Ghorbanifar. Dans maintes réunions avec des Iraniens en exil, il se faisait souvent passer pour un émissaire du président des États-Unis.

Shackley écouta avec intérêt Ghorbanifar proposer des solutions pour libérer les otages américains. Peut-être en versant secrètement une rançon, une simple transaction en cash, susceptible de s'avérer profitable. Les États-Unis livreraient des missiles à l'Iran, sous couvert de la Star Line, une firme commerciale, que Ghorbanifar exploitait en tandem avec le service de renseignement israélien. Cette vente d'armes serait perçue à Téhéran comme un signe de bonne volonté, elle ferait gagner des millions aux intermédiaires concernés et permettrait de rassembler une belle rançon pour libérer Bill Buckley et ses compatriotes retenus en otage. Shackley rapporta la conversation à l'incontournable Vernon Walters, qui en fit part au « tsar » du contre-terrorisme, Robert Oakley.

Le 3 décembre 1984, Peter Kilburn, un bibliothécaire de l'Université américaine de Beyrouth, fut enlevé. À Washington, les familles des otages américains implorèrent la Maison Blanche de faire quelque chose. Le Président, sensible à leurs supplications, ne cessait d'interroger Casey sur les plans de la CIA. « Reagan était préoccupé par le sort des otages et n'arrivait pas à comprendre pourquoi la CIA était incapable de les localiser et de les délivrer », dit Bob Gates [68]. Il augmenta la pression sur Casey, et il était difficile d'y résister. Pas de gros mots ni violents réquisitoires – pas du tout le style de Johnson ou de Nixon. Juste un regard interrogateur, une expression de douloureux étonnement, et puis venait l'éternelle requête : « Il faut absolument tirer ces gens de là » répétée presque quotidiennement, semaine après semaine, mois après mois. Avec cette accusation implicite : « *Qu'est-ce que c'est que cette agence de renseignement que vous dirigez si vous n'êtes pas fichus de retrouver et de délivrer ces Américains ?* »

« C'ÉTAIT DE NOTRE FABRICATION »

En décembre 1984, tandis que Washington se préparait à voir Reagan inaugurer son second mandat, Casey gardait toujours au frais l'offre de Ghorbanifar d'échanger des armes contre les otages. Le même mois, il proposa officiellement que la CIA finance au moyen de fonds en provenance de l'étranger la guerre qu'elle menait en Amérique centrale. Cela faisait six mois qu'il testait l'idée à la Maison Blanche.

Peu avant l'élection présidentielle de 1984, le Congrès avait interdit tout financement de la guerre par l'Amérique car deux regrettables incidents survenus au service d'action clandestine avaient imposé cette décision. Il y avait d'abord eu le fiasco de la bande dessinée. Depuis que Casey avait épuisé les faibles moyens paramilitaires dont la CIA disposait en Amérique centrale, « l'Agence avait dû recourir à des ressources extérieures en recrutant des gens capables de mener la guerre à sa place, dit John McMahon, le directeur adjoint de la CIA [69]. On s'adressa surtout à des retraités des Forces spéciales qui avaient appris leur métier au Vietnam. L'un de ces vétérans possédait un vieil album de bandes dessinées qui avait été utilisé pour montrer aux paysans vietnamiens comment s'emparer d'un village en assassinant le maire, le chef de la police et les membres de la milice. La CIA s'empressa de le faire traduire en espagnol pour le distribuer aux *contras*. La chose ne tarda pas à s'ébruiter et quelques hauts responsables de l'Agence crurent que « quelqu'un montait contre nous une action clandestine, dit McMahon. C'était absurde puisque c'était de notre propre fabrication ».

Il y eut ensuite l'affaire des mines. Cherchant à détruire ce qui restait de l'économie du Nicaragua, Casey avait autorisé la pose d'un champ de mines devant le port nicaraguayen de Corinto – ce qui constituait bel et bien un acte de guerre. C'était une des idées géniales de Duane Clarridge. « J'étais assis chez moi un soir – très franchement à siroter un verre de gin – quand je me dis tout d'un coup que des mines devaient être la solution », dit Clarridge [70]. L'Agence les fabriqua à bas prix, en utilisant des tuyaux d'égout. Casey avait annoncé l'opération au Congrès en marmonnant comme d'habitude quelques phrases inaudibles et lorsque le sénateur Barry Goldwater, président républicain de la Commission du renseignement, fit un scandale, des agents de la CIA l'avaient traité de pochard à l'esprit confus.

Se méfiant des méthodes de Casey, le Congrès avait expressément défendu à l'Agence de solliciter des fonds auprès de pays tiers dans le but de contourner l'interdiction de venir en aide aux *contras*. Cela n'empêcha pas Casey de s'arranger pour que l'Arabie contribue à hauteur de 32 millions de dollars et Taiwan de 2 millions, l'argent passant par un compte suisse contrôlé par la CIA. Mais ce n'était que des bouche-trous.

En janvier 1985, au début du second mandat de Reagan, le directeur se trouva confronté à deux injonctions pressantes du Président : libérer les otages et sauver les *contras*. Dans son esprit, ces deux missions se confondaient.

Casey concevait que la vie, la politique, la diplomatie et le renseignement se géraient comme une entreprise. Il était certain que la crise des otages et les besoins d'argent des *contras* pourraient trouver leur solution dans un marché de grande envergure avec l'Iran. Certes, il aurait préféré mener lui-même l'opération iranienne, mais les membres du service d'action clandestine refusaient à l'unanimité de travailler avec le tristement célèbre Manucher Ghorbanifar, et la CIA ne disposait d'aucune autre filière en Iran. Il aurait aimé sauver tout seul les *contras*, mais la CIA avait interdiction de leur fournir une assistance directe. La solution était donc de conduire ces deux opérations en dehors du gouvernement.

Il conçut ce qu'il pensait être le fin du fin en matière d'action clandestine. Moins de deux ans s'écoulèrent entre la conception du programme et son effondrement et il faillit causer la ruine du président Reagan, du vice-président Bush et de l'Agence elle-même.

« Il prenait un grand risque, dit après coup Bob Gates [71], en compromettant le Président en personne et la CIA. »

41.

« ARNAQUER UN ARNAQUEUR »

Le 14 juin 1985, le Hezbollah, le parti de Dieu, détourna le vol 847 de la TWA qui avait décollé d'Athènes à destination de Rome et New York. Les pirates contraignirent l'appareil à atterrir à Beyrouth, arrachèrent de son siège un plongeur de la marine américaine, lui tirèrent une balle dans la tête et jetèrent son corps sur le tarmac, non loin de l'endroit où, vingt mois auparavant, des Marines étaient morts dans leur cantonnement.

Les pirates exigèrent la libération de dix-sept terroristes emprisonnés au Koweït – dont l'un était le beau-frère de Mughniyah – et de 766 prisonniers libanais détenus par Israël. À la demande de la Maison Blanche, Ali Akbar Hashemi Rafsanjani, le président du Parlement iranien, participa aux négociations pour mettre fin au détournement.

De cette épreuve, Casey tira une leçon : Reagan était prêt à négocier avec les terroristes.

La même semaine, Manucher Ghorbanifar, jamais à court de magouilles, fit parvenir au directeur un message par le truchement d'un Américano-Iranien inculpé de trafic d'armes et parent de Rafsanjani. Le message était réconfortant : le Hezbollah détenait les otages. Or l'Iran avait prise sur le Hezbollah. Un accord avec l'Iran sur une livraison d'armes pourrait permettre de libérer les Américains.

Casey expliqua soigneusement cette proposition au Président et le 18 juillet 1985, Reagan notait dans son Journal : « Ce serait peut-être la solution pour faire revenir nos sept otages[72]. » Le 3 août, le Président donna à Casey son accord officiel pour passer un marché.

Ce feu vert obtenu, les Israéliens et Ghorbanifar effectuèrent deux livraisons d'armes à Téhéran, soit un total de 504 missiles américains TOW. Les Iraniens payèrent environ 10 000 dollars par missile, l'intermédiaire empocha une commission confortable et les Gardiens de la Révolution prirent livraison des armes. Le 15 septembre, quelques heures après réception du second envoi, le révérend Benjamin Weir fut libéré après seize mois de captivité.

Ne jamais négocier avec les terroristes et ne jamais livrer d'armes à l'Iran : deux principes fondamentaux de la politique étrangère de Reagan venaient de s'écrouler.

Trois semaines plus tard, Ghorbanifar fit savoir que les six derniers otages pourraient à leur tour être libérés en échange de quelques milliers de missiles antiaériens américains HAWK. Les prix n'avaient cessé de monter : trois cents, quatre cents, cinq cents missiles pour une vie. Le 14 novembre, Casey et McMahon eurent une réunion avec le conseiller à la Sécurité nationale, Robert McFarlane, et son adjoint, l'amiral John Poindexter. Tous quatre croyaient que les Israéliens allaient livrer les armes américaines à une faction de militaires iraniens qui voulaient renverser l'ayatollah Khomeiny. C'était un mensonge, un écran de fumée conçu par Ghorbanifar et ses commanditaires israéliens afin de récupérer quelques millions de dollars dans cette opération.

Pour surveiller les intermédiaires, Casey choisit comme représentant de la CIA Richard Secord, un général américain à la retraite devenu marchand d'armes dans le privé qui s'était montré un loyal soldat dans les luttes souterraines pour armer et financer les *contras* derrière le dos du Congrès. La mission de Secord était donc de s'assurer qu'une part des bénéfices se retrouverait bien dans les mains qu'il fallait.

« ÇA NE VAUT VRAIMENT PAS LE COUP »

Le vendredi 22 novembre 1985, peu après 3 heures du matin, Duane Clarridge, maintenant chef de la division Europe du service d'action clandestine, fut réveillé par un appel affolé du lieutenant-colonel Oliver North. Une heure plus tard, tous deux se retrouvaient au sixième étage du quartier général de la CIA.

Le vol transportant les HAWK vers l'Iran tournait à la catastrophe. Les Israéliens avaient embarqué sur un 747 d'El Al huit cents missiles technologiquement dépassés. Ils envisageaient maintenant d'expédier ces armes par la voie des airs via Lisbonne d'où elles seraient transbordées sur un avion-cargo nigérien, affrété par Secord, qui les acheminerait jusqu'à Téhéran. Mais personne ne s'était soucié d'obtenir les droits d'atterrissage à Lisbonne pour l'appareil israélien qui, en ce moment même, volait quelque part au-dessus de la Méditerranée. North lui raconta que l'avion était chargé de matériel de forage à destination de l'Iran, et Clarridge pouvait-il remuer ciel et terre pour s'assurer qu'il aurait bien l'autorisation de se poser au Portugal ? Cela fit réfléchir Clarridge qui n'était ni un imbécile ni quelqu'un de très à cheval sur les règlements. Peu importait, fit-il observer, que se trouvât à bord du matériel de forage, des mignonnettes d'alcool ou des bazookas car livrer *quoi que ce soit* aux Iraniens était contraire à la loi et à la politique étrangère des États-Unis. North lui assura que le Président avait levé l'embargo et donné son approbation à un accord secret pour libérer les otages.

Clarridge mit tout le week-end pour trouver une solution et finit par se procurer à Francfort un 707 de la CIA. L'appareil, nettement plus petit, parvint à se rendre de Tel-Aviv à Téhéran pour livrer aux Iraniens le lundi 25 octobre une maigre partie de la cargaison, soit dix-huit HAWK.

Le gouvernement iranien était mécontent du nombre restreint des armes, comme de leur qualité, sans parler des inscriptions qui y figuraient en hébreu. Mais personne n'était plus mécontent que John McMahon, le directeur adjoint du Renseignement qui, en arrivant à son bureau le lundi à 7 heures du matin, découvrit que la CIA avait enfreint la loi. À peine quelques semaines plus tôt, il avait déjà repoussé une tentative de l'équipe du National Security Council qui allait à l'encontre d'un décret présidentiel interdisant tout assassinat politique. « Nous avons reçu un projet de décret confidentiel nous autorisant des frappes préventives pour liquider des terroristes, se rappelait McMahon[73]. J'ai dit à nos gens de le renvoyer à l'expéditeur en précisant que quand le Président aura révoqué le décret interdisant à la CIA de recourir à l'assassinat, nous exécuterons cet ordre. Ça a été un coup dur pour les gars du NSC. Ça les a fait grimper aux rideaux. »

Certes, le vol du 707 de la CIA était une opération clandestine, mais elle nécessitait un ordre écrit du Président. McMahon savait que Reagan avait donné son accord de principe pour cet échange armes-contre-otages. Mais, dans la pratique, il fallait sa signature pour que la CIA participe à l'opération. McMahon ordonna alors au conseiller juridique de l'Agence de rédiger un ordre *rétroactif* autorisant « la Central Intelligence Agency à prêter assistance à des groupes de particuliers qui tenteraient d'obtenir la libération des Américains retenus en otages au Moyen-Orient. » Le texte continuait : « Dans le cadre de ces efforts, certains matériels étrangers ainsi que des munitions peuvent être fournis au gouvernement d'Iran qui prend des mesures propres à faciliter la libération des otages américains. »

C'était écrit noir sur blanc. La CIA fit parvenir le décret à la Maison Blanche. Le 5 décembre 1985, le président des États-Unis le signa. Selon ses termes, et en vertu d'un second décret présidentiel rédigé quelques semaines plus tard, Casey était en définitive le responsable de l'échanges armes-contre-otages.

Casey convoqua Ghorbanifar à Washington pour le sacrer agent iranien responsable de l'opération. Clair George le supplia d'arrêter : « Bill, ce type ne me dit rien, dit-il. Ça ne vaut vraiment pas le coup. » Même réaction de Charles Allen, de la CIA, chef du Groupe de localisation des otages qui, le 13 janvier 1986, rencontra Ghorbanifar puis alla voir Casey.

« Je le décrivis au directeur comme un arnaqueur », dit Allen. « Et alors, répondit Casey, il sera peut être capable d'arnaquer un arnaqueur. » Et Casey insista pour que la CIA garde Ghorbanifar comme marchand d'armes et interlocuteur avec le gouvernement iranien.

Charlie Allen savait que la seule raison concevable de l'utiliser était que l'escroc avait confié à l'agent de la CIA que la vente d'armes devrait rapporter de l'argent « aux gars d'Ollie en Amérique centrale ».

Après d'interminables marchandages, le premier envoi d'HAWK s'était soldé par 850 000 dollars déposés sur un compte suisse contrôlé par Richard Secord. Argent que le colonel North retira pour le verser aux *contras*. L'Iran devenait ainsi un pourvoyeur de fonds clandestins pour la guerre en Amérique centrale.

Les Iraniens firent alors savoir qu'ils voulaient obtenir des informations stratégiques pour les aider dans leur guerre contre l'Irak. La CIA en fournissait déjà à l'Irak contre l'Iran. C'en était trop pour McMahon. Dans un câble adressé à Casey le 25 janvier 1986, il souligna que « livrer des missiles était une chose, mais que fournir des renseignements sur l'ordre de bataille c'était donner aux Iraniens les moyens d'engager une action offensive ».

Casey ne voulut rien entendre. Peu après, McMahon prit sa retraite comme Numéro 2 de la CIA, mettant ainsi un terme à une carrière de trente-quatre ans à la CIA. Il fut remplacé par Bob Gates.

Et l'opération continua.

« UNE IDÉE SUPER »

Dès le milieu de l'été 1985, le rôle d'Oliver North dans les actions clandestines entreprises pour soutenir la guerre contre les sandinistes était à Washington un secret de Polichinelle. Cet hiver-là, la presse s'intéressait à la présence de Norh en Amérique centrale. Mais, en dehors d'un petit cercle de gens à la CIA et à la Maison Blanche, personne ne savait ce qu'il faisait en Iran.

North avait mis au point le financement de l'échange armes-contre-otages. Le Pentagone cédait et transférait à la CIA des milliers de missiles TOW, cédés à l'Agence pour un prix d'ami de 3 469 dollars pièce, un élément crucial connu de très peu de personnes. Secord, au nom de la CIA, les payait 10 000 dollars l'unité, dégageant ainsi un bénéfice net de 6 531 dollars, dont il empochait alors sa juste part, puis virait le solde aux *contras* en Amérique centrale. Ghorbanifar couvrait les 10 000 dollars un peu arrondis en majorant le prix des missiles quand il les vendait aux Iraniens. Selon la quantité d'armes que les États-Unis vendaient à Téhéran, les *contras* encaissaient des millions de dollars.

Dans un mémo du 4 avril 1986, le lieutenant-colonel North présenta l'ensemble de l'opération au vice-amiral John Poindexter, le nouveau conseiller à la Sécurité nationale du Président. Une fois les frais couverts, expliqua-t-il, « 12 millions de dollars seront utilisés pour acheter du matériel dont les Forces de la résistance démocratique du Nicaragua ont bien besoin ». Comme le fit observer North dans une formule restée célèbre : « C'était une idée super. »

Seul, un élément manquait à cette savante comptabilité : les otages. En juillet 1986, quatre restaient détenus. Six mois plus tard, ils étaient douze. La bonne volonté des Américains à fournir des armes à l'Iran ne faisait qu'aiguiser l'appétit des preneurs d'otages.

« Le raisonnement de North, soutenu par ceux qui l'aidaient à la CIA, était que les ravisseurs au Liban n'appartenaient pas au même groupe que ceux qui touchaient les pots-de-vin, dit l'ambassadeur américain au Liban, John H. Kelly[74]. "*Nos Chiites sont fiables. C'est un autre groupe de Chiites qui effectue les enlèvements.*" C'était vraiment de la pure foutaise ! »

Casey et une poignée de ses fidèles analystes concoctèrent la thèse que la vente d'armes représenterait un soutien aux modérés du gouvernement iranien. C'était, pour reprendre le mots de Philip C. Wilcox Jr, le principal officier de renseignement du Département d'État qui assurait la liaison avec la CIA, un affligeant exemple du « degré de corruption atteint par la CIA[75] » sous l'Administration Reagan car il ne restait plus de modérés dans le gouvernement iranien : ils avaient tous été tués ou jetés en prison par les gens qui recevaient les armes.

« J'ESPÈRE QU'IL N'Y AURA PAS DE FUITE »

Le produit des ventes d'armes et les millions de dollars carottés aux Saoudiens avaient remis la CIA en selle en Amérique centrale.

L'Agence installa une base aérienne et un réseau de planques sûres pour les convois d'armes au départ de San Salvador. Deux vétérans cubains anticastristes à la solde de la CIA dirigeaient la base, l'un, Felix Rodriguez, avait contribué à la capture de Che Guevara, l'autre, Luis Posada Carriles, venait de s'évader d'une geôle vénézuélienne où il était emprisonné pour le rôle central qu'il avait joué dans l'attentat terroriste contre un avion commercial cubain qui avait causé la mort de soixante-treize passagers.

Durant l'été 1986, ils larguèrent aux *contras* quatre-vingt-dix tonnes d'armes et de munitions dans le sud du Nicaragua. En juin, le Congrès avait fait volte-face et autorisé un budget de 100 millions de dollars pour soutenir la guerre en Amérique centrale, avec effet au 1ᵉʳ octobre. À cette date, la CIA récupérerait donc son permis de chasse et on eut un moment l'impression que le vent tournait de son côté.

Mais le réseau de trafic d'armes soigneusement dissimulé de la CIA commençait à se disloquer. Joe Fernandez, le chef d'antenne du Costa Rica, faisait office de contrôleur aérien pour les envois d'armes et il disposait d'une piste d'atterrissage sommairement aménagée pour les vols clandestins. Mais le nouveau président du Costa Rica, Oscar Arias, qui œuvrait pour des négociations de paix en Amérique centrale, avait interdit à Fernandez d'utiliser cette piste pour armer les *contras*. Le 9 juin 1986, un appareil de la CIA chargé d'armes avait décollé par mauvais temps de la base secrète de San Salvador et dut faire un atterrissage forcé sur la piste et s'enfonça jusqu'aux moyeux dans la boue. Tremblant de peur et de rage, Fernandez décrocha son téléphone pour appeler San Salvador et ordonner à son collègue de la CIA de « s'arranger pour que ce putain d'avion foute le camp du Costa Rica ! [76] ». Cela prit deux jours.

Ce mois-là, Felix Rodriguez commença à se rendre compte que quelqu'un profitait de leur patriotisme pour se sucrer au passage. Le 12 août, il essaya d'alerter son vieil ami, Don Gregg, le conseiller à la Sécurité nationale du vice-président Bush. « Il s'agissait, conclut Gregg, d'une affaire extrêmement ténébreuse. »

Le 5 octobre 1986, un jeune soldat nicaraguayen lança un missile qui abattit un avion-cargo américain C-123 transportant de San Salvador des armes destinées aux *contras*. Le seul survivant, un manutentionnaire américain, déclara aux journalistes qu'il travaillait sous contrat pour l'Agence. Felix Rodriguez passa un appel affolé au bureau de Bush. Lorsque l'appareil fut abattu, North était à Francfort, en train de négocier un nouveau marché armes-contre-otages avec l'Iran.

Le 3 novembre, des semaines après que des tracts anonymes distribués dans les rues de Téhéran eurent révélé pour la première fois ces tractations secrètes, un petit hebdomadaire libanais dévoila l'affaire. Cela prit des mois pour que tout soit étalé au grand jour : les Gardes de la Révolution iranienne avaient reçu deux mille missiles antichars, dix-huit missiles anti-aériens très sophistiqués, deux avions bourrés de pièces détachées et de précieux renseignements stratégiques grâce aux bons offices de la CIA.

Malgré tout, on avait dupé les Iraniens. Ils se plaignaient, non sans raison, qu'on leur avait fait payer six fois trop cher le dernier envoi de pièces de HAWK et Ghorbanifar, qui s'était fait prendre la main dans le sac, menaçait de révéler toute l'affaire pour sauver sa peau.

L'opération clandestine de Casey était en train de s'écrouler. « La personne qui a géré toute l'affaire, c'était Casey, dit le conseil juridique du Département d'État, Abraham Sofaer[77]. Je n'avais aucun doute là-dessus. Je le connaissais depuis longtemps. Je l'admirais, je l'aimais bien et, quand j'ai révélé toute l'opération, c'est Casey, me semble-t-il, qui considéra que j'avais commis une trahison. »

Le 4 novembre 1986, Rafsanjani, le président du Parlement iranien, révéla que des responsables américains s'étaient rendus en Iran, porteurs de cadeaux. Le lendemain, le vice-président Bush nota dans son Journal enregistré sur magnétophone : « On parle beaucoup en ce moment du problème des otages. Je fais partie des rares personnes à en connaître tous les détails... C'est une opération sur laquelle on a gardé le secret le plus absolu, et j'espère qu'il n'y aura pas de fuite. »

Le 10 novembre 1986, Casey se rendit à une réunion extraordinairement des membres du National Security Council. Il poussa Reagan à faire une déclaration publique pour affirmer que les États-Unis travaillaient sur un plan stratégique à long terme visant à contrecarrer les projets des Soviétiques et des terroristes en Iran – et non pas en échangeant des armes contre des otages. Le Président répéta comme un perroquet : « Nous n'avons pas – je répète –, nous n'avons pas échangé des armes ni quoi que ce soit d'autre contre des otages », assura Reagan à la nation le 13 novembre. De nouveau, comme lorsque l'U-2 avait été abattu, comme après la baie des Cochons, comme à propos de la guerre en Amérique centrale, le Président mentait pour protéger les opérations clandestines de la CIA.

Mais cette fois, très peu de gens le crurent.

Il fallut attendre encore cinq ans pour voir libérés les derniers otages américains, mais deux d'entre eux ne revinrent jamais : Peter Kilburn fut abattu et, après avoir subi des mois de torture et d'interrogatoires, Bill Buckley mourut enchaîné.

« PERSONNE AU GOUVERNEMENT AMÉRICAIN N'ÉTAIT AU COURANT »

La Commission du Congrès pour le renseignement voulait entendre Bill Casey, mais celui-ci choisit de suivre la tradition et de quitter le pays à un moment où la CIA traversait une crise.

Le dimanche 16 novembre, Casey prit l'avion pour aller passer en revue les troupes stationnées en Amérique centrale, laissant son adjoint, Bob Gates, faire le ménage. On reporta l'audition au vendredi suivant. Les cinq jours qui s'écoulèrent en attendant la date fixée furent parmi les plus pénibles de l'histoire de l'Agence.

Le lundi, Gates et ses subordonnés commencèrent à tenter d'établir une chronologie de ce qui s'était passé. Le directeur chargea Clair George et son service d'action clandestine de préparer la déposition devant le Congrès, le but étant de cacher la vérité.

Le mardi, les membres de la Commission pour le renseignement convoquèrent Clair George pour une audition à huis clos dans une chambre scellée et électroniquement sécurisée, à l'intérieur du dôme du Capitole. Il savait qu'un an auparavant la CIA, sans aucune autorisation légale, avait échangé des armes contre des otages. Soumis à un interrogatoire serré, George fit exactement comme le Président cinq jours plus tôt : il mentit.

Le soir suivant, Gates dépêcha un autre des assistants de Casey pour remettre à ce dernier un projet de déposition et pour ramener le directeur au quartier général. Dans l'avion qui le ramenait à Washington, Casey se mit à rédiger une nouvelle version sur un bloc-notes, mais il s'aperçut bientôt qu'il n'arrivait pas à se relire et il se mit à dicter au magnétophone une prose fleurie, un véritable fatras qu'il jeta à la poubelle.

Le jeudi, Casey apporta à la Maison Blanche le projet original pour en discuter avec North et Poindexter. Ils se penchèrent tous les trois sur le texte et Casey y griffonna une note disant que « personne au gouvernement américain n'était au courant » de l'envoi par la CIA d'une cargaison de HAWK en novembre 1985. C'était un mensonge éhonté. Casey revint au quartier général et réunit alors dans la salle de conférences du directeur, au septième étage, la plupart des principaux responsables de l'Agence et un certain nombre d'agents directement impliqués dans ces envois d'armes à l'Iran.

« La réunion fut un véritable désastre », se rappelait Jim McCullough, le directeur administratif de Casey [78]. D'après Dave Gries, un autre des plus proches collaborateurs de Casey, « aucun des assistants n'était en mesure – ou n'avait peut-être l'envie – de rassembler toutes les pièces du puzzle Iran-_contras_ ».

Le vendredi, Casey fit une déposition à huis clos devant la Commission du Congrès pour le renseignement. Un vrai méli-mélo de faux-fuyants et d'embrouillaminis au milieu duquel surnagea une révélation fascinante : un sénateur demanda si la CIA avait soutenu secrètement aussi bien l'Iran que l'Irak alors que ces deux pays se massacraient. Oui, répondit Casey, pendant trois ans, nous avons aidé l'Irak.

Au cours du week-end, on retrouva le mémo de North à Poindexter à propos des millions de dollars prélevés sur les ventes d'armes à l'Iran pour les verser aux *contras*. Les deux hommes depuis des semaines broyaient et détruisaient frénétiquement des documents, mais celui-là apparemment avait échappé à North.

Le lundi 24 novembre, le vice-président Bush dicta une note pour son Journal : « Une nouvelle qui fait l'effet d'une bombe… North avait pris l'argent et l'avait placé sur un compte en Suisse… pour qu'il serve aux *contras*. Cela va faire du bruit. » Ce fut le plus grand esclandre depuis le départ de Nixon.

Quatre jours plus tard, Casey réunit une conférence des principaux chefs du renseignement de la CIA, du Département d'État et du Pentagone. Il y déclara notamment « se sentir très satisfait du travail accompli en six ans par notre communauté avec plus d'efficacité que la plupart des services de notre gouvernement et sans échec significatif. Pas de scandale et pas mal de belles réussites [79] ».

« LE SILENCE S'ÉTERNISAIT »

Depuis Watergate, ce n'était pas le crime mais le fait de chercher à le cacher qui détruisait les puissants à Washington. Durant toute la semaine à Washington Casey, incapable qu'il était d'aligner deux phrases, ne cessa de trébucher et de s'emmêler les pieds dans des dépositions incohérentes. Ses assistants étaient horrifiés. Il avait du mal à tenir la tête droite. Mais, sans relâche, on continuait à le harceler.

« Bill Casey avait à répondre à de nombreuses questions, raconte Jim McCullough, un ancien qui avait à son actif trente-quatre ans passés à la CIA [80]. L'opération n'aurait sans doute même pas vu le jour – et encore moins ne se serait prolongée sur plus d'une année – sans son assentiment et son soutien. »

Le soir du jeudi 11 décembre, à Philadelphie, Casey assista à un dîner à la mémoire de l'agent Bob Ames, tué dans l'attentat contre l'ambassade américaine de Beyrouth. Le vendredi à 6 heures du matin, il regagna le quartier général pour une interview avec Bruce van Voorst, un journaliste de *Time*. En période de crise l'Agence s'était souvent adressée au magazine pour un petit coup de relations publiques. Van Voorst était quelqu'un sur qui on pouvait compter puisqu'il avait servi sept ans à la CIA.

L'Agence fixa les règles du jeu : trente minutes pour la question Iran-*contras*, et trente minutes pour passer en revue les nombreux exploits réalisés sous le commandement de Casey. McCullough avait déjà bien des fois entendu Casey débiter son baratin de bonnes nouvelles et il était persuadé que, même dans l'état d'épuisement où il se trouvait, Casey pourrait réciter son texte. La première demi-heure se révéla une rude épreuve mais, quand ce fut terminé, arriva sur un plateau la question bateau : « Mr Casey, pourriez-vous nous dire quelques mots des réussites de l'Agence sous votre direction ? »

« Détendus, nous avons tous poussé un soupir de soulagement, se rappelait McCullough. Mais Casey regardait van Voorst sans rien dire comme s'il n'en croyait pas ses oreilles ou comme s'il ne comprenait pas la question. Le silence s'éternisait. »

Le lundi matin, 15 décembre, Casey eut une attaque dans son bureau du septième étage. On l'emmena sur une civière avant que personne ait vraiment compris ce qui se passait. Au Georgetown University Hospital, les médecins établirent qu'il souffrait d'un lymphome non diagnostiqué du système nerveux central : une toile d'araignée maligne qui s'étendait dans son cerveau, une maladie rare et difficile à déceler. Cette affection entraînait souvent un comportement inexplicablement bizarre au cours des douze ou dix-huit mois écoulés avant qu'on la découvre.

Casey ne revint jamais à la CIA. Le 29 janvier 1987, sur ordre de la Maison Blanche, Bob Gates vint le voir à l'hôpital pour lui apporter une lettre de démission à signer. Casey n'arrivait pas à tenir le stylo. Effondré sur son oreiller, il avait les larmes aux yeux. Le lendemain, Gates retourna à la Maison Blanche et le président des États-Unis lui offrit le poste – « un poste dont personne d'autre n'avait l'air de vouloir. Pas étonnant », dit Gates [81].

Gates fit office de directeur intérimaire pendant cinq mois épouvantables, jusqu'au 26 mai 1987, mais sa nomination était vouée à l'échec. « Il devint vite évident que Gates était trop lié à ce que Casey faisait ou ne faisait pas, dit le directeur suivant, William Webster [82]. La méthode de Gates était qu'il ne voulait pas savoir et, dans ces circonstances, ce n'était pas acceptable. »

Webster avait passé neuf longues années à diriger le FBI. Nommé par Carter mais sans appartenance politique, c'était un homme à la mâchoire carrée et d'une grande rigueur, un des rares emblèmes de rectitude morale qui restait de l'Administration Reagan après l'imbroglio Iran-*contras*. Autrefois juge fédéral, il préférait qu'on s'adresse à lui en mentionnant son titre et, pour la Maison Blanche, l'idée était manifestement séduisante de nommer à la tête de la CIA un homme qu'on appelait « Monsieur le Juge ». Comme l'amiral Turner, c'était un scientiste chrétien d'une parfaite droiture et de grande conviction. Il n'avait aucun lien politique ni personnel avec Reagan. « Il ne me demandait jamais rien, rapporte Webster. Nous ne discutions jamais affaires. Nous n'étions pas copains. Et puis, à la fin de février 1987, je reçus un coup de téléphone. » Reagan cette fois avait quelque chose à lui demander. Le 3 mars, le Président annonça la nomination de Webster comme directeur du Renseignement et le félicita d'être « un homme attaché aux principes de la loi ».

On ne pouvait en dire autant de Bill Casey. Après sa mort, le 6 mai, à l'âge de soixante-quatorze ans, l'évêque de sa paroisse le dénonça du haut de sa chaire, tandis que les présidents Reagan et Nixon écoutaient en silence.

Casey avait, en six ans, presque doublé les effectifs du service d'action clandestine qui comptait maintenant près de six mille agents. Il avait fait construire un palais de verre de 300 millions de dollars pour abriter ses nouvelles recrues au quartier général, il avait mobilisé des armées secrètes aux quatre coins du monde ; mais il laissait l'Agence plus faible qu'il ne l'avait trouvée, brisée par son héritage de mensonges.

En servant sous les ordres de Casey, Bob Gates dit avoir appris une leçon bien simple : « Le service d'action clandestine est le cœur et l'âme de l'Agence. C'est aussi la partie qui peut vous faire atterrir en prison[83]. »

42.

« PENSER L'IMPENSABLE »

Le président Reagan avoua au peuple américain qu'il avait dissimulé l'échange d'armes contre les otages. La Maison Blanche tenta de rejeter la responsabilité sur Casey et la CIA, qui ni l'un ni l'autre n'était en mesure de se défendre. Le Congrès appela à témoigner les assistants de Casey ainsi que certains agents concernés. Tous donnèrent l'impression qu'une bande de combinards et de fripouilles avait été engagée pour conduire les Affaires étrangères des États-Unis.

Avec l'arrivée du juge Webster on lança une véritable OPA hostile sur la CIA. Le Congrès, aidé d'un cabinet d'avocats indépendant, entreprit de déterminer les motivations de Casey. On suspendit certaines opérations, on mit en veilleuse de nombreux projets, on brisa des carrières. La peur s'abattit sur le quartier général lorsque trois douzaines d'agents du FBI se mirent à sillonner les couloirs, brandissant des assignations à comparaître, ouvrant les coffres et feuilletant des dossiers top-secret pour rassembler des preuves d'obstructions à la justice et de faux témoignages. Les chefs du service d'action clandestine furent soumis à des interrogatoires tellement serrés qu'ils en vinrent parfois à se demander si on n'allait pas les inculper. C'était l'idée que se faisait Casey d'une CIA échappant aux lois qui leur attirait tous ces ennuis.

« Il me fallut des mois pour bien comprendre ce qui se passait et pour démêler qui avait fait quoi à qui, dit Webster [84]. Casey laissait derrière lui *un tas* de problèmes, à commencer par une tradition de provocante insubordination. Les gens sur le terrain estimaient pouvoir se diriger selon leur propre initiative. Pourtant, ils étaient censés avoir l'accord du patron. Mais chaque chef d'antenne pensait : c'est *moi* le patron. »

Les agents du service d'action clandestine étaient convaincus que Webster n'avait pas la moindre idée du genre d'hommes qu'ils étaient, de ce qu'ils faisaient, ni de la mystique qui les unissait : « C'était un juriste, déplorait Duane Clarridge [85], et nous ne pouvions pas le supporter. Sa formation d'homme de loi et de juge lui imposait que rien ne devait jamais être illégal et il ne pouvait admettre que c'était *exactement* le contraire de ce que faisait la CIA quand elle opérait à l'étranger. Webster avait un problème insurmontable : accepter la raison d'être de l'organisation qu'il était chargé de diriger. »

Webster était à peine en poste depuis quelques semaines que Clarridge et ses collègues de la Maison Blanche le faisaient partout passer pour un dilettante, un mondain pas génial qui ne faisait pas le poids. Il se rendit compte du climat de rébellion qu'il suscitait et s'efforça de réagir en suivant les conseils de Richard Helms qui, après ses ennuis, avait ressurgi dans un rôle d'éminence grise respectée. « Dick Helms insista sur un point : Éviter à tout prix de nous mentir et de nous tirer dans les pattes puisque nous devons dissimuler et commettre à l'étranger toutes sortes d'actions douteuses. Le message que je voulais envoyer, se rappelait Webster[86], était qu'on peut beaucoup plus quand la confiance règne. Je ne sais pas si cela a changé grand-chose. Ils m'écoutaient attentivement tout en se demandant : le pense-t-il vraiment ? »

Webster avait juré que l'Agence n'aurait plus de secret pour le Congrès. Mais la commission du Congrès pour le Renseignement s'était trop souvent fait échauder et décida qu'après l'affaire Iran-*contras*, la CIA devait être gérée depuis le Capitole. Le Congrès pouvait imposer sa volonté car, selon les termes de la Constitution, c'était lui qui contrôlait le chéquier du gouvernement. Webster hissa le drapeau blanc et, avec cette capitulation, la CIA cessa d'être l'instrument du seul pouvoir présidentiel : elle se trouvait écartelée entre le commandant en chef et le Congrès.

Le service d'action clandestine lutta âprement pour minimiser le plus possible le rôle du Congrès dans le fonctionnement de la CIA. Sur 535 représentants élus, on pouvait risquer d'en avoir 5 qui comprendraient un peu comment opérait l'Agence. Et très rapidement, les commissions de surveillance du Congrès se trouvèrent truffées de vieux briscards de la CIA qui pourraient veiller sur les leurs.

Les commissions se méfiaient de Clair George, qui se maintenait toujours au poste de chef du service d'action clandestine. Il avait assuré la liaison entre Casey et le Congrès et avait plus d'un tour dans son sac. Casey s'était laissé séduire par son charme et sa roublardise, deux qualités qui n'étaient nullement recherchées dans la CIA de Webster. « Clair, disait Webster, avait un bagout qui lui gagnait toutes les sympathies, mais il croyait qu'il suffisait d'un numéro de claquettes pour détourner l'attention du Congrès d'une question gênante. »

À la fin de novembre 1987, Webster le convoqua. « Il faut reconnaître que le Congrès ne vous croit pas. Je vais devoir vous remplacer[87]. » George réfléchit un moment et répondit : « Je pense vraiment que je devrais prendre ma retraite... et j'entraînerai peut-être un certain nombre de gens qui devraient en faire autant. » Trois semaines plus tard, Duane Clarridge prenait un verre dans son bureau avec George pour fêter Noël quand Webster le fit venir au septième étage pour lui annoncer qu'il était temps pour lui de partir. Clarridge envisagea un instant de riposter[88], d'abord en le faisant chanter, puis en usant de ses relations à la Maison Blanche, car il venait de recevoir un mot charmant de son vieil ami George Bush, le vice-président des États-Unis. « Vous pouvez compter sur mon amitié, sur mon respect et toute mon estime. » Mais Clarridge décida qu'un pacte de loyauté venait d'être rompu et il démissionna.

Avec lui, c'était tout une élite d'opérateurs clandestins expérimentés qui franchissait la porte.

Une chose obsédait pourtant Clair George dans sa retraite : l'idée qu'une taupe pouvait se dissimuler au sein de la CIA. Quand les soupçons se portèrent un moment sur un jeune agent du nom de Howard, le Conseil consultatif du renseignement souligna « l'incapacité fondamentale des membres » de la division soviétique à penser l'impensable » – à refuser l'idée qu'un traître pouvait se cacher dans les rangs du service d'action clandestine. Consterné, Casey décida de ne pas pousser l'enquête plus loin.

Les agents du service avaient suffisamment confiance en Webster pour ne jamais non plus lui parler de l'affaire.

« ILS ONT VRAIMENT FAIT UNE CHOSE BIEN »

Peu après avoir prêté serment, Webster se tourna vers Bob Gates et lui demanda : Alors, Bob, que se passe-t-il à Moscou ? Qu'est-ce que nous mijote Gorbatchev ? Les réponses qu'il obtenait ne le satisfaisaient jamais.

La CIA ignorait que Gorbatchev avait déclaré, lors de la réunion du Pacte de Varsovie en mai 1987, que jamais les Soviétiques n'envahiraient l'Europe de l'Est pour consolider leur empire. La CIA ignorait également que Gorbatchev avait annoncé aux dirigeants afghans en juillet 1987, que les Soviétiques allaient bientôt amorcer le retrait de leurs troupes d'occupation. Et l'Agence fut abasourdie de voir des foules de citoyens américains en extase acclamer Gorbatchev comme un héros lors de son passage dans les avenues de Washington. L'homme de la rue semblait comprendre que le leader du monde communiste désirait mettre fin à la guerre froide. L'idée n'en était même pas venue à la CIA.

En plus de trente ans, les États-Unis avaient dépensé près d'*un quart de trillion* de dollars en satellites-espions et en équipements d'écoute électronique pour surveiller les forces militaires soviétiques. Sur le papier, ces programmes étaient la responsabilité du directeur du Renseignement, mais en réalité ils étaient gérés depuis le Pentagone. Ils fournissaient les données utilisées lors des interminables négociations du Strategic Arms Limitation Treaty (Traité sur la limitation des armes stratégiques appelé SALT) et on pourrait affirmer que ces discussions contribuèrent à ce que la guerre froide reste froide. Washington pas plus que Moscou n'envisagèrent jamais de renoncer à mettre au point un seul système d'armes. Leurs arsenaux restaient capables de faire cent fois sauter la planète. Et les États-Unis finirent par abandonner l'idée même d'un contrôle des armes.

En août 1988, par une ironie du sort, ces coûteux efforts finirent par payer. Frank Carlucci, maintenant secrétaire à la Défense de Reagan, se rendit à Moscou pour rencontrer son homologue soviétique, le ministre de la Défense, Dmitri Yazov, et il donna une conférence à l'Académie militaire Vorochilov devant un parterre de généraux et d'amiraux. « Comment en savez-vous autant sur nous ? » demanda l'un d'eux à Carlucci. « Nous avons recours à des satellites, répondit-il, mais cela nous simplifierait beaucoup les choses si vous vous décidiez à publier comme nous votre budget militaire. » L'assistance éclata de rire et, après cela, Carlucci demanda à l'officier russe qui l'escortait ce qu'il y avait là de si drôle. « Vous ne comprenez pas, dit le Russe, vous vous êtes attaqué au cœur du système : le secret. » Les face à face entre chefs militaires américains et soviétiques firent comprendre aux Russes deux choses. D'abord, que les Américains ne voulaient pas les tuer ; ensuite que, même si, dans le domaine des missiles nucléaires, ils parvenaient à rivaliser avec les Américains, cela ne changeait rien. Ils restaient bien plus faibles à tous égards. Ils réalisèrent alors que leur politique, fondée sur le secret et le mensonge, ne pourrait jamais l'emporter sur une société ouverte.

Ils réalisèrent que la partie était perdue.

Cette année-là, la CIA parvint à remporter trois brillants succès. Le premier, lorsque le colonel Chang Hsien-yi, directeur adjoint de l'Institut de recherche sur l'énergie nucléaire de Taiwan, passa aux États-Unis, avec lesquels il collaborait en secret depuis vingt ans – la CIA l'avait recruté alors qu'il était encore cadet dans une école militaire. Son institut, fondé ostensiblement pour la recherche civile, avait vu le jour grâce au plutonium américain, à l'uranium sud-africain et à un savoir-faire international. Les dirigeants de Taiwan avaient créé cette cellule pour fabriquer une bombe atomique, avec pour seule cible concevable la Chine continentale. Les dirigeants communistes chinois ayant juré d'attaquer si Taiwan déployait une arme nucléaire, les États-Unis exigèrent l'arrêt du programme. Taiwan mentit et s'empressa de poursuivre ses recherches. Parmi les rares Américains au courant des services que rendait depuis longtemps le colonel Chang, se trouvait Jim Lilley, de la

CIA. Il avait servi comme chef d'antenne en Chine et à Taiwan et allait bientôt devenir ambassadeur à Pékin. « Vous prenez le premier venu, vous lui collez le bon officier traitant, vous le recrutez avec précaution en invoquant des bases idéologiques – bien qu'intervienne un peu d'argent — et vous gardez le contact », avait conseillé Lilley. Le colonel Chang fit parvenir un message d'alerte à son officier traitant, passa aux États-Unis et fournit les preuves des progrès du programme d'armes nucléaires. Un espion de la CIA depuis vingt ans avait à lui seul contribué à stopper la propagation d'armes de destruction massive. « Voilà, fit remarquer Lilley [89], un cas où ils ont vraiment fait une chose bien. Ils ont exfiltré le type ; ils ont obtenu la documentation et pu confronter les Taiwanais. » Armé de ces preuves, le Département d'État fit pression sur le gouvernement de Taiwan qui finit par reconnaître qu'il pouvait fabriquer des armes nucléaires mais qu'il n'avait pas l'intention de le faire. Un bel exemple de contrôle des armes.

Puis vint le brillant complot contre l'Organisation Abou Nidal, un groupe qui, depuis une douzaine d'années, enlevait, terrorisait et assassinait les Occidentaux à travers l'Europe et le Moyen-Orient [90]. Cette opération nécessita le concours de trois gouvernements étrangers et d'un ancien président des États-Unis. L'affaire prit naissance dans le nouveau Centre de contre-terrorisme de la CIA et débuta après que Jimmy Carter, lors d'une réunion en mars 1987, eut apporté au président syrien, Hafiz al-Assad, tout un dossier de renseignements sur Abou Nidal. Assad expulsa alors le terroriste. Au cours des deux années qui suivirent, avec l'aide de l'OLP et des services de renseignement jordanien et israélien, l'Agence mena une guerre psychologique incessante contre Abou Nidal. Un flot convaincant et régulier de désinformation le persuada que ses principaux lieutenants étaient des traîtres. Dans l'année suivante, il tua sept d'entre eux et des douzaines de leurs subordonnés, mutilant ainsi son organisation. La campagne atteignit son paroxysme quand deux des hommes d'Abou Nidal passèrent dans le camp adverse et montèrent une attaque contre son quartier général au Liban où quatre-vingts de ses partisans furent abattus. L'organisation était brisée, une éclatante victoire pour le Centre de contre-terrorisme et la division Proche-Orient qui travaillait sous les ordres de Tom Twetten qui allait être promu chef du service d'action clandestine. Quant à Abou Nidal, après avoir été impliqué dans l'attentat de la rue des Rosiers en 1982 et dans l'attaque du bateau de croisière *City of Poros* en 1985, réfugié en Irak, il se tira une balle dans la bouche le 19 août 2002, au moment où les forces de sécurité irakienne pénétraient dans son appartement pour l'arrêter.

Le troisième grand succès – du moins tout le monde à l'époque le pensait – fut le triomphe des rebelles afghans. À cette même époque, les groupes de combattants de la liberté qui avaient l'appui de la CIA se désintégraient l'un après l'autre. Les *contras* signèrent un cessez-le-feu quelques jours après l'arrêt définitif de l'aide que leur apportait l'Agence. Au Nicaragua, les bulletins de vote remplacèrent les balles. Une patrouille perdue de guerriers anti-Kadhafi errait dans le désert du Soudan ; la CIA dut mettre un terme à cette insurrection de pacotille [91] et retirer ses troupes d'Afrique du Nord pour les envoyer d'abord au Congo, puis en Californie. Dans le sud de l'Afrique, la diplomatie supplantait l'action clandestine et le flot d'armes en provenance de Washington et de Moscou se tarissait. Le programme conçu par Casey pour soutenir une armée rebelle cambodgienne et combattre les forces de Hanoï – un match revanche contre les vainqueurs de la guerre du Vietnam [92] – était tellement mal géré qu'argent et fusils se retrouvaient entre les mains crochues des généraux thaïs et mettait les alliés de la CIA sur le même plan que les bouchers du Cambodge, les Khmers rouges. C'est pourquoi Colin Powell, devenu conseiller adjoint à la Sécurité nationale de Reagan après le grand coup de balai qui avait suivi l'affaire Iran-*contras*, mit en garde la Maison Blanche contre les risques de l'opération, qu'on finit par arrêter.

Seuls restaient les moudjahidin, combattants afghans de la guerre sainte qui faisaient couler le sang et se sentaient grisés par le parfum de la victoire. L'opération afghane de la CIA coûtait maintenant 700 millions de dollars par an, soit environ quatre-vingts pour cent du budget du service d'action clandestine. Armés de Stinger et de missiles anti-aériens, les rebelles afghans tuaient les soldats soviétiques, abattaient leurs hélicoptères de combat et infligeaient de profondes blessures à l'image que les Soviétiques avaient de leur puissance. La CIA avait atteint le but qu'elle recherchait : donner aux Soviétiques leur Vietnam.

« NOUS AVONS LAISSÉ TOMBER »

À peine l'Administration Reagan avait-elle décidé de plier bagage que les Soviétiques annoncèrent à leur tour leur retrait définitif. Les manuels de briefing de la CIA n'ont jamais cherché à savoir ce qui se passerait quand une armée de militants islamiques mettrait en déroute des envahisseurs athées. En été 1988, Tom Twetten, le Numéro 2 du service d'action clandestine, était chargé de prévoir ce qu'il adviendrait des rebelles afghans et il lui apparut clairement que « nous n'avions aucun plan [93] ». La CIA décida simplement : « Ce sera une "démocratie afghane". Et ce ne sera pas beau à voir. »

Bien que la guerre contre les Soviétiques eût pris fin, la *djihad* afghane était toujours présente. Robert Oakley, ambassadeur américain au Pakistan de 1988 à 1991, déclara que les États-Unis et le Pakistan devraient « considérablement réduire leur assistance aux vrais radicaux d'Afghanistan [94] » et travailler à calmer l'ardeur des moudjahidin. « Mais la CIA ne pouvait ou ne voulait pas forcer ses partenaires pakistanais à s'aligner sur ses positions, dit-il. Alors, nous avons continué à soutenir certains radicaux. » Le principal d'entre eux était le chef de guerre afghan, Gulbuddine Hekmatyar, qui avait reçu de la CIA pour des centaines de millions de dollars d'armes qu'il avait gardées en réserve avec l'intention de les retourner contre le peuple afghan pour s'emparer du pouvoir.

« J'avais un autre problème à régler avec l'Agence, raconte l'ambassadeur Oakley. Ceux qui combattaient les Soviétiques étaient les mêmes gens qui tiraient profit du trafic de narcotiques. » L'Afghanistan était et demeure le plus grand fournisseur d'héroïne au monde, avec des hectares et des hectares plantés de pavot récolté deux fois par an. « Je soupçonne les services secrets pakistanais d'être impliqués dans ce trafic et la CIA de ne pas vouloir compromettre leurs bonnes relations avec ce problème », dit Oakley.

« Je ne cessais de réclamer à l'antenne de la CIA des informations à ce sujet, rapporte-t-il, mais elle prétendait ne disposer d'aucune source capable d'en donner. Ils avaient pourtant des informateurs sur place puisque nous étions informés sur les arrivages d'armes et sur divers autres sujets.

« J'ai même soulevé le problème devant Bill Webster, mais sans jamais avoir de réponse satisfaisante. »

Webster convia les chefs rebelles à un déjeuner qu'il donna pour eux à Washington. « Ce n'était pas un groupe facile à manier », se rappelle-t-il. Hekmatyar figurait au nombre des invités d'honneur. Lorsque, quelques années plus tard, j'ai personnellement rencontré Hekmatyar en Afghanistan, il m'a juré de vouloir créer une société islamique nouvelle et, s'il fallait un million de morts pour y parvenir, me dit-il, qu'il en soit ainsi. La CIA le pourchasse toujours en Afghanistan où lui et ses forces continuent à tuer des soldats américains et leurs alliés.

Le dernier soldat soviétique quitta l'Afghanistan le 15 février 1989 ; mais le flot des armes fournies par la CIA ne s'était pas interrompu et « aucun de nous n'en avait vraiment prévu la plus grave conséquence », dit l'ambassadeur Oakley. Une année ne s'était pas écoulée que des Saoudiens en robe blanche firent leur apparition dans les capitales provinciales et les villages en ruine d'Afghanistan et se proclamèrent émirs. Ils s'acquirent le soutien des chefs de village et commencèrent à bâtir de petits empires. C'étaient les émissaires d'une force nouvelle qui se répandait à travers le monde et se faisait appeler Al Qaida.

« Nous avons laissé tomber, dit Oakley. Nous n'aurions pas dû. »

43.

« QUE FERONS-NOUS
QUAND LE MUR TOMBERA ? »

Ce fut la fête à l'Agence le 20 janvier 1989, lorsque George H. W. Bush prêta serment comme président des États-Unis : il les appréciait, il les comprenait, il était l'un des leurs, à vrai dire le premier et le seul commandant en chef à savoir comment fonctionnait la CIA.

Bush devint alors son propre directeur de la Centrale de renseignement et, bien qu'il respectât le juge Webster, il ne l'admit pas dans le cercle de ses intimes. Bush voulait des briefings quotidiens présentés par des professionnels et, lorsqu'il n'en était pas satisfait, on devait lui présenter les rapports des agents sur le terrain. Si quelque chose se préparait au Pérou ou en Pologne, les chefs d'antenne devaient immédiatement l'avertir, car il avait une confiance en l'Agence qui confinait à la foi.

Foi qui fut mise à rude épreuve en 1988, lorsqu'en pleine campagne électorale Bush nia avoir jamais rencontré le tristement célèbre dictateur de ce pays, le général Manuel Noriega. Malheureusement, il existait des photos qui prouvaient le contraire. Depuis des années, Noriega était à la solde de la CIA. Bill Casey l'accueillait chaque année au quartier général et avait pris l'avion au moins une fois pour lui rendre visite au Panama. « Casey le considérait comme son protégé », raconte Arthur H. Davis Jr, ambassadeur américain au Panama sous Reagan et Bush [95].

En février 1988, le général fut accusé d'être l'un des pivots du trafic de cocaïne en Floride, mais il poursuivit délibérément ses activités au nez et à la barbe des États-Unis. Personne n'ignorait que c'était un meurtrier et aussi un vieil ami de la CIA. « La CIA, qui traitait avec lui depuis si longtemps, n'avait aucune envie de mettre un terme à ces relations », révèle Robert Pastorino, du National Security Council qui, affecté au Pentagone dans les années 80, avait bien des fois rencontré Noriega [96]. C'était une véritable impasse.

Après cette inculpation, Reagan avait ordonné à l'Agence de trouver un moyen pour déloger Noriega et, peu après son arrivée à la présidence, Bush donna l'ordre à son tour à la CIA de renverser le dictateur. Chaque fois, l'Agence traînait les pieds, même le général Vernon Walters, alors ambassadeur auprès des Nations unies, se montra particulièrement réticent. « En tant qu'ancien directeur adjoint de la CIA, tout comme certains membres du Pentagone qui avaient été au Southcom, le U.S. Forces Southern Command, il ne tenait pas à ce qu'on ramène Noriega aux États-Unis et qu'on le traîne en justice », dit Stephen Dachi, qui avait été le Numéro 2 de l'ambassade américaine à Panama en 1989 et connaissait personnellement aussi bien le général Walters que le général Noriega[97]. Les vieux amis de Noriega à l'Agence pas plus que les militaires n'avaient envie de le voir témoigner sous serment devant un tribunal américain.

Sur ordre du président Bush, l'Agence consacra 10 millions de dollars pour soutenir l'opposition lors des élections panaméennes de mai 1989, mais Noriega déjoua la quatrième opération menée contre lui par la CIA. Bush donna alors son accord pour un coup d'État avec un soutien paramilitaire. Oubliez cela, dirent les opérateurs clandestins. Seul un débarquement de forces armées de grande envergure pourrait faire partir Noriega. À l'Agence certains des meilleurs spécialistes de l'Amérique latine – dont le chef d'antenne de Panama, Don Winters – hésitaient à s'attaquer au général.

Furieux, Bush fit savoir qu'il en apprenait plus sur Panama en regardant les reportages de CNN qu'en lisant les rapports de la CIA. William Webster avait dans cette affaire perdu tout crédit comme directeur du Renseignement. Désormais, le Président imagina des plans pour renverser Noriega avec le concours du secrétaire à la Défense, Dick Cheney, dont le scepticisme à l'égard de l'Agence s'affirmait de jour en jour.

L'incapacité de la CIA à se débarrasser en secret de son vieil allié contraignit donc les États-Unis à monter leur plus grande opération militaire depuis la chute de Saigon. Pendant la semaine de Noël 1989, ce qu'on appelait des « bombes intelligentes » (des missiles guidés) rasèrent les faubourgs de Panama City tandis que des soldats des Forces spéciales se frayaient un chemin vers la capitale. Vingt-trois Américains et des centaines d'innocents civils panaméens trouvèrent la mort durant les deux semaines qu'il fallut pour arrêter Noriega et l'emmener enchaîné à Miami. Don Winters, de la CIA[98], était témoin de la défense au procès de Noriega, au cours duquel les États-Unis reconnurent avoir versé 320 000 dollars au dictateur par le truchement de la CIA et de l'armée. Winters décrivit Noriega comme un fidèle agent de liaison entre les États-Unis et Fidel Castro, un allié loyal dans la guerre contre le communisme en Amérique centrale et un atout précieux pour la politique étrangère américaine – il avait d'ailleurs donné asile au shah d'Iran en exil. Noriega fut condamné sous huit chefs d'accusation pour trafic de drogue et racket et, en grande partie grâce au témoignage de Winters, la sentence fut réduite de dix ans et la date de libération conditionnelle avancée à septembre 2007.

Sorti de prison, Noriega se trouve maintenant sous le coup d'une extradition demandée par la France. En 1999 en effet, un tribunal français l'avait condamné par contumace à dix ans de prison pour avoir blanchi trois millions de dollars provenant du trafic de la drogue. Paris ou Panama – où il est toujours inculpé de meurtre – risque bien d'être la prochaine et peut-être la dernière étape de Noriega.

« JE NE POURRAI PLUS JAMAIS FAIRE CONFIANCE À LA CIA »

En 1990, un autre dictateur défia les États-Unis : Saddam Hussein.

Pendant la guerre qui huit ans durant opposa l'Iran à l'Irak, le président Reagan avait dépêché à Bagdad Don Rumsfeld comme envoyé personnel pour serrer la main de Saddam et lui confirmer le soutien des États-Unis. L'Agence avait fourni à Saddam des renseignements stratégiques, notamment des données relevées sur le terrain par des satellites-espions et Washington avait accordé des licences d'exportation pour du matériel de haute technologie que l'Irak utilisa pour produire des armes de destruction massive.

Des renseignements partials en provenance de Bill Casey et de la CIA furent à l'origine de bien des mauvaises décisions. « Saddam Hussein était connu pour être un dictateur brutal, mais beaucoup estimaient qu'entre deux maux il fallait choisir le moindre, rapporte Philip Wilcox, qui assurait à cette époque la liaison entre le Département d'État et l'Agence [99]. Nous avions des estimations de nos services de renseignement (National Intelligence Estimates, ou NIE) sur la menace que représentait l'Iran qui, avec le recul, exagéraient sans doute leur chance de remporter cette guerre. Nous enregistrions avec satisfaction les commentaires de Saddam Hussein suggérant qu'il soutenait un processus de paix entre États arabes et Israël. Nous étions nombreux à considérer avec optimisme l'Irak comme un facteur potentiel de stabilité et Saddam Hussein comme un homme avec qui nous pouvions travailler. »

Mais le retour sur investissement fut des plus modestes. L'Agence ne parvint jamais à infiltrer l'État policier qu'était l'Irak. Son réseau d'agents était constitué d'une poignée d'Irakiens, diplomates et attachés commerciaux dans des ambassades à l'étranger, qui ignoraient ce qui se tramait dans les conseils secrets de Bagdad. À un moment, la CIA en fut même réduite à recruter un employé d'hôtel irakien en Allemagne.

Au printemps 1990, la CIA ne s'aperçut pas que Saddam recommençait à mobiliser, et elle adressa à la Maison Blanche une NIE spéciale annonçant que les forces armées irakiennes étaient épuisées, qu'elles ne se remettraient pas avant des années de la guerre contre l'Iran et qu'il était tout à fait improbable que Saddam s'embarque prochainement dans une nouvelle aventure militaire. Peu après, le 24 juillet 1990, le juge Webster apporta au président Bush des images prises par un satellite-espion sur lesquelles on apercevait deux divisions de la Garde républicaine – quelques milliers de soldats iraniens – en train de se masser à la frontière du Koweït. Le lendemain de cette découverte, la manchette du *National Intelligence Daily* de la CIA demandait « L'Irak bluffe-t-elle ? [100] ». Seul, Charles Allen, un éminent analyste de la CIA, et responsable du service d'alerte, estima que les risques de guerre dépassaient la moyenne. « J'ai bien tiré la sonnette d'alarme. Étonnamment, très peu de gens m'ont entendu », déplora Allen [101].

Le 31 juillet, la CIA déclara une invasion comme improbable : peut-être Saddam tenterait-il au plus de faire main basse sur quelques puits de pétrole ou sur une poignée d'îlots. Il n'y avait pas lieu de s'inquiéter davantage. Jusqu'au lendemain – vingt heures avant l'invasion – où le directeur adjoint de l'Agence Richard J. Kerr avertit bel et bien la Maison Blanche de l'imminence d'une attaque irakienne.

Le président Bush n'étant toujours pas convaincu, il appela en urgence le président d'Égypte, le roi d'Arabie Saoudite et l'émir du Koweït qui lui affirmèrent unanimement que l'Irak n'envahirait jamais le Koweït. Le roi Hussein de Jordanie déclara même à Bush : « Les dirigeants irakiens vous adressent leur meilleur souvenir et toute leur estime, monsieur le Président [102]. » Bush alla se coucher, rassuré. Quelques heures plus tard, la première vague de 140 000 soldats irakiens franchissait la frontière pour s'emparer du Koweït.

Pendant ce temps, Bob Gates, le conseiller au Renseignement qui avait toute la confiance du Président, pique-niquait en famille non loin de Washington. Une amie de sa femme parvint à le joindre. Qu'est-ce que tu fais ici ? demanda-t-elle. De quoi me parles-tu ? répondit Gates. De l'invasion, dit-elle. Quelle invasion ? demanda Gates. Bref, nota le secrétaire d'État James Baker, « on n'avait pas beaucoup de renseignements sur ce qui se passait [103] ».

Peu avant que commencent les sept semaines de guerre aérienne que connut l'Irak, le Pentagone demanda à la CIA de leur indiquer des cibles à bombarder. L'Agence porta finalement son choix sur un bunker souterrain à Bagdad et, le 13 février, l'aviation américaine le détruisit complètement alors qu'il servait d'abri anti-aérien pour la population civile. Des centaines de femmes et d'enfants y trouvèrent la mort. Après cet échec, on ne demanda plus à l'Agence de sélectionner les cibles.

Peu de temps après, une violente altercation opposa la CIA au général Norman Schwarzkopf, commandant l'opération Tempête du désert. Il s'agissait d'évaluer les dommages causés à l'ennemi, c'est-à-dire l'impact militaire et politique des bombardements : il était impératif pour le Pentagone d'assurer à la Maison Blanche que les bombardiers américains avaient détruit assez de lance-missiles irakiens pour protéger Israël et l'Arabie Saoudite et assez de blindés et de chars irakiens pour protéger les forces américaines au sol. Le général assura au Président et aux Américains que le travail était bien fait tandis que les analystes de la CIA déclaraient au Président que Schwarzkopf exagérait les dommages causés aux forces irakiennes – et ils avaient raison. Mais l'Agence se brisa les reins en provoquant le général. On lui interdit de procéder à des évaluations de dommages, le Pentagone lui retira la mission d'interpréter les photos prises par les satellites-espions et le Congrès l'obligea à se maintenir dans un rôle subalterne pour toutes les questions militaires. La guerre terminée, elle dut créer un bureau d'affaires militaires qui se cantonna à un soutien de second ordre au Pentagone et elle passa la décennie suivante à répondre aux milliers de demandes des militaires sur la largeur d'une route, la charge que pouvait supporter un pont ou ce qu'il y avait derrière cette colline. La CIA qui avait travaillé durant quarante-cinq ans sous les ordres de civils, et non d'officiers en uniforme, avait maintenant perdu son indépendance vis-à-vis de la hiérarchie militaire.

Quand la guerre se termina, Saddam était toujours au pouvoir et la CIA était de plus en plus faible. L'Agence, se fiant aux propos des Iraniens en exil, évoqua une possible rébellion contre le dictateur, le président Bush appela le peuple iranien à se soulever et à le renverser. Les Chiites du Sud et les Kurdes du Nord prirent Bush au mot tandis que l'Agence utilisait tous les moyens dont elle disposait – essentiellement la propagande et la guerre psychologique – pour encourager le soulèvement. Au cours des sept semaines suivantes, Saddam écrasa sans merci les Kurdes et les Chiites, les massacrant par milliers et en poussant des milliers d'autres à s'exiler. La CIA se mit aussitôt à travailler avec les chefs de ces exilés réfugiés à Londres, Amman et Washington, pour former des réseaux et préparer le coup suivant.

Après la guerre, une commission spéciale des Nations unies se rendit en Irak pour y rechercher des armes chimiques, biologiques et nucléaires. Parmi ses enquêteurs s'étaient glissés des agents de la CIA qui arboraient le pavillon de l'ONU. Richard Clarke, un membre exceptionnellement sérieux du National Security Council, se souvient du jour où, au ministère irakien de l'Agriculture, ils découvrirent le cœur du directoire de l'armement nucléaire de Saddam. « Nous sommes arrivés et, après avoir enfoncé quelques portes et fait sauter quelques serrures, nous avons pénétré dans le saint des saints, raconta Clarke quinze ans plus tard dans un reportage qui passait dans l'émission de télévision *Frontline*. Les Irakiens ont aussitôt réagi, cerné les installations et empêché les inspecteurs de l'ONU de sortir. Comme nous pensions que cela pourrait arriver, nous avions remis à nos inspecteurs des téléphones satellites, ils ont pu traduire sur place en anglais les rapports arabes concernant les recherches nucléaires et nous les lire au téléphone. » Ils conclurent que l'Irak pourrait sans doute dans moins de neuf ou dix mois faire exploser sa première arme atomique.

« La CIA avait totalement laissé passer cela, continuait Clarke. Nous avions bombardé tout ce que nous pouvions bombarder en Irak, mais nous avions manqué une énorme installation de développement d'armes nucléaires. Nous en ignorions l'existence et nous n'avions jamais largué une seule bombe dessus. Dick Cheney, déclara, après avoir lu ce rapport : "Les Irakiens eux-mêmes reconnaissent la présence de cette gigantesque installation qui n'a jamais été touchée pendant la guerre, qu'ils étaient tout près de fabriquer une bombe atomique, et la CIA ne s'en doutait pas." »

Et Clarke de conclure : « Je suis certain que Dick Cheney s'est dit : "Je ne pourrai plus jamais faire confiance à la CIA pour m'avertir quand un pays est sur le point de fabriquer une bombe atomique." Sans aucun doute, lorsqu'il revint aux affaires neuf ans plus tard, ce souvenir restait-il gravé dans sa mémoire [104]. »

« ET MAINTENANT LA MISSION EST TERMINÉE »

La CIA « ne se doutait absolument pas en janvier 1989 qu'un raz de marée historique allait déferler sur nous », dit Bob Gates [105], qui ce mois-là avait quitté – définitivement croyait-il – le quartier général pour devenir l'adjoint du conseiller à la Sécurité nationale du président Bush.

L'Agence avait déclaré puissante et intouchable la dictature de l'Union soviétique à l'heure même où celle-ci commençait à vaciller. Le 1er décembre 1988, un peu plus d'un mois avant l'arrivée de Bush à la Maison Blanche, la CIA avait publié un rapport officiel déclarant avec assurance que « les éléments fondamentaux de la politique de défense soviétique et ses méthodes n'ont jusqu'à maintenant en rien été modifiés par la campagne de réformes de Gorbatchev [106] » et six jours plus tard, Mikhaïl Gorbatchev, à la tribune des Nations unies, proposait de réduire unilatéralement de 500 000 hommes l'appareil militaire soviétique. C'était inimaginable. Doug MacEachin, alors chef du service d'analyse du département soviétique de la CIA, déclara la semaine suivante au Congrès que, même si la CIA avait révélé des bouleversements aussi stupéfiants en Union soviétique, « très franchement, nous n'aurions jamais pu le publier. Si nous l'avions fait, il y aurait eu des gens pour réclamer ma tête [107] ».

Tandis que l'État soviétique se désagrégeait, la CIA « ne cessait d'annoncer que l'économie soviétique était en plein croissance, dit Mark Palmer, un des kremlinologues les plus chevronnés de l'Administration Bush. L'Agence se contentait de reprendre les chiffres officiels des Soviétiques, de les réduire d'un certain pourcentage puis de les publier. C'était totalement faux, et quiconque ayant passé un peu de temps en Union soviétique n'avait qu'à regarder autour de lui pour s'apercevoir que tout cela était absolument dément. « Cela rendait Palmer fou de rage. C'était pourtant le travail des meilleurs penseurs de la CIA – comme Bob Gates, qui pendant des années avait été l'analyste en chef du département soviétique, mais qui n'avait jamais mis les pieds en Union soviétique, et il était le prétendu grand expert de la CIA dans ce domaine ! [108]. »

C'était incompréhensible : l'Agence n'avait pas remarqué que son principal ennemi était moribond. « On aurait pu croire qu'ils ne lisaient pas la presse, et qu'ils ne disposaient d'aucune information clandestine », dit l'amiral William J. Crowe Jr, président du Comité des chefs état-major interarmes sous Bush [109]. Lorsqu'au printemps 1989 les Républiques soviétiques commencèrent à se fissurer, la CIA en effet puisait ses informations dans les journaux locaux – qui lui parvenaient avec trois semaines de retard.

Personne à l'Agence ne se demanda comme Vernon Walters, récemment nommé ambassadeur en Allemagne, le fit à ses collaborateurs en mai 1989 : « Que ferons-nous quand le Mur tombera ? [110]. »

Symbole même de la guerre froide, le Mur de Berlin était resté debout durant trente années. Un soir de novembre 1989, quand les premiers craquements se firent sentir, Milt Bearden, le chef de la division soviétique du service d'action clandestine, resta assis, sans voix, à regarder CNN. Cette chaîne débarquée sur les ondes depuis peu d'années commençait sérieusement à faire de l'ombre à l'Agence qui ne voyait pas comment faire mieux. La Maison Blanche était en ligne, demandant ce qui se passait à Moscou et ce que nous disent nos espions. C'était difficile d'avouer qu'il n'y avait plus le moindre espion soviétique : on les avait tous arrêtés et exécutés, et personne à la CIA ne savait pourquoi [111].

L'Agence voulait faire une poussée vers l'Est comme les grands conquérants et mettre la main sur les services de renseignement de la Tchécoslovaquie, de la Pologne et de l'Allemagne de l'Est, mais la Maison Blanche conseillait la prudence. La CIA ne pouvait donc faire plus que former le personnel de sécurité des nouveaux dirigeants comme l'auteur dramatique Vaclav Havel et payer une fortune pour récupérer les dossiers dérobés à la Stasi qui, un beau jour, commencèrent à s'envoler par les fenêtres d'un immeuble de Berlin-Est, lancés dans la rue par une foule en train de mettre à sac les locaux de la police secrète.

Les services de renseignement du communisme soviétique, gigantesques instruments de répression, étaient d'une remarquable précision. Utilisés avant tout pour espionner leurs concitoyens, ils les terrifiaient pour mieux les contrôler. Plus puissants et plus impitoyables que la CIA, ils avaient remporté bien des combats à l'étranger, mais ils avaient fini par perdre la guerre, vaincus par la brutalité permanente de l'État soviétique.

La CIA était consternée d'avoir perdu son adversaire soviétique. L'Agence parviendrait-elle à survivre sans son ennemi ? « Autrefois, dit Milt Bearden [112], la CIA n'était pas une institution, elle était unique, elle avait un côté mythique. Elle avait une mission, et pour elle, cette mission était une croisade. Et voilà que l'Union soviétique disparaît : il ne nous reste plus rien. Nous n'avons ni Histoire, ni héros. Nos exploits eux-mêmes doivent rester secrets. Et maintenant, la mission est terminée, *finie*. »

Des centaines de vétérans du service d'action clandestine crièrent victoire et prirent leur retraite, parmi eux Phil Giraldi qui avait commencé comme agent de terrain à Rome pour finir chef de base à Barcelone.

« La plupart des plus jeunes agents que je connaissais ont donné leur démission… Ils n'étaient plus motivés, ils avaient perdu leur enthousiasme. Quand je me suis engagé dans l'Agence en 76, il y régnait un esprit de corps, le sentiment de servir une bonne cause. » Aujourd'hui, cela disparaissait et en même temps la majorité du service d'action clandestine.

Dès 1990, « la situation s'était beaucoup dégradée », dit Arnold Donahue, un vieux de l'Agence chargé, du temps de Bush, des budgets de la Sécurité nationale [113]. Chaque fois que la Maison Blanche réclamait « dix ou quinze agents du service d'action clandestine de plus sur le terrain pour découvrir ce qui se passait » en Somalie ou dans les Balkans – selon le lieu où se situait la crise du moment – on demandait à la CIA : « Y a-t-il une équipe de gens prêts à aller là-bas ? » et, invariablement, la réponse était : « Absolument pas. »

« S'ADAPTER OU MOURIR »

Le 8 mai 1991, le président Bush fit venir Bob Gates dans la cabine avant d'*Air Force One* et lui demanda de prendre le poste de directeur du Renseignement. Gates était tout à la fois ravi et terrifié. Les auditions qui précédèrent sa validation furent sanglantes et l'épreuve se poursuivit durant six mois. On lui reprocha sans ménagement tous les péchés de Bill Casey, il dut subir les critiques de ses propres collaborateurs, notamment les assauts des analystes déchaînés qu'ils avaient harcelés, Casey et lui, pendant des années.

Il finit toutefois par convaincre les sénateurs qu'il serait leur allié, « opportunité qu'il ne fallait pas laisser passer, pour réévaluer le rôle, la mission, les priorités et la structure du Renseignement américain ». Il dut en grande partie cette victoire à l'appui de George J. Tenet, un assistant parlementaire de la Commission sénatoriale pour le renseignement, qui deviendra plus tard directeur de la CIA. Âgé de trente-sept ans, d'une ambition féroce, ce fils d'immigrants grecs qui vendaient des hamburgers près de Queens, réussit à convaincre les sénateurs que Gates leur céderait un certain pouvoir pour n'en garder qu'une part.

Pendant que Gates était au supplice à Washington, la CIA connaissait à l'étranger des succès étourdissants. En août 1991, alors qu'un coup d'État contre Gorbatchev et l'Union soviétique venait d'échouer, la CIA envoyait son rapport en direct de Moscou depuis un endroit de rêve, le quartier général du Renseignement soviétique, place Dzerjinski. Michael Sulick, une des stars de la division soviétique, gagna en voiture la Lituanie au moment où le pays proclamait son indépendance, devenant ainsi le premier agent de la CIA à mettre le pied dans une ancienne République soviétique. Il se présenta ouvertement aux nouveaux dirigeants de la jeune nation, offrit de les aider à créer un service de renseignement et fut ainsi invité à travailler dans les bureaux du nouveau vice-président Karol Motieka. « Être assis seul dans le bureau du vice-président était une expérience surréaliste pour un agent de la CIA qui avait consacré toute sa carrière à combattre l'Union soviétique, écrivit Sulick dans le journal de l'Agence [114]. Quelques mois plus tôt, si je m'étais trouvé seul dans le bureau du vice-président d'une République soviétique, j'aurais eu l'impression d'être tombé sur le filon principal d'une mine de renseignements. Installé au bureau de Motieka, encombré de documents, je n'avais qu'une idée : appeler Varsovie. »

Les bribes de renseignements que les espions étaient parvenues, non sans mal, à faire sortir d'Union soviétique n'avaient jamais réussi à donner une vision réelle du pays. Sur toute la durée de la guerre froide, la CIA n'avait contrôlé exactement que trois agents en mesure de fournir des secrets intéressants sur la menace militaire soviétique et tous les trois avaient été arrêtés et exécutés. Les satellites-espions avaient dénombré avec précision les chars et les missiles, mais ces chiffres semblaient maintenant sans importance. Des micros cachés et des systèmes d'écoute avaient permis d'enregistrer des milliards de mots qui aujourd'hui avaient perdu tout intérêt.

« Là-bas, c'est un monde nouveau. Il faut s'adapter ou mourir », griffonna Gates sur un bloc-notes quelques jours avant les réunions des 7 et 8 novembre 1991 avec les responsables du service d'action clandestine, et juste après avoir prêté serment comme directeur du Renseignement[115]. La semaine suivante, Bush adressa aux membres de son cabinet un ordre signé, intitulé National Security Review 29, dans lequel on demandait à chaque branche du gouvernement de définir ce qu'elle attendait du Renseignement américain pour les quinze prochaines années. Gates avait passé les cinq mois précédents à en rédiger le premier jet. « Ce projet monumental, annonça Gates à un auditoire de plusieurs centaines d'employés de la CIA, « constitue une entreprise historique. »

Bien que ce document portât la signature de Bush, c'était en réalité un appel de Gates au reste du gouvernement : *dites-nous juste ce que vous voulez*. L'Agence, il le savait, devait donner l'impression de changer si elle voulait survivre. Richard Kerr, directeur adjoint du Renseignement pendant quatre ans sous les ordres de Bush, demanda tout haut si la CIA existerait encore dans les jours à venir. L'Agence, dit-il, était en proie à « une révolution aussi profonde que l'ancienne Union soviétique. Nous avons perdu la simplicité d'objectif ou la cohésion qui ont été le moteur essentiel non seulement du renseignement mais de ce pays depuis plus de quarante ans[116] ». C'en était fini du consensus face aux intérêts américains et sur les moyens dont la CIA disposerait pour les servir.

Gates publia un communiqué déclarant que cet appel représentait « la directive la plus importante depuis 1947 pour évaluer les besoins futurs et les priorités en matière de renseignement ». La CIA devrait-elle maintenant consacrer ses efforts sur le sort des déshérités de la planète ou sur le développement de la mondialisation ? Quelle était la plus grande menace, le terrorisme ou la technologie ? Gates passa l'hiver à dresser la liste des « choses à faire » pour ce monde nouveau. Il termina son rapport en février et le présenta au Congrès le 2 avril 1992. Le texte final énumérait 176 menaces qui allaient du changement climatique au cybercrime. En tête figuraient les armes nucléaires, chimiques et biologiques. Puis venaient les narcotiques et le terrorisme – jumelés sous la rubrique « drogues et attentats », le terrorisme venant seulement en seconde place –, suivis du commerce mondial et des surprises technologiques.

Le président Bush décida de réduire le champ d'action de l'Agence et de recadrer sa zone de compétence. Gates donna son accord. C'était une réaction raisonnable à la fin de la guerre froide. On diminua donc à dessein le pouvoir de la CIA car tous pensaient qu'elle serait plus performante si elle était plus petite. En 1991, le budget du Renseignement commença à décroître et il continua de chuter au cours des six années suivantes. En 1992, ces restrictions se firent surtout sentir, au moment où on devait soutenir plus vigoureusement le quotidien des opérations militaires. On ferma plus de vingt avant-postes de la CIA, dans de grandes capitales, on réduisit de plus de soixante pour cent les effectifs de certaines antennes et le nombre d'agents du service d'action clandestine opérant à l'étranger tomba en chute libre. Les analystes furent plus durement touchés : Doug MacEachin, aujourd'hui leur chef, fit remarquer qu'il était difficile de produire des analyses sérieuses avec « une bande de garçons de dix-neuf ans effectuant des rotations tous les deux ans [117] ». Il exagérait un peu, mais ce n'était pas loin de la réalité.

« Quand on réduit le budget, les tensions montent », écrivait Gates dans son journal de bord personnel peu après sa prestation de serment [118]. Les coupes dans le budget se succédaient, Bush et bien d'autres en rejetaient la faute sur les libéraux, mais le dossier montre qu'ils partageaient avec eux cette responsabilité : ces restrictions budgétaires étaient dans l'air du temps, c'était le fameux dividende de la paix.

Cette paix, toutefois, se révéla aussi fugitive qu'après la Seconde Guerre mondiale, il n'y eut cette fois aucun défilé de la victoire et les anciens combattants de la guerre froide avaient toute raison de pleurer l'ennemi vaincu.

« Si on veut s'impliquer dans l'espionnage, me dit un jour Richard Helms, il faut être motivé. Ce n'est pas une partie de plaisir, c'est sale et dangereux. On risque toujours d'y laisser des plumes. Dans l'OSS, pendant la Seconde Guerre mondiale, on savait ce qui nous motivait : il fallait *battre ces salauds de nazis*. Pendant la guerre froide, on devait : *battre ces salauds de Russes*. Mais, voilà, tout d'un coup la guerre froide est terminée, alors qu'est-ce qui nous motive ? Pourquoi passerions-nous notre vie à faire ce genre de trucs ? »

Pendant un an, Gates essaya de répondre à ces questions, témoignant jour après jour devant une commission du Congrès. Il s'efforçait de consolider ses appuis politiques tout en continuant à diriger des groupes d'intervention, à présider des tables rondes, à promettre plus de renseignement aux militaires, moins de pressions politiques aux analystes, à faire face tous azimuts aux dix principales menaces, enfin à promettre une nouvelle, une meilleure CIA. Il était en poste depuis dix mois lorsqu'il dut s'interrompre et prendre l'avion pour Little Rock afin de briefer l'homme qui allait être le prochain président des États-Unis.

Sixième Partie

L'expiation

LA CIA SOUS
CLINTON ET GEORGE W. BUSH
1993-2007

44.

« NOUS NE DISPOSIONS PAS DES FAITS »

Nul président et commandant en chef des forces armées n'était, depuis Calvin Coolidge, arrivé à la Maison Blanche en pensant moins que Bill Clinton au vaste monde alentour. Lorsqu'il faisait tourner le globe terrestre installé dans son bureau, celui-ci revenait toujours se fixer sur les États-Unis.

Né en 1946 et donc pas plus âgé que la CIA elle-même, Clinton avait été marqué par le mouvement de résistance à la guerre du Vietnam et au service militaire obligatoire, avait acquis son expérience politique dans les affaires locales de l'État d'Arkansas et s'était fait élire sur la promesse de revitaliser l'économie américaine. Aucun problème de politique étrangère ne figurait parmi les cinq thèmes prioritaires inscrits à programme Il n'avait pas de conception de base des intérêts stratégiques américains après la guerre froide. Selon les termes de son conseiller pour la Sécurité nationale, Tony Lake, il considérait son mandat présidentiel comme « une grandiose occasion pour la démocratie et l'esprit d'entreprise[1] ». L'Administration Clinton était déjà en place depuis huit mois lorsque Lake édicta la nouvelle politique étrangère des États-Unis : accroître le nombre des marchés libres dans le monde. Cela ressemblait plus à un projet d'entreprise qu'à une politique. Clinton assimilait libre-échange à liberté, comme si vendre des produits américains revenait à répandre les valeurs fondamentales américaines dans le monde.

Les hommes qu'il chargea de la sécurité nationale n'étaient pas de premier ordre. Il désigna comme secrétaire à la Défense un membre du Congrès dont les facultés intellectuelles n'étaient pas à la hauteur des bonnes intentions, Les Aspin. Celui-ci dura moins d'un an. Il choisit comme secrétaire d'État Warren Christopher, avocat pompeux et distant, qui traitait les problèmes internationaux comme s'il s'était agi de dossiers juridiques. Et, à la dernière minute, Clinton désigna comme directeur de la CIA un éminent ancien membre du Conseil de sécurité nationale de Richard Nixon, R. James Woolsey Jr. Âgé de cinquante et un ans et lui aussi avocat, Woolsey avait une grande expérience des négociations sur le contrôle des armements et avait exercé les fonctions de sous-secrétaire à la Marine sous Carter. Sa tête volumineuse et ses réparties mordantes avaient amené certains à le comparer à un requin-marteau à l'intelligence redoutable.

Il se trouvait qu'un mois après l'élection de Clinton, Woolsey avait prononcé un discours très remarqué où il déclarait que les États-Unis avaient combattu pendant quarante-cinq ans un dragon et ne l'avaient finalement tué que pour se retrouver dans une jungle pleine de serpents venimeux. Nul n'avait encore évoqué de façon aussi imagée la situation des services de renseignement américains après la guerre froide. Quelques jours plus tard, il fut convoqué par téléphone à Little Rock. Peu après minuit, ce 22 décembre, il rencontra Clinton, et le Président-élu l'entretint longuement de sa jeunesse en Arkansas et l'interrogea sur la sienne, dans l'État voisin d'Oklahoma. À l'aube, Woolsey apprit soudain qu'il allait être le nouveau directeur de la CIA[2].

Au cours des deux années qui suivirent, il ne devait rencontrer que deux fois le président des États-Unis – ce qui était sans précédent dans les annales de l'Agence. « Je n'ai pas eu de mauvaises relations avec le Président, déclara-t-il quelques années plus tard[3]. Je n'ai simplement pas eu de relations du tout. »

Les cadres supérieurs de la CIA en étaient donc réduits à servir un directeur qu'ils savaient sans influence et un président qui ne leur manifestait aucun intérêt. Sans instructions présidentielles, l'Agence était impuissante. Elle était devenue un navire sans gouvernail.

Bien que Clinton fût arrivé au pouvoir en ignorant délibérément la CIA, il ne tarda pas à recourir au service d'action clandestine de celle-ci et ordonna, durant les deux premières années de son mandat, des douzaines d'opérations secrètes[4]. Lorsque celles-ci n'aboutissaient pas rapidement, il se trouvait contraint de se tourner vers des chefs militaires, qui, à peu d'exceptions près, lui vouaient un profond mépris pour s'être soustrait à la conscription durant la guerre du Vietnam. Les résultats furent catastrophiques.

« IL N'Y AVAIT PAS DE RÉSEAU DE RENSEIGNEMENT »

« Nous ne connûmes pas d'épreuve plus rude que la Somalie », affirmait Frank G. Wisner Jr., le fils du fondateur du service d'action clandestine de la CIA[5].

La situation en Somalie représentait l'un des héritages maudits de la guerre froide. Les fournitures massives d'armes aux factions rivales tant par les États-Unis que par l'Union soviétique avaient laissé celles-ci en possession d'énormes arsenaux. En novembre 1992, le président Bush avait autorisé, pour des raisons humanitaires, une intervention militaire américaine. En Somalie, un demi-million de personnes étaient alors mortes de faim, et les habitants continuaient à périr au rythme d'une dizaine de milliers par jour, tandis que les clans militaires persistaient à s'entre-tuer en détournant les vivres fournis au titre de l'aide internationale. La mission humanitaire décidée par Bush, alors presque au terme de son mandat, se mua rapidement en une opération militaire contre le plus puissant des seigneurs de la guerre somaliens, le général Mohamed Farah Aideed. Lors de l'entrée officielle de Clinton à la Maison Blanche, en janvier 1993, Wisner, qui avait exercé un moment les fonctions de secrétaire d'État par intérim, passa au Pentagone en qualité de sous-secrétaire à la Défense chargé des affaires politiques. Il voulut se pencher sur le dossier somalien, et le trouva vide. L'Administration Bush avait fermé deux ans auparavant l'ambassade américaine et l'antenne de la CIA en Somalie.

« Nous ne disposions pas des faits nécessaires, devait souligner Wisner. Il n'y avait pas de réseau de renseignement. Il n'y avait aucun moyen de savoir ce qui se passait. »

Tel était le problème que devait résoudre Wisner avec l'aide de la CIA. Il forma un groupe d'intervention en Somalie qui mit en place sur le terrain des commandos de forces spéciales et reconstitua une antenne locale de la CIA chargée du renseignement local. À sa tête se trouvait Garrett Jones, un ancien policier de Miami, qui fut parachuté en terre inconnue avec sept collaborateurs et la mission de faire échec à une multitude de clans armés sur le pied de guerre. En quelques jours, son meilleur agent se fit sauter la cervelle, un autre agent fut tué par une fusée tirée d'un hélicoptère américain et son propre adjoint fut atteint à la nuque par la balle d'un tireur embusqué et faillit succomber à sa blessure. Jones se retrouva en train de suivre toute une série de fausses pistes en s'efforçant de traquer Mohamed Farah Aideed et ses lieutenants. Cela conduisit à la mort de 18 soldats américains au cours d'un affrontement qui coûta la vie à 1 200 Somaliens.

Une analyse éloquente de l'affaire de Somalie fut faite par l'amiral William Crowe, qui, après avoir été chef de l'état-major interarmes, avait pris la tête du Foreign Intelligence Advisory Board présidentiel, le conseil des Sages fondé en son temps par Eisenhower. Ayant enquêté sur les événements de Somalie, l'amiral Crowe avait conclu que « la carence du renseignement sur place incombait directement au Conseil de sécurité nationale[6] ». « Celui-ci, estimait-il, attendait des services de renseignement qu'ils prennent les décisions à sa place, au lieu de fournir simplement des informations sur ce qui était en cours. »

« Le Président lui-même, devait également dire Crowe, ne s'intéressait guère au renseignement, ce qui était des plus regrettables. »

Il en résultait un climat de méfiance de plus en plus accentuée entre la Maison Blanche et la CIA.

« DES REPRÉSAILLES TRÈS EFFICACES CONTRE LES FEMMES DE MÉNAGE IRAKIENNES »

Au début de 1993, le terrorisme n'était pas au premier plan des préoccupations d'un grand nombre de membres de la CIA. Les États-Unis n'avaient entrepris aucune action d'envergure en ce sens depuis qu'ils avaient été surpris à vendre des missiles à l'Iran. Les otages américains pris durant les années Reagan étaient tous revenus de Beyrouth en 1991 – à ceci près que Bill Buckley était revenu, lui, dans un cercueil. En 1992, il avait été sérieusement question de dissoudre la section de contre-terrorisme de la CIA. Tout semblait calme. On pensait peut-être que le problème s'était réglé de lui-même.

Peu après l'aube du 25 janvier 1993 [7], cinq jours, donc, après l'entrée en fonction officielle de Bill Clinton, la voiture de Nicholas Starr, un fonctionnaire sexagénaire de la CIA, se trouvait arrêtée à un feu rouge près de l'entrée principale de l'Agence. À 7 heures 50 exactement, un jeune Pakistanais descendit d'une voiture arrêtée, elle aussi, dans la file bloquée par le feu rouge et ouvrit le feu avec un fusil d'assaut AK 47. Il atteignit d'abord à l'épaule Frank Darling, un opérateur de transmissions de vingt-huit ans attaché à l'Agence, dont la femme se mit à hurler de terreur. Puis le tireur fit volte-face et tua net le Dr Lansing Bennett, un médecin de soixante-six ans également attaché à la CIA. Il se retourna de nouveau, atteignit au bras et à l'épaule gauche Nick Starr, avant de toucher deux autres fonctionnaires de la CIA, Calvin Morgan, soixante et un ans, et Stephen Willimas, quarante-huit ans. Après une nouvelle volte-face, il fit exploser d'une balle la tête de Frank Darling. Puis il reprit le volant et s'enfuit. Tout s'était passé en moins d'une minute. Bien que grièvement blessé, Nick Starr réussit à atteindre le poste de garde de la CIA et à donner l'alarme.

Le président Clinton ne daigna pas se rendre en personne au siège de l'Agence pour rendre hommage aux morts et aux blessés. Il se borna à envoyer sa femme, ce qui suscita une incroyable fureur au sein du personnel.

Le 26 février 1993, un mois après la fusillade au siège de la CIA, une puissante bombe explosa dans l'un des parkings souterrains du World Trade Center. Six personnes furent tuées et plus d'un millier blessées. Le FBI pensa d'abord que l'attentat était l'œuvre de séparatistes balkaniques, mais il devint évident en moins d'une semaine qu'il était dû à des partisans d'un cheikh égyptien aveugle installé à Brooklyn, Omar Abdel Rhaman.

Ce nom éveilla immédiatement de retentissants échos à la CIA. Le cheikh en question avait recruté des centaines de « combattants de la foi » pour la lutte contre les Soviétiques en Afghanistan, sous la bannière d'un groupement appelé « Al Gama al Islamiyya ». Jugé en 1981 pour implication dans le complot ayant coûté la vie au président égyptien Anouar el Sadate, il avait été acquitté mais était resté en résidence surveillée en Égypte jusqu'en 1986. Dès sa sortie de prison, il s'était efforcé de gagner les États-Unis. Il y était finalement parvenu en 1990, grâce à un visa apparemment accordé au Soudan sur intervention de représentants de la CIA...

Le 14 avril 1993, George H. W. Bush arriva au Koweït pour la commémoration de la victoire dans la guerre du Golfe. Il était accompagné de sa femme, de deux de ses fils et de l'ancien secrétaire d'État James Baker. À cette occasion, la police secrète koweïtienne arrêta dix-sept hommes accusés d'avoir voulu tuer Bush au moyen d'une voiture piégée – une Toyota Land Cruiser chargée d'une centaine de kilos d'explosif. Sous la torture, plusieurs des accusés déclarèrent que les services secrets irakiens étaient à l'origine de cet attentat. Et, le 29 avril, des techniciens de la CIA vinrent affirmer que la nature de la bombe confirmait cette thèse. La CIA en conclut donc que Saddam Hussein avait tenté de faire tuer Bush[8].

Durant le mois suivant, le président Clinton médita sur la riposte à apporter. Puis, vers 1 heure 30 du matin, le vendredi 26 juin, jour de prière pour les musulmans, vingt-trois fusées Tomahawk vinrent s'abattre dans le secteur du siège des services de renseignement irakiens, un ensemble de sept grands bâtiments installés dans un périmètre clos de murs, non loin du centre de Bagdad. L'une de ces fusées au moins frappa un immeuble d'habitation, tuant plusieurs civils innocents, dont une éminente artiste irakienne et son mari. Le général Colin Powell, chef de l'état-major interarmes, proclama que ce bombardement avait été conçu comme « proportionné à l'attentat visant le président Bush[9] ».

Mais le sens des proportions manifesté par Clinton eut le don de mettre en fureur le directeur de la CIA. « Saddam, devait déclarer Woolsey quelques années plus tard[10], tente d'assassiner l'ancien président Bush, et le président Clinton fait tirer deux douzaines de missiles au milieu de la nuit sur un immeuble vide de Bagdad, exerçant ainsi des représailles très efficaces sur des femmes de ménage et des veilleurs de nuit irakiens, mais pas spécialement sur Saddam Hussein. »

Alors que les images de soldats américains morts traînés dans les rues de Mogadiscio étaient encore très présentes pour les citoyens des États-Unis, Clinton entreprit de remettre au pouvoir le président-élu d'Haïti, le prêtre de gauche Jean-Bertrand Aristide, écarté par une junte militaire. Cette intervention, que Clinton considérait comme un acte de justice, supposait, bien sûr, la dissolution de la junte. Or, nombre des membres de celle-ci se trouvaient être, depuis des années, des informateurs appointés de la CIA [11]. Ce fut là une peu plaisante surprise pour la Maison Blanche, où l'on découvrit en outre que l'essentiel de l'activité de ces « agents » consistait à assurer la distribution de cocaïne venue de Colombie, à éliminer leurs adversaires politiques et à se maintenir à tout prix au pouvoir à Port-au-Prince. La CIA se trouvait soudain mise en demeure de liquider ses propres auxiliaires.

Cela mit Clinton et l'Agence en conflit, conflit encore envenimé par l'analyse faite par la CIA du personnage d'Aristide, présenté à juste titre par elle comme un homme loin d'être paré de toutes les vertus que semblait lui prêter la Maison Blanche.

Furieux de voir la CIA s'opposer à lui sur Haïti, paralysé par son incapacité de formuler une politique étrangère précise, resté sous le coup de la crise de Somalie, le Président voulut suspendre, au moins pendant un temps, toute intervention dans le tiers-monde. Mais à peine soldats et agents américains s'étaient-ils retirés de la Corne de l'Afrique – où ils s'étaient initialement rendus en mission humanitaire et où ils avaient fini par tuer et être tués – qu'ils furent appelés au Rwanda, où Hutus et Tutsis s'entre-tuaient.

À la fin janvier 1994, la Maison Blanche s'était appliquée à ignorer un rapport de la CIA annonçant qu'un demi-million de personnes risquaient de périr au Rwanda [12]. Mais le conflit intertribal ne tarda pas à dégénérer et à devenir l'une des plus grandes catastrophes humanitaires du vingtième siècle. Clinton ne décida pas pour autant d'intervenir.

Dans tous ses conflits avec la Maison Blanche – et ils furent nombreux – Woolsey eut le dessous. Quand il devint évident qu'il ne ferait pas retrouver à la CIA sa puissance et son financement d'antan, les éléments vedettes de l'Agence commencèrent à se retirer sur la pointe des pieds. Les vétérans de la guerre froide furent les premiers à déclarer forfait. Puis les jeunes espoirs d'une trentaine ou d'une quarantaine d'années s'éclipsèrent à leur tour pour aller chercher ailleurs de plus brillantes carrières. Et recruter de nouveaux talents devint de plus en plus difficile d'année en année.

Le potentiel intellectuel et opérationnel de la CIA s'amenuisait. Le siège central était aux mains de simples fonctionnaires répartissant des fonds en voie constante de diminution sans la moindre compréhension de ce qui se passait ou ne se passait pas sur le terrain. Ils n'avaient aucun moyen de distinguer les entreprises couronnées de succès de celles qui étaient vouées à l'échec, et ne pouvaient donc répartir efficacement leurs effectifs. À mesure que diminuait le nombre des analystes et des opérateurs compétents et expérimentés, l'autorité de la direction se trouvait de plus en plus sapée par une bureaucratie qui en arrivait à déborder du siège de l'Agence pour s'en aller occuper des locaux loués dans divers centres commerciaux ou industriels de Virginie.

Woolsey se retrouvait ainsi à présider un organisme de plus en plus coupé du reste de l'Administration américaine et paralysé par son anarchie. Le problème était trop compliqué pour être résolu d'un coup. Comme une navette spatiale, la CIA était un organisme extrêmement complexe qui pouvait exploser si l'un de ses composants connaissait une défaillance. La seule personne ayant le pouvoir de faire s'adapter entre elles toutes les pièces du puzzle était le président des États-Unis. Mais Clinton ne prit pas la peine d'essayer de comprendre ce qu'était la CIA, comment elle fonctionnait et quel rôle elle devait jouer au sein du gouvernement américain. Il s'en remit à George Tenet, qu'il avait fait venir à la Maison Blanche comme directeur du Renseignement pour le Conseil de sécurité nationale.

Quatorze mois après l'inauguration de l'Administration Clinton, comme on demandait à Tenet, dans un café proche de la Maison Blanche, quelle solution il préconisait pour la CIA, il répondit : « La faire exploser. » Il envisageait, bien sûr, de reconstruire quelque chose sur les ruines, mais le choix des termes était éloquent.

45.

« POURQUOI DIABLE
N'AVONS-NOUS PAS SU ? »

Fred Hitz, l'inspecteur général de la CIA, avait coutume de dire que son travail consistait à parcourir le champ de bataille en achevant les blessés alors que la fumée se dissipait. C'était un agent de la vieille école, recruté durant sa dernière année à l'Université de Princeton après avoir été sondé par le doyen de sa faculté. Le sort fit que la plus importante affaire dont il ait eu à s'occuper concernait l'un de ses condisciples de la promotion 1967 de l'école des cadres de la CIA, un laissé-pour-compte alcoolique de l'ancien service soviétique nommé Aldrich Hazen Ames.

Le 21 février 1994, une équipe d'agents du FBI extirpa Ames de sa Jaguar alors qu'il quittait son domicile banlieusard pour se rendre au travail et lui passa les menottes avant de l'emmener pour toujours. En effet, cet insignifiant personnage de cinquante-trois ans avait espionné pour le compte des Soviétiques pendant neuf années consécutives. Il allait l'expier par la réclusion à perpétuité.

Ames était, en fait, un perpétuel aigri qui n'avait dû son poste à la CIA qu'au fait que son père y avait lui-même travaillé. Il parlait russe de façon acceptable et était capable de rédiger des rapports lisibles lorsqu'il était à jeun, mais il traînait derrière lui une réputation justifiée d'alcoolisme et d'incapacité. Pendant dix-sept ans, il s'était vu refuser de l'avancement. En 1985, toutefois, il avait atteint le sommet de sa carrière : chef du contre-espionnage pour l'Union soviétique et l'Europe de l'Est. Il était alors bien connu pour être un alcoolique aigri. Et pourtant, la CIA lui donna accès aux dossiers de presque tous les agents de quelque importance travaillant pour les États-Unis au-delà du rideau de fer.

Il en était venu à mépriser l'Agence pour laquelle il travaillait. Il trouvait absurde la position selon laquelle l'Union soviétique constituait une menace pour les États-Unis et avait décidé, devait-il déclarer ensuite, « d'agir en conséquence ».

Il obtint de ses supérieurs l'autorisation de rencontrer un fonctionnaire de l'ambassade d'URSS à Washington en prétendant qu'il avait la possibilité de le recruter. Et, en avril 1985, il livra au Soviétique, en échange de 50 000 dollars, les noms de trois citoyens russes travaillant pour la CIA. Puis, quelques mois plus tard, il livra toutes les identités dont il pouvait avoir connaissance. Moscou lui avait attribué un budget de deux millions de dollars.

Un à un, les espions opérant pour le compte des Américains en Union soviétique furent arrêtés, jugés, emprisonnés ou exécutés. Il devint manifeste à Washington qu'il y avait pénétration des réseaux. Mais les cadres supérieurs de la CIA se refusaient à croire qu'un des leurs les avait trahis. Encouragés en ce sens par d'habiles manipulations du KGB, ils croyaient avoir été victimes de quelque dispositif d'espionnage électronique plutôt que d'une action humaine. « Ce doit être une puce, pas une taupe », se disaient-ils.

Ames communiqua également à Moscou les identités de centaines de ses collègues de la CIA, avec le compte rendu détaillé de leurs activités. « Leurs noms, devait préciser Hitz[13], furent donnés aux services de renseignement soviétique, ainsi que le détail de nombre d'opérations dans lesquelles les États-Unis se trouvaient engagés. Cela commença en 1985 mais se poursuivit jusqu'à un ou deux ans avant l'arrestation d'Ames. Celui-ci ne chômait pas. Et, d'un point de vue strictement professionnel, c'était une horreur. »

La CIA était donc consciente du fait que quelque chose avait réduit à néant son implantation en URSS. Mais il lui fallut sept ans pour faire face à la réalité. La CIA était incapable d'enquêter sérieusement sur elle-même, et Ames le savait. « Vous avez, devait-il déclarer après son arrestation, deux mille, trois mille ou quatre mille personnes courant en tous sens et s'adonnant à l'espionnage. Vous ne pouvez pas les surveiller. Vous ne pouvez pas les contrôler. Vous ne pouvez pas vérifier ce qu'elles font. C'est sans doute le plus grand problème pour un service d'espionnage. Il doit rester petit. Dès le moment où vous grandissez, vous devenez comme le KGB ou comme nous. »

Woolsey reconnut que l'affaire Ames révélait une insouciance institutionnelle confinant à la négligence criminelle. « On aurait presque pu en conclure, devait-il déclarer, non seulement que personne ne contrôlait mais aussi que personne ne s'en souciait. » Mais il annonça que personne ne serait licencié ou rétrogradé pour autant. Il se borna à adresser des lettres de réprimande à six anciens cadres supérieurs de la CIA et à cinq autres encore en exercice, dont Ted Price, le chef du service d'action clandestine. Il assimila les fautes commises à des péchés par omission et les attribua à une fâcheuse tradition d'arrogance et d'autosatisfaction au sein de l'Agence.

L'affaire Ames n'en déclencha pas moins contre la CIA une offensive d'une intensité sans précédent. Elle venait de tous les horizons politiques, de la droite à la gauche en passant par le centre. À la Maison Blanche comme au Congrès, le sentiment du ridicule venait se mêler à la colère en un cocktail aux effets mortels. Le 30 septembre 1994, le Congrès créa une commission chargée de déterminer l'avenir de la CIA. L'affaire Ames avait fourni l'occasion d'un changement radical de l'Agence, de ses structures et de son fonctionnement à l'approche du vingt et unième siècle.

Tout ce qui était requis pour cela était un geste du président des États-Unis. Ce geste ne vint jamais. Il fallut trois mois pour désigner les dix-sept membres de la commission, quatre mois pour établir son ordre du jour et cinq autres mois s'écoulèrent avant sa première réunion officielle. Les membres du Congrès se trouvaient majoritaires au sein de la commission et l'on pouvait remarquer tout particulièrement parmi eux un membre de la Chambre des représentants nommé Porter J. Goss, républicain conservateur de Floride. Il avait servi sans grande distinction au sein du service d'action clandestine de la CIA dans les années 60, mais il était le seul parlementaire de la commission à pouvoir arguer d'une certaine expérience du travail d'un service secret.

En tête des membres de la commission n'appartenant pas au Congrès figurait Paul Wolfowitz, qui allait se révéler l'un des conseillers les plus influents du président Clinton et aborda les travaux avec la conviction que la CIA n'était plus en mesure de faire face à sa tâche de collecte de renseignements. Quant à la présidence de la commission, elle était assurée par Les Aspin, privé neuf mois plus tôt de son poste de secrétaire à la Défense en raison de son incapacité à prendre des décisions.

Désordonné de nature et souffrant de dépression, Aspin se borna à poser des questions d'ensemble sans y apporter la moindre réponse. Lorsque, quelques mois plus tard, à l'âge de cinquante-six ans, il succomba à une attaque, la commission partit à la dérive, apparemment incapable de déterminer la direction qu'elle devait prendre.

Elle se réunit finalement pour recueillir diverses dépositions. Bob Gates, qui avait dressé, trois ans plus tôt, une liste de 176 objectifs d'action, proclamait dorénavant que la CIA était accablée par la multiplicité des tâches exigées. Les officiers traitants et les chefs d'antenne se plaignaient de trop nombreuses requêtes sur des sujets dont l'importance semblait difficile à établir. Pourquoi, par exemple, la Maison Blanche demandait-elle à la CIA de se pencher sur le développement du mouvement évangélique en Amérique latine ? Était-ce réellement capital pour la sécurité nationale des États-Unis ? L'Agence ne pouvait assurer qu'un nombre limité de missions d'importance. Ses agents suppliaient qu'on leur désigne ces tâches une fois pour toutes.

Mais rien ne semblait retenir l'attention de la commission. Pas l'attentat de mars 1995 où les adeptes d'une secte religieuse répandirent du sarin dans le métro de Tokyo, tuant ainsi 12 personnes et en contaminant gravement 3 769 – attentat qui dévoilait un nouveau visage du terrorisme. Pas l'explosion d'avril 1995 à Oklahoma City, qui tua 169 personnes et fut donc l'action la plus meurtrière accomplie en territoire américain depuis Pearl Harbor. Pas la découverte d'un complot visant à faire sauter une douzaine d'avions de ligne américaine au-dessus du Pacifique et à faire s'écraser un appareil détourné sur le siège même de la CIA. Pas l'avertissement lancé par un membre de l'Agence et annonçant qu'un jour, les États-Unis devraient faire face à un autre acte de « terrorisme aérien » où, là aussi, un avion détourné viserait un objectif dûment choisi. Pas le fait qu'au total, trois personnes seulement au sein de l'ensemble des services de renseignement américains possédaient les connaissances linguistiques nécessaires pour comprendre les communications entre extrémistes musulmans. Pas le fait évident que les facultés d'analyse d'informations de la CIA étaient dépassées par la prolifération des ordinateurs individuels, des e-mails, des téléphones portables et des possibilités de codage de communications personnelles ouvertement offertes au public. Pas le fait, également évident, que la CIA était au bord de l'effondrement.

Conçu après dix-sept mois de gestation, le rapport de la commission n'avait ni substance ni portée. « Le contre-terrorisme n'avait reçu que peu d'attention, souligna Loch John, l'un des membres de la commission [14]. Les limites de l'action souterraine ne furent jamais définies, et le problème des responsabilités jamais traité. » Personne en lisant ce texte ne pouvait admettre la conclusion que quelques petits réglages allaient pouvoir faire repartir la machine.

Tandis que la commission mettait la dernière main à son rapport, un total de vingt-cinq stagiaires entraient au centre d'instruction de la CIA. L'attrait exercé par l'Agence était au plus bas. Tout comme l'était sa réputation. L'affaire Ames avait lourdement compromis son avenir même.

« Pourquoi diable n'avons-nous pas su ? » fit observer Hitz.

46.

« NOUS SOMMES DANS LE PÉTRIN »

À la fin de 1994, Jim Woolsey enregistra une allocution d'adieu à l'adresse de ses hommes de la CIA, envoya par courrier une lettre de démission à la Maison Blanche et quitta en toute hâte la capitale. Bill Clinton se mit alors à rechercher dans les milieux gouvernementaux un homme apte et disposé à reprendre la direction de l'Agence.

« Le Président, devait raconter John Deutch, le secrétaire adjoint à la Défense [15], me demanda si cela m'intéresserait de devenir directeur général du Renseignement. Je lui fis savoir très nettement que non. J'avais vu mon ami Jim Woolsey connaître les pires difficultés à ce poste. Je ne pensais pas avoir la moindre raison de croire que je pourrais faire mieux que lui. »

Très bien, lui répondit en substance Clinton, mais, en ce cas, trouvez-moi quelqu'un qui fasse l'affaire. Il fallut six bonnes semaines pour que Deutch embauche à la force du poignet un général d'aviation en retraite nommé Mike Carns. Il ne fallut que six autres semaines pour que le général déclare forfait.

« Le Président, précisa Deutch, s'appliqua à me convaincre que je devais vraiment prendre le poste. »

Ainsi s'amorça une courte et amère expérience. Deutch avait de bonnes raisons de craindre cette nomination. Ayant évolué pendant quelque trente ans dans les milieux de la sécurité nationale, il savait qu'aucun directeur général du Renseignement n'était jamais parvenu à remplir complètement son contrat – c'est-à-dire à accomplir simultanément la tâche de président du dispositif global de renseignement et celle de directeur de la CIA. Il exigea et obtint statut ministériel, comme tel avait été le cas pour Bill Casey, pour s'assurer quelque possibilité d'accès direct au Président. Il espérait pouvoir devenir secrétaire à la Défense si Clinton était réélu en 1996. Mais il savait que la CIA était dans un tel état qu'on ne pouvait rétablir la situation en un ou deux ans.

En mai 1995, quelques jours après que Deutch eut pris ses fonctions au siège de l'Agence, les responsables du service d'action clandestine, toujours conscients de la nécessité de s'assurer les bonnes grâces d'un nouveau patron, lui présentèrent une somptueuse brochure intitulée *Une nouvelle direction. Un nouvel avenir.* On y trouvait la liste de leurs dix objectifs prioritaires : la dissémination des engins nucléaires, le terrorisme, le fondamentalisme musulman, l'appui aux opérations militaires, la macro-économie, l'Iran, l'Irak, la Corée du Nord, la Russie, la Chine. Le nouveau directeur et ses subordonnés savaient tous que la Maison Blanche voulait utiliser la CIA comme une sorte d'Internet privé, fournissant à la demande des renseignements sur tout et n'importe quoi, de l'état des forêts amazoniennes à la contrefaçon des compacts-discs, et qu'il fallait resserrer les champs d'action. « L'ennui, avait déclaré alors Deutch, est qu'il y a trop à faire. On nous demande soudain : que va-t-il se passer en Indonésie ? Que va-t-il se passer au Soudan ? Que va-t-il se passer au Moyen-Orient ? » Cette exigence d'une surveillance universelle était simplement impossible à satisfaire. Les agents de la CIA demandaient qu'on les laisse se concentrer sur certaines cibles importantes. Deutch était impuissant à régler le problème et concilier les points de vue.

Il s'employa pendant cinq mois à essayer de prendre sérieusement en main le service d'action clandestine. Il visita des antennes de la CIA dans le monde entier, écoutant, interrogeant, s'efforçant d'évaluer les outils dont il disposait. Il dit ensuite avoir trouvé « un moral extrêmement bas ». Il fut étonné et choqué par l'incapacité de ses agents sur le terrain à régler leurs propres problèmes. Il les surprit dans un état voisin de la panique.

Il en vint à les comparer aux militaires américains après le Vietnam. À l'époque, comme Deutch le souligna en septembre 1995, nombre d'officiers, jeunes et moins jeunes, ayant quelque lucidité, s'étaient regardés entre eux et s'étaient dit : « Nous sommes dans le pétrin. Il nous faut changer. Il nous faut trouver un moyen de faire les choses différemment. Ou nous partons, ou nous allons devoir changer le système. » Et ceux qui étaient restés avaient effectivement changé le système. Deutch voulait que les hommes du service d'action clandestine fassent de même. Mais ils en étaient incapables. « Comparés à des officiers en uniforme, devait-il dire de ses propres agents, ils ne sont certainement pas aussi compétents ni aussi conscients de ce que doivent être leur rôle et leurs responsabilités. »

Cette crise de confiance prit de multiples formes. Elle se traduisit par l'échec d'opérations inconsidérées, par de persistantes erreurs d'analyse et d'effarantes carences de jugement.

En ce qui concerne la Bosnie, le 13 juillet 1995, alors que la presse internationale faisait état de massacres de musulmans par les Serbes, un satellite d'observation diffusa des images de prisonniers gardés par des hommes en armes dans des champs proches de Srebrenica. Il fallut trois semaines pour qu'à la CIA, on jette un coup d'œil sur ces photographies. Nul n'avait pensé que les Serbes prendraient la ville. Nul n'avait anticipé un massacre. Nul n'avait prêté attention à ce que pouvaient rapporter les Nations unies, les organisations humanitaires ou simplement la presse. La CIA n'avait aucun agent sur le terrain pour confirmer ou infirmer ce qui était dit. On lui avait demandé de se consacrer à fournir une assistance aux opérations militaires dans la région, et c'est ce qu'elle faisait. Ni plus ni moins.

En un tout autre endroit, à Paris, l'antenne de la CIA s'était lancée dans une opération d'une rare complication visant à percer les secrets de la position française dans les négociations commerciales [16]. S'obstinant à poser en dogme que le libre-échange devait être la clé et la force motrice de la politique étrangère américaine, la Maison Blanche avait encore accru le fardeau déjà porté par la CIA en exigeant de plus en plus d'informations d'ordre économique. Et l'antenne de Paris en était réduite à rechercher des renseignements aussi vitaux pour la sécurité nationale des États-Unis que le nombre exact de films américains devant être projetés sur les écrans français.

Dans le même temps, les services français avaient monté une opération de contre-espionnage comprenant, entre autres choses, la séduction d'un agent féminin de la CIA opérant sous la couverture d'une femme d'affaires. Des confidences furent faites sur l'oreiller et certains secrets révélés. Et le gouvernement français expulsa en grande pompe le chef d'antenne de Paris, Dick Holm, un authentique vétéran de la guerre secrète, qui avait monté dans le passé de remarquables opérations au Laos et réchappé de peu, trente ans plus tôt, à un spectaculaire accident d'avion au Congo. Il effectuait à Paris sa dernière mission avant la retraite. Quatre autres agents de la CIA, tout penauds, furent expulsés avec lui.

« DE LA MALIGNITÉ PURE »

Mais les problèmes parisiens pouvaient être considérés comme anodins à côté de ce qui se passait dans la section d'Amérique latine du service d'action clandestine. Cette section constituait un monde à part, une sorte d'État dans l'État au sein de la CIA, dominé par des vétérans de la lutte anticastriste qui avaient leurs propres règles et leurs propres méthodes d'action. Depuis 1987, des chefs d'antenne de l'Agence au Costa Rica, au Salvador, au Pérou, au Venezuela et à la

Jamaïque s'étaient trouvés accusés, à intervalles presque réguliers, d'avoir menti à leurs supérieurs, pratiqué un harcèlement sexuel sur des collègues, détourné des fonds. On pouvait également évoquer une opération impliquant un trafic de stupéfiants au terme de laquelle une tonne de cocaïne s'était retrouvée en circulation en Floride et des « erreurs » de comptabilité portant sur un million de dollars de fonds gouvernementaux. La section d'Amérique latine était la seule du service où des chefs d'antenne avaient dû être relevés de leurs fonctions pour faute grave sur une base quasi régulière. Cette situation était principalement liée aux problèmes de politique intérieure des pays intéressés. Tout au long de la guerre froide, la CIA avait, en Amérique latine, travaillé avec les juntes militaires contre les mouvements insurrectionnels de gauche. Et ainsi s'étaient créés des liens qu'il était difficile de rompre.

Au Guatemala, 200 000 civils avaient péri au cours des quarante années ayant suivi le coup d'État, appuyé par la CIA, de 1954 contre un président-élu. Au moins quatre-vingt-dix pour cent de ces morts avaient été dues aux militaires guatémaltèques. Et, en 1994, les agents locaux de la CIA faisaient de grands efforts pour dissimuler les relations étroites qu'ils entretenaient avec ces militaires et les activités réelles des officiers guatémaltèques à leur solde. Cela allait directement à l'encontre d'un système d'« évaluation des agents » que Woolsey s'était efforcé d'instaurer cette même année. Ce système consistait à mettre en balance la qualité des informations fournies par un agent et le caractère criminel de sa conduite.

« On ne tient pas, commentait l'inspecteur général Fred Hitz, à se trouver en situation de traiter avec des militaires ou des fonctionnaires d'un gouvernement connu pour avoir du sang sur les mains à moins que cela ne serve des fins légitimes d'information. À moins, par exemple, qu'un personnage sache qu'il y a, dans le sud du Guatemala, une fabrique d'armes biologiques prêtes à être vendues au plus offrant et qu'il soit notre seule source de renseignements à cet égard. Si un personnage est connu pour massacrer les gens et violer les lois, le contact que la CIA aura avec cet individu doit dépendre des informations qu'il peut vraisemblablement fournir. Si ces informations donnent la clé d'un mystère de première importance, nous prendrons le risque. Mais que ce soit en toute lucidité et non par inertie ou force de l'habitude. »

Au Guatemala, on en était arrivé à une véritable guerre intestine entre l'antenne de la CIA – qui, selon un diplomate, « avait environ deux fois la taille qu'elle aurait dû avoir » – et l'ambassade des États-Unis. Et cet affrontement atteignit son sommet en 1994, lorsque Dan Donahue devint chef de station en remplacement de Fred Brugger, déjà connu pour son hostilité à l'égard de l'ambassade. Le nouvel ambassadeur était Marilyn McAfee, qui proclamait très haut son attachement aux droits de l'homme, tandis que la CIA locale demeurait fidèle à ses alliés du service de renseignement militaire guatémaltèque en dépit de tous leurs excès.

« Le chef d'antenne de la CIA vint dans mon bureau, devait raconter Marilyn McAfee, pour me montrer une fiche de renseignement de source guatémaltèque affirmant que j'avais une liaison amoureuse avec ma secrétaire, Carol Murphy. » Les Guatémaltèques avaient installé des micros dans la chambre à coucher de l'ambassadeur et avaient ainsi enregistré des mots tendres prodigués à « Murphy ». Ils en avaient conclu que Marilyn McAfee était lesbienne. L'antenne de la CIA transmit un rapport en ce sens – ultérieurement connu sous le nom de « mémorandum Murphy » – à Washington, où il connut une large diffusion. « La CIA, devait souligner Marilyn McAfee, envoya ce rapport directement au Capitole. C'était de la malignité pure. La CIA avait diffamé par des voies détournées un ambassadeur des États-Unis. »

Or, il se trouvait que Marilyn McAfee venait d'une famille strictement conservatrice, qu'elle était mariée et qu'elle ne couchait aucunement avec sa secrétaire. « Murphy » était aussi le nom de son jeune caniche, auquel s'adressaient les mots d'affection enregistrés dans la chambre.

Des incidents de ce genre finirent par pousser Deutch à réagir. Le 29 septembre 1995, vers la fin de son cinquième mois d'exercice, il se rendit à « la Bulle » – l'amphithéâtre de six cents places installé à l'entrée du siège de la CIA – pour faire part de quelques mauvaises nouvelles au service d'action clandestine. Une commission d'enquête interne de la CIA s'était penchée sur les incidents du Guatemala et avait invité Deutch à licencier Terry Ward, qui avait dirigé la section d'Amérique latine du service d'action clandestine de 1990 à 1993 et était alors chef d'antenne en Suisse. Il devait faire subir le même sort à Fred Brugger, l'ancien chef d'antenne du Guatemala, et infliger une sanction sévère à son successeur, Dan Donahue, en s'assurant que celui-ci ne soit plus jamais placé à la tête d'une antenne de la CIA.

Il était rare – très rare – qu'un membre du service d'action clandestine soit licencié. Mais Deutch précisa qu'il allait suivre à la lettre les recommandations de la commission. La nouvelle fut fort mal accueillie. Les agents présents ne se donnèrent même pas la peine de cacher leur fureur. La rupture entre le directeur et le service d'action clandestine était consommée.

« NOUS DEVONS BIEN ÉTABLIR NOS PRIORITÉS »

Devant cette situation, Deutch décida de confier les problèmes du service d'action clandestine à son Numéro 2 – George Tenet, le directeur adjoint de la CIA. Âgé de quarante-deux ans, Tenet avait été pendant cinq années directeur du personnel de la Commission sénatoriale du renseignement et pendant deux autres années le principal spécialiste du renseignement pour le Conseil de sécurité nationale. Il était particulièrement bien placé pour gérer les difficiles relations entre la CIA, le Congrès et la Maison Blanche. Et il en vint rapidement à considérer le service d'action clandestine de la CIA très différemment de Deutch, à voir en lui non un problème à résoudre mais une cause à défendre. Il allait faire tout son possible pour prendre les choses en main et redresser la situation.

« Laissez-moi vous expliquer la situation, déclara-t-il aux responsables du service d'action clandestine réunis par ses soins [17]. Voici les dix ou quinze choses pour lesquelles l'échec ne nous est pas permis, qui sont vitales pour la sécurité nationale des États-Unis. C'est à ces choses que nous voulons vous voir consacrer votre argent, vos effectifs et toutes vos aptitudes. Nous devons bien établir nos priorités. »

Le terrorisme ne tarda pas à figurer en tête de cette liste de priorités. À l'automne 1995, toute une série de rapports alarmants provenant de l'antenne de la CIA au Soudan commença à parvenir au siège central de l'Agence ainsi qu'à Richard Clarke, le « tsar » du contre-terrorisme de la Maison Blanche. Ils faisaient état d'attentats imminents contre l'antenne locale de la CIA, l'ambassade des États-Unis et un membre éminent de l'Administration Clinton.

Le Soudan servait à l'époque de gare de triage à nombre de terroristes internationaux n'ayant pas de base nationale fixe. Parmi ceux-ci figurait Oussama Ben Laden. Il avait été connu de la CIA depuis la fin des années 80 comme un riche Saoudien soutenant ces rebelles afghans que l'Agence fournissait en armes et en matériel pour leur combat contre les occupants soviétiques. On savait également que Ben Laden finançait des extrémistes ayant fait vœu d'attaquer à tout prix les ennemis de l'islam. Mais la CIA n'avait jamais réuni en un rapport cohérent tous les fragments d'information qu'elle possédait sur le personnage et le réseau qu'il avait constitué. Aucune évaluation de la menace terroriste qu'il pouvait représenter ne fut faite avant que son nom ne soit connu du monde entier.

De retour en Arabie Saoudite, Ben Laden avait mené campagne

contre la présence de troupes américaines dans le pays après la première guerre du Golfe. Sur quoi il fut expulsé par le gouvernement saoudien et alla s'installer au Soudan. Le chef d'antenne de la CIA au Soudan, Cofer Black, était un agent de la vieille école, combinant courage et astuce, qui avait activement participé, entre autres choses, à la traque de Carlos le « Chacal ». Il suivit les activités de Ben Laden en territoire soudanais du mieux qu'il put. En janvier 1996, fut créée par la CIA une unité contre-terroriste d'une douzaine de personnes entièrement consacrée à la surveillance de Ben Laden. On commençait à penser que celui-ci était susceptible de lancer des attaques contre des installations américaines à l'étranger.

Mais, un mois plus tard, en février 1996, l'Agence mit fin à ses activités au Soudan, se privant de renseignements de première main sur sa nouvelle cible privilégiée. L'antenne de la CIA et l'ambassade des États-Unis furent tout simplement fermées et leur personnel transféré au Kenya. Cette décision fut prise malgré les véhémentes objections de l'ambassadeur, Timothy Carey, qui estimait que ce retrait américain du Soudan constituait une erreur dramatique. Les événements devaient lui donner raison.

Peu après, Ben Laden alla s'installer en Afghanistan. Le chef de l'unité antiterroriste chargée de son cas, Mike Scheuer, vit là une merveilleuse occasion d'agir. La CIA avait, en effet, renoué des contacts avec tout un réseau d'exilés afghans réfugiés dans les régions nord-ouest du Pakistan. Ces « éléments tribaux », comme on les appelait à l'Agence, aidaient les Américains à pourchasser Mir Amal Kansi, qui avait abattu deux de leurs agents.

On nourrissait donc l'espoir qu'ils pourraient aussi, un jour, contribuer à l'enlèvement ou à l'élimination physique de Ben Laden. Mais cette opération devait attendre, la CIA ayant, pour le moment, un autre personnage dans sa ligne de mire.

Le chef de la section du Proche-Orient du service d'action clandestine, Stephen Richter, travaillait depuis deux ans à un projet de putsch militaire contre Saddam Hussein en Irak. L'ordre était venu du président Clinton. C'était la troisième fois seulement en cinq ans qu'une telle consigne était venue de la Maison Blanche à l'adresse de la CIA. En Jordanie, une équipe d'agents de la CIA prit contact à cette fin avec Mohamed Abdullah Shaouani, ancien commandant des Forces spéciales irakiennes. Et, à Londres, d'autres représentants de l'Agence se concertèrent avec un nommé Ayad Alaoui[18], chef de file d'un groupe de militaires et hommes politiques irakiens en exil, tandis que, dans le nord de l'Irak, la CIA reprenait ses relations anciennes avec les chefs de tribu kurdes[19].

Mais, malgré tous les efforts déployés par l'Agence et la fourniture d'armes et d'argent, l'union entre ces forces disparates ne se fit pas. La CIA dépensa également des millions de dollars pour tenter d'infiltrer l'entourage politique et militaire de Saddam Hussein et y provoquer la sédition. Mais les éventuels conjurés furent rapidement repérés par les agents du gouvernement, et, à la fin de juin 1996, Saddam Hussein fit arrêter près de deux cents officiers des garnisons proches de Bagdad. Quelque quatre-vingts d'entre eux furent exécutés, parmi lesquels les fils du général Shaouani.

« L'ÉCHEC EST INÉVITABLE »

Deutch mit Clinton en fureur en déclarant au Congrès que la CIA risquait de ne jamais pouvoir résoudre le problème de Saddam Hussein. Son séjour de dix-sept mois à la direction du Renseignement se terminait dans l'amertume. En décembre 1996, après sa réélection la Maison Blanche, Clinton le limogea et se tourna vers son conseiller pour la Sécurité nationale, Tony Lake, pour lui tendre le calice empoisonné.

Lake était tout disposé à accepter la mission, mais il se heurta à la double opposition du président républicain de la Commission sénatoriale du renseignement, le sénateur d'Alabama Richard Shelby, qui exprimait ainsi son opposition féroce à la politique étrangère de Clinton, et des responsables du service d'action clandestine de la CIA, qui déclaraient ne plus vouloir « d'intrus à leur tête ».

Le 17 mars 1997, Lake se retira, furieux, déclarant notamment qu'il ne voulait pas jouer le rôle « d'un ours savant dans un cirque politique ». Et l'on dut s'en remettre à George Tenet – qui, d'ailleurs, gérait déjà l'affaire et allait devenir le cinquième directeur du Renseignement en six ans.

Tenet savait quelle était sa mission : sauver la CIA. Mais l'Agence arrivait à la fin d'un siècle en principe dominé par les États-Unis handicapée par un système de gestion du personnel mis au point vers 1880, un mode de circulation de l'information évoquant les chaînes de montage de 1920 et une bureaucratie remontant aux années 50. Ses méthodes rappelaient les plans quinquennaux chers à feu Staline. Ses capacités de collecte et d'analyse de renseignements secrets se trouvaient sérieusement remises en question à une époque où l'information explosait de toutes parts et où l'Internet mettait l'encryptage à la portée de tous. Le service d'action clandestine était devenu un organisme où « les grands succès étaient rares et l'échec courant », selon un rapport de la Commission du renseignement de la Chambre des représentants [20].

Et certains de ces échecs faisaient de nouveau la première page des journaux. La CIA avait de nouveau découvert une « taupe » en son sein. Harold J. Nicholson, ancien chef d'antenne en Roumanie, était devenu pour deux ans instructeur à « La Ferme », le centre d'entraînement de l'Agence près de Williamsburg, en Virginie. Or, il espionnait pour Moscou depuis 1994, vendant aux Russes les dossiers de douzaines d'agents de la CIA en poste à l'étranger, ainsi que les identités de tous les élèves brevetés à « La Ferme ». Les représentants de la CIA déclarèrent au juge fédéral qui condamna Nicholson à vingt-trois ans de prison qu'il leur était impossible d'évaluer les dégâts commis par celui-ci. Ainsi, trois promotions entières du centre d'entraînement durent être déclarées inaptes au service à l'étranger.

Le 18 juin 1997, trois semaines avant l'entrée en fonction officielle de Tenet, un nouveau rapport de la commission de la Chambre des représentants pour le renseignement vint porter un coup fatal à ce qui pouvait subsister de l'idée que la CIA constituait la première ligne de défense des États-Unis d'Amérique. Selon cette commission, que présidait Porter J. Goss, l'Agence regorgeait d'agents totalement inexpérimentés, incapables de parler la langue ou de comprendre les mœurs politiques des pays où ils évoluaient. Elle concluait que l'Agence n'avait pas « les dimensions et l'expertise nécessaires pour suivre les développements politiques, militaires et économiques dans l'ensemble du monde ».

Au cours de l'été suivant, un membre chevronné de l'Agence du nom de Russ Travers publia dans le journal interne de la CIA un article également accablant. Il y soulignait le terrible déclin des capacités américaines de collecte et d'analyse du renseignement. Depuis des années, écrivait-il, les responsables de nos services affirment qu'ils sont en train de remettre l'Agence sur la bonne voie, mais il s'agit là d'un mythe. « Nous affinons nos structures et modifions marginalement nos programmes, poursuivait-il, nous nous appliquons à ranger bien proprement les chaises longues sur le pont du *Titanic*. » Mais, ajoutait-il, « nous allons commencer à commettre, plus souvent encore, de plus nombreuses et plus grosses erreurs. Nous nous sommes éloignés du principe de base : la collecte et l'analyse objective des faits ».

Et il traçait, à l'intention des futurs responsables de la CIA, ce tableau de l'avenir :

« Disons que nous sommes en l'an 2001. Avec l'arrivée du nouveau siècle, l'analyse est devenue dangereusement fragmentée. L'organisation peut toujours recueillir des "faits", mais l'analyse a été depuis longtemps noyée sous le volume d'informations disponibles et l'on n'est plus en mesure de distinguer entre les faits significatifs et le bruit de fond. La qualité de l'analyse est devenue de plus en plus suspecte... Les renseignements sont là, mais nous sommes incapables d'en reconnaître pleinement la signification. Dans la perspective de 2001, l'échec est inévitable [21]. »

47.

« LA MENACE NE POUVAIT ÊTRE PLUS RÉELLE »

George Tenet prêta serment, comme dix-huitième directeur général du Renseignement, le 11 juillet 1997. Il m'affirma personnellement à l'époque, sachant que ses paroles allaient être reproduites dans le *New York Times*, que la CIA avait plus de compétence et de sagacité que ne pouvait l'imaginer aucune personne extérieure. C'était de la pure propagande. « Nous étions presque à sec financièrement », devait-il reconnaître sept ans plus tard [22], ajoutant qu'il avait hérité une CIA « dont l'expertise défaillait » et un service d'action clandestine « en plein désarroi ».

L'Agence devait célébrer au mois de septembre son cinquantième anniversaire, et l'on avait dressé, à cette occasion, une liste de ses cinquante membres les plus éminents. La plupart étaient d'âge avancé, lorsqu'ils étaient encore vivants. Le plus important parmi les survivants était Richard Helms. Mais il n'était guère d'humeur à célébrer quoi que ce soit. « La seule superpuissance subsistant à l'heure actuelle, me déclara-t-il alors [23], ne s'intéresse pas assez à ce qui se passe dans le monde pour organiser et diriger un service d'espionnage. Nous nous sommes éloignés de cette notion. »

Celui qui avait été son successeur, James Schlesinger, ne tenait pas des propos beaucoup plus optimistes. « La confiance qu'on plaçait en la CIA s'est dissipée, disait-il [24]. L'Agence est maintenant si délabrée que son utilité dans le domaine de l'espionnage est sujette à caution. »

Tenet commença son travail de reconstruction. Il fit sortir de leur retraite d'anciennes vedettes, comme Jack Downing, qui avait été chef d'antenne à Moscou et à Pékin, et accepta de prendre la tête du service d'action clandestine pendant un an ou deux.

Tenet sollicita également, pour la CIA, un apport de fonds de plusieurs milliards de dollars, en promettant que l'Agence serait remise sur pied dans les cinq ans, soit en 2002, si l'argent arrivait immédiatement. Porter Goss, qui tenait les cordons de la bourse en ce qui concer-

nait la Chambre des représentants, autorisa une « aide exceptionnelle »
de plusieurs centaines de millions de dollars, suivie d'une injection d'un
milliard huit cents millions en attendant mieux. C'était le plus important
accroissement du budget du Renseignement enregistré en quinze ans.

« Le renseignement, avait alors déclaré Goss [25], n'est pas une chose
particulière à la guerre froide. Si l'on repense à Pearl Harbor, on peut
comprendre pourquoi. Les mauvaises surprises sont toujours là. »

« UNE DÉFAILLANCE CATASTROPHIQUE »

Tenet vivait en fait dans un état d'angoisse permanente, attendant
la prochaine bavure. « Je ne laisserai pas, avait-il proclamé, la CIA
devenir une organisation de second ordre. » Quelques jours plus tard, le
11 mai 1998, l'Agence était prise totalement par surprise lorsque l'Inde
fit exploser une bombe nucléaire. Cet essai avait pourtant pour effet de
remettre radicalement en question l'équilibre des forces dans le monde.

Du côté de la CIA, l'échec était flagrant, et certains commençaient à
prédire une catastrophe. Tel était notamment le cas de Mary McCarthy,
qui avait succédé à Tenet au Conseil de sécurité nationale, et qui, peu
après l'affaire de la bombe indienne, fit circuler ouvertement un
rapport soulignant « la probabilité d'une défaillance cataclysmique »
du système d'information.

Tenet, toutefois, avait un motif pour **ne** s'être pas intéressé d'assez
près à l'arsenal nucléaire indien. Ses hommes s'affairaient à la préparation d'une opération visant à capturer Oussama Ben Laden. En
février 1998, celui-ci avait déclaré avoir reçu de Dieu mission de tuer
des Américains, et, en Afghanistan, il s'efforçait de regrouper les
anciens combattants de la guerre sainte contre les Soviétiques en vue
d'une nouvelle *djihad*, dirigée, celle-là, contre les États-Unis.

Au Pakistan, le chef d'antenne de la CIA, Gary Schroen, travaillait
sur un plan visant à utiliser les anciens protégés afghans de l'Agence
pour enlever Ben Laden lorsqu'il serait en chemin pour son quartier
général de Kandahar, dans le sud de l'Afghanistan. Le 20 mai 1998
commença une répétition en règle de l'opération. Mais, le 29 mai, Tenet
décida d'annuler celle-ci. Son succès dépendait en effet de la coopération du Pakistan – qui venait de procéder à son propre essai nucléaire en
réponse à celui effectué par l'Inde. Les Pakistanais avaient donc
d'autres préoccupations, et les Afghans n'étaient pas totalement fiables.
L'échec de l'opération était probable et l'on ne pouvait se le permettre.

Juin et juillet se passèrent sans que l'attaque annoncée par Ben Laden
se produise. Mais le 7 août 1998, le président Clinton fut réveillé à

5 heures 35 du matin par un coup de téléphone lui rapportant des attentats à la bombe contre les ambassades des États-Unis à Nairobi, au Kenya, et à Dar es-Salaam, en Tanzanie. Les explosions s'étaient produites à quatre minutes d'intervalle. À Nairobi, les dégâts, que j'ai pu personnellement constater, étaient terribles. Douze Américains, dont un jeune agent de la CIA, avaient péri dans cette explosion, qui avait tué des centaines de Kenyans et en avait blessé des milliers aux alentours de l'ambassade.

Le lendemain, George Tenet se rendit à la Maison Blanche avec des informations selon lesquelles Ben Laden se dirigeait vers un camp situé près de Khost, en Afghanistan, non loin de la frontière pakistanaise. Tenet et les collaborateurs de Clinton chargés de la sécurité nationale décidèrent d'attaquer ce camp à l'aide de missiles de croisière. Recherchant un deuxième objectif pour parfaire la riposte, ils arrêtèrent leur choix sur Al Shifa, une usine proche de Khartoum, au Soudan. Un agent égyptien avait fait parvenir à la CIA un prélèvement de sol semblant indiquer la présence dans l'usine d'un produit chimique utilisé pour la fabrication du gaz VX.

Cet indice était d'une grande minceur, et Mary McCarthy souligna, lors d'une réunion de Conseil de sécurité nationale, que « de bien meilleures informations sur cette usine » lui semblaient requises avant toute intervention [26]. Ces informations ne furent jamais fournies.

Néanmoins, le 20 août, des navires de guerre américains croisant dans le golfe Persique déclenchèrent un véritable tir de barrage de missiles sur les deux objectifs choisis. Les fusées tuèrent une vingtaine de Pakistanais passant par Khost – que Ben Laden avait quitté depuis longtemps – et un veilleur de nuit au Soudan. Les proches collaborateurs de Clinton persistaient à affirmer que les preuves ayant entraîné l'attaque de l'usine soudanaise étaient d'une solidité à toute épreuve. Ils avaient commencé par dire qu'il s'agissait d'une fabrique d'armes travaillant pour Ben Laden. En fait, c'était une usine de produits pharmaceutiques et rien ne permettait de relier son activité à Ben Laden. Puis les mêmes personnages soutinrent que les Irakiens y préparaient des armes chimiques, ce qui fut ultérieurement démenti par les résultats des inspections de l'ONU en Irak. Quant à la substance contenue dans le prélèvement de sol adressé à la CIA, elle pouvait être, en définitive, un simple désherbant.

Trois semaines plus tard, Tenet conféra avec les autres hauts responsables du Renseignement à Washington. À l'issue de cette rencontre, tous convinrent qu'ils allaient devoir procéder à « des réformes radicales » de la façon dont les informations étaient recueillies et analysées aux États-Unis, faute de quoi l'on courait à « une défaillance catastrophique du système ». La date de cette réunion était le 11 septembre 1998.

« NOUS CONTINUERONS À ÊTRE SURPRIS »

Si la CIA ne se réinvente pas, me déclara personnellement Tenet au mois d'octobre suivant, « dans dix ans, nous n'aurons plus de raison d'être [27] ». Et d'ajouter, au cours de cette première interview en qualité de directeur général du Renseignement : « Si nous ne développons pas notre expertise, nous n'atteindrons pas les objectifs souhaités. »

Depuis 1991, la CIA avait perdu plus de trois mille de ses meilleurs éléments – près de vingt pour cent de ses principaux agents de renseignement, analystes, experts en technologie. Environ sept pour cent des membres du service d'action clandestine déclaraient forfait chaque année. Cela représentait une perte d'un millier d'agents expérimentés et n'en laissait pas plus de mille en place.

Tenet savait qu'il ne pouvait garantir l'avenir avec des effectifs aussi réduits en première ligne.

« Il y aura toujours des moments, déclarait-il, où nous devrons nous précipiter pour intervenir sur des événements que nous n'avions pas prévus, non parce que quelqu'un s'était endormi aux commandes, mais parce que ce qui se passe est d'une trop grande complication. On croit que nous avons édifié un système de renseignement sans faille, capable non seulement de vous informer sur les tendances et sur les événements en cours mais de vous donner la date, l'heure et le lieu des événements en vue. C'est la CIA elle-même qui a imposé cette conviction il y a longtemps. C'était une illusion. Nous continuerons à être surpris. »

Tenet commença à organiser une campagne nationale de chasse aux talents, péniblement conscient du fait que son combat pour la remise sur pied de la CIA allait prendre bien des années, coûter bien des milliards de dollars et mobiliser des milliers d'énergies nouvelles. Il faut cinq à sept années pour transformer une nouvelle recrue en un agent traitant capable d'opérer dans les capitales les plus difficiles du monde. Et il n'était pas facile de trouver des Américains ouverts sur d'autres mondes et disposés à travailler pour la CIA.

L'ancien directeur général du Renseignement Bob Gates soulignait qu'au fil des ans, la CIA était devenue, elle, de moins en moins disposée à engager « des gens un peu différents, des gens excentriques, des gens qui n'avaient pas bonne allure en complet-veston, des gens qui ne jouaient pas le jeu commun [28] ».

En raison de cette myopie culturelle, la CIA avait souvent une appréciation erronée du monde. Très peu de ses membres étaient capables de lire ou d'écrire le chinois, le coréen, l'arabe, l'hindi, l'urdu ou le farsi – langues cependant pratiquées par quelque trois milliards de gens, soit la moitié de la population mondiale. Trop peu avaient eu l'expérience d'un marchandage dans un bazar arabe ou de la vie d'un village africain. Selon Gates, l'Agence était incapable d'envoyer « un Américain d'origine asiatique en Corée du Nord sans qu'il soit immédiatement identifié comme originaire du Kansas ».

Alors qu'il était encore en fonction, en 1992, Gates avait tenté de faire engager un citoyen américain élevé en Azerbaïdjan. « Il parlait couramment azéri, devait raconter Gates, mais il n'écrivait pas très bien l'anglais. On l'écarta parce qu'il n'avait pas réussi notre examen d'anglais. Quand j'appris cela, j'explosai littéralement de fureur, soulignant que j'avais déjà des milliers de gens, dans cette maison, capables de bien écrire l'anglais, mais personne sachant parler azéri. »

Sous Tenet, l'Agence commença à passer au peigne fin toutes les villes et les faubourgs des États-Unis à la recherche d'enfants d'immigrés ou de réfugiés, d'Asiatiques ou d'Arabes américains de la première génération. Des annonces furent publiées dans tous les journaux s'adressant à des minorités ethniques. Les résultats furent médiocres. Mais, de toute façon, un apport de sang neuf n'était qu'un remède partiel. Et une question fondamentale se posait : la CIA pouvait-elle recruter les gens dont elle aurait besoin dans cinq ou dans dix ans, alors qu'elle ne savait pas vers quoi elle allait ? Tout ce qu'elle savait, c'était qu'elle ne pouvait survivre dans l'état où elle avait fini par se trouver.

« UN BOMBARDEMENT DE TROP »

Tandis que la CIA s'affaiblissait, l'ennemi, lui, se renforçait. L'attaque manquée contre Ben Laden avait eu pour effet de rehausser le prestige de celui-ci et d'attirer à la cause qu'il incarnait des milliers de nouvelles recrues.

Tenet revint à l'idée de faire capturer Ben Laden en utilisant des Afghans. Ceux-ci affirmèrent, en septembre et octobre 1998, avoir monté quatre embuscades à cet effet, ce dont la CIA douta fortement. Ils réussirent toutefois à convaincre les représentants de l'Agence sur le terrain qu'ils étaient en mesure de suivre les déplacements de leur gibier en Afghanistan. Ils signalèrent le 18 décembre que Ben Laden devait retourner à Kandahar et qu'il passerait la nuit du 20 dans une maison située dans l'enceinte de la résidence du gouverneur local. Le chef d'antenne de la CIA au Pakistan, Gary Schroen, donna l'ordre de frapper aussitôt ; il n'y aurait peut-être jamais de meilleure occasion. On prépara les missiles de croisière. Mais l'information de base ne provenait que d'un seul homme, et des centaines de personnes dormaient, cette nuit-là, dans l'enceinte visée. Chez Tenet, les doutes l'emportèrent sur son désir d'en finir avec Ben Laden. L'opération fut décommandée. Au sommet, la hardiesse avait cédé le pas à la prudence.

Dans les premières semaines de 1999, les Afghans rapportèrent que Ben Laden se dirigeait vers un rendez-vous de chasse situé au sud de Kandahar et habituellement fréquenté par de riches adeptes de la fauconnerie. Le 8 février, un satellite-espion procéda à un repérage de l'objectif. Un avion officiel des Émirats arabes unis – important allié des États-Unis – était stationné là. On ne pouvait décemment massacrer des émirs pour se débarrasser de Ben Laden. Une fois de plus, les missiles restèrent au sol.

Les Afghans continuèrent à suivre les déplacements de Ben Laden tout au long du mois d'avril 1999 [29]. En mai, ils réussirent à le localiser précisément pendant trente-six heures. Les agents de Gary Schroen envoyèrent des rapports détaillés à ce sujet. Le général John Gordon, adjoint direct de Tenet, estimait l'occasion exceptionnelle, mais, pour la troisième fois, Tenet lui-même dit non. Sa confiance en l'aptitude de la CIA à déterminer des objectifs venait d'être durement ébranlée.

Des opérations de bombardements avaient été déclenchées sous l'égide de l'OTAN, pour contraindre le président serbe Milosevitch à retirer ses troupes du Kosovo, et la CIA avait été chargée de trouver les objectifs des avions américains. Cette tâche avait été plus spécialement confiée au service de l'Agence chargé de surveiller la prolifération des armes de destruction massive dans le monde. Ses analystes indiquèrent comme la cible adéquate le siège de la Direction yougoslave du matériel et des fournitures, 2, boulevard Oumenosti, à Belgrade. Ils avaient utilisé, pour situer l'objectif, des cartes et plans touristiques. La CIA communiqua les coordonnées au Pentagone et des bombardiers B-2 effectuèrent l'opération.

L'objectif fut atteint et détruit. Mais la CIA avait mal lu les cartes. Il s'agissait de l'ambassade de Chine. « Voilà un bombardement de trop », soupira le vice-amiral Wilson qui, avant de devenir directeur de la Defense Intelligence Agency en 1999, eut la tâche déplaisante de montrer les photos de l'ambassade au président des États-Unis.

Cette erreur eut de très profondes répercussions. Il allait maintenant falloir longtemps pour que la Maison Blanche et le Pentagone fassent confiance à la CIA pour indiquer un objectif aux forces américaines.

« LA PLUS GRANDE MENACE »

Les services de renseignement et forces armées américaines étaient encore habituées à faire face à des nations et à des armées – difficiles à détruire mais faciles à repérer sur une carte. Le nouvel ennemi était un homme – facile à tuer mais difficile à trouver. C'était une sorte de fantôme se déplaçant la nuit en Afghanistan à bord d'une Land Cruiser.

Le président Clinton signa des ordres secrets donnant, selon lui, à la CIA la possibilité de tuer Ben Laden. Au plus fort de ses ennuis politiques et de l'affaire Lewinski, il devait rêver de ninjas américains sautant soudain d'hélicoptères pour se saisir du terroriste saoudien. Il avait fait de George Tenet le commandant suprême d'une guerre contre un seul homme.

Tenet dut donc refréner les doutes qu'il nourrissait quant aux aptitudes de la CIA à la collecte du renseignement et aux opérations clandestines pour concevoir un nouveau plan d'action avant que Ben Laden ne repasse à l'offensive. Avec son nouveau responsable du contre-terrorisme, Cofer Black, il définit, vers la fin de l'été 1999, une nouvelle stratégie prévoyant que la CIA mobilise, dans le monde entier, ses anciens ennemis comme ses vieux amis pour s'efforcer d'anéantir Ben Laden et ses partisans. Black, ainsi, s'appliqua à resserrer ses liens avec les services de sécurité et de renseignement militaire de pays tels que l'Ouzbékistan et le Tadjikistan, situés aux frontières de l'Afghanistan. On espérait que ces nouveaux alliés seraient en mesure d'aider les représentants de la CIA à prendre pied en territoire afghan.

L'un des buts principaux de cette opération était de renouer la liaison avec l'éminent chef de guerre afghan Ahmed Shah Massoud, dans le fief montagneux qu'il tenait depuis le début même de l'occupation soviétique, vingt ans plus tôt, au nord-est de Kaboul. Massoud, dont le but ultime était de régner sur l'ensemble de l'Afghanistan, proposait une nouvelle alliance précise à ses anciens amis de la CIA. Il offrait de s'attaquer aux principaux points d'appui de Ben Laden, et, avec le soutien logistique et financier de l'Agence, de renverser le régime instauré à Kaboul par les Talibans. Cela permettrait ainsi à la CIA d'établir une base pour la traque définitive de Ben Laden. Cofer Black était totalement rallié à cette idée, et ses agents prêts à entrer en action.

Mais Tenet jugea une fois de plus les risques d'échec trop importants. Il jugeait trop dangereux pour ses agents de circuler en Afghanistan. Journalistes et représentants des organisations humanitaires prenaient couramment ce risque. La direction de la CIA s'y refusait.

Quand Massoud apprit cette décision, il se mit à rire et dit : « Vous autres Américains ne changerez jamais ! »

La fin du millénaire approchait quand les services de renseignement jordaniens arrêtèrent seize hommes qu'ils soupçonnaient de préparer des attentats contre des hôtels et des sites touristiques pendant la période de Noël. L'Agence prit l'affaire très au sérieux et Tenet passa en surmultipliée. « La menace ne pouvait être plus réelle, disait-il dans un message adressé à toutes les antennes de la CIA. Faites le nécessaire. » L'an 2000 arriva sans attentat catastrophique.

Quand, en février et mars 2000, le Président fut mis au courant des plans d'action de la CIA contre Ben Laden, il déclara que les États-Unis pouvaient sûrement faire un peu plus que cela. Tenet et son nouveau chef du service d'action clandestine, Jim Pavitt, affirmèrent alors qu'il leur faudrait des millions de dollars de fonds supplémentaires pour remplir leur mission. Mais le « "tsar" du contre-terrorisme » à la Maison Blanche, Richard Clarke, estimait, quant à lui, que le problème de la CIA n'était pas financier mais mental. « Elle avait déjà reçu énormément d'argent pour cela, devait-il souligner, et on lui avait donné tout le temps nécessaire. Je ne voulais pas voir d'autres fonds gaspillés [30]. »

Le terme du mandat présidentiel de Bill Clinton approchant, on dut revenir à la tradition inaugurée par le président Truman : informer l'opposition du bilan des services de renseignement. Le directeur adjoint par intérim du Renseignement, John McLaughlin, et le directeur adjoint du Centre de contre-terrorisme, Ben Bonk, se rendirent à Crawford, au Texas, au mois de septembre, pour, pendant quatre heures d'affilée, mettre au courant de la situation le candidat républicain, George W. Bush. Ce fut à Bonk que revint le douloureux privilège d'informer celui-ci que le terrorisme étranger ferait sans aucun doute des victimes américaines durant les quatre années à venir.

Ce fut cinq semaines plus tard que cette sombre prévision commença à se vérifier. Le 12 octobre, dans le port d'Aden, au Yémen, un canot à moteur bourré d'explosifs et monté par deux hommes vint percuter le croiseur américain *Cole*, tuant dix-sept marins, en blessant une quarantaine et causant quelque 250 millions de dollars de dégâts.

Al Qaida apparaissait de toute évidence comme responsable de cette attaque [31].

La CIA installa une délégation à Crawford afin de tenir Bush informé durant la campagne présidentielle de 2000. En décembre, lorsque la Cour suprême eut proclamé Bush vainqueur, Tenet vint personnellement entretenir le Président-élu du cas Ben Laden. Bush devait se rappeler avoir très précisément demandé à Tenet si la CIA pouvait éliminer physiquement le Saoudien. Tenet répondit que tuer Ben Laden ne mettrait pas fin à la menace qu'il représentait. Puis Bush s'entretint pendant deux heures en tête à tête avec Clinton des problèmes de sécurité nationale.

Clinton se rappelle avoir dit à son interlocuteur : « La plus grande menace à laquelle vous ayez à faire face est Ben Laden. » Bush devait jurer ne jamais avoir entendu ces mots.

48.

« L'AGENCE A BASCULÉ »

« Le système de renseignement américain est en péril », proclama James Monnier Simon Jr, directeur adjoint du Renseignement pour l'Administration présidentielle, peu après l'entrée en fonction de Bush, en janvier 2001. Selon lui, la position centrale devant être occupée par la CIA était « compromise », et celle-ci n'avait plus le pouvoir de collecte et d'analyse de l'information requis pour assurer la sécurité nationale.

« Les États-Unis en 2001, ajoutait-il, doivent faire face à une disparité croissante et quasi vertigineuse entre ses capacités fortement diminuées et les exigences toujours plus grandes de la sécurité nationale. La disproportion entre ce que nous préparons et ce que devront probablement affronter les États-Unis n'a jamais été si flagrante. »

Et Simon n'hésitait pas à annoncer que le temps allait venir où le Président et le Congrès devraient expliquer « pourquoi personne n'avait prévu une catastrophe aussi prévisible [32] ».

En fait, le système de renseignement américain était presque aussi divisé et peu concentré qu'il l'avait été en 1941, à l'époque de Pearl Harbor. Dix-huit directeurs généraux successifs n'étaient pas parvenus à l'unifier. Et la CIA était loin d'avoir les capacités requises.

L'Agence comptait dix-sept mille personnes, ce qui représentait à peu près l'effectif d'une division d'infanterie sur le pied de guerre, mais la grande majorité étaient des bureaucrates. Il n'y avait guère qu'un millier d'agents travaillant de par le monde dans le service d'action clandestine. La plupart des membres de la CIA vivaient fort confortablement dans d'élégantes villas de la banlieue de Washington. Ils n'avaient pas eu à boire de l'eau croupie d'un marigot ou à dormir sur la terre battue, et ils n'étaient certainement pas faits pour vivre à la dure dans l'intérêt du pays.

En janvier 2001, deux cents agents peut-être avaient l'entraînement et le courage nécessaires pour affronter les dures réalités du terrain.

Or, il y avait le double de personnes affectées en permanence à Al Qaida. La plupart contemplaient des écrans d'ordinateurs au siège central de l'Agence, coupés du monde extérieur par la technologie. S'attendre à les voir protéger les États-Unis d'une attaque représentait au mieux un acte de foi inconsidéré.

« UNE COQUILLE VIDE »

Bush et Tenet se rencontraient à la Maison Blanche tous les matins à 8 heures. Mais rien de ce que Tenet pouvait dire de Ben Laden ne retenait pleinement l'attention du Président. À chacune de ces rencontres, le directeur du Renseignement entretenait Bush, le vice-président Cheney et Condoleezza Rice, alors conseillère présidentielle pour la Sécurité nationale, de projets d'Al Qaida pour attaquer directement en sol américain. Mais Bush avait d'autres préoccupations en tête – le réseau de missiles défensifs, le Mexique, le Moyen et le Proche-Orient. Il ne voyait aucun facteur d'urgence dans ce que lui répétait Tenet.

Il est vrai que celui-ci, assailli d'un flot croissant de rumeurs, de contre-rumeurs, d'informations fragmentaires et non corroborées, avait du mal à présenter au Président un tableau cohérent. Au cours du printemps et de l'été 2001, ce flot ne cessa de s'enfler, tandis que les hommes de la CIA tentaient désespérément d'y voir clair. Des avertissements affluaient d'Arabie Saoudite, des États du Golfe, de Jordanie, d'Israël et de l'Europe tout entière. Les terroristes allaient frapper Boston. Ils allaient frapper Londres. Ils allaient frapper New York. Le 29 mai, Clarke adressa à Condoleezza Rice un e-mail déclarant : « Quand ces attaques se produiront, comme elles le feront probablement, nous nous demanderons ce que nous aurions pu faire de plus pour les arrêter[33]. »

L'Agence craignait une vague d'attentats à l'étranger à l'occasion de la fête nationale du 4 Juillet, date où, traditionnellement, les ambassades américaines de par le monde relâchent leur dispositif de sécurité et ouvrent leurs portes à de multiples invités. Durant les semaines précédentes, Tenet intervint auprès des services secrets étrangers à Amman, au Caire, à Islamabad, à Rome et à Ankara pour tenter de neutraliser les cellules connues ou soupçonnées d'Al Qaida dans les pays en question. La CIA fournirait les renseignements et les services étrangers procéderaient aux arrestations. Quelques personnages suspects furent ainsi appréhendés dans les Émirats et en Italie. Peut-être ces arrestations préventives empêchèrent-elles des attentats contre deux ou trois ambassades américaines.

Peut-être. C'était impossible à dire, comme le souligna Tenet à la Maison Blanche.

Tenet se trouvait à ce moment confronté à une décision capitale – à un problème comme n'en avait jamais connu un autre directeur général du Renseignement. Un an plus tôt, au terme d'une lutte de sept années entre la CIA et le Pentagone, un petit avion sans pilote appelé le Prédateur et équipé de caméras vidéo et d'autres systèmes de surveillance, avait été déclaré prêt à survoler l'Afghanistan. Le premier vol avait eu lieu le 7 septembre 2000. Depuis, les techniciens de la CIA et de l'aviation militaire avaient trouvé et mis au point le moyen de munir le Prédateur de missiles antichars. En théorie, pour un investissement de quelques millions de dollars, un fonctionnaire de la CIA installé dans un bureau de Washington serait capable de traquer et de tuer Ben Laden avec un écran et une manette.

Mais la question que se posait Tenet était de savoir quelle devait être la chaîne de commandement en ce cas. Qui donnerait le feu vert pour cette opération ? Qui presserait effectivement la détente ? Tenet estimait ne pas avoir le « permis de tuer » cher à James Bond. L'idée de la CIA exécutant de sa propre autorité un assassinat par télécommande l'atterrait. L'Agence avait commis trop d'erreurs d'objectifs dans le passé.

Le 1er août 2001, le Deputies Committee – deuxième échelon de la direction de la Sécurité nationale américaine – décida qu'il serait légitime et légal de tuer Ben Laden en utilisant le Prédateur au nom de la protection du pays. Mais l'Agence revint à la charge avec de nouvelles questions. Qui financerait l'opération ? Qui se chargerait d'armer l'avion ? Qui le guiderait sur la cible et actionnerait les armes ? Qui serait le contrôleur aérien ? Ces interrogations oiseuses avaient le don de rendre fou Richard Clarke. « Soit Al Qaida représente une menace méritant qu'on agresse, soit ce n'est pas le cas ! explosa-t-il un jour. La CIA doit décider une fois pour toutes et arrêter de couper les cheveux en quatre. »

L'Agence n'avait jamais répondu auparavant à la question posée par Bush : une attaque aux États-Unis était-elle possible ? Le 6 août, enfin, apparut dans le dossier remis au Président cette tête de chapitre : « Ben Laden décidé à frapper aux États-Unis. » Ce titre ne recouvrait en fait qu'un très faible élément d'information. Les renseignements les plus récents qu'on y trouvait remontaient à 1999. Cela ressemblait plus à une étude historique qu'à un bulletin d'information. Bush ne jugea pas utile d'interrompre pour autant les cinq semaines de vacances qu'il prenait dans son ranch texan.

Les vacances en question ne prirent fin que le mardi 4 septembre, quand l'équipe principale de sécurité de la Maison Blanche, le Principals Committee, tint sa première réunion consacrée à la menace représentée par Ben Laden et Al Qaida. Ce matin-là, Clarke fit parvenir à Condoleezza Rice une note où il la pressait de ne pas exclure la possibilité de centaines de morts américains sous peu. Il y déclarait que la CIA était devenue « une coquille vide » où « les mots remplaçaient les actes », et il suppliait qu'on la fasse enfin entrer en action.

« NOUS SOMMES EN GUERRE [34] »

Le 11 Septembre représenta, pour les services de renseignement, le fiasco catastrophique que Tenet avait prédit trois ans plus tôt. C'était l'échec de l'ensemble du système gouvernemental américain – de la Maison Blanche, du Conseil de sécurité nationale, du FBI, de l'Administration fédérale de l'aviation, des Services d'immigration et de naturalisation, de la Commission du renseignement du Congrès. C'était l'échec d'une politique et d'une diplomatie. Cela illustrait aussi la carence des journalistes spécialisés. Mais c'était, par-dessus tout, l'ignorance de l'ennemi et de ses intentions. C'était pour empêcher ce nouveau Pearl Harbor que la CIA avait été créée.

À Camp David, le samedi 15 septembre, Tenet et son responsable du contre-terrorisme, Cofer Black, exposèrent au Président et au vice-président un plan prévoyant l'envoi en Afghanistan d'agents de la CIA devant travailler avec les seigneurs de la guerre locaux contre Al Qaida. Tenet regagna son quartier général le dimanche soir avec cette proclamation à ses troupes : « Nous sommes en guerre. »

Le lundi 17 septembre, George W. Bush adressa à Tenet et à la CIA une directive ultra-secrète donnant ordre à l'Agence de traquer, capturer, emprisonner et interroger les suspects dans le monde entier [35]. Elle ne fixait aucune limite à ce que la CIA pouvait faire. Elle devait servir de base à la création d'un réseau de prisons secrètes où les agents de la CIA et leurs sous-traitants étaient libres d'utiliser toutes les méthodes, y compris la torture.

La CIA avait déjà, auparavant, créé des centres d'interrogatoire secrets – dès 1950, en fait, en Allemagne, au Japon et au Panama. Elle avait déjà eu recours à la torture pour les prisonniers ennemis – en 1967, notamment, au Vietnam dans le cadre du programme Phœnix. Elle avait déjà procédé à l'enlèvement de terroristes et assassins supposés, comme, en 1997, dans le cas de Mir Amal Kansi, qui avait tué deux de ses agents. Mais Bush donnait à l'Agence un pouvoir aussi nouveau qu'exceptionnel : celui de livrer des suspects enlevés par ses soins à des services étrangers pour interrogatoire et torture, et d'exploiter ensuite les aveux ainsi recueillis.

L'Agence, comme le dit Cheney ce matin-là, « a basculé ».

Sur l'ordre du Président, la CIA commença à fonctionner comme une sorte de police militaire mondiale, jetant des centaines de suspects dans des geôles secrètes, en Afghanistan, en Thaïlande et en Pologne, ainsi que sur la base de Guantánamo, à Cuba. Des centaines d'autres prisonniers furent livrés pour interrogatoire aux services de renseignement d'Égypte, du Pakistan, de Jordanie et de Syrie. On ne s'embarrassait plus de scrupules et tous les moyens étaient bons.

« JE NE POUVAIS PAS NE PAS LE FAIRE »

Après le 11 Septembre, James Monnier Simon Jr., le directeur général adjoint du Renseignement, reçut la responsabilité de la sécurité intérieure aux États-Unis. Il eut alors une rencontre, à la Maison Blanche, avec le ministre de la Justice, John Ashcroft. Le sujet de l'entretien était la création de cartes d'identité nationales pour les Américains. Que devraient comporter celles-ci [36] ? « Eh bien, une empreinte digitale, dit Simon. Le groupe sanguin serait utile, ainsi qu'une image de la rétine. Il faudrait que votre photo soit prise de façon particulière, afin qu'on puisse distinguer votre visage dans un groupe, même si vous portez un déguisement. Nous voudrions une empreinte vocale, car la technique en arrive au point où l'on peut identifier votre voix sur un téléphone portable partout dans le monde. Votre voix est unique. En fait, nous aimerions avoir un échantillon de votre ADN, de façon que, si quelque chose vous arrive, nous puissions identifier le corps. Au fait, nous aimerions aussi une puce pour nous indiquer l'emplacement de la carte et que nous puissions vous trouver si besoin en est. Puis, il nous est apparu que si nous utilisions ce procédé, vous pourriez vous débarrasser de la carte. Aussi vaudrait-il mieux insérer la puce en vous. »

En prononçant ces paroles, Simon lui-même se demandait jusqu'où pourrait mener ce soudain souci de sécurité nationale…

Le projet de carte d'identité nationale ne se concrétisa jamais. Mais le Congrès conféra à la CIA de nouveaux pouvoirs légaux pour espionner la population américaine. L'Agence était maintenant en droit de prendre connaissance de dépositions secrètes devant un grand jury sans autorisation préalable d'un magistrat et d'avoir accès aux dossiers confidentiels des sociétés, et notamment des institutions bancaires. La CIA n'avait jamais eu officiellement le droit d'espionner à l'intérieur des frontières américaines. C'était maintenant chose faite.

Peu après les attentats du 11 Septembre, Tenet demanda au général Michael Hayden, directeur de la National Security Agency : « Pourriez-vous faire quelque chose de plus ? » « Pas avec mes pouvoirs actuels », répondit Hayden. Sur quoi Tenet l'invita à en référer au gouvernement. Hayden évoqua alors la possibilité d'écouter les communications de suspects sur le territoire américain sans mandat judiciaire. C'était en principe illégal mais pouvait à la rigueur être justifié au nom d'un « droit de poursuite ». Le 4 octobre, Bush, mis au courant, lui ordonna de mettre la chose en application. « Je ne pouvais pas ne pas le faire », expliqua ultérieurement Hayden. La NSA commença donc à espionner en territoire américain [37].

Cofer Black, quant à lui, ordonna aux membres de sa cellule de contre-terrorisme de lui apporter la tête de Ben Laden dans une boîte. Cette cellule de contre-terrorisme, créée quinze ans auparavant au sein du service d'action clandestine, était brusquement devenue le noyau principal de la CIA. Des agents à la retraite reprirent du service, tandis que les commandos d'action directe de l'Agence s'étoffaient de nouvelles recrues. Ces groupes d'intervention s'envolèrent pour l'Afghanistan pour y engager des actions militaires, précédant de quelques mois les troupes régulières. Un million de dollars furent dépensés pour s'assurer du concours de chefs tribaux afghans.

À la fin novembre 2001, les militaires américains renversèrent le gouvernement instauré par les Talibans, permettant ainsi l'installation d'un nouveau pouvoir politique à Kaboul. Mais cette opération n'avait aucunement touché des dizaines de milliers de fidèles des Talibans, qui rasèrent simplement leurs barbes et disparurent dans les villages en attendant le moment où les Américains commenceraient à se lasser de leur guerre en Afghanistan.

Il fallut onze semaines pour organiser sur le terrain la traque de Ben Laden. Quand celle-ci commença vraiment, je me trouvais dans l'est de l'Afghanistan, dans la région de Jalalabad, où je m'étais rendu à cinq reprises au fil des ans. Une vieille connaissance nommée Hadj Abdul Qadir venait juste de reprendre, deux jours après la chute des Talibans, son poste de gouverneur provincial et avait réuni à sa résidence les chefs de village de la région.

Le 24 novembre, ceux-ci lui rapportèrent que Ben Laden et les combattants arabes d'Al Qaida s'étaient retranchés dans un repaire montagnard isolé à une soixantaine de kilomètres au sud-sud-ouest de la ville, près du village de Tora Bora.

Le 28 novembre vers 5 heures du matin, alors que retentissait le premier appel à la prière, un avion léger se posa sur la piste défoncée de l'aérodrome de Jalalabad, avec, à son bord, plusieurs agents de la CIA et officiers des Forces spéciales, transportant des ballots entiers de billets de cent dollars. Ils rencontrèrent Hadji Zaman, le nouveau responsable militaire afghan de la région, qui leur dit être « sûr à quatre-vingt-dix pour cent » que Ben Laden se trouvait bien à Tora Bora.

La route poussiéreuse menant de Jalalabad à Tora Bora se terminait en une piste de montagne praticable seulement pour des hommes et des mulets. De cette piste partait tout un réseau de sentiers de contre-bandiers menant à des cols situés à la frontière du Pakistan. Ils avaient beaucoup servi aux rebelles afghans durant leur lutte contre les occupants soviétiques. Tout un complexe souterrain avait alors été creusé dans le flanc de la montagne – avec l'assistance de la CIA. Pour le détruire, il aurait sans doute été préférable d'utiliser une arme nucléaire tactique, et pour s'en emparer une division d'infanterie alpine.

Le 5 décembre, j'assistai à un bombardement par des avions B-52 américains. J'aurais bien voulu, autant qu'un autre, voir la tête de Ben Laden au bout d'une pique, mais je me rendais compte que, si celui-ci était à portée de la CIA, il se trouvait en fait hors de son atteinte. Pour le prendre, il aurait fallu un siège en règle, et les hommes de la CIA étaient incapables d'en monter un. Ceux qui se trouvaient sur place représentaient l'élite de l'Agence, mais ils étaient trop peu nombreux. Ils étaient venus avec beaucoup d'argent, mais des renseignements insuffisants. L'absurdité de l'idée qu'on pouvait pourchasser Ben Laden avec des bombardiers ne tarda pas à devenir manifeste. Se déplaçant de camp en camp dans les zones frontalières de l'Afghanistan, le chef de file d'Al Qaida était protégé en permanence par une phalange de quelques centaines de combattants endurcis et par des milliers de Pathans qui se seraient fait tuer sur place plutôt que de le trahir. En Afghanistan, il déjoua toutes les entreprises de la CIA et lui échappa.

Épuisé et furieux, mâchant en permanence des lambeaux de cigare, Tenet était à la limite de ses ressources nerveuses. Ses unités contre-terroristes, travaillant en liaison avec les Forces spéciales de l'armée, parvenaient à capturer ou à tuer des lieutenants de Ben Laden ou des militants de base d'Al Qaida en Afghanistan, au Pakistan, en Arabie Saoudite, au Yémen, en Indonésie. Mais leur objectif principal restait hors de portée.

Et la CIA avait recommencé à se tromper de cible. Des attaques par Prédateur tuèrent au moins vingt-quatre Afghans innocents en janvier et février 2002, et la CIA versa une indemnisation de mille dollars à chaque famille touchée. Travaillant en liaison avec des services de renseigne-ment étrangers en Europe, en Afrique et en Asie, les agents de la CIA enlevèrent plus de trois mille personnes dans une centaine de pays durant l'année qui suivit le 11 Septembre. « Tous n'étaient pas des terroristes, reconnut Tenet [38]. Certains ont été libérés. Mais les opérations d'Al Qaida dans le monde en ont été compromises. » Qui était en mesure de dire le contraire ? Mais le fait demeure que quatorze seulement des trois mille personnes en question furent reconnues comme des membres importants de l'organisation terroriste. En même temps qu'elles, la CIA maintint en détention des centaines de personnages sans intérêt, qui devinrent les prisonniers fantômes de la guerre contre la terreur.

Mais les opérations visant à capturer ou tuer Ben Laden commencèrent à perdre de leur intensité en mars 2002, après l'échec de Tora Bora. La CIA avait reçu ordre de la Maison Blanche de tourner son attention vers l'Irak. Et l'on aboutit là à un fiasco qui devait porter plus encore tort à l'Agence que les attentats du 11 Septembre.

49.

« UNE GRAVE ERREUR »

« Il est hors de doute que Saddam Hussein possède maintenant des armes de destruction massive, affirma, le 26 août 2002, le vice-président Dick Cheney. Et il est hors de doute qu'il les amasse pour les utiliser contre nos amis, contre nos alliés et contre nous. » Et le secrétaire à la Défense Donald Rumsfeld proclama de même : « Nous savons qu'ils ont des armes de destruction massive. C'est indiscutable. »

Tenet apporta sa pierre à l'édifice lors d'une communication confidentielle à la Commission sénatoriale du renseignement, le 17 septembre, en déclarant notamment : « L'Irak a fourni à Al Qaida toutes sortes de facilités : entraînement au combat, à la confection des bombes, à l'utilisation d'armes chimiques, biologiques, radiologiques et nucléaires. »

Il fondait cette affirmation sur les aveux extorqués à un seul personnage : Iban al-Shakh al-Libi, un activiste de base qui avait été passé à tabac, enfermé dix-sept heures dans un coffre de soixante centimètres carrés et menacé des pires tortures [39]. Ensuite, la menace s'étant éloignée, le prisonnier était revenu sur ses aveux, mais Tenet ne mentionna pas ce détail.

Le 7 octobre, à la veille du débat du Congrès sur l'ouverture d'hostilités avec l'Irak, Bush affirma que ce pays possédait et produisait « des armes chimiques et biologiques » et qu'il pouvait « décider à tout moment de fournir une arme biologique ou chimique à un groupe terroriste ou à un terroriste en particulier ».

Cela créait un problème pour Tenet. En effet, quelques jours tôt, son adjoint, John McLaughlin, avait tenu des propos contraires à ceux du Président lors d'une déposition devant la Commission sénatoriale du renseignement. Sur ordre de la Maison Blanche, Tenet dut publier une déclaration affirmant : « Il n'y a pas de contradiction entre notre opinion sur la menace croissante posée par Saddam Hussein et les vues exprimées par le Président dans son discours. »

« Il n'aurait jamais dû dire cela, et il le savait », devait reconnaître Tenet près de quatre ans plus tard [40]. Tout au long de ses années de service public, George Tenet s'était comporté comme un homme foncièrement honnête. Mais, sous l'énorme pression exercée sur lui après le 11 Septembre, l'unique faille de son caractère – un immense désir de plaire, d'être bien en cour – devint un défaut majeur. Il craqua littéralement – et la CIA avec lui. Ce fut sous sa direction que l'Agence produisit le pire rapport qu'elle ait publié au cours de sa longue histoire : une estimation nationale de renseignement intitulée *La poursuite par l'Irak de programmes d'armes de destruction massive*.

Or, une estimation nationale de renseignement est censée représenter le sommet du genre, produit et mis en forme par la CIA et distribué sous l'autorité et avec l'imprimatur du directeur général du Renseignement. C'est sa parole qui est en jeu.

Cette synthèse avait été commandée par des membres de la Commission sénatoriale du renseignement, qui estimaient utile de bien examiner les éléments d'information dont on disposait avant de prendre la décision d'entrer en guerre. À leur demande, les analystes de la CIA passèrent trois semaines à réunir et à passer au crible tout ce que l'Agence avait pu recueillir des satellites d'observation, des services de renseignement étrangers, d'agents irakiens rétribués, de dissidents et d'exilés.

La CIA affirma, en octobre 2002, que la menace posée par l'Irak était incommensurable. « Bagdad dispose d'armes chimiques et biologiques », proclamait le rapport, ajoutant que Saddam Hussein avait perfectionné sa technologie dans le domaine des fusées, accru ses stocks d'armement et remis en route son programme de fabrication d'armes nucléaires. « Si le gouvernement de Bagdad, ajoutait le texte, acquiert à l'étranger suffisamment de matière fissile, il pourrait en quelques mois fabriquer une arme nucléaire. » Et, pour couronner le tout, la CIA affirmait que l'Irak était en mesure de procéder à des attaques chimiques et biologiques sur le territoire des États-Unis.

En bref, la CIA confirmait toutes les assertions de la Maison Blanche. Mais, ce faisant, elle en disait beaucoup plus long qu'elle n'en savait. « Nous n'avions pas beaucoup de sources irakiennes, devait reconnaître deux ans plus tard Jim Davitt, le chef du service d'action clandestine [41]. Moins d'une poignée. »

En fait, l'Agence avait produit une tonne d'analyse à partir de dix grammes d'information. Elle comptait sur les troupes américaines pour trouver, après l'invasion de l'Irak, les preuves qui lui manquaient cruellement. Un pari pour le moins dangereux.

« NOUS N'AVIONS PAS DE RÉPONSES À FOURNIR »

Vers le milieu des années 90, après la première guerre du Golfe, Saddam Hussein craignait beaucoup plus des sanctions économiques qu'une nouvelle attaque américaine. Il fit détruire, conformément aux ordres des Nations unies, ses stocks d'armes de destruction massive. Mais il conserva, en mentant sur ce point, le matériel nécessaire à leur fabrication. Les Américains et les inspecteurs des Nations unies savaient les uns et les autres qu'il mentait, ce qui les incita ensuite à se méfier de tout ce qui pouvait venir d'Irak.

En 1995, le général Hussein Kamal, l'un des gendres de Saddam Hussein, déserta avec quelques-uns de ses officiers. Il confirma que son beau-père avait fait détruire les stocks d'armes de destruction massive. Mais la CIA ne tint aucun compte de cette précision, qu'elle interpréta comme une tentative de désinformation. Le fait que, revenu en Irak, le général Kamal fut aussitôt exécuté sur l'ordre de son beau-père ne fit pas revenir l'Agence sur sa position.

Les adjoints de Kamal avaient, cependant, mis la CIA au courant de l'existence en Irak d'une Direction nationale des écoutes destinée à dissimuler au reste du monde le véritable état des ressources militaires du gouvernement de Bagdad. La CIA n'eut de cesse de pénétrer ce système, et là intervint un gigantesque coup de chance. Rolf Ekeus, chef de l'équipe d'inspection de l'ONU en Irak, était suédois. Et la compagnie de télécommunications Ericsson, qui avait fabriqué les appareils utilisés par les Irakiens, était également suédoise. Ensemble, la CIA, la NSA, Ekeus et Ericsson mirent au point un moyen d'intercepter les conversations des membres de la Direction nationale des écoutes de Bagdad. Une opération de premier ordre, mais avec une légère ombre au tableau : la CIA n'y apprit strictement rien de l'éventuelle existence d'armes de destruction massive en Irak.

Au printemps 1998, les inspecteurs de l'ONU trouvèrent ce qu'ils pensèrent être des vestiges de gaz VX dans des ogives de fusées irakiennes. L'information filtra mystérieusement dans le *Washington Post*, et les Irakiens affirmèrent qu'il s'agissait là d'une fabrication américaine. Charles Duelfer, qui avait été lancé en 2004 par Tenet sur la piste d'armes de destruction massive irakiennes, devait conclure ultérieurement : « En fin de compte, je pense que les Irakiens avaient raison ; ils n'avaient pas de projectiles au VX [42]. »

Mais cette confrontation à propos du VX marqua incontestablement un tournant. L'Irak ne faisait plus confiance aux inspecteurs, lesquels n'avaient jamais fait confiance à l'Irak. En décembre 1998, l'ONU rappela ses inspecteurs et les États-Unis recommencèrent à bombarder Bagdad. Les renseignements que la CIA avait obtenus grâce à la complicité d'Ericsson furent utilisés pour déterminer certains des objectifs – y compris le domicile de l'homme se trouvant à la tête de la Direction nationale des écoutes.

Le gouvernement irakien déclara de nouveau aux Nations unies qu'il s'était débarrassé de ses armes de destruction massive. C'était, dans l'ensemble, conforme à la vérité, et les violations des accords avaient été mineures. Mais Saddam Hussein restait délibérément ambigu sur la situation de son arsenal, craignant de se trouver en position de totale infériorité face à ses ennemis si ceux-ci le croyaient désarmé de façon permanente. Il voulait que les États-Unis, Israël, l'Iran, ses ennemis de l'intérieur et, avant tout, ses propres soldats le croient toujours en possession de ses armes. L'illusion était son meilleur moyen de dissuasion et son dernier rempart contre une attaque.

C'est la situation à laquelle la CIA eut à faire face après le 11 Septembre. Ses derniers renseignements dignes de foi en provenance directe d'Irak étaient totalement dépassés. « Nous étions dépourvus de toute information d'origine humaine – zéro, nada », déclara David Kay, qui avait précédé Duelfer dans la recherche des armes de destruction massive en Irak.

La Maison Blanche posait des questions. « Nous n'avions pas de réponses à fournir », reconnut Kay.

Puis, en 2002, toujours selon Kay, « apparut brusquement ce qui semblait une miraculeuse source de renseignements directs : les dissidents ».

« Ces dissidents qui avaient fui le régime de Saddam, poursuivait Kay, vinrent nous parler de son programme d'armement et de l'évolution de celui-ci... Leurs renseignements semblaient incroyablement sûrs. Les dissidents irakiens comprenaient bien deux choses : premièrement, que nous avions en commun le désir de changer le régime, et, deuxièmement, que les États-Unis étaient très préoccupés par l'éventuelle présence d'armes de destruction massive en Irak. Alors, ils nous ont parlé des armes pour nous amener à attaquer Saddam. C'était de la physique élémentaire : donnez-moi un levier assez fort et un point d'appui, et je peux soulever le monde. »

Si une chose était pire que de ne pas avoir d'informateurs, c'était assurément de se laisser abuser par des informateurs débitant des mensonges. Les analystes de la CIA acceptaient comme argent comptant tout ce qui pouvait justifier une guerre, des ragots de deuxième ou troisième main allant dans le sens des intentions présidentielles. Aux yeux de l'Agence, l'absence de preuves n'était pas la preuve de l'absence. Saddam Hussein avait eu naguère des armes de destruction massive. Les dissidents affirmaient qu'il les avait encore. Donc il les avait. La CIA en tant qu'institution cherchait désespérément les faveurs de la Maison Blanche. Elle s'efforça de les obtenir en disant au Président ce qu'il voulait entendre.

« DES FAITS ET DES CONCLUSIONS FONDÉS SUR DES INFORMATIONS SOLIDES »

Le président Bush reprit en l'amplifiant encore la thèse de la CIA dans son discours sur l'état de l'Union, le 23 janvier 2003 : Saddam Hussein disposait d'armes biologiques capables de tuer des millions de personnes, d'armes chimiques pouvant en exterminer des centaines de milliers. « Il a récemment cherché, déclara-t-il également, à acheter d'importantes quantités d'uranium en Afrique. Nos informateurs nous disent qu'il a tenté d'acquérir des tubes d'aluminium renforcé convenant à la fabrication d'armes nucléaires. »

Tout cela était terrifiant. Et rien n'était vrai.

À la veille de l'entrée en guerre, le 5 février 2003, le secrétaire d'État Colin Powell, le membre de l'Administration Bush dont le prestige était le plus considérable sur la scène internationale, se rendit aux Nations unies. À ses côtés se tenaient George Tenet, dont la silencieuse présence semblait lourde de sens, et le délégué américain à l'ONU, futur directeur du Renseignement, John Negroponte. « Chacune des déclarations que je fais aujourd'hui, commença Colin Powell, s'appuie sur des sources, des sources dignes de foi. Ce ne sont pas des assertions. Ce que nous vous livrons sont des faits et des conclusions fondés sur des informations solides.

« Il ne peut y avoir le moindre doute, poursuivit le secrétaire d'État américain, que Saddam Hussein dispose d'armes biologiques et a les moyens de répandre ces poisons et maladies mortels par des moyens susceptibles de provoquer des hécatombes et des destructions massives. »

Il parla ensuite de laboratoires mobiles capables de fabriquer des substances mortelles dans un simple hangar et de circuler sans être détectés. Il affirma que Saddam Hussein avait de quoi emplir de ces substances seize mille missiles balistiques, et que, pire encore, il existait la sinistre possibilité d'une association entre l'Irak et les réseaux terroristes d'Al Qaida.

Le 20 mars, les hostilités commencèrent plus tôt que prévu en raison d'une fausse information fournie par la CIA. Tenet s'était rué à la

Maison Blanche pour y annoncer que Saddam Hussein se trouvait dans une ferme fortifiée au sud de Bagdad. Le Président ordonna au Pentagone qu'on détruise la position. Bombes et missiles se mirent à pleuvoir. Le vice-président Cheney affirma ensuite : « Je pense que nous avons eu Saddam Hussein. On l'a vu être extrait des décombres et il ne respirait plus. » L'information était parfaitement fausse. Comme lorsque, le 7 avril, la CIA assura que Saddam Hussein et ses fils se réunissaient dans une maison voisine du restaurant Saa, dans le quartier El Mansour de Bagdad. L'aviation américaine expédia quatre bombes d'une tonne sur la maison. Saddam Hussein ne s'y trouvait pas, mais dix-huit civils innocents furent tués.

La CIA avait prédit que des milliers de soldats irakiens et leurs officiers se rendraient spontanément aux troupes américaines venues du Koweït[43]. Mais, en réalité, les Américains durent combattre dans chaque ville qu'ils rencontrèrent sur la route menant à Bagdad. L'Agence avait tout spécialement affirmé que la division irakienne stationnée à Nasiriya déposerait les armes sans combattre. Les premières troupes américaines à entrer dans la ville furent durement accrochées, et dix-huit Marines furent tués, certains par les tirs de leurs propres camarades.

De même, en entrant à Bagdad, les soldats américains devaient être accueillis par des Irakiens les acclamant en agitant des bannières étoilées – fournies gracieusement par le service d'action clandestine de la CIA. En fait, ce fut rapidement par des tirs d'AK 47 et de lance-grenades.

La CIA avait établi une liste de 946 emplacements susceptibles d'abriter des armes de destruction massive. Nombre de soldats américains furent tués ou blessés en cherchant ces armes qui n'avaient jamais existé.

Comme la CIA elle-même dut le reconnaître trois ans plus tard, l'occupation de l'Irak était devenue « la cause majeure pour les djihadistes, alimentant un profond ressentiment devant l'intervention américaine dans le monde musulman et recrutant des partisans pour le mouvement djihadiste mondial[44] ». Cette observation venait nettement trop tard pour être d'une quelconque utilité. « Toute armée de libération n'a que peu de temps avant de devenir une armée d'occupation, écrivit le lieutenant général David Petraeus qui, d'abord à la tête de la 101e Division aéroportée, revint en 2007 comme commandant des forces américaines en Irak. Le renseignement est la clé de la réussite. Sans cela, les opérations militaires sont prises dans une infernale spirale descendante. »

« Nous sommes en guerre, devait déclarer le juge Laurence Silberman, que le président Bush avait désigné, le 6 février 2004, pour mener une enquête sur la façon dont la CIA avait représenté les armes détenues par Saddam Hussein [45], et si l'Armée américaine avait fait une erreur comparable, même approximativement, à celle commise par nos services de renseignement, on s'attendrait à voir des généraux limogés.

« Il aurait été tout à fait justifiable, poursuivait le juge Silberman, de dire au Président et au Congrès qu'il était probable que Saddam Hussein possédait des armes de destruction massive, compte tenu de leur utilisation passée, d'insuffisants indices de leur élimination et de son manque général de franchise. »

Mais le juge soulignait ensuite que la CIA avait commis « une grave, très grave erreur en concluant qu'il y avait là une certitude à quatre-vingt-dix pour cent ».

« Les renseignements, constatait-il, étaient d'une totale faiblesse, certains d'entre eux tout à fait erronés, et leur qualité générale médiocre. De plus, il y avait une telle carence de communication interne au sein des services de renseignement que, souvent, la main gauche en arrivait à ignorer ce que faisait la main droite. »

La CIA avait abouti à ses conclusions à propos des armes chimiques irakiennes sur la seule foi de photographies mal interprétées de camions-citernes. La CIA avait fondé ses conclusions concernant les armes biologiques irakiennes sur les dires d'un seul informateur – considéré comme peu sûr par ses propres agents. La CIA avait fondé ses conclusions sur les armes nucléaires irakiennes presque entièrement sur l'acquisition par Saddam Hussein de tubes d'aluminium à utilisation parfaitement conventionnelle.

« Ce qui est réellement un désastre, soulignait le juge Silberman, c'est que Colin Powell se soit rendu aux Nations unies et ait présenté comme absolument certaine cette thèse fondée sur de très, très mauvaises informations. »

Le juge Silberman et les membres de sa commission reçurent, fait sans précédent, l'autorisation de prendre connaissance de tout ce qui concernait les armes irakiennes de destruction massive dans l'estimation de renseignement remise chaque jour au Président. Ils s'aperçurent que les rapports de la CIA qui lui étaient destinés étaient « encore plus trompeurs » et « si possible, plus alarmistes et moins nuancés » [46].

Selon le juge Silberman, ces synthèses quotidiennes, « avec leurs têtes de chapitre provocantes et leurs répétitions lancinantes, donnaient l'impression de nombreux rapports se corroborant alors qu'en fait, il n'y avait que très peu de sources ». Et le juge d'ajouter : « De façon à la fois subtile et grossière, les synthèses quotidiennes semblaient "vendre" du renseignement – afin de retenir l'intérêt des clients, ou du moins du Premier Client. »

« NOUS N'AVONS PAS ASSURÉ LA TÂCHE »

George Tenet comprit que son temps était révolu. Il avait fait de son mieux pour redonner vie à l'Agence et la renouveler. Pourtant, on ne retiendrait de lui qu'une seule chose : le fait qu'il avait assuré au Président que la CIA avait des informations « en béton » sur les armes de destruction massive irakiennes. « Ce sont les deux mots les plus stupides que j'aie jamais prononcés », devait-il reconnaître [47]. Mais, si longtemps qu'il pût vivre, quels que fussent les succès qu'il pût remporter ensuite, il était sûr que ces mots allaient figurer dans le premier paragraphe de sa notice nécrologique.

Tenet, il faut lui rendre cette justice, demanda à Richard Kerr, ancien directeur adjoint du Renseignement, de rechercher les erreurs commises dans l'affaire irakienne. Cette étude, conclue en juillet 2004, fut aussitôt classée secrète et le resta pendant près de deux ans. Quand son contenu fut révélé, la raison pour laquelle l'Agence l'avait gardée sous le boisseau devint évidente. Il s'agissait d'une épitaphe. L'étude concluait que la CIA avait à peu près cessé d'être quand la guerre froide avait pris fin. Selon elle, la chute du régime soviétique avait eu sur l'Agence un effet « analogue à celui des chutes de météores sur les dinosaures [48] ».

Dans le cas de l'Irak comme dans beaucoup d'autres, les analystes de la CIA avaient été le plus souvent contraints de « s'appuyer sur des informations dont les sources étaient incertaines et même peu fiables ». Dans le cas de l'informateur unique dont on avait retenu le témoignage sur les prétendues armes biologiques irakiennes, il fut établi que les agents de la CIA avaient été dûment avertis que l'homme était un menteur. Il ne fut tenu aucun compte de cet avertissement. Ce n'était peut-être pas de la négligence professionnelle, mais cela y ressemblait fort.

Le service d'action clandestine utilisait couramment « des descriptions différentes pour la même source », de façon à ce que le lecteur du rapport pense qu'il disposait de trois sources d'information se corroborant, alors qu'il n'y en avait qu'une. Ce n'était peut-être pas de l'abus de confiance, mais cela y ressemblait vraiment.

La CIA avait travaillé pendant plus de dix ans sur la question de l'arsenal irakien, et, pourtant, à la veille des hostilités, Tenet était allé trouver George Bush et Colin Powell avec des fausses informations déguisées en vérités irréfutables. Ce n'était peut-être pas un crime, mais cela y ressemblait beaucoup.

C'était là, malheureusement, l'héritage de George Tenet. Celui-ci finit par reconnaître que la CIA avait eu tort – non « pour des raisons politiques ou par un désir dément d'entraîner le pays dans une guerre », mais par incompétence. « Nous n'avons pas fait notre boulot », déclara-t-il [49].

La portée de cet échec fut fort bien soulignée par David Kay, le principal inspecteur des armements à la CIA. « Nous pensons, dit-il [50], que le renseignement est important pour gagner les guerres. Mais les guerres ne sont pas gagnées par le renseignement. Elles sont gagnées par le sang, le dévouement et le courage des jeunes hommes et femmes que nous envoyons sur le terrain... Ce que le renseignement fait, en réalité, quand il fonctionne bien, c'est de contribuer à éviter les guerres. »

Et là, on peut mesurer toute l'étendue de l'échec de la CIA.

50.

« LES FUNÉRAILLES »

Le 8 juillet 2004, sept ans après son entrée en fonction, George Tenet remit sa démission. Dans son message d'adieu au quartier général de la CIA, il cita ces paroles de Theodore Roosevelt : *Ce n'est pas le critique qui compte, ni celui qui montre comment l'homme fort trébuche ou le point sur lequel celui qui agit aurait pu faire mieux. Le crédit revient à l'homme qui est véritablement dans l'arène, dont le visage est couvert de poussière, de sueur et de sang.* Richard Nixon avait fait la même citation avant de quitter la Maison Blanche.

Et maintenant, c'était au tour du critique de prendre place dans l'arène.

Porter Goss n'avait jamais connu de grands succès à la CIA. Recruté en 1959, durant sa première année à l'Université de Yale, il avait été affecté au service d'action clandestine et avait servi sous Allen Dulles, John McCone et Richard Helms. Il avait travaillé pendant dix ans au sein du département d'Amérique latine, se concentrant sur Cuba, Haïti, la République dominicaine et le Mexique. L'essentiel de son action à l'antenne de Miami, en 1962, consistait à assurer l'acheminement et la sortie d'agents cubains, la nuit par voie maritime.

Neuf ans plus tard, Goss travaillait à l'antenne de Londres lorsqu'une affection bactérienne touchant le cœur et les poumons faillit le tuer. Il quitta le service, se rétablit et acheta, en Floride, un petit journal qui devait assurer, en 1988, son élection à la Chambre des représentants. Il y prit la présidence de la Commission du renseignement.

Il semblait rester modeste sur sa carrière à l'Agence. « Je ne pourrais aujourd'hui me faire embaucher à la CIA, déclarait-il en 2003. Je ne suis pas qualifié. » Il avait certainement raison sur ce point, mais il avait en même temps décidé que lui, et lui seul, devait être le prochain directeur général du Renseignement.

Il avait pris Tenet dans son collimateur, et, par le biais du rapport annuel de la commission qu'il présidait, il le soumit à un tir meurtrier.

« CELA NOUS PRENDRA ENCORE CINQ ANS »

Publié le 21 juin 2004, trois semaines avant la démission de Tenet, le rapport Goss affirmait que le service d'action clandestine de la CIA devenait « une bureaucratie figée incapable d'obtenir la moindre bribe de succès [51] ».

De fait, bien que 138 000 Américains aient sollicité un poste à la CIA au cours de l'année précédente, peu semblaient capables de devenir des agents secrets convenables. Tenet venait juste de reconnaître : « Cela nous prendra encore cinq ans de travail pour avoir le genre de service d'action clandestine dont notre pays a besoin [52]. »

Goss saisit la balle au vol, déclarant : « Nous sommes maintenant dans la huitième année de la reconstruction et à cinq ans encore d'être rétablis. C'est tragique. »

Il orienta ensuite son tir sur la direction du renseignement de la CIA, l'accusant de ne produire que des indications fragmentaires et d'inégal intérêt au lieu de l'information stratégique à long terme qui était ce qui avait initialement motivé la création de l'Agence. Goss avait raison sur ce point, et tous, dans le monde du renseignement, le savaient. « Nous n'avons pas pratiqué le renseignement stratégique depuis si longtemps que la plupart des analystes ne savent même plus comment on fait », affirmait Carl W. Ford, secrétaire d'État adjoint chargé du Renseignement et de la Recherche de mai 2001 à octobre 2003 et ancien fonctionnaire de la CIA [53].

Selon lui, l'Agence était en ruines. « Elle est brisée, déclarait-il. À tel point que nul ne veut y croire. »

Mais Goss était sûr qu'il détenait les réponses aux problèmes qui se posaient. Il savait que la CIA s'était abusée elle-même – comme elle avait abusé les autres – sur la qualité de son travail. Il savait que la majeure partie du service d'action clandestine avait passé les quelque quarante années de la guerre froide à attendre que des Soviétiques proposent d'espionner pour son compte. Il savait que les agents à l'étranger préposés à mener la guerre contre le terrorisme attendaient, de même, que leurs homologues des services pakistanais, jordaniens, indonésiens ou philippins leur vendent des informations. Il savait que la seule solution était une réforme totale de l'Agence.

La Commission du 11 Septembre, créée par le Congrès, était sur le point de rendre son rapport. Elle avait fait un superbe travail de reconstitution des événements ayant conduit aux attaques sur New York et Washington, mais n'offrait pas de solutions précises pour l'avenir, si ce n'est la création d'un nouveau poste de directeur national du Renseignement, ce qui ne réglerait en rien le problème majeur de la CIA.

« C'est une organisation qui vit de la duperie, avait déclaré à ce sujet John Hamre, président du Centre d'études stratégiques internationales de Washington et ancien secrétaire adjoint à la Défense. Comment voulez-vous contrôler un organisme de ce genre ? »

C'était l'une des nombreuses questions auxquelles la CIA et le Congrès n'avaient jamais répondu. Comment gérer un service secret dans une démocratie censée ouverte ? Comment servir la vérité en mentant ? Comment répandre la démocratie par la tromperie permanente ?

« NOUS NE POUVONS TROUVER DE PERSONNEL QUALIFIÉ »

Le grand mythe concernant la CIA remontait à l'affaire de la baie des Cochons : tous ses succès restent secrets alors que ses échecs font la une des journaux. La vérité était que la CIA ne pouvait espérer obtenir des succès sans recruter et maintenir en place des agents compétents et audacieux. Or, elle n'y parvenait pas, et prétendre le contraire revenait à s'abuser dangereusement.

Pour réussir, la CIA devait trouver des hommes et des femmes ayant la discipline et l'esprit de sacrifice des meilleurs militaires du pays, ayant la culture et les connaissances historiques de ses meilleurs diplomates et la curiosité et le sens de l'aventure des meilleurs journalistes. Ç'aurait été encore mieux que ces personnages puissent passer éventuellement pour des Palestiniens, des Pakistanais ou des Pathans. Des Américains de ce genre, on n'en trouvait pas facilement.

Le président Bush s'était engagé à accroître de cinquante pour cent les effectifs de l'Agence. Mais il ne s'agissait pas d'un problème de quantité, mais de qualité, qui se posait à la CIA. « Nous n'avons pas besoin de plus d'employés et de plus d'argent, du moins pour le moment, souligna Carl Ford. Cinquante pour cent de plus d'agents et cinquante pour cent de plus d'analystes cela reviendra à cinquante pour cent de plus de balivernes. » Cela rappelait ce que disait, au moment de la guerre de Corée, Walter Bedell Smith, alors directeur général du Renseignement : « Nous n'arrivons pas à trouver de personnel qualifié. Ces gens-là n'existent tout simplement pas [54]. »

De plus, au cours de l'année 2004, des centaines de membres de la CIA, tant sur le terrain qu'au siège central, avaient démissionné, furieux et humiliés du discrédit entourant l'Agence. Recruter, entraîner et conserver de jeunes éléments de valeur représentait la tâche la plus ardue incombant à la CIA à ce moment.

C'est dans un état de grande exaltation que, le 14 septembre 2004, Porter Goss, sa nomination venant d'être confirmée par le Sénat par 77 voix contre 17, se rendit au quartier général de la CIA. « Je n'avais jamais, dans mes rêves les plus fous, déclara-t-il, imaginé me retrouver ici. Mais me voilà. »

Il fit savoir que ses pouvoirs seraient étendus « par ordres exécutifs du Président » ; il serait conseiller de Bush pour le Renseignement, directeur de la CIA, directeur général du Renseignement, directeur du Renseignement national et responsable d'un nouveau Centre national du contre-terrorisme. Ses prédécesseurs portaient deux chapeaux. Lui allait en arborer cinq.

Dès son entrée en fonction, Goss entreprit une épuration plus vaste et plus expéditive que toutes celles qu'avait jamais pu connaître la CIA. Il jeta à la porte presque tous les cadres supérieurs de l'Agence, créant un climat de ressentiment comme celle-ci n'en avait pas connu depuis quelque trente ans. On prit particulièrement mal le limogeage de Stephen Kappes, chef du service d'action clandestine. Ancien officier des Marines et ancien chef d'antenne à Moscou, Kappes représentait l'élite de la CIA. Agissant en collaboration avec les services britanniques, il avait joué un rôle crucial dans l'opération de diplomatie secrète visant à convaincre la Libye de renoncer à ses intentions de s'équiper d'armes de destruction massive. Mais lorsqu'il se permit de contester le point de vue de Goss, celui-ci lui indiqua la sortie.

Le nouveau directeur s'entoura d'une équipe de politiciens de second ordre et se pensant investis par le Président – ou quelque autorité supérieure – de la mission sacrée de débarrasser la CIA d'éléments subversifs de gauche. Il apparut vite aux fonctionnaires de l'Agence que les *Gosslings* (« Oisons »), comme on les appelait, plaçaient au-dessus de tout la fidélité au Président et à sa politique. Ils ne toléreraient pas la moindre divergence entre la CIA et la Maison Blanche, et ceux qui contestaient ce principe allaient en subir rapidement les conséquences. Une épuration de la CIA sur la base de la compétence aurait été justifiée. Mais elle se fit, à tort, sur la base de l'idéologie.

Le message du nouveau directeur était clair : alignez-vous sur la politique présidentielle ou partez. La deuxième solution parut de plus en plus séduisante à la minorité compétente de la CIA. Les sociétés privées de sécurité et de surveillance proliféraient et prospéraient aux États-Unis, et les meilleurs éléments de l'Agence se laissèrent tenter. La CIA, qui se trouvait auparavant encombrée par les dinosaures de la guerre froide, était soudain envahie par les débutants. En 2005, la moitié des agents et des analystes de la CIA n'avaient pas plus de cinq ans d'expérience.

Quatre anciens chefs du service d'action clandestine tentèrent d'entrer en contact avec Goss pour lui demander de modérer ses ardeurs. Il se refusa à prendre leurs appels. L'un d'eux décida alors d'exposer publiquement le problème. « Goss et ses protégés peuvent faire à brève échéance de graves dégâts, écrivit Tom Twetten dans une tribune libre publiée le 23 novembre 2004 par le *Los Angeles Times*. Si les professionnels de l'Agence ne pensent pas que la direction est de leur côté, ils ne prendront pas de risques pour elle, et, en fin de compte, ils ne resteront pas. » Le lendemain même, John McLaughlin, qui avait assumé la direction provisoire de l'Agence après la démission de George Tenet, réfutait dans le *Washington Post* certaines des accusations portées contre la CIA, affirmant que celle-ci « ne complotait pas, en tant qu'institution, contre le Président ». Haviland Smith, qui venait de quitter la direction du service de contre-terrorisme, intervint également. « Porter Goss et ses hommes recrutés dans les coulisses du Capitole, écrivait-il, sèment le chaos. Épurer la CIA à ce moment inopportun, alors que nous devons faire face aux réalités du terrorisme, revient à un suicide. »

Durant des années, la CIA avait été malmenée dans la presse, mais jamais encore le directeur n'avait été attaqué, publiquement et par écrit, par les principaux vétérans de l'Agence.

La façade tombait. La CIA se disloquait.

En décembre 2004, alors que l'épuration battait son plein, le Congrès vota un texte, que le Président signa, créant, ainsi que l'avait recommandé la Commission du 11 Septembre, le poste de directeur du Renseignement national. Hâtivement rédigé, tout aussi rapidement discuté, ce texte n'apportait aucun remède aux problèmes chroniques et congénitaux affectant la CIA. C'était la continuité sous les apparences du changement.

Goss pensa que le Président allait le choisir pour occuper le nouveau poste. Mais l'appel de la Maison Blanche ne vint jamais. Et, le 17 février 2005, Bush annonça qu'il nommait l'ambassadeur des États-Unis en Irak, John D. Negroponte. Celui-ci, diplomate de l'ancienne école, suave et subtil, n'avait jamais travaillé un seul jour dans le monde du renseignement. Il n'allait d'ailleurs pas y rester longtemps.

Comme cela s'était produit en 1947, ce nouveau « tsar » du renseignement se vit confier une haute responsabilité sans avoir les moyens correspondants – les moyens de la véritable autorité.

Le Pentagone contrôlait toujours l'essentiel du budget de la Sécurité nationale, approchant les 500 milliards de dollars par an, et dont la part de la CIA était approximativement de un pour cent. La nouvelle

organisation ne constituait que la reconnaissance officielle de l'échec
de l'ancienne.

« UN MONDE FERMÉ »

La CIA était grièvement blessée. Conformément aux lois de la
jungle régnant à Washington, de plus grands fauves se nourrissaient
déjà à ses dépens. Le Président donna de plus grandes responsabilités
sur les activités d'espionnage, d'opérations clandestines, de surveillance et de reconnaissance au sous-secrétaire pour le Renseignement
du Pentagone, poste qui devint le troisième en importance du Département de la Défense. « Cela provoqua des secousses sismiques dans
toute la communauté du renseignement, constata Joan Dempsey, directrice générale adjointe du Renseignement et directrice exécutive du
Bureau d'études de politique étrangère de Bush. Cela ressemblait
beaucoup plus aux méthodes du Kremlin. »

La CIA s'évaporait. Son siège était toujours là, et il y aurait toujours
une organisation pour y résider. Mais, le 30 mars 2005, un nouveau
pavé vint frapper la façade de l'Agence. Il se présentait sous la forme
du rapport de six cents pages concocté par la commission que présidait
le juge Silberman. Celui-ci avait les plus brillantes références intellectuelles et politiques de Washington. Il avait été, à deux reprises, sur le
point d'être pressenti pour la direction générale du Renseignement. En
quinze années d'exercice comme juge à la cour d'appel fédérale, il
avait constamment donné priorité à la sécurité nationale, même lorsque
cela pouvait être en contradiction avec les idéaux de liberté. Ses collaborateurs, à la différence des membres de la Commission du
11 Septembre, avaient une robuste expérience des techniques du
renseignement.

Le jugement de la Commission Silberman fut brutal et définitif :
le domaine du directeur général du Renseignement était « un monde
fermé » se caractérisant par un refus permanent du changement,
un ensemble « fragmenté, mal géré et médiocrement coordonné ».
Selon la commission, la CIA était « souvent incapable de recueillir des
renseignements sur les sujets mêmes dont nous nous soucions le plus »
et ses analystes ne laissaient « pas toujours savoir aux gouvernants
combien leurs connaissances étaient limitées ». Sa principale carence
résidait dans « la médiocrité de son information de source humaine »
– autrement dit, dans sa mauvaise pratique de l'espionnage.

« Nous reconnaissons, déclarait le rapport, que l'espionnage est une
activité toujours aléatoire ; cinquante années d'action contre l'Union

soviétique n'ont apporté qu'une poignée de sources d'information humaines vraiment importantes. Mais il n'en est pas moins impératif que nous fassions mieux. » Le texte ajoutait que la CIA avait « besoin d'un changement fondamental si elle devait faire face avec succès aux menaces du vingt et unième siècle ». C'était « un but qui serait déjà difficile à atteindre dans le meilleur des mondes possibles », admettait la commission[55], en constatant ensuite : « Et nous ne vivons pas dans le meilleur des mondes. »

Le 21 avril 2003, la fonction de directeur général du Renseignement fut rejetée aux oubliettes de l'histoire. Goss déclara que l'entrée en fonction officielle de Negroponte représentait « les funérailles solennelles » de la CIA telle qu'elle avait existé[56]. Ce jour-là, le nouveau patron de l'Agence reçut une assez étrange bénédiction. « J'espère, déclara le sénateur John Warner, qui présidait la Commission des forces armées, que l'esprit de "Wild Bill" Donovan guidera et inspirera ses efforts. »

Une statue en bronze de Donovan se dresse toujours devant le siège de la CIA, où, le 21 août 2005, à l'invitation de Porter Goss, tous les anciens directeurs encore vivants se réunirent pour recevoir des médaillons commémorant leur service – et marquant, en fait, la fin d'une lignée. George H. W. Bush était là, ainsi que James Schlesinger et Stan Turner, si impopulaires en leur temps car étrangers au monde du renseignement, Bill Webster et Bob Gates, les réformateurs manqués, Jim Woolsey, John Deutch et George Tenet, qui avaient tenté de redresser la barre à bord d'un navire ayant perdu son cap. Certains de ces hommes se détestaient cordialement ; d'autres étaient unis par de robustes liens de confiance et d'estime. Au premier rang, Goss bouillait intérieurement. Il venait de passer des semaines à transpirer sur un rapport d'activité qu'il avait lui-même exigé lorsqu'il était encore président de la Commission du renseignement de la Chambre des représentants. Dans la meilleure tradition d'Allen Dulles, il avait résolu de jeter un voile sur les défaillances de l'Agence. Mais l'heure de l'expiation n'en avait pas moins sonné.

« N'AVOUEZ RIEN, NIEZ TOUT »

Le 5 mai 2006, le président Bush congédia Porter Goss après dix-neuf mois d'attaques incessantes et sournoises contre la CIA. La chute du dernier directeur général du Renseignement fut rapide et sans gloire. Et son message final empreint d'une grande amertume.

Le lendemain de son limogeage, Goss prit l'avion pour aller

prononcer une allocution à l'Université Tiffin, dans l'Ohio. « Si vous étiez une promotion de cadres de la CIA, déclara-t-il aux étudiants, le conseil que je vous donnerais serait bref et précis : n'avouez rien, niez tout et lancez des contre-accusations. » Sur ces mots, il disparut, laissant derrière lui l'état-major le plus déficient que la CIA ait jamais connu.

Une semaine plus tard, une équipe d'agents du FBI venait perquisitionner au siège de la CIA. Elle alla fouiller le bureau de Dusty Foggo, qui venait de quitter son poste de directeur exécutif – le troisième de la hiérarchie de l'Agence.

Foggo avait été, auparavant, le responsable de toute la logistique du service d'action clandestine. L'acte d'accusation dressé contre lui et rendu public le 13 février 2007 l'inculpait de fraude, de corruption et de blanchiment d'argent dans des opérations portant sur des millions de dollars. Il n'y avait jamais eu un seul cas de ce genre dans toute l'histoire de la CIA. À l'heure où ces lignes sont écrites, Foggo a fait savoir qu'il plaiderait non coupable. Il risque vingt ans de prison s'il est condamné.

Le jour même où Foggo était inculpé, un tribunal fédéral de Caroline du Nord condamnait un contractuel de la CIA nommé David Passaro à huit ans et quatre mois de prison pour avoir battu à mort un homme en Afghanistan. Passaro avait été engagé par l'Agence malgré des précédents de violence criminelle qui l'avaient fait chasser de la police du Connecticut. En prononçant la condamnation, le juge souligna que seule l'absence d'une autopsie de la victime avait évité à Passaro une inculpation de meurtre.

Trois jours plus tard, un juge d'instruction italien ordonna l'inculpation du chef d'antenne de la CIA à Rome, du chef d'antenne de Milan et de plus d'une vingtaine d'autres agents pour l'enlèvement d'un religieux extrémiste musulman qui avait subi pendant des années des interrogatoires « musclés » en Égypte. En Allemagne, treize agents de la CIA furent inculpés pour l'enlèvement et la détention illégale d'un citoyen allemand d'origine libanaise. Le gouvernement du Canada présenta des excuses officielles et accorda une indemnisation de 10 millions de dollars à l'un de ses ressortissants, Maher Arar, qui avait été enlevé par la CIA alors qu'il changeait d'avion à New York au retour de vacances, et expédié en Syrie où il avait été soumis pendant dix mois aux pires des interrogatoires [57].

Le système de détention arbitraire mis au point par la CIA se trouvait donc condamné. Il ne pouvait plus survivre dans la mesure où il n'était plus secret. On demandait aux Américains de croire en toute bonne foi que l'enlèvement, la détention et la torture d'innocents avaient été essentiels à la prévention d'une nouvelle attaque contre les

États-Unis. Ce qui n'était nullement prouvé. Et ne le sera probablement jamais.

Porter Goss fut remplacé à la CIA par le général Michael Hayden,
directeur adjoint du Renseignement national et ancien chef de la
National Security Agency, l'homme qui avait, sur l'ordre du président
Bush, organisé l'espionnage électronique de ressortissants américains,
le premier militaire en activité à prendre la tête de la CIA depuis le
départ de Walter Bedell Smith en 1953. Il proclama, lors de sa confirmation par le Sénat, que « l'heure des amateurs » était révolue à
l'Agence. Mais tel n'était pas le cas.

Selon les normes mêmes de la CIA, la moitié environ de ses effectifs
était constituée de stagiaires. Peu d'entre eux étaient en mesure
d'arriver à des résultats acceptables. Mais l'Agence n'avait d'autre
choix que de leur assigner des tâches qui dépassaient de loin leurs
capacités. Le remplacement d'hommes de quarante ou cinquante ans
par des débutants n'ayant pas la trentaine entraîna une forte diminution
de la qualité du travail et de l'étendue même des activités de l'Agence.
Le service d'action clandestine dut, ainsi, renoncer à certaines des
tâches dont il se chargeait dans le passé – manipulation politique,
propagande et opérations souterraines – car il ne disposait plus des
compétences nécessaires. Dans le même temps, la CIA demeurait une
organisation où peu de gens parlaient arabe ou persan, coréen ou
chinois. Elle persistait à refuser d'employer des Américains d'origine
arabe, pourtant animés de sentiments patriotiques, s'ils avaient de la
famille vivant au Proche ou au Moyen-Orient – ce qui était le cas de la
plupart. La révolution informatique avait fait que les analystes de
l'Agence ne se montraient pas plus capables de déchiffrer et
d'affronter la menace terroriste que leurs anciens n'avaient été en
mesure de comprendre l'Union soviétique. En moins de quatre ans,
cinq chefs d'antenne de la CIA à Bagdad se succédèrent, sans plus
d'efficacité les uns que les autres, dans le monde clos de la Zone verte.

La CIA était au plus bas. Elle n'avait plus l'oreille du Président, et
les dirigeants américains allaient solliciter des renseignements ailleurs
– au Pentagone ou au sein de sociétés privées.

« PARTOUT QUE DES ÉTOILES »

Bob Gates prit en main le Pentagone le 18 décembre 2006. Il était le
seul analyste à avoir jamais dirigé la CIA et le seul directeur à devenir
secrétaire à la Défense. Deux semaines plus tard, le nouveau directeur
national du Renseignement John Negroponte démissionna de ce poste

après dix-neuf mois d'exercice pour devenir le Numéro 2 du Département d'État. Il fut remplacé par un amiral en retraite, Mike McConnell, qui avait dirigé la NSA lors de son grand déclin, à l'aube de l'ère digitale et qui avait passé ensuite dix ans à accumuler une rondelette fortune grâce à des contrats privés avec les forces armées.

Quand Gates arriva au Pentagone, il parcourut du regard les organismes de renseignement américains et n'y vit partout que des étoiles : un général dirigeait la CIA, un autre général était sous-secrétaire à la Défense chargé du renseignement, un troisième général avait la charge du contre-terrorisme au Département d'État, un quatrième était le sous-secrétaire adjoint du Pentagone pour le Renseignement et un général de division avait la responsabilité des agents secrets à la CIA. Auparavant, et ce depuis des années, chacun de ces emplois avait été occupé par un civil. Ce que contemplait Gates, c'était un monde où le Pentagone avait littéralement écrasé la CIA, comme il s'était juré de le faire soixante années auparavant.

Gates, quant à lui, voulait fermer le camp de détention de Guantánamo Bay, ramener de Cuba aux États-Unis tous les suspects qui s'y trouvaient enfermés, et là, les inculper ou les recruter. Il voulait limiter la mainmise du Département de la Défense sur le renseignement. Il rêvait de redonner à la CIA son rôle de premier plan dans les instances gouvernementales américaines. Mais il y avait très peu de choses qu'il pouvait faire.

Le déclin de l'influence de la CIA faisait partie d'un lent processus de pourrissement des piliers de la Sécurité nationale américaine. Après quatre années de guerre en Irak, l'armée était épuisée, saignée à blanc par des chefs militaires qui avaient beaucoup plus investi en armes futuristes qu'en soldats sur le terrain. Au bout de cinq ans d'une politique étrangère fondée sur le néochristianisme américain, le Département d'État était à la dérive, incapable de traduire dans les faits les valeurs de la démocratie. Et après six ans d'ignorance volontaire et délibérée, le contrôle de l'Agence par le Congrès n'était plus qu'un mythe. La Commission du 11 Septembre avait d'ailleurs souligné que, de toutes les tâches s'imposant dans le monde du renseignement, le renforcement de ce contrôle risquait de se révéler la plus importante mais la plus difficile à accomplir. En 2005 et 2006, le Congrès réagit en refusant de voter le texte de loi annuel concernant la CIA, sa politique et ses crédits. Ce fut un sénateur républicain qui parvint, seul, à bloquer le texte car il enjoignait à la Maison Blanche de livrer aux assemblées un rapport classé confidentiel sur les prisons secrètes de la CIA.

Cette carence d'autorité rendait impuissantes et même superflues les commissions spécialisées du Congrès. Il n'y avait jamais eu, depuis les années 60, si peu de contrôle des assemblées législatives sur l'Agence.

C'était maintenant une force très différente qui faisait sentir son poids dans le monde du renseignement : l'entreprise privée américaine.

Des répliques privées de la CIA avaient commencé à croître et se multiplier dans les faubourgs de Washington et au-delà.

Selon certaines estimations, le patriotisme mercenaire avait atteint un chiffre d'affaires annuel de 50 milliards de dollars – somme à peu près égale au budget gouvernemental du Renseignement. Le phénomène s'était développé depuis une quinzaine d'années. Après la fin de la guerre froide, la CIA avait commencé à sous-traiter à l'extérieur nombre de tâches, afin de combler les vides constatés à partir de 1992. Les avantages financiers offerts par l'industrie privée étaient tentants. Un agent de la CIA pouvait, ainsi, se faire mettre à la retraite anticipée, aller opérer à un bien meilleur salaire pour quelque compagnie travaillant pour la Défense, telle que Lockheed Martin ou Booz Allen Hamilton, puis revenir au siège de la CIA avec le badge vert des visiteurs au lieu du badge bleu qu'il portait lorsqu'il était en exercice à l'Agence. Après Septembre 2001, les sergents-recruteurs des entreprises privées ne prirent même plus de gants. Le badge vert à la boutonnière, ils venaient directement lancer leurs filets à la cafétéria de la CIA.

Des fortunes pouvaient se faire dans ce qui était devenu l'industrie du renseignement, et il en résulta une véritable fuite des cerveaux – la dernière chose que pouvait se permettre la CIA. Créée en février 2007, la compagnie Total Intelligence Solutions était dirigée par Cofer Black, ancien chef du centre de contre-terrorisme de la CIA. Ses associés étaient Robert Richer, qui avait été le Numéro 2 du service d'action clandestine de l'Agence, et Enrique Prado, chef des opérations contre-terroristes de Black. Tous trois avaient déserté l'Administration en 2005 pour rejoindre Blackwater USA, la compagnie privée de sécurité qui servait, entre autres choses, de garde prétorienne aux personnalités américaines à Bagdad.

Ils avaient, à Blackwater, appris les ficelles du métier de contractuels, et, à peine plus d'un an plus tard, ils avaient lancé Total Intel. Ils avaient été parmi les meilleurs éléments de la CIA, et leur exemple ne passa pas inaperçu. De nombreux agents rejoignaient maintenant l'Agence avec un plan quinquennal bien précis : entrer, sortir et passer à la caisse à l'extérieur.

Le résultat fut qu'après le 11 Septembre, la CIA se trouva dans l'incapacité pratique d'agir seule et sans aide.

« ORGANISER ET DIRIGER
UN SERVICE D'ESPIONNAGE »

Durant la guerre froide, la CIA fut condamnée par la gauche américaine pour ce qu'elle faisait. Lors de la guerre contre la terreur, elle fut attaquée par la droite américaine pour ce qu'elle ne pouvait pas faire. Des accusations d'incompétence furent lancées par des hommes tels que Dick Cheney et Donald Rumsfeld. Quoi qu'on puisse penser de leurs propres positions et de leur propre action, ils savaient par expérience ce que le lecteur a maintenant appris : la CIA était incapable de remplir son rôle de service de renseignement des États-Unis d'Amérique.

La CIA du domaine de la fiction, celle qui vit dans les romans et les films, est omnipotente. Le mythe d'un âge d'or de la CIA est une création de celle-ci, le produit de la publicité et de la propagande politique qu'orchestra Allen Dulles dans les années 50. La légende fut perpétuée dans les années 80 par Bill Casey, qui tenta de faire revivre l'esprit d'insouciante audace de Dulles et de « Wild Bill » Donovan. Maintenant, ce que s'efforce de faire revivre l'Agence, c'est la fable selon laquelle elle constitue la meilleure ligne de défense de l'Amérique. Ayant reçu consigne d'entraîner et de conserver des milliers de nouveaux membres, elle a besoin, pour sa survie, de projeter une image de réussite.

À la vérité, il n'y a pas eu beaucoup de jours idylliques dans l'histoire de l'Agence. Mais il y en a eu quelques-uns. Quand Richard Helms était à la barre, la CIA a dit la vérité à Lyndon Johnson et à Robert McNamara sur la guerre du Vietnam, et elle a été écoutée. Il y eut un autre moment de sagesse quand Bob Gates était directeur : il sut garder la tête froide alors que l'Union soviétique s'effondrait. Mais quinze années s'étaient écoulées depuis, et la CIA s'était retrouvée incapable de trouver sa voie dans un combat où l'information et les idées se révélaient les armes les plus puissantes.

Pendant soixante ans, des dizaines de milliers d'agents du service d'action clandestine n'auront finalement réussi – et c'est là le plus grand secret de ce service secret – à recueillir que de simples bribes de renseignements vraiment importants. Leur mission est, en fait, terriblement difficile. Mais nous, Américains, n'arrivons toujours pas à comprendre les hommes et les forces politiques que nous cherchons à contenir et à contrôler. La CIA a encore à devenir ce que ses créateurs ont voulu qu'elle soit.

« La seule superpuissance qui reste, déclarait il y a dix ans Richard Helms, ne s'intéresse pas assez à ce qui se passe dans le monde pour organiser et diriger un service d'espionnage. » Dans dix autres années, on verra peut-être l'Agence renaître de ses cendres, renforcée par l'injection de nombre de milliards de dollars, inspirée par une nouvelle direction, revigorée par une nouvelle génération. Il se peut que les analystes commencent à voir le monde clairement. Que des agents américains deviennent capables de pratiquer un espionnage efficace contre les ennemis de leur pays. Il se peut que la CIA, un jour, rende les services qu'en attendaient ses fondateurs. Nous devons l'espérer.

Car le conflit dans lequel nous sommes maintenant engagés peut durer aussi longtemps que la guerre froide, et nous gagnerons ou perdrons selon la qualité de notre Renseignement.

NOTES

SOURCES PRINCIPALES

- Dossiers de la Central Intelligence Agency consultés dans les CIA Records Search Technology à l'Administration des Archives nationales (CIA/CREST)
- Dossiers de la CIA rendus publics ou republiés par le CIA's Center of the Study of Intelligence (CIA/CSI)
- Dossiers de la CIA obtenus par le Declassified Documents Records System (CIA/DDRS)
- National Archives and Records Administration (NARA)
- *The Foreign Relations of the United States* (FRUS). Dossiers de la CIA dans le volume FRUS « Emergency of the Intelligence Establishment, 1945-1950 » désignés ici sous la mention « FRUS Intelligence. »
- Foreign Affairs Oral History (FAOH)
- Franklin D. Roosevelt Presidential Library, Hyde Park, New York (FDRL)
- Harry S. Truman Presidential Library, Independence, Missouri (HSTL)
- Dwight D. Eisenhower Presidential Library, Abilene, Kansas (DDEL)
- John F. Kennedy Presidential Library, Boston, Massachusetts (JFKL)
- Lyndon B. Johnson Presidential Library, Austin, Texas (LBJL)
- Richard M. Nixon Presidential Library, Yorba Linda, Californie (RMNL)
- Gerard R. Ford Presidential Library, Grand Rapids, Michigan (GRFL)
- Jimmy Carter Library, Atlanta, Georgia (JCL)
- George H. W. Bush Library, College Station, Texas (GHWBL)
- Hoover Institution Archives, Stanford University, Californie.
- Les dossiers du Senate Select Committee to Study Governmental Operations with Respect to Intelligence Activities (« Commission Church »)

L'auteur a eu accès aux dossiers d'histoire du service d'action clandestine de la CIA grâce à leur déclassification ou par des sources officieuses. La CIA a refusé trois requêtes présentées par trois directeurs successifs du Renseignement – Gates, Woolsey et Deutch – de déclassifier les dossiers concernant neuf importantes opérations clandestines pour : la France et l'Italie dans les années 1940 et 1950 ; la Corée du Nord dans les années 1950 ; l'Iran en 1953 ; l'Indonésie en 1958 ; le Tibet dans les années 1950 et 1960 ; le Congo, la République dominicaine et le Laos dans les années 1960. Les documents concernant le Guatemala ont fini par être déclassifiés en 2003, la plupart des documents concernant la baie des Cochons sont accessibles et l'histoire des opérations en Iran a fait l'objet de nombreuses fuites. Le reste demeure officiellement sous scellés. Pendant que je demandais et que j'obtenais des autorisations de déclassification pour certains dossiers de la CIA utilisés dans ce livre, l'Agence, au mépris de la loi et de sa parole, multipliait en secret ses efforts pour en faire reclassifier un grand nombre dont quelques-uns dataient des années 1940. Néanmoins le travail des historiens, des archivistes et des journalistes a établi des bases de documentation sur lesquelles on peut maintenant édifier un livre.

Première Partie
LA CIA SOUS TRUMAN (1945-1953)

Chapitre 1

1   Truman à David M. Noyes, 1er décembre 1963, papiers de David M. Noyes, HSTL.
2   Donovan à Joint Psychological Warfare Committee, 24 octobre 1942, NARA.
3   Donovan à Roosevelt, « Substantive Authority Necessary in Establishment of a Central Intelligence Service », 18 novembre 1944.
4   Donovan à Roosevelt, dossier OSS, archives du secrétaire du Président, FDRL. Roosevelt dit un jour que, si Donovan n'avait pas été irlandais, catholique et républicain, il aurait pu être président.
5   Bruce, cité dans le discours de Dulles, « William J. Donovan and the National Security », sans date mais probablement de 1959, CIA/CSI.
6   Bissell cité par Troy dans *Donovan and the CIA*, p. 243. C'était une opinion communément répandue, et pourtant l'armée avait fait pis pendant la guerre. Le chef du renseignement militaire, le major général Strong, intéressé par le tout nouveau et indépendant OSS de Donovan, avait décidé de créer son propre service de renseignement. On confia cette mission à un certain capitaine Grombach, arraché à l'OSS, avec une extraordinaire feuille de route : se concentrer sur les activités d'espionnage et de subversion menées contre les États-Unis par ses alliés d'alors, les Anglais et les Soviétiques. Échappant au contrôle de toute autorité supérieure, le plus bel exploit de ce service fut surtout de rester secret : de l'aveu même de Grombach, le plus clair de ses informations allait à la poubelle. Mais, comme le fit remarquer le brigadier général Kroner, l'adjoint de Strong, « cela marqua la naissance d'un renseignement de haut niveau et des opérations secrètes au sein de notre gouvernement ». Audition devant la Commission du budget des services exécutifs, le 27 juin 1947.
7   En octobre 1941, le capitaine Dean Rusk, le futur secrétaire d'État, fut chargé d'organiser un nouveau service de renseignement de l'armée couvrant une vaste portion du monde, de l'Afghanistan à l'Australie, en passant par l'Inde. Il demanda à consulter les dossiers que les États-Unis avaient à leur disposition. « Une vieille dame du nom de Mrs North me montra un unique classeur. J'y trouvai un exemplaire du *Guide touristique Murphy de l'Inde et de Ceylan* qui portait le cachet "Confidentiel" car c'était le seul qu'on pouvait trouver à Washington et on ne voulait pas l'égarer ; le rapport d'un attaché militaire à Londres sur l'Armée britannique en Inde et puis toute une collection d'articles que cette vieille dame, Mrs North, avait découpés dans le *New York Times* depuis la Première Guerre mondiale, et voilà tout. » Durant la Seconde Guerre mondiale, les pilotes américains qui franchissaient l'Himalaya pour passer d'Inde en Chine et en revenir devaient voler à l'aveuglette, se rappelait Rusk. « Je n'avais même pas de carte au millionième montrant le territoire sur lequel nous opérions. » Quand Rusk essaya de constituer une unité de langue birmane, « nous avons cherché à travers tous les États-Unis un ressortissant birman... Nous avons fini par en trouver un et quand nous avons voulu le contacter, nous avons constaté qu'il était dans un asile de fous. Eh bien,

nous l'en avons fait sortir et nous l'avons nommé instructeur de birman. »
Témoignage de Rusk, président de la Commission sur les activités de la
CIA (Commission Rockefeller), 21 avril 1975, p. 2191-2193, Top Secret,
déclassifié en 1995, GRFL.

8   Troy, *Donovan and the CIA*, p. 265.
9   Casey, cité dans le livre de Joseph E. Persico, *Casey : The Lives and Secrets
     of William J. Casey* (Viking), p. 81.
10   Rapport Park, archives Rose A. Conway, dossier OSS/Donovan, HSTL.
11   Donovan à Truman, « Statement of Principles », FRUS Intelligence, p. 17-21.

CHAPITRE 2

12   Interview de Helms par l'auteur.
13   McCloy à Magruder, 26 septembre 1945, FRUS Intelligence, p. 235-236.
     Voir aussi p. 74-315 le texte de Magruder sur les opérations clandestines de
     renseignement et le rapport Lovett.
14   Interview de Polgar par l'auteur.
15   Interview de Sichel par l'auteur.
16   Magruder à Lovett, « Intelligence Matters », sans date mais probablement
     de fin octobre 1945, FRUS Intelligence, p. 77-81.
17   William W. Quinn, *Buffalo Bill Remembers : Truth and Courage* (Wilder-
     ness Adventure Books, 1991), p. 240.
18   Richard Helms avec William Hood, *A Look over My Shoulder : A Life in the
     Central Intelligence Agency* (Random House, 2003), p. 72. Le colonel
     Quinn avait été chef du renseignement de la Septième Armée en Afrique du
     Nord, en France et en Allemagne, travaillant en étroite liaison avec l'OSS.
     En juillet 1946, Vandenberg, le directeur du Renseignement, lui confia le
     commandement de l'Office of Special Operations, chargé de l'espionnage
     et des actions clandestines à l'étranger. Il trouva son nouveau poste
     « contraire à tous ses principes ». Comme il avait besoin de fonds, il se
     rendit au Capitole pour demander à quelques membres du Congrès
     15 millions de dollars pour les missions d'espionnage. « Je savais que ces
     gens n'avaient aucune idée de ce que nous faisions », déclara-t-il plus tard.
     Quinn demanda donc une séance à huis clos et il raconta aux membres de la
     commission l'histoire déchirante d'une femme de ménage de Berlin
     recrutée comme espionne et qui, la nuit, photographiait des documents
     soviétiques. Fascinés, les membres du Congrès lui remirent discrètement
     l'argent dont il avait besoin et qui aida le Renseignement à survivre.
19   Cette mise en garde, déclassifiée par la Maison Blanche en 2004, était
     intitulée « Intelligence and Security Activities of the Government » et datée
     du 20 septembre 1945, le jour où le Président ordonna la suppression de
     l'OSS.
20   Papiers de Harold D. Smith. « Diaries – Conferences with the President »,
     1945, FDRL.
21   Journal de l'amiral Leahy, 24 janvier 1946, Bibliothèque du Congrès ;
     Warner, « Salvage and Liquidation », CIA/CSI.
22   Russell Jack Smith, qui devint par la suite directeur adjoint du renseigne-
     ment de la CIA, se rappelait que, quand on créa en janvier 1946 le Central
     Intelligence Group, « Truman demandait tous les jours "Où est mon
     journal ?" On avait l'impression que la seule activité du CIG importante
     pour le président Truman était le résumé quotidien. » Il fut délivré par
     messager au Président pendant près de six décennies, et ce rituel assura
     constamment le pouvoir de la CIA. Mais la dernière chose que peut
     souhaiter un espion sur le terrain, c'est d'être soumis aux impératifs d'un
     bouclage quotidien. L'espionnage ne produit pas un flux constant d'infor-
     mations, écrivit William R. Johnson après vingt-huit ans d'action clandes-

tine. Le travail du service de renseignement américain consistait-il à recueillir par un moyen ou par un autre des informations pour les vendre bien empaquetées au Président ? Ou bien s'agissait-il de dérober à l'étranger des secrets d'État ? « Tous ces gens qui s'occupent d'action politique, de désinformation, ou qui se chargent de corrompre des politiciens, qu'ils se débrouillent là où ils sont... Que le Conseil de sécurité leur trouve une place quelque part, loin des endroits où se pratique l'espionnage », William R. Johnson, « Clandestinity and Current Intelligence », *Studies in Intelligence,* automne 1976, CIA/CSI.

23 Souers, « Development of Intelligence on USSR », 29 avril 1946. FRUS Intelligence, p. 345-347.

24 Interview de Kennan pour la série de CNN sur la guerre froide, 1996. Transcription des Archives de la National Security disponible en ligne sur : http://www.gwu.edu/~nsarchiv/coldwar/interviews/-episode-1/kennan1.html.

25 Walter Bedell Smith, *My Three Years in Moscow* (Lippincott, 1950), p. 86.

26 *Ibid.*, p. 46-54.

27 Helms, *A Look over My Shoulder*, *op. cit.*, p. 67.

28 Dana Durand, chef de la base de Berlin, avoua que le plus clair des renseignements recueillis par ses hommes était souvent d'origine douteuse. Karl-Heinz Kramer, surnommé « l'Abwehr de Stockholm », vendit aux Américains des rapports détaillés sur les cellules d'avion russes obtenus, affirmait-il, grâce à un vaste réseau d'agents travaillant en Union soviétique. En réalité, il puisait dans une collection de manuels d'aéronautique achetés dans une librairie de Stockholm. Une autre fois, le Central Intelligence Group acheta un fragment d'« uranium radioactif » prétendument dérobé dans un convoi d'Allemagne de l'Est à destination de Moscou : on découvrit qu'il s'agissait d'un bout de plomb enveloppé dans du papier d'aluminium. Devant ce fiasco, le général Leslie Groves, qui dirigeait le Manhattan Project, le programme secret de fabrication de la bombe atomique, décida de créer son propre service de renseignement afin de repérer toutes les sources possibles d'uranium au monde et de surveiller le développement des armes atomiques en Union soviétique. « Minutes of the Sixth Meeting of the National Intelligence Authority », 21 août 1946, FRUS Intelligence, p. 395-400 ; mémo de Groves à l'Atomic Energy Commission, 21 novembre 1946, FRUS Intelligence, p. 458-460.

29 Mémo d'Elsey, 17 juillet 1946, CIA/CSI.

30 « Minutes of the Fourth Meeting of the National Intelligence Authority », 17 juillet 1946, FRUS Intelligence, p. 526-533.

31 Interview de Hostler par l'auteur. Hostler passa les derniers mois de la guerre en mission provisoire en Italie ; il travaillait dans les environs de Naples, dans un palais royal de 1 200 pièces, et aidait James J. Angleton de l'OSS à « renforcer le contrôle sur les divers réseaux italiens de renseignement et de sécurité ». Pour les dessous du fiasco roumain, voir l'ouvrage de Charles W. Hostler, *Soldier to Ambassador : From the D-Day Normandy Landing to the Persian Gulf War, A Memoir Odyssey* (San Diego State University Press, 1993), p. 51-85 ; et d'Elizabeth W. Hazard, *Cold War Crucible* (Eastern European Monographs, 1996). E. Hazard est la fille de Frank Wisner.

CHAPITRE 3

32 Kennan devait nier par la suite avoir participé à l'élaboration de la doctrine Truman et à l'évolution de la CIA. La doctrine Truman, écrivit-il deux décennies plus tard, édifiait « la charpente d'une politique universelle » à partir d'un problème unique : « Pour bénéficier de l'aide américaine, il

suffisait à un pays de démontrer l'existence d'une menace communiste. Comme tous, pratiquement, abritaient une minorité communiste, cette hypothèse nous emmenait très loin. » Mais, en 1947, la plupart des Américains y virent une vibrante impulsion pour les forces de la liberté. James McCargar, un officier de renseignement américain, travaillait à Budapest le jour où Truman prononça son discours. Depuis des mois, le moral à la légation américaine en Hongrie « était plutôt bas, car nous constatons que les Russes étaient en train d'obtenir ce qu'ils voulaient, c'est-à-dire mettre la main sur le pays ». Il en allait de même à travers les Balkans et peut-être – qui sait ? – pour toute l'Europe : « De toute évidence, on s'acheminait au-devant d'une véritable confrontation » entre les États-Unis et l'Union soviétique. « Nous étions de plus en plus déprimés », jusqu'au jour où fut proclamée la doctrine Truman. « Ce matin-là, nous sommes tous sortis dans les rues la tête haute, dit McCargar. Nous soutiendrions autant que nous le pourrions les forces démocratiques à travers le monde. » George F. Kennan, *Memoirs 1925-1950* (Pantheon, 1983), p. 322 ; récit de McCargar, FAOH ; interview de McCargar par l'auteur ; mémo de Vandenberg, « Subject : Special Consultant to the Director of Central Intelligence », 27 juin 1946, CIA/CSI.

33 Chace, *Acheson*, p. 162-165 ; Dean Acheson, *Present at the Creation : My Years in the State Department* (W.W. Norton, 1969), p. 219.

34 CIA/LLM, p. 4. Sur les dix-neuf directeurs du Renseignement, une douzaine étaient mal préparés ou peu faits pour exercer cette charge ; Souers, Vandenberg et Hillenkoetter comptaient parmi ceux-là. Le 21 mai 1947, Hillenkoetter écrivit à Bill Donovan : « Dieu sait que je n'ai pas demandé ce poste. Comme vous êtes passé maître dans cet art, je prends la liberté de vous demander des conseils ainsi que vos idées sur ce point. » Hilly aurait en effet besoin de toute l'aide qu'il pourrait obtenir. Lettre à Donovan, papiers Forgan, Hoover Institution, Université de Stanford.

35 Le témoignage de Dulles est enregistré dans l'audition devant la Commission du Budget du 27 juin 1947. En 1982, Jack Brooks, président du Comité permanent des opérations du gouvernement, et le député Edward Boland du Comité permanent du renseignement firent déterrer le procès-verbal pour le publier, précédé d'une introduction au sujet de son étonnante histoire. Clare E. Hoffman, députée du Michigan, présidente de la Commission du budget, préside la séance en 1947. Les témoins déposèrent sous des noms de code (Mr. A, Mr. B, Mr. C). Hoffman, qui avait conservé le seul procès-verbal de l'audition, le prêta au célèbre Walter Pforzheimer, un des fondateurs de la CIA ; celui-là en fit faire une copie qu'il enferma dans un coffre et rendit l'original à Hoffman qui le détruisit en 1950. Ce fut seulement trente-deux ans plus tard qu'on exhuma l'unique exemplaire qui restait des archives de la CIA.

Les autres principaux témoins de cette audition étaient le directeur du Renseignement, Vandenberg, et John « Frenchy » Grombach, chef du « Réservoir », le service d'espionnage créé par le renseignement militaire dès 1942. « Ce n'est pas aux billes que nous jouons, dit Grombach à la Commission. Nous jouons avec notre sécurité nationale et avec nos vies » en laissant la Central Intelligence Agency conduire des opérations clandestines. Que l'armée espionne pour les États-Unis, déclara-t-il, et que l'Agence rédige des rapports. Toute autre solution serait « erronée et dangereuse ».

Vandenberg riposta. Le véritable danger, dit-il dans sa déposition, était précisément le « Réservoir » – « une sinécure », une entreprise commerciale saturée de mercenaires amateurs qui racontaient des secrets dans les bars. La collecte d'informations secrètes était une affaire délicate à confier à des professionnels solidement encadrés.

Vandenberg continua en expliquant comment bâtir un bon réseau de renseignement. « La clandestinité est un domaine très complexe, dit-il. Voici comment cela fonctionne : prenez un expert dans cette spécialité, ou ce qui s'en rapproche le plus et que nous pouvons engager avec les moyens dont nous disposons... Il rassemble alors une chaîne de gens qu'il connaît. Ensuite, nous sélectionnons un autre homme, qui a toute notre confiance, qui forme une autre chaîne à côté, et qui se contente d'observer... de s'assurer que le premier ne vous fournit pas de renseignements en étant à la solde d'un gouvernement étranger... L'homme à l'origine du réseau n'a aucun lien ostensible avec aucun personnage ou service du gouvernement. » Il ajouta une mise en garde : « Les risques de voir le gouvernement américain en proie à de graves problèmes en temps de paix nous imposent de garder ce service sous notre total contrôle ; et c'est absolument impossible si, pour y parvenir, vous engagez un type qui débarque dans votre bureau en vous disant qu'il serait enchanté que vous lui versiez 500 000 dollars par an... Il se pourrait bien que cet homme soit payé par un autre gouvernement et qu'il vous fournisse les renseignements que ce gouvernement-là voudrait justement que vous ayez. »

C'était un bref résumé des défis que devait surmonter la CIA lors de sa création – plus conforme à la réalité que ce que déclara ensuite Allen Dulles : « Je ne crois pas à une grande agence. Elle doit rester petite. Si elle devient une pieuvre gigantesque, elle ne fonctionnera pas bien. À l'étranger, il vous faudra certains effectifs, mais ils ne devront pas être énormes. Il faudra compter par dizaines plutôt que par centaines. » Lorsqu'il prit la direction de l'Agence en 1953, il hérita de près de 10 000 personnes qui devinrent bientôt 15 000, puis 20 000, la plupart chargées de conduire des opérations clandestines à l'étranger. Opérations clandestines que Dulles ne prit jamais la peine de mentionner.

36   Recueilli par Walter Millis avec E. S. Duffield, *The Forrestal Diaries* (Viking, 1951), p. 299.

37   Acheson, *Present at the Creation, op. cit.*, p. 214.

38   Chiffre publié dans « Coordination and Policy Approval of Covert Actions », un document NSC/CIA daté du 23 février 1967 et déclassifié, après une longue discussion, en 2002.

39   Kennan à Forrestal, 26 septembre 1947, Record Group 165, dossiers ABC, 352:1, NARA.

40   Penrose à Forrestal, 2 janvier 1948, FRUS Intelligence, p. 830-834.

41   Qu'était-ce donc que la guerre psychologique ? se demandaient les premiers officiers de la CIA. On discutait des arts ténébreux de la supercherie psychologique depuis le débarquement en Normandie. Personne n'avait encore imaginé une stratégie qui n'utiliserait pas d'armes. De son poste de commandement en Europe, le général Eisenhower pressait ses camarades officiers « d'entretenir l'art de la guerre psychologique ». Mémo d'Eisenhower du 19 juin 1947, RG 310, Army Operations, P & O 091.412, NARA ; mémo du directeur du Renseignement, « Psychological Warfare », 22 octobre 1947, FRUS Intelligence, p. 626-627.

Hillenkoetter se mit alors en quête d'un chef pour diriger un nouveau « Service des procédures spéciales » qui débrouillerait tout cela. Kennan et Forrestal voulaient confier ce poste à Allen Dulles, ils eurent droit à Thomas G. Cassady, un ancien de l'OSS, un banquier de Chicago : ce fut une catastrophe. Cassady tenta d'installer une station de radio pour diffuser de l'autre côté du rideau de fer ainsi qu'une entreprise pour imprimer de la propagande en Allemagne, mais personne ne parvenait à trouver les mots susceptibles de se gagner les cœurs et les esprits des opprimés. Sa grande idée fut le Projet ultime : lancer des tracts porteurs de messages d'amour fraternel à partir de ballons envoyés à haute altitude au-dessus de l'Union soviétique. Pourquoi pas un pont aérien pour acheminer des montres Mickey Mouse ? demanda un sceptique du Département d'État.

42   « Consequences of Communist Accession to Power in Italy by Legal
      Means », CIA, Office of Research and Estimates, 5 mars 1948.
43   Interview de Wyatt par l'auteur. Voir aussi son interview pour la série de
      CNN sur la guerre froide, transcription des Archives de la National Security
      consultable en ligne sur http://www.gwu.edu/~nsarchiv/coldwar/interview/
      episode-3/wyatt1.html. L'opération italienne devint l'une des opérations
      d'action politique parmi les plus coûteuses, les plus prolongées et les plus
      valables menées par l'Agence dans ses vingt-cinq premières années. En
      novembre 1947, au début de l'opération, James J. Angleton revint de son
      poste de chef de station à Rome pour organiser un département soviétique
      au sein du Bureau des opérations spéciales de Galloway qui avait du mal à
      démarrer. Angleton avait formé une substantielle écurie d'agents en Italie,
      en partie en promettant l'immunité à quelques clients peu recommandables
      – ils risquaient d'être poursuivis pour crimes de guerre ; il avait aussi pensé
      aux élections prochaines et préparait des plans depuis plusieurs mois.
      Angleton laissa son second à Rome, Ray Rocca, un Italo-Américain de San
      Francisco, se charger des premières phases de l'opération. Avec le recul,
      William Colby estima qu'il n'y avait rien de magique dans l'entreprise :
      c'était du donnant donnant et cela le resta pendant un quart de siècle. Le
      miracle de 1948 tient au fait que le centre tint bon et que la CIA put s'en
      attribuer le mérite. Pour ces élections, le centre-droit chrétien, allié au
      Vatican et dirigé par Alcide De Gasperi, était au coude à coude avec le parti
      communiste dont les leaders avaient le regard tourné vers Moscou et qui
      affirmait compter deux millions de membres fidèles. « C'étaient les deux
      grands partis, dit Mark Wyatt, de la CIA. Les néofascistes n'étaient plus
      dans la course, les monarchistes avaient disparu. » Restaient trois partis
      mineurs : les républicains, les libéraux et les sociaux-démocrates. En mars,
      la CIA décida de répartir son appui en soutenant les candidats de partis
      minoritaires aussi bien que les chrétiens-démocrates. On trouve une vue
      d'ensemble de la situation dans les livres de Ray S. Cline, *Secrets, Spies and
      Scholars : Blueprint of the Essential CIA* (Acropolis, 1976), p. 99-103, et de
      Peter Grose, *Operation Rollback : America's Secret War Behind the Iron
      Curtain* (Houghton Mifflin, 2000), p. 114-117. Cline fut directeur adjoint du
      Renseignement à la CIA de 1962 à 1966 ; Grose découvrit des témoignages
      révélateurs faits au Congrès qui décrivaient comment on utilisait le Fonds
      de stabilisation des changes du Département du Trésor.
      Il ne reste aucune trace du coût de l'opération italienne, mais les estimations
      vont de 10 à 30 millions de dollars. Des liens d'amitié et de confiance
      aidaient à alimenter ces sources d'argent noir. Le secrétaire au Trésor,
      Snyder, avait pour ami A. P. Giannini, le financier italo-américain à la tête
      de la Transamerica Corporation, une holding qui avait sous son contrôle la
      Bank of America et quelque deux cents établissements de moindre impor-
      tance. Giannini, à son tour, fut mis en contact avec Wyatt, de San Francisco
      comme lui. « J'avais de nombreux contacts avec des Italo-Américains
      occupant des postes importants dans ce pays : des banquiers, des industriels
      pleins d'idées – dont certaines complètement folles », comme, par exemple,
      celle d'un coup d'État au cas où l'opération échouerait, dit Wyatt. Et parmi
      ceux-là, avec Giannini, « des personnages puissants, des gens qui savaient
      comment se gagne une élection ». Outre l'argent, il n'était pas inutile de
      disposer de gros bras. Selon un récit apocryphe concernant l'opération
      italienne de 1948, trois agents de la CIA dépêchés à Palerme à cause d'un
      problème sur le port s'adressèrent aux membres de la mafia locale pour le
      régler. Ils parvinrent à faire débarquer des envois d'armes américaines sans
      passer par les dockers communistes, mais le quartier général n'apprécia
      guère cette méthode. Chercher à évaluer avec précision l'importance du rôle
      de la CIA dans les élections de 1948 équivaudrait à tenter de séparer les
      éléments d'un plat d'œufs brouillés. Le flot d'armement américain déversé

sur l'Italie, les tonnes de nourriture déchargées des bateaux américains ainsi que les remous provoqués sur le plan international par la chute de la Tchécoslovaquie contribuèrent à la victoire et cimentèrent la longue relation qui s'établit entre la CIA et l'élite de la classe politique italienne de plus en plus corrompue. Joe Greene, qui partageait son temps entre le Département d'État et le Bureau de coordination politique, rappela que les Italiens, « désireux de témoigner leur reconnaissance aux États-Unis pour tout ce que les Américains avaient fait depuis la fin de la guerre quand ils changèrent de camp au début des années 50, offrirent les énormes statues équestres en bronze qui se trouvent du côté nord-ouest du Memorial Bridge de Washington. De Gasperi vint assister à la cérémonie à laquelle Truman était également présent. Ce fut un grand moment ». Les chevaux sont toujours là. Récit de Greene, FAOH.

44   L'exfiltration des agents tchèques de Katek est décrite dans des interviews de Tom Polgar et de Steve Tanner, tous deux officiers de la CIA en 1948.

45   L'utilisation par la CIA des fonds du Plan Marshall est décrite dans « A Short History of the PSB », 21 décembre 1951, NSC Staff Papers, Dossiers de la Maison Blanche, DDEL. Le détournement de fonds du Plan Marshall pour des opérations clandestines fut expliqué en détail dans un mémo du 17 octobre 1949 adressé à Frank Wisner, chef du Bureau de coordination politique : « CIA Responsability and Accountability for ECA Counterpart Funds Expended by OPC », classé Secret et publié dans le livre présenté par Michael Warner, *CIA Cold War Records : The CIA Under Harry Truman* (Washington, CIA History Staff, 1994). Ce fut un étrange compte rendu, respectant « des accords généraux et spécifiques », rédigé en secret par une poignée d'hommes parfaitement au courant, qui affirmaient que « les cinq pour cent prévus en contrepartie des fonds versés par l'ECA sont mis à la disposition de la CIA » pour les opérations clandestines (l'ECA, ou Economic Cooperation Administration, gérait le Plan Marshall).
L'argent ne manquait jamais. « Bien sûr que nous avions de l'argent, dit Melbourne L. Spector, administrateur du Plan Marshall à Paris. Nous avions des fonds prévus en contrepartie à ne plus savoir qu'en faire. » Récit de Spector, FAOH.

46   Récit de Griffin, HSTL.

47   Mémo de Kennan, non signé, du 4 mai 1948, FRUS Intelligence, p. 668-672.

48   Voici le texte de la directive :

« Le Conseil de sécurité nationale, compte tenu des constantes activités clandestines de l'URSS, de ses satellites et des groupes communistes pour discréditer et contrecarrer les objectifs des États-Unis et des autres puissances occidentales, a décidé que, dans l'intérêt de la paix mondiale et de la sécurité nationale des États-Unis, les activités officielles du gouvernement américain devront être complétées par des opérations clandestines... conçues et exécutées de sorte que la responsabilité du gouvernement américain n'apparaisse pas manifestement et que, si elles sont découvertes, le gouvernement américain puisse la nier de manière plausible. Pour être précis, ces opérations concerneront toute activité clandestine liée à : la propagande, la guerre économique, les actions préventives comprenant les actes de sabotage et de contre-sabotage, les mesures de démolition et d'évacuation ; ainsi que les opérations de subversion à l'encontre d'États hostiles : assistance à des mouvements de résistance clandestins, guérillas et groupes de libération, soutien aux éléments anticommunistes indigènes dans les pays menacés du monde libre. »

Kennan avait incontestablement inspiré cette directive. Une génération plus tard, il le regretta, disant que sa grande erreur avait été de pousser à la guerre politique, que les opérations clandestines allaient à l'encontre des traditions américaines, que « les excès du secret, la duplicité, et les magouilles clandestines, tout cela n'était pas notre style ». À cette époque, peu de gens au pouvoir tenaient ce langage. La thèse des spécialistes était claire : si l'Amérique voulait arrêter la progression des Soviétiques, elle avait besoin d'une armée secrète. Kennan réussit à rédiger plus de mille pages de mémoires sans évoquer une seule fois son rôle de précurseur de l'action clandestine. Ainsi son apport, justement salué par tous, était-il un petit chef-d'œuvre de duplicité en même temps qu'un éclatant exemple de réussite diplomatique. Voir aussi « Mortality and Foreign Policy », de Kennan, *Foreign Affairs*, hiver 1985-1986 ; ainsi que le passage de sa déposition devant la Commission Church du 28 octobre 1975, cité dans le rapport final de la commission, Vol. 4, p. 31, dans lequel il affirmait qu'avoir pris l'initiative de la guerre politique représentait « la plus grande erreur que j'aie jamais commise ».

L'idée même de la création de ce nouveau service d'action clandestine consternait Hillenkoetter, le directeur du Renseignement, qui déclara tout net que, à son avis, les États-Unis ne devraient jamais engager d'activité clandestine en temps de paix. Il n'était d'ailleurs pas le seul à s'interroger sur les frais qu'entraînaient les opérations de subversion. Sherman Kent, le plus grand des analystes de la CIA durant la guerre froide, avait bel et bien écrit : envoyer « des agents clandestins dans un pays étranger avec lequel les États-Unis ne sont pas en guerre et leur donner pour mission d'exécuter des "opérations secrètes" va à l'encontre des principes fondamentaux non seulement de notre pays, mais aussi de ceux que nous avons récemment combattus ». Robin Winks, *Cloak and Gown : Scholars in the Secret War, 1939-1961* (Yale University Press, 1987), p. 451.

49 Edward P. Lilly, « The Development of American Psychological Operations, 1945-1951 », National Security Council, Top Secret, DDEL, v. 1953.

50 Interviews de Sichel et Polgar par l'auteur.

51 Éloge funèbre prononcé par Helms lors d'un service à la mémoire de Wisner au Quartier général de la CIA, le 29 janvier 1971.

CHAPITRE 4

52 Interview de Lindsay par l'auteur. Lindsay combattit, comme guérillero de l'OSS, auprès des partisans de Tito en Yougoslavie. Après la guerre, aux côtés d'Allen Dulles, il servit dans la commission du Congrès qui autorisa le Plan Marshall. En septembre 1947, il avait emmené un groupe de membres de cette commission, dont Richard Nixon, dans la ville occupée de Trieste ; ils y avaient été témoins d'une confrontation entre une colonne de chars yougoslaves et des forces américaines à la veille du jour où Trieste allait devenir un territoire libre. La Yougoslavie se trouvait encore dans l'orbite soviétique : Tito ne romprait avec Staline que neuf mois plus tard. C'était donc un moment délicat. Le commandant allié à Trieste, le général Terence Airey, avertit les gouvernements anglais et américain : « Si l'on ne traite pas cette affaire avec la plus grande prudence, ce pourrait être le début d'une Troisième Guerre mondiale. » De retour à Washington, Lindsay et son prédécesseur comme chef de la mission militaire auprès des forces de Tito pendant la guerre, Charles Thayer, proposèrent la création d'un corps de guérilla pour lutter contre les Soviétiques – « pour combattre le feu par le feu » –, une idée qui retint l'attention de Kennan tout comme Lindsay avait retenu celle de Wisner.

53 Récit de James McCargar, FAOH. McCargar avait travaillé en secret pour

le « Réservoir » en Hongrie, au service tout à la fois du Département d'État et du réseau de renseignement clandestin de l'armée d'avril 1946 à décembre 1947.

54 Interview d'Ulmer par l'auteur.

55 Thomas Hercules Karamessines, de la CIA, un Gréco-Américain de Staten Island, avait débuté à Athènes où il s'était lié d'amitié avec de jeunes officiers pleins d'avenir. Après la prise du pouvoir par les militaires grecs vingt ans plus tard, ils trouvèrent un allié en la personne de Karamessines, devenu chef de l'action clandestine.

56 Franklin Lindsay travaillait pour Harriman à la direction à Paris du Plan Marshall à l'automne 1948 ; assistant à la conversation, il devint immédiatement chef des opérations pour Wisner. « Harriman savait tout du Bureau de coordination politique », dit Lindsay. Wisner renseigna complètement Harriman le 16 novembre 1948. L'argent, après, ne fut jamais un problème. D'ailleurs les rapports étaient des plus cordiaux entre diplomates, financiers et espions. Le chef de l'ECA à Paris était David K. E. Bruce, un ancien de l'OSS. Harriman avait pour adjoint Milton Katz, chef de la division du renseignement de l'OSS à Londres, sous les ordres de William Casey, le futur directeur du Renseignement.

57 L'histoire du Bureau de coordination politique de Gerald Miller rapporte que Wisner « commença par concentrer ses efforts sur la périphérie du mouvement syndical ». Les premiers de ces efforts, les opérations Pikestaff et Largo, sont exposés dans certaines archives de la CIA déclassifiées aujourd'hui et où figure la signature de Kennan donnant son accord en date d'octobre 1948. « Dans les premiers temps du Plan Marshall, dit Victor Reuther, le représentant d'alors en Europe du Congress of Industrial Organizations (la CIO fondée en 1932 par le syndicaliste John Lewis), quand éclataient des grèves politiques fomentées par les syndicats communistes, et peut-être par des éléments politiques communistes, pour tenter de faire échec au Plan Marshall en essayant d'empêcher le déchargement de l'aide étrangère, il s'agissait de briser ces grèves. Le gouvernement américain, par l'intermédiaire de la CIA, fit appel à Irving Brown et à Jay Lovestone pour organiser une contre-offensive. Et, bien sûr, lorsque vous voulez briser une grève, vous vous adressez à des garçons qui ont le coup de poing facile et qui savent manier le gourdin. Ils ont donc fait appel à ce qu'on pourrait qualifier de mafia corse. » Un officier de la CIA qui, par la suite, géra ce compte, Paul Sakwa, déclara qu'il cessa les versements au chef de la bande des Corses, Pierre Ferri-Pisani, en 1953, quand s'arrêta le Plan Marshall. « Ferri-Pisani, à l'époque, n'avait rien d'autre à faire, dit Sakwa, sans doute impliqué dans le trafic d'héroïne à Marseille, il n'avait pas besoin de notre argent. » Interviews de Reuther et de Sakwa, « Inside the CIA : On Company Business », documentaire réalisé par Allan Francovich. L'auteur a également interviewé M. Sakwa en 1995. Sur les rapports entre Wisner, Lovestone et Brown, on trouvera des précisions dans les archives de la Free Trade Union Committee ainsi que dans les dossiers de Lovestone figurant dans les collections du département des affaires internationales de l'AFL-CIO, dans les archives du George Meany Memorial et dans la collection Lovestone de la Hoover Institution, Université de Stanford. Voir aussi d'Anthony Carew « The Origins of CIA Financing of AFL Programs », *Labor History*, Vol. 39, N° 1, 1999.

58 Braden, dans un documentaire de Granada Television, « World in Action : The Rise and Fall of the CIA », juin 1975. Parmi les jeunes auteurs qui écrivirent des livres tout en travaillant pour l'antenne de la CIA à Paris, figurait Peter Mathiessen, l'un des plus grands écrivains de sa génération et un libéral notoire.

59 « The Central Intelligence Agency and National Organization for Intelligence : A Report to the National Security Council », également connu sous le nom de Rapport Dulles-Jackson-Correa, 1er janvier 1949, CIA/CREST.

60   Roosevelt à Acheson, 1ᵉʳ février 1949, HSTL.
61   Ohly à Forrestal, 23 février 1949, HSTL.
62   Le suicide de Forrestal intervint après des mois d'« un épuisement intense et progressif ». Townsend Hoopes et Douglas Brinkley, *Driven Patriot : The Life and Times of James Forrestal* (Vintage, 1993), p. 448-475. Le Dr Menninger déclara qu'il souffrait d'« une extrême tendance impulsive à l'autodestruction ». Lettre de Menninger au capitaine George Raines, chef du service de neuropsychiatrie au Bethesda Naval Hospital, dans « Report of Board of Investigation in the Case of James V. Forrestal », National Naval Medical Center, 1949. Le président Truman remplaça Forrestal par Louis Johnson, un homme qui avait fourni d'abondantes contributions à sa campagne présidentielle et qui, depuis des mois, réclamait ce poste à grands cris. Johnson avait peu de qualités pour racheter ses nombreux défauts : il était enclin à des crises de colère – il tapait du poing sur la table comme un forcené – d'une violence telle que Dean Acheson, qui servit auprès de lui comme secrétaire d'État, était convaincu qu'il souffrait de lésions cérébrales ou d'une affection mentale. Omar Bradley, qui présidait le comité des chefs d'état-major interarmes, conclut que « Truman avait remplacé un malade mental par un autre ». Tandis que ce drame se jouait au Pentagone, Truman lui-même en vint à se demander s'il n'avait pas confié la sécurité nationale des États-Unis à un dément. Dean Acheson, *Present at the Creation : My Years in the State Department* (Norton, 1969), p. 374 ; Omar N. Bradley et Clay Blair, *A General's Life : An Autobiography* (Simon and Schuster, 1983), p. 503.

CHAPITRE 5

63   Richard Helms avec William Hood, *A Look over My Shoulder : A Life in the Central Intelligence Agency* (Random House, 2003) p. 82.
64   En 1948, John W. McDonald, un officier américain, occupait le poste de procureur à Francfort sous l'occupation américaine, quand il vit la CIA à l'œuvre. Voici le récit qu'il en donne :

> « La police avait mis la main sur un réseau de dix-huit personnes, dont le chef était un Polonais du nom de Polansky, une personne déplacée. Il avait fait un remarquable travail en fabriquant des plaques pour imprimer des billets de cinquante dollars. Nous l'arrêtâmes avec cent mille dollars de fausse monnaie, les presses, les plaques et l'encre – tout ce qu'on pouvait demander. Il avait aussi un uniforme de l'armée américaine, une carte d'identité américaine, un Colt 45 de l'armée et une carte de PX. Bref, la panoplie complète. Nous nous apprêtions à faire comparaître tout le groupe en justice quand je reçus un jour la visite au bureau d'un major. »

La conversation se déroula ainsi :

> « Je ne suis pas de la police.
> — Moi non plus, major. Qui êtes-vous ?
> — J'appartiens à la CIA.
> — Que puis-je faire pour vous ?
> — Vous avez en prison ce Polonais, un nommé Polansky. C'est un des nôtres.
> — Comment cela, un des nôtres ?
> — Il travaille pour la CIA.
> — Depuis quand la CIA emploie-t-elle des gens qui fabriquent des faux dollars ?

— Non, non, non. Il faisait cela pendant ses heures de loisir.

— Alors, ça ne compte pas, c'est ça ?

— Eh bien, en effet, ça ne compte pas. C'est un de nos meilleurs fabricants de faux passeports, cartes d'identité et autres documents que nous utilisons pour nous infiltrer à l'Est.

— C'est très bien, mais il a quand même commis un crime et peu m'importe pour qui il travaille. »

McDonald poursuivit : « Je lui ai montré la porte. Le lendemain, un colonel vint me voir à propos de la même affaire et nous eûmes exactement la même discussion. Je ne me laissai pas impressionner. Deux jours plus tard, un major général arriva dans mon bureau. Cela faisait beaucoup de galonnés et je voyais que les choses devenaient plus sérieuses. Mais celui-là était plus malin : "Comme vous le savez maintenant, cet homme travaillait pour nous. C'est nous qui lui avons fourni uniforme, Colt, papiers et tout. Je vous serais reconnaissant de bien vouloir abandonner ces poursuites pour nous éviter d'être embarrassés." Je ne renonçai pas, je me présentai un peu plus tard au procès et j'obtins une peine de dix ans, le maximum selon la loi allemande pour fausse monnaie. Mais je n'ai jamais oublié cet incident. » Récit de McDonald, FAOH.

65 Wisner cité dans Kevin C. Ruffner, « Cold War Allies : The Origins of CIA's Relationship with Ukrainian Nationalists », CIA, 1998.

66 « U.S. Policy on Support for Covert Action Involving Émigrés Directed at the Soviet Union », 12 décembre 1969, FRUS, 1969-1970, Vol. XII, document 106.

67 Ruffner, « Cold War Allies ».

68 Deux déclarations extraites des auditions devant la Commission du Congrès sur les forces armées, 81e Congrès, 1re session, 1949.

69 Norman J. W. Goda, « Nazi Collaborators in the United States », dans *U.S. Intelligence and the Nazis*, Archives nationales, p. 249-255. Des officiers de renseignement de l'armée avaient déjà noué des relations hasardeuses avec les Ukrainiens, en les utilisant pour tenter de recueillir des informations sur l'établissement militaire soviétique et les espions soviétiques dans l'Allemagne de l'après-guerre. Leur première recrue à Munich était Myron Matvieyko, agent allemand durant la guerre et ensuite meurtrier et faussaire. On ne tarda pas à soupçonner que c'était une taupe travaillant pour Moscou, crainte que vint bientôt confirmer sa défection vers l'Union soviétique.

70 Les lettres de Dulles et de Wyman se trouvent dans National Archives, Record Group 263, dossier Mikola Lebed, rendu public en 2004. Une fois Lebed accueilli aux États-Unis, l'Agence conserva des rapports opérationnels avec ses Ukrainiens qui se révélèrent pour elle une de ses plus solides alliances avec des groupes d'émigrés anticommunistes. Son Conseil suprême pour la libération de l'Ukraine finit par devenir une des formes moins efficaces de résistance. La CIA monta pour Lebed une maison d'édition à New York dans les années 1950.

71 Ruffner, « Cold War Allies ».

72 C'est Allen Dulles qui eut sur Gehlen le jugement le plus pertinent : « Il y a peu d'archevêques dans l'espionnage. Il est dans notre camp, et c'est tout ce qui importe. D'ailleurs, personne n'a besoin de l'inviter à son club. » Dès l'été 1945, des hommes comme le capitaine John R. Boker comprenaient clairement les raisons qu'avaient les Américains de recruter des espions nazis : « C'était maintenant le moment ou jamais pour obtenir des renseignements sur l'Union soviétique », dit Boker, un interrogateur expérimenté, qui commença à fouiner à la recherche de nazis après leur capitulation. Il trouva chez Reinhard Gehlen l'homme qu'il lui fallait. Le capitaine estimait que « nous avions découvert une mine d'or ». Les deux hommes reconnurent qu'une nouvelle guerre avec les Soviétiques était imminente et

que leurs deux pays devraient faire cause commune devant la menace communiste. Le brigadier général Edwin L. Sibert, le chef du renseignement militaire en Europe, et bientôt le premier directeur adjoint pour les opérations clandestines de la CIA, accepta ce point de vue. Il décida d'engager Gehlen et son réseau d'espionnage. Il ne demanda pas leur accord à ses supérieurs – les généraux Eisenhower et Bradley –, convaincu à juste titre qu'ils ne le lui auraient pas donné. Avec la permission de Sibert, le général Gehlen et six de ses espions allemands se rendirent à Washington à bord de l'avion personnel du futur directeur du Renseignement, le général Walter Bedell Smith. Les Allemands furent pendant dix mois soumis à un contrôle de sécurité et à un débriefing dans une installation militaire secrète de Fort Hunt, dans les environs de Washington, avant de regagner leur pays natal pour travailler contre les Russes. Ce fut le début d'un long partenariat entre les officiers de renseignement américains et les espions au chômage de Hitler. John R. Boker Jr, « Report of Initial Contacts with General Gehlen's Organization », 1ᵉʳ mai 1952. Ce débriefing et une foule de documents de la CIA concernant l'organisation Gehlen sont rassemblés dans *Forging an Intelligence Partnership : CIA and the Origins of the BND*, sous la direction de Kevin C. Ruffner du Service historique de la CIA, publié par le Directoire des opérations de la CIA, Division Europe, et déclassifié en 2002. Ces documents comprennent les déclarations de Gehlen figurant dans James Critchfield (chef de la station de Karlsruhe) à Chef, FBM, CIA HQ, 10 février 1949 ; « Report of Interview with General Edwin L. Sibert on the Gehlen Organization », 26 mars 1970 ; « SS Personnel with Known Nazi Records », Chef de station, Base d'opérations de Karlsruhe, à Chef, FBM, 19 août 1948.

73 Chef Base d'opérations de Munich à Chef de station de Karlsruhe, 7 juillet 1948.

74 Helms à ADSO, Colonel Donald Galloway, 19 mars 1948.

75 Interview de Sichel par l'auteur.

76 Interview de Tanner par l'auteur. Tanner fut frappé de constater quatre erreurs monumentales dans l'après-guerre. D'abord, à la fin de la Seconde Guerre mondiale, les Alliés rapatrièrent de force chez eux les citoyens soviétiques. Lorsqu'ils découvrirent qu'on allait les remettre aux Russes, un grand nombre d'entre eux se suicidèrent. Et ceux que l'on rendit n'arrivèrent jamais sur le sol russe : ils furent abattus ou pendus en Europe de l'Est par des escadrons de la mort du Service de sécurité.

Deuxièmement, une erreur commise en 1949 dans l'annuaire de l'Armée américaine fit sauter les couvertures de tous les membres de la base de la CIA de Munich : les noms qui y figuraient sans préciser l'unité à laquelle ils appartenaient étaient tous ceux de la CIA. L'armée aurait aussi bien pu faire suivre leur nom d'un astérisque.

Troisièmement, après la guerre, les experts en parachutage et les moniteurs quittèrent l'OSS car on n'avait plus besoin de leurs services. Cela eut deux résultats : un ancien de l'OSS, un Serbo-Américain, qu'on avait parachuté en Yougoslavie pendant la guerre apprit aux deux courriers ukrainiens à effectuer un saut périlleux en arrière au moment de toucher le sol même s'ils portaient des carabines d'un mètre vingt en bandoulière. Et puis, pour le parachutage de septembre, Washington conseilla d'utiliser le parachute qu'il ne fallait pas pour une grosse charge et la caisse contenant 700 kg d'équipement se brisa en éclats à l'atterrissage.

Quatrièmement, et ce fut le pire de tout, James Angleton révéla à Kim Philby la taupe soviétique, les détails du programme RED-SOX (le projet d'infiltrer derrière le rideau de fer d'anciens ressortissants soviétiques ou d'autres nationalités d'Europe de l'Est).

77 Les critiques convaincantes formulées par John Limond Hart se trouvent dans son ouvrage posthume, *The CIA's Russians* (Naval Institute Press,

2002) notamment p. 136-137. On rappela Hart, qui avait pris sa retraite, pour évaluer les dégâts causés par Angleton à la CIA lorsqu'il en était le chef du contre-espionnage. Concernant l'opération albanaise : récit de McCargar, FAOH ; Michael Burke, *Outrageous Good Fortune* (Little Brown, 1984) p. 140-169. Wisner avait choisi Burke pour former les Albanais. Burke, qui devint plus tard président de l'équipe de base-ball des New York Yankees, était un ancien de l'OSS qui adorait la vie clandestine. Il signa comme agent un contrat de 15 000 dollars par an et partit pour Munich où il rencontra les responsables politiques albanais dans une planque située au cœur d'un quartier ouvrier de la ville. « Comme j'étais le plus jeune dans la pièce et que je représentais un pays jeune et riche, j'obtins toute leur attention », écrivit Burke. Il était persuadé que lui et les exilés se comprenaient, mais les Albanais voyaient les choses différemment. « Les Américains qui préparaient nos hommes pour leurs missions ne connaissaient rien de l'Albanie, du peuple albanais ni de sa mentalité », dit Xhemal Laci, un monarchiste albanais qui recrutait en Allemagne des hommes pour la cause. Dès le début, l'opération était tellement compromise que Dieu seul savait quelles étaient les causes profondes du désastre. McCargar, qui était un bon ami d'Angleton, conclut : « La communauté albanaise en Italie était si profondément infiltrée, non seulement par les Italiens, mais par les communistes, qu'à mon avis c'était là que les Russes puisaient leurs informations, tout comme les autorités communistes albanaises. »

78   Mémorandum de renseignement de la CIA n° 225, « Estimate of Status of Atomic Warfare in the USSR », 20 septembre 1949, reproduit dans le livre présenté par Michael Warner, *CIA Cold War Records : The CIA Under Harry Truman* (CIA History Staff, 1994). Voici le texte complet : « La date vraisemblablement la plus proche à laquelle on pourrait s'attendre à voir l'URSS fabriquer une bombe atomique se situe au milieu des années 1950 et plus probablement à la mi-1953. » Le directeur adjoint du bureau du renseignement scientifique, Williard Machle, déclara au directeur du Renseignement Hillenkoetter que les travaux de l'Agence sur l'armement nucléaire soviétique s'étaient soldés par « un échec presque total ». Les espions avaient « complètement échoué » à recueillir des informations scientifiques et techniques sur la bombe soviétique et les analystes de la CIA s'étaient rabattus sur un « raisonnement géologique » fondé sur les estimations concernant la possibilité pour les Soviétiques d'extraire de l'uranium.
Dans le mémo de Machle à Hillenkoetter, « Inability of OSI to Accomplish Its Mission » daté du 29 septembre 1949, il déplorait qu'il se fût « révélé difficile de trouver des personnes possédant les qualifications requises qu'on pourrait persuader d'accepter un travail à l'Agence ». Mémo de Machle, dans George S. Jackson et Martin P. Claussen, « *Organizational History of the Central Intelligence Agency, 1950-1953,* Vol. 6, p. 19-34, DCI Historical Series HS-2, CIA Historical Staff, 1957, Record Group 263, NARA.
L'historienne de la CIA, Roberta Knapp, nota que, dès septembre 1949, « on pouvait trouver une déclaration officielle sur la mise au point par les Soviétiques d'une arme nucléaire dans une estimation qui prévoyait pour ce résultat trois dates différentes – 1958, 1955, et « entre 1950 et 1953 » –, autant de dates erronées. « Cela constituait, conclut-elle, une preuve tangible du désarroi de l'Agence. » Résultat, le Bureau des rapports et estimations de la CIA (ORE) était condamné s'il faut en croire un autre historien de la CIA, Donald P. Steury, dans « How the CIA Missed Stalin's Bomb », *Studies in Intelligence*, Vol. 49, N° 1, 2005, CIA/CSI. Cette histoire interne fait remarquer que nombre d'analystes de l'ORE étaient des physiciens spécialisés dans la recherche nucléaire et des ingénieurs ayant travaillé sur le Projet Manhattan qui avaient l'optimisme de croire qu'ils

pourraient suivre la progression du programme nucléaire soviétique par la seule lecture des articles des revues scientifiques complétée par des informations provenant de sources clandestines. En 1948, on ne trouvait pas de renseignement valable dans la littérature publiée en Union soviétique. Mais, depuis 1947, une source allemande travaillant au complexe de l'ex-I.G. Farben (où l'on produisait, entre autres, les gaz utilisés par les nazis dans les camps de la mort) avait signalé que les Soviétiques importaient trente tonnes par mois de calcium distillé qui servait à raffiner le minerai d'uranium, soit environ quatre-vingts fois la production des États-Unis. Le rapport de cette source reçut une confirmation indépendante. Cela aurait dû alarmer les responsables. Absolument pas.

Chapitre 6

79   David S. Robarge, « Directors of Central Intelligence, 1946-2005 », *Studies in Intelligence,* Vol. 49, N° 3, 2005, CIA/CSI.
80   Bedell Smith cité dans « Office of Policy Coordination, 1948-1952 », CIA/CREST.
81   Bedell Smith cité dans George S. Jackson et Martin P. Claussen, *Organizational History of the Central Intelligence Agency, 1950-1953*, Vol. 9, Part 2, p. 38.
82   Sherman Kent, « The First Year of the Office of National Estimates : The Directorship of William L. Langer », 1970, CIA/CSI.
83   Sherman Kent, « Estimates and Influence », *Foreign Service Journal,* avril 1969.
84   Jackson et Claussen, *Organizational History of the Central Intelligence Agency 1950-1953*, Vol. 8, p. 2.
85   Interview de James Lilley, ancien chef de la station de la CIA à Berlin, par l'auteur. Le problème persista jusqu'à la fin des années 1960, quand Lilley découvrit que « les réseaux de renseignement fabriqués par les Chinois, et que nous avions éjectés quinze ans plus tôt », continuaient de fonctionner en prélevant des bribes d'information dans les journaux de province en Chine pour les vendre aux espions américains de Hong-Kong.
86   David A. Hatch avec Robert Louis Benson, « The Korean War : The SIGINT Background », National Security Agency, disponible en ligne sur http:/www.nsa.gov/publications/publi00022.cfm. Depuis des décennies, on a présenté le rôle de Weisband dans l'histoire du Renseignement américain sous un faux jour. Le magistral *KGB : The Inside Story*, de Christopher Andrew, l'un des plus éminents historiens au monde du renseignement, et Oleg Gordievsky, le transfuge russe, ne consacre que trois phrases à Weisband et donne une date erronée pour son recrutement par le Renseignement soviétique en 1946. D'après les récits officiels de la National Security Agency et de la CIA, Weisband fut recruté par les Soviétiques en 1934. Un ouvrier qui travaillait dans une usine d'aviation en Californie déclara au FBI en 1950 que Weisband avait été son officier traitant pendant la guerre. Né en 1908 en Égypte de parents russes, Weisband arriva aux États-Unis à la fin des années 1920 et devint citoyen américain en 1938. Il s'engagea en 1942 dans l'Army Signals Security Agency (Agence de sécurité des transmissions militaires) et fut affecté en Afrique du Nord et en Italie avant de rentrer à Arlington Hall. Il fut suspendu de son poste à l'agence de sécurité et ne se présenta pas devant un grand jury fédéral pour s'expliquer sur ses activités au parti communiste. Il fut condamné à un an de prison pour refus de comparaître – et les choses n'allèrent pas plus loin, car l'accuser ouvertement d'espionnage n'aurait fait qu'aggraver les problèmes du Renseignement américain. Weisband mourut brusquement en 1967, apparemment de causes naturelles, à l'âge de cinquante-neuf ans.

87   Seule certitude pour le QG de la CIA, la conviction du général MacArthur :
      les Chinois ne bougeraient pas. Les rapports et les analyses de la CIA sur la
      Corée de juin à décembre 1950 reflétaient cette opinion erronée. On en
      trouvera la preuve dans P. K. Rose, « Two Strategic Intelligence Mistakes in
      Korea, 1950 », *Studies in Intelligence*, automne-hiver, N° 11, 2001 ; CIA
      Historical Staff, « Studies of CIA Reporting on Chinese Communist Inter-
      vention in the Korean War, September-December 1950 », préparé en
      octobre 1955 et déclassifié en juin 2001 ; et Woodrow J. Kuhns, « Assessing
      the Soviet Threat : The Early Cold War Years », CIA Directorate of Intelli-
      gence, Center for the Study of Intelligence, 1997.

88   Avant de donner sa démission, Bill Jackson donna au général un rapport sur
      les opérations de Wisner. « Subject : Survey of Office of Policy Coordina-
      tion by Deputy Director of Central Intelligence », 24 mai 1951. Il disait :
      « La tâche dépasse les capacités d'un seul homme. » L'Office of Policy
      Coordination s'efforçait de « construire un appareil à l'échelle mondiale,
      comparable à bien des égards à une force militaire » mais sans les niveaux
      adéquats de contrôle sérieux, sans le personnel, la formation, la logistique
      ou le système de communications. « La charge des engagements sur le plan
      opérationnel l'a emporté sur la possibilité de recruter du personnel haute-
      ment qualifié. »

89   « CIA/Location of Budgeted Funds/Fiscal Year 1953 », un document prove-
      nant des dossiers du représentant George Mahon, un des quatre membres du
      Congrès à connaître le budget de la CIA. Le professeur David Barrett de
      l'Université de Villanova découvrit ce document en 2004, et cette révélation
      changea l'Histoire. Pendant plus de trente ans, tous les livres publiés sur la
      CIA avaient fidèlement reproduit les constatations faites en 1976 par le
      comité d'investigation du Sénat d'après lesquelles le budget de Wisner
      s'élevait à 82 millions de dollars. Ce chiffre est totalement erroné : le
      budget de l'OPC en 1952 était en fait environ quatre fois supérieur à celui
      qu'on citait.

90   Réunion avec le directeur, 14 novembre 1951, CIA/CREST. Le compte
      rendu des réunions quotidiennes entre le directeur, ses adjoints et ses colla-
      borateurs contenant des rapports récemment déclassifiés donne une idée des
      luttes au sein de la CIA. On lit dans ce compte rendu : « Le directeur veut
      qu'ils [Dulles et Wisner] surveillent de près le fonctionnement de l'OPC.
      Les opérations paramilitaires doivent être séparées du reste du budget,
      comme toutes les opérations qui ne contribuent pas directement au rensei-
      gnement. Il estime que nous en sommes arrivés à un point où l'ampleur des
      opérations de l'OPC constitue un danger incontestable pour la CIA en tant
      qu'agence de renseignement. »
      Bedell Smith estimait que les États-Unis « n'avaient pas de stratégie pour
      mener ce genre de guerre », c'est-à-dire celle que préconisait Wisner.
      « Preliminary Staff Meeting, National Psychological Strategy Board »,
      8 mai 1951, CIA/CREST.

91   Les rapports classifiés de la CIA concernant la guerre de Corée ont été cités
      pour la première fois par Michael Haas, un colonel d'aviation en retraite,
      dans sa monographie, *In the Devil's Shadow : U.N. Special Operations
      during the Korean War* (Naval Institute Press, 2000).

92   Interview de Sichel par l'auteur.

93   Interview de Gregg par l'auteur.

94   Récit de Thomas, FAOH.

95   Les souvenirs posthumes de John Limond Hart, *The CIA's Russians* (Naval
      Institute Press, 2004), évoquent sa consternation quand il succéda à Al
      Haney comme chef de station à Séoul.

96   Hart cité par Christopher Andrew, *For the President's Eyes Only : Secret
      Intelligence and the American Presidency from Washington to Bush* (Harper
      Perennial, 1996), p. 193-194. On étouffa les fautes de Haney – il en convint

d'ailleurs lui-même. Il survécut à ses incroyables erreurs durant la guerre de Corée pour avoir, à la fin de son temps là-bas, arrangé l'évacuation d'un lieutenant de Marines grièvement blessé du champ de bataille jusqu'au navire-hôpital *Constellation* qui put le rapatrier aux États-Unis : sept semaines plus tard, on photographia le blessé recevant un baiser de son père, Allen Dulles qui, en remerciement, nomma Haney commandant de la base en Floride de l'opération Succès en 1954.

97   Becker à Wisner, lettre non datée de décembre 1952 ou janvier 1953, CIA/CREST. Avant de démissionner de son poste de directeur adjoint du Renseignement, Loftus Becker dit à ses collègues qu'il était « consterné de découvrir à quel point nos gens sur le terrain étaient peu informés » et exprima ses doutes sur la capacité de la CIA à recueillir des renseignements où que ce soit en Asie. Réunion du directeur adjoint du 29 décembre 1952, CIA/CREST.

98   Kellis, dans une lettre au président Eisenhower du 24 mai 1954, accusa de hauts responsables de la CIA de faux témoignages, DDEL.

99   On n'a jamais vraiment raconté l'histoire des opérations de renseignement en Chine et alentour entre la fin de la Seconde Guerre mondiale et le début de la dictature de Mao. Après la suppression par Truman de l'OSS, une dizaine d'anciens de l'OSS étaient restés en Chine, sous couverture militaire, en prenant le nom de Détachement 44 de la Sécurité extérieure, d'abord sous le commandement du lieutenant-colonel Robert J. Delaney, futur chef de la petite station de la CIA à Tokyo puis Numéro 2 de l'opération Western Enterprises à Taiwan en 1947. En 1945, la guerre terminée, Delaney, dans une dépêche expédiée de Shanghai, décrivit les tâches à venir. Il observa que les officiers de renseignement américains avaient devant eux un terrain qu'ils connaissaient aussi peu que les montagnes de la Lune, d'immenses territoires s'étendant au sud de la mer de Chine jusqu'à l'Afghanistan à l'ouest, et de Saigon jusqu'à la Sibérie au nord. Il leur fallait connaître les possibilités et les intentions des militaires et des services de renseignement des Soviétiques, des Chinois, communistes et nationalistes, et démêler ce que voulaient les innombrables partis politiques et groupes de pression de l'Extrême-Orient. Une tâche qui leur prendrait au moins cinquante ans, et que compliquait davantage la doctrine conventionnelle de la CIA : les Chinois de Mao, les Vietnamiens de Ho Chi Minh et les Coréens de Kim Il Sung étaient tous des créatures du Kremlin et ne formaient qu'un bloc monolithique façonné par Moscou. L'OSS et les premiers hommes de la CIA adressèrent à Washington des paquets de rapports dont la plupart ne furent jamais lus.

Les premiers officiers de la CIA en Chine étaient commandés par Amos D. Moscrip, qui travaillait depuis un avant-poste français de Shanghai où il jouait l'homme du monde, buvait sec et avait une petite amie russe blanche. Certains diplomates du Département d'État croyaient pouvoir faire affaire avec Mao qui, après tout, avait collaboré avec l'OSS contre les Japonais. Mais les communistes soupçonnaient les Américains, diplomates ou non, qui se trouvaient en Chine, de menées subversives. En octobre 1948, le Département d'État voulut faire évacuer tous les avant-postes diplomatiques en Chine car tous ceux que les communistes considéraient comme vaguement susceptibles d'espionnage au profit des Américains risquaient la prison ou pis encore. À Moukden, une ville de Mandchourie de deux millions d'habitants, cet ordre d'évacuation arriva au moment où le consul général américain, Angus Ward, et ses vingt et un collaborateurs venaient d'être assignés à résidence pour avoir refusé de livrer le consulat aux troupes de Mao. « Il fut accusé d'espionnage, ce dont, en toute franchise, il était coupable ! se rappelait John F. Melby, alors officier politique du Département d'État à Chongqing. Il travaillait avec un certain Détachement pour la sécurité extérieure, autrement dit un avant-poste de la CIA. Il était là-dedans jusqu'au cou avec toute l'équipe qu'il avait regroupée en Mandchourie. » Récit de Melby, HSTL, FAOH.

Le chef de cette « équipe » était Jack Singlaub, un des plus audacieux acteurs de la guerre froide des années 1970 et 1980. En 1948, il avait, avec le concours des nationalistes chinois, tenté d'infiltrer un réseau de Russes blancs en Corée du Nord occupée par les Soviétiques. Singlaub parvint à envoyer par la Mandchourie des agents sud-coréens en Corée du Nord. Il expédia des douzaines d'anciens prisonniers de guerre des Japonais avec mission de rallier les militaires communistes du Nord et de faire à leur retour un rapport sur leurs intentions et leurs capacités. Une poignée d'entre eux parut tout d'abord avoir réussi. Mais lorsqu'il essaya de trouver à Séoul des planques pour ces espions, il se heurta à la résistance de MacArthur. Singlaub fit alors parvenir à la Maison Blanche, par le canal de la CIA, une extraordinaire requête : avec la mention « À lire seulement par le Président », il suppliait Truman de fournir aux nationalistes chinois des armes prises sur les stocks entassés à Okinawa. Le Président resta insensible à cet appel. Comme la chute de Moukden était imminente, Singlaub câbla au chef de la flotte américaine le plus proche : « JE NE DOIS À AUCUN PRIX ÊTRE FAIT PRISONNIER », et il s'enfuit sous un violent tir d'artillerie, esquivant l'attaque d'un avion de reconnaissance arborant l'étoile rouge, et conscient que cette bataille, une des premières de la guerre froide, était perdue. John K. Singlaub, *Hazardous Duty : An American Soldier in the Twentieth Century* (Summit, 1992), p. 132-149.

À Shanghai, le chef de station, Fred Schultheis, avait monté un réseau relativement important d'agents et d'informateurs, en partie grâce à sa connaissance parfaite du chinois qu'il affinait en lisant tout ce qui lui tombait sous la main, depuis les journaux jusqu'aux bandes dessinées. Il était parmi les Américains un expert chevronné de la Chine car il y avait passé toute la guerre avec l'armée. L'irrésistible avancée de Mao à la fin 1948 incita Schultheis à s'en aller ; il partit comme chef de station pour Hong-Kong où il acquit bientôt la certitude que la ville à son tour allait subir l'assaut des communistes : il se mit alors à envoyer des rapports alarmants annonçant que la ville serait le prochain domino à tomber. Ce qui ne fut pas le cas.

Au quartier général, en 1950, Singlaub, installé comme responsable du bureau chinois après le triomphe de Mao, surveillait des stations abandonnées et des opérations en pleine débâcle. Il travaillait frénétiquement à maintenir le réseau – de plus en plus restreint – d'officiers et d'agents restés sur place en même temps qu'il tentait de rétablir les réseaux d'espionnage en Mandchourie et en Corée du Nord.

À Tihwa, la capitale du Xinjiang, dans l'ouest désertique de la Chine, Douglas Mackiernan était l'homme de la CIA au consulat américain où ne restaient que deux fonctionnaires. Il avait été affecté là pendant la guerre comme officier d'aviation et connaissait bien la région, riche en uranium, en or et en pétrole. Il vivait plus éloigné de la civilisation occidentale qu'aucun autre Américain sur terre. Contraint pour finir par l'arrivée des forces communistes d'abandonner le consulat, Mackiernan dut se débrouiller tout seul. Au terme de sept mois d'une marche de 2 000 kilomètres pour sortir de Chine, il fut stupidement abattu par un garde-frontière tibétain, devenant ainsi le premier officier de la CIA à tomber en service.

À Shanghai, Hugh Redmond, l'ancien subordonné de Singlaub à Moukden, tenta de travailler sous la couverture fragile de représentant local d'une firme britannique d'import-export. « C'était de la folie, observa Singlaub, de croire qu'un charmant amateur comme Hugh Redmond, si dévoué à sa tâche qu'il fût, réussirait à opérer contre des totalitaires sans pitié. » La sécurité chinoise l'arrêta comme espion : il se suicida au bout de presque vingt ans d'emprisonnement. Ce fut Robert F. Drexler, un vieux spécialiste de la Chine au Département d'État, qui reçut les restes de Redmond. « Ses cendres, se rappelait Drexler, je les vois encore, un énorme colis – une soixantaine de centimètres de long et près d'un mètre de large sur un mètre de hauteur – enveloppé de mousseline, avec son nom écrit en gros caractères. Posé là sur mon bureau. Horrible. Les Chinois nous dirent qu'au bout de vingt ans de prison, il s'était suicidé avec une lame de rasoir prise dans un colis de la Croix-Rouge. La Croix-Rouge nous déclara ne jamais mettre de lames de rasoir dans ses colis. » Récit de Drexler, FAOH ; Ted Gup, *The Book of Honor : The Secret Lives and Deaths of CIA Operatives* (Anchor, 2002), National Psychological Strategy Board.

100 Bedell Smith, réunion préliminaire du Conseil national de stratégie psychologique, 8 mai 1951, CIA/CREST.

101 Récit de Kreisberg, FAOH.

102 Interview de Coe par l'auteur. Mike Coe fut envoyé sur l'île du Chien-Blanc au large de la côte chinoise où le sentiment de l'inutilité de sa mission fut considérablement atténué par la compagnie des camarades qu'il se fit là-bas dont, entre autres, Phil Montgomery, héritier de la fortune du vermouth Noilly Prat qui alimentait le bar, ainsi que le légendaire R. Campbell James Jr, qui faisait de son mieux pour le vider, et qui fut le dernier officier de Western Enterprises à quitter Taiwan en 1955 ; il fut envoyé au Laos où il recruta les dirigeants du pays entre une tournée de cocktails et une partie de roulette.

103 Interviews de Lilley et de Coe par l'auteur.

104 « OPC History », Vol. 2, p. 553, CIA.

105 L'opération entraîna de terribles conséquences : la première, parce que la CIA avait négligé d'informer l'ambassadeur américain en Birmanie, David M. Key, de la présence de Li Mi. Après l'avoir découvert, furieux, il câbla à Washington : l'opération était un secret de Polichinelle dans la capitale birmane, aussi bien qu'à Bangkok, et cette façon de fouler aux pieds la souveraineté de la Birmanie causait le plus grand tort aux intérêts américains. Le secrétaire adjoint au Département d'État pour l'Extrême-Orient, Dean Rusk, ordonna à son ambassadeur de la fermer, en niant catégoriquement toute implication des États-Unis dans l'opération et en faisant peser toute la responsabilité sur les contrebandiers d'armes. Li Mi et ses troupes retournèrent par la suite leurs armes contre le gouvernement birman dont les dirigeants, soupçonnant les Américains d'être de connivence, rompirent les relations avec les États-Unis et entamèrent un demi-siècle d'une politique d'isolationnisme envers l'Occident qui aboutit à un des régimes les plus répressifs du monde. On trouve des précisions sur l'opération Li Mi dans l'exposé du major D. H. Berger, du corps des Marines, « The Use of Covert Paramilitary Activity as a Policy Tool : An Analysis of Operations Conducted by the United States Central Intelligence Agency, 1949-1951 », disponible en ligne sur http://www. globalsecurity.org/intell/library/reports/1995/BDH.htm.

106 Smith à Ridgway, 17 avril 1952, CIA, DDEL.

107 Concernant les efforts pour se débarrasser de Syngman Rhee : « Rhee devenait sénile et la CIA cherchait des moyens de le remplacer... » L'ambassadeur en Corée (John Muccio) au secrétaire d'État adjoint pour les affaires d'Extrême-Orient (John Allison), Secret, 15 février 1952, FRUS, Vol. XV, p. 50-51. Un mémo du NSC au secrétaire d'État Dulles, en date du 18 février 1955, dit que le président Eisenhower approuvait une opération « pour sélectionner et encourager clandestinement le développement de nouveaux dirigeants en Corée du Sud », et de faciliter si nécessaire leur accession au pouvoir.

108 Melby, FAOH.

109 Dulles dans la transcription de « Proceedings at the Opening Session of the National Committee for a Free Europe », déclassifié le 28 mai 2003, DDEL.

CHAPITRE 7

110 Dulles dans la transcription de « Proceedings at the Opening Session of the National Committee for a Free Europe », déclassifié le 28 mai 2003, DDEL.

111 Les ordres étaient de « contribuer à la diminution de la puissance soviétique » et de « développer une résistance clandestine en facilitant les opérations de guérilla dans les zones stratégiques ». Ils émanaient de l'amiral L. C. Stevens, l'un des plus influents parmi les planificateurs de l'état-major interarmes, ex-attaché naval de Smith à Moscou. Mémo de l'amiral Stevens à Wisner, « Subject : OPC Strategic Planning », 13 juillet 1951, CIA/CREST.

112 Interview de Polgar par l'auteur. Les ordres de Bedell Smith à Truscott sont datés du 9 mars 1951, CIA/CREST.

113 Mémo sans titre pour le directeur adjoint du Renseignement du 15 mai 1952 ; mémo pour le directeur du Renseignement, « Subject : Successful Application of Narco-Hypnotic Interrogation (Artichoke) », du 14 juillet 1952, CIA/CREST. Ce second rapport notait que Dulles avait, en avril 1951, rencontré des chefs du renseignement militaire pour obtenir leur aide dans le cadre du Projet Artichaut ; la marine ayant été la seule à répondre à son appel, il en résulta la prison de Panama. Un mémo suivant adressé à Bedell Smith précisait que, en juin 1952, deux Russes avaient été interrogés par une équipe mixte de la marine et de la CIA dans le cadre du Projet Artichaut et que l'utilisation combinée de drogues et d'hypnose s'était révélée satisfaisante. Tout cela était un prolongement de l'état d'urgence créé par la guerre de Corée ainsi que de la rumeur d'après laquelle les prisonniers de guerre américains étaient soumis en Corée du Nord à un lavage de cerveau. Les enquêtes du Sénat abordèrent trente ans plus tard les aspects marginaux de ce programme, mais on n'était pas allé au fond des choses. Le Projet Artichaut, rapportèrent les enquêteurs en quatre brefs paragraphes, incluait des « interrogatoires en territoire étranger » comprenant l'utilisation conjointe « de pentothal et d'hypnose » et de « techniques spéciales d'interrogatoire » avec recours à des « sérums de vérité ». Jamais le Congrès n'explora la nature de ces « interrogatoires en territoire étranger ».

114 « La CIA assure que le projet prit fin en 1956, mais des preuves permettent de supposer que le Bureau de sécurité et le Service médical continuèrent d'utiliser des "techniques spéciales d'interrogation" pendant plusieurs années encore. » Rapport de la Commission sénatoriale sur le renseignement : « Testing and Use of Chemical and Biological Agents by the Intelligence Community », Appendice I, 3 août 1977.

115 Interviews de Tom Polgar et McMahon par l'auteur.

116 Interviews de Polgar et de Peter Sichel. Voir aussi David E. Murphy, Sergei A. Kondrashev et George Bailey, *Battleground Berlin : CIA vs. KGB in the Cold War* (Yale University Press, 1997), p. 113-126.

117 Smith et Wisner à la réunion des adjoints du 5 août 1952, CIA/CREST.

118 Récit de Loomis, FAOH.

119 Smith cité dans *CIA Support Functions : Organization and Accomplishments of the DDA-DDS Group, 1953-1956,* Vol. 2, Chap. 3, p. 128, Director of Central Intelligence Historical Series, déclassifié le 6 mars 2001, CIA/CREST.

120 Richard Helms avec William Hood, *A Look over My Shoulder, op. cit.,* p. 102-104.

Deuxième Partie
LA CIA SOUS EISENHOWER (1953-1961)

CHAPITRE 8

1   Le rapport, « Intelligence on the Soviet Bloc », est cité dans Gerald Haines
    et Robert Leggett (éditeurs), *CIA's Analyses of the Soviet Union, 1947-
    1991 : A Documentary History,* CIA History Staff, 2001, CIA/CSI.
2   Emmet J. Hughes, *The Ordeal of Power : A Political Memoir of the Eisen-
    hower Years* (Atheneum, 1963), p. 101. Le Président fut tout aussi mécon-
    tent de découvrir l'incapacité de l'Agence à riposter à l'offensive de paix
    qui suivit les funérailles de Staline – une campagne de propagande, cynique
    et parfois efficace, destinée à convaincre le monde que le Kremlin s'était
    réservé les droits des concepts de Justice et de Liberté.
3   Jerrold Schecter et Vyacheslav Luchkov (traducteur et éditeur), *Khrushchev
    Remembers : The Glasnost Tapes* (Little Brown, 1990), p. 100-101.
4   Compte rendu de la réunion du 5 juin 1953 du NSC, déclassifié le 12 février
    2003, DDEL.
5   Compte rendu de la réunion du 7 octobre 1953 du NSC, déclassifié le
    28 février 2003, DDEL.
6   NSC 158, « United States Objectives and Actions to Exploit the Unrest in
    the Satellite States », DDEL. Eisenhower signe cet ordre le 26 juin 1953.
7   Dans « Coordination and Policy Approval of Covert Actions », 23 février
    1967, NSC/CIA.
8   Une liste partielle des médias qui coopérèrent avec la CIA quand Dulles en
    était le directeur comprend CBS, NBC, ABC, l'Associated Press, United
    Press International, Reuters, le groupe de presse Scripps-Howard, le groupe
    Hearst, Copley News Service et le Miami Herald. Pour une liste complète
    des vétérans de la propagande de guerre qui régnaient sur les salles de
    rédaction américaines en 1953, voir Edward Barrett, *Truth Is Our Weapon*
    (Funk and Wagnalls, 1953), p. 31-33. C'est une histoire qui reste à raconter,
    même si Carl Bernstein a apporté une excellente contribution dans « The
    CIA and the Media », *Rolling Stone* du 20 octobre 1977.
9   Ces documents ont été obtenus grâce au système CREST des Archives
    nationales en 2005 et 2006. Ils reflètent la peur lancinante de voir les
    faiblesses de la CIA révélées au grand public.
10 House Permanent Select Committee on Intelligence, IC21, « Intelligence
    Community Management », p. 21.
11 Les historiens de la CIA ont estimé que Bedell Smith s'attendait à être
    nommé par Eisenhower à la tête de l'état-major interarmes, qu'il ne voulait
    pas du poste de sous-secrétaire d'État, qu'il n'aimait pas John Foster Dulles
    et qu'il voyait d'un mauvais œil la nomination d'Allen Dulles à la tête du
    Renseignement. John L. Helgerson, « Getting to Know the President : CIA
    Briefings of Presidential Candidates, 1952-1992 », CIA/CSI.
12 Transcription d'un entretien de Nixon avec Frank Gannon le 8 avril 1983,
    Walter J. Brown Media Archives, Université de Géorgie, disponible en ligne
    sur http://www.libs.uga.edu/media/collections/nixon.

CHAPITRE 9

Ce chapitre se fonde en partie sur deux récits classifiés du service d'action
clandestine de la CIA : « Zindabad Shah », obtenu par l'auteur et daté de 2003
avec des ajouts, et « Overthrow of Premier Mossadeq of Iran », rédigé en

mars 1954 par Donald Wilber, le responsable de la propagande pour l'opération Ajax et publié sur le site Internet du *New York Times* en 2000. Ce dernier texte est la version officielle du coup d'État autorisée par le Renseignement américain, un résumé de ce que les officiers de la CIA sur place ont enregistré et rapporté alors à leur quartier général. Mais elle ne correspond pas tout à fait à la vérité. Les officiers qui, comme Kim Roosevelt, se trouvaient sur les lieux, ont, dans les derniers jours, pratiquement cessé d'envoyer des nouvelles à Washington car elles étaient presque toutes mauvaises. L'histoire de la CIA ignore les raisons secrètes de l'opération et s'acharne à diminuer le rôle central des Anglais dans le renversement de Mossadegh. Cela explique la réflexion du président Eisenhower : « Les rapports des observateurs sur place à Téhéran durant ces jours critiques ressemblaient plus à un roman de gare qu'à des faits historiques. » Wilber, l'auteur d'« Overthrow », avait également écrit le script du coup d'État. Chaque facette du complot a été soigneusement polie en mai 1953 à la station de renseignement britannique de Nicosie, à Chypre, par Wilber, un ancien de l'OSS qui avait servi en Iran pendant la guerre avant de revenir à la station de Téhéran, et par son homologue britannique, Norman Darbyshire. Il en sortit une pièce dont les Iraniens étaient les marionnettes.

13   Kermit Roosevelt, *Countercoup : The Struggle for Control of Iran* (McGraw-Hill, 1979), p. 78-81, 107-108. Le livre tient plus du roman que du document, mais cette citation a un son authentique. Kim Roosevelt, né dans une famille riche et élevé dans un christianisme musclé au collège de Groton, fit ses premiers pas dans le renseignement à la station de l'OSS du Caire. Les espions de Donovan se vantaient de disposer à la fin de la guerre d'un réseau de cinq cents agents arabes répartis dans tous les pays du Moyen-Orient à l'exception de l'Arabie Saoudite. Après la guerre, Roosevelt regagna le Moyen-Orient où il travailla ostensiblement pour le *Saturday Evening Post* et rassembla la matière du livre qu'il publia en 1947, *Arabs, Oil and History*. Quand on lui demanda de rallier le service d'action clandestine de Frank Wisner, Kim accepta sans hésiter. La diplomatie du bâton héritée de son grand-père, l'homme qui s'était emparé du canal de Panama et des Philippines, le conduisit à devenir le grand vizir de Wisner pour les pays de l'islam en 1950. Chef de la division du Proche-Orient, Kim tenta, huit années durant, de persuader les dirigeants égyptiens, irakiens, syriens, libanais, jordaniens et saoudiens de prêter serment d'allégeance aux Américains, en leur prodiguant pour les convaincre armes, argent et promesses du soutien américain et sans hésiter parfois à monter un coup d'État quand les autres moyens avaient échoué. Il acheta ainsi le jeune roi Hussein de Jordanie avec l'argent de la CIA et dépêcha un contingent des anciennes troupes d'assaut du général Gehlen pour encadrer le service secret du nouveau dirigeant égyptien, Gamal Abdel Nasser.
Avant l'opération Ajax, l'Agence n'avait guère d'expérience dans ce domaine au Moyen-Orient. Au début des années 1950, Miles Copeland, un baratineur d'Alabama qui parlait arabe et qui fut le premier chef de station de la CIA à Damas, collabora étroitement avec l'attaché militaire en Syrie, Stephen J. Meade, sur un projet visant à appuyer une « dictature soutenue par l'armée » ainsi que l'expliquait un câble de Meade au Pentagone de décembre 1948. Leur homme était le colonel Husni Za'im, un officier connu, d'après Copeland, pour « sa volonté de fer assortie de la cervelle nécessaire ». Copeland encouragea le colonel à renverser son président, qui avait bloqué un projet de pipeline de l'Arabian-American Oil Company à travers la Syrie, et lui promit que le président Truman lui assurerait la reconnaissance politique. Le 30 mars 1949, Za'im renversa le gouvernement, promit sa totale coopération avec le projet de pipeline et, comme le rapporta Meade, jeta en prison « plus de 400 cocos ». Le vaillant colonel ne tint que

cinq mois : il fut renversé à son tour puis exécuté. Retour à la case départ, reconnut gaiement Copeland.

Le coup d'État de la CIA de 1953 en Iran n'aurait jamais pu être envisagé sans les Anglais, et n'aurait probablement pas réussi. Le Renseignement britannique connaissait à fond le dessous des intrigues politiques qui se nouaient en Iran grâce à ses agents dans le bazar et dans la pègre. Le gouvernement britannique avait d'importants mobiles économiques, et son complot pour se débarrasser de Mossadegh bénéficiait d'un puissant appui politique : sir Winston Churchill en personne.

14   Robert Amory, qui fut longtemps directeur adjoint du Renseignement, nota dans son journal officiel à la date du 26 novembre 1952 une discussion avec le directeur concernant un « effort pour désarçonner Mossadegh » ; il évoquait aussi un déjeuner, le même jour, où les convives – Wisner, l'ambassadeur Loy Henderson et, à n'en pas douter même si son nom a été supprimé de la version déclassifiée, Monty Woodhouse – parlèrent principalement de l'Iran.

15   Réunion des assistants du 10 août 1953, CIA/CREST.

16   Notes de Dulles pour la réunion du NSC du 4 mars 1953, CIA/CREST.

17   Compte rendu de la réunion du NSC du 4 mars 1953, DDEL.

18   Les rapports du Renseignement soviétique de 1953 voyaient plutôt en Mossadegh « un nationaliste bourgeois » et non un allié de Moscou. Vladislav M. Zubok, « Soviet Intelligence and the Cold War : The "Small" Committee of Information, 1952-1953 », *Diplomatic History*, Vol. 19, été 1995, p. 466-468.

19   Récit de Stutesman, FAOH.

20   « Radio Report on Coup Plotting », 7 juillet 1953, Archives de la National Security, CIA, rendu public en vertu de la loi sur la liberté de l'information (FOIA).

21   On n'a pas vraiment reconnu le rôle central joué dans le coup d'État par le général McClure : l'histoire interne officielle de la CIA le passe pratiquement sous silence. L'Agence a délibérément minimisé son travail car le général n'était pas un grand ami de la CIA. Voir Alfred H. Paddock Jr, *U.S. Army Special Warfare : Its Origins* (National Defense University Press, 1982). Je remercie Paddock de m'avoir fait part de ce qu'il a découvert en lisant les papiers personnels de McClure. Les « excellentes relations avec le shah » de McClure sont mentionnées dans une note d'Eisenhower au secrétaire à l'Armée Robert Ten Broeck Stevens du 2 avril 1954, Presidential Papers of Dwight David Eisenhower, document 814.

22   CIA Office of Current Intelligence, « Comment on the Attempted Coup in Iran », 17 août 1953, déclassifié le 16 novembre 2006.

23   Le dialogue est reproduit dans l'histoire classifiée du coup d'État intitulée « Zindabad Shah ! » (Vive le shah !).

24   Récit de Rountree, FAOH.

25   On a laissé entendre que l'ayatollah Kashani était à la solde de la CIA. Mark J. Gasiorowski, « The 1953 Coup d'État in Iran », *International Journal of Middle East Studies*, Vol. 19, 1987, p. 268-269. Mais Reuel Marc Gerecht, qui entra à la CIA en 1985 comme membre du bureau Iran du service des opérations clandestines, écrivit que Kashani n'était « redevable à aucun étranger ». Gerecht, après avoir lu l'histoire de l'opération Ajax présentée par la CIA, en conclut : « Il faut rendre hommage aux agents américains en Iran d'avoir remis le shah sur son trône. Pratiquement chaque détail du plan tourna mal. Les principaux agents de notre ambassade ne parlaient pas le persan. Quand l'agitation à Téhéran atteignit son comble et qu'il s'avéra impossible d'établir le contact avec les habituelles sources parlant anglais ou français, la station de la CIA devint aveugle. Le coup d'État ne réussit que parce que des Iraniens qui n'étaient à la solde ni des Américains ni des Britanniques prirent l'initiative de renverser Mossadegh. » Reuel Marc

Gerecht, « Blundering through History with the CIA », *The New York Times,* 23 avril 2000.
26   Le récit de cette scène par Roosevelt figure au chapitre 9 d'« Overthrow », l'histoire officielle de la CIA.
27   Récit de Killgore, FAOH.

CHAPITRE 10

Ce chapitre se fonde sur la plus riche documentation disponible concernant une opération clandestine de la CIA. En mai 2003, le Département d'État publia un volume supplémentaire de *The Foreign Relations of the United States* couvrant le rôle des États-Unis dans le renversement du gouvernement guatémaltèque en 1954 (disponible en ligne sur http://www.state.gov/r/pa/ho/frus/ike/guat/) ainsi qu'un recueil classé par ordre chronologique des 5 120 documents sur l'opération clandestine rendue publique le même jour (disponible en ligne sur http://www.foia.cia.gov/guatemala.asp). La publication de ces documents, intervenue après vingt années de lutte, représentait un grand pas dans l'historiographie de la CIA.

Sauf quand il est précisé autrement, les citations de ce chapitre ont été prises textuellement dans ces documents et dans l'histoire interne de la CIA de l'opération rédigée par Nicolas Cullather et publiée en livre sous le titre *Secret History : The CIA Classified Account of Its Operations in Guatemala, 1952-1954* (Stanford University Press, 1999).

Le rôle de William Pawley au moment crucial de l'opération fut révélé par l'historien Max Holland dans « Private Sources of US Foreign Policy : William Pawley and the 1954 Coup d'État in Guatemala », *Journal of Cold War Studies,* Vol. 7, N° 4, 2005, p. 46-73. Holland découvrit les Mémoires non publiés à la George C. Marshall Library à Lexington, Virginie.

Les Mémoires des principaux acteurs comprennent : Dwight Eisenhower, *The White House Years : Mandate for Change, 1953-1956* (Doubleday, 1963) ; Richard Bissell Jr avec Jonathan E. Lewis et Frances T. Pudlo, *Reflections of a Cold Warrior : From Yalta to the Bay of Pigs* (Yale University Press, 1996) ; et David Atlee Phillips, *The Night Watch : 25 Years of Peculiar Service* (Atheneum, 1977). Phillips change le nom des protagonistes, mais les documents déclassifiés rendent ces pseudonymes transparents.

L'opération guatémaltèque commença sous l'égide du général Walter Bedell Smith. Le 24 janvier 1952, Allen Dulles déclara à un fonctionnaire du Département d'État supervisant le secteur d'Amérique latine que « la CIA étudiait la possibilité de porter assistance à un groupe dirigé par le colonel Carlos Castillo Armas qui complotait pour renverser le gouvernement du Guatemala ». Castillo Armas cherchait le soutien des dictateurs d'Amérique latine les plus puissants – Somoza du Nicaragua, Trujillo de la République dominicaine, Batista de Cuba – tandis que son projet filtrait jusqu'aux chefs de la CIA. Au printemps et durant l'été 1952, Bedell Smith et le sous-secrétaire d'État David Bruce discutèrent à maintes reprises des plans d'un coup d'État soutenu par la CIA. On donna à l'opération le nom de code « Fortune » et on confia la mission à J. C. King, le chef de la Division de l'hémisphère occidental de la CIA, récemment créée.

King conçut un plan pour faire parvenir à Castillo et à ses alliés des armes et 225 000 dollars. En octobre 1952, il expédia du matériel agricole – en réalité, 380 pistolets, 250 fusils, 64 mitrailleuses et 4 500 grenades à main – qu'il comptait faire partir vers le sud depuis La Nouvelle-Orléans. Mais le dictateur nicaraguayen Somoza et son fils Tacho avaient librement discuté du complot ; le bruit parvint jusqu'à Washington que le secret était éventé, et David Bruce fit tout annuler. Mais, à l'insu du Département d'État et avec l'approbation de Bedell Smith, King réquisitionna un vieux cargo pour transporter les armes au Nicaragua et au Honduras. Lors de son premier voyage, plusieurs centaines de Nicaraguayens purent observer le navire qui cherchait à accoster sur une île prétendument déserte ; à sa seconde traversée, ses machines tombèrent en panne et la marine dut envoyer un destroyer pour récupérer l'équipage et la cargaison.

Néanmoins une aide bien maigre de la CIA parvint jusqu'à Castillo Armas et, en mars 1953, avec le gros de ses partisans, environ deux cents hommes, il tenta de s'emparer d'une garnison guatémaltèque stationnée dans un coin perdu. La troupe fut écrasée et, tandis que Castillo Armas s'enfuyait au Honduras, son mouvement reçut un rude coup. L'opération Fortune avait échoué.

Quand elle ressuscita sous le nom d'opération Succès, Bedell Smith joua à fond son rôle de sous-secrétaire d'État. Les ambassadeurs américains au Guatemala, au Honduras et au Nicaragua rendaient compte à la CIA par le canal de Bedell Smith. Tous partageaient le sentiment que « le communisme est dirigé dans le monde entier par le Kremlin et que ceux qui ne sont pas de cet avis ne savent pas de quoi ils parlent », comme disait l'ambassadeur Peurifoy. Mais avant l'arrivée au pouvoir de Fidel Castro, le Kremlin ne pensait guère à l'Amérique latine. Il avait pratiquement laissé le champ libre aux États-Unis, la force dominante dans l'hémisphère depuis le dix-neuvième siècle. Si la CIA avait infiltré le petit mais influent parti communiste du pays, elle aurait su que les Guatémaltèques n'avaient aucun contact avec les Soviétiques.

L'Agence considérait pourtant le président guatémaltèque Arbenz comme une marionnette manœuvrée par les Russes : il avait lancé le plus ambitieux et le plus réussi des programmes de réforme agraire de toute l'Amérique latine, reprenant des champs en jachère à des entreprises comme United Fruit pour les distribuer à des centaines de milliers de paysans. United Fruit se sentait menacée et la CIA en avait conscience : la société bénéficiait de puissants appuis politiques à Washington et fit connaître sa colère aux plus hauts échelons du gouvernement. Mais la CIA ne se battait pas pour défendre des bananeraies, elle voyait dans le Guatemala une tête de pont soviétique en Occident et une menace directe pour les États-Unis. Elle considérait aussi United Fruit et ses groupes de pression comme un obstacle irritant : l'entreprise, à mesure que l'opération prenait de l'ampleur, s'efforçait de l'évincer du tableau.

28 Il faut bien reconnaître que l'opération Ajax en Iran était menée par Kermit Roosevelt, Groton promotion 1936, avec l'aide de son cousin Archie Roosevelt, promotion 1934. Dans les préparatifs et l'exécution de l'opération Succès, on retrouve Tracy Barnes, promotion 1932, et Richard Bissell, promotion 1931. Ces deux derniers, avec John Bross, promotion 1932, menèrent l'assaut de la baie des Cochons. Et les toxines avec lesquelles on chercha à tuer Castro furent préparées au labo de l'Agence par Cornelius Roosevelt, promotion 1934.
29 Richard Helms avec William Hood, *A Look over My Shoulder*, *op. cit.*, p. 175-177.
30 Bissell, *Reflections of a Cold Warrior,* p. 84-91.
31 Interview de E. Howard Hunt pour la série de CNN consacrée à la guerre froide en 1998, *op. cit.*
32 Récit d'Esterline dans James G. Blight et Peter Kornbluh (éditeurs), *Politics of Illusion : The Bay of Pigs Invasion Reexamined* (Lynne Rienner, 1998), p. 40.

CHAPITRE 11

33 *Congressional Record* 2811-14 (1954).
34 Réunion des adjoints du 29 février 1956, CIA/CREST.
35 Dulles, « Notes for Briefing of Appropriations Committee : Clandestine Services », 11 mars 1954, CIA/CREST. Il est rare de trouver des exemples d'une telle sincérité devant le Congrès.
36 Roy Cohn, *McCarthy* (New American Library, 1968), p. 49.

37   Transcription d'une conversation téléphonique entre Allen et Foster Dulles
     citée par David M. Barrett, *The CIA and Congress : The Untold Story from
     Truman to Kennedy* (University of Kansas Press, 2005), p. 184.

38   L'histoire déclassifiée de la CIA soulignant l'hostilité de la CIA envers
     McCarthy se trouve dans Mark Stout, « The Pond : Running Agents for
     State, War and the CIA », *Studies in Intelligence*, Vol. 48, N° 3, 2004, CIA/
     CSI. Le témoignage devant le Congrès était de William J. Morgan, un
     psychologue de Yale et un ancien de l'OSS, dans une audition du 4 mars
     1954 devant la Commission McCarthy, « Alleged Threats Against the
     Chairman ». Le procès-verbal fut rendu public en 2003. Morgan, affecté au
     Conseil de coordination des opérations de Walter Bedell Smith, déclara
     qu'Horace Craig, son supérieur, un officier de la CIA, suggéra que « la
     meilleure solution était d'infiltrer l'organisation McCarthy ». Faute de quoi,
     estimait Craig, on pourrait prendre des mesures plus radicales.

> « *Sénateur Charley E. Porter (Républicain de l'Illinois)* : Il a donc
> pratiquement dit, en parlant du sénateur McCarthy, qu'il faudrait le
> liquider ?
> *Dr Morgan* : Ce pourrait être nécessaire. »

     Aucune autre preuve ne vient corroborer l'accusation selon laquelle la CIA
     envisageait de tuer McCarthy. Le sénateur, d'ailleurs, s'en chargea lui-
     même en sombrant dans l'alcoolisme.

39   Le rapport secret de Clark, déclassifié en 2005, disait que la CIA avait un
     comportement « sans pareil et à bien des égards étranger à notre forme
     de gouvernement démocratique ». Voir Michael Warner et J. Kenneth
     McDonald, « US Intelligence Community Reform Studies Since 1947 »,
     2005, CIA/CSI.

40   Kellis à Eisenhower, 24 mai 1954, DDEL.

41   Rencontre de la Commission Doolittle avec le Président, 19 octobre 1954,
     DDEL. Les notes prises lors de cette réunion trahissent la gêne d'un
     messager porteur de mauvaises nouvelles.

42   « Report on the Covert Activities of the Central Intelligence Agency »,
     30 septembre 1954, déclassifié le 20 août 2001, CIA/CREST.

43   Lors d'une réunion des adjoints, le 8 novembre 1954, Wisner demanda à
     Dulles s'il serait autorisé à lire le rapport Doolittle. Dulles refusa. Il soumit
     à Wisner une version abrégée des recommandations du rapport, mais pas les
     critiques les plus cinglantes qu'il contenait.

44   Interviews de John Maury et d'Edward Ellis Smith, documents de Harris
     Smith, Hoover Institute, Université de Stanford.

45   Procès-verbal de la réunion du NSC du 3 mars 1955. DDEL.

46   « Clandestine Services History : The Berlin Tunnel Operation, 1952-
     1956 », 25 août 1967, déclassifié le 15 février 2007.

47   Les agents de la CIA qui avaient débuté à la base de Berlin sous les ordres
     de Richard Helms considéraient la ville et les techniques qu'ils avaient
     apprises là-bas comme la meilleure fenêtre ouvrant sur Moscou. Helms et
     ses hommes estimaient que les grandes stations de la CIA en Allemagne, en
     Autriche et en Grèce avaient pour mission d'installer soigneusement et
     patiemment des agents résidant de façon permanente en Europe de l'Est.
     Ces réseaux d'étrangers de toute confiance recruteraient à leur tour des
     espions tout aussi fiables, et qu'on approcherait toujours davantage du siège
     du pouvoir, chacun créant des sources d'information qui, une fois analysées
     et triées, fourniraient au Président les renseignements qu'il lui fallait.
     C'était, croyaient-ils, la meilleure façon de connaître son ennemi et, vers le
     milieu des années 50, ils commençaient à se persuader qu'ils pourraient voir
     peu à peu une image émerger des ténèbres.
     La CIA découvrit son premier véritable espion russe au moment du creuse-

ment du tunnel de Berlin. L'antenne de Vienne était en contact avec le major Pyotr Popov, un authentique officier de renseignement soviétique, le premier espion russe sérieux qu'eût jamais eu la CIA. Il connaissait deux ou trois choses à propos des chars et des missiles tactiques ainsi que sur la doctrine militaire soviétique et, en cinq ans, il livra les noms de 650 de ses camarades officiers. Frank Wisner, comme on pouvait s'y attendre, avait voulu faire de Popov le chef d'un réseau clandestin de résistants. Le secteur espionnage de l'Agence s'y opposa violemment et eut cette fois raison de Wisner qui en garda longtemps une profonde amertume. Popov n'était pas un espion parfait : il buvait comme un trou, il oubliait des choses et prenait de terribles risques. Mais, pendant cinq ans, il fut unique en son genre. La CIA assurait avec conviction que Popov avait économisé aux États-Unis un demi-milliard de dollars en recherche militaire. Il coûtait à la CIA quatre mille dollars par an. La taupe britannique George Blake, qui avait dénoncé l'entreprise du tunnel de Berlin, révéla aussi les activités de Popov qui tomba en 1959 sous les balles d'un peloton d'exécution du KGB.

48   Interview de Polgar par l'auteur.
49   James R. Killian, *Sputnik, Scientists and Eisenhower : A Memoir of the First Assistant to the President for Science and Technology* (MIT Press, 1977), p. 70-71.
50   Wayne G. Jackson, *Allen Welsh Dulles as Director of Central Intelligence,* déclassifié en 1994, Vol. 3, 1973, p. 71 et suivantes, CIA.
51   La remarque d'Eleanor Dulles est rapportée dans le récit de l'ambassadeur William B. Macomber Jr, FAOH. Ce dernier était secrétaire d'État adjoint pour les Relations avec le Congrès sous la présidence d'Eisenhower.

CHAPITRE 12

Les relations entre la CIA et les dirigeants japonais sont précisées dans les interviews par l'auteur d'Al Ulmer, chef de la division Extrême-Orient de la CIA de 1955 à 1958 ; de Clyde McAvoy, officier traitant de Kishi au milieu des années 1950 ; d'Horace Feldman, ancien chef de station de la CIA à Tokyo ; de Roger Hilsman et U. Alexis Johnson, hauts fonctionnaires du Département d'État sous les présidents Kennedy et Johnson, et de Don Gregg, tous trois anciens chefs de station de la CIA, ainsi que des ambassadeurs des États-Unis respectivement à Pékin et à Séoul ; et de Douglas MacArthur II, l'ambassadeur américain à Tokyo sous Eisenhower.

Ces rapports furent évoqués pour la première fois dans l'article de l'auteur publié dans le *New York Times* du 9 octobre 1994, « CIA Supported Japanese Right in '50's and '60's ». À l'origine de cet article, le débat qui opposait alors la CIA et le Département d'État à propos de la publication d'un volume de *The Foreign Relations of the United States* concernant le Japon des années 1960. Douze ans plus tard, en juillet 2006, le Département reconnut avec un peu de retard que « le gouvernement américain avait approuvé quatre programmes clandestins pour tenter d'infléchir le cours de la vie politique japonaise ». La déclaration décrivait trois de ces quatre programmes. On y précisait que l'Administration Eisenhower avait autorisé la CIA, avant les élections de mai 1958 pour la Chambre des représentants japonaise, à financer « quelques influents politiciens pro-américains et conservateurs ». Il était dit également que l'Administration Eisenhower avait autorisé la CIA à « mettre sur pied un programme clandestin pour s'efforcer de mettre à l'écart l'aile modérée de l'opposition de gauche dans l'espoir de voir émerger un parti d'opposition plus pro-américain et plus « responsable ». En outre, « un programme clandestin plus ambitieux se partageant entre propagande et action sociale » chercherait à encourager le peuple japonais à adhérer au parti au pouvoir et à repousser l'influence de la gauche. On ne mentionnait pas les étroites relations avec Kishi, le politicien qui montait et qui deviendrait par la suite Premier ministre. FRUS, 1964-1968, Vol. XXIX, Part. 2.

Après la chute du Japon, l'occupation américaine, sous la direction du général MacArthur, organisa une purge et fit jeter en prison des militaires de droite tels que Kishi et ses alliés. Mais les choses changèrent quand le secrétaire d'État Marshall envoya George Kennan au Japon en 1948 pour essayer de faire changer d'opinion MacArthur. On pouvait voir des exemples de la politique de MacArthur sur les docks d'Osaka où des machines démontées dans les usines japonaises étaient soigneusement graissées, mises en caisse et expédiées à grands frais vers la Chine dans le cadre du programme de réparations des dommages de guerre. Les Américains payaient pour démanteler l'industrie japonaise et soutenir la Chine au moment où celle-ci tombait sous la coupe des communistes. Kennan déclara que les États-Unis devraient sans tarder cesser de chercher à réformer le Japon pour s'intéresser plutôt à sa renaissance économique. Cette volte-face allait mettre fin aux purges de MacArthur, ce qui signifiait que des hommes accusés de crimes de guerre comme Kishi et Kodama retrouvaient la liberté. Ils furent aussitôt recrutés par la CIA et on vit réapparaître de puissants leaders, les cartels, les forces de sécurité intérieure et les partis politiques.

« Les États-Unis devraient faire tout leur possible pour encourager l'avènement au Japon d'un parti conservateur efficace », précisa le Conseil de coordination des opérations dans un rapport à la Maison Blanche daté du 28 octobre 1954 et déclassifié cinquante ans plus tard. Si les conservateurs s'unissaient, disait le rapport, ils pourraient ensemble contrôler la vie politique japonaise, « prendre des mesures légales contre les communistes et combattre les tendances neutralistes et anti-américaines de nombreuses personnes cultivées du pays ». C'est précisément ce que fit la CIA à partir de 1954.

52   Dan Kurzman, *Kishi and Japan : The Search for the Sun* (Obolensky, 1960), p. 256.
53   Récit de Hutchinson, FAOH.
54   Interview de McAvoy par l'auteur.
55   Interview de MacArthur par l'auteur.
56   Interview de Feldman par l'auteur.

CHAPITRE 13

57   Interview de Lehman, « Mr. Current Intelligence », *Studies in Intelligence*, été 2000, CIA/CSI.
58   « Directive on Covert Operations », 28 décembre 1955, DDEL.
59   Le directeur de la radio, Bob Lang, un ancien de l'OSS, se plaignit de « l'intrusion perpétuelle dans nos affaires » de Wisner et de ses lieutenants. Cord Meyer, de la CIA, chef du département chargé de la Radio Free Europe, affirma qu'il sentait « la pression dénaturer les objectifs des radios ».
60   Procès-verbal de la réunion du NSC du 12 juillet 1956, DDEL ; NSC 5608/1, « US Policy Toward the Soviet Satellites in East Europe », 18 juillet 1956, DDEL. Sous les auspices de Radio Free Europe, la CIA avait déjà lancé depuis l'Allemagne de l'Ouest 300 000 ballons contenant 300 millions de pamphlets, d'affiches et de brochures concernant la Hongrie, la Tchécoslovaquie et la Pologne. Les ballons étaient porteurs d'un message implicite : les Américains pourraient dès qu'ils le voudraient envoyer de l'autre côté du rideau de fer autre chose que des médailles et des ondes radio.
61   Ray Cline, *Secrets, Spies and Scholars, Blueprint of the Essential CIA* (Acropolis, 1976), p. 164-170.
62   Procès-verbal de la réunion du NSC du 4 octobre 1956, DDEL.
63   Mémorandum d'une conférence réunissant Eisenhower, Allen Dulles et le secrétaire d'État suppléant, Herbert Hoover Jr, le 27 juillet 1956, DDEL.

Journal d'Eisenhower, 26 octobre 1956, Presidential Papers of Dwight David Eisenhower, document 1921, récit de Dillon, FAOH.

64 Les conditions des opérations menées par Wisner en Hongrie sont décrites dans deux histoires du service d'action clandestine : *The Hungarian Revolution and Planning for the Future : 23 October-4 November 1956,* Vol. 1, janvier 1958, CIA ; et *Hungary, Volume I [supprimé]* et *Volume II : External Operations, 1946-1965,* mai 1972, CIA History Staff, tous ces documents déclassifiés avec des suppressions en 2005.

65 Transcriptions des émissions de Radio Free Europe du 28 octobre 1956 dans Csasa Bekes, Malcolm Byrne et Janos M. Rainer (éditeurs), *The 1956 Hungarian Revolution : A History in Documents* (Central European University Press, 2002), p. 286-289.

66 « Radio Message from Imre Nagy, October 28, 1956 », dans Bekes, Byrne et Rainer, *The 1956 Hungarian Revolution, op. cit.,* p. 284-285.

67 Procès-verbal de la séance du NSC du 1er novembre 1956, DDEL.

68 William Griffith, Radio Free Europe, « Policy Review of Voice for Free Hungary Programming » (5 décembre 1956) dans *The 1956 Hungarian Revolution, op. cit.,* p. 464-484. Ce document confirme officiellement le fait, toujours nié par la CIA, que de l'aide arrivait.

69 Peer de Silva, *Sub Rosa : The CIA and the Uses of Intelligence* (Times Book, 1978), p. 128.

70 Journal d'Eisenhower, 7 novembre 1956, DDEL

71 William Colby, *Honorable Men : My Life in the CIA* (Simon and Schuster, 1978), p. 134-135.

72 Réunion avec le directeur, 14 décembre 1956, CIA/CREST.

73 Bien que le rapport du comité de consultants pour le renseignement soit connu sous le nom de « rapport Bruce-Lovett », son style montre sans équivoque que c'est David Bruce qui l'a rédigé. L'enquête était conduite par Bruce, aidé de l'ancien secrétaire à la Défense Robert Lovett et de l'ancien chef des opérations navales maintenant à la retraite, l'amiral Richard L. Conolly. Encore récemment, la seule preuve de l'existence de ce rapport était une collection de notes prises par l'historien Arthur Schlesinger d'après un document qu'on disait alors disparu de la John F. Kennedy Memorial Library. La version déclassifiée de ce document – de longs extraits d'une collection de rapports de renseignement de l'ère Eisenhower rassemblés pour Kennedy à la Maison Blanche après la baie des Cochons – figure pour la première fois ici dans un livre avec des abréviations déchiffrées pour une plus grande compréhension, des erreurs typographiques corrigées et les passages supprimés par la CIA dûment notés.

74 Mémo d'Ann Whitman du 19 octobre 1954, DDEL.

CHAPITRE 14

75 Procès-verbal de la réunion du NSC du 18 juin 1959, DDEL.

76 Archie Roosevelt, *For Lust of Knowing : Memoirs of an Intelligence Officer* (Little Brown, 1988), p. 444-448.

77 « Inspector General's Survey of the CIA Training Program », juin 1960, déclassifié le 1er mai 2002, CIA/CREST ; Matthew Baird, CIA Director of Training, « Subject : Foreign Language Development Program », 8 novembre 1956, déclassifié le 1er août 2001, CIA/CREST.

78 Mémorandum de Goodpaster sur la conférence avec le Président, 7 septembre 1957, DDEL. Le général Andrew J. Goodpaster, le secrétaire d'état-major d'Eisenhower, prit note des espoirs d'action militaire du Président pour protéger l'islam de l'athéisme militant ainsi que de ses rencontres avec Rountree pour orchestrer l'aide militaire secrète des États-Unis à l'Arabie Saoudite, à la Jordanie, à l'Irak et au Liban.

79   Récit de Symmes, FAOH.
80   Mémorandum de Frank G. Wisner, « Subject : Resume of OCB Luncheon Meeting », 12 juin 1957, CIA/CREST. Le mémo dit que « Wisner insista pour une assistance complète à la Jordanie ». « L'Agence est d'avis de pousser l'Arabie Saoudite et l'Irak à faire les plus grands efforts. »
81   Récit de Symmes, FAOH.
82   Dulles dans le procès-verbal de la réunion du NSC du 3 mars 1955. Le meilleur compte rendu du travail de la CIA dans la région est l'œuvre de Douglas Little, « Mission Impossible : The CIA and the Cult of Covert Action in the Middle East », *Diplomatic History*, Vol. 28, N° 5, novembre 2004. L'essai de Little est un véritable tour de force basé sur des documents de première main.
83   Charles Yost, *History and Memory : A Statesman's Perceptions of the Twentieth Century* (Norton, 1980), p. 236-237.
84   Réunion des adjoints du 14 mai 1958, CIA/CREST.
85   Récit de Gordon, FAOH.
86   Procès-verbal de la réunion du NSC du 13 mai 1958, DDEL.
87   Briefing de la CIA au NSC, 15 janvier 1959, CIA/CREST.
88   Réunion des adjoints du 14 mai 1959, CIA/CREST.
89   Critchfield proposa lui-même le mouchoir empoisonné ; Helms donna son accord, ainsi que Bissell. Dulles approuva. Tous étaient persuadés de satisfaire les souhaits du président des États-Unis.
90   Sa'adi cité par Said Aburish, *A Brutal Friendship : The West and the Arab Elite* (St. Martin's, 2001). Aburish, baathiste convaincu, rompit avec Saddam et dénonça la brutalité de son régime. Il accorda une interview instructive à *Frontline*, publiée sur le site Internet de la série documentaire de PBS (http://www.pbs.org/wgbh/pages/frontline/shows/saddam/interviews/aburish.html). « L'implication des États-Unis dans le coup d'État de 1963 contre Kassem en Irak était incontestable, dit-il. On a la preuve que des agents de la CIA étaient en contact avec des officiers de l'armée participant au coup, la preuve qu'un centre de commandement électronique était installé au Koweït pour guider les forces luttant contre Kassem. La preuve aussi qu'ils fournirent aux conspirateurs des listes de gens à éliminer immédiatement pour assurer la réussite de leur entreprise. Les relations entre les Américains et le parti Baath étaient alors très étroites et cela continua quelque temps après le coup d'État. Par exemple, c'est une des premières fois où les États-Unis purent obtenir certains modèles de chasseurs MIG et de chars fabriqués en Union soviétique. Ce que le Baath avait à offrir aux Américains pour l'avoir aidé à renverser Kassem. » James Critchfield, qui orchestra l'opération comme chef du service d'action clandestine pour le Proche-Orient, déclara à l'Associated Press peu avant sa mort en avril 2003 : « Il faut comprendre le contexte de l'époque et l'ampleur de la menace que nous devions affronter. C'est ce que j'explique aux gens qui disent : "C'est vous, à la CIA, qui avez créé Saddam Hussein." »

CHAPITRE 15

91   Procès-verbal de la réunion du NSC du 9 septembre 1953, DDEL.
92   Réunion avec le vice-président, vendredi 8 janvier 1954, CIA/DDRS.
93   Déposition de Bissell devant la Commission présidentielle sur les activités de la CIA (Commission Rockefeller), 12 avril 1975, déclassifiée en 1995, GRFL.
94   NSC 5518, déclassifié en 2003, DDEL
95   Récit de Bissell, DDEL.
96   Interview d'Ulmer par l'auteur.
97   Sommaires du rapport CIA, « NSC Briefing : Indonesia », 27 et 28 février,

5 et 14 mars, 3 et 10 avril 1957 ; réunion des adjoints, 4 mars 1957 ; évaluation de la CIA, « The Situation in Indonesia », 5 mars 1957.

98   F. M. Dearborn à la Maison Blanche, « Some Notes on Far East Trip », novembre 1957, déclassifié le 10 août 2003, DDEL. Dearborn, à en croire le journal du Président, fit personnellement son rapport à Eisenhower le 16 novembre. CIA, « Special Report on Indonesia », 13 septembre 1957, déclassifié le 9 septembre 2003, DDEL. « Indonesian Operation », 5 mars 1958, CIA/CREST.

99   Interviews d'Ulmer et de Sichel par l'auteur. Ulmer demanda à des officiers du service d'action clandestine de surveiller Sukarno durant sa tournée annuelle à bord d'un avion de la Pan Am des bordels les plus sélects d'Asie. Les résultats de cette mission se bornèrent à un échantillon des selles de Sukarno recueilli pour analyse médicale par le chef de la station de Hong-Kong, avec l'aide d'un steward patriote de la Pan Am à la solde de la CIA. On se contentait de la moindre information...

100   Procès-verbal de la séance du NSC du 1er août 1957, DDEL.

101   Réunion des adjoints du 2 août 1957, CIA/CREST.

102   On trouvera les termes mêmes de cet ordre dans la chronologie de la CIA, « Indonesian Operation », 15 mars 1958, CIA/CREST.

103   « Indonesian Operation », 15 mars 1958, CIA/CREST.

104   Bureau de l'attaché militaire à Jakarta au Département d'État, 25 mai 1958, cité dans Kahin et Kahin, *Subversion as Foreign Policy*, p. 178.

105   Transcription de conversations téléphoniques de JFD, DDEL.

106   Procès-verbal de la séance du NSC du 27 février 1958, DDEL.

107   Procès-verbal de la séance du NSC du 25 avril 1958, DDEL.

108   Procès-verbal de la séance du NSC du 14 avril 1958, DDEL. John Foster Dulles, mémo sur sa conversation avec le Président, 15 avril 1958, DDEL.

109   Interview de Pope par l'auteur.

110   Procès-verbal de la séance du NSC du 1er mai 1958, DDEL.

111   Procès-verbal de la séance du NSC du 4 mai 1958, DDEL.

112   « Indonesian Operation », 15 mars 1958, CIA/CREST. Chose incroyable, Allen Dulles invoqua la pauvreté des moyens pour expliquer l'échec de la mission. La CIA avait besoin, dit-il à Eisenhower, d'au moins 50 millions de dollars de plus pour son budget d'actions clandestines.

113   Interview de Pope par l'auteur. Sukarno attendit deux ans avant de faire ouvrir le procès de Pope. Après quatre ans et deux mois de captivité, il fut libéré en juillet 1962 sur l'intervention personnelle de l'attorney général des États-Unis, Robert Kennedy. Il recommença ses vols pour la CIA au Vietnam pour le reste des années 1960. En février 2005, à 76 ans, Pope fut décoré de la Légion d'honneur par le gouvernement français pour le rôle qu'il avait joué dans le ravitaillement des forces françaises assiégées à Dien Bien Phu en 1954.

114   « NSC Briefing : Indonesia », 21 mai 1958, déclassifié le 15 janvier 2004, CIA/CREST.

115   Récit de Bissell, DDEL.

116   « NSC Briefing : Indonesia », 21 mai 1958, CIA/CREST.

117   Depuis la fin 1956, Wisner présentait des signes de dérangement mental, tout comme le service d'action clandestine. Paul Nitze, un vieil ami qui avait étroitement collaboré avec Wisner comme successeur de Kennan au Département d'État, observa que « les tensions accumulées de l'épisode hongrois et de l'épisode de Suez étaient plus que Frank n'en pouvait supporter et il avait eu une dépresion nerveuse. Je crois que c'est à ce moment qu'ont commencé les difficultés du service... quand Frank s'est révélé ne plus avoir la compétence de le diriger ». Récit de Nitze, HSTL. Allen Dulles écrivit à son ancien directeur adjoint, Bill Jackson, en décembre 1958 : « J'espère qu'il va bientôt sortir de maison de santé. » Papiers d'Allen Dulles déclassifiés le 13 février 2001, CIA. À l'époque, on utilisait l'électrochoc « pour toutes sortes de troubles mentaux, fréquem-

ment à hautes doses et sur de longues périodes... Beaucoup de ces efforts s'avéraient inefficaces et parfois même nocifs ». Voir *Journal of the American Medical Association*, Vol. 254, 1985, p. 2103-2108.

118 Réunion des adjoints du 23 juin 1958, CIA/CREST.

119 Smith cité par Douglas Garthoff, « Analyzing Soviet Politics and Foreign Policy », dans Gerald K. Haines et Robert E. Leggett (éditeurs), *Watching the Bear : Essays on CIA's Analysis of the Soviet Union*, CIA/CSI, 2003.

120 « Subject : Third Report of the President by the President's Board of Consultants on Foreign Intelligence Activity » et mémorandum sur la conférence du 16 décembre 1958, CIA/DDEL.

121 Dulles, procès-verbal de la réunion des collaborateurs du 12 janvier 1959, CIA/CREST.

CHAPITRE 16

122 Bissell nourrissait pour la CIA de grandes ambitions mais les obstacles qu'il rencontrait étaient encore plus grands. Il voyait dans l'Agence un instrument de la puissance américaine aussi redoutable – et plus utile – que l'arsenal nucléaire ou que la 101ᵉ Division aéroportée. « Mr. Bissell's Remarks, War Planners Conference », 16 mars 1959, déclassifié le 7 janvier 2002, CIA/CREST.
Bissell savait que l'Agence manquait de jeunes talents pour atteindre ses objectifs. Un examen interne détaillé du service d'action clandestine de la CIA en novembre 1959 révélait la source des inquiétudes de Bissell : le recrutement de jeunes et brillants officiers avait diminué alors que des gens médiocres et d'un certain âge étaient venus grossir les rangs. « Un très important pourcentage » des officiers de la CIA avaient au moins cinquante ans ; ils appartenaient à la génération de la Seconde Guerre mondiale et dans trois ans, ils prendraient leur retraite. L'étude montrait qu'il existait un problème d'effectifs qui n'a toujours pas été résolu aujourd'hui. « Subject : A Manpower Control Problem for the Clandestine Services Career Program », 4 novembre 1959, déclassifié le 1ᵉʳ août 2001, CIA/CREST.

123 Sauf mention contraire, les citations de ce chapitre qui concernent la CIA ainsi que Cuba sont extraites de l'histoire secrète des préparatifs de l'opération Baie des Cochons : Jack Pfeiffer, *Evolution of CIA's Anti-Castro Policies, 1951-january 1961*, Vol. 3, *Official History of the Bay of Pigs Operation*, CIA, NARA (cité ci-après sous la mention Pfeiffer).
Pfeiffer fut nommé chef historien de la CIA en 1976 et prit sa retraite en 1984. Une décennie durant il attaqua vainement en justice la CIA pour l'obliger à publier ses travaux. Son histoire de trois cents pages réapparut aux Archives nationales en juin 2005 où elle fut dénichée par le professeur David Barrett de l'Université de Villanova.

124 Récit de Attwood, FAOH.

125 Cité dans Pfeiffer.

126 Dwight D. Eisenhower, *Waging Peace ; The White House Years : 1956-1961* (Doubleday, 1965), p. 524.

127 Raymond L. Garthoff, « Estimating Soviet Military Intentions and Capabilities », dans Gerald K. Haines et Robert E. Leggett (éditeurs), *Watching the Bear : Essays on CIA's Analysis of the Soviet Union*, CIA/CSI, 2003.

128 Mémo de Goodpaster du 30 octobre 1959, DDEL.

129 Eisenhower confia cette remarque au journaliste David Kraslow ; elle est citée dans plusieurs sources, notamment dans David Wise, *The Politics of Lying : Government Deception, Secrecy and Power* (Random House, 1973).

130 Michael Warner, « The CIA's Internal Probe of the Bay of Pigs Affair », *Studies in Intelligence*, hiver 1998-1999, CIA/CSI.

131 On possède des preuves accablantes de la volonté d'Eisenhower d'éliminer

Lumumba. « Le Président voulait avoir la peau d'un homme qu'il considérait (ainsi que bien d'autres, moi compris) comme une parfaite canaille et un homme dangereux », dit plus tard Bissell dans une interview pour la bibliothèque présidentielle d'Eisenhower. « Je suis convaincu qu'il voulait se débarrasser de Lumumba et qu'il voulait le faire sans tarder. » Le câble d'Allen reflétait ce sentiment d'urgence. Le secrétaire du NSC, Robert Johnson, ainsi que Devlin témoignèrent devant les enquêteurs de la Commission Church que les ordres « venaient du Président ». Déposition de Devlin du 25 août 1975, de Johnson, du 18 juin et du 13 septembre 1975.

132 Témoignage personnel d'Owen Roberts, plus tard ambassadeur des États-Unis sous la présidence de Ronald Reagan, sur les versements aux alliés de la CIA.

133 Interview de Bissell dans Piero Gleijeses, « Ships in the Night : The CIA, the White House and the Bay of Pigs », *Journal of Latin American Studies*, Vol. 27, 1995, p. 1-42.

134 Récit de Lehman, « Mr. Current Intelligence », *Studies in Intelligence*, été 2000, CIA/CSI.

135 « Report from the Chairman of the President's Board of Intelligence Consultants » et « Sixth Report of the President's Board of Consultants », 5 janvier 1961, DDEL ; « Report of the Joint Study Group », 15 décembre 1960, DDEL.

Troisième Partie
LA CIA SOUS KENNEDY ET JOHNSON (1961-1968)

CHAPITRE 17

1 « Transfer : January 19, 1961, Meeting of the President and Senator Kennedy », déclassifié le 9 janvier 1997, DDEL.

2 Récit de Dearborn, FAOH. Un entretien d'une rare sincérité.

3 Notes de RFK citées dans le rapport de la Commission Church.

4 Sauf indication contraire, la reconstitution dans ce chapitre du débarquement de la baie des Cochons est directement tirée de *The Foreign Relations of the United States, 1961-1963*, Vol. 10, *Cuba 1961-1962*, déclassifié en 1997, et ses suppléments sur microfilm, publiés en 1998, Vol. 11 ; *Cuban Missile Crisis and Aftermath, 1962-1963*, déclassifié en 1996, et ses suppléments de 1998 ; Jack Pfeiffer, *Evolution of CIA's Anti-Castro Policies, 1951-January 1961*, Vol. 3, *Official History of the Bay of Pigs Operation*, CIA, NARA.

5 Le chef de station qui essaya d'acheter le gouvernement était Art Jacobs, un camarade d'université de Frank Wisner et ancien de la CIA, un petit homme qu'on surnommait alors le Magicien d'Oz.

6 Maxwell D. Taylor, « Subject : Cuban Operation », 9 mai 1961, JFKL, DDRS.

7 Robert Kennedy au Président, 19 avril 1961, JFKL, cité dans Aleksandr Fursenko et Timothy Naftali, *One Hell of a Gamble* (Norton, 1997), p. 97.

8 Les assistants étaient Theodore Sorensen et Arthur Schlesinger ; leurs récits se trouvent respectivement dans *Kennedy* (Harper and Row, 1965) et *Robert Kennedy and His Times* (Houghton Mifflin, 1978).

9 Quelques jours après son installation à la Maison Blanche, il avait supprimé le groupe de conseillers en renseignement et l'Operations Coordinating Board. Des institutions certes imparfaites, mais qui valaient mieux que ce par quoi John Kennedy les remplaça. La première réunion du NSC après la baie des Cochons constitua la première discussion sérieuse concernant l'action clandestine dans l'Administration Kennedy.

10   Dulles cité dans « Paramilitary Study Group Meeting » (Taylor Board) du 11 mai 1961, déclassifié en mars 2000 et disponible en ligne sur http://www.gwu.edu/nsarchiv/NSAEBB/NSAEBB29/06-01.htm.

11   Smith dans le compte rendu même de la réunion du 10 mai 1961, NARA.

12   Dans un témoignage secret déclassifié en 1996, Bissell donna son avis sur le service d'action clandestine de la CIA : « En partie par ma faute, à la fin des années 1960, l'Agence avait, à mon avis, de lamentables antécédents... » Bissell déclarait qu'à la CIA on n'avait pas suffisamment développé les connaissances élémentaires concernant les affaires militaires, l'analyse politique et économique. L'Agence était devenue rien de plus qu'une bureaucratie – de surcroît « pas très efficace ». Témoignage de Bissell devant la Commission présidentielle sur les activités de la CIA (Commis sion Rockefeller), 12 avril 1975, GRFL.

13   Richard Helms et William Hood, *A Look over My Shoulder*, *op. cit.*, p. 195.

14   James Hanrahan, « An Interview with Former CIA Executive Director Lawrence K. "Red" White », *Studies in Intelligence*, Vol. 43, N° 1, hiver 1999-2000, CIA/CSI.

15   Les chefs de division tels que J. C. King, qui avait servi dix ans sous les ordres de Dulles, trouvaient tout naturel de conduire des opérations comme bon leur semblait.

16   Mémo de McCone du 22 novembre 1961, FRUS, Vol. X.

17   Mémorandum de McCone du 13 janvier 1964 : « J'ai toujours estimé, et je l'ai dit au président Kennedy, au président Johnson ainsi qu'au secrétaire d'État Rusk, qu'il fallait changer l'image de la CIA. Sa fonction primordiale de collecte de renseignement a été submergée et j'entends changer cette image. » FRUS 1964-1968, Vol. XXXIII, document 184. McCone « croyait avoir deux casquettes : celle sous laquelle il dirigeait l'Agence et une autre qui lui permettrait de figurer parmi ceux qui contribuaient à façonner la politique du Président ». Récit de Richard Helms, 16 septembre 1981, LBJL.

18   David S. Robarge, « Directors of Central Intelligence, 1946-2005 », *Studies in Intelligence,* Vol. 49, N° 3, 2005, CIA/CSI.

19   Interview de Smith par l'auteur.

20   Murphy, transcription d'un entretien sur CNN, 1998, disponible sur Internet :   http://www.cnn.com/SPECIALS/cold.war/guides/debate/chats/murphy/.

21   Murphy à Helms, « Subject : Heinz Felfe Damage Assessment », 7 février 1963, déclassifié en juin 2006. CIA.

22   Helms à McCone, 19 janvier 1962, FRUS, Vol. X.

23   Mémo de McCone, « Discussion with Attorney General Robert Kennedy, 2:45 P.M., 27 December 1961 », FRUS, Vol. X.

24   Lansdale à McCone, 7 décembre 1961, FRUS, Vol. X.

25   Esterline, transcription de la conférence de Musgrove, *Politics of Illusion*, p. 113.

26   Helms, *A Look over My Shoulder*, *op. cit.*, p. 205.

27   Déclaration d'Elder devant les membres de la Commission d'enquête Church, 13 août 1975, déclassifié le 4 mai 1994.

28   La question de savoir si le président Kennedy a autorisé la CIA à assassiner Castro trouve, à mon avis, une réponse satisfaisante. En 1975, Bissell témoigna sur ce sujet devant la commission présidée par le vice-président Nelson Rockefeller.
      Rockefeller interroge Bissell :

          « *Question* : Tout assassinat, ou tentative d'assassinat, devait-il avoir l'approbation des plus hautes autorités ?
          Réponse : Oui.
          Question : Du Président ?
          Réponse : Oui. »

29 Houston à l'historien Thomas Powers.

30 Interview de Helms par l'auteur. Voilà qui me semble régler la question de l'autorisation de Kennedy.

31 La remarque de Helms vaut d'être citée dans son contexte maintenant que la CIA a repris l'habitude des meurtres ciblés. « Laissons de côté pour un moment, disait-il en 1978, les notions de religion et de morale. Si on oublie cela, on se heurte au fait que, quand on engage quelqu'un pour tuer, on court aussitôt le risque d'un chantage, et c'est vrai des individus aussi bien que des gouvernements. Bref, ces choses-là finissent toujours par se savoir. » Interview de Helms par David Frost en 1978, transcrite en totalité dans *Studies in Intelligence*, septembre 1993, CIA/CSI.

32 Récit de McCone, 19 août 1970, LBJL. McCone raconta sa première rencontre avec le président Kennedy quand on lui proposa le poste de directeur du Renseignement. John Fitzgerald Kennedy commença en déclarant : « À part Allen Dulles, seules quatre personnes sont au courant de cette discussion : Bob McNamara et son adjoint Roswell Gilpatric, Dean Rusk et le sénateur Clinton Anderson [le président de la Commission de l'énergie atomique]. » Et il ajouta : « Je veux que personne d'autre ne soit au courant, car si ces salopards de libéraux qui travaillent dans les sous-sols de cet immeuble apprennent que je vous parle de cela, ils vous détruiraient avant même que je vous fasse confirmer. » Récit de McCone, 21 avril 1988, Institute of International Studies, Université de Californie, Berkeley.

33 Harvey à Lansdale, 24 mai 1962, CIA/DDRS.

34 Lansdale à Harvey, 6 août 1962, FRUS, Vol. X.

CHAPITRE 18

35 Les citations de ce chapitre proviennent de la transcription récemment effectuée des enregistrements de la Maison Blanche sous le mandat de Kennedy. Les transcriptions datées du 30 juillet au 28 octobre 1962 sont reproduites dans le livre de Timothy Naftali, Philip Zelikow et Ernest May (éditeurs), *The Presidential Recordings : John F. Kennedy*, 3 vol. (Norton, 2001) fournis par le Miller Center of Public Affairs. Les mémos de McCone viennent de trois sources : FRUS, CREST et DDRS. Les enregistrements internes de la CIA ont été obtenus par l'auteur sur CREST.

36 Deux ans après cette conversation dans le Bureau ovale, Goulart fut renversé, et le Brésil se dirigeait tout droit vers un État policier. Bobby Kennedy s'était rendu au Brésil pour examiner lui-même la situation. « Je n'aime pas Goulart », déclara-t-il. Le coup d'État de 1964, soutenu par la CIA, entraîna au Brésil des dictatures militaires qui se succédèrent pendant presque vingt ans.

37 Le directeur faisait une subtile distinction entre un coup d'État qui pourrait faire couler le sang et une tentative d'assassinat ciblée contre un chef d'État. La première hypothèse était morale, l'autre pas : ainsi, un coup d'État dans lequel périrait un président serait peut-être regrettable mais pas répréhensible.

38 Walter Elder, « John McCone, the Sixth Director of Central Intelligence », brouillon, CIA History of Staff, 1987, partiellement déclassifié en 1998.

39 Interview de Jagan par l'auteur.

40 « Interview Between President Kennedy and the Editor of *Izvestia* », 25 novembre 1961, FRUS, Vol. V.

41 Mémo de Schlesinger du 19 juillet 1962, FRUS, Vol. XII.

42 L'auteur en a cité certaines conséquences dans « A Kennedy-CIA Plot Returns to Haunt Clinton », *The New York Times,* 30 octobre 1994. L'article évoquait les difficultés rencontrées à propos de la déclassification des archives gouvernementales concernant l'opération clandestine.

43   Mémorandum sur une conversation du 30 juin 1963 à Birch Grove, Angle-
     terre. « Subject : British Guiana. » Les participants étaient le président
     Kennedy, Dean Rusk, l'ambassadeur David Bruce, McGeorge Bundy, le
     Premier ministre Harold Macmillan, lord Home et sir David Ormsby-Gore.
     FRUS, Vol. XII.
44   Naftali, Zelikow et May, *The Presidential Recordings*.
45   McCone à Kennedy, 17 août 1962, déclassifié le 20 août 2003, CIA/CREST.
46   « CIA Documents on the Cuban Missile Crisis », 1992, CIA/CSI.
47   « IDEALIST Operations over Cuba », 10 septembre 1962, CIA/CREST.
48   On trouvera les pourquoi et les comment de « l'arrêt des photographies »
     dans Max Holland, « The "Photo" Gap That Delayed Discovery of Missiles
     in Cuba », *Studies in Intelligence*, Vol. 49, N° 4, 2005, CIA/CSI.
49   Halpern dans James G. Blight et Peter Kornbluh (éditeurs), *Politics of
     Illusion : The Bay of Pigs Invasion Reexamined* (Lynne Rienner, 1998).
50   Le rapport existe encore dans un extrait déclassifié en 2001 d'une note de
     FRUS, 1961-1963, Vol. XXV, document 107, et dans une version de 1992
     de « CIA Documents on the Cuban Missile Crisis », p. 361-371, 1992,
     CIA/CSI.
51   McGeorge Bundy, *Danger and Survival* (Random House, 1988), p. 395-396.
52   Richard Helms et William Hood, *A Look over My Shoulder*, *op. cit.*, p. 208.
53   Robert Kennedy, *Thirteen Days* (Norton, 1969), p. 27.

CHAPITRE 19

54   Jusqu'en 2003, on discutait âprement du contenu réel des bandes enregis-
     trées à la Maison Blanche. Au bout de quatre décennies, la question de
     savoir ce qui s'était réellement passé, et qui avait dit quoi à qui, s'est
     trouvée réglée par une transcription fiable, résultat de vingt années d'efforts
     de la part du conservateur de la John F. Kennedy Presidential Library,
     Sheldon Stern.
     On prétend généralement que le creuset de la crise des missiles de Cuba a
     transformé John et Robert Kennedy, convertissant un commandant en chef
     sans expérience en brillant dirigeant, métamorphosant le jeune faucon
     Bobby en colombe, et faisant de la Maison Blanche, séminaire de Harvard,
     un temple de sagesse. C'est en partie un mythe, fondé sur des archives
     historiques inexactes et falsifiées. Le président Kennedy débitait aux
     journalistes des récits empreints de poésie mais d'une fausseté palpable. Le
     livre de Robert Kennedy sur la crise, publié après sa mort, contient des
     inventions et des dialogues fabriqués repris par des historiens généralement
     sérieux et par le cercle fidèle des acolytes de Kennedy.
     Nous savons maintenant que les Kennedy ont déformé la vérité historique
     et dissimulé la façon dont on a résolu la crise. Et, aujourd'hui, on peut
     constater que lorsqu'ils ont trouvé une issue, c'était le plus souvent en
     suivant la voie tracée par John McCone. Voir Sheldon Stern, *Averting « The
     Final Failure » : John F. Kennedy and the Secret Cuban Missile Crisis
     Meetings* (Stanford University Press, 2003). Ce chapitre s'appuie, sauf avis
     contraire, sur les transcriptions de Stern et sur les mémos déclassifiés de
     McCone.
55   Carter, « 16 October (Tuesday) / (Acting DCI) », déclassifié le 19 février
     2004, CIA/CREST ; « Mangoose Meeting with the Attorney General »,
     16 octobre 1962 ; « CIA Documents on the Cuban Missile Crisis »,
     CIA/CSI, 1992 ; Aleksandr Fursenko et Timothy Naftali, *One Hell of a
     Gamble* (Norton, 1997), p. 227-228.
56   McCone, « Memorandum for Discussion Today », CIA/CREST ; mémo
     sans titre de McCone et « Talking Paper for Principals », tous datés du
     17 octobre 1962, déclassifiés le 5 mars 2003.

57 Enregistrements présidentiels, 19 au 22 octobre, JFKL.
58 Mémos de McCone, 19 au 22 octobre 1962, CIA/CREST.
59 Récit de McCone, 21 avril 1988, Institute of International Studies, Université de Californie à Berkeley.
60 Commentaire recueilli sur les enregistrements présidentiels du 4 mars 1963, JFKL.
61 On retrouve trace des interventions de McCone sur les bandes d'enregistrement de la réunion du 26 octobre à 10 heures, dans ses mémos ainsi que dans le compte rendu FRUS de la réunion.
62 Le complot est exposé dans le rapport de l'inspecteur général à Helms déclassifié en 1993. Inspecteur général J. S. Earman, « Subject : Report on Plots to Assassinate Fidel Castro, 23 May 1967 », CIA. Les citations des paragraphes suivants sont extraites de ce document.
   John McCone n'eut jamais connaissance de ce dernier projet ; il s'en fallut pourtant de peu. Le 15 août 1962, un reporter du *Chicago Sun-Times* téléphona au quartier général de la CIA pour se renseigner sur les rapports entre le célèbre mafioso Sam Giancana, la CIA et les Cubains anticastristes. La nouvelle parvint à McCone qui demanda à Helms si cela pouvait être vrai. Helms lui remit un mémo de trois feuillets sans interligne du chef de la sécurité de la CIA, Sheffield Edwards ; il signalait que Robert Francis Kennedy avait été informé le 14 mai 1962 d'une « opération confidentielle de la CIA » menée contre Fidel Castro entre août 1960 et mai 1961, concernant « les intérêts de cercles de jeux » représentés par « un certain John Rosselli de Los Angeles » et un certain « Sam Giancana de Chicago ». L'attorney général connaissait fort bien ces noms. Le mémo ne parlait jamais d'assassinat, mais sa signification était claire. Helms le transmit à McCone avec une note de sa part : « Je présume que vous êtes au courant de la nature de l'opération mentionnée dans la pièce jointe. » McCone lut le document en quatre minutes et en comprit aussitôt le sens. Il était fou de rage.
   Voilà peut-être pourquoi Helms ne lui parla jamais du nouveau projet d'assassinat de FitzGerald – ni de qui se trouvait derrière. En 1975, Helms confia à Kissinger que Bobby Kennedy avait « personnellement géré » plus d'une tentative d'assassinat contre Fidel Castro. Kissinger et Ford, mémorandum de conversation, 4 janvier 1975, GRFL.

CHAPITRE 20

63 Enregistrements JFK du 4 novembre 1963, JFKL. Cet enregistrement mérite d'être écouté ; il est disponible en ligne sur http://www.whitehouse tapes.org/clips/1963_1104_jfk_vietnam_memoir. html.
64 La déposition de Conein devant la Commission d'enquête du Sénat fut déclassifiée en septembre 1998. Toutes les citations de ce chapitre sont prises dans cette transcription. Né à Paris en 1919, Conein fut envoyé à Kansas City en 1924 pour y vivre chez une tante française qui avait épousé un GI. En 1939, quand la guerre éclata, il s'engagea aussitôt dans l'Armée française. Après la défaite de 1940, il réussit à regagner les États-Unis et se retrouva dans l'OSS. En 1944, basé en Algérie, il fut parachuté en France occupée pour rejoindre la Résistance. Une fois la France libérée, l'OSS l'envoya en Chine du Sud pour rallier une équipe de commandos franco-vietnamiens chargés d'attaquer un port japonais du Nord-Vietnam. Il s'attacha au Vietnam, penchant qui se termina mal pour lui et pour le pays. L'auteur a écrit sa notice nécrologique dans le *New York Times* du 7 juin 1998 : « Lucien Conein, 79, Legendary Cold War Spy ».
65 Récit de Rufus Phillips, FAOH.
66 Récit de John Gunther Dean, FAOH.

67   La décision de tenter d'acheter un nouveau gouvernement fut prise après qu'Allen Dulles eut prévenu le président Eisenhower que « nous avions beaucoup à craindre des élections générales » au Laos. Réponse de ce dernier : « Ce serait inquiétant si un pays comme le Laos devenait communiste à la suite d'élections légales de sa population. » Compte rendu de la réunion du NSC du 29 mai 1958, DDEL.

68   Récit de John Gunther Dean, FAOH.

69   Interview de James par l'auteur.

70   Ce dernier ordre se trouve dans les Pentagon Papers, *United States-Vietnam Relations, 1945-1967*, Vol. 2 (US Government Printing Office, 1972), p. 18.

71   Richard L. Holm, « Recollections of a Case Officer in Laos, 1962 to 1964 », *Studies in Intelligence*, Vol. 47, N° 1, 2003, CIA/CSI.

72   Ronald H. Spector, *Advice and Support : The Early Years of the United States Army in Vietnam, 1941-1960*, édition révisée (Free Press, 1985), p. x, xi.

73   Récit de Neher, FAOH.

74   L'auteur a décrit le sort des agents vietnamiens de la CIA dans « Once Commandos for U.S., Vietnamese Are Now Barred », dans le *New York Times* du 14 avril 1995. Le double jeu de Hanoï avec la CIA est évoqué de façon définitive dans Richard H. Schultz Jr, *The Secret War Against Hanoi : Kennedy's and Johnson's Use of Spies, Saboteurs, and Covert Warriors in North Vietnam* (Harper Collins, 1999).

75   Récit de Barbour, FAOH.

76   Le déploiement des forces paramilitaires de la CIA dans la région à l'époque était impressionnant, comme le montre le général Lansdale dans un rapport à la Maison Blanche. Au Vietnam, les agents de la CIA avaient sous leurs ordres 340 soldats sud-vietnamiens du 1er Groupe d'observation, créé par l'Agence en 1956, formés à abattre les Vietcongs qui s'infiltraient au sud, au nord et au Laos. De Taiwan, Civil Air Transport, la compagnie aérienne de la CIA, effectuait des centaines de missions par an au Laos et au Vietnam ; l'Armée nationaliste chinoise et la CIA entraînèrent des centaines de Vietnamiens pour servir comme agents paramilitaires. En Thaïlande, les forces paramilitaires de Bill Lair regroupaient 550 recrues thaïes. À Fort McKinley, à côté de Manille, une importante école dirigée par la CIA enseignait aux soldats philippins à combattre le communisme en Asie. Et des centaines d'autres recrues de la région étaient envoyées à la base de la CIA sur l'île de Saipan.

77   Un secret bien gardé en effet. En 2005, l'auteur s'est procuré dans les archives de la CIA une copie du rapport in extenso et non censuré de Taylor au Président.

78   Récit de Robert F. Kennedy, JFKL, recueilli dans Edwin O. Guthman et Jeffrey Shulman (éditeurs), *Robert Kennedy, in His Own Words : The Unpublished Recollections of the Kennedy Years* (Bantam, 1988), p. 396.

79   Télégramme du Département d'État à l'ambassade au Vietnam, Washington, 24 août 1963, 21 heures 36, FRUS, Vol. III.

80   Enregistrements Kennedy, 4 novembre 1963, JFKL.

81   Le samedi soir 23 août 1963, quand John Fitzgerald Kennedy prit la décision de renverser Diem, les nouvelles du Vietnam n'étaient pas brillantes. Des commandos sud-vietnamiens entraînés par la CIA massacraient les protestataires bouddhistes, annonçait au Président le rapport quotidien de la CIA, et « Nhu a déclaré hier à une source américaine que les généraux recommandaient la promulgation de la loi martiale. [Nhu] affirmait qu'il ne s'agissait pas d'un coup d'État, mais prévenait qu'on pourrait en arriver là si Diem hésitait ou adoptait un compromis sur la question bouddhiste ». FRUS, 1961-1963, Vol. III, document 271. Si Kennedy avait lu cela, cela l'aurait encouragé à approuver le câble de Hilsman autorisant une intervention contre Diem. Des documents déclassifiés de la série Vietnam du FRUS précisent les choses : McCone déclara à Eisenhower que

l'approbation de ce câble accordée à la va-vite par le Président constituait « l'une des plus graves erreurs du gouvernement » à ce jour. L'ancien président était furieux. Où était donc le Conseil de sécurité nationale ? Qu'est-ce qui prenait au Département d'État de se mettre à organiser des coups d'État ? McCone répondit que Kennedy s'était entouré dans son gouvernement de « libéraux qui veulent faire des réformes dans tous les pays du monde ». Le vieux général « exprima la plus vive inquiétude quant à l'avenir des États-Unis ». Mémo de McCone, « Conference with Former President Eisenhower », 19 septembre 1963, DDEL.

82 Par une terrible ironie du sort, c'est peut-être Colby qui – dans une déclaration destinée à la LBJ Library en 1982, il disait que « renverser Diem a été la pire erreur que nous ayons commise » – en a soufflé l'idée dans un mémo du 16 août 1963 à Helms, Roger Hilsman au Département d'État et Michael Forrestal au NSC. Ce texte soupesait les chances « d'un coup d'État réussi » et notait que « l'assassinat pourrait faire partie intégrante des complots projetés ».

83 Le conflit entre Lodge et Richardson est évoqué de façon poignante dans John H. Richardson, *My Father the Spy : A Family History of the CIA, the Cold War and the Sixties* (Harper Collins, 2005).

84 Celui qu'il voulait précisément était le général Ed Lansdale, le Vilain Américain. Absolument pas, répondit McCone qui n'avait « aucune confiance en lui. Qu'ils remplacent Richardson si Lodge y tient, mais pas par quelqu'un de l'extérieur ». Mémo d'une conversation téléphonique entre le secrétaire d'État et le directeur du Renseignement, 17 septembre 1963, FRUS, 1961-1963, Vol. IV, document 120.

85 Tran Van Don, *Our Endless War* (Presidio, 1978), p. 96-99.

86 Commission Church, *Alleged Assassination Plots Involving Foreign Leaders*, Interim Report, Sénat des États-Unis, 94e Congrès, 1re session, 1975.

87 Mémos de McCone : « Special Group 5412 Meeting, October 18, 1963 » et « Discussion with the President – October 21 », CIA/CREST.

88 Lodge à Bundy et McCone, 25 octobre 1963, FRUS, 1961-1963, Vol. IV, document 216. Il était trop tard : le 29 octobre, à 16 heures 20, McCone, Helms et Colby se présentèrent pour rencontrer le Président, son frère et toute l'équipe de la Sécurité nationale. Colby montra une carte détaillée établissant que les forces de Diem et celles des conjurés s'équilibraient. Tout comme les opinions des hommes du Président : le Département d'État était pour, les militaires et McCone contre. Mais la Maison Blanche avait déclenché une force qu'elle ne pouvait plus arrêter.

89 Don, *Our Endless War*, *op. cit.*, p. 96-99.

90 Récit de Phillips, FAOH.

91 Général Maxwell D. Taylor, *Swords and Plowshares : A Memoir* (Da Capo, 1990), p. 301. Les câbles échangés entre la Maison Blanche et Saigon cités dans ce passage sont reproduits in extenso dans FRUS, Vol. IV.

92 Récit de Rosenthal, FAOH.

CHAPITRE 21

En 1975, le Senate Selectal Committee to Study Governmental Operations with Respect to Intelligence Activities, appelée par la suite « Commission Church », se réunit sous la présidence du sénateur Frank Church. Ses enquêteurs demandèrent et obtinrent que les dépositions soient faites à huis clos ; ils recueillirent par la suite quelques témoignages publics. C'est dans les dossiers secrets que se trouvent les documents les plus intéressants.

Ce chapitre se fonde en partie sur des dépositions, qui n'ont été que récemment déclassifiées, faites par des membres de la CIA occupant des postes élevés dans la

hiérarchie – parmi lesquels Richard Helms, John Whitten (sous le pseudonyme de
« John Scelso ») et James J. Angleton. Ils firent des dépositions confidentielles
devant la Commission Church et dans le cadre d'une enquête postérieure menée
en 1978 par le House Select Committee on Assassinations (appelé ici « HSCA »).
Helms, McCone, Angleton et d'autres témoignèrent également devant la
Commission Rockefeller créée par le président Ford en 1975. La publication de
ces transcriptions vingt et vingt-cinq ans après les faits jette un éclairage nouveau
sur ce que pensait la CIA après l'assassinat, sur sa propre enquête concernant le
meurtre et sur son refus d'informer complètement la Commission Warren.

Les dépositions ont été déclassifiées entre 1998 et 2004 en vertu du John
Fitzgerald Kennedy Assassination Records Collection Act passé par le Congrès
en 1992. Un grand nombre ont été publiées sur un CD-ROM sous le titre *Assassination Transcripts of the Church Committee*, disponible en ligne sur http://www.
history-matters.com. Les travaux de John Whitten, de la CIA, enquêtant pour
l'Agence sur l'assassinat de Kennedy, ont été retrouvés par le journaliste
Jefferson Morley dans le cadre de ses recherches pour une biographie du chef
d'antenne à Mexico Win Scott qu'il prépare. Cet ouvrage est cité ci-dessous sous
le titre « Rapport Whitten ». Il en a gracieusement communiqué des copies à
l'auteur.

93   Richard Helms avec William Hood, *A Look over My Shoulder*, *op. cit.*,
      p. 227-229.
94   Lyndon Baines Johnson, conversation téléphonique avec Bill Moyers du
      26 décembre 1966, LBJL. De nombreux enregistrements effectués à la
      Maison Blanche concernant l'assassinat de Kennedy ont été recueillis,
      annotés et publiés par Max Holland dans *The Kennedy Assassination Tapes*
      (Knopf, 2004). Les citations de cet ouvrage sont ci-après désignées sous la
      mention « LBJ Tapes/Holland ».
95   Déposition Whitten, 1978.
96   La réunion convoquée par McCone à 23 heures 30 le 22 novembre 1963
      rassemblait le directeur adjoint Carter, Richard Helms et le directeur
      administratif de l'Agence, Red White, qui nota dans son journal que
      McCone s'en était pris au général Carter et lui « avait " passé un savon " en
      exprimant son mécontentement sur la façon dont l'Agence était gérée ».
      Journal de L. K. White, 23 novembre 1963, CIA/CREST.
97   Whitten décrivit ses accrochages avec Angleton dans ses dépositions
      de 1976 et 1978 ; cette citation provient de la seconde.
98   Déposition de Helms du 9 août 1978, House Special Committee on Assassi-
      nations, Top Secret, déclassifiée le 1er mai 2001.
99   Mémo de McCone, 24 novembre 1963, CIA/CREST ; conversation
      entre Lyndon Baines Johnson et Eisenhower du 27 août 1965, LBJ
      Tapes/Holland.
100 On expliquait innocemment que les officiers du Renseignement soviétique
      prenaient comme couverture le poste de chargé des visas, tout comme les
      agents de la CIA le faisaient dans les ambassades américaines du monde
      entier. Dans ses Mémoires, l'officier du Renseignement soviétique Oleg
      Nechiporenko raconte qu'il rencontra Oswald pour la première fois quand
      celui-ci demandait un visa dans un russe à peine passable. « Oswald était
      très agité… il devint soudain hystérique, éclata en sanglots et cria à travers
      ses larmes : " *J'ai peur… ils vont me tuer. Donnez-moi un visa !* " Répétant
      sans arrêt qu'il était persécuté et qu'on le suivait même ici, au Mexique,
      il plongea sa main droite dans la poche gauche de sa veste et en tira un
      revolver en disant : " *Vous voyez ? Voilà ce que je suis obligé de porter
      maintenant pour me protéger.* " » Nechiporenko, *Passport to Assassination :
      The Never-Before-Told Story of Lee Harvey Oswald by the KGB Colonel
      Who Knew Him* (Birch Lane, 1993).
101 Déposition d'Angleton, 1978, HSCA.

102 Témoignage de Whitten, 1976.
103 Témoignage de Helms, août 1978, HSCA.
104 Hoover cité dans « The Investigation of the Assassination of President John F. Kennedy ». Ce rapport secret du Sénat, déclassifié au bout de vingt-cinq ans, a établi que les preuves « tendent à mettre en doute le processus employé par la communauté du renseignement pour fournir des informations à la Commission Warren ». Et il concluait : « On peut douter que l'on puisse jamais compter sur ces agences pour enquêter sur leurs propres opérations et sur les résultats qu'elles obtiennent dans des situations critiques. »
105 Témoignage de Whitten, 1976.
106 Cette citation, comme toutes les autres citations d'Angleton dans ce chapitre, vient de sa déposition devant le HSCA, octobre 1978, déclassifiée en 1998.
107 Mark raconta sa rencontre avec Nosenko dans un témoignage, jamais publié, au Département d'État, FAOH.
108 Interview de Helms, *Studies in Intelligence*, décembre 1993, CIA/CSI.
109 En 1976, John Limond Hart, de la CIA, et à la retraite, fut rappelé pour procéder à une nouvelle enquête sur l'affaire Nosenko. Hart avait découvert près d'un quart de siècle plus tôt les manigances du chef d'antenne de Séoul, Al Haney, lequel avait mené une brillante carrière : chef de station à Saigon, puis chef du renseignement pour la Chine et Cuba, et enfin chef des opérations pour l'Europe de l'Ouest. Il connaissait Angleton depuis 1948 – ils étaient ensemble en poste à Rome, du temps où la CIA remportait les élections italiennes, où la guerre froide débutait et où Angleton était encore sain d'esprit. Les deux hommes eurent en 1976 une entrevue de quatre heures sur l'affaire Iouri Nosenko. Les termes de la transcription que lut Hart le lendemain n'avaient aucun sens. « Peut-être à cause de sa soif légendaire, écrivit Hart, l'esprit en pleine confusion d'Angleton n'était plus qu'un ramassis de détails décousus, pour la plupart sans intérêt. » Hart déclara que le dossier Nosenko était « une abomination », la pire affaire qu'il eût jamais rencontrée de toute sa vie dans le renseignement. Hart, *The CIA's Russians*.

CHAPITRE 22

110 Lyndon Baines Johnson au sénateur Eugene McCarthy, 1er février 1966, disponible en ligne sur http://www.whitehousetapes.org/clips/1966_0201_lbj_mccarthy_vietnam.html.
111 Mémo de McCone « Discussion with the Président, 13 December – 9:30 a.m. », déclassifié en octobre 2002, CIA/CREST. Dans ce mémo McCone ajoute : « Je dis au Président ce que j'avais expliqué à Bobby : il ne pouvait pas recréer avec le Président l'intimité qu'il avait avec son frère car il s'agissait de liens du sang et non de liens officiels. Des relations qu'on rencontre rarement entre frères et jamais dans les rapports d'affaires ou de gouvernement. » Et, en tout cas, pas entre le nouveau président et son attorney général. Bobby ne supportait pas de se trouver à la Maison Blanche avec Johnson. « Il est mesquin, amer, méchant – un animal, à bien des égards », dit-il quelques mois plus tard, en avril 1964 ; récit pour la Kennedy Library.
112 Le Président se préoccupait de sa propre image. Il avait été gêné par la parution de *The Invisible Government*, le premier best-seller sérieux examinant la CIA dans ses relations avec la Maison Blanche. Le livre révélait l'existence du Special Group, du Comité supérieur de la CIA – des hommes du Département d'État, du Pentagone et de la Maison Blanche approuvant les opérations clandestines –, et montrait sans ambages que les présidents, au bout du compte, contrôlaient ces missions secrètes. Le président du Special Group, le conseiller à la Sécurité nationale McGeorge Bundy, pensa

qu'on devrait peut-être en changer le nom. Après avoir écarté diverses suggestions de ses collaborateurs – dont « The Invisible Group » –, il publia le Mémorandum 303 de la National Security Action pour le baptiser désormais Commission 303.

Les archives déclassifiées de la commission montrent que, sous la présidence de Kennedy, la CIA entreprit cent soixante-trois opérations clandestines importantes, un peu moins de cinq par mois. Sous le mandat de Johnson, on en lança, jusqu'en février 1967, cent quarante-deux, soit un peu moins de quatre par mois. Au cours des premiers jours de 1964, les membres de la commission approuvèrent un envoi d'armes pour le coup d'État militaire qui renversa le gouvernement du Brésil et envoyèrent un supplément de 1,25 million de dollars pour faire pencher la balance du bon côté lors de l'élection présidentielle au Chili. Le président Johnson cherchait rarement à connaître les détails de ces interventions, même s'ils portaient l'imprimatur de son bureau.

113 Mémo de McCone, « DCI Briefing of CIA Subcommittee of Senate Armed Services and Senate Appropriations Committees, 10 January 1964 », déclassifié le 15 décembre 2004, CIA/CREST.

114 McCone, Helms et Lyman Kirkpatrick cités dans le mémorandum « Meeting on North Vietnam » du 9 janvier 1964, CIA/CREST.

115 Mémos de McCone des 22 et 29 avril 1964, et du 22 octobre 1964, CIA/CREST. Il n'est pas inutile de les citer car ils montrent que le président Johnson et John McCone n'eurent jamais de conversation substantielle à propos de la CIA. McCone tenta d'attirer l'attention du Président sur le fait que le destin des nations pouvait dépendre d'un exploit d'espionnage réussi. Il avait à ce sujet quelques histoires à raconter, dont la meilleure était celle-ci : un jeune chef d'antenne du nom de Clair George, en poste à Bamako, au Mali, reçut une information d'un membre du gouvernement qui l'abritait en 1964. Ce fonctionnaire africain dit avoir appris d'un diplomate chinois de l'ambassade de Chine que Pékin effectuerait son premier essai nucléaire d'ici à quelques semaines. Clair envoya aussitôt son rapport au quartier général de la CIA. Un des premiers satellites-espions observa les préparatifs sur le site des essais prévus en Chine. McCone analysa personnellement les résultats. McCone annonça à la Maison Blanche et aux alliés de l'Amérique que les Chinois procéderaient aux essais d'une arme nucléaire dans les trente à soixante jours. « Le trente et unième jour, ils firent exploser la bombe. Cela fit de moi un prophète. » Un coup du renseignement parti de nulle part : la capitale du Mali. Après cela, la carrière de Clair George était faite : vingt ans plus tard, il dirigeait le service d'action clandestine. McCone ne connut malheureusement que bien peu de succès analogues.

116 La DIA était « un parfait exemple de la façon de ne pas créer une agence gouvernementale », commenta l'amiral Bobby Ray Inman, qui servit comme vice-directeur dans le milieu des années 1970 avant de diriger la NSA et d'être brièvement directeur adjoint du Renseignement. Bobby R. Inman, « Managing Intelligence for Effective Use », Center for Information Policy Research, Université de Harvard, décembre 1980.

117 Transcription d'une conversation téléphonique entre le directeur de la CIA McCone et le secrétaire adjoint à la Défense, 13 février 1964, FRUS, Vol. XXXIII, déclassifié en 2004.

118 Robert J. Hanyok, « Skunks, Bogies, Silent Hounds and the Flying Fish : The Gulf of Tonkin Mystery, 2-4 August 1964 », _Cryptologic Quaterly,_ Vol. 19, N° 4/Vol. 20, N° 1, hiver 2000/printemps 2001, déclassifié en novembre 2005. Cette revue trimestrielle est une publication officielle et hautement confidentielle de la NSA.

119 Huit heures plus tard, le président Johnson demanda à McCone : « Ils veulent donc la guerre puisqu'ils attaquent nos navires en plein milieu du golfe du Tonkin ? » McCone répondit : « Non. Les Nord-Vietnamiens ont

une réaction défensive à nos attaques sur leurs îles côtières. C'est une réaction d'orgueil. »

CHAPITRE 23

120 Richard Helms avec William Hood, *A Look over My Shoulder*, *op. cit.*, p. 309-311.
121 Récit de Helms, 16 septembre 1981, LBJL.
122 Lyndon Baines Johnson cité dans Doris Kearns, *Lyndon Johnson and the American Dream* (Harper and Row, 1976), p. 251-252.
123 De Silva à Colby, sans date, transmis de Colby à McCone par l'intermédiaire de Helms (« Subject : Saigon Station Experiment in Counterinsurgency »), 16 novembre 1964, avec le mémo d'accompagnement de Marshall Carter (« McCone's War ») déclassifié le 29 mai 2003, CIA/CREST.
124 « DCI Briefing for CIA Subcommittee of House Appropriations Committee, December 5, 1963 », déclassifié le 15 mars 2004, CIA/CREST.
125 McCone cité par Harold Ford, *CIA and the Vietnam Policymakers*, 1996, CIA/CSI, disponible en ligne sur http://www.cia.gov/csi/books/vietnam/epis1.html.
126 Peer de Silva, *Sub Rosa : The CIA and the Uses of Intelligence* (Times Books, 1978), p. 220-254.
127 George W. Allen, *None So Blind : A Personal Account of the Intelligence Failure in Vietnam* (Ivan R. Dee, 2001), p. 188-194.
128 Enregistrements Lyndon Baines Johnson, 30 mars 1965, 9 heures 12, LBJL.
129 Mémos de McCone, 2 et 20 avril 1965, LBJL. Voir aussi Ford, *CIA and the Vietnam Policymakers*, *op. cit.*
130 Robert M. Gates, *From the Shadows : The Ultimate Insider's Story of Five Presidents and How They Won the Cold War* (Simon and Schuster, 1996), p. 566. La source de cette anecdote était Richard Helms, qui se souvenait très précisément de cette déclaration de Johnson à John McCloy au cours d'un diner à la résidence de la Maison Blanche. Cela ressemble bien en tout cas à du Lyndon Baines Johnson.

CHAPITRE 24

131 Enregistrements Lyndon Baines Johnson/Holland, 2 avril 1965.
132 Mémo de Carter du 2 avril 1965, CIA, FRUS, 1964-1968, Vol. XXXIII, déclassifié en 2004.
133 Transcription de la conversation téléphonique entre le président Johnson et l'amiral Raborn du 6 avril 1965 à 16 heures 26, FRUS, Vol. XXXIII, déclassifiée en 2004, LBJL.
134 Enregistrements Lyndon Baines Johnson, 30 avril 1965, 10 heures 50 et 11 heures 30.
135 Ray Cline, *Secrets, Spies and Scholars : Blueprint of the Essential CIA* (Acropolis, 1976), p. 211-212.
136 James Hanrahan, « An Interview with Former CIA Executive Director Lawrence K. "Red" White », *Studies in Intelligence*, Vol. 43, N° 1, hiver 1999/2000, CIA/CSI.
137 Enregistrement Lyndon Baines Johnson, 2 juillet 1965.
138 Récit de Lilley, FAOH.
139 Colby à Helms, 16 août 1966, FRUS, 1964-1968, Vol. XXVIII. Le mémo décrit les impressions de Colby lors de sa tournée d'octobre 1965.
140 Mémorandum de la Central Intelligence Agency au Comité 303, 8 septembre 1966, FRUS, 1964-1968, Vol. XXVIII, document 248.

141 Donovan commença sa carrière d'ambassadeur en Thaïlande en faisant renaître la désastreuse opération Li Mi : les forces nationalistes chinoises s'étaient installées dans le Triangle d'or, entre les collines de l'est de la Birmanie, la frontière nord-ouest de la Thaïlande et le bord occidental du Laos. Elles étaient devenues une force d'occupation agressive et pratiquaient le commerce de l'opium. Donovan voyait en eux des combattants de la liberté et, sous son égide, des pilotes de la CIA procédèrent à une impressionnante prétendue évacuation des forces de Li Mi : ils transportèrent du Triangle d'or vers Taiwan 1 925 hommes et jeunes gens. Mais il en restait des milliers qui, au lieu de combattre les communistes, se mirent à accaparer le marché de l'opium, à construire des laboratoires, à y fabriquer de la morphine et à expédier la drogue à Bangkok. Jenkins donne un aperçu détaillé des liens tissés par Donovan avec la police et les militaires thaïs. Voir le récit de Jenkins, FAOH, ainsi que ceux de John Gunther Dean, de L. Michael Rives et de Christian A. Chapman, qui ont tous servi à l'ambassade américaine à Bangkok.

142 Ces objectifs sont exposés dans le mémorandum de la CIA préparé pour le Comité 303 du 28 septembre 1965 ainsi que dans le compte rendu du Comité 303, séance du 8 octobre 1965, FRUS, Vol. XXVII.

143 Interview de McAvoy par l'auteur. La documentation sur le rôle de la CIA en Indonésie, y compris le câble de Green à Bundy précisant un versement à Adam Malik, se trouve dans FRUS, 1964-1968, Vol. XXVI, p. 338-380. Le volume a été officiellement interdit par la CIA et retiré de la circulation – mais non sans que certains exemplaires aient été imprimés, reliés et expédiés. Les Archives de la Sécurité nationale ont posté les pages mentionnées en juillet 2001. L'interview de McAvoy par l'auteur a été recueillie par téléphone depuis la résidence de McAvoy à Hawaï. Le rôle crucial de ce dernier en tant qu'agent de la CIA en Indonésie a été confirmé par trois de ses contemporains à l'Agence.

144 Récit de Green, FAOH.

145 Récit de Martens, FAOH.

146 Mémorandum d'une conversation, 17 février 1967 ; rencontre dans le Bureau ovale de Lyndon Baines Johnson avec Adam Malik ; mémorandum d'une conversation, 27 septembre 1966 ; tous deux dans FRUS, 1964-1968, Vol. XXVI.

147 Déposition de Green devant la Commission sénatoriale des relations extérieures, 30 janvier 1967, déclassifiée en mars 2007.

148 Récit de Green, FAOH.

149 Bundy à Lyndon Baines Johnson, « Subject : The CIA », citant une conversation avec Clifford, 26 janvier 1966.

150 Raborn à Moyers, 14 février 1966.

151 Lyndon Baines Johnson à Bundy, 22 février 1966, Enregistrements Lyndon Baines Johnson. Tous cités dans FRUS, Vol. XXXIII, et déclassifiés en 2004.

152 Mémo NSC à Lyndon Baines Johnson ; mémo non daté pour le directeur adjoint du Renseignement, « The 303 Committee, Senior Interdepartmental Group and the Interdepartmental Regional Groups » ; « Coordination and Policy Approval of Covert Operations », 23 février 1967, CIA. Tous cités dans FRUS, Vol. XXXIII, et déclassifiés en 2004. Le document de 1967 sur l'action clandestine constitue un dossier extraordinairement détaillé. Il énumérait les principales opérations clandestines à ce jour, montrant l'emprise croissante de l'exécutif sur la CIA :

> « a. Projets approuvés par DCI de sa propre autorité :
> (1949-1952) Administration Truman : 81
> b. Projets approuvés par DCI en coordination avec l'Operations Coordination Board ou le Psychological Strategy Board :
> (1953-1954) Administration Eisenhower : 66

c. Projets approuvés ou reconfirmés par l'Operations Coordination Board, le Special Group ou le Comité 303 :
Administration Eisenhower : 104
Administration Kennedy : 163
Administration Johnson : 142 »

CHAPITRE 25

153 Richard Helms et William Hood, *A Look over My Shoulder*, *op. cit.*, p. 311.
154 Gates, *From the Shadows : The Ultimate Insider's Story of Five Presidents and How They Won the Cold War* (Simon and Schuster, 1996), p. 20-22.
155 Mémorandum du chef de la Division Extrême-Orient, Central Intelligence Agency, 25 juillet 1967, FRUS, Vol. V.
156 George W. Allen, *None So Blind : A Personal Account of the Intelligence Failure in Vietnam* (Ivan R. Dee, 2001), p. 213-219. Allen écrivit que le but de l'Administration était d'utiliser ces informations truquées pour « manipuler l'opinion avec l'intention de modifier les perceptions pour les faire coïncider avec certaines notions, que celles-ci fussent ou non étayées par des preuves ».
157 Enregistrements Lyndon Baines Johnson, 19 septembre 1966, transcrits dans FRUS, Vol. IV.
158 Les commentaires de Komer et la correspondance entre Helms et Carver se trouvent dans un ensemble de câbles déclassifiés échangés entre le quartier général de la CIA et l'antenne de Saigon qui couvrent la controverse à propos de l'ordre de bataille en septembre 1967, CIA/CREST.

CHAPITRE 26

159 « Problem of Exposé of CIA Clandestine Youth and Student Activities », non daté, mais dc février 1967, CIA/FOIA.
160 Richard Helms, *A Look over My Shoulder*, *op. cit.*, p. 345. Un mémo de Helms à Moyers à la Maison Blanche, du 19 mai 1966, donnant des détails sur la vie personnelle et professionnelle de journalistes de *Ramparts* fut déclassifié le 13 novembre 2006. Ce genre d'informations outrepassait sans conteste les statuts de la CIA.
161 Mémo du directeur adjoint du Bureau de renseignement et de recherche au sous-secrétaire d'État adjoint pour les Affaires politiques, 15 février 1967, FRUS, Vol. XXXIII, déclassifié en 2004.
162 Les papiers de Pearson se trouvent à la LBJ Library. Ses chroniques étaient publiées dans plus de six cents journaux américains lus au total par cinquante millions de lecteurs. Lyndon Johnson n'avait pas oublié que Pearson avait publiquement soutenu sa candidature lors de l'élection présidentielle de 1960.
163 Enregistrements Lyndon Baines Johnson/Holland, 20 février 1967.
164 Brouillon de Thomas Hughes pour NSC 5412, daté du 17 avril 1967 et discuté le 5 mai 1967, FRUS, Vol. XXXIII.
165 Russell cité dans « Briefing by the Director of CIA Subcommittees of the Senate Armed Services and Appropriations », 23 mai 1967, déclassifié le 6 mars 2001, CIA/CREST.
166 Robert M. Hathaway et Russell Jack Smith, « Richard Helms as Director of Central Intelligence », 1993, CIA/CSI, déclassifié en février 2007.
167 Mémos de McCoy à Helms cités dans Hathaway et Smith, « Richard Helms as Director of Central Intelligence », *op. cit.*, p. 108.
168 Interview de Taylor par Hart dans « The Monster Plot », CIA/CSI.
169 Récit de Helms, 21 avril 1982, cité dans Hathaway et Smith, « Richard Helms as Director of Central Intelligence », *op. cit.* L'histoire de la CIA

apporte quelques détails fascinants sur les conséquences de la guerre des Six Jours de 1967. « James Angleton était de plus en plus préoccupé par la perspective au Moyen-Orient d'un cycle de guerres sans fin. C'est en y pensant qu'il rédigea ce que ses lecteurs considérèrent comme un vibrant plaidoyer pour arrêter ce processus destructeur. Dans un mémo à Helms, Angleton proposait une alliance antisoviétique regroupant autour d'Israël certains États arabes conservateurs comme la Jordanie et l'Arabie Saoudite. Il fallait faire vite, poursuivait Angleton : plus longtemps Israël occuperait les territoires pris aux Arabes, moins Tel-Aviv serait disposé à les abandonner. Là-dessus, le Département d'État eut vent de ce projet et s'opposa à toute intervention américaine dans l'affaire. L'accord ne se fit pas et, ainsi que le souligna amèrement Angleton, on laissa passer une occasion aux proportions peut-être historiques, *ibid.*, p. 146-147.

170 Témoignage de Helms, Commission présidentielle sur les activités de la CIA (Commission Rockefeller), p. 2497-2499.

171 Albert R. Haney, « Observations and Suggestions Concerning the Overseas Internal Security Program », 14 juin 1957, Documents NSC, p. 11-12, DDEL.

172 Récit d'Amory, JFKL.

173 Interview de Polgar par l'auteur.

174 Mémorandum pour le directeur, « The Political Role of the Military in Latin America », Office of National Estimates, 30 avril 1968, LBJL. Un rapport officiel de vingt-neuf pages du président de l'ONE passant en revue les huit dictatures militaires les plus récemment installées, dont on jugeait que six favorisaient les intérêts américains.

175 Interview de Gossens par l'auteur.

176 La capture du chef de base de la CIA, David Grinwis, est décrite dans une interview non publiée de l'Hoover Institute de l'Université de Stanford. Grinwis, le consul américain Mike Hoyt et deux officiers de transmissions de la CIA restèrent prisonniers pendant cent quatorze jours avant d'être libérés par des parachutistes belges. Pour un récit de la bataille entre les Cubains du Che et ceux de la CIA, voir Piero Gleijeses, *Conflicting Missions : Havana, Washington and Africa, 1959-1976* (University of North Carolina Press, 2002), p. 137-159.

177 Les détails des opérations clandestines pour soutenir Barrientos de 1962 à 1966 se trouvent dans FRUS, Vol. XXXI, documents 147-180, déclassifiés en 2004.

178 Récit de Henderson, FAOH.

179 Le rapport envoyé de Bolivie par Rodriguez est reproduit mot pour mot dans deux mémos que Helms remit à la Maison Blanche les 11 et 13 octobre 1967, déclassifiés en 2004 et reproduits dans FRUS, Vol. XXXI, documents 171 et 172.

180 Interview de Polgar par l'auteur

181 Bureau UAR à Lucius D. Battle, 16 mars 1967, FRUS, Vol. XVIII.

182 Récit de Battle, FAOH.

183 Discours de Humphrey cité dans la transcription de Helms, *Studies in Intelligence*, septembre 1993.

184 Mémorandum du directeur adjoint des plans de la CIA (Karamessines) à tous les chefs de service et de division, 30 septembre 1967, déclassifié en 2004, FRUS, Vol. XXXIII.

Chapitre 27

185 Richard Helms avec William Hood, *A Look over My shoulder*, *op. cit.*, p. 280.

186 Lettre de McClellan a Helms, 25 octobre 1967, déclassifiée en 2004, CIA/CREST.

187 Mémo de Karamessines à la Maison Blanche, 31 octobre 1967, déclassifié en 2004, CIA/CREST.
188 « Luncheon Meeting with Secretaries Rusk and McNamara, Walt Rostow, CIA Director Richard Helms », 4 novembre 1967. LBJL.
189 « International Connections of U.S. Peace Groups » et lettre d'accompagnement au Président, 15 novembre 1967, déclassifié en avril 2001, CIA/CREST.
190 Le 16 février 1968, Helms comparut devant le President's Foreign Intelligence Advisory Board. Il déclara que le Renseignement américain avait été défaillant devant l'offensive du Têt d'abord et surtout « faute d'avoir su infiltrer le Vietcong », FRUS, Vol. VI.
191 Réunion déjeuner avec les conseillers en politique étrangère, 20 février 1968, FRUS, Vol. VI.

Quatrième Partie
LA CIA SOUS NIXON ET FORD (1968-1976)

CHAPITRE 28

1 Richard M. Nixon, *Six Crises* (Doubleday, 1962), p. 454. Nixon dit qu'il avait fait part de ses intentions à John Fitzgerald Kennedy en 1960.
2 Enregistrée dans « Notes of Meeting, Johnson City, Texas », 10 août 1968, 12 heures 25, FRUS, Vol. VI.
3 Conversation téléphonique entre le président Johnson et le président-élu Nixon, 8 novembre 1968, 21 heures 23, Enregistrements Lyndon Baines Johnson, FRUS, Vol. VII.
4 Interview de Helms par Stanley I. Kutler, 14 juillet 1988, Wisconsin Historical Archives, carton 15, dossier 16, citée avec l'aimable permission du professeur Kutler.
5 Helms cité dans John L. Helgerson, « CIA Briefings of Presidential Candɪ dates », mai 1996, CIA/CSI.
6 Thomas L. Hughes, « Why Kissinger Must Choose Between Nixon and the Country », *The New York Times*, 30 décembre 1973.
7 Rapport du Covert Operations Study Group du 1ᵉʳ décembre 1968, CIA/CREST, qui confirmait en partie le rapport définitif du President's Foreign Intelligence Advisory Board à Lyndon Baines Johnson de décembre 1968. Le bureau qualifiait d'« insuffisants » les résultats de l'espionnage américain. Il insistait sur « une intensification des efforts afin d'obtenir des informations significatives sur les cibles prioritaires grâce à des agents engagés dans des opérations clandestines ».
8 Ce mémo d'un paragraphe se retrouva dans les dossiers de Red White qui, en 1969, occupa le poste de directeur adjoint de l'Agence. Déclassifié le 15 mai 2003, CIA/CREST.
9 Mémo de [*supprimé*] à Helms, 18 juin 1969, FRUS, 1969-1972, Vol. II, document 191, déclassifié le 21 décembre 2006.
10 Kissinger à Nixon, « Subject : NIE 11-8-69, "Soviet Strategic Attack Forces" », avec mémo d'accompagnement de Helms annoté par Nixon le 8 décembre 1969, FRUS, 1969-1972, Vol. II, document 198.
11 Helms, *A Look over My Shoulder*, *op. cit.*, p. 382-388.
12 Même les systèmes d'écoute électronique les plus sophistiqués n'étaient pas du renseignement. En 1968, la CIA et la NSA avaient un programme, nom de code Guppy, qui interceptait les communications téléphoniques des dirigeants russes à Moscou. En septembre 1968, à la veille de l'invasion de la Tchécoslovaquie, le chef du Pacte de Varsovie téléphona au dirigeant

soviétique Leonid Brejnev depuis l'aéroport de Moscou. La CIA intercepta l'appel. « Le problème était que, n'étant pas stupides, ils parlaient en langage codé – vous savez "la lune est rouge" ou une ânerie de ce genre – et que nous ne savions absolument pas si cela signifiait que l'invasion était confirmée ou annulée », raconta un officier de renseignement du Département d'État, David Fischer. Récit de Fischer, FAOH.

13   Le résident du KGB à Helsinki et le chef d'antenne de la CIA étaient convenus qu'aucun des deux camps ne tenterait d'infiltrer l'autre délégation. « À ma connaissance, dit David Fischer, les deux côtés respectèrent cet accord. Dieu sait pourtant que les occasions ne manquaient pas de piéger un malheureux délégué américain avec une plantureuse Finlandaise. » Récit de Fischer, FAOH.

14   Helms, mémorandum officiel, « Talk with President Nixon », 25 mars 1970, FRUS, janvier 1969-octobre 1970, Vol. XII, document 147, déclassifié le 19 décembre 2006.

15   Helms, « Tensions in the Soviet Union and Eastern Europe : Challenge and Opportunity », non daté mais sans doute du début du mois d'avril 1970, FRUS, janvier 1969-1970, Vol. XII, document 149.

16   Wells Stabler, chef du service politique à l'ambassade américaine à Paris de 1960 à 1965, dit : « Guy Mollet [et d'autres dirigeants français de la IVe République] entretenait ce qu'on pourrait appeler des relations fiduciaires avec les États-Unis et recevait bel et bien un certain soutien du gouvernement américain. J'allais rendre visite à Guy Mollet et nous bavardions aimablement. Là-dessus, le téléphone sonnait, il me regardait en souriant et me disait : "Tiens, un de vos collègues vient me voir." Nous jouions ainsi à ce jeu de chaises tournantes avec un membre de l'antenne de la CIA à Paris... une situation que je trouvais assez gênante. » Récit de Stabler, FAOH.

17   Récit de Fina, FAOH.

18   Récit de Michael E. C. Ely, FAOH.

19   Récit de l'ambassadeur James Cowles Hart Bonbright, FAOH.

20   Récit de Benson E. L. Timmons, III, HSTL. Timmons était chef adjoint de la mission du Plan Marshall à Paris.

21   Nixon à Kissinger, 14 février 1969, FRUS, Vol. II, document 298.

22   Selon Richard Gardner, ambassadeur américain en Italie de 1977 à 1981.

23   Récit de Wells Stabler, FAOH, et interview de l'auteur.

24   Une sélection de comptes rendus des séances du Comité 303 couvrant les dix-huit premiers mois de l'Administration Nixon fut déclassifiée en avril 2006. Le soutien clandestin de l'Alliance nationale pour la révolution sociale, de Thieu, commença en septembre 1968 quand le comité autorisa le premier versement de 725 000 dollars en liquide. Documents consultés : Mémorandum pour le Comité 303 du 29 août 1968, FRUS, janvier-août 1968, Vol. VI ; diverses notes de Kissinger à Nixon.

25   Mémorandum officiel « Subject : Discussion with the Président on Tibet », 4 février 1960, CIA/CREST.

26   FRUS, Vol. XVII, 1969-1976, documents 273-280, citant la réunion du Comité 303 du 30 septembre 1969, et la réunion du 31 mars 1971 du Comité 40 (le Comité 303 fut rebaptisé Comité 40 en février 1970).

27   Mémorandum de la conversation Kissinger-Chou, FRUS, Vol. XVII, 1969-1976, document 162, déclassifié en septembre 2006.

28   Pas entièrement. Un an après le voyage de Nixon en Chine, Jim Lilley, de la CIA – né en Chine, espion américain en Asie pendant vingt ans –, proposa de faire partie du Bureau de liaison des États-Unis à Pékin, première mission diplomatique américaine depuis l'arrivée au pouvoir de Mao un quart de siècle plus tôt.
      On accepta la suggestion de Lilley et il servit deux ans comme premier chef d'antenne à Pékin, à la fin sous George H. W. Bush avant que ce dernier ne

devînt directeur du Renseignement en 1976. Le statut d'agent de la CIA de Lilley fut ouvertement déclaré au gouvernement communiste chinois qui l'accepta à une condition : pas d'espionnage. Impossible pour Lilley de recruter des espions et de mener des opérations clandestines... sinon.

Lilley dressa une liste codée de futures cibles pour le jour où la CIA pourrait ouvrir une vraie antenne à Pékin. Mais il resta bloqué jusqu'à l'arrivée de Bush. Le cryptodiplomate, un homme extrêmement sociable, prit Lilley sous son aile, l'emmena dans des réceptions où il rencontra de hauts fonctionnaires chinois et le présenta aux autres membres du corps diplomatique. Bush lui dit : « Je veux que vous travailliez avec moi et que vous fassiez partie de l'équipe », se rappelait Lilley. Lilley se lia ainsi d'amitié avec les futurs dirigeants des États-Unis et de la Chine. Bush et lui s'accrochèrent au vice-premier ministre Deng Xiaoping qui se retrouverait à la tête du pays après la mort de Mao. (Deng disait que peu importe qu'un chat soit noir ou blanc pourvu qu'il attrape des souris. Il aurait fait un bon chef d'antenne.) Deng, Bush et Lilley commencèrent à travailler ensemble ; les nouveaux amis convinrent en principe de recueillir des renseignements militaires, stratégiques et technologiques à utiliser contre l'Union soviétique quand l'heure serait venue. Bush et Lilley revinrent en Chine à titre privé et convainquirent Deng d'ouvrir la Chine aux compagnies pétrolières américaines. L'accord de renseignement fut pleinement consommé en 1989, quand le président Bush eut nommé Lilley ambassadeur des États-Unis en Chine.

29 FRUS, Vol. XX, documents 142 et 143 (rapport de l'ambassadeur Len Unger sur le coup d'État et analyse des événements par Kissinger pour Nixon, 17 novembre 1971).

30 Transcription de la conversation téléphonique entre le président Nixon et Kissinger, 17 avril 1970, FRUS. Vol. VI, janvier 1969-juillet 1970.

31 « Record of the President's Meeting with the Foreign Intelligence Advisory Board », 18 juillet 1970, FRUS, janvier 1969-juillet 1970, Vol. VI, déclassifié en avril 2006.

32 *Ibid.*

33 « Record of the President's Meeting with the Foreign Intelligence Advisory Board », 18 juillet 1970, FRUS, 1969-1972, Vol. II, déclassifié en décembre 2006. Voilà un bel exemple de la futilité du secret officiel. Le document fut déclassifié à deux reprises de deux façons différentes. La première fois on révéla le budget du Renseignement depuis 1970 : 6 milliards de dollars. La seconde fois on le garda secret au nom de la Sécurité nationale – mais en révélant plus des critiques formulées par Nixon que la première fois. L'auteur applaudit l'inconsistance des censeurs officiels dans cette affaire.

CHAPITRE 29

34 L'un d'eux, le Costa Rica, avait adopté en 1949 un régime démocratique grâce à José Figueres Ferrer, surnommé « Don Pepe », qui venait d'être réélu président pour la troisième fois. Marié à une Américaine, il parlait un excellent anglais et avait, à l'occasion, accepté de l'argent de la CIA, comme il le reconnut librement plus tard.

35 Sauf mention contraire, les citations concernant l'opération dans ce chapitre sont extraites d'une collection d'archives de la CIA déclassifiées entre 1999 et 2003 et qu'on peut trouver en ligne sur http:/foia.state.gov.SearchColls/ CIA.asp. Voir aussi Peter Kornbluh, *The Pinochet File : A Declassified Dossier on Atrocity and Accountability* (New Press, 2004).

36 Les archives de la CIA donnent une idée de ce que fut la campagne clandestine visant à faire pencher du bon côté les élections de 1964. Dans un mémo au Comité 303 du 21 juillet 1964, la CIA proposait 500 000 dollars supplé-

mentaires pour battre Allende, argent qui permettrait au chrétien-démocrate Eduardo Frei Montalva de « maintenir le rythme de sa campagne » et à la CIA de faire face à des imprévus de dernière minute ; proposition approuvée le 23 juillet 1964 par le Comité 303. Dans un mémo à McGeorge Bundy, Peter Jessup, de la CIA, disait : « Nous ne pouvons pas nous permettre de perdre ces élections ; je pense donc qu'on ne doit pas, en l'occurrence, lésiner sur les frais. Nous n'avons pas de preuves, mais nous devons supposer que les cocos versent l'argent à flots. En consacrant 300 000 dollars en 1970 à la défaite d'Allende, la CIA dépensait sans doute deux fois plus que le KGB au Chili. Les archives du Renseignement soviétique suggèrent qu'Allende toucha au moins 50 000 dollars de Moscou et 100 000 dollars en fonds blanchis par l'intermédiaire du parti communiste chilien. Ce qui gênait le Kremlin, c'était que les Soviétiques voyaient en Allende un socialiste bourgeois, un libéral de salon, et non un vrai communiste.

37   La CIA et le Saint-Siège ont constamment entretenu depuis 1947 des relations étroites, mais qui demeurent obscures. Le singulier « Rapport sur les activités du groupe chilien du 15 septembre au 3 novembre 1970 » a filtré et éclairé cet aspect particulier.

38   Richard Helms avec William Hood, *A Look over My Shoulder*, *op. cit.*, p. 400. Helms dans ses Mémoires dit du Chili (avant 1970) que c'était « un petit pays démocratique »

39   Interview de Helms par Stanley I. Kutler du 14 juillet 1988, Wisconsin Historical Archives, carton 15, dossier 16, cité avec l'aimable autorisation du professeur Kutler.

40   Interview de Polgar par l'auteur.

41   Et elle était soutenue par des centaines de milliers de dollars provenant de la multinationale américaine ITT, qui avait de gros intérêts au Chili.

42   Témoignage de Phillips devant la Commission Church le 13 juillet 1975, déclassifié en 1994.

43   Haig à Kissinger, 7 décembre 1970, FRUS, 1969-1976, Vol. II, document 220.

44   Nixon à Kissinger, 30 novembre 1970, FRUS, 1969-1976, Vol. II, document 216, déclassifié le 21 décembre 2006.

45   Schlesinger faisait partie du quatuor qui fit carrière en sabrant à la demande de Nixon dans le budget des services publics :

> « – Caspar Weinberger, le patron de Schlesinger Budget, s'en prit à l'assistance sociale sous la présidence de Nixon. Une décennie plus tard, secrétaire à la Défense de Reagan, il doubla les dépenses du Pentagone.
> – Donald Rumsfeld réduisit pour Nixon le budget de la guerre contre la pauvreté lors de son passage à l'Office of Economic Opportunity. En 1975, il succéda à Schlesinger pour devenir le plus jeune secrétaire à la Défense de l'Histoire.
> – Dick Cheney, sabreur de budgets quand il était au Congrès, succéda à Rumsfeld comme chef d'état-major de la Maison Blanche du président Ford, puis, en 1989, à Weinberger comme secrétaire à la Défense, avant de devenir vice-président des États-Unis, et vice-roi des opérations secrètes du gouvernement.
> – Rumsfeld revint comme secrétaire à la Défense sous la seconde Administration Bush – le secrétaire à la Défense le plus âgé de l'Histoire – pour présider une institution qui dépensait un demi-milliard de dollars par an. »

Ainsi se déroula la carrière de quatre hommes de Nixon, qui dirigèrent le Pentagone vingt-deux années sur trente-trois, de 1973 à 2006. Tous quatre partageant le mépris du Président pour la Central Intelligence Agency.

46 James R. Schlesinger, « A Review of the Intelligence Community », Top Secret, 10 mars 1971, déclassifié partiellement en 1998, CIA/NARA. Le rapport insistait sur des idées qui intervinrent dans la suppression du poste de directeur du Renseignement après le 11 Septembre : le DCI présidait à des factions adverses et non à une confédération. Son autorité sur l'empire du renseignement au-delà de la CIA était nulle. Schlesinger suggéra la création d'un nouveau poste : un directeur national du Renseignement ayant une autorité réelle sur l'ensemble des tribus et des fiefs. Le moment n'était pas venu pour un débat ouvert sur la CIA. Il faudrait attendre trente-trois ans avant qu'on adopte l'idée et qu'on la mette en pratique.

47 Mémorandum du président Nixon, « Organization and Management of the U.S. Foreign Intelligence Community », 5 novembre 1971, FRUS, Vol. II, document 242. Helms força le directeur adjoint Cushman à s'en aller pour deux raisons : la première, pour protéger l'Agence de Richard Nixon ; la seconde, à cause du fâcheux soutien apporté par Cushman à E. Howard Hunt, vieux briscard de la CIA et bientôt plombier du Watergate – ce qui lui valut par la suite d'être incarcéré.

48 Commentaires de Nixon lors d'une réunion du Budget à la Maison Blanche, le 23 juillet 1971, cité dans *The Haldeman Diaries : Inside the Nixon White House, The Complete Multimedia Edition*, CD-ROM, Sony Electric Publishing, 1994, entrée du 25 juillet 1971.

49 Témoignage de Phillips devant la Commission Church.

CHAPITRE 30

50 Entre le 16 février 1971 et le 12 juillet 1973, le président Nixon enregistra en secret plus de 3 700 heures de réunions et de conversations avec des micros à activation vocale dissimulés à la Maison Blanche et à Camp David – décision prise en partie pour disposer d'archives qui le protégeraient des Mémoires que ne manquerait pas de publier Henry Kissinger.
Nixon rendit cependant Kissinger responsable de la décision de poser des micros à la Maison Blanche pour éviter les fuites.

51 Bien sûr, quand cela l'arrangeait, le Président n'était pas contre une fuite de temps en temps. Ainsi du « rapport Helms » qui concernait le Premier ministre indien Indira Gandhi et que Helms avait remis à la Maison Blanche :

> « *Nixon* : Donnez-moi un exemplaire de ce rapport. Je vais le passer à la presse. Je veux qu'on le remette à un chroniqueur qui le publiera… Ah, ils veulent le jouer comme ça. Nous allons en faire autant. Vous n'êtes pas d'accord ?
> *Kissinger* : Si, je suis d'accord.
> *Nixon* : Veillez seulement à ce que cela n'ait pas l'air de venir de la Maison Blanche. »

Transcription d'une conversation du 6 décembre 1971, 18 heures 14 à 18 heures 38, FRUS 1969-1972, Vol. E-7, déclassifié en juin 2005.

52 Récit de Sam Hart, FAOH.

53 Récit de Barker dans Gerald S. Strober et Deborah H. Strober, *Nixon. An Oral History of His Presidency* (Harper Collins, 1994), p. 217.

54 La conversation fut enregistrée au quartier général de la CIA ; la bande, obtenue plus tard par le bureau du procureur spécial et la transcription se trouvent aux Archives nationales.

55 Récit de Walters dans Strober, *Nixon, op. cit.* Walters, qui parlait neuf langues, avait servi dans l'état-major du président Eisenhower et comme interprète pour Eisenhower, le vice-président Nixon et divers hauts fonctionnaires des Départements d'État et de la Défense dans les années

1950. Comme attaché militaire, il avait assuré la liaison entre l'armée et la CIA en Italie de 1960 à 1962, ainsi qu'au Brésil où il avait aidé à fomenter un coup d'État militaire. Attaché au Département de la Défense en France de 1967 à 1972, il avait joué un rôle important lors des conversations de paix de Paris. Nixon l'admirait beaucoup depuis que celui-là l'avait sauvé d'une foule en colère lors d'un voyage à Caracas en 1958.

56 Richard Helms avec William Hood, *A Look over My Shoulder*, *op. cit.*, p. 3-5.

57 Colby cité par Strober, *Nixon*, *op. cit.*, p. 312.

58 Interview de Helms par Stanley I. Kutler, 14 juillet 1988, Wisconsin Historical Archives, carton 15, dossier 16, citée avec l'aimable autorisation du professeur Kutler. Dans cette interview, Helms évoquait une conversation montrant combien son directeur adjoint avait failli accéder à cette demande d'argent. « Walters n'était là que depuis quelques semaines. Il ne savait pas ce qui se passait, dit Helms. Il ignorait même sans doute que l'Agence disposait de fonds qu'elle n'avait pas à justifier. »
L'utilisation de six anciens agents de la CIA dans le cambriolage du Watergate faisait partie de l'habitude qu'avait l'Administration Nixon de mener des opérations clandestines depuis la Maison Blanche. Nixon essaya de faire appel à la CIA pour bloquer l'action du FBI. Il y parvint, très brièvement. Helms et Walters obéirent à l'ordre du Président de dissimuler l'affaire pendant seize jours tout au plus. La tentative d'étouffer l'affaire aurait réussi si Helms avait tout risqué. Elle échoua parce qu'il attachait plus de valeur à la CIA qu'à Richard Nixon.

59 Note du 10 novembre 1972 dans *The Haldeman Diaries : Inside the Nixon White House, The Complete Multimedia Edition*, CD-ROM, Sony Electronic Publishing, 1994.

60 Enregistrements de la Maison Blanche, conversation entre Nixon et Kissinger, Bureau ovale, 13 novembre 1972, Archives nationales.

61 21 novembre 1972, note dans *The Haldeman Diaries*.

62 Interview de Helms par Kutler.

63 Transcription d'une interview de Nixon par Frank Gannon, Walter J. Brown, Media Archives, Université de Géorgie, disponible en ligne sur http://www.libs.uga.edu/media/collections/nixon. Gannon interviewa longuement Nixon à neuf reprises en 1983 ; les interviews furent publiées en 2002.

64 John L. Helgerson, *Getting to Know the President : CIA Briefings of Presidential Candidates, 1952-1992* (Center for the Study of Intelligence, CIA, 1995). Nixon avait plus que doublé les effectifs du quartier général.

65 Enregistrements de la Maison Blanche, Bureau ovale, 27 décembre 1972.

66 Récit de Halpern dans Ralph E. Weber (éditeur), *Spymasters : Ten CIA Officers in Their Own Words* (Scholarly Resources, 1999), p. 128.

CHAPITRE 31

67 William Colby, *Honorable Men : My Life in the CIA* (Simon and Schuster, 1978). Mon évocation de ce passage de l'Histoire est influencée par mes interviews de Bill Colby faites par téléphone entre 1988 et la semaine d'avant sa mort en 1996.

68 On le sait aujourd'hui, il y a bien eu quelques cas d'infiltration de la CIA, à des niveaux peu élevés. Un analyste du nom de Larry Wu-tai Chin avait, sans être démasqué, espionné vingt années durant pour le compte de la Chine. Les preuves dont nous disposons maintenant donnent à penser qu'aucune de ces taupes n'était soviétique. Mais, pour Angleton, l'absence de preuve n'était pas une preuve d'absence.

69 Cité dans Douglas F. Garthoff, « Directors of Central Intelligence as Leaders of the US Intelligence Community, 1946-2005 », 2006, CIA/CSI.

70 Schlesinger affirme aujourd'hui qu'il n'entendait pas par là que les gens lui racontent tout et que, d'ailleurs, il n'avait jamais cru qu'on obéirait à cet ordre. Mais il est inconcevable que des agents de la CIA ignorent de telles instructions de leur directeur.

71 Les bases légales permettant à l'Agence de mener une action clandestine dépendaient des instructions légitimes du Conseil national, d'une entente sans ambages entre le Président et le directeur du Renseignement, et d'un peu de contrôle du Congrès. En 1973, cette relation tripartite ne fonctionnait absolument pas. Les pouvoirs du conseiller à la Sécurité nationale – un poste purement administratif qui n'avait aucun fondement légal ni statut précis – coïncidaient à cette époque avec ce qu'il pouvait se permettre en secret.

72 Il se confia quand même aux quatre membres du Congrès auxquels il devait rendre des comptes : les présidents des sous-commissions du Sénat et de la Chambre des représentants qui géraient le budget de la CIA. Il n'avait rien à craindre d'eux : la sous-commission du Sénat s'était réunie exactement une fois depuis l'automne 1970.

73 Déclaration de Colby devant la Commission de la Chambre des représentants pour le Renseignement, 4 août 1975. La CIA avait signalé qu'« aucun indicateur militaire ou politique ne montre que l'Égypte compte reprendre les hostilités avec Israël ».

74 Cité dans Mary O. McCarthy, « The Mission to Warn : Disaster Looms », *Defense Intelligence Journal*, Vol. 7, N° 2, 1998. À l'époque de la publication, Mary McCarthy était directrice des programmes au National Security Council Staff ; de 1994 à 1996, elle était officier national du renseignement chargée des alertes.

CHAPITRE 32

75 La déclaration suivante fut publiée en 1993 dans le *Congressional Recort* par le représentant Don Edwards, membre de la Commission judiciaire de la Chambre des représentants qui avait approuvé les clauses d'*impeachment* contre le président Nixon. « La dictature grecque, par l'intermédiaire de son agence de renseignement (fondée et par la suite subventionnée par la CIA), le KYP, transféra trois versements en espèces pour un total de 549 000 dollars sur le fonds de campagne de Nixon en 1968. L'intermédiaire était Thomas Pappas, un important homme d'affaires américain d'origine grecque étroitement lié à la CIA, aux colonels et à la campagne de Nixon. »

76 Enregistrements Nixon, Maison Blanche, 7 mars 1973, déclassifiés et transcrits en 1998. Nixon demanda à sa secrétaire Rose Mary Woods de s'assurer qu'il ne resterait aucune trace de la visite de Pappas. « Je veux que rien n'indique que je le remerciais de lever des fonds pour les accusés du Watergate », précisa-t-il. À ce jour, personne ne sait pourquoi la Maison Blanche a envoyé des cambrioleurs au Watergate. L'équipe cherchait peut-être des documents établissant que le chef du Comité national démocrate, Larry O'Brien, possédait des preuves du rapport Nixon-Pappas – ce qui était le cas. Pappas joua un rôle décisif dans le choix de Spiro Agnew comme vice-président au cas où Nixon serait élu en 1968 et il avait personnellement contribué pour au moins 100 000 dollars à la campagne pour la réélection de Nixon en 1972. En échange de cette donation, Pappas voulait que l'ambassadeur Henry Tasca conservât son poste à Athènes – Tasca, le seul Américain peut-être en dehors du cercle des proches de Nixon connaissant le rôle de messager tenu par Pappas dans le transfert des fonds de la junte destinés à la campagne de Nixon. Pappas ne fut jamais inquiété dans le scandale du Watergate – on étouffa l'affaire en invoquant la sécurité nationale – et il mourut dans sa propriété de Palm Beach, en Floride, en 1988.

77   Récit de Keeley, FAOH.
78   Durant les années 1950, Allen Dulles s'occupa personnellement du roi et de la reine de Grèce ainsi que de leur garde du palais tandis que ses chefs d'antenne achetaient les services de soldats et d'espions grecs. « Nous gouvernions la Grèce, résuma Herbert Daniel Brewster, un diplomate américain qui consacra sa carrière à ce pays. Nous contrôlions tout. »
79   Récit d'Anschutz, FAOH.
80   Interview de Lehman, « Mr. Current Intelligence », *Studies in Intelligence*, été 2000, CIA/CSI.
81   Récit de Blood, FAOH.
82   Récit de Kennedy, FAOH.
83   Récit de Boyatt, FAOH.
84   Récit de Crawford, FAOH. Les colonels grecs avaient des raisons de haïr l'archevêque Makarios : ce dernier, expliqua Crawford, avait « aidé un jeune Grec du continent qui avait par la suite tenté d'assassiner le Premier ministre de Grèce. Makarios lui avait assuré un refuge, l'usage de la valise diplomatique chypriote et fourni un faux passeport pour lui permettre de rentrer en Grèce après une année passée à Chypre à préparer son coup ».
85   Récit de Kubisch, FAOH.

CHAPITRE 33

86   Ford, dans comptes rendus du National Security Council, 7 octobre 1974, GRFL.
87   Schlesinger, *ibid.*
88   Colby, cité dans John L. Helgerson, *Getting to Know the President*, *op. cit.*, CIA/CSI.
89   Témoignage d'Angleton devant la Commission Church, 23 septembre 1975.
90   Récit de Silberman, FAOH.
91   Helms était torturé entre la vérité et le secret. Durant ses quatre années en tant qu'ambassadeur en Iran, il avait été sans cesse rappelé pour comparaître devant des commissions du Congrès, des enquêteurs et de hautes instances de la Maison Blanche. Humilié, mais ne baissant pas les yeux, il avait été cité devant un juge fédéral de Washington le 4 novembre 1977, et condamné à deux ans de prison avec sursis et à une amende de 2 000 dollars ; huit chefs d'inculpation pour crimes fédéraux étaient susceptibles de peser sur lui. Il accepta d'être accusé d'un témoignage incomplet devant le Congrès – un simple péché d'omission en somme –, plaidant que le serment qu'il avait prêté en tant que directeur de l'Agence était plus impératif que le fait de protéger les secrets du pays. L'Administration, après examen du dossier de l'accusation, avait laissé l'affaire suivre son cours. La justice décréta que les lois des États-Unis étaient plus fortes que la loi du secret.
92   Mémorandum de conversation, 3 janvier 1975, GRFL.
93   Mémorandum de conversation, 4 janvier 1975, GRFL. Ces notes ont été déclassifiées en 2002 :

> « *Ford* : Colby est allé trouver Silberman, non seulement avec son rapport, mais avec bien d'autres allégations.
> *Rockefeller* : Sur votre demande ?
> *Ford* : À mon insu...
> [Le Dr Kissinger résuma le " livre des horreurs ".]
> *Ford* : Nous craignons que ce ne soit la fin de la CIA... Et Helms pense qu'il s'est fait entuber par Colby ; Helms a clairement laissé entendre que si l'on sortait des squelettes du placard, il en exhiberait lui aussi quelques-uns.

> *Kissinger* : Et Colby a porté devant la justice le problème de l'éven-
> tuel parjure de Helms.
> *Rockefeller* : Cela pose de vraies questions sur son jugement.
> *Ford* : Nous en avons discuté et nous avons décidé que nous ne
> pouvions pas le déplacer maintenant. »

94 Récit de Gerald R. Ford, 8 juillet 2003, JFKL.
95 Mémorandum de conversation, 21 février 1975, GRFL.
96 Mémorandum de conversation, 28 mars 1975, GRFL.

CHAPITRE 34

97 Compte rendu de la séance du Washington Special Actions Group du 2 avril
    1975, déclassifié le 7 septembre 2004.
98 Interview de Polgar par l'auteur. Quand il succéda en 1972 à Ted Shackley,
    Polgar avait sous ses ordres 550 agents dont 200 chargés des opérations
    clandestines. Les instructions que lui adressaient Nixon et Kissinger ne
    changèrent pas après les accords de Paris de 1973 ; elles précisaient :
    « Continuez la guerre par d'autres moyens pour préserver un Vietnam non
    communiste. » Polgar avait été personnellement témoin de cette diplomatie
    qui valut à Kissinger le Prix Nobel de la paix. Le grand stratège avait
    négocié les termes d'un accord de paix et d'un cessez-le-feu avec le Nord-
    Vietnam des semaines avant l'élection présidentielle américaine de 1972
    – sans l'approbation du président du Sud-Vietnam, le corrompu Nguyen
    Van Thieu. A Saigon, lors d'un dîner auquel assistaient Kissinger, l'ambas-
    sadeur américain Ellsworth Bunker et John Negroponte, l'aide de camp de
    Kissinger, ce dernier avait personnellement donné pour instructions à
    Polgar de « mettre la pression sur Thieu » par le truchement des contacts de
    la CIA auprès des militaires sud-vietnamiens. Polgar répondit à Kissinger
    que ces recommandations ne voulaient rien dire, que ce n'était plus ainsi
    que les choses se passaient à Saigon. Cela se révéla encore plus vain quand
    Kissinger eut parlé de ses négociations secrètes à son reporter préféré de
    Newsweek. Le journaliste câbla son article depuis Saigon, le service de
    renseignement sud-vietnamien l'intercepta et en donna des copies au prési-
    dent Thieu ainsi qu'à Tom Polgar. Le chef d'antenne la montra à Kissinger
    qui répondit : « Voilà qui a le déplaisant parfum de la vérité. »
    L'antenne de la CIA conserva un budget annuel de 30 millions de dollars
    bien que la présence militaire américaine ne cessât de diminuer en 1973
    et 1974. Après la chute de Richard Nixon, en août 1974, le Congrès se
    révolta contre la guerre et commença à supprimer des centaines de millions
    de dollars dans les efforts pour maintenir à flot l'Armée sud-vietnamienne.
    En mars 1975, les troupes nord-vietnamiennes balayaient les divisions sud-
    vietnamiennes et avançaient sur Saigon. L'absence de tout plan cohérent
    pour l'évacuation de Saigon causa la mort ou l'emprisonnement de milliers
    de Vietnamiens qui avaient travaillé pour les États-Unis. L'ambassadeur
    Martin rentra à Washington et devint un assistant spécial de Henry Kissinger.

CHAPITRE 35

99 George Bush, *All the Best, George Bush : My Life in Letters and Other
    Writings* (Scribner, 1999), p. 195-196, 239-240 ; Herbert S. Parmet, *George
    Bush : The Life of a Lone Star Yankee* (Scribner, 1999), p. 189-194.
100 Bush, *All the Best, George Bush*, *op. cit.*, p. 255.
101 Douglas F. Garthoff, « Directors of Central Intelligence as Leaders of the
    U.S. Intelligence Community, 1946-2005 », 2006, CIA/CSI.

102 Interview de Carver pour l'histoire orale de la CIA, 13 mai 1982, CIA/CSI.
103 Lettre de George Bush au Président, 1er juin 1976, déclassifiée le 9 août 2001, CIA.
104 Récit de Wisner Jr, FAOH.
105 Les briefings de Carter par Bush se trouvent in extenso dans les documents CREST et dans John L. Helgerson, *Getting to Know the President : CIA Briefings of Presidential Candidates, 1952-1992*, CIA/CSI.
106 La Commission Church s'engagea dans des impasses en tentant d'enquêter sur les « prétendues tentatives d'assassinat » sans tenir compte du fait qu'elles avaient été autorisées par les présidents. On peut toutefois porter à son crédit une histoire extrêmement sérieuse de la CIA ainsi que la transcription des dépositions qu'elle recueillit, dont la plupart ne furent déclassifiées qu'après la fin de la guerre froide.
107 Helgerson, *Getting to Know the President*, *op. cit.*
108 George Bush, « Subject : Meeting in Plains, Georgia, 19 November 1976 », CIA/FOIA. Bush parla à Carter de cas de « surveillance électronique sans mandat » de citoyens américains, des contacts pris par la CIA avec l'Organisation pour la libération de la Palestine ainsi que de l'affaire Nicholas Shadrin, un transfuge soviétique travaillant pour la CIA – ou, peut-être, un agent double – assassiné à Vienne onze mois plus tôt. Il y avait un autre aspect des opérations de la CIA dont Bush ne fit pas état. Après le meurtre à Athènes en décembre 1975 de Richard Welch, Bill Colby, dans une des dernières décisions qu'il prit comme directeur de la CIA, avait ordonné qu'on engageât des conversations directes entre la CIA et les officiers de renseignement soviétiques à Vienne ; il voulait savoir si Moscou avait joué un rôle dans cet assassinat, ce qui aurait constitué une violation des règles non écrites de la guerre froide. Les deux camps n'avaient jamais eu de canal de communication aux plus hauts niveaux. Chacun trouva ces échanges fort utiles. La ligne resta ouverte jusqu'à la fin de la guerre froide.
109 Récit de Lehman, « Mr. Current Intelligence », *Studies in Intelligence*, été 2000, CIA/CSI.
110 Annotation de Bush, mémo de George Carver, 26 mai 1976, CIA/CREST.
111 Raymond L. Garthoff, « Estimating Soviet Military Intentions and Capabilities », Gerald K. Haines and Robert E. Leggett (éditeurs), *Watching the Bear : Essays on CIA's Analysis of the Soviet Union*, CIA/CSI.
112 Discours de Bush, quartier général de la CIA, 19 janvier 1977.

Cinquième Partie
LA CIA SOUS CARTER, REAGAN
ET GEORGE H.W. BUSH (1973-1993)

Chapitre 36

1 Bien qu'aucune précision chiffrée n'ait été déclassifiée, Frank Carlucci, directeur adjoint du Renseignement, a déclaré : « L'Administration Carter a fréquemment fait usage… de programmes d'action clandestine. » Récit de Carlucci, FAOH.
2 Interview de Sorensen par l'auteur. Son frère, Thomas Sorensen, a souvent travaillé pour la CIA dans les années 1950 – il était le Numéro 3 à l'United States Information Agency sous John Fitzgerald Kennedy et Edward R. Murrow ; il assurait la liaison entre l'USIA et Richard Helms, mêlant information et propagande tandis que Ted écrivait les discours de Kennedy.
3 Interview de Turner par l'auteur.

4   Récit de Holdridge, FAOH.

5   Robert M. Gates, *From the Shadows : The Ultimate Insider's Story of Five Presidents and How They Won the Cold War* (Simon and Schuster, 1996), p. 95.

6   Mobilisé dès sa sortie de Dartmouth, au début de la guerre de Corée, et ayant appris le russe dans l'armée, Smith s'était concentré sur l'Union soviétique dans les antennes de Prague, Berlin et Beyrouth à la fin des années 1950 et 1960. Il avait personnellement formé des centaines de jeunes agents de la CIA aux rudiments de l'espionnage dans les capitales de la guerre froide sans se faire prendre. En 1975, une fois Angleton poussé à la retraite, Smith et ses collègues se mirent à recruter leurs premiers Soviétiques.

7   « Subject : South Africa and Rhodesia », Réunion du Special Coordination Committee du 8 février 1977, et compte rendu du National Security Council du 3 mars 1977, JCL.

8   Récit de Carlucci, FAOH.

9   Interview de Gossens par l'auteur. Né au Texas et élevé à Beyrouth, Gossens entra à la CIA en 1960 et travailla dans tout le Moyen-Orient – sa couverture : représentant en moteurs de hors-bord – avant de rejoindre la division Afrique. En Afrique, durant les années 1960 et 1970, des centaines d'agents de la CIA jeunes et ambitieux – dont quelques femmes – essayaient de supplanter les espions soviétiques, chinois et est-allemands. « Notre chef de branche affirmait : "Donnez-moi 25 000 dollars et je louerai n'importe quel président africain." Avec l'appui de la CIA on était capable de démarrer fortuitement une opération, racontait Gossens. Alors que vous accompagnez l'ambassadeur qui rend visite au Président, un de ses assistants lance : "Figurez-vous que le déclencheur de mon Pentax ne fonctionne plus. Impossible de trouver des pièces détachées." Vous le dépannez, et vous vous retrouvez à consulter les archives du Président. »

10   Récit d'Eagleburger, FAOH.

11   Interview de McMahon par l'auteur.

12   Mémorandum pour Zbigniew Brzezinski, « Subject : Covert Action Possibilities in Selected [*supprimé*] Areas », 5 février 1979, NSC, JCL. Une autre opération clandestine fut toutefois lancée sous Carter ; elle porta ses fruits quinze ans plus tard. Elle avait pour objectif de démasquer les rapports entre les trafiquants de cocaïne et le gouvernement colombien. Elle permit le démantèlement d'un des plus importants réseaux de trafic de cocaïne de Colombie, le cartel de Cali, réussi avec l'appui de la DEA [Drug Enforcement Administration, l'équivalent de notre Brigade des stupéfiants].

13   Malgré le maintien de la classification de presque tous les dossiers concernant l'échec de la CIA à prévenir la Maison Blanche de l'invasion soviétique en Afghanistan, Douglas MacEachin, directeur adjoint du Renseignement de 1993 à 1995, publia en 2002 une évaluation de l'action de la CIA en se fondant sur des archives encore confidentielles aussi bien que sur son expérience de première main en tant qu'analyste – parmi les meilleurs – de l'Agence sur les questions soviétiques. Douglas MacEachin, « Predicting the Soviet Invasion of Afghanistan : The Intelligence Community's Record », Center for the Study of Intelligence, 2002, CIA/CSI. Mon récit de cet échec se base en partie sur son travail ainsi que sur des interviews de Brzezinski et de Gates.

14   Gates, *From the Shadows,* p. 132. Bien que Gates ne le dise pas, ce passage figurait manifestement dans le briefing quotidien du Président.

15   « Subject : Iran », Special Coordination Committee, 17 décembre 1979, National Security Archive Collection.

16   Le rapport au Président du 19 décembre 1979 est cité dans *The Soviet Invasion of Afghanistan,* une histoire classifiée de la CIA citée dans MacEachin, « Predicting the Soviet Invasion ».

17   MacEachin, « Predicting the Soviet Invasion ».

CHAPITRE 37

18   Nixon à Haig et à l'ambassadeur Douglas MacArthur II, 8 avril 1971, FRUS
     1969-1976, Vol. E-4. Documents sur l'Iran et l'Irak, déclassifiés le
     12 septembre 2006.
19   Récit de Precht, FAOH. En septembre 1979, Precht se trouvait dans un
     hôpital de Washington pour y subir une intervention chirurgicale. « Un autre
     patient attendait son tour d'entrer en salle d'opération : Loy Henderson,
     ambassadeur en 1953, lors du renversement de Mossadegh. Je pensai :
     "présent à la création* et présent à la destruction". Quand je pus marcher,
     j'allai le voir dans sa chambre… Je lui demandai comment se comportait le
     shah en ce temps-là. "Il ne comptait pas, me répondit-il. Un être faible,
     insignifiant. Et pourtant, nous étions bien obligés de traiter avec lui." Il me
     confirma donc ce que j'avais toujours suspecté : que le shah avait été grisé
     par le pouvoir échu à l'Iran grâce à la hausse vertigineuse des revenus du
     pétrole, sans oublier l'adulation que lui vouaient Nixon, Kissinger et
     d'autres dirigeants étrangers. »
20   La formule du président Carter provenait d'une origine iranienne. Kissinger
     dit à Nixon dans un mémo d'octobre 1969 que le shah « est sincèrement
     engagé avec l'Occident et que le sentiment de faire du bon travail en Iran
     – "un îlot de stabilité", selon sa propre expression – rend au monde libre un
     service précieux ». Kissinger à Nixon, 21 octobre 1969, FRUS, 1969-1976,
     Vol. E-4, déclassifié le 12 septembre 2006.
21   Remarque de Hart, Miller Center of Public Affairs, Université de Virginie,
     7 septembre 2005.
22   Turner, *Burn Before Reading : Presidents, CIA Directors, and Secret Intelli-
     gence* (Hyperion, 2005), p. 180.
23   Greg Miller, « In from the Cold, to a Cold Shoulder », *Los Angeles Times*,
     19 mai 2005.
24   William J. Daugherty, « A First Tour like No Other », *Studies in Intelli-
     gence*, printemps 1998, CIA/CSI.
25   Interview de Jimmy Carter, récit de Jimmy Carter, « Oral History Project »,
     Miller Center, 29 novembre 1982.
26   Daugherty, « A First Tour like No Other », *op. cit.*
27   Interview de Mendez par l'auteur : Tim Weiner, « Master Creator of Ghosts
     Is Honored by CIA », *The New York Times*, 19 septembre 1997. Voir aussi
     Antonio J. Mendez, « A Classic Case of Deception », *Studies in Intelli-
     gence*, hiver 1999-2000, CIA/CSI.
28   Récit de Quainton, FAOH.
29   Daugherty, « A First Tour like No Other », *op. cit.*
30   Kenneth M. Pollack, *The Persian Puzzle : The Conflict Between Iran and
     America* (Random House, 2004), p. 128-180.

CHAPITRE 38

31   Interview de Gates par l'auteur.
32   Interview de Webster par l'auteur.
33   Récit de Ford dans Deborah Hart Strober et Gerald S. Strober, *Reagan : The
     Man and His Presidency* (Houghton Mifflin, 1998), p. 72.

(*)   Rappel du livre de Dean Acheson : *Present at the Creation : My Years in the State
      Department* (W.W. Norton, 1969).

34   Bush cité dans John Helgerson, « CIA Briefings of Presidential Candidates », mai 1996, CIA/CSI.
35   Récit de Poindexter dans Strober et Strober, *Reagan, op. cit.*, p. 111.
36   George P. Shultz, *Turmoil and Triumph : My Years as Secretary of State* (Scribner, 1993), p. 294-297.
37   Interview d'Inman par l'auteur.
38   Témoignage d'Inman, Nomination of Robert M. Gates to Be Director of Central Intelligence, U.S. Senate, Select Committee on Intelligence, 102ᵉ Congrès, 1ʳᵉ session, 20 septembre 1991, Vol. I, p. 926.
39   Robert M. Gates, *From the Shadows, op. cit.*, p. 209.
40   Interview de McMahon par l'auteur. Quand McMahon se vit confier la tâche de réorganiser l'analyse au directorat du renseignement, il découvrit que c'était toute la structure qu'il fallait réorganiser. « Quand je voulais savoir ce qui se passait dans un pays, dit McMahon, je devais m'adresser à trois bureaux différents. Il y avait un bureau pour les informations militaires, un pour les informations économiques, un pour les informations politiques. Ainsi, quand je disais "Que se passe-t-il au Mexique ?", j'avais des données en provenance de trois services différents et je devais faire moi-même l'intégration et procéder à l'analyse. »
41   Gates, *From the Shadows, op. cit.*, p. 223-224.
42   Nomination of Robert M. Gates, 1991,Vol. III, p. 7-23.
43   Interview de Lehman, « Mr. Current Intelligence », *Studies in Intelligence,* été 2000, CIA/CSI.
44   Interview de Shultz par l'auteur en été 1982. Shultz avait organisé un déjeuner hebdomadaire avec Bill Casey. Au bout de presque un an, Casey et Shultz, qui avaient pendant une décennie entretenu des relations amicales, découvrirent qu'ils ne pouvaient plus se supporter. De 1985 à 1987, le secrétaire d'État adjoint, John Whitehead, et Bob Gates de la CIA poursuivirent ces réunions. Whitehead était consterné du « peu d'aide que j'obtenais de la CIA pour savoir ce qui se passait dans les pays où nous avions des intérêts et où des problèmes se posaient... Les analyses étaient superficielles, contenaient très peu de véritables informations et étaient souvent erronées ».
45   Anthony Quainton, qui fut ambassadeur des États-Unis au Nicaragua de 1982 à 1984, savait que l'opération n'était qu'un trompe-l'œil. « La Maison Blanche avait renoncé à toute perspective de dialogue. Encouragée par Bill Casey, elle était convaincue que la seule façon de résoudre le problème était de chasser les sandinistes. Le moyen d'y parvenir était un savant programme d'action clandestine que l'on commença par présenter au Congrès sous un jour fallacieux. L'Administration prétendit que le harcèlement rendrait inconfortable la position des sandinistes, les empêcherait de consolider leur pouvoir et les amènerait à la table de négociation. Ils se rendraient compte que refuser de négocier aurait un coût inacceptable pour leur économie. La CIA affirmait que c'était la seule façon de les persuader de changer de politique. Comme d'autres opérations clandestines dans d'autres régions du monde, cela ne sembla pas avoir l'effet immédiat promis. » Récit de Quainton, FAOH.
46   Duane R. Clarridge avec Digby Diehl, *A Spy for All Seasons : My Life in the CIA* (Scribner, 1997), p. 303-318.
47   Le Sénat avait confirmé Casey par 95 voix à 0 et le Congrès lui alloua à la fin de 1981 de nouveaux fonds représentant des centaines de millions de dollars. « Ils voulaient que nous soyons en mesure de monter dans le monde entier des opérations clandestines. L'intérêt d'une opération clandestine réussie, c'est que souvent le personnage que vous avez recruté pour vous fournir des renseignements sur ce qui se passe dans son gouvernement est aussi quelqu'un d'influent et qu'on peut subtilement utiliser cette influence, par exemple pour dire du bien de l'Amérique ou pour soutenir un vote des États-Unis à l'ONU. » Interview de McMahon par l'auteur.

48   Gates, *From the Shadows, op. cit.*, p. 213.
49   Barry Goldwater, le candidat malheureux à la présidence en 1964, fut président de la Commission sénatoriale du renseignement de 1981 à 1984. Casey faisait de la vérité un usage si chiche que Goldwater exigea des accompagnateurs du Département d'État pour lui servir de témoins. L'un de ces chaperons, l'ambassadeur Dennis Kux, entendit Casey marmonner cette phrase en quittant la salle d'audience. Récit de Kux, FAOH.
50   Témoignage de Fiers, Joint Hearings, Iran-Contra Investigation, Washington, D.C., 1988.
51   Interview d'Inman dans Stansfield Turner, *Burn Before Reading, op. cit.*, p. 196-201.
52   En 1984, quand le Congrès coupa les vivres aux *contras* de la CIA, la guerre marqua le pas et on tint des élections. La CIA fournit des fonds et le matériel de propagande à Arturo Cruz Sr, un ancien ambassadeur auprès des États-Unis et légitime chef de l'opposition aux sandinistes. Mais le leader sandiniste, Daniel Ortega, le battit à plate couture. Aujourd'hui, Ortega a été réélu et le Nicaragua demeure un des pays les plus pauvres et les plus arriérés de l'hémisphère occidental. « Cette guerre était inutile, inhumaine et peu justifiée, déclara Ortega une fois Carter et Casey morts tous les deux. Il faut bien dire que nous commettons tous de terribles erreurs. »
53   « Nous aimerions voir une solution pacifique aux luttes internes qui déchirent le Tchad », dit un document du Département d'État du 17 novembre 1981. Il était difficile de voir comment la CIA, en armant une faction jusqu'aux dents, facilitait ce résultat. « Libyan Threat to Sudan », Département d'État, déclassifié le 30 juillet 2002.
54   Récit de Blakemore, FAOH.
55   Quelques Américains – très peu nombreux – prévinrent l'invasion soviétique. « Je me souviens avoir écrit des rapports à Brzezinski dès août 1979 disant que le niveau des effectifs de conseillers militaires en Afghanistan faisait pressentir une importante implication militaire là-bas », dit William Odom, alors principal attaché militaire à la Maison Blanche dans une interview recueillie par l'auteur. L'invasion soviétique commença pendant la semaine de Noël 1979, et la CIA ne donna pratiquement aucun avertissement au président des États-Unis. Carter, incapable de libérer les Américains pris en otages en Iran, approuva un plan pour aider les Afghans à lutter contre la brusque invasion soviétique. En janvier 1980, il donna l'ordre à la CIA d'expédier des stocks d'armes au Pakistan. Le service de renseignement pakistanais se chargea alors de les faire parvenir à une poignée de chefs de la rébellion afghane. « Deux jours après l'invasion soviétique, je remis au président des États-Unis un mémo qui, si mes souvenirs sont exacts, commençait par ces mots : "Nous avons maintenant l'occasion d'offrir à l'Union soviétique son Vietnam", dit Brzezinski dans une interview à l'auteur. Le rapport précisait ensuite qu'il s'agissait d'un acte d'agression qui constituait une menace pour la stabilité de cette région et même pour notre position dans le golfe Persique, et que nous devrions faire tout notre possible pour que les Soviétiques s'embourbent là-bas en aidant les moudjahidin. Le Président donna son accord. Une discrète coalition se forma, avec le concours des Pakistanais, des Saoudiens, des Chinois, des Égyptiens et des Anglais, pour les soutenir. Et l'objectif était essentiellement conforme aux premiers mots de ce mémo au Président. » Les remarques de Howard Hart sont extraites de son discours au Miller Center of Public Affairs, Université de Virginie, 7 septembre 2005.
56   Interview de McMahon par l'auteur.
57   Gates, *From the Shadows, op. cit.*, p. 258. Que se passait-il vraiment à Moscou ? Casey voulait fournir des renseignements sur les maîtres du Kremlin, sur le peuple soviétique, sur la vie quotidienne des minorités et des dissidents dans le cadre de l'empire du mal. Mais, comme la CIA était

incapable de le faire grâce à l'espionnage, elle s'accrochait à ses idées préconçues. L'ambassadeur Warren Zimmerman était adjoint au chef de mission à l'ambassade américaine de Moscou de 1981 à 1984, et pendant ces quatre années, Casey et la CIA mirent à la poubelle ses rapports décrivant sans fard un empire soviétique en train de s'effondrer. À son arrivée, raconta Zimmerman, le dirigeant soviétique Leonid Brejnev « était gâteux, bafouillait, s'endormait au milieu d'une conversation et s'enivrait ». À la mort de Brejnev, le pays fut brièvement dirigé par Iouri Andropov, le chef du Renseignement soviétique, qui lui aussi se mourait, puis par Konstantin Tchernenko, encore un dirigeant aux portes de la mort. Le Politburo, la machine à décider de Moscou, était « un appareil politique totalement paralysé et inefficace », avec à sa tête « une bande de septuagénaires et d'octogénaires dont certains n'avaient jamais mis les pieds hors de l'Union soviétique », dit Zimmerman. L'opinion qu'ils se faisaient des États-Unis se fondait sur ce qu'ils lisaient dans leurs horrible journaux et magazines. » Les Américains ne comprenaient guère mieux ce qui se passait en Union soviétique. Des généraux croulants et des apparatchiks corrompus appartenant à la vieille garde du parti communiste traversaient leurs derniers jours d'un pas chancelant, l'économie soviétique croulait sous les charges militaires, les récoltes pourrissaient dans les champs faute de carburant pour en assurer le transport des fermes jusqu'aux marchés – et bien peu de ces faits entraient dans la conscience collective de la CIA. L'Agence ne calculait pas mieux les données de l'équilibre de la terreur. Absolument toutes les estimations du Renseignement américain adressées à la Maison Blanche de 1974 à 1986 concernant les forces stratégiques soviétiques surévaluaient le rythme auquel Moscou modernisait sa puissance de feu nucléaire.

Cette crise nucléaire invisible de 1982 et 1983 atteignit son paroxysme quand Reagan annonça que les États-Unis allaient construire un système de défense – la « Guerre des Étoiles » – qui détruirait les armes nucléaires soviétiques en vol. L'Amérique ne possédait pas – et vingt-cinq ans plus tard ne possédait toujours pas – la technologie envisagée par Reagan. L'Administration Reagan appuya ses dires par une implacable campagne de désinformation pour convaincre les Soviétiques que la « Guerre des Étoiles » se fondait sur des éléments scientifiques réels, ce qui affola les Soviétiques. « Ils avaient vraiment peur, dit Zimmerman. Ils étaient persuadés que nous pouvions réaliser ce programme, d'autant plus que nous avons délibérément truqué les essais auxquels nous procédions. » Récit de Zimmerman, FAOH.

58   Richard Allen, Miller Center of Public Affairs, Université de Virginie, Ronald Reagan Oral History Project, 28 mai 2002.

CHAPITRE 39

59   Récit de Quainton, FAOH.
60   Après la guerre froide, on découvrit des preuves du soutien apporté par les Soviétiques à Wadi Haddad, un terroriste palestinien renégat mort en 1978. Mais rien ne vient étayer les accusations de Haig.
61   Le 2 mars 1973 – le jour où Bill Colby prit la direction du service d'action clandestine – l'OLP, dont les Américains avaient découvert l'existence six mois plus tôt avec le massacre de onze athlètes israéliens lors des Jeux olympiques de Munich, enleva l'ambassadeur des États-Unis au Soudan et son assistant. L'enlèvement eut lieu lors d'une réception à l'ambassade saoudienne de Khartoum, la capitale du Soudan. Il s'agissait d'un coup porté au Premier ministre du Soudan dont on venait de démasquer les relations avec la CIA. « Mettre le Premier ministre à notre solde, c'était chercher les ennuis, dit Robert Oakley, le coordinateur du contre-terrorisme de Reagan. »

Les ravisseurs exigeaient des États-Unis la libération du meurtrier de Robert Kennedy, un Palestinien du nom de Sirhan Sirhan. Le président Nixon, répondant sans réfléchir à la question d'un journaliste, déclara que les États-Unis ne négocieraient pas avec des terroristes. Sur ordre de Yasser Arafat, les Palestiniens exécutèrent de sang-froid les deux diplomates américains.

La CIA ne pouvait pas réagir car le gouvernement américain n'avait pas de politique pour guider ses actes. Cela faisait neuf ans que l'OLP était en action, financé principalement par l'Arabie Saoudite et les émirs du Koweït. La fixation de la CIA et de tout le gouvernement américain sur l'idée d'un terrorisme soutenu par des États se perpétua après la fin de la guerre froide. Vingt plus tard, l'Amérique aurait ainsi beaucoup plus de mal à comprendre l'ascension d'un riche Saoudien qui avait vécu aux États-Unis, un prince autoproclamé du nom d'Oussama ben Laden – non pas un terroriste parrainé par un État, mais un terroriste qui patronnait un État.

Les premiers balbutiements d'un processus de paix au Moyen-Orient après la guerre du Kippour étaient dus à la CIA qui s'avançait sur un terrain nouveau et inexploré. Le directeur adjoint de la CIA, Vernon Walters, s'envola en secret pour le Maroc afin de rencontrer Ali Hassan Salameh. C'était Yasser Arafat qui avait pris cette initiative : il envoyait un signal montrant qu'il voulait être traité comme le dirigeant d'un pays et non comme un terroriste apatride. Il voulait que l'OLP négocie le statut de la Cisjordanie après la guerre du Kippour. Il voulait instaurer l'Autorité palestinienne. Il s'efforçait de se présenter comme la voix modérée des aspirations palestiniennes. Walters se souvenait : « Kissinger disait : "Je ne peux envoyer personne d'autre car ce serait une négociation et la communauté juive américaine pousserait les hauts cris. Mais vous êtes dans le renseignement." Je répondis : "Dr Kissinger, je suis le directeur adjoint de la CIA, je dois être en sixième ou septième position sur leur liste noire." Il répliqua : "Et moi, je suis en premier. Voilà pourquoi c'est vous qui y allez." » L'entretien porta ses fruits. La CIA ouvrit un canal de communication au plus haut niveau avec l'OLP. Après que Salameh eut quitté le Maroc pour regagner sa base du Liban et qu'il eut pris contact avec l'antenne de Beyrouth, le chef du renseignement de l'OLP commença à rencontrer régulièrement Bob Ames de la CIA. Récit de Walters, FAOH.

Tout le monde ne croyait pas aux informations que se procurait la CIA à Beyrouth. « Ces gens étaient prisonniers de leurs foutus rapports, dit Talcott Seelye, arrivé comme ambassadeur au Liban après que son prédécesseur, Francis Merloy, eut été tué alors qu'il tentait de présenter ses lettres de créance. Le canal Salameh fonctionna cinq ans jusqu'à son assassinat par le Renseignement israélien en 1976. Il représentait le point culminant dans la compréhension par la CIA des sources de la rage du monde arabe, un aperçu de qui étaient les Palestiniens et de ce qu'ils voulaient – l'unique et remarquable triomphe de la carrière de Bill Colby comme directeur de la CIA. Récit de Seelye, FAOH. Interview de Colby par l'auteur.

62 Ames était « extraordinaire talentueux, dit Bob Gates dans une interview accordée à l'auteur. J'ai toujours considéré que ma plus belle réussite en matière de recrutement a été d'enlever Bob Ames du service d'action clandestine pour le mettre à la tête du service d'analyse de la CIA travaillant sur le Moyen-Orient... J'ai souvent pensé que si Bob Ames avait vécu, les États-Unis ne seraient pas intervenus au Liban et que le cours de l'Histoire là-bas aurait pu en être changé ».

63 Timothy Naftali, *Blind Spot : The Secret History of American Counterterrorism* (Basic Books, 2005), p. 85.

64 Récit de Dillon, FAOH.

65 Susan M. Morgan, « Beirut Diary », *Studies in Intelligence*, été 1983, CIA/CSI.

66 Récit de Lewis, FAOH.

CHAPITRE 40

67   Récit de Oakley, FAOH.
68   Robert Gates, *From the Shadows, op. cit.*, p. 397.
69   Interview de McMahon par l'auteur.
70   Interview de Clarridge sur CNN, 1998, disponible en ligne sur : http:///www2.gwu.edu/~nsarchiv/coldwar/interviews/episode-18/clarridge1.html.
71   Gates, *From the Shadows*, *op. cit.*, p. 315.

CHAPITRE 41

72   Ronald Reagan, *An American Life* (Simon and Schuster, 1990), p. 501-502. Sauf mention contraire, les faits, les chiffres et les citations concernant l'affaire Iran-*contras* proviennent des archives de la commission jointe du Congrès et du rapport final du cabinet d'avocats indépendant qui a enquêté sur ce fiasco.
73   Interview de McMahon par l'auteur.
74   Récit de Kelly, FAOH.
75   Récit de Wilcox, FAOH.
76   Interrogatoire par la CIA de Joseph Fernandez, Bureau de l'inspecteur général de la CIA, 24 janvier 1987.
77   Récit de Solaer dans Deborah Hart Strober et Gerald S. Strober, *Reagan : The Man and His Presidency (*Houghton Mifflin, 1998), p. 500.
78   James McCullough, « Personal Reflections on Bill Casey's. Last Month at CIA », *Studies in Intelligence*, été 1995, commentaire de David Gries, CIA/CSI.
79   Les étonnantes déclarations de Casey sont citées dans Douglas F. Garthoff, « Directors of Central Intelligence as Leaders of the U.S. Intelligence Community, 1946-2005 », 2006, CIA/CSI. Ces propos font partie des preuves indirectes qui donnent à penser que la tumeur de Casey provoquait, durant ses derniers mois comme directeur du Renseignement, un comportement sinon inexplicable.
80   McCullough, « Personal Reflections ».
81   Robert M. Gates, *From the Shadows, op. cit.*, p. 414.
82   Interview de Webster par l'auteur.
83   Interview de Gates par l'auteur.

CHAPITRE 42

84   Interview de Webster par l'auteur.
85   Duane R. Clarridge avec Digby Diehl, *A Spy for All Seasons : My Life in the CIA* (Scribner, 1997), p. 371.
86   Interview de Webster par l'auteur.
87   *Id.*
88   Clarridge, *A Spy for All Seasons*, *op. cit.*, p. 381-386.
89   Interview de Lilley par l'auteur.
90   Interview de Tom Twetten par l'auteur. Le meilleur résumé de l'opération se trouve dans Timothy Naftali, *Blind Spot : The Secret History of American Counterterrorism* (Basic Books, 2005), p. 196-198.
91   Récit de John H. Kelly, FAOH. Kelly devint adjoint au secrétaire d'État pour les Affaires du Proche-Orient en juin 1989.
92   Dans une lettre du 1ᵉʳ mai 1987 adressée au président Reagan, Son Sam, le

président du Front national de libération du peuple khmer, le bénéficiaire de l'aide de la CIA, mettrait en garde Reagan contre la « modération » à l'égard « du principal représentant des Soviétiques en Asie du Sud-Est asiatique ». La lettre de Son Sam et le mémo de Powell à Reagan alertant ce dernier d'une résurgence des Khmers rouges ont tous deux été déclassifiés le 28 mai 1999.

93 Interview de Twetten par l'auteur.
94 Récit d'Oakley, FAOH.

CHAPITRE 43

95 Récit de Davis, FAOH.
96 Récit de Pastorino, FAOH.
97 Récit de Dachi, FAOH.
98 Transcription des minutes du procès *United States v. Manuel Noriega.*
99 Récit de Wilcox, FAOH.
100 Richard L. Russell, « CIA's Strategic Intelligence in Iraq », *Political Science Quaterly,* été 2002. Russell fut pendant dix-sept ans analyste à la CIA.
101 Remarques de Charles Allen, « Intelligence : Cult, Craft or Business ? ». Program on Information Resources Policy, Université de Harvard, 6 avril 2000.
102 Mémorandum concernant une conversation téléphonique avec le roi Hussein, 31 juillet, GHWBL.
103 James A. Baker III avec Thomas M. DeFrank, *The Politics of Diplomacy : Revolution, War and Peace* (Putnam, 1995), p. 7.
104 Interview de Clarke pour l'émission télévisée « The Dark Side » du 23 janvier 2006, transcription disponible sur http://www.pbs.org/wgbh/pages/frontline/darkside/interviews/clark.html.
105 Robert M. Gates, *From the Shadows, op. cit.*, p. 449.
106 NIE 11-3/8-88, « Soviet Forces and Capabilities for Strategic Nuclear Conflict Through the Late 1990s », 1er décembre 1988, CIA/NSI.
107 MacEachin cité dans Kirsten Lundberg, « CIA and the Fall of Soviet Empire : The Politics of "Getting It Right" », Case Study C16-94-1251.0, Université de Harvard, p. 30-31.
108 Récit de Palmer, FAOH.
109 Récit de Crowe, FAOH.
110 Walters cité dans le récit de David Fischer, FAOH.
111 S'il y eut jamais un moment pour la CIA de chercher à comprendre pourquoi tous ces espions étaient morts, ce fut bien lors de l'effondrement de l'Union soviétique, en 1990 et 1991. « Quand on m'a nommé pour la première fois directeur de la CIA en 1987, me raconta Bob Gates, j'ai déjeuné avec Dick Helms. Et je me souviens de Helms pointant son doigt sur moi au cours de ce déjeuner dans la salle à manger du directeur, où nous étions juste tous les deux, en me disant de *ne jamais rentrer chez soi le soir sans se demander où se trouve la taupe.* » En 1992, dans les derniers mois du bref passage de Bob Gates comme directeur de la CIA, l'affaire commença à être résolue. Ames fut arrêté en février 1994. Interview de Gates par l'auteur.
112 Interview de Bearden par l'auteur.
113 Arnold Donahue, « Perspectives on U.S. Intelligence », Program on Information Resources, Université de Harvard, avril 1998.
114 Michael J. Sulick. « As the USSR Collapsed : A CIA Officer in Lithuania », *Studies in Intelligence,* Vol. 50, N° 2, 2006, CIA/CSI.
115 La note de Gates et son annonce au personnel de la CIA sont citées dans Douglas F. Garthoff, « Directors of Central Intelligence as Leaders of the U.S. Intelligence Community, 1946-2005 », 2006, CIA/CSI.

116 Richard Kerr, « The Evolution of the U.S. Intelligence System in the Post-Soviet Era », Program on Information Resources, Université de Harvard, printemps 1992.

117 MacEachin cité dans Robert Steele, « Private Enterprise Intelligence : Its Potential Contribution to National Security », communication faite lors d'une conférence sur l'Analyse et estimation du renseignement, Ottawa, 22 au 29 octobre 1994.

118 Note de Gates citée dans Garthoff, « Directors of Central Intelligence », *op. cit.*

Sixième Partie
LA CIA SOUS CLINTON ET GEORGE W. BUSH (1993-2007)

CHAPITRE 44

1 Anthony Lake, « From Containment to Enlargment », John Hopkins University School of Advanced International Studies, 21 septembre 1993.

2 « Bill Clinton charmait la plupart des membres de la CIA venant à Little Rock, logés dans des chambres à 38,50 dollars la nuit au Comfort Inn, près de l'aéroport, et conduits en voiture à la résidence du gouverneur pour mettre celui-ci au courant. Mais ils ne savaient jamais de façon certaine ce qu'il retenait de leurs propos. » John L. Helgerson : *Getting to Know the President : CIA Briefings of Presidential Candidates, 1952-1992*, CIA/CSI.

3 Interview de Woolsey par l'auteur.

4 Le nombre précis de ces opérations demeure secret, mais, selon John MacGaffin, le Numéro 2 du service d'action clandestine sous Clinton et le voisin de l'auteur après son départ de la CIA, « l'Administration Clinton requit un nombre remarquable de projets d'opérations secrètes pour faire face au volume croissant de problèmes qu'elle devait affronter au début des années quatre-vingt-dix, mais pour conclure finalement que l'action clandestine ne pouvait épargner aux États-Unis l'intervention militaire officielle ».

5 Récit de Wisner, FAOH.

6 Récit de Crowe, FAOH.

7 Les événements de cette journée sont reconstitués d'après un rapport adressé par Nick Starr au bulletin interne de la CIA et d'après les procès-verbaux judiciaires. Quatre ans et demi plus tard, le tueur, Mir Amal Kansi, fut arrêté au Pakistan à la faveur d'une négociation supervisée par la CIA et appuyée par une récompense de deux millions de dollars. Il fut condamné pour meurtre par un tribunal de l'État de Virginie et exécuté par injection mortelle.

8 Mémorandum de renseignement : « Iraq : Baghdad Attempts to Assassinate Former President Bush », CIA Counterterrorism Center, 12 juillet 1993, CIA/FOIA.

9 Tim Weiner, « Attack Is Aimed at the Heart of Iraq's Spy Network », *The New York Times*, 27 juin 1993.

10 Déclaration de Woolsey au Restoration Weekend de Palm Beach, le 16 novembre 2002.

11 Tim Weiner avec Steve Engelberg et Howard French, « CIA Formed Haitian Unit Later Tied to Narcotics Trade », *The New York Times*, 14 novembre 1993.

12 Tim Weiner, « Critics Say U.S. Ignored C.I.A. Warnings of Genocide in Rwanda », *The New York Times*, 26 mars 1998. Il était difficile de voir ce que la CIA aurait pu faire pour empêcher le massacre, même si la Maison Blanche en avait eu la volonté, car l'Agence n'avait personne au Rwanda.

« La CIA n'avait jamais été d'un grand secours en ce qui concernait la politique africaine, déclarait l'ambassadeur de Clinton au Rwanda, Robert E. Gribbin III. Cela ne l'intéressait pas particulièrement. »

CHAPITRE 45

13   Interview de Hitz par l'auteur.
14   Loch K. Johnson : « The Aspin-Brown Intelligence Inquiry : Behind the Closed Doors of a Blue Ribbon Commission », automne 2004, CIA/CSI.

CHAPITRE 46

15   Interview de John Deutch par l'auteur.
16   Tim Weiner, « C.I.A. Confirms Blunders During Economic Spying on France », *The New York Times*, 13 mars 1996.
17   Interview de Tenet par l'auteur.
18   En mai 2004, un an après le début de l'occupation américaine de l'Irak, les États-Unis propulsèrent Ayad Alaoui au poste de Premier ministre. Ce ne fut pas un succès. Les liens presque universellement connus du personnage avec la CIA ne contribuèrent pas à renforcer sa position.
19   Durant l'été 1972, la CIA avait fourni, avec l'accord explicite de Nixon et de Kissinger, une assistance de 5 380 000 dollars en armes et en matériel aux Kurdes d'Irak pour les « assister dans leur résistance au régime de Bagdad ». Mais, deux ans plus tard, ce programme d'aide avait été abandonné, Kissinger craignant de déplaire au shah d'Iran, hostile à un État kurde indépendant. Mémorandum de Kissinger, sans date mais probablement du 31 juillet 1971, FRUS 1969-1972, Vol. E-4, document 322.
20   « IC21 : The Intelligence Community in the 21st Century », House Permanent Select Committee on Intelligence, 1996.
21   Russ Travers : « The Coming Intelligence Failure », *Studies in Intelligence*, 1997, CIA/CSI.

CHAPITRE 47

22   Déposition de George Tenet devant la Commission du 11 Septembre, 14 avril 2004.
23   Interview de Helms par l'auteur.
24   Interview de Schlessinger par l'auteur.
25   Interview de Goss par l'auteur.
26   Mary O. McCarthy, citée dans le rapport de la Commission du 11 Septembre.
27   Interview de Tenet par l'auteur.
28   Interview de Gates par l'auteur.
29   Tous les détails de ce qui suit figurent dans le rapport de la Commission du 11 Septembre.
30   Déposition de Richard Clarke devant la Commission du 11 Septembre.
31   Les synthèses données à George Bush par la CIA et Bill Clinton avant et après l'élection figurent dans le rapport de la Commission du 11 Septembre.

CHAPITRE 48

32   James Monnier Simon Jr, Séminaire sur le renseignement, le commandement et le contrôle. Université d'Harvard, juillet 2001.
33   E-mail de Clarke cité dans le rapport de la Commission du 11 Septembre.

34 Parlant de Camp David le 16 septembre 2001 au cours du programme *Meet the Press*, le vice-président Cheney déclara : « Nous allons devoir passer du temps dans les ombres du monde du renseignement. Beaucoup de ce qu'il y a à faire en ce domaine devra être fait discrètement, sans discussion, en utilisant les sources d'information et les méthodes disponibles à nos agences de renseignement. »

35 Le 10 janvier 2007, l'existence de cette directive de quatorze pages fut reconnue par la CIA. Elle autorisait l'Agence à « détenir des terroristes » et à « établir des lieux de détention hors des États-Unis ». Déclaration faite par Marilyn A. Dorn lors de l'affaire *ACLU v Department of Defense*.

36 James M. Simon Jr, « Analysis, Analysts and Their Role in Government and Intelligence », séminaire de l'Université d'Harvard, juillet 2003.

37 Déposition du général Hayden devant la Commission du renseignement du Sénat, le 18 mai 2006.

38 Déclaration de George Tenet au banquet du Nixon Center Distinguished Service Award, le 11 décembre 2002.

CHAPITRE 49

39 « Postwar findings », Commission sénatoriale du renseignement, le 8 septembre 2006.

40 Déposition de George Tenet en date du 26 juillet 2006, citée dans « Postwar findings ».

41 Déclaration de James L. Davitt à la Foreign Policy Association, le 21 juin 2004. La meilleure source dont disposait la CIA avait été fournie par les services spéciaux français, qui avaient pour agent le ministre irakien des Affaires étrangères Nadji Sabri. Celui-ci précisa bien que Saddam Hussein n'avait aucun programme d'armes nucléaires ou biologiques en cours, mais, évidemment, ses déclarations furent rejetées par la CIA.

42 Déclaration de Charles Duelfer au Miller Center of Public Affairs de l'Université de Virginie, le 22 avril 2005.

43 C'est ce que confirma le général James Thurman, chef des opérations de la force d'invasion de l'Irak. « La CIA nous l'avait dit, devait-il déclarer. Et ce n'est pas ce qui s'est produit. Nous avons dû combattre durement dans toutes les villes traversées. » Cité dans l'ouvrage de Thomas Ricks, *Fiasco : The American Military Adventure in Iraq* (Penguin, 2006).

44 Extrait de « Trends in Global Terrorism : Implications for the United States », avril 2006, CIA.

45 Déclaration du juge Silberman, « US Intelligence Reform and the WMD Commission Report ». American Enterprise Institute, 4 mai 2005.

46 *Commission on the Intelligence Capabilities of the United States Regarding Weapons of Mass Destruction*, 31 mars 2005.

47 Déclaration de George Tenet à l'Université de Kutztown, le 27 avril 2005.

48 Richard Kerr, Thomas Wolfe, Rebecca Donegan et Aris Pappas : « Collection and Analysis on Iraq : Issues for the US Intelligence Community », *Studies in intelligence*, Vol. 49, N° 3, 2005, CIA/CSI.

49 Déclaration de Tenet à l'Université de Kutztown, le 27 avril 2005.

50 Kay, « Weapons of Mass Destruction ».

CHAPITRE 50

51 Déclaration écrite de Goss, Commission permanente de la Chambre des représentants sur le renseignement, 21 juin 2004.

52 Déclaration de Tenet à l'intention de la Commission du 11 Septembre, le 14 avril 2004.

53   Interview de Ford par l'auteur.
54   Walter Bedell Smith cité dans *CIA Support Functions : Organization and Accomplishments of the DDA-DDS Group, 1953-1956*, Vol. 2, Ch. 3, p. 128, déclassifié le 6 mars 2001, CIA/CREST.
55   *Commission on the Intelligence Capabilities of the United States Regarding Weapons of Mass Destruction*, 31 mars 2005.
56   Interview de Goss par Mark K. Matthews, *Orlando Sentinel*, 8 septembre 2006.
57   En 2003, alors qu'Arar était soumis à la question à Damas sur demande de l'Agence américaine, le président Bush stigmatisa en passant les dirigeants syriens pour leur pratique de la torture.

INDEX

Acheson (Dean), 40-42, 44, 55.
Aderholt (brigadier général Heinie), 319
Agnew (Spiro), 308.
Ahern (Tom), 342.
Aideed (général Mohamed Farah), 401.
Alaoui (Ayad), 416.
Alessandri (Jorge), 287, 288.
Allen (Charles), 370, 388.
Allen (George W.), 238, 254, 271.
Allen (Richard V.), 356.
Allende (Salvador), 287-292, 294, 295, 314.
Allison (John M.), 152.
Ames (Aldrich Hazen), 406-409.
Ames (Bob), 346, 359-361, 375.
Amin (Mustapha), 268.
Amory (Robert, Jr), 264.
Anderson (major Rudolf), 203.
Andreotti (Giulio), 282.
Andropov (Iouri), 334, 337.
Angleton (James J.), 46, 64, 119, 133, 183, 219-223, 225-227, 261-263, 269, 304, 313, 333.
Anschutz (Norbert), 307.
Arafat (Yasser), 359.
Arar (Maher), 451.
Arbenz (Jacobo), 107, 110-116.
Arias (Oscar), 372.
Aristide (Jean-Bertrand), 404.
Ashcroft (John), 431.
Ashraf, princesse, 101, 102.
Aspin (Les), 399, 408.
Assad (Hafiz al-), 382.
Aurell (George), 69.

Bagley (Tennent), 224-226.
Baker (James A., III), 354, 388, 403.
Baldwin (Hanson), 193.
Ball (George), 201.
Bannerman (Robert L.), 278.

Barbour (Robert), 210.
Barker (Bernard), 298.
Barnes (Tracy), 108-112, 117, 140, 161, 167, 176, 178.
Barrientos (général Rene), 266.
Batista (Fulgencio), 161.
Battle (Luke), 267, 268.
Bearden (Milt), 391, 392.
Becker (Loftus), 74, 125.
Ben Laden (Oussama), 360, 415, 416, 420, 421, 423-426, 428-430, 432-434.
Bennett (Lansing), 402.
Benson (major George), 155.
Berger (Sam), 129.
Berry (Burton), 103.
Bissel (major général Clayton), 27.
Bissel (Richard), 53, 54, 109, 110, 115 117, 125, 150, 153, 158, 160-165, 167-169, 176-178, 181, 183, 187, 260.
Black (Cofer), 416, 425, 430, 432, 454.
Blake (George), 124, 225.
Blakemore (David), 354.
Blood (Archer K.), 308.
Bohlen (Chip), 40, 79, 197.
Bonk (Ben), 426.
Boyatt (Thomas), 308-310.
Brace (Ernie), 245
Braden (Tom), 54.
Brandt (Willy), 281.
Brejnev (Leonid), 333.
Broe (Bill), 266.
Brown (général George), 319.
Brown (Harold), 332, 338.
Brown (Irving), 54.
Bruce (David K. E.), 26, 40, 141, 147.
Brugger (Fred), 413, 414.
Bryan (Joe), 251.
Brzezinski (Zbigniew), 333, 334, 337, 338.
Buckley (Bill), 361-364, 373, 402

Bundy (Bill), 119, 235, 249.
Bundy (McGeorge), 178, 183, 192, 193, 195-197, 199, 200, 202, 204, 216, 241, 242, 249, 251, 281.
Burke (amiral Arleigh), 179, 180.
Bush (George Herbert Walker), 15, 19, 321-327, 332, 347, 356, 366, 372, 373, 375, 380, **385-396**, 401, 403, 450.
Bush (George W.), 11, 12, 20, 194, 279, 335, 426, **427-456**.
Bush (Prescott), 321.
Bustos (Charlotte), 218.
Byrnes (James), 38.

Cabell (général Charles Pearre), 178, 181.
Carey (Timothy), 416.
Carlos le « Chacal », 416.
Carlucci (Frank), 335, 381.
Carns (général Mike), 410.
Carreras (capitaine Enrique), 178, 179.
Carter (Jimmy), 19, 324, 325, 327, **331-345**, 350, 352, 354, 376, 382, 400.
Carter (général Marshall), 194, 198-201, 237, 241.
Carver (George), 254-256, 271, 322.
Casey (William J.), 28, 301, 302, 326, 346-358, 361-371, 373-380, 383, 385, 387, 393, 410, 455.
Castillo Armas (colonel Carlos), 107-117.
Castro (Fidel), 160-162, 164, 165, 167, 169, 176-180, 183-186, 188, 189, 191, 194, 205, 206, 217, 220-223, 228, 242, 245, 259, 260, 263, 264, 266, 267, 275, 295, 306, 315, 386.
Castro (Raul), 191.
Chamoun (Camille), 145.
Chang Hsien-yi (colonel), 381, 382.
Cheney (Dick), 321, 386, 390, 428, 431, 435, 440, 455.
Chou En-lai, 284.
Christopher (Warren), 338, 399.
Churchill (Winston), 35, 36, 95-97, 100, 105, 192.
Clark (général Mark), 120.
Clark (Ramsey), 258, 259.
Clarke (Richard), 389, 390, 415, 426, 428-430.
Clarridge (Duane), 351, 352, 365, 366, 368, 369, 378-380.
Clay (général Lucius D.), 47.
Clifford (Clark), 38, 251.
Cline (Ray), 105, 133-135, 183, 197, 201, 202, 235, 243, 251.

Clinton (Bill), 20, **399-426**.
Coe (Michael D.), 75, 76.
Coffin (William Sloane), 65.
Cohn (Roy), 118.
Colby (William E.), 140, 210, 212, 237, 245, 254, 299, 303-306, 312-317, 321, 322.
Colson (Chuck), 298.
Conein (Lucien), 207, 208, 210-216.
Contreras (colonel Manuel), 295, 296.
Coolidge (Calvin), 399.
Crawford (William), 308.
Critchfield (James), 148.
Crowe (amiral William J., Jr), 391, 401, 402.
Cubela (Rolando), 206, 260.
Cumming (Hugh), 152.
Cushman (lieutenant général Robert), 294, 298.

Dachi (Stephen), 386.
Dalaï-lama, 283.
Daniels (Jerry), 319, 320.
Darling (Frank), 402.
Daugherty (William J.), 342-345.
Davies (Rodger P.), 310.
Davis (Arthur H., Jr), 385.
Davitt (Jim), 436.
Dean (John Gunther), 208, 300.
Dean (sir Patrick), 136.
Dearborn (F. M., Jr), 151.
Dearborn (général Henry), 175, 176.
DeMille (Cecil B.), 55.
Dempsey (Joan), 449.
De Silva (Peer), 139, 140, 230, 237-239.
Deutch (John), 410, 411, 414, 415, 417, 450.
Devine (Jack), 295.
Devlin (Larry), 165, 166.
Dewey (Thomas), 55.
Diaz (colonel Carlos Enrique), 116.
Diem, voir Ngo Dinh Diem.
Dillon (C. Douglas), 137, 163, 164
Dillon (Robert S.), 360.
Dobrynine (Anatoly), 204.
Don (général), voir Tran Van Don
Donahue (Arnold), 392.
Donahue (Dan), 413, 414.
Donovan (général William J., « Wild Bill », Bill le Dingue), 18, 25-31, 93, 141, 246, 247, 346, 450, 455.
Doolittle (lieutenant général James R.), 92, 120-122, 141.
Do Van Tien (capitaine), 210.
Downing (Jack), 419.
Dubs (Adolph « Spike »), 337.

Duckett (Carl), 293.
Duelfer (Charles), 437, 438.
Duggan (Bill), 69, 70.
Dulles (Allen W.), 26, 30, 33, 35, 43, 46, 47, 54, 55, 57, 59, 70, 71, 74, 75, 78, 79, 81, 82, 84, 85, 89-94, 97-99, 101, 103, 104, 107-109, 111, 114-123, 125, 126, 128, 132-137, 139-145, 147, 149-152, 154-161, 163-166, 168-170, 176-181, 183, 208, 220, 221, 223, 231, 246, 260, 275, 283, 302, 307, 321, 322, 324, 336, 350, 444, 450, 455.
Dulles (Eleanor), 126.
Dulles (John Foster), 33, 43, 84, 90, 92, 94, 112, 119, 121, 129, 131, 135, 143, 145, 149, 150, 152, 154, 155, 246.
Duong Van Minh (général), 213-216.
Duvalier (François, « Papa Doc »), 191.

Eagleburger (Lawrence), 335, 336.
Earman (John), 259.
Eden (Anthony), 100.
Edwards (Agustín), 289.
Edwards (colonel Sheffield), 165, 188.
Ehrlichman (John), 297, 298.
Eisenhower (Dwight D.), 14, 17, 18, 20, 26, 35, 36, 55, 70, 84, **87-171**, 175, 180, 182, 200, 201, 209, 220, 243, 244, 258, 264, 271, 283, 302, 314, 401.
Ekeus (Rolf), 437.
Elder (Walt), 187.
Ellsberg (Daniel), 297, 298, 305.
Erdmann (Horst), 82.
Esterline (Jake), 116, 161, 165, 167-169, 176-178.

Feldman (Horace), 131.
Felfe (Heinz), 185, 186, 225.
Fernandez (Joe), 372.
Fiers (Allen), 353.
Filatchy (Phyllis), 361.
Fina (Thomas), 281.
FitzGerald (Desmond), 77, 205, 206, 260, 263, 266, 283.
Fleming (Ian), 187.
Foggo (Dusty), 451.
Ford (Carl W.), 445, 446.
Ford (Gerald R.), 19, 238, **312-327**, 331, 333, 335, 347, 352.
Ford (Harold), 239.
Forrestal (James V.), 31, 33, 40, 41, 44-48, 50, 51, 55, 56, 59, 182, 190.
Forrestal (Michael), 212, 216.
Fortas (Abe), 242.

Frederika, reine de Grèce, 151.
Franklin (Benjamin), 53.
Frei (Eduardo), 287, 288, 290.
Fulbright (J. William), 249, 250.

Galloway (colonel Donald), 45.
Gannon (Frank), 301, 302.
Gates (Bob), 253, 333, 334, 346, 348, 349, 353, 356, 365, 366, 370, 374, 376, 377, 380, 388, 390, 391, 393-395, 408, 422, 423, 450, 452, 453, 455.
Gayler (amiral Noel), 317.
Gehlen (général Reinhard), 60, 61, 82, 148, 185.
Gemayel (Béchir), 359, 360.
Gengis Khan, 16.
George (Clair), 349, 370, 374, 379, 380.
Ghorbanifar (Manucher), 363-371, 373.
Gibbon (Edward), 17.
Giraldi (Phil), 392.
Goiran (Roger), 99.
Goldwater (Barry), 241, 366.
Golitzine (Anatoly), 225.
Goodell (Val), 151.
Gootlieb (Sidney), 166.
Gorbatchev (Mikhaïl), 380, 391, 393.
Gordon (général John), 424.
Gordon (Lincoln), 190.
Gordon (Robert C. F.), 147.
Goss (Porter J.), 408, 418-420, 444, 445, 447, 448, 450-452.
Gossens (Gerry), 265, 335.
Gougelmann (Tucker), 232.
Goulart (Joao), 190.
Grady (Henry), 96.
Graham (général Daniel O.), 326.
Graver (Bill), 185.
Gray (Gordon), 170.
Gray (L. Patrick), 299, 300.
Graybeal (Sidney), 198, 199.
Green (Marshall), 248-250.
Gregg (Donald P.), 15, 16, 18, 72, 372.
Grew (Joseph), 128.
Gries (Dave), 374.
Griffin (colonel R. Allen), 48.
Griffith (Bill), 138.
Guevara (Ernesto, dit Che), 265-267, 371.
Gunn (Edward), 188.

Haas (Ken), 361.
Habré (Hissène), 353, 354.
Haig (général Alexander M., Jr), 282, 293, 302, 305, 313, 347, 348, 358.
Halderman (H. R.), 300.

Hall (major Thomas R.), 38, 39.
Halpern (Sam), 186, 187, 195, 302.
Hamilton (Alexander), 13.
Hamilton (lieutenant Ira C.), 38, 39.
Hamre (John), 446.
Haney (colonel Albert R.), 73, 74, 107-110, 112-114, 116, 117, 264.
Harriman (Averell), 53, 54.
Hart (Howard), 340-342, 344, 355.
Hart (John Limond), 64, 73, 74, 77.
Hart (Sam), 297.
Harvey (William K.), 123, 187-189, 205, 226, 259.
Havel (Vaclav), 392.
Hawkins (colonel Jack), 177.
Hayden (général Michael), 431, 432, 452.
Hecksher (Henry), 82, 110, 111, 117, 208, 288-292.
Hekmatyar (Gulbuddine), 384.
Helms (Richard), 30-33, 35, 37, 50, 60, 61, 66, 80, 81, 84, 85, 106, 108, 161, 182, 186-189, 191, 197, 199, 205, 212, 217-221, 223, 226-228, 230, 236, 237, 241, 243, 250, 252-255, 257-272, 275-281, 286, 288-294, 298-303, 307, 308, 314, 315, 340, 379, 395, 419, 444, 455, 456.
Henderson (Douglas), 266.
Henderson (Loy), 99, 100, 103, 104.
Herrick (capitaine John), 233, 234.
Hersh (Seymour), 313.
Heuer (Rich), 227.
Heyser (major Richard D.), 196.
Hillenkoetter (contre-amiral Roscoe), 42, 43, 45, 55, 58.
Hilsman (Roger), 212.
Hiss (Alger), 119.
Hitler (Adolf), 30, 60, 65, 90, 91, 250.
Hitz (général Fred), 406, 407, 409, 413.
Hobbing (Enno), 116.
Ho Chi Minh, 207-209, 230, 236, 239, 243-246.
Holdridge (John), 332.
Holland (Henry), 115.
Holm (Dick), 209, 412.
Hoover (J. Edgar), 28, 32, 119, 168, 218, 222, 299.
Hostler (Charles W.), 38.
Houston (Lawrence), 37, 188.
Howard (Ed), 380.
Hugel (Max), 349.
Hughes (Thomas L.), 259, 260, 276, 331.
Humphrey (Hubert H.), 249, 268, 277.
Hunt (Everette Howard, Jr), 112, 161, 297-299, 305.

Hussein, roi de Jordanie, 145, 325, 359, 388.
Hussein (Saddam), 148, 346, 354, 387-389, 390, 403, 404, 416, 417, 435-441.
Hutchinson (Bill), 128, 129.

Inman (vice-amiral Bobby Ray), 338, 348, 353.
Ioannidis (général Dimitrios), 308, 309.

Jackson (Bill), 71.
Jagan (Cheddi), 192.
James (Campbell), 208.
Jefferson (Thomas), 151.
John (Loch), 409.
Johnson (Lyndon Baines), 19, 185, 194, 217, **220-272**, 275, 276, 278, 285, 287, 288, 297, 365, 455.
Johnson (Robert), 166.
Jones (Garrett), 401.
Jones (Howard), 155.

Kadhafi (Muammar), 353, 354, 383.
Kalp (Malcolm), 342.
Kamal (général Hussein), 437.
Kansi (Mir Amal), 416, 430.
Kappes (Stephen), 447.
Karamessines (Thomas Hercules), 263, 270, 290-294, 307.
Kashani (ayatollah Ahmed), 104.
Katek (Charles), 47.
Katzenbach (Nick), 257, 259.
Kay (David), 438, 443.
Keeley (Robert), 307.
Kellis (colonel James G. L.), 74, 120.
Kelly (John H.), 371.
Kendall (Donald), 289.
Kennan (George), 34, 35, 40, 41, 45-50, 54, 56, 92, 133.
Kennedy (Charles Stuart), 308.
Kennedy (Jackie), 346.
Kennedy (John Fitzgerald), 14, 18, 162, 168, 169, **173-219**, 220, 221, 223, 225, 226, 228, 236, 243, 258-260, 264, 275, 287, 297, 315, 331, 346.
Kennedy (Patrick), 212.
Kennedy (Robert Francis), 119, 176, 179, 180, 182-189, 191, 193, 197-206, 211, 216, 217, 220, 221, 226, 229, 236, 259, 260, 275, 306, 315.
Kent (Sherman), 68.
Kern (Harry), 128.
Kerr (Richard J.), 19, 388, 394, 442.
Khomeiny (ayatollah Ruhollah Musavi), 104, 337, 341-343, 346, 368.

Khrouchtchev (Nikita), 89, 132, 134, 137, 162-164, 191, 192, 197, 199, 203, 204, 221, 261.
Kilburn (Peter), 364, 373.
Killgore (Andrew), 106.
Killian (James R.), 122, 125.
Kim Il Sung, 14, 69, 72.
Kirkpatrick (Lyman), 181, 347.
Kisevalter (George), 224.
Kishi (Nobosuke), 127-131.
Kissinger (Henry), 276-285, 288-291, 293-298, 301, 302, 304, 306, 309, 310, 312-318, 323, 324, 326, 327, 342.
Knoche (Enno), 334.
Knotts (capitaine Jack), 320.
Kodama (Yoshio), 127, 128.
Koh (Harold Hongju), 12.
Komer (Robert), 255.
Korry (Edward), 287, 290, 291.
Kostikov (Valery), 220.
Kreisberg (Paul), 75.
Kubisch (Jack), 310, 311.
Ky, voir Nguyen Cao Ky.

Lair (Bil), 209, 244, 245.
Laird (Melvin), 297.
Lake (Tony), 399, 417.
Land (Edwin), 125.
Landsdale (brigadier général Ed), 184-186, 189, 207.
Lanusse (général Alejandro), 289.
Leahy (amiral), 34.
Lebed (Mikola), 59, 60.
Lehman (Dick), 169, 307, 308, 324, 326, 350.
LeMay (général Curtis), 52.
Letelier (Orlando), 295, 296.
Levin (Jeremy), 363.
Lewinski (Monica), 425
Lewis (Jim), 360, 361.
Lewis (Sam), 361.
Lilley (Jim), 244, 245, 381, 382.
Li Mi (général), 76, 77, 205.
Lindsay (Franklin), 52, 277.
Lodge (Henry Cabot), 211-216.
Lon Nol, 286.
Loomis (Henry), 83.
Lovestone (Jay), 54.
Lovett (Robert A.), 40, 159.
Luce (Henry), 55, 93.
Lumumba (Patrice), 165, 166.
Lundahl (Art), 198-200, 203.
Lynch (Grayston), 179.

MacArthur (général Douglas), 68-70, 76, 77, 131.
MacArthur (Douglas, II), 130.
MacEachin (Doug), 338, 391, 395.
Macmillan (Harold), 193.
Magruder (brigadier général John), 30, 31, 33, 34, 44.
Makarios (archevêque), 308, 309.
Malik (Adam), 248, 249.
Manacatide (Theodore), 38, 39.
Mandela (Nelson), 335.
Mansfield (Mike), 118, 119.
Mao Tsé-toung, 14, 68-70, 72, 75-77, 190, 191, 283, 284.
Ma Pu-fang, 75.
Mark (David), 224.
Marshall (George C.), 41, 50.
  Plan, 41, 47, 48, 53, 79, 109, 149, 281.
Martens (Bob), 248.
Martin (Graham), 247, 281-283, 285, 316-318.
Martinez (Eugenio), 298.
Mason (John), 153.
Massoud (Ahmed Shah), 425.
McAfee (Marilyn), 414.
McAvoy (Clyde), 129, 130, 248.
McCargar (James), 52, 53, 119.
McCarthy (Joseph), 41, 118, 119.
McCarthy (Mary), 420, 421.
McClellan (John), 270.
McCloy (John), 31.
McClure (brigadier général Robert A.), 101, 103.
McCone (John), 182-196, 198-205, 213, 216, 217, 219-221, 229-232, 237-239 241, 256, 444.
McConnell (Mike), 453.
McCord (Jim), 299, 300, 305.
McCormack (John), 112.
McCoy (Leonard), 262.
McCullough (Jim), 374-376.
McFarlane (Robert), 368.
McLaughlin (John), 426, 435, 448.
McMahon (John), 82, 83, 336, 349, 355 357, 365, 368-370.
McNamara (Robert), 191, 199-204, 216, 230-233, 237-239, 241, 243, 254, 255, 270, 297, 455.
Meade (colonel Stephen J.), 101, 102.
Melby (John), 78.
Mendez (Toni), 343, 344.
Menninger (William C.), 56.
Miceli (général Vito), 282.
Michel Ier, roi de Roumanie, 32.
Miller (Gerald), 18.

Milosevitch (Slobodan), 424.
Mindszenty (cardinal), 139.
Minh (général), voir Duong Van Minh.
Mitchell (John), 278.
Mitterrand (François), 356.
Mobutu (Joseph), 166, 265, 266, 323, 325, 349.
Moffitt (Ronni), 295.
Mohammad Reza Chah Pahlavi, shah d'Iran, 96, 98, 100-106, 337, 340-343, 387.
Mollet (Guy), 281.
Mondale (Walter), 325, 338.
Monzon (colonel Elfego), 110.
Morgan (Calvin), 402.
Morgan (Susan), 360, 361.
Morris (Roger), 277.
Mossadegh (Mohammad), 95-105, 340.
Motieka (Karol), 393.
Moyers (Bill), 251.
Mughniyah (Imad), 360, 361, 363, 367.
Murphy (Carol), 414.
Murphy (David), 185.

Nagy (Imre), 138, 139.
Napoléon Ier, 11, 53, 90.
Nasser (Gamal Abdel), 136, 268.
Nasution (général), 155, 156.
Negroponte (John D.), 439, 448, 450, 452.
Neher (Leonardo), 209.
Nelson (Bill), 322.
Ngo Dinh Diem, 151, 207, 208, 210-212, 214-216, 229, 243, 259, 260.
Ngo Dinh Nhu, 210, 214-216.
Nguyen Cao Ky (général), 243, 271.
Nguyen Van Thieu (général), 243, 271, 283.
Nicholson (Harold J.), 418.
Nidal (Abou), 382.
Nixon (Richard M.), 12, 19, 41, 59, 90, 94, 130, 135, 149, 150, 152, 161, 162, 164, 167, 168, 169, 182, 194, 211, **275-311**, 315, 318, 325-327, 331, 335, 336, 340, 347, 352, 365, 375, 377, 400, 444.
Noel (Jim), 160
Noriega (général Manuel), 325, 385-387.
Norland (Don), 353, 354.
North (lieutenant-colonel Oliver), 354, 368-372, 374, 375.
Nosenko (Iouri), 223-227, 262.

Oakley (Robert), 363, 364, 383, 384.
Obama (Barack), 11, 12.
O'Brien (Walter), 122.

Ohly (John), 56.
Osborn (Howard), 299.
Oswald (Lee Harvey), 218-220, 222, 225, 226, 259.

Palmer (Mark), 391.
Papadopoulos (George), 307.
Pappas (Tom), 307, 308.
Park (colonel Richard, Jr), 27-29.
Passaro (David), 451.
Pastorino (Robert), 385.
Patterson (Robert), 38.
Pavitt (Jim), 426.
Pawley (William), 114, 115, 120.
Pearson (Drew), 258, 259.
Peers (Ray), 76.
Penkovsky (colonel Oleg), 197, 225.
Penrose (Stephen), 45.
Petraeus (lieutenant général David H.), 440.
Peurifoy (Jack), 108, 112, 114, 116.
Philby (Kim), 64, 225, 226.
Phillips (David Atlee), 112, 117, 161, 290, 292, 296.
Phillips (Rufus), 207, 214.
Phouma (Souvanna), 208.
Picasso, 54.
Pinochet (général Augusto), 295, 296.
Poindexter (vice-amiral John), 348, 368, 371, 374, 375.
Polgar (Tom), 31, 49, 70, 80, 124, 264-267, 289, 290, 293, 317-319.
Pollack (Ken), 345.
Pope (Al), 156-158.
Popov (major Piotr), 225.
Posada Carriles (Luis), 371.
Potts (Jim), 308, 309.
Powell (Colin), 178, 383, 403, 439, 441, 443.
Powers (Francis Gary), 163.
Prado (Enrique), 454.
Precht (Henry), 340.
Price (Ted), 407.

Qadir (Hadj Abdul), 432.
Qasim (général Abdul Karim), 147, 148.
Quainton (Anthony), 344, 351, 358.
Quang Duc, 211.
Quinn (colonel Bill), 33.

Raborn (amiral William F., « Red »), 241-243, 251.
Rafsanjani (Ali Akbar Hashemi), 367, 373.
Rashidian (Asadollah), 102.
Rashidian (les frères), 98, 100.

Reagan (Ronald), 19, 315, 326, **346-384**, 385, 387, 402.
Reber (James Q.), 125, 195.
Reston (James), 257.
Reza Khan, shah d'Iran, 95, 96.
Rhaman (Omar Abdel), 403.
Rhee (Syngman), 68, 77, 151.
Rice (Condoleezza), 428, 430.
Richardson (John), 212.
Richer (Robert), 454.
Richter (Stephen), 416.
Ridgway (général Matthew B.), 77.
Robertson (Rip), 110, 117, 161.
Rockefeller (Nelson), 314, 315.
Rodriguez (Felix), 266, 267, 371, 372.
Roosevelt (Archie), 144.
Roosevelt (Franklin D.), 25, 27, 28, 96.
Roosevelt (Kermit « Kim »), 56, 95, 97-105, 107, 144-146, 148.
Roosevelt (Theodore), 56, 444.
Rosenberg (Janet), 192.
Rosenthal (Jim), 216.
Rosselli (John), 188, 205, 259.
Rostow (Walt Whitman), 252.
Rountree (William), 104, 105, 145.
Rousseau (Jean-Jacques), 13.
Ruffner, 57.
Rumsfeld (Donald), 312, 314, 315, 321, 322, 326, 387, 435, 455.
Rusk (Dean), 78, 178, 191, 195, 199, 200, 202, 204, 216, 241, 259, 260, 288.
Russel (Richard), 260.

Sa'adi (Ali Saleh), 148.
Sadate (Anouar el-), 403.
Saïd (Nouri), 145, 147.
Sakharov (Andreï), 280.
Salameh (Ali Hassan), 358, 359.
Sanchez (Nestor), 206.
San Roman (Pepe), 179.
Sarasin (Pote), 285.
Sato (Eisaku), 128.
Scheuer (Mike), 416.
Schlesinger (Arthur), 192.
Schlesinger (James R.), 293, 294, 301-306, 312, 313, 315, 316, 321, 336, 419, 450.
Schneider (général Rene), 291-293.
Schroen (Gary), 420, 423, 424.
Schwarzkopf (général Norman, l'Aîné), 96, 102.
Schwarzkopf (général Norman, le Jeune), 389.
Scott (Win), 219.
Secord (général Richard), 368, 370.

Séoud, roi d'Arabie Saoudite, 145.
Serraj (Abdul Hamid), 146.
Shackley (Ted), 82, 83, 245, 246, 295, 364.
Shakh al-Libi (Iban al-), 435.
Shaouani (Mohamed Abdullah), 416, 417.
Sheikh-ol-eslam (Hossein), 343.
Shelby (Richard), 417.
Shishakli (colonel Adib), 145, 146.
Shields (Julia), 252.
Short (Dewey), 58.
Shultz (George P.), 293, 348, 350, 359.
Sichel (Peter), 31, 60, 61, 72.
Silberman (Laurence), 314, 441, 442, 449.
Simbolon (colonel Maludin), 154.
Simon (James Monnier, Jr), 427, 431.
Sinclair (sir John), 97, 123.
Smith (Abbot), 159, 327.
Smith (David), 210, 213.
Smith (Harold D.), 33.
Smith (Haviland), 185, 333, 448.
Smith (général Walter Bedell), 26, 34-36, 41, 67-75, 77, 78, 80, 82-84, 92, 94, 95, 97, 105, 107, 108, 115, 121, 126, 141, 180, 181, 226, 231, 246, 446, 452.
Snyder (John W.), 46.
Sofaer (Abraham), 373.
Soljénitsyne (Alexandre), 280.
Somoza (Anastasio), 108, 350.
Sophocle, 56.
Sorensen (Ted), 331.
Souers (contre-amiral Sidney W.), 33, 34.
Springer (Axel), 93.
Stabler (Wells), 282.
Staline (Joseph), 14, 35-37, 40, 41, 48, 56, 60, 62, 65, 69, 79, 89, 90, 96, 133, 134, 137, 261, 417.
Starr (Nicholas), 402.
Stassen (Harold), 149.
Stein (John), 349.
Stevenson (Adlai), 178, 201, 202.
Stimson (Henry), 31.
Stone (Rocky), 103, 105, 146, 282.
Stump (amiral Felix), 157.
Stutesman (John H.), 99.
Suharto (général), 248, 249.
Sukarno, 149-156, 158, 247, 248.
Sulick (Michael), 393.
Sullivan (William), 244, 245.
Symmes (Harrison), 145.

Talenti (Pier), 282.
Tamerlan, 16.

Tanner (Steve), 61-63, 65.
Tasca (Henry), 309.
Taylor (général Maxwell), 180, 193, 210, 216, 237, 238.
Taylor (amiral Rufus), 262.
Tchang Kaï-chek, 28, 68, 151, 284.
Tenet (George J.), 393, 405, 415, 417-426, 428-433, 435-437, 439, 442-445, 448, 450.
Thieu, voir Nguyen Van Thieu.
Thomas (William W., Jr), 73.
Thury (Zoltan), 139.
Tilton (John), 266, 267.
Tocqueville (Alexis de), 16.
Tomic (Radomiro), 287.
Tovar (Hugh), 248.
Tran Van Don (général), 211-215.
Travers (Russ), 418.
Trujillo (generallissimo Rafael), 175, 176, 242, 259, 260.
Truman (Harry), 13, 18, **23-85**, 90, 97, 141, 196, 231, 312, 333, 426.
Truscott (général Lucian K.), 80-82.
Turner (amiral Stansfield), 331, 332, 334-336, 338, 341, 346, 364, 376, 450.
Twetten (Tom), 382, 383, 448.

Ulbricht (Walter), 79.
Ulmer (Al), 53, 151-153.

Valenzuela (général Camilo), 292, 293.
Vance (Cyrus), 332.
Vandenberg (Arthur), 41, 42.
Vandenberg (général Hoyt), 36-38, 41, 42, 44.
Vang Pao (général), 209, 320.
Van Voorst (Bruce), 375, 376.
Varona (Tony), 177.
Vetrov (colonel Vladimir), 356.
Viaux (général Roberto), 291, 292.
Vinson (Carl), 58.

Walker (William), 187.
Waller (John), 104.
Walters (général Vernon), 298, 300, 304, 306, 312, 364, 386, 391.
Ward (Phil), 342.
Ward (Terry), 414.

Warner (John), 450.
Warren (Earl), 221-223, 225, 227, 315.
Warren (Ray), 295.
Webster (William), 347, 376-380, 384-386, 388, 450.
Weinberger (Caspar W.), 347.
Weir (Benjamin), 363, 367.
Weisband (William Wolf), 69
Welch (Richard), 310.
Westmoreland (général William), 255, 271, 272.
Whelan (Thomas), 108.
White (Lawrence K. « Red »), 243.
Whitten (John), 218-223.
Wilcox (Philip C., Jr), 371, 387.
Willauer (Whiting), 108.
Willimas (Stephen), 402.
Wilson (vice-amiral Thomas R.), 424.
Wilson (Woodrow), 43.
Wimert (colonel Paul), 291, 292.
Winters (Don), 386, 387.
Wisner (Frank G.), 32, 33, 38, 39, 40, 49-55, 57, 58, 63, 65, 67, 70-75, 77, 79-84, 90, 91, 97, 99-101, 103, 104, 107-114, 116, 117, 119-122, 125, 132-135, 137, 138, 140, 141, 145, 147, 152, 153, 158, 159, 184, 205, 250, 251, 258, 263, 277, 401.
Wisner (Frank G., Jr), 324, 400.
Wisner (Polly), 40.
Wolfowitz (Paul), 326, 408.
Wohlstetter (Roberta), 13.
Woodhouse (Christopher Montague), 96-99.
Woolsey (R. James, Jr), 400, 403-405, 407, 410, 413, 450.
Wyatt (F. Mark), 46.
Wyman (général Willard G.), 59, 62.

Yani (colonel Ahmed), 155.
Yazov (Dmitri), 381.
Ydigoras (Manuel), 165.
Yew (Lee Kwan), 178.
Yost (Charles), 146.
Young (sir George), 145.

Zahedi (major général Fazlollah), 99-102, 105.
Zman (Hadji), 432.

REMERCIEMENTS

J'ai eu la chance de passer une partie de ces vingt dernières années à m'entretenir avec des directeurs et agents de la CIA dont la vie professionnelle s'étendait sur six décennies. Ma gratitude va tout particulièrement à Richard Helms, William Colby, Stansfield Turner, William Webster, Bob Gates, John Deutch, George Tenet, John McMahon, Tom Twetten, Milt Bearden, Tom Polgar, Peter Sichel, Frank Lindsay, Sam Halpern, Don Gregg, Jim Lilley, Steve Tanner, Gerry Gossens, Clyde McAvoy, Walter Pforheimer, Haviland Smith, Fred Hitz et Mark Lowenthal.

Un coup de chapeau s'impose à l'égard des hommes et des femmes du service historique de la CIA, qui luttent pour la cause de l'ouverture face à une farouche résistance du service d'action clandestine, ainsi qu'aux membres, présents et passés, du service des affaires publiques de l'Agence.

Je dois beaucoup au travail de Charles Stuart Kennedy, ancien du service diplomatique et fondateur et directeur du Programme d'histoire orale des Affaires étrangères. La bibliothèque qu'il a créée représente une source d'information unique. Les historiens du Département d'État qui éditent *The Foreign Relations of the United States*, compte rendu officiel de l'activité diplomatique américaine publié depuis 1861, ont fait, au cours de ces dix dernières années, plus qu'aucune autre branche de l'Administration pour lever le secret sur certains documents. Ils méritent, en même temps que le personnel des bibliothèques présidentielles, la gratitude de la nation.

C'est une chance pour un reporter d'avoir, dans sa vie, un grand rédacteur en chef. J'ai eu plus que ma part en ce domaine, des personnages qui, au fil des ans, m'ont donné le temps de réfléchir et la liberté d'écrire. Gene Roberts m'a donné ma première chance au *Philadelphia Inquirer*. Bill Keller, Jill Abramson, Andy Rosenthal et Jon Landman contribuent à faire du *New York Times* un miracle quotidien. Ils sont les garants de la confiance du public.

Trois inlassables documentalistes ont contribué à la création de ce livre. Matt Malinowski a transcrit les enregistrements des interviews. Zoe Chace a exploré en profondeur l'histoire diplomatique et les dossiers du Conseil de sécurité nationale et Cora Currier a effectué des recherches sans précédent aux Archives nationales. Je suis très reconnaissant à ma vieille camarade d'école Lavinia Currier pour m'avoir présenté à sa très brillante fille. Zoe est la fille de feu James Chace et la sœur de Beka Chace, deux amis dont le soutien moral m'a été précieux.

Je voudrais saluer les journalistes qui ont suivi les activités de la CIA, les combats en Irak et en Afghanistan et les drames de la Sécurité nationale américaine depuis le 11 Septembre. Parmi eux figurent John Burns, Dexter Filkins, Matt Purdy, Doug Jehl, Scott Shane, Carlotta Gall, John Kifner et Steve Crowley du *New York Times*, Dana Priest, Walter Pincus et Pam Constable du *Washington Post*, Vernon Loeb, Bob Drogin et Megan Stack du *Los Angeles Times* et Andy Maykuth du *Philadelphia Enquirer*. Nous nous rappelons avec émotion nos confrères et nos consœurs qui ont donné leur vie pour la recherche de l'information, et parmi eux Elizabeth Neuffer, Mark Fineman, Michael Kelly, Harry Burton, Azizullah Haidari, Maria Grazia Cutuli et Julio Fuentes.

Ma gratitude va à Phyllis Grann, qui a eu la bonté d'éditer et de publier ce livre, et à Kathy Robbins, la plus brillante agente littéraire du monde.

Le présent livre a pris forme à Yaddo, la retraite pour artistes et écrivains de Saragota Springs, dans l'État de New York. Pendant deux mois, les bonnes âmes de Yaddo m'ont logé et nourri tandis que, chaque jour, des milliers de mots affluaient dans mon ordinateur. J'ai eu en effet l'honneur d'être le premier bénéficiaire de la Fondation Nora Sayre. Mille mercis à la poétesse Jean Valentine pour m'avoir introduit à Yaddo, à Elaina Richardson, présidente de la société, et à tout le personnel de ce superbe refuge.

Le livre s'est encore allongé dans la maison de mes beaux-parents, Susanna et Boker Doyle, qui m'ont soutenu de leur affection.

Ma volonté d'écrire est née lorsque j'ai vu autrefois ma mère, le professeur Dora B. Weiner, travailler sur un livre, dans la tranquillité précédant l'aube, au sous-sol de notre maison. Quarante-cinq ans plus tard, elle continue à écrire et à enseigner, inspirant ses étudiants comme ses fils. Nous souhaiterions tous que mon père soit encore là pour tenir ce livre entre ses mains.

L'ouvrage se termine comme il a commencé, dédié à l'amour de ma vie, Kate Doyle, à nos filles Emma et Ruby et au reste de notre existence ensemble.

CRÉDITS PHOTOGRAPHIQUES

Page 1
En haut : Cynthia Johnson/Time Life Picture/Getty Images.
En bas à gauche : Harry S. Truman Library/National Archives and Records Administration.
En bas à droite : Leonard McCombe/Time Life Pictures/Getty Images.

Page 2
En haut à gauche : Dwight E. Eisenhower Library/National Archives and Records Administration.
En haut à droite : Alfred Wagg/Getty Images.
En bas à gauche : United States government.
En bas à droite : United States government.

Page 3
En haut à gauche : AP/Wide World Photos.
En haut à droite : © Bettmann/CORBIS.
En bas à gauche : Avec l'aimable autorisation de la Central Intelligence Agency.
En bas à droite : Lyndon Baines Johnson Library and Museum/National Archives and Records Administration.

Page 4
En haut : Lyndon Baines Johnson Library and Museum/National Archives and Records Administration.
En bas : Lyndon Baines Johnson Library and Museum/National Archives and Records Administration.

Page 5
En haut à gauche : National Archives and Records Administration.
En haut à droite : Gerald R. Ford Presidential Library and Museum/National Archives and Records Administration.
En bas : Gerald R. Ford Presidential Library and Museum/National Archives and Records Administration.

Page 6
En haut : © Bettmann/CORBIS.
En bas : Terry Arthur/White House/Time Life Pictures/Getty Images.

Page 7
En haut à gauche : © Bettmann/CORBIS.
En haut au centre : Dennis Cook/AP/Wide World Photos.
En haut à droite : Cynthia Johnson/Time Life Pictures/Getty Images.
En bas à gauche : John Duricka/AP/Wide World Photos.
En bas à droite : William J. Clinton Presidential Library/National Archives and Records Administration.

Page 8
En haut : Eric Draper/AP/Wide World Photos.
Au centre : J. Scott Applewhite/AP/Wide World Photos.
En bas : Pablo Martinez Monsivais/AP/Wide World Photos.

TABLE

Préface à la présente édition 11

Note de l'auteur 17

Première Partie
« Au début, nous ne savions rien »
LA CIA SOUS TRUMAN
1945-1953

1. **« Le renseignement doit être global et totalitaire »** 25
   « Quelque chose d'extrêmement dangereux ».

2. **« La logique de la force »** 30
   « La sainte cause de la Centrale de renseignement ». –
   « Une organisation apparemment bâtarde ». – « Que veut
   l'Union soviétique ? ». – « Un apprenti jongleur ».

3. **« Combattre le feu par le feu »** 40
   « Le plus grand service de renseignement du monde ». –
   « L'inauguration d'une guerre politique organisée ». – « Un
   seul homme doit être le patron ».

4. **« Le grand secret »** 51
   « On nous traitait comme des rois ». – « Le creuset de la
   confusion ».

5. **« Un riche aveugle »** 57
   « Moins on en dira sur ce texte, mieux cela vaudra ». –
   « Nous ne voulions pas y toucher ». – « Nous n'allions pas
   rester assis sur nos fesses ». – « Quelle erreur avions-nous
   commise ? ». – « Une idée fondamentalement mauvaise ».

6. « C'étaient des missions-suicide »   67
« Une tâche impossible ». – « Aucune indication convain-
cante ». – « Un danger incontestable ». – « Nous ne savions
pas ce que nous faisions ». – « La CIA se faisait duper ». –
« Il y a des gens qui doivent se faire tuer ».

7. « Un vaste champ d'illusions »   79
« À moins de les tenir corps et âme ». – « Un plan bien
conçu sauf que… ». – « L'avenir de l'Agence ».

Deuxième Partie

« Une étrange forme de génie »
LA CIA SOUS EISENHOWER
1953-1961

8. « Nous n'avons pas de plan »   89
« Nous serions capables d'écraser le monde entier ». –
« Une situation qui se détériore rapidement ». –
« Quelqu'un pour faire le sale boulot ».

9. « Le plus grand triomphe de la CIA »   95
« La CIA fait de la politique par défaut ». – « Après vous,
Votre Majesté ». – « Une étreinte passionnée ».

10. « Bombardez, je répète, bombardez » 107
« Je suis venu pour manier le bâton ». – « Ce que nous
voulions, c'était une campagne de terreur ». – « Considérer
le soulèvement comme une farce ». – « Incroyable ».

11. « Et alors ce sera la tempête » 118
« Cette philosophie fondamentalement répugnante ». –
« Nous n'avons pas posé les bonnes questions ». – « Il y a
des choses qu'il ne dit pas au Président ».

12. « Nous avions nos méthodes » 127
« Nous sommes tous des démocrates maintenant ». – « Un
coup fumant ».

13. « Une bienheureuse cécité » 132
« Condamner tout le système soviétique. – « La CIA repré-
sentait un grand pouvoir ». – « Une bienheureuse cécité ». –
« La fièvre de l'époque ». – « … risquent de provoquer
d'étranges résultats ».

Table 539

14. **« Toutes sortes d'opérations à la noix »** 144
« Mûr pour un coup d'État ». – « Nous sommes arrivés au pouvoir sur un train de la CIA ».

15. **« Une très drôle de guerre »** 149
« La subversion par les urnes ». – « Les fils d'Eisenhower ». – « Les meilleures troupes que nous pouvions rassembler ». – « Ils m'ont inculpé de meurtre ». – « Nos problèmes s'amplifiaient d'année en année ».

16. **« Il mentait aussi bien aux gens du bas de l'échelle qu'à ceux d'en haut »** 160
« Il ne fallait pas montrer notre jeu ». – « Le prix qu'il nous faudrait payer ». – « Pour éviter un nouveau Cuba ». – « Une position absolument intenable ». – « Depuis huit ans, je suis toujours vaincu dans ce combat ».

Troisième Partie
Causes perdues
LA CIA SOUS KENNEDY ET JOHNSON
1961-1968

17. **« Personne ne savait quoi faire »** 175
« J'avais honte de mon pays ». – « Prendre le seau d'eau sale et mettre un autre couvercle dessus ». – « Vous voilà maintenant dans l'œil du cyclone ». – « Hors de question ». – « Le Président veut des résultats tout de suite ». – « Il n'y a rien par écrit, bien sûr ». – « Une véritable incertitude ».

18. **« Nous nous sommes également fait avoir par nous-mêmes »** 190
« Le secteur le plus dangereux du monde ». – « Fourrez ça dans une boîte et clouez-la bien ». – « La surprise, quasi totale, des services de renseignement ».

19. **« Nous serions ravis d'échanger ces missiles »** 198
« Ce serait fichtrement dangereux ». – « La solution que j'avais préconisée ». – « Tu risquais l'*impeachment* ». – « Éliminer Fidel, en l'exécutant si nécessaire ».

20. **« Bon boulot, pas vrai, patron ? »** 207
« L'ignorance et l'arrogance ». – « Nous avons récolté un tas de mensonges ». – « Personne n'aimait Diem ». – « Un manque total d'informations ». – « Qui a donné ces ordres ? ».

21. « Je croyais qu'il s'agissait d'une *conspiration* » 217
« Ce fut comme une décharge électrique ». – « Nous marchions sur des œufs ». – « Les implications… auraient été catastrophiques ».

22. « Une dérive inquiétante » 229
« Pour que personne ne puisse gérer le renseignement ». – « … tiraient sur des poissons volants ».

23. « Plus de courage que de sagesse » 236
« La guerre de McCone ». – « Un effort militaire qui ne nous apportera pas la victoire ».

24. « Le début d'une longue glissade » 241
« Une guerre sainte ». – « Une réussite spectaculaire ». – « Un terrain sûr du Sud-est asiatique ». – « Nous nous sommes simplement laissé porter ». – « Sincèrement et profondément perturbé ».

25. « Nous avons su alors que nous ne pouvions pas
gagner la guerre » 253
« Quadrature du cercle effectuée ».

26. « Une bombe H politique » 257
« Ce qu'ils ont précisément à l'esprit, c'est de le tuer ». – « Un homme obsédé ». – « Une formidable plomberie ». – « Souviens-toi : c'est un homme que tu tues ». – « Attacher une attention particulière aux considérations d'ordre politique ».

27. « Traquer les communistes étrangers » 269

Quatrième Partie
« Débarrassez-vous de ces clowns »
LA CIA SOUS NIXON ET FORD
1968-1976

28. « Que foutent donc ces clowns là-bas à Langley ? » 275
« Incurablement secrets ». – « Cogner sur les Soviétiques et cogner dur ». – « Il n'y a de vrai que la bonne vieille méthode ». – « Nous sommes conscients des enjeux ». – « La démocratie ne marche pas ». – « Faites-moi bosser ces branleurs de la CIA ».

Table 541

29. **« USG veut une solution militaire »** 287
« Vous avez déjà votre Vietnam ». – « Ce qu'il nous faut,
c'est un général avec des couilles ». – « La CIA ne vaut pas
un clou ». – « Les conséquences naturelles et probables ».

30. **« Nous allons déguster »** 297
« Tous les arbres de la forêt vont tomber ». – « Tout le
monde savait que nous allions passer un sale moment ».

31. **« Changer la conception d'un service secret »** 303
« Hors du cadre fixé par la charte de l'Agence ».

32. **« Un idéal fasciste classique »** 307
« Arnaqué par un merdeux de général ». – « Le terrible
prix ».

33. **« Ce serait la fin de la CIA »** 312
« Des squelettes vont sortir du placard ».

34. **« Ici Saigon. Terminé »** 316
« Cela a été un long combat et nous avons perdu ». –
« Quinze années d'efforts qui ne débouchaient sur rien ».

35. **« Inefficaces et froussards »** 321
« On avait coupé les ponts à la CIA ». – « J'ai l'impression
de m'être fait avoir ». – « La grandeur qu'incarne la CIA ».

Cinquième Partie
Une victoire sans joie
LA CIA SOUS CARTER, REAGAN ET GEORGE H.W. BUSH
1973-1993

36. **« Il cherchait à renverser leur système »** 331
« Ce n'était pas dans les règles du jeu ». – « Carter avait
changé les vieilles règles ». – « Passer d'un conflit Blancs
contre Noirs à un conflit Rouges contre Blancs ». – « Ces
gens-là ont une culture bien à eux ». – « Un rôle de spectateurs ».

37. **« Nous dormions, tout simplement »** 340
« Nous ne comprenions pas qui était Khomeiny ». –
« C'était plus qu'insultant ». – « Un acte de vengeance ».

38. « Un pirate opérant en freelance »   346
« Une fraternité vivant avec des œillères ». – « Je vais
m'occuper de l'Amérique centrale ». – « Je me fous du
Congrès ». – « Un jour, les États-Unis ne seront plus là ». –
« Un plan brillant ».

39. « Peut-être dangereusement »   358
« Longtemps avec trop peu d'informations ».

40. « Il prenait un grand risque »   363
« Qu'est-ce que c'est que cette agence de renseignement
que vous dirigez ? ». – « C'était de notre fabrication ».

41. « Arnaquer un arnaqueur »   367
« Ça ne vaut vraiment pas le coup ». – « Une idée super ». –
« J'espère qu'il n'y aura pas de suite ». – « Personne au
gouvernement américain n'était au courant ». – « Le silence
s'éternisait ».

42. « Penser l'impensable »   378
« Ils ont vraiment fait une chose bien ». – « Nous avons
laissé tomber ».

43. « Que ferons-nous quand le Mur tombera ? »   385
« Je ne pourrai plus jamais faire confiance à la CIA ». – « Et
maintenant la mission est terminée ». – « S'adapter ou
mourir ».

Sixième Partie
L'expiation
LA CIA SOUS CLINTON ET GEORGE W. BUSH
1993-2007

44. « Nous ne disposions pas des faits »   399
« Il n'y avait pas de réseau de renseignement ». – « Des
représailles très efficaces contre les femmes de ménage
irakiennes ».

45. « Pourquoi diable n'avons-nous pas su ? »   406

46. « Nous sommes dans le pétrin »   410
« De la malignité pure ». – « Nous devons bien établir nos
priorités ». – « L'échec est inévitable ».

Table 543

47. « La menace ne pouvait être plus réelle » 419
« Une défaillance catastrophique ». – « Nous continuerons
à être surpris ». – « Un bombardement de trop ». – « La plus
grande menace ».

48. « L'Agence a basculé » 427
« Une coquille vide ». – « Nous sommes en guerre ». – « Je
ne pouvais pas ne pas le faire ».

49. « Une grave erreur » 435
« Nous n'avions pas de réponses à fournir ». – « Des faits et
des conclusions fondés sur des informations solides ». –
« Les renseignements étaient d'une totale faiblesse ». –
« Nous n'avons pas assuré la tâche ».

50. « Les funérailles » 444
« Cela nous prendra encore cinq ans ». – « Nous ne
pouvons trouver de personnel qualifié ». – « Un monde
fermé ». – « N'avouez rien, niez tout ». – « Partout que des
étoiles ». – « Organiser et diriger un service d'espionnage ».

Notes 457

Index 525

Remerciements 533

Crédits photographiques 535

Cet ouvrage a été imprimé en France par

C P I
Bussière

à Saint-Amand-Montrond (Cher)
en janvier 2009

N° d'édition : 621. — N° d'impression : 090178/4.
Dépôt légal : janvier 2009.